제2판

CRM

Customer Relationship Management

고객관계관리

Customer Relationship Management

박찬욱
이상종
조아라

도서출판 청람

▪ 머리말 ▪

우리나라에 데이터베이스마케팅이라는 이름으로 CRM이 도입된 것은 1990년대 중반이며, 따라서 우리나라에서의 CRM의 역사도 벌써 20년을 훌쩍 넘어섰다. 그간 우리나라 기업들의 CRM에 대한 인식과 활동에도 많은 변화가 있어왔다. 2000년대 초까지 데이터웨어하우스를 중심으로 하는 CRM시스템의 구축이 CRM의 핵심을 이룬다는 인식을 가지고 있었고, 이러한 시스템의 구축이 고객정보를 기반으로 하는 마케팅활동의 활성화를 가져다 줄 것으로 기대했다. 이러한 분위기에서 기업들은 CRM시스템의 구축과 CRM부서의 설립을 통해 CRM을 활성화시키기 위해 노력했고, 시스템구축업체, 하드웨어 및 소프트웨어 벤더사, CRM 컨설팅사 등으로 구성된 CRM산업은 성장세를 구가했다.

그러나 CRM활동의 성과는 기대에 훨씬 미치지 못하였고, 이로 인해 2000년대 초부터 CRM 투자에 대한 ROI가 중요한 이슈로 부각되었다. 기업들은 CRM 투자에 대한 실질적인 성과를 거두기 위해 CRM 캠페인에 주력하기도 하였지만, 이러한 활동들도 기존의 영업활동이나 마케팅활동 등과 마찰을 빚으면서 성공적으로 수행되지 못하였다. 이러한 어려움을 겪으면서 우리나라 기업들은 CRM을 어떻게 조직에 안착시킬 수 있을 것인가에 대해 성찰하면서 CRM활동을 전개해 왔다. 이러한 노력의 결과로 종전의 CRM시스템 일변도의 인식은 이미 오래전에 불식되었고, 많은 수의 실력 있는 CRM전문가가 양성되었으며, CRM을 하나의 기능이 아니라 전사적인 경영전략으로 보는 시각이 자리를 잡아가고 있다. 최근에는 다양한 형태의 빅데이터에 대한 중요성이 부각되면서 이에 대한 분석 및 활용 방법에 대한 연구가 활발히 이루어지고 있다.

본 저서는 CRM에 대한 이론적인 부분에서부터 실무적인 부분에 이르기까지 우리나라 기업들의 성공적인 CRM 실행 과정에 필요한 내용들을 제공하기 위한 목적으로

써졌다. 저자들은 연구자로서 또한 실무자로서 CRM에 대한 연구와 컨설팅 등의 활동을 활발히 전개해 왔다. 이러한 저자들의 연구와 경험을 바탕으로 본 저서에서는 가능한 한 많은 시사점을 제시해줄 수 있는 사례와 실무자들의 경험을 제시함으로써 CRM 실행과정에서 실질적인 도움을 줄 수 있도록 도모하였다. 즉, 저자들은 독자들이 이 책을 통해 CRM에 대한 정확한 이론적 기반을 가질 수 있도록 도모하였으며, 동시에 올바른 실천방법이 무엇인가에 대한 지침도 제공할 수 있도록 노력하였다. 이를 위해 논문, 서적, 기고문 등의 2차 자료는 물론, 국내의 CRM 현황에 대한 관찰과 전문가 인터뷰 등을 바탕으로 현상에 대한 정확한 기술이나 이론의 정립이 이루어질 수 있도록 하였다.

신규고객의 창출, 신규고객의 유지, 기존고객의 활성화 등과 같은 전형적인 CRM 활동과 관련된 내용과 우리나라의 CRM 산업에 대한 내용은 물론, 고객만족과 고객충성, 가치창조와 가치제안, 고객가치와 고객자산 등과 같은 CRM의 가장 핵심적인 이론적 바탕이 되는 개념들에 대해서도 심도 있게 논의하였다. 또한 CRM 실행의 중요한 축을 이루는 분석과 CRM시스템에 대해서도 여러 개의 장을 할애하여 상술하였다. 분석부문에서는 OLAP, 데이터마이팅, RFM 등에 대한 이해가 사전지식이 없이도 무리 없이 이루어질 수 있도록 도모하였으며, 시스템 부문에 대해서도 마케팅자동화, 영업자동화, 고객센터의 3개 부분으로 나누어 상세하게 기술하였다. 또한 최근 잠재고객 확보와 캠페인 기획 및 성과측정 등과 같은 다양한 CRM 업무에 적용되고 있는 빅데이터에 대하여 기술하였다. 특히 소비자 트렌드 분석을 통한 잠재고객의 정보수집부터 기존고객의 세부적 분석을 통한 개인화된 서비스 제공, 다양한 캠페인 성과분석까지 빅데이터가 CRM에 기여하는 부분들을 비교적 상세하게 기술하였다. 이와 더불어 CRM지향적 조직기반의 조성, B2B부문에서의 CRM, 개인정보의 보호 등에 대해서도 비교적 상세하게 기술하였다. 이 책은 CRM에 대해 관심을 가지고 있고, 또한 앞으로 관심을 가지려고 하는 모든 사람들을 위해 써졌다. 즉, 기업의 실무자들에 대해서도 좋은 참고서적으로 활용될 수 있고, 대학교재로도 손색없이 사용될 수 있도록 노력하였다.

이 책을 쓰는 과정에서 많은 분들로부터 도움을 받았다. 우선 바쁜 가운데에서도 자료를 제공해주시고 도움 말씀을 주신 경희대 경영대학의 교수님들께 감사드린다.

또한 원고를 읽고 조언해주시고, 인터뷰에 응해주신 실무자 여러분들께도 감사드린다. 이러한 분들의 도움으로 이론적으로 더욱 탄탄하면서도 한국적인 상황을 보다 잘 반영할 수 있는 내용을 기술할 수 있었다. 또한 이 책의 출간을 위해 애써주신 도서출판 청람의 이수영 사장님과 임직원분들께도 감사의 말씀을 드린다.

2019년 7월 10일 저자를 대표하여 박찬욱 씀

■ 차례 ■

Part 01 | CRM의 이해와 현황

Chapter 01 | CRM의 개념과 실행 프로세스

Chapter 02 | 우리나라의 CRM산업

Part 02 | CRM 활동유형

Chapter 03 | 가치창조와 가치제안

Chapter 04 | 고객만족과 고객충성

Chapter 05 | 고객가치와 고객자산

Chapter 06 | 신규고객의 창출

Chapter 08 | 로열티 프로그램

Part 03 | CRM시스템

Chapter 09 | 분석 CRM

Chapter 10 | 데이터마이닝

Part 04 | CRM 인프라

Chapter 15 | CRM 지향적 조직기반의 조성

PART 01

CRM의 이해와 현황

CHAPTER 01

CRM의 개념과 실행 프로세스

고객관계관리(Customer Relationship Management : 이하 CRM)는 비즈니스 환경의 변화와 정보기술의 발전에 따라 등장한 시대적 산물이다. 따라서 CRM에 대한 심도 있는 이해를 위해서는 CRM이 등장하게 된 비즈니스환경의 변화와 대용량의 데이터처리를 가능케 하는 CRM시스템에 대한 이해가 전제되어야 한다. 본장의 제1절에서는 CRM의 정의, CRM의 등장배경, CRM의 역사, CRM시스템 등에 대해 논의한다. 제2절에서는 신규고객의 확보, 기존고객의 유지, 기존고객의 활성화 등의 CRM활동이 구체적으로 어떠한 과정을 거쳐 실행되는가에 대해 논의한다. 이러한 CRM 실행 프로세스(CRM implementation process)에 대한 논의를 통해 성공적인 CRM의 실행이 어떠한 과정을 거쳐 이루어져야 하는지를 이해할 수 있다.

제1절 CRM의 개념

1. CRM의 정의

1.1 CRM 정의의 유형구분

CRM은 시장환경, 소비자트렌드, 정보기술 등 다양한 요인을 배경으로 하고 있다. 이러한 요인들의 변화에 따라 CRM의 모습도 지속적으로 변화해 왔으며 앞으로도 계속 변화해 갈 것으로 예상된다. CRM 분야의 많은 연구자, 관련 기관, 전문 컨설팅회사들이 CRM에 대해 다양한 정의들을 제시하고 있다. [표 1-1]은 이러한 정의들 가운데 몇 개를 제시하고 있다. 이러한 정의들에는 고객정보, 신규고객 획득, 기존고객 유지, 우수고객, 경영전략, 고객생애가치, 고객가치, 수익성, 사업전략, 프론트오피스, 마케팅데이터베이스, 정보기술, 커뮤니케이션기술 등 매우 다양한 용어들이 포함되어 있다.

이러한 CRM에 대한 정의들의 유형을 구분하기는 쉽지 않지만, 1990년대 중반 이후에 전개된 우리나라에서의 CRM 전개 상황을 고려하면 이와 같은 정의들은 어떤 부분을 강조하고 있느냐에 따라 [표 1-2]와 같이 정보기술 관점의 정의, 프론트오피스(front office)전략 관점의 정의, 전사적 전략 관점의 정의 등의 세 가지 유형으로 구분될 수 있다. 정보기술 관점의 정의는 CRM시스템 구축에 초점을 두고 있는 벤더사의 관점을 반영하고 있고, 프론트오피스전략 관점은 마케팅, 영업, 서비스 등 고객접점에서의 활동의 자동화(自動化)에 초점을 두고 있다. 전사적 전략 관점은 회사의 모든 업무를 관장하는 경영전략 패러다임으로서의 관점을 반영하고 있으며, 최근 들어서는 이러한 전사적 관점이 보다 설득력 있게 받아들여지고 있다. 이러한 관점은 CRM이 마케팅, 영업, 서비스영역에 국한되어서는 안 되고, 생산, 인사, R&D, IT, 재무 등 회사의 모든 기능과 결합될 때 성공확률이 높아진다는 점을 지적하고 있다. 예를 들어 직원들에 대한 보상체계와 같은 인사관리 분야에서의 의사결정도 고객자산을 중시하는 방향으로 전환되어야 하며, 그래야 부서 간의 갈등도 훨씬 줄어들면서 CRM활동이 활성화될 수 있음이 지적되고 있다. 현재는 정보기술의 관점에서 CRM을 정의하는 경우는 거의 사라졌으며, 프론트오피스전략의 관점에서 전사적 전략의 관점으로 이행하고 있는 단계에 있다고 할 수 있다.

| 표 1-1 | CRM에 대한 다양한 정의

출처	CRM의 정의
김승욱, 강기두(2012)	고객정보를 수집하고 수집한 정보를 분석한 후, 효과적으로 활용함으로써 고객을 적극적으로 관리하고 유지하며, 고객의 가치를 극대화시키기 위한 기업 마케팅전략이 IT와 결합한 것
채명수, 조준서(2011)	고객정보를 이용해서 고객과의 관계를 유치 · 유지 · 개선시킴으로써 고객의 만족과 충성도를 제고하고, 기업이나 조직의 지속적인 발전을 추구하는 고객 관련 제반 프로세스와 활동
한국소프트웨어 산업협회	기업이 보유하고 있는 고객데이터를 수집 · 통합 · 가공 · 분석하여 고객 개개인의 특성에 맞게 마케팅활동을 계획 · 수행 · 평가 · 수정하는 일련의 과정
Gartner Group	신규고객 획득, 기존고객 유지, 고객수익성 증대 등을 위하여 지속적인 커뮤니케이션을 통해 고객행동을 이해하고 고객행동에 영향을 주기 위한 광범위한 접근
Brown(2001)	부가가치가 높은 고객을 유치 · 보유하고 그들이 기여하는 수익을 확대시키는 일련의 과정
Rigby, Reichheld, and Schefter(2002)	고객의 충성도를 제고시키고 종국적으로는 회사의 수익성을 증대시키기 위해 적절한 소프트웨어의 도움을 받아 실행되는 일련의 고객전략 및 업무 프로세스
Baran, Galka, and Strunk(2008)	다변화되고 상호 연결되어 있는 커뮤니케이션 수단을 활용하여 프론트오피스에서의 고객접점(영업, 마케팅, 서비스) 비즈니스 프로세스를 자동화시키는 것
Kumar and Reinartz (2012)	수익을 창출해낼 수 있는 고객을 식별해내고 이들과 상호교류를 하는 전략적 과정으로, 고객자산(customer equity)을 극대화시키는 데 목적이 있음
Meta Group	고객에 관한 지식을 지속적으로 듣고, 추출하고, 대응하는 일련의 프로세스로써 CRM은 기업이 고객의 니즈, 기대치 및 행동을 더 잘 이해하게 하고, 이를 통해 사업기회나 변화에 기민하게 대처할 수 있도록 도와주는 것
Ovum	기업이 최소한의 비용으로 고객과의 상호작용 가치를 증대시킴으로써 이익을 극대화하는 개념으로 가장 수익성이 높은 고객을 효과적으로 유지시킬 수 있는 경영기법
Carlson Marketing Group	개별 임직원과 마케팅 종사자, 그리고 고객에게 조직에 대한 긍정적인 선호도를 형성함으로써 고객보유율과 경영성과 모두를 향상시키는 경영전략

| 표 1-2 | CRM 정의의 유형구분

구분	특징	주요 용어
정보기술 관점	• 방대한 데이터의 수집 및 분석에 초점을 두고 있으며, 고객사를 대상으로 사업을 전개하는 CRM 벤더사의 관점을 반영하고 있다. • 주로 CRM의 초기단계에 나타나며, 사내의 상존하고 있는 정보에 대한 니즈를 충족시키는 데 중점을 두고 있다. • CRM시스템의 구축을 중시하며, 이로 인해 전산부서가 CRM의 전개과정에서 주된 역할을 수행한다.	데이터베이스, 정보기술, 분석, 고객생애가치 등
프론트오피스 전략 관점	• 마케팅, 영업, 서비스 등의 고객접점에서 분석 데이터를 활용하는 데 중점을 두고 있다. • 캠페인관리시스템, 영업자동화시스템, 서비스자동화시스템, 채널통합시스템 등의 솔루션 도입을 통해 프론트오피스(마케팅, 영업, 서비스)의 활동을 자동화시키는 데 초점을 두고 있다. • CRM 부서와 같은 별도의 조직에 의해 주도되는 경향을 보인다.	영업/마케팅/서비스, 프론트오피스, 신규고객 획득, 기존고객 유지 및 활성화 등
전사적 전략 관점	• 특정 분야를 지원하는 기술적인 분야가 아니라 경영 전반의 패러다임으로서의 위상을 반영하고 있다. • 특정 부서의 업무가 아니라 회사의 모든 조직의 활동을 관장하는 사업전략으로서의 관점을 중시한다. • CRM 활동은 처음부터 CCO(Chief Customer Officer)와 같은 최고경영진에 의해 주도되고 관리된다. • CRM은 시스템 구축 프로젝트와 같은 단기적인 사업이 아니라 보다 고객중심적인 기업으로 가려는 목적을 가지고 있는 지속적 과정이다.	사업전략, 고객가치, 전사적 경영 패러다임, 지속적 과정 등

1.2 CRM의 정의

CRM은 시장포화와 경쟁심화 등의 환경을 바탕으로 개별고객의 니즈를 충족하기 위한 전략적 수단으로 등장하였으며, 위에 제시된 다양한 CRM에 대한 정의에도 반영되어 있는 바와 같이 시대의 흐름에 따라 진화하면서 단순히 고객자료를 분석하여 정보를 생산하거나, 수익창출을 위해 마케팅캠페인 등을 전개하는 수준에서 벗어나서 마케팅, 영업, 서비스뿐만 아니라 생산, 인사, R&D, IT, 재무 등 기업의 모든 분야를 관장하는 전사적 경영전략의 패러다임(paradigm)으로서의 위상을 갖추어가고 있다. 이러한 관점에서 본서에서는 CRM을 다음과 같이 정의한다.

> 고객의 개별적 니즈에 부합하는 가치를 창조하고, 이를 활용하여 신규고객 확보, 기존고객의 유지, 기존고객의 활성화 등의 활동을 전개함으로써 고객자산을 극대화하고자 하는 전사적 경영전략

글 1-1 CRM의 정의와 마케팅의 정의

마케팅에 대한 정의를 제공하고 있는 가장 대표적인 기관인 AMA(American Marketing Association)는 1985년에 제정된 마케팅의 정의를 약 20년 만인 2004년에 개정하였다. 1985년의 마케팅에 대한 정의는 "개인 및 조직의 목표를 달성하기 위해 제품 · 서비스 · 아이디어의 개념, 가격, 판촉, 유통 등을 계획하고 실행하기 위한 일련의 활동"으로 4P믹스 변수를 중심으로 기술되어 있다. 반면에 2004년의 정의는 "고객가치를 창조하고 제공하며, 회사와 주주들에게 이익을 제공할 수 있는 방향으로 고객관계를 관리하기 위해 수행되는 일련의 프로세스와 조직기능"으로 고객가치와 고객관계를 강조하고 있다. 그리고 가장 최근인 2013년에 발표된 정의는 "고객, 클라이언트, 파트너 그리고 사회전반을 위한 가치를 창조하고, 소통하며, 전달 및 교환하는 활동이나 제도의 집합, 그리고 프로세스"로 가치 중심의 고객 커뮤니케이션에 초점을 두고 있다. 이러한 정의는 본서에서 제공하고 있는 CRM에 대한 정의와 매우 유사하다. 이러한 마케팅에 대한 정의는 CRM이 마케팅활동의 근간을 이루고 있음을 시사하고 있다.

2. CRM 등장의 시대적 배경

기업 마케팅활동의 한 축을 이루고 있는 CRM을 이해하기 위해서는 CRM이 등장하게 된 시대적 배경을 이해할 필요가 있다. 왜냐하면 CRM의 사전적인 의미는 '고객과의 관계를 관리하는 것'인데, 이렇게 CRM을 정의하면 CRM의 역사는 상업적인 거래가 시작된 수천 년 전으로 거슬러 올라갈 수도 있기 때문이다. 현대적 의미에서의 CRM은 1980년대 이후에 태동된 것으로 보고 있다. 그렇다면 CRM에 대한 정확한 이해를 위해서는 주로 1980년대 이후의 비즈니스환경에 어떠한 변화가 있었는지를 살펴볼 필요가 있다. CRM의 태동과 발전에 영향을 미치고 있는 요인들은 [표 1-3]에

서와 같이 시장요인, 고객요인, 기술요인 등의 세 가지 유형으로 나누어질 수 있으며, 각 유형에 대해서 많은 구체적인 요인들이 지적될 수 있다.

| 표 1-3 | CRM 태동의 시대적 배경

구분		CRM과의 연관성
시장 요인	경쟁의 심화	공급이 수요를 초과하는 현상이 심화되면서 경쟁력을 강화하기 위한 수단으로 고객의 개별적 니즈충족의 중요성이 점증하고 있다.
	시장의 포화	대부분의 업종에서 시장포화 현상이 나타나면서 이탈방지나 교차판매와 같은 기존고객 관리활동의 중요성이 커지고 있다.
	제품표준화	제품 간의 차별성이 감소하면서 상품품질의 우월성에 의한 경쟁력 확보가 점차 힘들어지고 있다.
	대중매체 효율성 감소	대중매체의 수가 급속도로 증가함은 물론, 인터넷과 같은 새로운 매체가 등장하면서 TV나 신문과 같은 전통적인 대중매체의 효율성이 급감하고 있다.
	고객파워의 증가	공급이 수요를 초과하면서 수요자중심의 시장이 형성되고, 또한 소수 우수고객들의 구매비중이 증가하면서 고객파워가 급속히 증가하고 있다.
고객 요인	고객다양성의 증가	고객의 인구통계적인 특성이 다양화함에 따라 상품에 대한 니즈도 다양화하고 있으며, 이에 대한 대응능력이 중시되고 있다.
	고객로열티의 감소	고객이 선택할 수 있는 대안의 수가 증가하고, 이들 간의 차별성이 감소하면서 특정 브랜드에 대한 고객들의 로열티가 감소하고 있다.
	시간가치의 상승	고객이 시간에 부여하는 가치가 커짐에 따라 고객이 원하는 것을 고객이 원하는 시간에 고객이 원하는 채널을 통해 제공할 수 있는 능력이 더욱 중요해지고 있다.
	고객의 지식화	인터넷 등의 발달로 고객들이 손쉽게 다양한 정보를 확보할 수 있게 됨에 따라서 기업들은 자사의 제품을 차별화시키는 것이 더욱 어려워졌으며, 고객들의 의사결정에 영향을 미치기도 힘들어졌다.
	고객 기대수준의 상승	고객들이 가격비교 사이트 등을 통해 경쟁제품에 대한 다양한 정보를 확보하게 됨에 따라 기대수준은 더욱 높아졌으며, 반면에 수준에 미치지 못하는 제품을 인내하는 수준은 더욱 낮아졌다.
기술 요인	하드웨어의 발전	컴퓨터 저장 및 처리능력의 향상으로 대용량 데이터를 과거와는 비교할 수 없을 정도의 비용으로 활용할 수 있게 되었다.
	소프트웨어의 발전	소프트웨어의 발전으로 데이터베이스의 운용은 물론, 데이터의 분석이나 캠페인관리와 같은 CRM 관련 기능들을 손쉽게 수행할 수 있게 되었다.

기술 요인	인터넷의 확산	인터넷의 확산으로 고객정보의 수집, 고객과의 커뮤니케이션 등이 매우 수월하게 이루어질 수 있게 되었으며, 고객의 입장에서도 다양한 정보의 확보, 다양한 제품의 구입 등이 가능해졌다.
	모바일기기의 확산	모바일기기의 확산은 고객과 기업 간의 커뮤니케이션을 더욱 활성화시켰을 뿐만 아니라, 고객 간의 커뮤니케이션을 용이하게 함으로써 소비자 공동체의 형성을 용이하게 만들고 있다.

이러한 많은 요인 가운데 가장 근본적인 요인으로는 [그림 1-1]과 같이 '시장포화와 경쟁심화'를 들 수 있으며, 이와 더불어 '고객파워의 증가'와 '정보기술의 발전'을 들 수 있다. 여기에서는 이러한 세 가지 요인에 대해서 상술한다.

그림 1-1 CRM 태동의 주요 원인

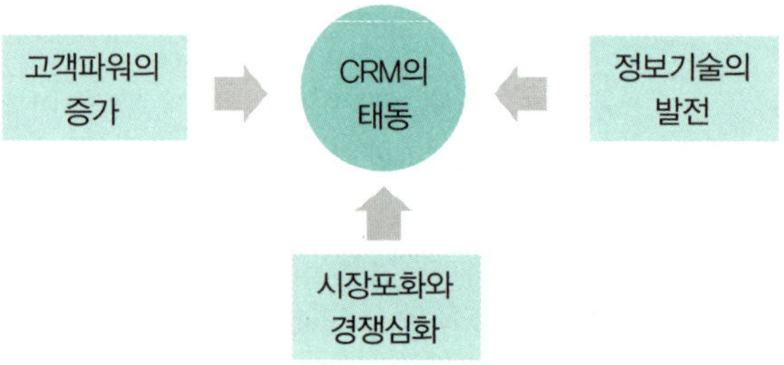

2.1 시장포화와 경쟁심화

시장의 포화와 경쟁의 심화는 CRM의 등장을 가져온 가장 중요한 요인이다. 이 두 개의 요인이 모두 성립하여야 CRM은 비로소 기업활동의 전면에 등장할 수 있다. CRM은 일대일 커뮤니케이션을 바탕으로 주로 기존고객과의 관계유지 및 관계강화 활동을 의미하기 때문에 광고, 홍보, 판촉활동 등과 같은 불특정다수를 대상으로 하는 매스마케팅 활동과 비교된다. 시장이 성장하고 있는 상황에서는 확대되는 시장을 선점하는 것이 중요하기 때문에 많은 사람들에게 자사 및 자사상품의 존재를 알릴 수 있는 매스마케팅 활동이 일대일마케팅 활동보다 훨씬 더 효율적이다. 반면에 시장이 포화되면 기업의 신규고객 창출은 주로 경쟁사의 고객을 탈취해오는 형태로 이루어져야 하기 때문에 비용이 많이 소요되고, 이에 따라 기존고객의 유지와 활성화가 마케팅 및 영업활동을 위한 매우 중요한 이슈로 떠오른다.

또한 시장이 포화되었다고 하더라도 경쟁이 거의 존재하지 않는 경우에는 기업은 구태여 비용이 많이 소요되고 번거로운 일대일 커뮤니케이션을 실행할 필요를 느끼지 않는다. 따라서 독점기업들은 시장의 성숙도와는 관계없이 CRM 활동이 매우 미약하다. 이처럼 시장의 포화와 경쟁의 심화는 마케팅의 패러다임을 바꾸면서 CRM을 등장시킨 가장 강력한 요인이다. 이러한 현상들이 우리나라에는 1990년대 들어 급속히 진전되었기 때문에 우리나라 기업들은 1990년대 중반부터 CRM에 대해 관심을 갖기 시작하였다.

2.2 고객파워의 증가

고객파워의 증가는 시장포화 및 경쟁심화로 인해 공급자중심의 시장에서 소비자중심의 시장으로 전환되면서 나타난 현상이다. 그런데 고객파워가 증가하였다는 일반적인 현상보다 더 중요한 사실은 '소수(少數)'고객들의 파워가 크게 증가하였다는 점이다. 즉 어느 국가에서든 부유층은 존재하는데, 이들의 매출 및 이익기여도가 점차 확대되는 경향을 보이고 있다는 점이 CRM의 활성화에 큰 몫을 하고 있다. 20%의 상위고객이 전체 매출액의 80%를 점한다는 파레토법칙(Pareto's law)은 소수고객들의 파워를 웅변하고 있다. 이들 상위고객의 관리가 기업의 성패에 결정적인 역할을 하기 때문에 이들과의 관계관리가 매우 중요해지고 있다.

B2C 분야에서는 특히 금융업종을 중심으로 이러한 현상이 심화되고 있으며, 이로 인해 우수고객을 타깃으로 하는 프라이빗뱅킹, 랩어카운트, 금융컨시어지서비스 등이 활성화되어 있다. B2B 분야에서도 이러한 경향이 최근 들어 더욱 강하게 나타나고 있다. 많은 산업에서 소수의 기업이 절대적인 시장점유율을 차지해가는 경향을 보이고 있으며, 이러한 슈퍼파워 조직구매자(organizational buyer)들은 공급업체의 수를 줄이면서 소수의 공급업체에게 물량을 몰아주는 대신, 자사의 성공을 위해 적극적으로 기여할 것을 요구하고 있다. 이로 인해 공급업체들은 힘을 가지고 있는 소수의 조직구매자를 전략고객(strategic account)으로 선정하고, 이를 전담하는 영업팀을 구성하여 대응하는 경향을 보이고 있다.

2.3 정보기술의 발전

데이터웨어하우스, 데이터베이스관리시스템, 데이터마이닝 등 데이터를 수집하고 저장하고 분석하는 데 필요한 정보기술들은 1980년대 이후에 놀라운 속도로 발전하였으며, 이로 인해 과거와는 비교할 수 없을 정도의 싼 비용으로 대용량의 데이터를 처리할 수 있게 되었다. B2C 분야에서 CRM은 어느 국가에서든 금융, 통신, 유통 등의 3개 업종을 중심으로 시작되는 경향을 보이는데, 그 이유는 이들 산업에 속한 기업들이 대부분 CRM에 대한 투자를 감당할 수 있을 만큼 큰 규모라는 측면도 있지만, 그보다는 이들 기업들이 대부분 대용량의 데이터를 이미 보유하고 있었기 때문에 정보기술의 발전으로 인한 혜택을 그만큼 빨리 볼 수 있었기 때문이라고 할 수 있다. 또한 인터넷과 휴대용 단말기의 활성화는 eCRM이나 mCRM이라는 용어를 등장시킬 정도로 CRM의 활성화에 큰 역할을 하고 있다. 현재 인터넷과 휴대용 단말기는 고객과의 일대일 커뮤니케이션을 위한 가장 강력한 수단이며, 이로 인해 고객들의 인터넷 주소와 휴대폰 번호는 마케터들이 가장 확보하기 원하는 고객정보가 되고 있다.

3. CRM의 역사

CRM을 이해하기 위해서는 CRM의 역사에 대해 살펴볼 필요가 있다. CRM은 고객정보를 활용하여 기업의 경쟁력을 강화시키려는 활동의 일환이며, 따라서 CRM의 연원(淵源)은 고객정보를 활용한 기업활동에서 찾을 수 있다. 고객정보를 활용한 마케팅활동을 의미하는 가장 대표적인 용어들로 '다이렉트마케팅(direct marketing)', '데이터베이스마케팅(Database Marketing : 이하 DBM)', 그리고 'CRM'을 들 수 있다([그림 1-2] 참조).

각 형태의 마케팅이 최초로 등장한 시기를 살펴보면, 다이렉트마케팅은 1880년대 중반에 미국에서 시작되었으며, DBM은 그로부터 1세기가 지난 1980년대 중반, 그리고 CRM은 1990년대 초반에 등장하였다. 우리나라의 경우는 1980년대 중반에 다이렉트마케팅이라는 용어가 사용되기 시작했고, DBM은 이로부터 10년이 지난 1990년대 중반에 등장하였으며, CRM은 2000년대 초부터 사용되기 시작하였다. 이렇게 보면 다이렉트마케팅의 경우에 우리나라와 미국 간에는 무려 1세기의 시간적인 차이가 있지만, DBM과 CRM은 불과 10년 정도의 차이밖에 없음을 알 수 있다.

그런데 다이렉트마케팅 분야에서 발전된 기술과 노하우가 DBM과 CRM의 토대가 되었다는 점을 감안하면 우리나라의 기업들이 DBM과 CRM을 매우 신속하게 받아들이기는 하였지만 이를 토착화시킬 수 있을 만큼의 충분한 시간적 여유를 갖지 못했음을 짐작할 수 있다. 이러한 역사적인 관점에서 보면 우리나라 기업들이 CRM의 전개과정에서 겪어오고 있는 많은 시행착오들은 CRM의 정착과정에서 치러야 하는 수업

료라고 할 수 있다. 아래에서는 세 가지 형태의 고객정보를 이용한 마케팅활동에 대해 간략히 살펴보기로 한다.

그림 1-2 고객정보를 이용한 마케팅의 역사

다이렉트마케팅	→	데이터베이스마케팅	→	고객관계관리
한국 : 1980년대 중반 미국 : 1880년대 중반		한국 : 1990년대 중반 미국 : 1980년대 중반		한국 : 2000년대 초반 미국 : 1990년대 초반

글 1-2 조선시대 상인과 고객정보

CRM의 전개에서 가장 중요한 요소 중의 하나는 고객정보인데, 우리나라의 역사를 통해서도 고객정보가 매우 소중이 다루어져 왔음을 알 수 있다. 조선시대 상인들은 장사를 하면서 두 가지 장부를 통해 그 맥을 유지해 갔다. 그 가운데 하나가 치부책(置簿册)인데, 말 그대로 금전출납부의 성격을 띤 장부이다. 그런데 이보다 더 소중하게 여겼던 것은 녹심첩(錄心帖)으로, 이는 곧 단골고객의 명부를 적어 놓은 장부이다. 여기에는 단골고객의 5대까지의 가계가 족보처럼 상세히 기록되어 있다. 또한 친가와 외가의 가계까지 들어 있어 상인에게 있어서는 가보와도 같은 존재였다. 녹심첩은 가업을 물려받을 때 그 어떤 상술보다 높은 가치로 평가될 수밖에 없었다. 그래서 평소 녹심첩은 신주단지 옆에 높이 모셔 두었고, 상운을 비는 제사를 지낼 때 제단에 올려놓는 소중한 존재였던 것이다.

자료 : 강영민(2010), 기상천외 조선사, 이가출판사, 68.

3.1 다이렉트마케팅

다이렉트마케팅은 '회사와 고객이 물리적인 유통망을 거치지 않고 직접 거래관계를 형성하는 형태의 마케팅'이라고 정의될 수 있다. 미국에서 다이렉트마케팅을 가장 먼저 실행한 회사들은 몽고메리워드(Montgomery Ward, 1884), 시어즈로벅(Sears Roebuck, 1887), 슈피겔(Spiegel, 1905) 등의 카탈로그마케팅 회사들이었다. 이 회사들은 주로 도시로 쇼핑을 나오기 어려운 농촌 거주의 소비자들을 대상으로 상품 카탈로그를 발송하고, 우편으로 주문을 받고, 우편으로 상품을 배송하는 사업을 전개하였다. 이러한 유형의 회사들이 우리나라에는 1980년대 중반에 등장하였으며, 이른바 '통신판매회사'로 불렸다. 다이렉트마케팅이라는 용어는 매우 오래된 용어이지만 고객과의 직접적인 거래를 통해 비용절감을 이룰 수 있다는 명확한 수익모델을 내포하고 있기 때문에 지금도 널리 사용되고 있다.

제조업 분야에서 다이렉트마케팅으로 유명한 업체로 델컴퓨터(Dell Computer)를 들 수 있다. 세계 최대의 PC업체였던 IBM이 점두판매체제를 고수하고 있을 때 이 회사는 맞춤생산과 고객과의 직거래를 실천함으로써 엄청난 사업적 성공을 거두었다. 다이렉트마케팅은 특히 보험업계에서 각광받고 있다. 영국의 다이렉트라인(Direct Line)이나 미국의 USAA와 같이 설계사를 거치지 않고 전화나 다이렉트메일을 통해 상대적으로 저렴한 가격에 자동차보험을 성공적으로 판매하는 회사들이 다수 등장하였다. 우리나라 보험업계에서도 2000년대 초부터 자동차보험을 중심으로 다이렉트마케팅이 등장하기 시작하였으며, 지금은 생명보험 분야에서도 널리 사용되고 있다. 인터넷의 활성화는 다이렉트마케팅을 보편화시킨 가장 주된 원동력이라고 할 수 있다. 큰 규모의 인터넷쇼핑몰, 소규모 사이트 등 많은 유형의 인터넷 비즈니스업체들이 다이렉트마케팅을 실행하고 있는 것으로 볼 수 있다.

3.2 데이터베이스마케팅

DBM은 '고객의 정보를 데이터베이스화하고 이를 바탕으로 고객과의 장기적인 관계 구축을 위한 마케팅전략을 수립하고 집행하는 활동'이라고 정의될 수 있으며, 이는 정보기술이 마케팅에서도 주도적인 역할을 수행할 수 있다는 점을 명시적으로 표현하고 있는 최초의 용어라고 할 수 있다.

DBM은 시장포화, 경쟁심화, 제품표준화 등의 시장환경을 배경으로 등장하였다. 기업들은 이러한 시장환경에서는 신규고객의 창출도 중요하지만 기존고객을 유지하고 활성화시키는 것이 매우 중요하다는 점을 깨닫게 되었고, 기존고객의 관리를 위해서 다이렉트마케팅의 전개과정에서 축적된 고객정보의 수집 · 분석 · 활용과 관련한 노하우를 받아들이게 되었으며, 바로 이러한 실천들이 DBM이라고 불리게 되었다. 이러한 이유로 DBM의 연원을 다이렉트마케팅에서 찾고 있는 것이다. 그렇지만 다이렉트마케팅이 주로 카탈로그마케팅 회사들과 같은 일부 업종의 회사들에 의해 수행되었던 것에 비해 DBM은 제조, 금융, 통신, 유통, 서비스 등 다양한 업종의 회사에 의해 실천된다는 차이점이 있으며, 또한 다이렉트마케팅이 주로 단기적인 관점에서의 수익창출에 초점을 두고 있는 반면, DBM은 고객과의 장기적인 관계 구축에 보다 많은 관심을 두고 있다는 점에서도 차이를 보인다.

DBM은 기존고객의 관리를 위한 수단으로 등장하였지만 그 과정에서 정보기술을 과도하게 중시하는 단점을 가지고 있었다. 그래서 초창기에는 DBM을 실행하여야 하는 마케팅부서나 영업부서가 아니라 DBM시스템을 구축하고 관리하는 전산부서가 오히려 더 주도적인 역할을 수행하는 현상을 보였으며, 이로 인해 시스템 구축 등에 상당한 투자를 하였음에도 불구하고 의도하였던 목적을 달성하지 못하는 시행착오를 범하기도 하였다.

3.3 고객관계관리

DBM이 10여 년간 실천되면서 질적 · 양적으로 많은 성장을 하게 되었다. 우선 양적인 측면에서 DBM과 관련한 산업이 엄청나게 성장하였다. 데이터서버 등 하드웨어, DBMS나 ETL 등과 같은 시스템 구축 소프트웨어, OLAP이나 데이터마이닝과 같은 분석도구, 캠페인관리시스템이나 SFA와 같은 각종 솔루션, 시스템통합(SI)서비스, CRM전략컨설팅 등과 관련된 비즈니스가 엄청난 규모로 성장하였다. 업계에서는 이러한 산업을 포괄할 수 있는 용어가 필요했고, 다국적 벤더사와 컨설팅회사를 중심으로 CRM이라는 용어가 사용되기 시작하여 점차 보편화되어 갔다. 이처럼 CRM은 벤더사들을 중심으로 주도되었기 때문에 초기에는 DBM과 마찬가지로 시스템 지향적인 경향을 많이 가지고 있었지만, 점차 진화해가면서 전사적인 전략 수립체계로 발전하고 있다. 많은 사람들이 CRM과 DBM이 내용상 큰 차이가 있는 것처럼 표현하기도 하지만 고객과의 장기적인 관계를 중시한다는 점에서는 차이가 없기 때문에 DBM과 CRM을 명확하게 구분하는 것은 큰 실익을 갖기 어렵다.

4. CRM시스템

CRM시스템은 CRM의 실행을 위해 사용되는 전산시스템을 의미한다. CRM활동을 하기 위해 대규모 CRM시스템의 구축이 반드시 선행되어야 하는 것은 아니다. 예를 들어 고객의 수가 몇 백에서 몇 천 정도가 되는 기업들은 엑셀 정도의 프로그램을 이용해서 얼마든지 고객관리를 해나갈 수 있다. 그렇지만 고객의 수가 수만, 수십만, 수백만에 이르고 고객과의 접점도 다양한 채널을 통해 이루어지는 기업의 경우에는 상당한 규모의 시스템을 도입하지 않으면 체계적인 고객관리가 불가능하다.

CRM 도입 초기에는 기업들이 장기적인 안목을 가지고 체계적으로 시스템을 도입하였다기보다는 당장의 필요에 따라 그때그때 필요한 시스템을 부분적으로 도입하였다. 예를 들어 마케팅부서의 이메일 발송업무가 중요해지면 이메일 발송시스템을 도입하고, 그러다가 영업사원들의 생산성이 정체 현상을 보이면 영업자동화시스템을 도입하는 등의 방식이었다고 할 수 있다. 이러한 방식의 시스템 도입은 시스템 간의 호환성이나 상호 보완성 등을 염두에 두고 이루어진 것이 아니기 때문에 시너지효과를 갖기도 어려웠고, 나중에 전사적인 CRM시스템을 구현하고자 할 때는 호환이 되지 않아 시스템을 다시 도입해야 하는 상황이 되기도 하였다. IT 분야의 리서치 및 컨설팅회사인 Meta Group은 이러한 점에 착안하여 'CRM 생태계'(CRM ecosystem)라는 개념을 도입하였다.

CRM 생태계는 CRM에 관련한 모든 시스템을 고객의 관점에서 통합적으로 구축함으로써 시너지효과가 일어날 수 있도록 하여야 한다는 점을 강조하고 있다. Meta Group은 CRM시스템을 [그림 1-3]에서와 같이 분석(analytical) CRM시스템, 운영(operational) CRM시스템, 협업(collaborative) CRM시스템 등의 3가지 유형으로 구분하였으며(META Group, 2000), 이러한 분류체계는 학계와 실무계를 막론하고 광범위하게 받아들여지고 있다.

그림 1-3 CRM시스템 구조

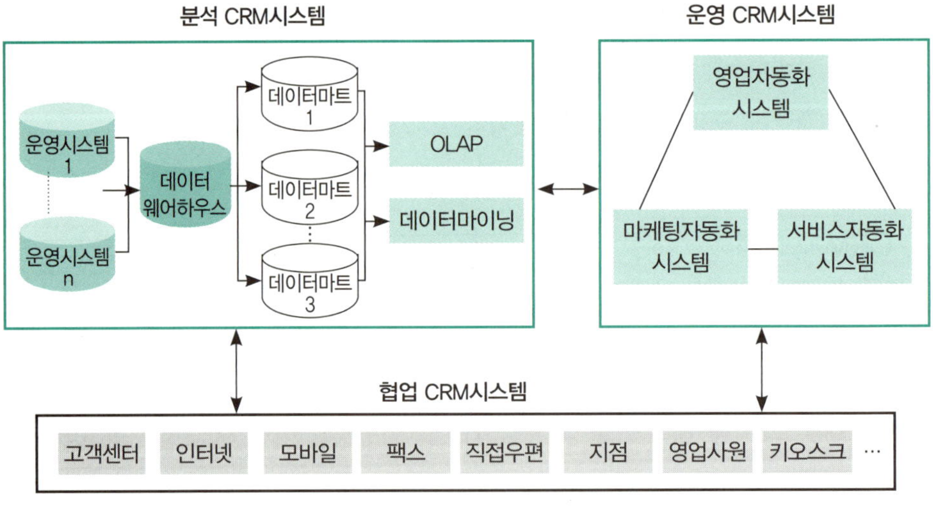

4.1 분석 CRM시스템

분석 CRM시스템은 전체 CRM시스템의 기반이 되는 영역으로 고객정보를 축적 ·

관리 · 분석하기 위한 일련의 정보기술요소로 구성된다. 여기에는 고객정보의 저장장소인 데이터웨어하우스(data warehouse)와 데이터마트(data mart), 그리고 분석도구인 OLAP(On-Line Analytical Processing)과 데이터마이닝(data mining) 등이 포함된다. 분석 CRM시스템을 활용하여 분석에 필요한 고객정보를 확보하는 한편, 고객세분화, 고객가치분석, 구매가능성분석, 이탈가능성분석 등 CRM활동의 전개를 위해 필요한 다양한 분석업무를 수행한다.

4.2 운영 CRM시스템

운영 CRM시스템은 분석된 고객정보를 활용하여 구체적인 CRM전략(고객의 획득, 유지, 활성화전략)을 실행해나가기 위한 일련의 정보기술을 제공한다. 고객과의 접촉은 마케팅, 영업, 서비스 등의 3개 분야에서 이루어지기 때문에 운영 CRM시스템에는 마케팅, 영업, 서비스의 3개 영역을 자동화(自動化, automation)하는 시스템이 포함된다. '자동화'의 의미는 시스템을 통해 마케팅, 영업, 서비스 등의 업무가 정해진 프로세스에 따라 규칙적으로 이루어지도록 한다는 것을 의미한다. 운영 CRM시스템이 지향하는 목적은 고객접점을 담당하는 직원들의 자의적인 판단을 최소화하고, 업계의 모범사례를 기반으로 구축된 시스템을 활용하게 함으로써 생산성을 향상시키는 것이라고 할 수 있다. CRM시스템에서 마케팅부문의 자동화시스템은 주로 캠페인관리시스템을 의미하고, 영업부문의 자동화시스템은 영업자동화시스템(SFA)을 의미하며, 서비스부문의 자동화시스템은 고객센터의 자동화시스템을 의미한다.

4.3 협업 CRM시스템

협업 CRM시스템은 고객센터, 인터넷, 모바일기기, 오프라인 매장, DM(Direct Mail), 팩스, 키오스크, 영업사원, 지점 등 다양한 고객접점에서의 기업과 고객과의 상호작용을 보다 효과적으로 지원하기 위한 일련의 정보기술요소로 구성된다. 협업 CRM시스템의 주된 목적은 모든 고객접점 채널을 통합함으로써 회사의 모든 부서에서 고객을 동일한 시각으로 바라볼 수 있는 '고객단일시각(customer single view)'을 확보하는 데 있다. 혹자는 협업 CRM시스템도 고객접점에서의 운영을 다루고 있기 때문에 이를 운영 CRM시스템에 포함시키기도 한다.

제2절 CRM 실행 프로세스

본서에서 제시한 CRM에 대한 정의를 바탕으로 CRM 실행 프로세스(CRM implementation process)는 [그림 1-4]와 같이 나타낼 수 있다. CRM활동은 신규고객의 확보, 기존고객의 유지, 기존고객의 활성화 등 3개의 유형으로 나누어질 수 있다. 각 유형의 활동은 대상고객의 선정, 니즈분석, 가치창조, 가치제안, 성과평가의 과정을 거쳐 이루어지며, 각 과정은 [그림 1-5]에서와 같이 폐쇄고리(closed loop)를 형성하며 순환한다.

그림 1-4 CRM 실행 프로세스

CRM활동 유형	대상고객의 선정	니즈분석	가치창조	가치제안 (대고객 커뮤니케이션)	성과평가
신규고객 창출	잠재고객 확보와 선별	잠재고객 니즈분석	신규고객 창출을 위한 가치창조	신규고객 창출을 위한 가치제안	신규고객 창출 활동 성과평가
기존고객 유지	기존고객 세분화	기존고객 니즈분석	기존고객 유지를 위한 가치창조	기존고객 유지를 위한 가치제안	기존고객 유지 활동 성과평가
기존고객 활성화	기존고객 세분화	기존고객 니즈분석	기존고객 활성화를 위한 가치창조	기존고객 활성화를 위한 가치제안	기존고객 활성화 활동 성과평가

그림 1-5 CRM 실행 프로세스의 순환 구조

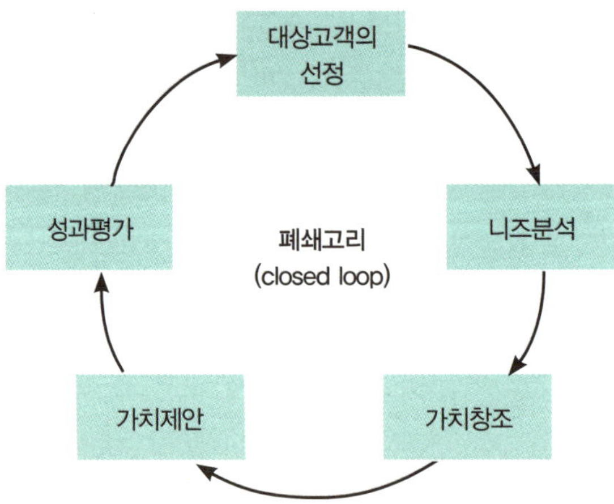

1. CRM활동의 유형

고객관계진화이론에 의하면 고객관계가 [표 1-4]에서와 같이 인지단계, 탐색단계, 확장단계, 헌신단계 등의 4단계를 거치면서 발전되어 간다. CRM의 구체적인 활동도 이러한 고객관계의 진화과정을 통해 파악될 수 있다. CRM활동은 신규고객의 확보, 기존고객의 유지, 기존고객의 활성화 등으로 구성되는데, [그림 1-6]에서와 같이 고객관계진화과정에서의 인지단계와 탐색단계는 신규고객의 확보에 해당하고, 확장단계와 헌신단계는 기존고객의 유지와 활성화에 해당된다.

| 표 1-4 | 고객관계진화이론의 4단계

단계	설명
인지 단계	관계가 형성되기 위해서는 먼저 기업이 잠재고객에게 자사의 고객니즈를 만족시켜 줄 수 있는 능력이 있음을 알려야 한다. 기업의 입장에서 이 단계는 신규고객의 확보를 위한 초기단계에 해당한다. 즉, 잠재고객을 확보하고 선별하며, 접촉계획을 수립하여 접촉을 하고, 접촉을 통해 자사가 고객의 니즈를 충족시켜 줄 수 있음을 알려 나가는 활동이 이에 해당한다.
탐색 단계	탐색단계는 한두 번의 거래를 통해서 향후에 지속적이고 전략적인 관계를 형성해 나가는 것이 바람직할지를 판단하는 단계이다. 고객은 한두 번의 구매를 통해서 기업이 제공한 제품이나 서비스가 자신의 니즈를 충족시키기에 충분한지 등을 검토하는 단계이다. 이 단계에서 긍정적인 평가가 이루어지면 이는 관계의 질을 고도화시키는 밑거름이 된다.
확장 단계	확장단계는 형성된 신뢰를 바탕으로 관계의 폭을 확장하고, 관계의 질을 심화시켜 나가는 단계를 의미한다. 기업은 고객에 대해 보다 많은 것을 알게 되면서, 고객을 위해 추가적인 니즈나 문제점을 파악하여 이를 해결할 수 있는 해결책을 제시하고 공급하는 역할을 수행할 수 있게 된다. 이는 고객의 반복적인 구매는 물론, 교차판매, 상승판매 등으로 가시화된다.
헌신 단계	헌신단계는 고객의 공급업체에 대한 신뢰도와 만족도가 높아지고, 공급업체의 고객에 대한 기여도와 의존도가 높아지면서 고객과 공급업체가 모두 상대방의 성공이 곧 자사의 성공이라고 판단하게 되는 단계를 의미한다. 이 단계에서 고객은 다른 공급업체를 찾으려는 생각을 갖지 않는다.

그림 1-6 고객관계진화과정과 CRM 프로세스

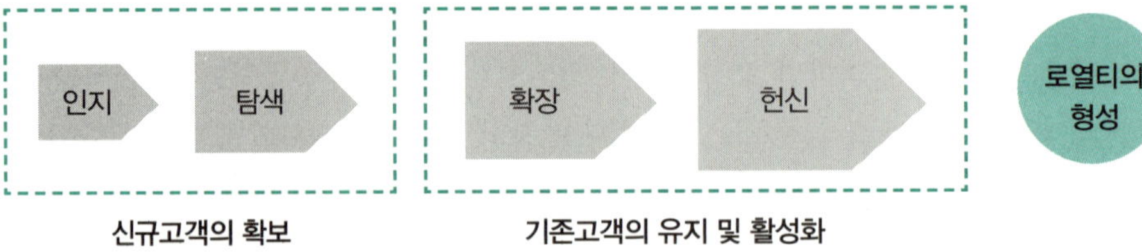

2. CRM 실행 프로세스

2.1 대상고객의 선정

CRM활동을 전개하기 위해서는 가장 먼저 대상이 되는 고객을 선정하여야 한다. 신규고객 창출활동의 경우 잠재고객을 확보하고 선별하는 과정이 이에 해당한다(상세한 내용은 제5장 참조). 기존고객의 유지와 활성화를 위한 대상고객의 선정은 고객정보의 분석을 통해 이루어진다. 어떠한 분석이 이루어지는가는 구체적인 활동의 내용에 따라 달라진다. 예를 들어 우수고객의 유지를 위한 로열티 제고활동을 전개하고자 하는 경우에는 매출기여도, 수익기여도 등을 산출하기 위한 분석이 이루어지고, 이탈방지를 위한 캠페인을 실시하고자 하는 경우에는 이탈가능성에 대한 분석이 이루어지며, 교차판매를 통해 고객들을 활성화시키고자 하는 경우에는 특정 상품에 대한 구매가능성을 산출하는 분석이 이루어진다(상세한 내용은 제6장 참조).

2.2 고객니즈의 분석

CRM은 고객니즈의 충족에 기반하고 있으며, 따라서 고객니즈의 발견이 CRM활동의 근간을 이룬다. 고객이 무엇을 원하는지, 고객이 우리 회사의 제품과 서비스에 대해 무엇에 만족하고 무엇에 불만을 느끼는지를 정확히 파악하지 못하면 결코 고객이 만족하는 제품이나 서비스를 제공할 수 없다. 이러한 면에서 고객을 제대로 아는 '고객통찰력(customer insight)'은 고객가치창조의 출발점이라고 할 수 있다. 고객 개개인의 니즈는 다양한 방법을 통해서 파악될 수 있다.

CRM에서 가장 보편적으로 사용되는 고객니즈 발견방법은 고객데이터베이스를 분석하는 것이다. 즉, 고객의 구매정보, 인구통계정보 등에 대한 분석을 통해 특정 개별고객의 니즈를 추론하는 방법이 가장 보편적으로 사용되고 있다. 그러나 고객의 니즈는 고객데이터베이스에 대한 분석을 통해서만 발견될 수 있는 것은 아니다. 예를 들어 고객센터에 걸려오는 고객의 문의, 서비스요청, 제안 등을 통해서도 고객의 니즈는 파악될 수 있다. 또한 고객과의 접촉이 주로 영업사원을 통해 이루어지는 경우에는 고객과의 접촉과정에서 구체적인 질문을 통해서 고객의 니즈를 파악할 수 있고, 자사의 제품이 현장에서 어떻게 사용되고 있는지에 대한 관찰을 통해서도 고객의 니즈를 발견할 수 있으며, 고객을 대상으로 하는 설문조사를 통해서도 고객니즈를 발견할 수 있다.

2.3 가치창조

고객니즈를 발견하려는 이유는 이에 부합하는 가치를 창조하기 위함이다. 가치창조(value creation)는 '기업이 고객에게 경쟁력 있는 가격으로 고객이 원하는 혜택을 제공할 수 있는 방안을 만들어내는 것'이라고 정의될 수 있다. 고객은 기업이 제시하는 가치에 따라 구매의 여부를 결정하기 때문에 얼마나 강력한 가치를 창조할 수 있는가는 CRM활동의 성패를 좌우하는 가장 중요한 요소가 된다(상세한 내용은 제2장 참조).

2.4 가치제안

기업은 창조된 가치를 고객에게 제안하게 되는데, 이러한 활동을 가치제안이라고 한다. 즉, 가치제안은 '고객에게 가치를 창출할 수 있는 혜택을 제공하겠다는 명시적 혹은 묵시적 약속'이라고 정의될 수 있다. 기업은 가치제안을 통해 고객이 현재 가지고 있는 문제를 해결할 수 있는 효율적인 방법이나 고객이 생각하지 못했던 새로운 혜택을 제시하게 된다. 가치제안은 대고객 커뮤니케이션활동으로 영업사원, TM, DM, 홈페이지 등 다양한 경로를 통해 이루어질 수 있다(상세한 내용은 제2장 참조).

2.5 성과평가

성과평가는 기업의 가치제안에 대해 고객들이 어떻게 반응하였는지를 분석하는 것을 의미한다. 어떠한 분석을 통해 성과를 평가하게 되는가는 누구를 대상으로 어떠한 가치제안을 하였는가에 따라 달라진다. 신규고객 창출을 위한 활동의 경우에는 잠재고객이 첫 구매를 하였는지를 중심으로 하는 분석이 이루어지고, 기존고객의 유지를 위한 활동의 경우에는 유지율, 그리고 기존고객의 활성화를 위한 활동의 경우에는 고객점유율을 중심으로 하는 분석이 이루어진다. 성과평가의 결과는 다시 대상고객의 선정이나 가치창조와 같은 전 단계 활동에 피드백되어 향후에 보다 발전적인 CRM활동이 이루어지는 데 기여하게 된다(상세한 내용은 제5장과 제6장의 성과평가 부분 참조).

참고문헌

- 강영민(2010), 기상천외 조선사, 이가출판사, 68.
- 권금택(2010), 전략적 고객관계관리, 제3판, 대명, 15–18.
- 김승욱, 강기두(2012), 고객관계관리 원론, 제2판, 7–10.
- 박찬욱(1996), 데이터베이스마케팅, 연암사, 3–4, 57–60.
- 스탠리 브라운(2001), 세계 최고 기업들의 CRM 전략, 번역서, 북21, 35.
- 채명수, 조준서(2011), 고객관계관리, Hufs Books, 27–28.
- Baran, Roger J., Robgert J. Galka, and Daniel P. Strunk(2008), *Principles of Customer Relationship Management*, Thomson, South–Western, 6.
- Bell, David, John Deighton, Werner J. Reinartz, Roland T. Rust, and Gordon Swartz(2002), "Seven Barriers to Customer Equity Management," *Journal of Service Research*, 5(1), 77–85.
- Dwyer, F. Robert, Paul H. Schurr, and Sejo Oh(1987), "Developing Buyer–Seller Relationship," *Journal of Marketing*, 51(2), 11–27.
- Johnston, Mark W. and Greg W. Marshall(2011), *Churchill/Ford/Walker's Sales Force Management*, 10th ed., MaGraw–Hill, 4–5, 80–85.
- Kumar, V. and Werner J. Reinartz(2006), *Customer Relationship Management : A Databased Approach*, Wiley, 3–7.
- Kumar, V. and Werner J. Reinartz(2012), *Customer Relationship Management : Concepts, Strategy, and Tools*, 2nd ed., Springer, 23–24.
- Meta Group(2000), "Meta Group Sees Continued Strong Growth For Customer Relationship Management Initiatives," *Business Wire*, May 12.
- Rigby, Darrell K., Frederick F. Reichheld, and Phil Schefter(2002), "Avoid the four perils of CRM," *Harvard Business Review*, 80(2), 101–109.

CHAPTER 02

우리나라의 CRM산업

제1절 | 우리나라와 미국의 CRM산업
제2절 | 우리나라 CRM산업의 시기별 추이

CRM산업이라고 하면 기업이 CRM활동을 전개하는 과정에서 필요한 제품이나 서비스를 생산하고 판매하는 활동을 전개하는 산업이라고 할 수 있다. 여기에는 다양한 사업을 전개하는 기업들이 포함되는데, 그 중에서 하드웨어나 소프트웨어 등의 물리적인 제품을 공급하는 회사를 특히 CRM 벤더(vendor)라고 부르기도 한다. 본장에서는 물리적인 제품이든 컨설팅서비스나 실행대행서비스와 같은 무형적인 서비스이든, CRM을 전개하는 기업을 대상으로 영업활동을 전개하는 모든 기업을 포괄하여 'CRM 공급업체'라고 기술한다. 우리나라의 CRM산업에 대한 이해를 위해 우리나라와 미국의 CRM산업을 구성하는 기업의 유형과 우리나라 CRM시스템의 시기별 추이에 대해 기술한다.

제1절 우리나라와 미국의 CRM산업

1. 우리나라의 CRM산업

우리나라의 CRM 공급업체는 시스템 구축업체, 솔루션 공급업체, 컨설팅업체, 실행대행사 등 매우 다양한 업종의 회사들로 구성되어 있다.

1.1 시스템 구축업체

CRM에서 시스템 구축업체라고 하면 데이터웨어하우스와 같은 고객DB의 구축과 관련된 공급업체를 의미한다. 시스템 구축업체를 세분하면 하드웨어 공급업체, 시스템 구축 관련 소프트웨어 공급업체, 시스템통합업체 등으로 나눌 수 있다.

① 하드웨어 : 하드웨어는 데이터를 담는 물리적인 기계장치로 크게 본체와 주변장치로 나누어지며, 본체는 다시 중앙처리장치와 주기억장치로, 주변장치는 입력장치, 출력장치, 보조기억장치로 구분된다.

② 시스템 구축 관련 소프트웨어 : 시스템 구축 관련 소프트웨어는 DBMS(Database Management System : 데이터베이스관리시스템), ETL(Extraction, Transformation, Loading : 데이터의 추출/변환/적재) 등과 같이 고객DB의 구축과정에서 필요한 소프트웨어를 의미한다.

③ 시스템통합 : 시스템통합(system integration)은 시스템들을 유기적으로 통합하는 것을 의미하는데, CRM에서는 특히 회사의 기간(基幹)시스템과 고객DB를 통합하여 유기적인 연관성을 갖도록 만드는 것을 의미한다.

1.2 솔루션 공급업체

CRM 솔루션은 고객DB를 기반으로 특정한 기능들(예 : 캠페인관리, 고객센터 운영, 영업활동 지원, 고객데이터의 분석 등)을 수행할 수 있게 해주는 소프트웨어를 의미한다. 따라서 솔루션 공급업체에는 OLAP이나 데이터마이닝과 같은 분석도구, SFA(영업지원시스템), CTI(Computer Telephony Integration), 캠페인관리시스템, 이메일 솔루션 등 CRM의 수행에 필요한 솔루션을 공급하는 업체들이 포함된다.

1.3 컨설팅업체

넓은 의미에서의 CRM 컨설팅에는 시스템 구축, 솔루션 제공, 실행대행 등 CRM과 관련된 모든 분야에서 제공되는 컨설팅이 포함되지만, 좁은 의미에서는 CRM전략 컨설팅을 의미한다. 이는 '기업들이 신규고객의 확보, 기존고객의 유지 및 활성화 등과 같은 구체적인 활동을 어떻게 전개해 나갈 것인가에 대한 방안을 마련해주는 서비스'라고 정의될 수 있다. 이 서비스는 기업들이 CRM시스템 구축이나 솔루션 도입 등에 앞서 전략적인 방향을 정하는 단계에서 제공되기도 하고, CRM활동의 활성화를 위해 예를 들어 이탈방지, 로열티 프로그램 등과 같은 특정 이슈를 중심으로 제공되기도 한다.

1.4 실행대행사

가장 대표적인 실행대행사로 텔레마케팅 대행사를 들 수 있으며, 이외에도 CRM 프로모션 대행사, 고객정보최신화 대행사 등이 포함된다. 우리나라에서는 이 가운데 텔레마케팅 대행사는 상당한 규모로 성장하였으나 프로모션 대행사나 고객정보최신화 대행사는 없거나 그 수가 손에 꼽을 정도로 규모가 매우 미미하다.

구체적으로 어떠한 기업들이 우리나라의 CRM산업에 포진되어 있는지를 살펴보면, 실행대행사 가운데 텔레마케팅 대행사는 비교적 규모가 큰 회사들이 여러 개 있지만(예 : KTCS, MPC, UBASE 등) 그 외에 고객정보최신화 대행사는 없고, 프로모션 대행사는 그 규모가 매우 작다. 시스템 구축업체 가운데 시스템통합업체는 삼성SDS, LG CNS, SK C&C 등과 같이 주로 대기업의 계열사들이 높은 시장점유율을 보이고 있으며, 그 외에 하드웨어, 시스템 구축 관련 소프트웨어, 솔루션 등의 분야는 IBM, HP, Teradata, Oracle, SAP, Salesforce.com, SAS, SPSS 등 외국계 다국적기업들이 시장을 지배하고 있다. 또한 컨설팅부문에서는 앞에서 기술한 외국계 벤더사들이나 엑센추어(Accenture), 멕킨지(McKinsey) 등과 같은 전문 컨설팅업체에 의해 제공되고 있으며, 공영 DBM, 커스토머인사이트, DNI 컨설팅 등 한국계 CRM 전문업체에 의해서도 활발히 제공되고 있다.

그런데 하나의 CRM 공급업체가 언제나 명확하게 위에서 기술한 여러 부류의 공급업체 중의 하나로 분류될 수 있는 것은 아니다. 예를 들어 IBM과 같은 경우 하드웨어도 판매하지만 시스템 구축 관련 소프트웨어도 판매하고, 시스템통합기능도 수행하며 CRM전략 컨설팅도 제공한다. 테라데이터(Teradata)도 시스템 관련 소프트웨어인

DBMS의 판매뿐만 아니라 CRM전략 컨설팅이나 시스템통합업무도 수행한다. 우리나라의 CRM 토종 기업인 공영 DBM은 SFA와 같은 CRM 솔루션 공급에 주력하면서 CRM전략 컨설팅이나 프로모션 대행서비스도 같이 공급하고 있다.

2. 미국의 CRM산업

CRM은 미국에서 태동하였고, 또한 현재까지 가장 선진적인 CRM이 미국에서 구현되고 있다고 평가할 수 있기 때문에 미국의 CRM산업을 살펴보는 것도 의미가 있다. 미국의 경우에는 우리나라에서보다 더 다양한 유형의 공급업체들이 있다. 여기에서는 미국에는 보편화되어 있지만 우리나라에는 거의 존재하지 않는 CRM 관련 공급업체에 대해서만 기술한다.

2.1 직접반응광고 대행사

직접반응광고(direct response advertising)는 문의, 주문, 매장방문과 같은 고객의 직접적인 행동을 유도하기 위한 광고로, 자사 브랜드에 대한 이미지 구축을 주목적으로 하는 이미지광고와 구별된다. 직접반응광고 대행사는 이러한 직접반응광고 캠페인을 대행해주는 업체이다. 우리나라 광고대행사는 예외 없이 이미지광고를 위주로 하고 있지만 미국에는 직접반응광고만을 취급하는 대행사가 별도로 있다.

이미지광고 대행사는 이미지광고의 제작과 대중매체를 통한 집행이 업무의 거의 전부이지만, 직접반응광고 대행사는 광고의 제작과 집행 이외에 고객의 반응에 대응하고, 반응정보를 축적하고 분석하는 업무가 추가된다. 그래서 이들 대행사는 광고캠페인에 반응한 고객들의 정보를 축적하고 분석하는 부서를 별도로 두고 있다. 이들 대행사는 대부분 직접반응광고와 함께 다이렉트메일 대행서비스도 수행한다. 왜냐하면 직접반응광고와 다이렉트메일 캠페인은 사용하는 매체는 다르지만(대중매체 vs 다이렉트메일) 집행한 이후에 고객의 반응에 대응하고, 축적 · 분석하는 프로세스는 동일하기 때문이다. 우리나라에는 다이렉트메일이 기획단계에서 고객반응과 고객정보의 관리에 이르기까지의 일괄적인 서비스를 제공하는 업체는 거의 없다([글 2-1] 참조).

글 2-1 우리나라의 다이렉트메일산업

미국은 물론 유럽, 일본, 싱가포르, 호주 등에서도 다이렉트메일(DM)과 관련된 산업이 상당히 활성화되어 있는 반면, 우리나라의 DM산업은 매우 미미하다. DM은 TM, 이메일, SMS 등과 더불어 고객에게 접근할 수 있는 매우 친근한 매체임에도 불구하고, 우리나라에서는 이에 대한 전략적 활용이 거의 이루어지지 않고 있다. 우리나라 기업들은 DM은 TM에 비해 비싸면서도 효과가 적은 매체라는 인식을 가지고 있다. 그래서 TM부문은 그런대로 전문성도 인정받고 있고 산업의 규모도 크지만, DM은 전문성도 인정받지 못하고 있고 그 시장규모도 미미하다. 이러한 현상에 대한 원인은 공급과 수요의 두 측면 모두에서 찾을 수 있다.

먼저 공급 측면에서 살펴보면, DM에 대한 전문가가 거의 없다는 점을 들 수 있다. 좋은 DM이 제작되기 위해서는 기획에서부터 제작, 발송, 사후분석에 이르기까지 일련의 작업이 수행되어야 하는데, 극히 일부를 제외하고는 높은 수준의 작업을 수행할 수 있는 공급업체를 찾기 어렵다. 그렇지만 전문가가 드물다는 것이 우리나라에 양질의 DM을 기획하고 제작할 수 있는 잠재력을 지닌 인재가 없다는 것을 의미하는 것은 아니다. 그보다는 양질의 DM에 대한 수요가 적기 때문에 잠재적인 능력을 갖추고 있는 인재들이 이 분야에 투신하지 않는다는 것을 의미한다. 또한 우리나라의 인쇄업도 좋은 DM을 비용효율적으로 제작할 수 있는 능력을 갖추고 있지 못하다. 이 또한 수요가 적어서 양질의 DM 제작에 필요한 장비를 갖출 수 없기 때문이다. 또한 우리나라에서는 고객정보의 거래가 불법이기 때문에 DM을 발송할 수 있는 대상이 매우 제한적이라는 점도 DM산업이 활성화되지 못하는 한 요인이 되고 있다.

이처럼 DM산업이 활성화되지 못하고 있는 것은 공급 측면에도 원인이 있지만, 보다 근본적인 원인은 수요 측면에서 찾을 수 있다. 즉, 우리나라 기업들이 DM을 전략적인 수단으로 인식하지 않고, DM에 대한 지출을 단순히 비용적인 관점에서만 파악하려는 경향이 강하다는 점이 DM산업의 발전을 저해하는 가장 주된 원인이다. 기업들은 DM의 기획과 제작은 그다지 많은 노하우나 기술이 필요한 업무가 아니라고 생각하는 경향이 있으며, 이로 인해 이를 대행해 줄 수 있는 업체를 선정할 때에도 비용절감을 중심으로 판단한다. 그래서 이 분야에서의 부가가치가 높아질 수 없고, 따라서 좋은 인재들이 유입되지 않는 악순환이 반복된다. 이 분야에서 오랫동안 종사하고 있는 우리나라의 한 전문가는 DM과 관련된 사업의 어려움을 다음과 같이 토로하고 있다. "우리나라에서는 아직도 DM의 전략적 활용에 대한 이해도가 낮다. 그래서 ROI가 측정될 수 있다는 사실을 중심으로 고객사를 설득한다. 고객을 설득할 수 있는 능력 있는 전문기업을 아웃소싱하는 것이 고객사에도 좋고 시장을 키워나가는 데도 유리하다. 그럼에도 불구하고 고객사들이 광고비는 당연히 취급하면서 인쇄비에서 30~50만 원을 깎으려고 하는 것은 이해하기 힘들다. DM의 전략적인 기능에 대한 고객사들의 이해가 높아지는 것이 시급하다." 기업들이 매체를 운용할 때 ROI를 고려하는 것은 당연하지만, DM의 기획이나 제작에 대한 비용을 낮춤으로써 ROI를 확보하기보다는 DM의 효율성을 높일 수 있는 방향을 모색하는 것이 DM산업의 발전은 물론 고객사의 입장에서도 바람직하다.

2.2 리스트 공급업체

리스트 공급업체는 고객사에게 잠재고객의 리스트를 제공하는 서비스를 제공할 뿐만 아니라 고객사의 고객DB를 최신화하고 증강시켜 주는 서비스를 제공한다. 이러한 서비스를 통해 고객사는 캠페인의 유력한 대상이 될 수 있는 잠재고객들의 리스트를 공급받을 수 있을 뿐만 아니라 기존고객들의 정보를 최신화하고 풍부하게 하는 작업을 어렵지 않게 수행할 수 있다. 이러한 서비스가 우리나라에 존재하지 않는 이유는 '개인정보보호법'에 의해 정보주체의 명시적인 허가 없이는 정보주체의 정보를 타사가 이용하는 행위가 금지되어 있기 때문이다.

2.3 데이터베이스관리회사

데이터베이스관리회사는 고객사를 위해 고객DB의 관리는 물론 고객DB에 대한 분석보고서를 작성하여 정기적으로 제출하고, 더 나아가 캠페인에 대한 아이디어를 기획하여 제시한다. 고객사들이 이러한 유형의 서비스를 이용하는 것은 전문인력을 직접 채용하는 것에 비해 훨씬 저렴한 비용으로 보다 양질의 서비스를 받을 수 있기 때문이다. 미국에서는 동일한 데이터베이스관리회사가 서로 경쟁관계에 있는 기업들(예 : GM과 Ford)의 고객DB 관리업무를 동시에 수행하는 것이 보편화되어 있을 정도로 이 유형의 회사들이 활발하게 활동하고 있다. 우리나라에는 이러한 유형의 회사가 거의 존재하지 않는다. 이에 대한 가장 주된 이유는 우리나라 기업들은 자사의 고객DB가 외부업체에 의해 관리되는 것에 대해 큰 거부감을 가지고 있기 때문이다.

3. 우리나라와 미국 CRM산업의 비교와 시사점

우리나라의 CRM산업과 미국의 CRM산업을 비교하면 [그림 2-1]에서와 같이 우리나라의 CRM산업은 주로 시스템 구축업체나 솔루션 공급업체를 중심으로 형성되어 있는 반면, 미국의 경우에는 시스템 구축업체이나 솔루션 공급업체도 많이 있지만 CRM의 실행과 관련된 업체(직접반응광고 대행사, 프로모션 대행사, 리스트 공급업체, 데이터베이스관리회사 등)도 동시에 활성화되어 있음을 알 수 있다.

그림 2-1 우리나라와 미국의 CRM산업 비교

미국의 CRM산업	
우리나라의 CRM산업 • 시스템 구축업체 • 솔루션 공급업체 • 컨설팅업체 • 실행대행사	• 직접반응광고 대행사 • 리스트 공급업체 • 데이터베이스관리업체

이러한 차이점으로 인하여 우리나라 기업들은 미국 기업들에 비해 훨씬 더 어려운 환경에서 CRM활동을 하여야 한다. 미국기업의 경우 고객정보를 확보하고, 관리하고, 캠페인을 기획하고 실행하는 모든 과정을 외부업체에 의존하여 수행하는 것이 가능하다. 따라서 회사가 CRM을 실행에 옮기겠다는 의지를 가지고 있고, 이를 위한 예산만 확보할 수 있으면 자사에 적합한 공급업체들을 선정하여 CRM업무를 수행해나갈 수 있다. 하지만 우리나라 기업의 경우에는 미국의 기업들과 사정이 완전히 다르다. 주된 차이점으로는 다음과 같은 사항들이 지적될 수 있다.

① 리스트 공급업체가 존재하지 않기 때문에 고객정보의 확보를 위한 업무 프로세스가 존재하여야 하고, 자체적으로 고객정보를 최신화시킬 수 있는 업무 프로세스도 가지고 있어야 한다.

② 데이터베이스관리회사가 없기 때문에 CRM활동의 전개를 위해서는 CRM시스템의 구축을 위한 투자가 반드시 선행되어야 한다. 우리나라 CRM 도입 초기에 있었던 'CRM시스템의 구축이 곧 CRM'이라는 잘못된 인식도 이러한 사정과 무관하지 않다.

③ 고객DB의 분석, 프로모션의 기획과 실행 등을 위한 자체 인력을 확보하고 있어야 한다. 이러한 이유로 CRM활동의 탄력적인 운용이 제약을 받을 수 있고, 또한 자체 인력이 꾸준히 최신기법을 확보하고 최신 트렌드를 반영하기 위한 노력을 기울이지 않으면 외부업체를 활용하는 것에 비해 그 수준이 낮아질 수밖에 없다.

제2절 우리나라 CRM산업의 시기별 추이

우리나라의 CRM산업은 시기적으로 도입기, 성장기, 침체기 등의 3개 시기로 나누어질 수 있다. 여기에서는 각 시기의 특성에 대해 살펴보고, 또한 우리나라에서 고객사의 CRM 활성화와 CRM산업의 성장과의 관계에 대해서도 살펴본다. 상식적으로 판단하면 고객사의 CRM활동이 활성화되어야 CRM산업도 성장할 수 있다. 그런데 우리나라의 경우에는 이러한 상식적인 판단과는 차이가 나는 현상이 나타나고 있다. 이러한 현상은 우리나라 기업들의 CRM 도입 및 성장과정에서 나타나는 특이한 점이며, 이에 대한 원인을 생각해보는 것은 앞으로의 CRM산업의 발전을 위한 방향을 모색하는 데도 큰 도움이 될 수 있을 것으로 판단된다.

1. 도입기(1996~1999년)

제1절에서 기술한 바와 같이 우리나라의 CRM산업은 주로 시스템 구축업체, 솔루션 공급업체, 컨설팅회사들에 의해 주도되어 왔다. 더욱이 이 분야의 대표적인 업체들은 주로 미국계의 다국적기업들로 자본규모도 크고 선진 노하우와 경험으로 무장되어 있었기 때문에 고객사의 최고의사결정자들을 비교적 용이하게 설득할 수 있었다. CRM에 대한 중요성은 막연히 인식하고 있었지만 노하우를 거의 가지고 있지 못했던 고객사들은 공급업체들의 논리에 설득되어 실행보다는 시스템 구축과 솔루션 도입에 더 많은 관심을 두게 되었으며, 그 결과 자사에 적합한 CRM이 무엇인가에 대한 충분한 고려 없이 미국적인 환경에 맞춰져 있는 시스템 구축과 솔루션 도입에 많은 투자를 하기 시작하였다. 시스템 구축과 관련하여서는 DW(Data Warehouse)의 구축이 붐을 이루었다. DW는 사내에 존재하는 여러 운영계 DB에서 CRM의 실행에 필요한 고객정보를 추출하고 가공하여 모아놓은 정보계 고객DB를 의미하는데, 우리나라에서는 1996년을 'DW구축 원년(元年)'이라고 부를 정도로 초기의 CRM산업을 주도하였다. 1997~1998년의 IMF 시기에는 이 시장도 같이 침체되었지만, 1998년 말부터는 다시 활성화되기 시작하였다.

이 시기에는 주로 경제신문에 'A사 CRM시스템 도입, CRM 본격 실행'과 같은 기사가 심심치 않게 등장하였다. 이를 통해 우리 언론들도 당시에는 'CRM시스템 도입

=CRM 실행'이라는 인식을 가지고 있었음을 알 수 있다. 그러나 이러한 화려한 홍보성 기사의 이면에는 'CRM의 실질적인 실패'가 자리하고 있었다. 공급업체나 고객사들이나 '실질적인 실패'가 묻히고 '홍보성 성공'만 부각되기를 원하였겠지만 업계에서는 이미 여기저기서 '실질적인 실패'에 대한 사례들이 회자되고 있었다. 예를 들어 어느 유통업체에서 도입한 CRM시스템이 얼마 가지 못해 본래의 의도와는 달리 전용버스의 노선관리 정도에 활용되고 있었다든지, 어느 통신회사에서 수백억을 들여 도입한 솔루션이 자사의 업무 프로세스에 맞지 않아 어쩔 수 없이 걷어내게 되었다든지 하는 얘기들이었다. 이 시기에 공급업체들이 CRM산업의 발아(發芽)에 기여한 것은 틀림없지만, 고객사들의 부족한 정보와 경험을 바탕으로 한 CRM시스템 및 솔루션시장의 활성화는 고객사의 실적에 직접적인 기여를 하지 못하였기 때문에 장기적으로는 CRM산업을 침체시키는 좋지 않은 결과가 나타나게 된다.

글 2-2 시스템중심의 사고방식 사례

저자는 1990년대 중 · 후반에 우리나라의 한 대형 가전회사에서 CRM 자문교수를 하고 있었는데, 이 과정에서 대표적인 다국적 벤더사의 고객DB 구축에 관한 프레젠테이션에 참석할 기회가 있었다. 이 회사의 프레젠테이션은 거의 100% 시스템 구축에 대한 내용으로 구성되어 있었다. 프레젠테이션이 끝난 뒤 질문시간에 저자는 이 가전회사의 고객정보 최신화방안에 대한 질문을 하였다. 왜냐하면 제조업체인 가전회사는 고객정보를 체계적으로 축적하고 관리할 수 있는 프로세스를 가지고 있지 않기 때문에 이를 수행할 수 있는 별도의 프로세스를 마련해주지 않으면 많은 예산이 투여되는 고객DB의 구축이 큰 의미를 갖기 힘들다고 판단되었기 때문이다. 그렇지만 그 벤더사의 임직원들은 고객정보 최신화방안을 제시해주지 못했고, 더 나아가서는 왜 이러한 질문을 받아야 하는지에 대해서 의아해하는 표정이었다. 즉, 시스템 구축에 대한 프레젠테이션을 요청받았으니 그것에만 충실하면 되고, 실행은 고객사의 책임이지 시스템 구축회사에서 관여할 바는 아니라는 입장을 가지고 있는 것 같았다.

그렇지만 벤더사는 단기적인 영업실적도 물론 중요하지만, 장기적인 영업활성화를 위해서는 고객사의 입장에서 CRM의 실행을 위해서는 무엇이 필요한지를 능동적으로 파악하고 이를 해결해줄 수 있는 방안을 제시하여야 한다. 만일 그 벤더사의 제안대로 프로젝트가 진행되었다면 만들어진 고객DB는 1년도 못가서 거의 사용되지 못하는 무용지물이 되었을 가능성이 높다. 만약 그렇게 되었다면 누가 여기에 대해 책임이 있을까? 물론 최종적인 의사결정은 고객사가 하는 것이기 때문에 고객사의 책임이 크지만, 고객사로 하여금 CRM 실행에 대한 노하우를 가지고 있지 못한 상태에서 막연한 기대만을 가지고 시스템 구축에 나서게 하였다는 점에서는 공급업체도 책임을 면하기 어렵다. 지금은 고객사들이 시스템 구축을 위한 제안요청서(RFP)에 데이터품질에 대한 항목을 거의 예외 없이 포함시키고 있다.

2. 확산기(2000~2002년)

확산기는 2000년에 일기 시작한 세계적인 IT 붐에 따라 우리나라 기업들의 CRM 도입이 확산되는 시기이며, 이에 따라 CRM 시장도 급속히 성장하였던 시기였다. CRM의 3대 주력 업종이라고 할 수 있는 금융, 통신, 유통부문의 CRM 투자도 확대되었고, 제조, 서비스, 공공기관 등 CRM의 도입을 관망하던 업종들의 기업들도 CRM에 관심을 갖고 투자하기 시작하였다. 또한 벤처기업 설립 붐에 따라 e비즈니스가 확산되면서 전자상거래기업들을 중심으로 eCRM의 도입이 활성화되었다. 고객사 내부에서도 CRM 관련 전문인력을 채용하여 CRM 관련 부서를 만드는 사례가 증가하였다. 이러한 추세에 따라 CRM시스템의 구축은 물론 캠페인관리시스템, 영업지원시스템 등과 같은 솔루션의 도입도 활성화되었다.

그러나 자사에 적합한 CRM의 실천이 자리 잡지 못하고 IT 중심의 CRM이 추진되고 있었다는 점에서는 앞에서 논의한 도입기와 큰 차이가 없었다. 즉, 많은 기업들이 자사에 적합한 CRM을 철저히 검토한 후 CRM에 대한 투자를 늘렸다기보다는 경쟁사에 뒤지지 않겠다는 경쟁심리에서 CRM시스템을 구축하는 예가 많았다. 2001년 100개사를 대상으로 한 조사에 따르면 CRM 도입이 '업계의 추세 때문'이라고 응답한 기업이 33%에 달했고, 2003년에 50개사를 대상으로 한 조사에서는 CRM전략을 세워놓지 않고 시스템을 도입한 기업이 52%에 달했다. 이러한 현상이 일반화되면서 CRM 산업은 성장을 하고 있는 반면, CRM의 주체인 고객사의 실질적인 CRM활동은 그다지 활성화되지 못하는 이상한 현상이 지속되었다.

글 2-3 시스템중심의 CRM 추진 사례

현대자동차는 2001년 CRM시스템을 도입하였으나 자사의 기존 업무 프로세스와의 충돌, 전사적 참여 부족, 정보의 저품질 문제 등에 봉착하면서 가시적인 성과를 보이지 못한 채 실패위기에 직면한 바 있다. 현대자동차는 이에 대해 "2001년 막대한 자금을 들여 CRM시스템을 구축한 것 자체를 중요한 성과로 착각했다. 되돌아보니 CRM 벤더는 자신들조차 잘 모르는 그들의 성공모델을 그대로 고객들에게 전달했던 것뿐이다"라고 지적한 바 있다. 이러한 시행착오를 바탕으로 2004년부터 CRM시스템을 자체적으로 수정 · 보완함으로써 고객 재구매율, 동일 전담사원 출고율 등에서 높은 성과를 달성할 수 있었다.

자료 : 한국정보산업연합회(2006), 현대자동차의 CRM 추진 사례, CRM Fair 2006.

글 2-4 미국기업들의 시스템 위주의 CRM 투자

미국에서 수행된 한 연구는 미국에서도 2000년대 초반에는 우리나라와 비슷하게 CRM을 수행하는 과정에서 변화관리보다는 CRM시스템에 대한 투자를 우선시하는 경향이 있었음을 보여주고 있다. 이 연구를 간략이 소개하면 다음과 같다. 이 연구의 저자는 '고객관련능력(customer-relating capability)'이라는 개념을 정의하고, 이를 구성하고 있는 세 가지 요소들을 소개하고 있다.

- 지향성 : 지향성(orientation)은 고객유지를 얼마나 중시하는지, 고객정보를 공유하려는 문화가 얼마나 잘 정착되어 있는지 등을 의미한다.
- 정보 : 정보(information)는 통합DB를 보유하고 있는지, 데이터의 품질은 우수한지, CRM 솔루션을 활용하고 있는지 등을 의미한다.
- 조직운영체계 : 조직운영체계(configuration)는 CRM 추진을 위한 자원은 확보하고 있는지, 직원들에게 고객유지에 대한 인센티브를 제공하고 있는지, 기능이 아닌 고객중심의 조직체계와 업무 프로세스를 가지고 있는지 등을 의미한다.

이 연구의 저자는 중규모 이상의 기업에서 근무하는 342명의 CRM 관련 고참관리자(senior manager)를 대상으로 고객 관련 능력을 증대시키기 위해 위에서 기술한 3가지 요소 중 무엇이 가장 중요한지를 물었다. 분석 결과 조직운영체계를 가장 중시하고 있는 것으로 나타났으며, 그 다음으로 지향성을 중시하고, 정보는 고객 관련 능력을 제고시키는 데 거의 기여하지 못하고 있다고 생각하는 것으로 나타났다. 그런데 재미있는 것은 이러한 인식과는 달리 실제의 기업행동은 정반대로 나타나고 있다는 점이다. 저자는 응답자들에게 "고객 관련 능력의 제고를 위해 회사의 자원을 어떻게 배분하고 있는가?"라는 질문을 하였는데 응답자들은 "대부분의 자원을 데이터베이스, 소프트웨어, 데이터마이닝 등에 배분하고 있다"고 답하였다. 즉, 고객 관련 능력을 제고시키는 데 거의 기여를 하지 못하고 있는 CRM시스템 관련 요소에 대부분의 자원을 배분하고 있는 것으로 나타났다. 이에 대한 이유로 응답자들은 "경쟁하고 있는 회사들과 가장 손쉽게 비교될 수 있는 분야가 바로 CRM시스템과 관련된 것들이다. 이 분야에서는 우리 회사가 경쟁사에 비해 앞서 있는지 그렇지 않은지가 금방 나타난다. 경쟁사들이 하고 있는 것을 우리 회사가 하지 않을 수는 없다. 소프트웨어 벤더사나 컨설턴트들이 데이터베이스관리와 관련된 문제를 해결해 줄 수 있는 솔루션을 끊임없이 가지고 들어온다. 우리는 이들이 경쟁사에도 드나든다는 것을 알고 있다. 우리가 경쟁사에 뒤질 수는 없다"고 답하였다.

저자는 "CRM 테크놀로지는 필요조건일 뿐이다. 데이터베이스, 소프트웨어, 콜센터 등이 일등 회사와 그 외의 회사를 구별해주지는 않는다. CRM 테크놀로지를 도입하기에 앞서 고객과 시장에 대한 이해를 기반으로 하는 조직체계와 업무 프로세스를 갖추어야 한다"고 결론짓고 있다.

자료 : George S. Day(2003), "Creating a superior customer-ralating capability," Working Paper Series, Issue One, No. 03-001, Marketing Science Institute.

3. 침체기(2003년~현재)

우리나라 기업들은 1996년에서 2002년에 이르기까지 6~7년간 지속적으로 CRM에 대한 투자를 늘려왔지만 가시적인 성과가 나타나지 않고, 또한 경기침체가 심화되면서 CRM 투자에 대한 회의론이 강하게 대두되었다. 즉, 이 시기에는 CRM의 ROI에 대한 이슈가 부각되면서 기업들이 CRM의 추진방법론에 대한 근본적인 검토를 하기 시작하였다고 할 수 있다. 이러한 분위기는 CRM산업에도 직접적인 영향을 미쳐서 우리나라의 CRM산업은 2003년 이후 현재까지도 IMF 시기를 훨씬 능가하는 극심한 불황을 경험하고 있다. 많은 전문가들은 이에 대한 원인으로 CRM 공급업체의 고객지향적 마인드의 부족, 우리나라 기업들의 CRM 성공요인에 대한 인식부족 등을 들고 있다([글 2-5] 참조).

글 2-5 우리나라 CRM산업의 침체에 대한 전문가들의 견해

- 국내 컨설팅사 대표 : "CRM산업이 무너진 데는 자업자득(自業自得)적인 측면이 있다. 공급업체들은 계속 거래(transaction) 위주로 살면서 입으로만 관계(relationship)를 떠들었다."
- 다국적 컨설팅사 임원 : "CRM 시장이 꺼져버린 것은 IT를 중심으로 CRM 붐을 일으키려고 했던 사람들이 초래한 부메랑이라고 할 수 있다. 과거에 CRM이 실패한 것은 너무나 많은 변화를 한꺼번에 하려고 했기 때문이다. 대규모 SI(시스템통합) 프로젝트가 끝나고 나서 이를 제대로 활용하려면 조직에 많은 변화가 있어야 하는데 이를 해낼 수 있는 기업들은 많지 않았다. 그 결과 대규모 SI사, 컨설팅사, 벤더사 등의 업무가 현격히 줄어들었다. 그렇지만 고객사들은 소규모 캠페인을 실행하는 등의 업무를 활발히 하고 있다. 고객사들은 지속적으로 변화하고 있지만 업계가 이에 대응하지 못하고 있는 측면이 있다."
- 다국적 벤더사 컨설턴트 : "현재 CRM 트렌드는 거의 죽었다고 볼 수 있다. 그 이유로는 준비단계에서 CRM에 대한 인식이 부족했다는 점도 지적될 수 있지만, 그보다는 구축 후에 ROI가 보이지 않는다는 것이 가장 큰 요인이다. 즉, 많은 돈을 투자하였음에도 불구하고 얻는 이득이 없었다. 1990년대 말에서 2000년대 초에는 CRM의 위상이 높았지만 ROI가 보이지 않으면서 지금에 와서는 CRM 조직도 많이 축소되었다. 컨설팅회사 등 협력업체들은 이상적인 비전을 제시하면서 고객사에게 CRM을 통해서 장기적으로 안정적인 마진을 확보할 수 있다고 말하였지만, 그것이 실현되지 않았다."
- 솔루션 공급업체 임원 : "CRM이 프로젝트 베이스로 진행되는 것이 문제다. CRM은 고객관리를 위한 프로세스의 지속적인 변화이기 때문에 프로젝트가 끝난 후에도 계속적으로 운영되어야 하는데, 프로젝트가 끝나면 CRM의 실행을 위한 준비작업도 같이 끝나는 것으로 생각하는 경향이 있다. 고객성향이나 고객정보 등이 끊임없이 변하고 있기 때문에 프로젝트의 산출물도 지속적으

> 로 변해야 하지만, 고객사는 그런 능력을 갖고 있지 못하다. 그래서 CRM의 고도화라든지 시스템 전면 재구축 등과 같은 프로젝트성 CRM을 또다시 추진하지만 결국 좋은 결과를 얻지 못한다. CRM에 대한 이러한 단타적인 접근이 CRM 무용론으로 이어지고 있다."
>
> **자료 : 박찬욱(2005), 한국적 CRM 실천방안, 시그마인사이트, 266-268.**

이 시기의 두드러진 특징은 다음과 같이 세 가지로 요약될 수 있다.

3.1 세계시장 추세에 역행

전 세계의 CRM 시장규모는 지속적으로 성장하는 추세를 보여주고 있으나 한국의 경우 2001~2002년을 정점으로 세계적인 추세와는 달리 점차 위축되는 경향을 보여주고 있다.

그림 2-2 **연도별 국내외 CRM 시장규모(2001~2007년)**

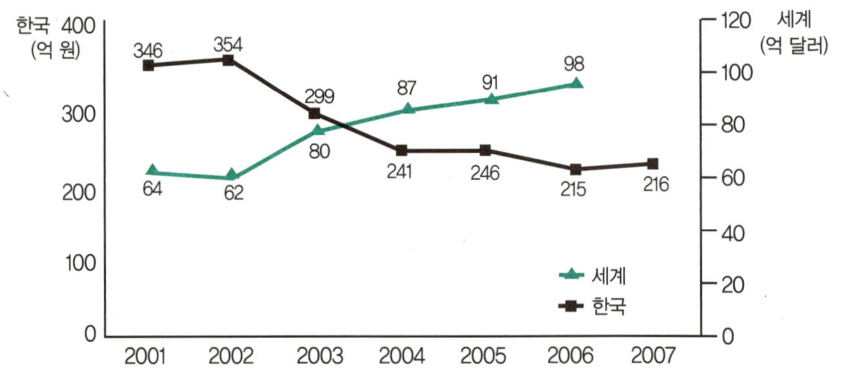

자료 : 신형원, 이승현, 홍선영(2008), "한국기업의 CRM 성공전략," 삼성경제연구소, CEO Information, 647호.

3.2 고객사의 공급업체에 대한 신뢰 저하

CRM 도입 초기에는 고객사의 CRM의 기술적인 요소들에 대한 지식이 적고, 또한 CRM의 성과에 대한 기대가 높았기 때문에 특히 시스템 구축이나 솔루션과 관련된 공급업체에 대한 기대와 신뢰가 높았다. 하지만 지금은 고객사의 CRM에 대한 지식도 어느 정도 높아졌고, CRM 도입의 성과가 기대에 미치지 못하면서 공급업체들에 대한 신뢰가 저하되는 경향을 보이고 있다. 이러한 결과가 초래된 것은 공급업체들이 자사의 판매실적의 향상과 함께 고객사의 성공적인 CRM 정착 및 수행에도 관심을 두었어야 하는데 그동안 이러한 고객지향적인 영업활동에 소극적이었다는 데 그 원인이 있다.

3.3 고객사 CRM활동의 고도화

이 시기의 흥미로운 현상은 CRM산업이 위축된 반면, 고객사의 CRM활동은 더욱 활성화되고 고도화되어 가는 경향이 있다는 점이다([글 2-6] 참조). 먼저 고객사들이 시스템이나 솔루션 지상주의에서 벗어나 실행과 실적 위주의 자세를 갖기 시작하였다. 시스템을 구축하더라도 과거와 같이 일반적으로 가장 이상적인 시스템이 아니라 자사의 현실에 가장 적합한 시스템을 구축하여야 한다는 인식이 보편화되었으며, 시스템이나 솔루션을 한꺼번에 도입하지 않고 실행을 해가면서 조금씩 도입함으로써 실패의 확률을 줄이려는 시도도 빈번해졌다. 그 결과 CRM 프로젝트를 IT부서에서 주도하여야 한다는 인식은 사라지고, 현업이 주도하는 CRM 프로젝트가 되어야 한다는 인식이 정착되었다. 경쟁심화와 지속적인 경기불황에 따라 영업에 대한 지원수단으로서의 CRM에 대한 의존도가 높아짐에 따라 CRM활동이 강화되는 추세를 보이고 있으며, 구체적인 전략에 있어서도 벤치마킹을 통한 모방을 지양하고, 자사의 구체적인 문제해결을 중심으로 하는 CRM이 본격적으로 전개되기 시작하였다. 또한 실제로 CRM을 실행할 수 있는 능력이 없으면 실패할 수밖에 없다는 것을 깨달으면서 CRM 인력의 채용과 양성에 적극 나서게 되었다. 그 결과 각 기업 내부에는 CRM 전문가가 다수 포진하게 되었다.

글 2-6 우리나라 기업들의 CRM활동 고도화

우리나라 기업들이 1990년대 중반부터 2000년대 초반에 이르는 6~7년간 시행착오를 거친 이후에 어떻게 CRM 주진방향을 전환하고 있었는지를 CRM 솔루션 벤더사의 임원과 CRM 컨설턴트의 견해를 통해 살펴본다.

- 솔루션 벤더사의 임원 : "2000년에서 2001년 사이가 솔루션시장이 전성기였다고 할 수 있다. 당시에 우리 회사의 CRM부서에는 20명 정도의 직원들이 있었는데 모두들 일이 너무 많았다. 고객들은 잘 모르는 상황에서도 외국에서는 다 한다고 하니까 검증도 없이 솔루션을 도입하는 경향이 있었다. 잘 나가는 기업들도 꼭 필요하지도 않으면서 솔루션을 도입했다. 즉, CRM을 해야 하는 회사와 하지 않아도 되는 회사가 있는데 무차별적으로 도입하는 경향이 있었다. 그런

데 고객평생가치의 극대화, 고객만족의 극대화 등 CRM을 도입하면서 내걸었던 캐치프레이즈는 거창했지만 조직설계나 프로세스설계가 받쳐주지 못했고, 방법론도 없었기 때문에 실패하는 경우가 많았다. 그러다가 고객사들이 CRM의 실체를 알기 시작하면서 많은 기업들이 CRM의 도입을 주저하는 경향을 보이고 있다. 또한 과거에는 CRM도 ERP처럼 빅뱅(big bang)적인 접근을 하는 경향이 있었지만, 현재는 그 규모가 매우 작아졌으며, ROI가 나올 수 있는 부분부터 접근하는 경향이 있다. 즉, 어떤 기업은 SFA, 어떤 기업은 콜센터를 통한 생산성 향상, 어떤 기업은 캠페인관리 등 형태는 기업마다 다르지만 ROI가 보이는 부분에서 시작하는 경향이 뚜렷하다."

- CRM 컨설턴트 : "웬만큼 큰 기업들은 이미 정보계 DB를 거의 다 가지고 있다. 신생기업, 소규모기업, 후발기업들이 최근 들어 정보계 시스템을 갖추어 가고 있는 과정에 있다. 그리고 캠페인 도구나 분석도구 등의 솔루션도 이미 많이 가지고 있으며, CRM과 관련한 컨설팅도 많이 이루어졌다. 이렇게 기업들이 이미 CRM에 많은 투자를 하였기 때문에 시장의 성장잠재력은 많이 줄어들었다. 이러한 의미에서 CRM 시장은 현재 정체기 혹은 성장 말기에 있다고 할 수 있다. CRM 컨설팅시장도 포화상태이지만 세부적으로 보면 많은 과제들이 있다. 이러한 면에서 볼 때 지금은 CRM이 고도화되어 가는 전환기(turning point)라고 할 수 있으며, 그 변화는 산업의 특성에 따라 상당히 구체적인 모습으로 나타난다. 예를 들어 대형백화점은 이미지 일변도에서 탈피하여 가격경쟁을 CRM의 세부과제로 추가하고 있다. 즉, 전면적인 세일과 같은 형태의 가격할인이 아니라 데이터분석을 통해 가격에 민감한 고객층을 파악해내고 이들을 대상으로 하는 가격할인 캠페인을 실시하고 있으며, 또한 가격에 민감하지 않은 MVG(Most Valuable Guest)에 대해서는 은행권에서의 프라이빗뱅킹과 같은 차별화 프로세스를 도입하고 있다. 이처럼 최근에는 보다 구체적이고 실질적인 업무를 중심으로 CRM이 고도화되는 추세를 보이고 있다."

자료 : 박찬욱(2005), 한국적 CRM 실천방안, 시그마인사이트, 266-268.

4. 재활성화기(2016년 ~ 현재)

바야흐로 4차 산업혁명의 시대가 도래했고 이에 발맞춰 정부와 기업들이 여러 가지 대응방안들을 내놓고 있다. 산업혁명이라는 용어에 대해서는 전문가들의 견해가 조금씩 다르지만 2016년 다보스포럼에서 발표된 내용을 바탕으로 그 변화를 정리해 보면 1차는 기계화, 2차는 대량생산, 3차는 지식정보, 그리고 4차는 지능정보기술로 요약된다.

4차 산업혁명의 핵심인 지능정보기술은 빅데이터, IoT(Internet of Things, 사물인터넷), AI(Artificial Intelligence, 인공지능), 클라우드컴퓨팅(Cloud Computing)

등과 같이 IT 중심의 기술적 요소들로 정의된다. 이들 각각의 기능들을 종합해보면 결국 4차 산업혁명의 종착점은 실시간으로 생성되는 다양한 데이터들을 수집 및 분석하여 고객들에게 과거보다 좀 더 신속하고 개별적인 맞춤형 제품이나 서비스를 제공하는 것이다.

이러한 관점에서 보면 다양한 IT 기술을 기반으로 하는 4차 산업혁명의 가장 밑바탕에는 개인화(personalization), 맞춤화(customization), 고객만족(customer satisfaction) 등이 있고 이는 결국 CRM(Customer Relationship Management, 고객관계관리)과 일맥상통한다. 경영학의 대표 구루 중 한 명인 필립 코틀러(Philip Kotler)가 출간한『마켓 4.0』에서도 4차 산업혁명에 요구되는 마케팅을 제시하고 있는데, 그 첫 번째가 연결성(connectivity)으로 고객들의 자발적 커뮤니케이션에 대한 중요성을 강조했고 이를 활용하는 전략으로 소셜(social) CRM을 언급하고 있다. 따라서 기업들이 4차 산업혁명 시대를 이끌어가는 여러 가지 지능정보기술들을 비즈니스의 실질적인 성과 창출을 위한 도구로 활용하기 위해서는 체계적인 CRM 전략이 필수적이다. 다시 말해, 수집과 분석의 과정을 거친 유의미한 정보들을 활용하여 어떠한 방식으로 고객과 커뮤니케이션하고, 브랜드인지도를 상승시켜 충성도와 매출상승이라는 결과물을 만들어낼 것인가에 대한 구체적인 로드맵이 필요한 것이다.

글 2-7 빅데이터 시대의 CRM 기업 재도약

CRM(Customer Relationship Management)이란 단어는 이제 더 이상 생소하지 않다. 그만큼 우리 사회 전반에 깊이 개입돼 있기 때문이다. CRM 사업은 기업들이 고객관리의 중요성을 인식하기 시작한 1990년대 중반 무렵부터 본격 시작됐다. 주로 이동 통신사들과 대기업들이 자체 콜센터 형식으로 운영하던 것이 지난 1990년대말 IMF시기를 거치며 전문 CRM 기업들의 아웃소싱으로 전환됐고 한국코퍼레이션, 효성ITX 등 CRM 전문기업 전성시대를 열어왔다. 최근엔 쿠팡, 티몬 같은 전자상거래를 비롯해 모바일을 이용한 상품 구매활동이 증가하고 카카오뱅크, K뱅크 등의 온라인 기반 은행 등 많은 사업들이 비대면 서비스로 변모하면서 성장을 이어왔다. 그러나 많은 전문기들은 AI 등의 발달로 인해 CRM 전문 기업들이 지표로 내세우던 상담원 좌석수가 대폭 줄어들 것으로 판단하고 먼 미래엔 완전히 소실돼 CRM 업계의 미래가 어둡다고 판단한다.

하지만 반전이 일어났다. 최근 전문 CRM 업체들이 초고액으로 매각되는 등 가치를 인정받고 있기 때문이다. 애플 아이폰의 콜센터 운영으로 유명한 CRM 전문기업 '유베이스'는 최근 3,800억 원이라는 거액에 어피너티에쿼티파트너스에 매각됐다. 또 다른 CRM 전문기업인 메타넷, 한국코퍼레이션도 유베이스와 비슷한 규모로 인수하려는 기업들이 많은 것으로 알려졌다. 유베이스가 1만 3천석의 상담석을 보유하고 있는 기업이라고 하지만 통상 CRM 업계의 인수 대금으로 보면 3,800억

원은 꽤나 큰 금액이다. 그것도 100% 지분인수가 아닌데 말이다. AI를 활용한 지능형 챗봇 등의 도입으로 인해 1만 3천석의 좌석이 서서히 모두 사라질 수도 있는 기업을 왜 3,800억 원을 주고 인수했을까? 답은 CRM 전문기업인 유베이스에서 생성되는 실고객의 생생한 데이터에 있다. AI를 제대로 활용하기 위해서는 빅데이터를 구성할 수 있는 정보가 필수적이다. CRM 기업은 유선전화, 채팅상담 등을 주로 이용해 고객과의 최접점에서 운영되며 여기서 나오는 정보들은 셀 수 없이 다양하다. 이 정보들은 하루에도 수십만 건씩 발생하며 고스란히 누적된다. 그래서 혹자들은 CRM 기업들에서 파생되는 방대한 정보를 이용하면 엄청난 빅데이터 군집을 이룰 수 있다고 보고 CRM 기업들을 '데이터의 광산'이라고 부르기도 한다.

앞으로 CRM 전문 기업들은 지난 30년간 지속해온 상담석 점유 경쟁을 종료하고 챗봇, AI 등 IT 기술을 활용한 고객센터 유치에 사활을 걸 것으로 보인다. 최종적으로는 고객 및 고객사와의 원활한 협의를 통해 가장 강력한 빅데이터를 보유하거나 활용할 수 있는 기업들이 최종 승자가 될 것으로 예측한다. 이로 미뤄볼 때 IT로 무장한 CRM 사업은 더 이상 사양길을 걷는 레드오션이 아니다. 정보를 얻는 데이터의 광산이 존재하는 한 정보를 재구성하고 분석 · 조립해 재생산하는 블루오션으로 성장해 더 높은 가치로 평가받게 될 것이다.

자료 : 매일일보, "CRM 기업, 빅데이터 광산으로 새롭게 가치 평가," 2018년 12월 28일.

참고문헌

- 박찬욱(2005), 한국적 CRM 실천방안, 시그마인사이트, 266–268.
- 신형원, 이승현, 홍선영(2008), "한국기업의 CRM 성공전략," 삼성경제연구소, CEO Information, 647호.
- 이상종(2017), 지금 필요한 건 CRM 마케팅이다, 이코노믹리뷰, 70.
- 매일일보, "CRM기업, 빅데이터 광산으로 새롭게 가치 평가," 2018년 12월 28일.
- 한국정보산업연합회(2006), 현대자동차의 CRM 추진 사례, CRM Fair 2006.
- George S. Day(2003), "Creating a superior customer–ralating capability," *Working Paper Series*, Issue One, No. 03–001, Marketing Science Institute.

PART 02

CRM 활동유형

CHAPTER 03

가치창조와 가치제안

제1절 | 가치창조와 가치제안의 개념
제2절 | 가치창조방법론
제3절 | 커스터마이제이션

고객가치를 창조하고 이를 고객에게 제안하는 활동은 기업의 CRM에서 가장 핵심적인 위치를 차지하고 있으며, 그 중요성은 아무리 강조하여도 지나침이 없다. 기업이 성공적인 CRM을 위해 CRM 시스템과 고객센터를 구축하고, CRM팀을 운영하는 등의 노력을 기울이지만 경쟁력 있는 가치의 창조와 제안이 이루어지지 않으면 목적을 달성하기는 불가능하다. 그런데 경쟁력 있는 고객가치를 창조하는 것은 매우 어려운 작업에 속한다. 왜냐하면 고객의 니즈를 정확하게 파악하여야 함은 물론 자사의 역량에 부합하면서도 경쟁력을 가질 수 있는 고객가치를 창조하여야 하기 때문이다. 본장에서는 가치창조와 가치제안의 개념, 가치창조방법론, 커스터마이제이션 등에 대해 기술한다.

Customer Relationship Management

제1절 가치창조와 가치제안의 개념

1. 가치창조와 가치제안의 정의

고객이 특정 기업과의 거래과정에서 얻을 수 있는 가치는 해당 기업의 제품이나 서비스를 구입하는 이유가 된다. 따라서 기업이 신규고객의 확보, 기존고객의 유지, 기존고객의 활성화 등과 같은 CRM활동을 전개하기 위해서는 고객이 중시하는 가치를 만들어내어 제공할 수 있어야 한다. '고객가치(customer value)'라는 용어는 '기업이 고객에게 제공하는 가치'라는 의미와 '고객이 기업에게 제공하는 가치'라는 의미를 동시에 가지고 있다. 고객가치의 창조, 가치제안 등에서의 가치는 기업이 고객에게 제공하는 가치를 의미하고 고객가치의 극대화, 고객가치의 평가 등에서의 가치는 고객이 기업에게 제공하는 가치를 의미한다. 고객이 기업에게 제공하는 가치에 대해서는 제5장에서 기술하고 본장에서는 기업이 고객에게 제공하는 가치에 대해 기술한다.

고객이 지각하는 가치(value)는 기업이 제공하는 혜택에서 그 혜택을 누리기 위해 고객이 지불하여야 하는 비용을 차감한 것이기 때문에 가치창조(價値創造, value creation)는 다음과 같이 정의될 수 있다.

고객에게 비용을 절감하고 혜택을 제공할 수 있는 방안을 만들어내는 것

기업은 이렇게 창조된 가치를 고객에게 제시함으로써 CRM활동을 전개하게 된다. 고객에게 창조된 가치를 제시하는 활동은 가치제안(價値提案, value proposition)이라고 불리며 다음과 같이 정의될 수 있다.

기업이 고객에게 가치를 창출할 수 있는 혜택을 제공하겠다는 명시적 혹은 묵시적 약속

즉, 가치제안은 고객이 자사로부터 제품이나 서비스를 구매하여야 하는 이유를 제시하는 것이라고 할 수 있다. 가치제안의 개념은 1988년 컨설팅사인 맥킨지(McKinsey)의 컨설턴트들에 의해 소개된 이후에 업계에서 가장 빈번하게 쓰이는 용

어 중의 하나가 되었으며, 최근에는 학계에서도 이에 대한 연구가 활발하게 이루어지고 있다. 가치제안은 특히 CRM활동에서 매우 중요한 위치를 차지하고 있다. 왜냐하면 공급업체가 경쟁사보다 우월한 차별적인 가치를 고객에게 제안할 수 있을 때 비로소 고객과의 장기적인 관계를 기반으로 하는 활동이 이루어질 수 있기 때문이다. 이러한 논의를 바탕으로 가치창조, 가치제안, 그리고 CRM활동과의 연계성은 [그림 3-1]과 같이 표현될 수 있다. 즉, 가치창조와 가치제안은 신규고객 확보, 기존고객 유지, 기존고객 활성화 등의 CRM활동의 핵심을 이룬다고 할 수 있다.

그림 3-1 가치창조, 가치제안, CRM활동의 관계

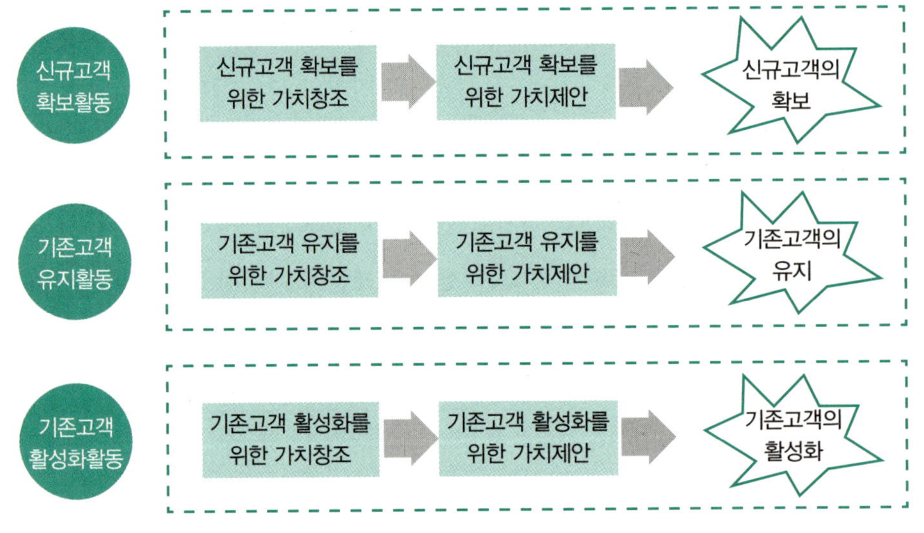

2. B2B 부문과 B2C 부문에서의 가치창조와 가치제안의 차이점

가치가 창조되고 제안되는 형태는 [표 3-1]에서와 같이 B2B 분야와 B2C 분야가 창조가치의 유형, 가치제안의 대상, 가치제안 커뮤니케이션 수단 등에 있어서 상당한 차이를 보인다. 이는 B2B는 B2C에 비해 고객들의 숫자가 훨씬 적고, 고객당 매출규모가 훨씬 크며, 또한 고객들의 니즈도 훨씬 더 복잡하기 때문이다. 그러나 이러한 차이는 상대적인 차이이며 절대적인 차이라고는 할 수 없다. 특히 소수 우수고객의 중요성이 강조되고, 서비스에 의한 차별화의 경향이 심화되면서 B2C 부문에서의 가치창조 및 가치제안이 B2B 부문과 유사해지는 추세를 보이고 있다. 본장에서는 가치창조와 가치제안에 대해 B2C 부문을 중심으로 논의하였다.

| 표 3-1 | B2B 부문과 B2C 부문의 차이점

	B2B 부문	B2C 부문
가치창조를 위한 고객니즈의 발견	대부분 고객과의 개별적인 접촉을 통해 이루어진다.	고객과의 개별적인 접촉을 통해 이루어지기도 하지만 고객DB에 대한 분석 등을 통해서도 이루어진다.
창조가치의 유형	주로 기능적인 혜택에 초점이 있다.	기능적인 혜택은 물론 감성적인 혜택 등도 매우 중요한 역할을 한다.
가치제안의 대상	고객사 하나하나에 대해 개별화된 형태로 이루어지는 경우가 많다.	고객 개개인에 대한 가치제안보다는 특정 세분시장 혹은 전체시장의 고객을 대상으로 집단적으로 이루어지는 경우가 많다.
가치제안에서의 커뮤니케이션 수단	주로 영업사원을 통한 대면 커뮤니케이션을 통해 이루어진다.	영업사원을 통한 대면 커뮤니케이션은 물론 DM, TM, 이메일, 홈페이지 등 다양한 일대일 커뮤니케이션 수단을 통해서도 이루어진다.

제2절 가치창조방법론

어떠한 내용의 가치를 창조하여 제안할 것인가를 결정하기 위해서는 먼저 고객의 관점에서 가치가 무엇을 의미하는가를 살펴보아야 한다. 가치(value)는 아래와 같이 고객이 제품이나 서비스 혹은 기업과의 관계를 통해서 얻는 혜택과 그러한 혜택을 얻기 위해 치러야 하는 유·무형 비용의 균형에 대한 고객의 지각을 의미한다. 즉, 가치는 지각된 혜택(perceived benefit)과 지각된 비용(perceived cost)의 차이로 나타낼 수 있다. 따라서 기업은 지각된 혜택을 증가시키거나 혹은 지각된 비용을 줄임으로써 고객을 위한 가치를 창조할 수 있다.

가치 = 지각된 혜택 − 지각된 비용

1. 지각된 혜택

고객은 자신의 니즈의 충족을 통해 혜택을 지각하게 된다. B2B 부문에서 고객사의 니즈는 대부분 비용절감이나 판매증진을 통한 수익확대에 있기 때문에 공급업체의 혜택 제공은 고객사의 수익성에 기여할 수 있는 방안을 제공함으로써 이루어진다. 즉, B2B 부문에서의 혜택 제공은 고객사가 가지고 있는 구체적인 문제를 해결해주거나 고객사가 미처 생각하지 못한 새로운 수익창출 방안을 마련해주는 것을 의미한다. B2C 부문에서의 혜택 제공은 세분시장 혹은 개별고객의 니즈를 파악하고 이를 충족시키기 위한 마케팅활동이나 영업활동을 통해 이루어진다. B2C 부문에서의 고객의 니즈파악은 고객데이터베이스에 대한 분석을 통해서도 이루어지지만 보다 심도 있는 니즈분석은 고객을 대상으로 하는 FGI나 심층면접 등과 같은 1차자료 수집방법을 통해서 이루어진다([글 3-1] 참조).

글 3-1 B2C 부문에서의 1차자료 수집을 통한 고객가치창조 사례

한국인삼공사의 CRM 프로젝트는 2007년 전략 수립을 위한 컨설팅을 거쳐 2008년에 CRM시스템을 구축하면서 시작되었다. 거래고객 데이터분석에 초점이 맞추어져 있던 초기 CRM에서 벗어나 고객태도와 경험분석, 고객로열티 강화 등에 주력하는 CRM을 구축하였다. 우선 고객들이 정관장 제품과 서비스를 어떻게 느끼는지, 중요하게 생각하는 가치요인은 무엇인지, 불만 및 기대사항은 무엇인지 등을 고객 개별인터뷰, 포커스그룹인터뷰(FGI), 주부 모니터 등을 통해 분석하고, 이를 기반으로 고객군별, 구매단계별로 50여 개의 핵심 로열티 요인을 도출했다. 뽑아낸 50여 개의 핵심 로열티 요인 가운데 80% 이상이 실제로 영업현장, 마케팅전략 수립, 제품개발 등에 활용되었다. 예를 들면 제품 구매 후 일정기간이 지나서도 정관장 제품을 잘 먹고 있는지, 먹으면서 불편한 점은 없는지 등을 체크하는 '복용 지도서비스', 전화상으로 결제가 가능한 '수기 특약서비스', 매일 3번씩 챙겨 먹기가 불편하다는 고객의 의견을 참고해 섭취횟수를 최소화한 '1일 1포 섭취 제품' 등이 핵심 로열티요인을 바탕으로 선보인 대표적 고객가치서비스들이다.

자료 : 신수정, 이장혁(2012), "유통망 선점 · 품질기반 명품전략 : 정관장 고속성장의 비결," 동아비즈니스 리뷰, 99호, 77-82.

신한은행은 2012년부터 '고객평가단제'를 시행 중이다. 신상품을 개발할 때 고객의 의견을 청취하기 위하여 고객설문, FGI(Focus Group Iinterview, 집단심층면접)를 진행하는 제도다. 필요할 때마다 외주업체와 손을 잡고 다양한 연령층의 리서치 패널을 활용해 은행 상품 및 서비스에 대해 고객들로부터 개별 피드백을 받고 사업에 반영한다. 실제로 고객평가단을 활용해 '대박'을 친 상품도 여럿 있다. 그 중 하나가 2016년 6월 출시한 '헬스플러스 적금'이다. 고객평가단 340명을 대상으로 한 설

문조사에서 '스마트 헬스케어 선택시 주요 고려요인' '스마트 헬스케어 사용 중단 사유' 등을 물어 신상품 개발에 반영했다. 신한은행에 따르면 측정의 정확성, 사용자 경험(재미, 즐거움 등)이 스마트 헬스케어를 사용하는 주요 사용 요인으로 꼽혔으며, 추가적인 건강관리 유인을 제공하는 것이 건강관리 지속성을 위해 필요하다고 조사됐다. 신한은행 관계자는 "조사결과를 반영해 금리우대뿐만 아니라 건강목표 달성에 성취감과 재미를 느낄 수 있도록 웨어러블 디바이스 할인쿠폰을 제공하기로 했다"고 말했다. 신한은행은 2016년 11월 대표 금융상품에 고객들이 선호하는 비금융 서비스를 접목한 이종산업 제휴 플랫폼 '애니마켓 서비스'를 시행할 때도 고객평가단을 활용했다. 첫 제휴처는 G마켓이었고, 지난 2월에는 SM면세점과도 손을 잡았다. 제휴처 선정 당시 고객평가단에게 고객이 가장 선호하는 제휴업종을 물어 오픈마켓과 면세점 서비스를 포함한 결합상품을 선보인 결과 출시한 지 3개월 만에 적금 가입자수가 직전 동기보다 10% 넘게 늘었다.

자료 : 한국스포츠경제, "고객평가단에 귀 쫑긋 세운 은행들, 대박났다는데…," 2017년 4월 12일.

그런데 혜택 제공의 측면에서 B2C 부문이 B2B 부문과 크게 차이가 나는 점은 B2B 부문에서의 혜택은 주로 고객사의 문제해결이나 새로운 수익창출 방안 제시와 같이 기능적인 차원을 중심으로 제공되는 반면, B2C 부문에서는 제품이나 서비스의 제공을 통해 고객의 니즈를 충족시켜준다는 기능적인 혜택 이외에도 고객과의 관계에 기반을 둔 관계적 혜택(relational benefit)이 중시된다는 것이다. 관계적 혜택은 원래 고객의 관점보다는 주로 기업의 관점에서 논의되어 왔다. 즉, 기업이 고객과의 관계증진을 통해 이탈고객의 감소, 추가 구입의 증대, 긍정적인 구전을 통한 신규고객의 확보, 고객관리비용의 감소 등의 혜택을 누릴 수 있음이 강조되어 왔다. 그런데 1990년대 중반부터는 기업의 관점이 아닌 고객 관점에서의 관계적 혜택에 대한 논의가 본격적으로 이루어지기 시작하였다. 고객 관점에서의 관계적 혜택은 다음과 같이 정의될 수 있다.

> 고객이 제품이나 서비스 자체로부터 얻을 수 있는 혜택 이외에 공급업체와의 관계 형성을 통해 추가적으로 얻을 수 있는 혜택

고객이 누릴 수 있는 대표적인 관계적 혜택으로 특별대우 혜택과 사회적 혜택을 들 수 있다.

1.1 특별대우 혜택

특별대우 혜택(special treatment benefit)은 가격할인과 같은 금전적인 혜택은 물론, 시간절약, 추가적인 서비스나 배려의 제공, 과거 거래이력에 대한 인지 등과 같은 비금전적 혜택을 포괄한다. 호텔 도어맨의 인지서비스, 항공사의 우수고객 대상의 전용 탑승수속 카운터서비스 등이 그 대표적인 예라고 할 수 있다. 이러한 특별대우 혜택을 통해 고객들은 시간과 비용을 절약할 수 있음은 물론, 자부심의 고취와 같은 감성적인 만족감을 얻을 수 있다.

글 3-2 자동차 영업에서의 특별대우 혜택 사례

세일즈맨이 A/S를 처리해주는 경우는 국내 차 중에는 아직 없다. 수입차의 경우에도 내가 세일즈를 시작하던 시기에는 없었다. 이런 상황에서 고객에게 어떠한 차별화된 서비스를 해줄 수 있을까 고민한 끝에 A/S시스템을 개발해 2005년 중반에 시행하기 시작했다. 벤츠는 기본적으로 3년간 무상으로 A/S를 해준다. 3년간 10만 킬로미터까지 타이어와 배터리를 제외한 엔진오일과 미션 교체에서부터 작은 소모품까지 공장에서 지원해준다. 이 모든 일은 일반 정비소가 아니라 별도로 지정된 업체에서 처리해준다. 무상으로 해주긴 하지만 차에 문제가 생겼을 때 연락하고 찾아가는 것은 고객의 몫이다. 그러나 나에게 벤츠를 구입한 고객들은 3년이 지났든 몇 년이 지났든 사고가 난 경우는 물론 작은 스크래치만 생기더라도 내 쪽으로 전화 한 통만 하면 된다. 그러면 내가 혹은(내가 사적으로 고용한) 직원들이 즉시 고객을 찾아가 문제를 해결해준다. 사고가 나서 당분간 차를 사용하지 못할 상황이라면 그 차를 공장에 넣은 뒤 다른 차를 빌려줘서 임시로 쓰게 하고, 공장에 들어간 차가 다 고쳐지면 가지고 나와 다시 고객 앞에 갖다 놓는다. 내가 판매한 차에 대해서는 전적으로 내가 문제를 해결해주는 것이다. … 나를 찾아오는 고객들 중에는 A/S에 감동을 받아 찾아오는 고객들이 많다. 그들은 A/S에 대한 보답으로 다른 고객을 소개해주는 등 어떤 식으로든 나에게 답례를 하려고 한다. 내 입장에서는 단 몇 시간의 인건비로 고객의 마음을 사로잡았으니 그야말로 엄청나게 남는 장사를 한 셈이다. 이런 일이 거듭될수록 나는 새로운 고객을 찾아 애써 발로 뛰지 않아도 자연스럽게 판매고를 올릴 수 있었다. 소위 '찾아오는 마케팅'을 성공시킨 셈이다.

자료 : 신동일(2012), 7년 연속 벤츠 판매왕 신동일의 죽기 살기로 3년만, 참돌, 150-153.

글 3-3 백화점 업계에서의 특별대우 혜택 사례

백화점 업계에 따르면 백화점 매출 중 상위 1% VIP 고객의 상품 구입액은 한 해 백화점 전체 매출의 약 25%를 차지한다. 상위 20% VIP 구입액은 매출의 80%나 된다. 소비침체가 장기화되고 있는 현 상황에서 VIP 고객은 백화점들에게 가장 든든한 버팀목인 셈이다. 백화점의 매출을 책임지는 고객들인 만큼 VIP에게 제공되는 혜택은 상상 그 이상이다. 백화점들은 우선 VIP 고객들에게 할인 혜택을 제공하고 있다. 롯데백화점의 경우 MVG 고객이 자사 백화점에서 롯데카드로 결제시 MVG 에이스는 7%, MVG 크라운, 프레스티지, 레니스 및 에비뉴엘 VIP 고객들은 10% 추가 할인 혜택을 받을 수 있게 했다. 복잡한 주차장을 이용하는 불편을 겪지 않도록 하기 위한 발레파킹 서비스와 커피 등 음료와 간식을 무료로 제공하는 별도 라운지 서비스도 모든 백화점이 제공하는 기본 혜택이다. 각 백화점은 VIP 고객을 모으기 위해 보다 차별화된 혜택을 제공한다. 롯데백화점은 미국 뉴욕의 '메이시스 본점, 홍콩 타임스스퀘어 등 해외 유명 백화점과 제휴해 최상위 고객인 MVG 프레스티지 고객들이 해외에서도 동일한 VIP 서비스를 받을 수 있도록 했다. 롯데 스카이힐 제주 골프장 이용시 20% 할인 등 혜택도 제공된다. 현대백화점은 '자스민' 고객들에게 열차 · 버스를 이용한 테마 여행을 무료로 제공한다. 현대백화점 관계자는 "자체적으로 개발한 VIP케어 프로그램으로 지방자치단체와 연계해 문화재를 방문하고 지역 명소를 탐방한다"며 "교통편부터 식사까지 모든 서비스를 제공하기 때문에 고객들이 관심이 높다"고 말했다. 또 자스민 블랙의 경우 호텔이나 식당 예약을 대행해주는 컨시어지 서비스와 특급호텔 발레파킹 서비스도 제공한다. 신세계백화점은 VIP 고객을 위해 인천공항 출국장에 전용 라운지를 오픈해 음료와 다과는 물론 인터넷 및 프린트 서비스 등을 제공한다.

자료 : 매일경제, "쉿, VIP 고객 놓칠라 …백화점의 '특급 유혹'," 2017년 2월 9일.

1.2 사회적 혜택

사회적 혜택(social benefit)은 개별적 인지, 개인적 친분, 인간적 유대감 등을 의미한다. 따라서 사회적 혜택은 고객과의 접점을 이루는 영업사원에 의해 제공되는 것이 보통이다. 많은 연구들이 고객이 영업사원과 지속적인 관계를 유지하는 이유 중의 하나로 영업사원과의 사회적 유대감을 지적하고 있다. 고객과 장기적인 관계를 맺고 있는 영업사원은 단순히 서비스를 공급하는 입장을 넘어서서 고객의 동료 혹은 친구가 될 수 있다. 한 연구는 23명의 소비자들과의 심층면접을 바탕으로 고객과 영업사원과의 관계는 일상적인 의미에서의 친구 사이와 같은 사회적 관계이며, 고객과 영업사원과의 우정은 사업의 성공을 위한 중요한 요소가 된다고 지적하였다. 또 다른 연구는 인터뷰 대상 소비자 21명 중 5명이 자발적으로 영업사원을 가족이나 친한 친구에 비유하고 있다고 보고하였다. 시간이 흐름에 따라 고객들이 추구하는 혜택은 기능적인 혜택에서 점차 사회적 혜택으로 전이해가며, 이러한 의미에서 기능적 혜택을 기반으로 하는 관계는 낮은 단계의 관계이고, 사회적 혜택을 기반으로 하는 사회적 관계는 높은 단계의 관계라고 할 수 있다. 특히 성공적인 영업활동의 수행을 위한 가장 핵심적인 사항이라고 할 수 있는 고객의 소개활동은 기능적 혜택보다는 사회적 혜택에 바탕을 두고 있다([글 3-4] 참조).

글 3-4 사회적 혜택의 제공을 통한 성공 사례

세일즈맨은 고객들이 자신을 좋아하도록 만들어야 한다. 고객이 자신을 찾아와 친구에게 하듯 고민을 털어놓고 조언을 구할 수 있을 만큼 친분을 쌓아야 한다. 한 해에 1,000만 달러가 넘는 계약고를 자랑하는 미국의 유명한 부동산 중개업자 신디 로즈메이즐은 고객에게 평생 잊지 못할 서비스를 제공함으로써 고객과 친분을 쌓는다고 한다. 그녀는 집을 팔고 난 뒤에도 계속해서 그 고객에게 관심을 기울인다. 새로운 동네로 집을 얻어 이사 온 고객들은 처음에 생활적인 면에서 불편을 느끼게 마련인데, 신디 로즈메이즐은 이러한 고객들의 불편을 해결해주며 친분을 쌓는 것이다. 시장은 어디에 있는지, 병원은 어디에 있는지 등 생활에 필요한 각종 시설을 소개해주고, 심지어 아기를 돌봐줄 사람까지 알려준다고 한다. 한 번은 주방기구가 고장났다고 무심코 흘린 고객의 말에 그녀가 직접 달려가 고쳐주기도 했다. 보통의 부동산 중개업자라면 물건을 팔고 돈을 받아내기만 하면 다시는 볼 일이 없다는 듯 고객을 외면하곤 한다. 하지만 신디 로즈메이즐은 파는 것으로 그치지 않고 팔고 나서부터 본격적인 영업을 시작하는 셈이다. 그렇게 다른 중개업자들과는 차별적인 서비스를 제공함으로써 그녀는 많은 고객들의 사랑을 받게 되었다. 그리고 그녀를 절대적으로 신임하게 된 고객들은 그 동네로 이사 오려는 지인들에게 그녀를 소개해주곤 했다. 찾아오는 마케팅이 이루어져 그녀는 점점 더 계약고를 높이며 손꼽히는 부동산 중개업자가 되었다.

자료 : 신동일(2012), 7년 연속 벤츠 판매왕 신동일의 죽기 살기로 3년만, 참돌, 155-156.

일반적인 사회관계에서와 마찬가지로 B2C CRM에서 영업사원이 고객과 사회적 관계를 돈독히 맺기 위한 가장 핵심적인 사항은 고객의 말을 경청하는 것이다. 고객의 말을 경청하고, 이에 대해 공감을 표시하고, 진심을 담은 조언을 하는 것이 사회적 관계의 형성을 위한 가장 훌륭한 방법이 된다. [글 3-5]는 사회적 혜택의 제공에 있어서 고객의 말에 대한 경청이 얼마나 중요한지에 대한 사례를 제시하고 있다.

글 3-5 사회적 혜택에서 경청의 중요성에 대한 사례

고객의 마음을 사는 효율적인 방법 중 하나는 고객의 이야기를 경청하는 것이다. 시보레자동차의 판매왕으로 유명한 조 지라드는 젊은 시절에 저지른 실수 덕분에 판매왕으로 거듭날 수 있었다고 한다. 젊은 시절 지라드는 구매를 결정한 고객과 계약을 목전에 두고 짧은 사담을 나누게 되었다. 그때 고객은 자식 자랑을 해댔는데 지라드는 그 이야기에 별로 귀 기울이고 싶지 않았다. 그래서 지라드는 자동차 구입도 결정이 난 마당에 고객의 말에 건성으로만 대답하며 연신 동료들에게 눈을 돌리고 있었다. 결국 불쾌해진 고객은 구입하기를 취소하고 자리에서 일어나 버렸다. 그 후 고객에게 전화했더니 그 고객은 자신의 이야기를 잘 들어주는 세일즈맨에게서 차를 구입했다고 전했다. 이 일을 겪은 후 지라드는 경청을 최고의 가치로 삼게 되었다. 그래서 고객과 이야기를 나눌 때에는 반드시 눈을 마주치고, 고객의 이야기를 듣는 순간에는 그 고객을 세상에서 가장 귀한 사람으로 대접했다. 그리고 그 후 지라드는 12년간 10만 대가 넘는 자동차를 판매한 전설의 세일즈맨이 되었다.

자료 : 신동일(2012), 7년 연속 벤츠 판매왕 신동일의 죽기 살기로 3년만, 잠돌, 148.

2. 지각된 비용

고객이 지각하는 비용은 획득비용, 탐색비용, 심리적 비용 등으로 구분될 수 있다.

2.1 획득비용

획득비용은 제품이나 서비스를 획득하기 위해 치러야 하는 모든 비용을 포괄한다. 즉, 해당 제품이나 서비스의 가격은 물론, 교통비, 운반비, 설치비 등 획득과정에서 소요되는 금전적 비용과 시간과 노력 등의 비금전적 비용도 포함된다. 기업은 특히 가격의 인하를 통해 손쉽게 가치를 상승시킬 수 있지만 이는 장기적인 관점에서는 제품이나 서비스의 이미지를 떨어뜨릴 수 있으며 또한 경쟁사를 자극하여 가격인하 경쟁이 벌어질 수도 있기 때문에 매우 신중하게 판단하여야 한다.

2.2 탐색비용

탐색비용은 구매 대상의 제품이나 서비스에 대한 정보를 획득하는 데 소요되는 비용을 의미한다. 획득비용이 구매할 제품이나 서비스를 결정한 후에 소요되는 비용이라고 하면, 탐색비용은 여러 대안에 대한 정보를 획득하고 평가하는 데 소요되는 비용을 의미한다. 여기에는 금전적인 비용은 물론 시간이나 노력과 같은 비금전적 비용도 포함된다. 자동차를 구매하기 위해 매장을 방문하고, 인터넷을 검색하고, 자동차 관련 잡지를 구매하고, 다른 사람들의 의견을 묻는 등의 활동을 하는 데 소요되는 비용 등을 그 예로 들 수 있다. B2B의 경우에는 고객사가 공급업체들을 탐색하고, 제안요청서를 발송하고, 공급업체들의 방문활동에 응하고, 프레젠테이션을 통해 공급업체들을 평가하고, 공급할 업체를 선정하는 등의 과정에서 발생하는 모든 비용이 탐색비용에 해당한다.

2.3 심리적 비용

심리적 비용은 고객이 구매의사결정을 하는 과정에서 겪게 되는 정신적인 부담을 의미한다. 이는 잘못된 구매결정을 하였을 때 발생할 수 있는 금전적 · 신체적 · 사회적 손실에 대한 우려 때문에 발생한다. 동일한 제품을 반복적으로 구매하는 경우에는 심리적 비용이 매우 적지만, 구매경험이 없거나 가격이 매우 비싼 제품이나 서비스를 구매하고자 하는 경우에는 잘못된 결정으로 인해 많은 손실을 볼 수 있다는 생각 때문에 심리적인 부담이 커질 수 있다. 심리적 비용이 너무 크면 고객은 구매 자체를 포기하거나 연기할 수도 있다. 기업이 이러한 심리적인 비용을 낮추어주기 위해서는 고객에게 신뢰를 주고, 고객이 제품에 대해 확신을 가질 수 있도록 하여야 한다.

제 3 절 커스터마이제이션

CRM에서의 가장 중요한 가치창조 수단은 커스터마이제이션(customization)이다. '커스터마이즈(customize)'는 기업활동을 고객의 개별적인 요구나 니즈에 '맞춘다'는 의미를 담고 있다. 커스터마이제이션은 흔히 생산부문에서 많이 사용되는 용어로 '맞춤생산'이나 '맞춤제작'으로 번역되기도 하지만, 제품뿐만 아니라 가격, 커뮤니케이션, 유통, 업무 프로세스 등 기업활동의 모든 부문에서 맞춤이 이루어질 수 있기 때문에 '맞춤'이라고 번역되는 것이 보다 타당하다. 가치창조는 불특정다수의 고객들을 대상으로 이루어질 수도 있고, 특정 세분시장의 고객들을 대상으로 이루어질 수도 있으며, 고객 개개인을 대상으로 이루어질 수도 있다. 그런데 CRM에서는 고객의 개별적 니즈에 부응하는 가치창조를 그 핵심적인 내용으로 하고 있기 때문에 커스터마이제이션은 CRM의 수행과정에서 필요한 가치창조의 매우 유력한 수단이 된다.

1. 커스터마이제이션의 개념

커스터마이제이션을 활용하면 고객 개개인의 개별적인 니즈에 부응할 수 있기 때문에 판매의 효과성(effectiveness)은 매우 높일 수 있는 반면, 동일한 제품을 동일한 방식으로 생산하는 것에 비해 훨씬 더 많은 비용이 소요되기 때문에 생산의 효율성(efficiency)은 훨씬 더 낮아진다. 생산성(productivity)은 아래의 식과 같이 효율성과 효과성의 곱으로 계산되기 때문에 생산성을 증가시키기 위해서는 효과성을 최대한 끌어올리는 동시에 효율성이 떨어지지 않도록 하는 것이 중요하다.

$$\text{생산성} = \frac{\text{생산량}}{\text{생산원가}} \times \frac{\text{판매액}}{\text{생산량}} = \text{효율성} \times \text{효과성}$$

맞춤은 순수맞춤(pure customization) 혹은 수공맞춤(craft customization)과 대량맞춤(mass customization)으로 나누어질 수 있다. 순수맞춤은 제품의 설계단계에서부터 고객의 니즈에 부합하도록 제품이나 서비스를 만들어내는 것을 의미한다. 순수맞춤은 고객의 니즈에 정확하게 부응함으로써 효과성을 극대화할 수 있다는 장점이 있는 반면, 개별생산을 하여야 하기 때문에 효율성이 떨어지는 단점을 가지고 있다([글 3-6] 참조).

글 3-6 레고의 순수맞춤

덴마크에 본사를 두고 있는 'The Lego Group'은 레고브릭(Lego Brick)으로 전 세계에 잘 알려져 있는 세계 제3위의 장난감 제조업체로 130여 개국에서 어린이들에게 장난감, 학습자료, 학습체험 등을 공급하고 있다. 이 회사는 2005년부터 Lego Factory라는 이름으로 'LEGO Design byMe'라는 명칭의 서비스를 제공하였다. 이 서비스는 고객이 이 회사에서 제공하고 있는 'Lego Digital Designer'라는 컴퓨터 프로그램을 이용하여 자신이 원하는 제품을 디자인하고, 이를 이 회사의 웹사이트에 올리면 회사는 이 설계대로 제품을 만들어 고객에게 배송해주는 서비스이다. 이렇게 제작된 제품은 매장에서 팔리는 제품에 비해 월등히 비싸다. 이는 주문한 제품을 기술진이 일일이 만들어야 하고, 고객에게 개별적으로 배송해주어야 하기 때문이다. 또한 해당 제품은 해당 고객을 위해서만 만들어지기 때문에 반품을 받아주지 않았다. 이 서비스는 매년 수백만 명의 고객들이 설계에 참여할 정도로 선풍적인 인기를 끌었다. 이러한 성공에도 불구하고 이 회사는 2011년 말에 서비스의 중단을 선언하였으며, 2012년 1월 16일부터는 주문을 받지 않고 있다. 이 회사는 이 서비스를 중단한 이유로 만들어진 제품이 어린이들이 가지고 놀기에는 너무 복잡했고, 대대적인 성공에도 불구하고 서비스의 품질을 유지하기가 어려웠다는 점을 들고 있다.

자료 : http://en.wikipedia.org/wiki/LEGO_Design_byME
http://ldd.lego.com/en-us/subpages/designbyme/?domainredir=designbyme.lego.com

대량맞춤(mass customization)은 효율성을 대량생산의 경우와 비슷한 수준에서 유지시키면서도 효과성을 제고시키기 위한 목적으로 도입되었다. 이는 대중을 뜻하는 매스(mass)와 맞춤을 뜻하는 커스터마이제이션이 결합된 용어로 이 분야의 선구자인 B. 조셉 파인(B. Joseph Pine)이 저술한 『*Mass Customization : The New Frontier in Business Competition*』이라는 제목의 책이 1992년에 출간되면서 본격적으로 논의되기 시작하였다. 대량맞춤은 맞춤제품이나 맞춤서비스를 표준제품이나 표준서비스와 유사한 가격에 판매하고자 하는 접근방식으로 다음과 같이 정의될 수 있다.

> 대량생산에 근접하는 효율성을 바탕으로 생산비용이나 배송시간 등에 큰 불리함이 없이 각 고객의 개별적인 니즈에 부합하는 개별화된 제품이나 서비스를 제공하는 것

2. 대량맞춤의 이점

대량맞춤은 고객관계의 강화, 제품이나 서비스의 가치 제고, 재고비용 및 판매기회상실의 감소 등의 여러 가지 이점을 지니고 있다.

2.1 고객관계의 강화

맞춤을 통한 고객관계의 강화는 두 가지 측면에서 이루어진다. 첫째, 고객의 개별적인 요구사항에 적극적으로 부응함으로써 고객과의 관계를 강화할 수 있다. 둘째,

회사는 고객으로부터의 주문정보를 통해 고객의 취향이나 니즈에 대한 매우 구체적인 정보를 획득할 수 있고, 이러한 정보를 기반으로 해당 고객에 적합한 제품이나 서비스를 제안함으로써 고객관계를 지속적으로 강화시켜 갈 수 있다.

2.2 제품이나 서비스의 가치 제고

고객은 맞춤상품에 대해 객관적인 가치 이상의 가치를 부여하는데 이는 맞춤상품을 통해 자신의 실용적인 욕구를 충족시킬 수 있음은 물론, 맞춤상품에 대해 감성적인 애착을 갖게 되기 때문이다.

① 실용적인 욕구의 충족 : 고객은 맞춤상품을 통해 자신의 문제를 해결하는 데 큰 도움을 받을 수 있다.

② 감성적 애착 : 고객은 자신이 제조과정에 참여하였다는 사실 때문에 해당 상품에 대해 감성적인 애착을 갖는다. 또한 자신이 누리는 서비스나 소유한 제품이 이 세상에서 유일하게 존재하는 상품이라는 인식으로 인해 해당 상품에 대해 감성적인 애착을 갖는다.

이러한 이유로 기업은 맞춤생산을 통해 생산하는 제품이나 서비스의 가치를 제고시킬 수 있다. 그래서 맞춤상품은 일반상품에 비해 값이 비싼 경우가 많고, 또한 주문에서 배송까지 상당한 시간이 소요되지만 고객은 이를 기꺼이 받아들인다. 통상적으로 맞춤상품은 일반상품에 비해 20~30%가 더 비싸지만 항상 그런 것은 아니다. 델컴퓨터와 같이 재고비용의 감소, 직접판매를 통한 유통마진의 감소 등을 기반으로 제품가격을 경쟁업체보다 낮게 책정하는 경우도 있다.

2.3 재고비용 및 판매기회상실의 감소

대량생산 제품의 경우에는 수요예측을 통해 생산 스케줄이 결정되는데, 수요예측이 완전하지 않기 때문에 완제품 재고는 항상 모자라거나 남는다. 재고가 모자라면 판매기회가 상실되고 남으면 재고비용이 증가한다. 대량맞춤을 통한 주문생산은 주문에 따라 생산이 이루어지기 때문에 완제품 재고가 없이도 수요에 대처할 수 있다. 부품에 대한 수요도 주문의 양에 따라 이루어지기 때문에 부품 재고도 감소시킬 수 있다. 대량생산의 경우에는 수요가 갑자기 늘어나면 결품(缺品)이 발생하여 판매기회가 상실되지만, 주문생산의 경우에는 고객이 주문 후에 기다려줄 수 있는 시간 내에 생산과 배송을 할 수 있다면 결품을 없앨 수 있다. 재고의 감소는 또한 현금흐름을 개선하는 효과를 갖는다. 주문생산을 통해 완제품 재고가 감소하면 재고회전율이 높아지기 때문에 현금흐름을 개선시킬 수 있다. 또한 주문생산의 경우에는 대부분 고객으로부터 상품 값을 수령한 이후에 생산이 이루어지기 때문에 부품 구입이나 운영에 드는 비용을 사전에 확보할 수 있는 이점이 있다.

2.4 직거래를 통한 유통비용의 절감

모든 대량맞춤 기업들이 그런 것은 아니지만 많은 경우 유통업체를 통하지 않고 고객과 직접거래를 하는 경우가 많으며 이를 통해 유통비용을 절감시킬 수 있다. 주문생산을 통해 고객들과 직거래를 하는 델컴퓨터 등이 그 대표적인 예라고 할 수 있다. 또한 인터넷 등 통신수단의 비약적인 발전으로 인터넷을 통해 주문을 받아 맞춤생산을 하고 이를 우편으로 배송하는 방식도 매우 보편적으로 이루어지고 있다.

3. 대량맞춤의 등장배경

대량맞춤의 등장은 생산기술의 발전과 마케팅 진화의 결합으로 설명될 수 있다. 즉, 마케팅이 경쟁의 심화와 시장의 포화로 인해 고객의 개별적인 니즈의 충족을 목적으로 하는 일대일마케팅의 방향으로 진화하고, 린생산, 혼류생산, 유연생산 등의 생산기술의 발전으로 개별고객의 니즈에 부합하는 생산이 가능하게 됨으로써 대량맞춤이 등장하게 되었다고 할 수 있다([그림 3-2] 참조).

그림 3-2 생산과 마케팅의 진화와 대량맞춤

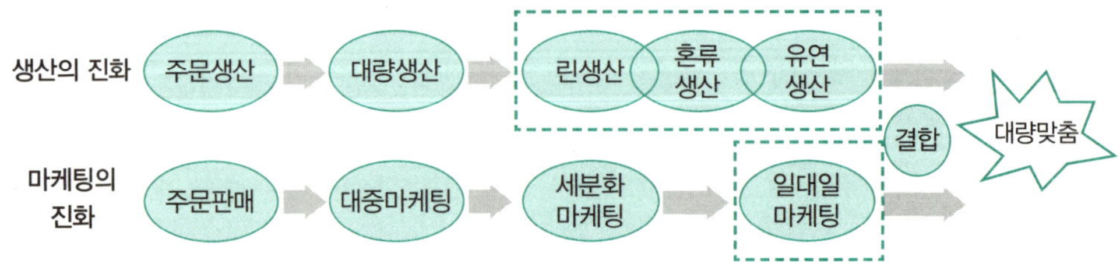

자료 : 권성용(2003), "대량맞춤(Mass Customization)의 대두와 기업의 대응," CEO Information, 415호, 삼성경제연구소.

3.1 린생산

린생산(lean production)에서의 '린(lean)'은 사전적으로 '얇은' 혹은 '마른' 등의 의미를 가지고 있으며, 생산부문에서는 '비용을 절감한'이란 뜻을 가지고 있다. 즉, 린생산은 인력, 생산설비 등 생산능력을 필요한 만큼만 유지하면서 생산효율을 극대화시키는 생산시스템이라 할 수 있다. 린생산은 일본의 도요타자동차가 제2차 세계대전 후 미국 자동차업계의 대량생산방식과 경쟁하기 위한 생산방식으로 도입하였으며, 그래서 흔히 '도요타생산시스템'으로도 불린다([글 3-7] 참조). 이 생산시스템은 원가절감과 생산성의 향상을 통한 경쟁우위 창출에 그 목적을 두고 있다. 린생산은 1970년대 중반 제1차 오일 쇼크로 인한 불황 속에서 원가절감과 생산성 향상 측면에서 더욱 진가를 나타내었다. 그에 따라 자동차산업뿐만 아니라 가전 등 다른 산업에도 확산되었고, 새로운 생산방식으로서 세계적인 주목을 받게 되었다.

글 3-7 린생산의 개념

린생산이란 모든 형태의 낭비를 줄여줄 수 있는 방법들을 이용하여 작업자와 작업장이 보다 유연하고 효율적이 되도록 생산체제를 정비하는 것을 뜻한다. 일본의 도요타는 미국의 자동차업계와의 경쟁을 위해 낭비를 최소화시키기 위한 JIT(Just in Time), 칸반시스템(Kanban System), 품질분임조 등의 개념을 만들어내면서 TPS(Toyota Production System)를 발전시켜 나갔다. 1990년 미국 MIT의 교수들이 일본의 경쟁력을 분석하면 TPS를 '일체의 낭비를 허용하지 않는 군살 없는 린생산(lean production)'이라고 명명하였다. 그 이후 1996년에 미국 MIT를 중심으로 린 실행모델이 개발됨으로써 린생산의 아이디어가 보편화되기 시작하였다. 린생산의 개념은 TPS에서 출발하였으며, 따라서 린생산, TPS, JIT 등은 용어는 다르지만 기본철학은 같기 때문에 혼용되어 사용되기도 한다.

자료 : 박형호, 노춘섭, 최기, 김영대, 조건, 소순후(2012), 생산운영관리, 도서출판 청람, 201-202.

3.2 혼류생산

혼류생산(混流生産)은 하나의 생산라인에서 2개 이상의 제품을 동시에 생산하는 시스템을 말한다. 이는 앞에서 언급한 도요타생산방식(TPS)의 일환이다. 도요타자동차는 생산비용의 절감을 위한 JIT의 도입과 함께 고객들의 주문상황에 따라 자동차 모델별 생산량을 조절할 수 있는 '혼류생산'방식을 도입하였다. 이 같은 생산방식으로 다양한 제품을 비용효율적으로 생산할 수 있게 되면서 세계적인 자동차회사로 도약하게 되었다. 혼류생산은 한국의 자동차업계에도 도입되어 있다. 현대자동차의 경우 투싼과 싼타페 등 RV(레크리에이션용 차량)를 생산하던 라인에서 소형 승용차 아반떼를 생산하는 사례가 있다. 혼류생산은 수요에 따라 라인별 생산모델을 자유롭게 변경할 수 있는 등 생산라인을 효율적으로 운영하여 제품단위당 수익률을 높일 수 있어 자동차 제조뿐 아니라 가전제품을 비롯한 다른 제조업종으로 확산되고 있다.

3.3 유연생산

유연생산(柔軟生産, flexible manufacturing)은 시장의 수요에 따른 생산공정의 변화에 유연하게 대처하면서 다양한 제품을 자동생산할 수 있도록 하는 생산방식을 의미한다. 이 생산방식은 제품의 다양화를 요구하는 사회적인 요청과 로봇과 같은 수치제어(numeric control) 공작기계 등 메커트로닉스 발전의 결합으로 탄생되었다. 시장은 점차 다양한 제품의 생산을 요청하는 추세로 바뀌고 있으며, 생산라인 하나에서 1가지의 제품만을 생산하는 대량생산방식으로는 이러한 추세에 대응하기 어렵다. 이로 인해 생산품목의 변화에 따른 공정변화에 유연하게 대응할 수 있는 자동생산시스템이 필요하게 되었다. 유연생산의 개념은 1960년대 중반 영국에서 확립되었으며 그 뒤 미국에서 실용화되었다. 그러나 유연생산방식이 오늘날처럼 빠른 진전을 보게 된 것은 시장의 수요와 함께 수치제어 공작기계나 산업용 로봇과 같은 메커트로닉스 기술의 진보로 고성능의 자동기계를 싼 값에 공급할 수 있게 되었기 때문이다.

4. 맞춤의 유형

커스터마이제이션은 [그림 3-3]에서와 같이 제품의 제작과정에서 판매에 이르기까지 어느 단계에서 고객의 개별적인 니즈가 반영되도록 할 것인가에 따라 맞춤설계, 맞춤제작, 맞춤조립, 맞춤추천 등의 네 가지 가지 형태로 나누어질 수 있다. 이 가운데 제품의 설계단계에서부터 고객의 개별적 니즈가 반영되는 맞춤설계를 제외한 맞춤제작, 맞춤조립, 맞춤추천 등을 대량맞춤의 범주에 포함시킬 수 있다. 맞춤설계는 순수맞춤 혹은 수공맞춤에 해당한다. [표 3-2]는 각 유형의 맞춤의 특성을 간략히 기술하고 있다.

그림 3-3 맞춤의 유형

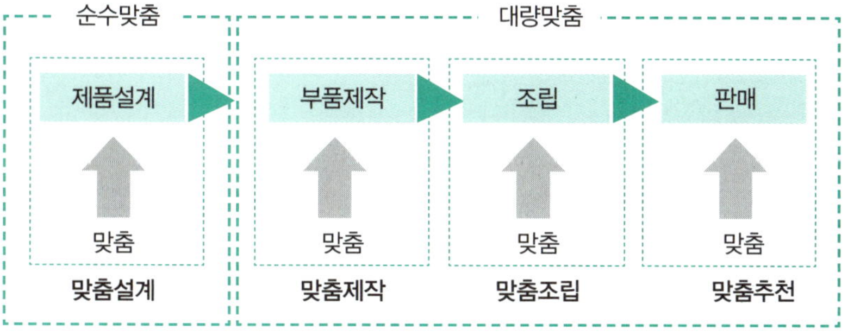

| 표 3-2 | 맞춤의 유형

구분	설명	예
맞춤설계 (ETO : Engineer to Order)	상품의 설계단계에서부터 고객의 니즈를 반영하여 제작	루이비통, 롤스로이스
맞춤제작 (MTO : Make to Order)	전형적인 상품의 일부를 고객의 니즈에 맞추어 수정	IC3D.com, Land's End, M&M's
맞춤조립 (ATO : Assemble to Order)	표준화된 부품의 조립단계에서 고객의 니즈를 반영	델컴퓨터, 아디다스
맞춤추천 (LTO : Locate to Order)	기존제품 가운데 고객의 니즈에 부합하는 특정 상품이나 상품조합 추천	• 질문형 맞춤추천 : Paris Miki, Acumin • 분석형 맞춤추천 : TESCO, Amazon

그런데 이러한 구분이 특정 기업이나 특정 제품을 반드시 어느 하나의 범주에 소속시킬 수 있다는 것을 의미하는 것은 아니다. 그보다는 여러 맞춤 유형들은 [그림 3-4]에서와 같이 개별화의 수준이라는 연속선상에서의 상대적인 위치를 나타낸다고 할 수 있다. 즉, 맞춤추천, 맞춤조립, 맞춤제작, 맞춤설계는 모두 일대일마케팅을 지원하기 위한 생산방식이며, 맞춤추천에서 맞춤설계로 갈수록 개별화의 수준이 높아지는 것으로 설명될 수 있다. 또한 동일한 기업이 한 개 이상의 생산 및 마케팅방식을 취할 수도 있다. 예를 들어 다품종 소량생산에 의한 세분화마케팅을 실행하는 기업이 특정 브랜드에 대해서는 맞춤제작이나 맞춤조립에 의해 생산하고 판매하는 방식을 취할 수도 있다.

그림 3-4 개별화의 수준에 따른 생산방식 및 마케팅방식의 위치

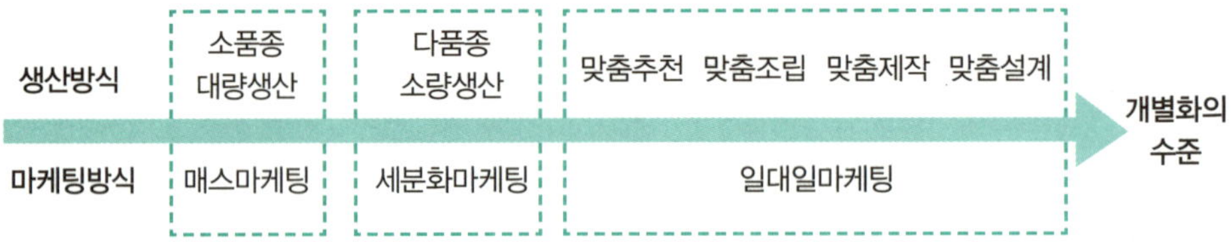

4.1 맞춤설계

맞춤설계는 고객의 주문에 맞추어 전체 제품 혹은 주요 부품에 대한 설계가 이루어지고, 이에 따라 생산과 조립이 이루어지는 맞춤방식을 의미한다. 맞춤설계는 대량생산을 전제로 하지 않기 때문에 대량맞춤의 범주에는 포함되지 않는다. B2B 부문에서는 맞춤설계의 사례들을 흔히 살펴볼 수 있다. 조선, 플랜트, 발전소, 대형건물, 자동화설비 등의 업종에서는 맞춤설계에 의한 생산이 매우 보편적이다. 그렇지만 맞춤설계는 B2C 분야에서도 광범위하게 이루어지고 있다. 특히 서비스업종에서 생산과 소비의 비분리성(inseparability of production and consumption)으로 인해 소비자가 서비스 생산과정이나 결과물에 대해 영향을 미칠 수 있기 때문에 맞춤설계가 매우 보편화되어 있다. 대표적인 서비스업종인 금융부문에서는 우수고객을 대상으로 하는 프라이빗뱅킹(PB)이 상당히 오래전부터 맞춤설계의 방식으로 이루어져 왔으며, 이러한 경향은 최근 들어 더욱 강화되고 있다. 예를 들어 증권사는 단순히 개별적인 투자상품을 판매하는 것이 아니라, 고객의 자산관리를 위해 고객별로 종합적인 맞춤형 컨설팅서비스를 제공하는 방향으로 영업 역량을 강화하고 있다.

우리나라에서는 2010년을 전후해서 은행, 보험, 증권사, 카드사, 백화점 등의 업종을 중심으로 개별고객의 라이프스타일에 부응하는 토털서비스로서 컨시어지서비스(concierge service)가 확산되고 있다([글 3-8] 참조). 컨시어지서비스는 각 업종에 특화되어 있는 서비스가 아니라 고객들의 일상생활에서 발생할 수 있는 각종 민원성의 니즈들을 해결해주는 형태의 서비스이다. 따라서 이러한 서비스를 제공하기 위해서는 고객들의 개별적인 요구를 어떻게 해결할 것인가를 설계하여야 하기 때문에 맞춤설계의 범주에 포함시킬 수 있다.

글 3-8 컨시어지서비스의 확산

편의성을 추구하는 인간의 욕구가 진화하면서 자신이 직접 수행하던 일상생활의 허드렛일을 대행시키려는 경향이 증대되고 있다. 소득수준이 높아지고 점차 바빠지는 일상 속에서 시간 및 여력의 부족으로 사소한 일들에 대한 소위 '귀차니즘'이 심화되고 있기 때문이다. 일본, 미국 등에서 나타나고 있는 토털 심부름센터 등 가정용 일상생활 지원서비스, 이사 갈 집의 계약이나 문제점 확인 등의 대행서비스, 맞춤식 식단/건강관리서비스 등을 예로 들 수 있다. 일상생활의 아웃소싱서비스는 향후 단순 대행 차원을 넘어 개인의 성향에 맞는 라이프스타일과 문화까지도 제공해 줄 수 있는 충실한 상담자의 역할을 수행하는 비즈니스로 발전할 것으로 예측된다.

자료 : 조준일(2010), "차별적인 경쟁력 : 맞춤화와 개방형 혁신으로," LG Business Insight, 6월 9일, 17-31.

컨시어지는 유럽의 중세시대에 성(城)에 있는 촛불을 지키는 사람이라는 의미를 지닌 프랑스어 'comte des cierges'에서 유래하였다. 현대적 의미에서의 컨시어지서비스는 주로 호텔에서 투숙객들의 호텔내부시설, 관광, 쇼핑, 공연, 교통편 등에 대한 문의에 응대하는 형태로 이루어져 왔는데, 이 개념이 확대되면서 최근에는 주로 금융 및 유통업종을 중심으로 초우량고객들의 다양한 개인적인 요구에 대응하는 맞춤서비스로 발전되었다. 금융업체의 경우 고객들의 요구에는 해당 기업의 고유 업무와 연관되는 분야에서뿐만 아니라 법률, 세무, 의료, 여행, 문화, 자녀교육, 자녀결혼 등 개인생활과 관련된 다양한 분야가 망라되어 있으며, 경우에 따라서는 명품 구입, 비행기 티켓 예매, 운동경기 티켓 예매, 골프장 부킹 등과 같은 각종 심부름도 포함되어 있다.

은행이나 증권사에는 우수고객을 대상으로 맞춤서비스를 제공하는 PB(Private Banking)가 이미 존재하고 있지만, PB서비스가 투자상품 소개, 자산 포트폴리오관리 등 회사 고유의 업무에 집중되어 있는 반면, 컨시어지서비스는 생활의 모든 면에 대해 맞춤서비스를 제공한다는 데 그 특징이 있다([글 3-8] 참조). 백화점의 경우에 컨시어지는 고객에게 최신의 패션 스타일을 제안하는 패션 컨시어지와 쇼핑과 취미생활에 대한 제언을 하는 라이프스타일 컨시어지로 구분될 수 있다. 백화점 매출에서 패션이 차지하는 비중이 매우 높기 때문에 명품 브랜드의 매출에 큰 영향을 미치는 패션 컨시어지의 입지는 계속 넓혀지고 있다. 국내에서는 2000년대 중반 이후 백화점이 쇼핑뿐만 아니라 고객의 라이프스타일을 담아내는 문화공간으로 자리매김하면서 컨시어지는 주로 VIP 전용 라운지에서 고객을 접객하면서 백화점의 이벤트정보를 제공함은 물론, 고객의 취미와 관련한 상담서비스를 제공하는 역할을 담당하고 있다.

기업들은 컨시어지서비스의 제공을 위해 자체적인 조직을 구성하기도 하고 혹은 외부의 컨시어지서비스 전문업체를 활용하기도 한다. 예를 들어 현대카드는 블랙카드 회원을 대상으로 하는 '컨시어지서비스팀'을 운영하고 있는 반면, 삼성카드나 현대백화점은 글로벌 컨시어지서비스업체인 퀸터센셜리(Quintessentially)와 제휴하여 서비스를 제공하고 있다. 퀸터센셜리는 영국의 귀족이 설립한 회사로 세계적인 부유층을 대상으로 컨시어지서비스를 제공하고 있으며, 2008년 국내에 진출하였다.

글 3-9 우리나라 금융기관의 컨시어지서비스 사례

1. 우리은행은 VIP고객을 위한 개인 맞춤형 비서서비스인 '컨시어지서비스'를 실시한다고 13일 밝혔다. 우리은행 '컨시어지서비스'는 건강 · 문화 · 예술 · 생활편의 · 전문 컨설팅 등 고객이 원하는 요청사항에 대해 최적화된 정보를 제공하고 고객이 원할 경우 예약까지 대행해주는 개인 맞춤형 서비스이다. 이는 기존에 할인이나 멤버십, 특정 서비스 이용권한 등 제한된 범위의 서비스를 일방적으로 제공하던 것에서 벗어나 고객이 원하는 분야의 정보와 서비스를 맞춤형으로 제공한다는 데에 큰 의미가 있다. 우리은행 관계자는 "바쁜 업무로 인해 시간이 없거나 필요한 정보를 검색하는 것에 익숙하지 않은 고객을 대신해 고객의 요청에 따라 예약을 대행하고 고객이 원하는 정보를 제공하는 것이 우리은행 컨시어지서비스의 핵심"이라고 말했다.

자료 : 프라임경제, "우리은행, VIP고객 대상 '컨시어지 서비스' 실시 : 예약 대행, 정보제공 등 1 : 1 맞춤형 편의 제공," 2012년 8월 13일.

2. 한국투자증권은 이번 달 5일부터 '트루 프렌드 컨시어지서비스'를 시작했다. 이는 관리자산 10억 원 이상인 고객을 대상으로 법률, 자문 컨설팅을 포함해 의료, 여행, 교육 등 생활 전반과 관련된 서비스를 제공하는 프리미엄서비스이다. 고객이 원하면 거의 모든 분야에서 도움을 준다. 얼마 전에는 40대 PB 고객이 휴가계획을 짜달라고 요청해오자 증권사에서 직접 항공편, 숙소, 여행일정 등을 정리해 다음 날 고객에게 제공하기도 했다. 한국투자증권 관계자는 "서비스를 시작한 지 한 달도 채 되지 않았지만 500명이 넘는 고객이 신청하는 등 반응이 좋다"며 "가장 많이 찾는 서비스는 여행 및 레저, 의료 분야"라고 설명했다.

자료 : 동아일보, "개인비서서비스는 물론 가업승계까지 … '고객님, 집사가 되어드립니다'," 2012년 3월 22일.

최근 들어 서비스업종에서뿐만 아니라 정장, 셔츠, 신발, 가구, 가방 등의 제조업 분야에서도 니치마켓을 공략하는 기업들에 의해 개별고객을 위한 맞춤설계가 활발히 이루어지고 있다([글 3-10]~[글 3-12] 참조).

글 3-10 루이비통의 맞춤설계 및 맞춤제작

프랑스의 대표적인 명품브랜드인 '루이비통'은 1854년 회사 설립 이래 줄곧 맞춤주문서비스를 지속해오고 있다. 맞춤주문서비스는 고객이 원하는 제품을 100% 주문제작하는 방법과 기존제품을 고객의 취향에 맞게 보완하는 방법 두 가지이다. 완전주문제작의 경우 36켤레 구두를 넣을 수 있는 슈즈 트렁크, 서적을 넣을 수 있게 칸막이가 들어간 트렁크, 세면용품 케이스 등 그 아이템이 매우 다양하다. 기존의 가방모델을 보완하는 경우에는 주머니를 추가하거나 사이즈, 디자인, 소재 등을 약간 수정하는 방식이다.

자료 : 권금택(2011), 전략적 고객관계관리, 제3판, 대명, 388.

글 3-11 롤스로이스의 맞춤설계

'비스포크(bespoke)'는 맞춤생산을 뜻한다. 롤스로이스는 이 의미에 충실하게 고객이 요구한 것을 그대로 제작한다. 차를 타는 고객의 아이디어를 모두 반영하겠냐는 롤스로이스의 의지는 상상을 뛰어넘는다. 개빈 하틀리 비스포크 시니어 디자이너는 "7년 전 혼사 이 파트를 맡았지만 지금은 디자이너 6명과 함께 일한다"고 말했다. 예를 들어 고객이 스테인리스를 활용해 내부 디자인을 꾸며달라고 요구하면 그렇게 해준다. 야외활동이 많은 고객이 피크닉 세트를 차 트렁크에 넣어 달라고 하면 최고의 피크닉 도구와 제품을 아웃소싱해 차에 아주 정교하게 맞춤형으로 넣는다. 와인셀러를 원하는 사람이 있다면 그런 패키지를 제공한다. 롤스로이스는 최고의 가죽가공기술을 보유하고 있지만 고객이 원할 경우 과감히 이를 포기하고 다른 브랜드의 것을 쓰기도 한다. 파리의 한 호텔에서 프랑스 브랜드인 에르메스의 가죽을 써 달라고 요청한 것을 받아들이기도 했다. 중동의 한 고객은 황금빛에 가까운 옐로골드 컬러의 차 외관에 같은 색상의 가죽시트를 주문했는데 당황했던 처음과 달리 실제 모델이 나왔을 때는 훌륭하게 느껴졌다는 것이 그의 고백이다.

자료 : 매일경제, "'안전만 빼고 고객요구 100% 들어줍니다' : 게빈 하틀리 비스포크 디자이너," 2012년 11월 22일.

글 3-12 맞춤가구

고객이 대략적인 요구사항과 크기, 디자인 등을 설명하면 업체는 이에 맞춰 컴퓨터로 3D 디자인 화면을 준비한다. 만약 고객이 실측을 원한다면 가게 쪽에서 기사가 나가 실제 공간의 크기를 정확하게 측정해주기도 한다. 수수료는 없다. 이를 고객이 다시 한 번 점검해보고, 수정이 필요한 부분 등을 점검한 뒤 가구디자이너들이 설계도면을 그리는 데 착수한다. 고객이 최종 승인을 내리면 실제 제작에 들어가고, 제작과정은 매 단계 사진을 찍어 인터넷에 올린다. 가끔은 고객들이 직접 제작현장을 방문하도록 하는 이벤트도 마련한다. 직접 자신의 가구가 어떻게 제작되고 있는지 살펴봄으로써 만족도를 높이기 위한 것이다. 제작기간은 가구에 따라 보통 7~15일 정도 소요된다.

4.2 맞춤제작

맞춤제작은 고객에게 완성품의 전형적인 형태를 제시하고, 고객의 요구에 따라 부분적으로 이를 수정해 나가는 방식의 맞춤을 의미한다. 맞춤제작이 맞춤설계와 다른 점은 제품이나 서비스의 전형적인 형태나 주요 부품에 대한 설계는 이미 이루어진 후에 고객의 니즈가 반영된다는 점이다. 즉, 맞춤제작에서는 설계에 수정이 이루어지기는 하지만 근본적인 수정이 아니라 부수적인 요인에 대한 수정이 이루어진다. 맞춤제작은 제조업종에서보다는 서비스업종에서 훨씬 더 광범위하게 사용되고 있다. 예를 들어 의료, 교육, 헬스케어, 미용, 보험 등 많은 서비스업종에서 미리 개발된 전형적인 서비스를 바탕으로 고객의 니즈에 부합하도록 서비스의 형태를 수정하여 제공한다. 예를 들어 치과의 경우에 충치치료, 임플란트, 미백 등 다양한 서비스를 제공하는데, 제공되는 서비스의 구체적인 형태는 고객의 치아상태나 선호에 따라 맞춤형으로 이루어진다. 그렇지만 최근에는 제조업 분야에서도 맞춤제작이 활발히 이루어지고 있다. [표 3-3]과 [글 3-13] 및 [글 3-14]는 제조업 분야에서의 맞춤제작의 몇 가지 사례를 기술하고 있다.

| 표 3-3 | 맞춤제작의 사례

회사명	설명
M&M's	작은 바둑알 모양과 다양한 색상의 초콜릿으로 유명한 M&M's®는 맞춤제작방식을 도입한 차별화를 시도하고 있다. 고객이 이 회사의 웹사이트(mymms.com)에 접속하여 17가지 색상 중에서 2가지를 선택하고, 초콜릿의 한 면에 인쇄될 메시지를 입력한 후, 포장방법과 수량을 선택하고 나서 결제를 마치면, 자신이 지정한 장소에서 초콜릿을 받을 수 있다.
IC3D	1996년에 미국에서 설립된 이 회사는 맞춤제작을 활용하여 인터넷을 통해 청바지를 판매한다. 고객은 웹사이트에서 먼저 남성인지 여성인지를 표시하고, 청바지에 대한 취향(타이트한 정도, 허리띠 구멍의 수, 동전주머니 여부, 뒷주머니 여부 등)과 11곳의 신체치수를 입력하면 된다. 이러한 과정이 끝나면 고객은 집에서 청바지를 받을 수 있다. 과거에는 맞춤제작 청바지로 Levi Strauss의 사례가 많이 회자되었으나 IC3D의 커스터마이제이션 수준이 보다 높은 것으로 평가되고 있다.

Land's End	Land's End는 카탈로그와 인터넷을 통해 상품을 판매하는 회사로 맞춤청바지를 판매하고 있다. 고객이 이 회사의 웹사이트에서 자신의 키, 몸무게, 신발 사이즈 등과 같은 몇 개의 신체정보와 즐겨하는 운동 등 간단한 정보를 입력하면 이 회사는 500만 명에 대한 데이터를 바탕으로 만들어진 Archetype이라 불리는 특수 프로그램을 이용하여 청바지 사이즈에 대한 상세한 정보를 완성한다. 또한 고객은 선호하는 청바지 스타일, 수머니 형태, 색깔에 대한 정보를 입력한다. 이러한 정보는 멕시코에 있는 공장으로 보내져서 맞춤청바지를 제작하게 된다. 고객은 2~3주일 후에 집에서 청바지를 받을 수 있으며, 20~30달러를 더 지불하여야 한다. 맞춤청바지는 전체 청바지 판매의 25%를 차지할 정도로 인기가 높다.
Kimberly-Clark	Kimberly-Clark는 휴지박스에 소비자들이 원하는 가족이나 친구 사진을 인쇄해서 판매하는 MyKleenexTissue 2.0을 출시했다. 출시 이후 야구구단 로고, 디즈니 캐릭터 등과 연계해서 자신, 가족, 친구 등의 사진을 인쇄할 수 있도록 선택의 폭을 다양하함으로써 선물용으로 인기를 끌고 있다. 보통 휴지제품이 1.99달러에 판매되지만 이 제품은 7.99달러에 이를 정도로 고가임에도 상당한 인기를 누리고 있다. 

글 3-13 양복점의 맞춤제작

남성 정장은 획일화된 디자인 및 치수로 인해 불편함을 토로하는 이들이 많다. 키와 몸무게가 같아도 개인마다 팔길이, 어깨길이, 다리길이, 허리둘레 등의 신체사이즈가 다르기 때문이다. 또한 최근 연령대와 취향에 따라 원하는 정장 디자인이 눈에 띄게 달라지고 있다. 20~30대는 몸에 딱 붙는 이태리형을, 40~50대는 허리둘레가 넉넉하고 편안한 스타일을 선호하는 추세이다. 이에 자신에게 딱 맞는 디자인, 치수의 정장을 입기 위해 많은 남성들이 선택하는 것이 바로 '맞춤정장'이다. 맞춤정장은 사람마다 다른 신체사이즈, 분위기, 취향을 고려해 제작하기 때문에 편안함과 개성을 동시에 살릴 수 있는 장점이 있다. 유럽에서는 '맞춤정장'이 자신의 몸 치수에 맞는 편안한 정장을 입으면서도 활동성을 높이는 것을 의미하며, 이에 그치지 않고 양복의 재질이나 스타일에 따라 자신의 인격을 대변한다고 여길 만큼 오랜 기간 다양한 연령층에게 사랑받고 있다.

자료 : 세계일보, "'남성맞춤정장' 스타일 · 편안함을 동시에," 2012년 6월 15일.

글 3-14 맞춤제작 향수

기존 향수가 성에 차지 않는 멋쟁이나 나만의 향을 갖고 싶은 개성파들을 중심으로 맞춤향수가 조용히 퍼져 나가고 있다. 자신만의 향을 뽐내고 싶어 향수를 맞춤제작해 주는 (주)에데니끄를 찾은 한 20대 여성고객에게 이 회사의 김온유 대표는 우선 맞춤향수의 종류를 설명했다. 수백 가지 향 가운데 자신이 원하는 향 50~200가지를 골라 향수를 만드는 오트쿠틔르(완전맞춤)와 4가지 타입 중 1개를 골라 10~20가지 향을 더해 만드는 반맞춤이 있다는 것. 완전맞춤은 3~12개월에 걸쳐 이루어지고, 반맞춤은 1~2시간 내 완성된다. 가격도 완전맞춤은 걸리는 기간에 따라 결정되며, 반맞춤은 50㎖에 5만 원선이다. 고객이 반맞춤을 선택하자 김 대표는 우선 고객이 어떤 타입인지 알아보는 심리테스트지(표)를 줬다. 조사 결과 고객은 여성스런 매력이 특징인 플로럴 부케 타입으로 나왔다. 김 대표는 "향은 발향단계에 따라 30분간 지속되는 탑 노트, 4~8시간 지속되는 미들 노트, 4~24시간 지속되는 라스트 노트로 나눠진다"며 반맞춤은 라스트 노트를 중심으로 5~8가지 향을 미리 조합해 놓은 것을 바탕으로 시작한다고 설명했다. 김 대표는 미들 노트를 정하기 위해 플로럴 계열 향을 10가지 내놓고 고객에게 마음에 드는 향을 골라보라고 했다. 고객은 프리지어와 은방울꽃 향을 골랐다. 탑 노트 후보로는 플로럴 향에 신선함을 더해 줄 수 있는 그린 계열 향을 6가지 내놨다. 고객은 그린노트와 베가못을 선택했다. 고객이 고른 4가지 향을 조향차트에 적은 김 대표는 기본 베이스와 4가지 향의 비율을 정한 다음 우선 1㎖만 만들어 마음에 드는지 살펴보라고 했다. 향이 마음에 들지 않을 경우 양을 조절하거나 향을 다른 것으로 바꾸거나 첨가하게 된다. 이 씨는 "찾고 있던 바로 그 향"이라면서 활짝 웃었다. 50㎖의 향수를 만드는 것은 고객이 직접 하기로 했다. 큰 비커에 C 타입용 베이스와 프리지어와 은방울꽃 향을 비율대로 넣어 섞은 다음 그린노트와 베가못을 다시 넣고 섞어서 향수를 완성했다. 병에 넣고 원하는 라벨까지 붙인 다음 향수를 뿌려본 고객은 매우 만족한 표정이었다.

자료 : 국민일보, "세상에 단 하나뿐! '나만의 향수' 맞춤시대 … 맞춤향수 제작에서 사용법까지," 2012년 3월 13일.

4.3 맞춤조립

맞춤조립은 고객의 주문에 따라 이미 만들어진 표준화된 부품이나 재료를 사용하여 완성품을 만들어내는 맞춤방식을 의미한다. 맞춤제작의 경우에는 고객의 주문에 따라 일부 부품에 대한 제작이 이루어지지만, 맞춤조립에서는 단순히 고객의 니즈에 따른 부품조립이 이루어진다는 차이점이 있다. 즉, 맞춤조립에서는 부품생산단계까지는 대량생산이 이루어지고 맞춤은 조립단계에서 비로소 이루어진다. 맞춤조립에 의한 대량맞춤이 가능해지기 위해서는 부품의 원활한 조립을 가능하게 해주는 모듈라설계(modular design)가 필수적이다([글 3-15] 참조).

글 3-15 맞춤조립과 모듈라설계

맞춤조립이 가능해지려면 제품설계단계에서의 모듈화가 전제되어야 한다. 모듈(module)은 '제품의 구성요소(예 : 자동차의 경우 바디스타일, 색상, 트랜스미션, 엔진 등)'를 의미한다. 각 모듈은 독립적으로 생산될 수 있지만 다른 모듈과 명확히 정의된 인터페이스를 가지고 있기 때문에 용이하게 결합될 수 있다. 이러한 방식을 이용하면 고객의 다양한 요구에 탄력적으로 부응할 수 있다. 예를 들어 어떤 제품이 10개의 모듈로 구성되고 각 모듈에 10개의 옵션이 있다고 가정하면, 생산해야 하는 부품의 수는 10×10=100개에 불과하지만 만들어낼 수 있는 제품의 종류는 10의 10승(10^{10})인 10억 종에 이른다. 이러한 모듈라설계(modular design)는 특히 컴퓨터, 건물, 자동차 등의 분야에서 널리 사용되고 있다. 메르세데스(Mercedes) E-Class의 경우 바디스타일 2가지, 파워트레인 9가지, 색상과 내장 콤비네이션 121가지 등의 모듈과 옵션으로 4조 종에 가까운 다양성을 제공하고 있다.

자료 : 정대영(2008), 매스커스터마이제이션 : 21세기 고객맞춤경영, 엠플래닝, 29, 40-41.

맞춤조립에 의한 대량맞춤으로 가장 유명한 업체로는 델컴퓨터(Dell Computer)를 들 수 있다. 이 회사는 1984년 불과 1,000달러를 가지고 소규모 조립식 컴퓨터 판매를 시작하였으며, 1996년부터 온라인을 통해 CPU, 하드디스크, 메모리 등의 사양을 고객이 직접 선택하는 맞춤조립방식을 도입하여 단기간에 세계 최고의 컴퓨터회사로 성장했다. 이 회사는 주문에서 배달까지 단 4일이 걸린다. [표 3-4]는 다양한 제조업체들의 맞춤조립 사례를 보여주고 있다. 맞춤조립은 서비스업체에 의해서도 도입될 수 있다. 세계 최대의 패스트푸드 체인점 서브웨이(Subway)에서는 내점한 고객이 샌드위치 빵의 종류, 재료, 드레싱 등을 선택하여 주문하면 그 자리에서 직접 만들어 주는 방식을 도입하고 있다.

표 3-4 | 맞춤조립의 사례

회사명	설명
아디다스	아디다스는 2002년부터 'mi Adidas'라는 맞춤형 운동화공급 프로그램을 시행하고 있다. 고객이 매장에 방문하면 기기를 통해 양발의 치수를 자동으로 측정하고, 발 부위의 하중이나 평소에 하고 있는 운동의 종류와 양 등을 분석하여 신발의 크기, 신발의 골, 깔창, 바닥 등에 대한 옵션들을 선택해준다. 또한 브랜드의 이미지에 손상이 가지 않는 범위 내에서 색상을 선택할 수 있도록 하고 있다. 이 프로그램은 우리나라의 매장에서도 제공되고 있다.

나이키	나이키는 2000년 www.NIKEiD.com 사이트를 개설하여 소비자가 직접 디자인한 운동화를 제작하여 배송하는 사업을 개시하였다. 초기에는 84가지 조합의 상품주문이 가능했으나 이후 가능한 조합수를 계속 증대하고 있다. 또한 고객주문에 따라 최대 8자의 알파벳 단어를 신발의 뒷면에 새겨주는 서비스도 제공한다.
My Twinn	My Twinn은 고객의 모습과 닮은 맞춤인형을 제조하여 공급하는 회사이다. 인형을 주문하기 위해서는 이 회사의 웹사이트에서 인형을 가지고 놀 아이에 대한 여러 가지 정보(피부 · 눈 · 머리카락의 색깔, 머리의 길이, 머릿결과 스타일 등)를 제공하여야 한다. 이 웹사이트는 제작될 인형이 아이의 모습과 닮았다는 것을 확신시켜 주기 위해 제작될 인형의 모습을 미리 보여준다. 또한 아이의 사진을 보내야 하는데, 그렇지 않으면 인형 제작작업을 시작하지 않는다. 그러한 과정을 통해서 아이들은 32만 개가 넘는 인형 중에서 자신을 꼭 닮은 인형을 가질 수 있게 된다.
내셔널자전거 공업주식회사	일본의 내셔널자전거공업주식회사(National Bicycle Industirial Company)는 마쓰시타전기(松下電氣)의 창업자이며 '경영의 신'으로 불리는 마쓰시타 고노스케(松下幸之助)가 1952년 설립한 자전거회사로 1987년에 자사의 3개 브랜드(Panasonic, National, Hikari) 중 최상위 브랜드인 파나소닉(Panasonic)의 일부 라인에 대량맞춤방식을 도입하였다. 고객으로부터 모델, 색상, 사이즈, 옵션 등에 따른 주문이 들어오면 로봇이 용접과 도색을 하고, 작업자들은 조립작업을 수행하여 제품을 생산한다. 이러한 과정을 통해 고객들은 무려 800만 가지 조합 중에서 자신이 원하는 자전거를 선택하여 구매할 수 있다. 고객은 2주일 이내에 주문한 자전거를 받을 수 있으며, 가격은 동급의 대량생산 제품에 비해 20~30% 정도 비싸다. 이러한 방식을 도입한 결과 고급자전거 시장에서 시장점유율을 대폭 상승시킬 수 있었다. 이 회사는 2006년 7월 사명을 '파나소닉 자전거 테크놀로지(Panasonic Cycle Technology Co.)'로 바꾸었다.
페어리스 어셈블 드레서	우리나라의 화장품 전문 쇼핑몰인 샤라샤라는 원하는 제품을 선택해 구성할 수 있는 맞춤형 조립화장품 '페어리스 어셈블 드레서'를 출시했다. 샤라샤라 페어리스 어셈블 드레서는 총 3단으로 구성되어 있으며, 고객이 자신에게 필요한 베이스 메이크업과 스킨케어 제품을 선택하여 조립할 수 있는 개인 맞춤형 제품이다. 상단에 위치한 1단은 귀여운 캐릭터와 편리한 펌프형 용기가 특징으로 베이스 메이크업 제품 중 선택이 가능하다. 단지형 용기의 2, 3단은 마사지 에센스, 광채크림, 수분크림 등 스킨케어 제품 중에서 선택할 수 있다.
Mymuesli	Mymuesli는 독일의 조식용(朝食用) 시리얼 제조업체로 세계 최초로 식품 분야에서의 대량맞춤에 성공한 사례로 꼽힌다. 독일어의 'muesli'는 시리얼을 의미하고, 따라서 이 회사의 이름은 '나의 시리얼'이라는 의미가 된다. 이 회사가 대량맞춤에 최초로 도전한 유일한 회사는 아니며, General Mills 등 많은 식품업체들이 대량맞춤에 도전하였지만 높은 비용 등으로 모두 실패하였다. 고객들은 이 회사의 인터넷 사이트에 접속하여 75가지의 유기농 재료를 활용하여 자신이 원하는 시리얼을 주문할 수 있다.

할리데이비슨	할리데이비슨은 2011년부터 Build your own bike라는 웹사이트를 개설, 차륜, 머플러, 시트, 핸들을 포함한 각종 부품을 구매자 자신이 선택하여 조합하는 나만의 바이크를 처음부터 주문할 수 있다. 차종별로 부품을 구매자의 기호나 취향에 따라 선택 발주할 수 있다는 것인데, 모델별로 다르긴 하지만 거의 1,300종류의 선택지가 준비되어 있다.

4.4 맞춤추천

맞춤추천은 제품의 제작과정에서는 개별고객의 니즈가 전혀 반영되지 않고 완제품이 만들어진 이후에 판매가 이루어지는 단계에서 고객의 니즈를 반영하는 맞춤방식을 의미한다. 이미 만들어진 제품을 대상으로 맞춤을 시도하는 것이기 때문에 맞춤추천은 진정한 의미에서의 맞춤생산은 아니며, 이러한 의미에서 '가상적 맞춤생산(virtual build to order)'으로 불리기도 한다. 맞춤추천은 [그림 3-5]에서와 같이 고객의 니즈를 어떻게 파악하느냐에 따라 질문형 맞춤추천과 분석형 맞춤추천으로 나누어질 수 있다.

그림 3-5 맞춤추천의 유형구분

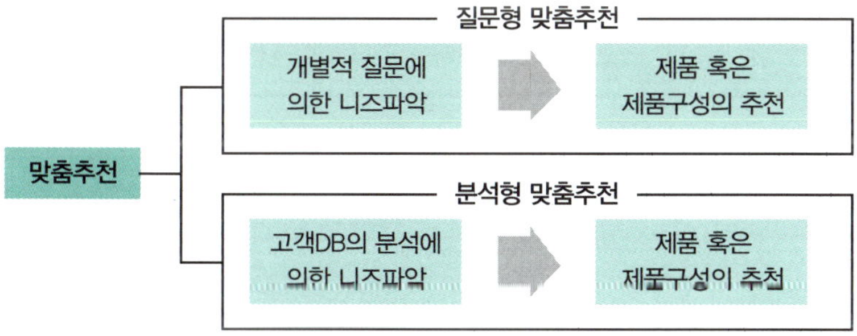

1) 질문형 맞춤추천

질문형 맞춤추천은 매장을 방문하거나 인터넷 사이트에 접속한 고객에게 본인의 제품에 대한 니즈를 직접 질문을 통해 파악한 후 이를 기반으로 제품을 추천하는 방식을 의미한다. 이 방식은 가장 정확하게 고객의 니즈를 파악할 수 있다는 장점을 가지고 있으나 추천을 위해서는 고객과의 접촉이 반드시 이루어져야 하며, 따라서 고객과의 접촉을 증가시키는 것이 이의 활성화를 위한 필요조건이 된다. [표 3-5]와 [글 3-16]은 몇몇 제조업종에서의 질문형 맞춤추천 사례를 제시하고 있다. 서비스업종에서도 질문형 맞춤추천 사례는 빈번하게 사용된다. 예를 들어 증권투신사에서 고객에게 상담을 통해 파악된 투자성향에 맞는 상품을 추천하거나, 통신사가 고객이 통신서비스에 가입할 때 고객의 통신서비스 사용패턴을 물은 뒤 적절한 통신상품을 추천하거나, 호텔에서 고객이 선호하는 유형의 객실을 묻고 적합한 객실을 추천하는 것 등을 들 수 있다.

| 표 3-5 | 질문형 맞춤추천 사례

회사명	설명
Paris Miki	이 회사는 세계 최다 체인점을 보유하고 있는 일본의 안경 유통업체로 정보기술을 활용하여 서비스를 혁신함으로써 고객에게 특별한 경험을 제공하고 있다. 고객이 매장을 방문하면 우선 디지털카메라를 이용하여 앞모습과 옆모습을 촬영한다. 그런 후, 고객이 선호하는 안경테의 유형을 선택하면 컴퓨터는 기존 안경테 중에서 고객에게 잘 어울리는 것을 추천해준다. 고객은 모니터를 통해 자신이 추천 안경테를 착용한 모습을 확인할 수 있다. 이 회사는 고객의 니즈에 따라 안경테를 디자인하는 것은 아니며, 정보기술을 이용하여 기존의 안경테 중에서 고객이 선호하는 것을 추천해주는 서비스를 제공한다.
로레알	파리의 화장품 업체 로레알은 화장품을 얼굴에 직접 바르지 않고도 화장 후의 얼굴을 보여주는 가상거울(virtual mirror)서비스를 통하여 증강현실 기반 고객맞춤형 상품을 제공하고 있다. 특히, 피부, 눈동자 색상, 밝기 등을 고려해 이미 촬영된 자신의 얼굴에 발라보고 싶은 화장품들을 선택하면 화장 후의 모습을 볼 수가 있으며, 가장 잘 어울리는 화장품을 제안해준다.

글 3-16 건강식품 브랜드의 질문형 맞춤추천 사례

동원F&B에서 수입 · 판매하고 있는 건강식품 브랜드 'GNC'는 180여 종이 넘는 다양한 제품으로 '고객맞춤형 서비스'를 제공한다. GNC 매장에서는 'NC(Nutrition Consultant)'라 불리는 전문영양상담사들이 상주해 있다. 영양사 면허를 취득한 NC는 상담을 통해 개인별 맞춤제품이나 선물용으로 적합한 제품을 추천한다. NC들은 고객의 성별, 나이, 음주 및 흡연 여부, 라이프스타일을 모두 고려해 그 사람에게 필요한 건강기능식품을 추천하고 올바른 식습관과 건강관리법에 대한 조언도 담당한다. 또한 식약청에서 허용한 기능성 표시기준대로 제품을 설명해주는 것은 물론 섭취기준과 섭취량에 따른 정확한 정보도 함께 전달한다. 또 올바른 식습관과 건강관리법에 대한 조언도 담당한다. 동원F&B는 지난 2002년 7월, 세계적인 건강기능식품전문회사인 GNC와의 제휴를 통하여 GNC 제품의 한국지역 독점적 수입판매원으로 비타민, 미네랄에서부터 스포츠 영양제, 허브 제품에 이르기까지 총 11개 품목군 1,500여 가지 제품 중 엄선한 제품만을 수입하여 독점적으로 관리 · 판매하고 있다. GNC는 전 세계적으로 운영 중인 고유의 골드카드 회원제도를 통한 강력한 CRM시스템과 180여 가지의 다양하고 전문화된 제품을 가진 진정한 의미의 '고객맞춤형' 건강기능식품업체이다.

자료 : 스포츠조선, "동원F&B GNC," 2012년 3월 23일.

글 3-17 카드사의 질문형 맞춤추천 사례 : 신한카드

신한카드는 LG전자, 홈플러스, 11번가 등 주요 업종 대표기업 20개사와 공동으로 빅데이터 기반 CLO(Card Linked Offer) 서비스인 '샐리(Sally)'를 제공한다. 신한 샐리란 별도의 할인쿠폰이 없이 자동으로 할인해주는 개인별 맞춤형 서비스이다. 신한카드 홈페이지, 모바일 애플리케이션에서 제공하는 맞춤서비스 중에 고객이 원하는 오퍼를 선택하면 혜택이 자동으로 적용된다. 신한 샐리는 600만 모바일 카드 인프라에서 자유롭게 이용이 가능하며, 향후 온라인투오프라인(O2O) 서비스, 근거리통신망(NFC) 결제 등 첨단 핀테크 비즈니스와도 접목시켜 나갈 예정이다. 실제로 신한카드는 2014년 9월부터 6개월 동안 약 200만 고객 대상으로 파일럿 테스트(Pilot Test)를 수행한 결과 CLO 이용고객의 카드이용금액이 이용 전에 비해 약 27% 증가하고, CLO 마케팅 비용 역시 이전의 일반 마케팅보다 37% 감소한 것으로 분석되었다.

자료 : 아시아경제, "신한카드, 고객별 맞춤형 할인서비스 '샐리' 출시," 2015년 4월 7일.

2) 분석형 맞춤추천

분석형 맞춤추천은 고객DB에 대한 분석을 통해 고객의 니즈를 파악한 후 이를 기반으로 제품을 추천하는 맞춤방식이다. 이러한 방식은 기존고객을 대상으로 하는 교차판매캠페인 등에서 흔히 채택되는 방식이다. 이 경우에 고객니즈의 파악은 데이터 분석을 통해서 특정 고객이 특정한 니즈를 가지고 있을 확률을 파악하는 것이라고 할 수 있다. 예를 들면, A라는 사람이 '고객관계관리'와 관련한 책을 구입했다면 A와 유사한 구매패턴, 나이대, 학력 등을 가진 B에게도 '머신 러닝' 책을 추천하는 식이다. 따라서 어떻게 하면 이 확률을 높일 것인가가 분석형 맞춤추천의 성공 여부를 결정한다. 세계 최대의 온라인 소매점으로 성장한 Amazon.com은 분석형 맞춤추천을 잘하고 있는 것으로도 아주 유명하다. 이 회사는 고객이 구매하거나 검색한 상품에 대한 정보를 기반으로 추가로 구매할 가능성이 높은 제품을 자동으로 추천해주는 시스템을 도입하고 있다. 맞춤형 서비스를 추구하는 아마존의 CEO인 제프 베조스(Jeff Bezos)는 "만일 당신의 회사에 450만 명의 고객이 있다면 상점도 방문하는 한 사람 한 사람을 위해 잘 꾸며진 450만 개를 가지고 있어야 한다"고 말하고 있다. [글

3-18]은 오프라인기업이 실행하고 있는 성공적인 분석형 맞춤추천의 사례를 기술하고 있다.

글 3-18 유통업체의 분석형 맞춤추천 사례 : TESCO

TESCO는 영국에 약 2,000개, 영국을 제외한 지역에 약 2,000개의 점포를 가지고 있는 영국 제1의 대형유통점으로, 고객정보를 바탕으로 매우 높은 수준의 개인화된 CRM 캠페인활동을 활발하게 전개하고 있는 것으로 유명하다. 이 유통업체는 1995년에 로열티 프로그램인 Clubcard 프로그램을 론칭하였는데, 2010년 현재 영국에 1,600만의 활성고객을 가지고 있으며, 이들의 구매액은 TESCO 전체 매출의 80%에 이르고 있다. TESCO는 고객정보에 대한 분석을 통해 추가적인 구매를 권유하는 캠페인을 전개한다. 이러한 활동은 대부분의 유통업체들도 하고 있지만, TESCO의 캠페인이 특히 주목을 받는 이유는 매스커스터마이제이션에 가깝게 매우 정교하게 이루어지고 있기 때문이다. TESCO는 5,000개 이상의 '니즈 세분시장'을 파악하고 있으며, 이를 기반으로 Clubcard 회원에게 개인화된 편지와 함께 회원의 니즈에 부합하는 상품의 쿠폰을 동봉한 메일을 발송한다. 이러한 캠페인은 쿠폰 회수율이 90%가 넘는 경우가 있을 정도로 효과가 우수하다. 또한 이 유통업체는 분기별로 고객의 니즈에 부합하는 잡지도 발송하고 있다. 고객을 생애단계에 따라 8개의 그룹으로 나누고, 각 그룹의 니즈에 부합하는 제품과 관련된 기사와 광고를 조합하여 15만 개 이상의 다양한 버전으로 잡지를 출간하고 있으며, 이를 해당 제품의 쿠폰과 함께 고객에게 발송하고 있다. 이러한 잡지 발송캠페인의 반응률은 20~25%에 이르고 있는데, 이는 산업평균 반응률인 0.5%에 비하면 엄청나게 높은 수준이다. 이러한 CRM활동을 통해 1995년에는 시장점유율 1위 업체였던 세인즈버리(Sainsbury's)를 제치고 1위를 차지하였으며, 그 이후로 격차를 벌리면서 2007년의 시장점유율은 31.1%(세인즈버리 16.3%)에 이르고 있다.

자료 : Peppers, Don and Martha Rogers(2011), *Managing Customer Relationships : A Strategic Relationships*, 2nd ed., Wiley, 66–68, 106–109, 283–285.

참고문헌

- 권금택(2011), 전략적 고객관계관리, 제3판, 대명, 388.
- 권성용(2003), "대량맞춤(Mass Customization)의 대두와 기업의 대응," CEO Information, 415호, 삼성경제연구소.
- 김용기(2010), "판매를 넘어 …고객의 비즈니스를 개발해줘라," 동아비즈니스리뷰, 61(2), 92−94.
- 김형수, 김영걸, 박찬욱(2009), CRM : 전략의 원리와 응용, 사이텍미디어, 제2장.
- 박형호, 노춘섭, 최기, 김영대, 조건, 소순후(2012), 생산운영관리, 도서출판 청람, 201−202.
- 신동일(2012), 7년 연속 벤즈 판매왕 신동일의 죽기 살기로 3년만, 참돌, 148, 150−153.
- 신수정, 이장혁(2012), "유통망 선점 · 품질기반 명품전략 : 정관장 고속성장의 비결," 동아비즈니스 리뷰, 99호, 77−82.
- 이기훈(2009), "고객을 귀족으로 만드는 Concierge service," 유통저널, 11월호 통권 258호, 72−75.
- 정대영(2008), 매스커스터마이제이션 : 21세기 고객맞춤경영, 엠플래닝, 19−92.
- 조준일(2010), "차별적인 경쟁력 : 맞춤화와 개방형 혁신으로," LG Business Insight, 6월 9일, 17−31.
- 국민일보, "세상에 단 하나뿐! '나만의 향수' 맞춤시대…맞춤향수 제작에서 사용법까지," 2012년 3월 13일.
- 동아일보, "개인비서 서비스는 물론 기업승계까지…'고객님, 집사가 되어드립니다'," 2012년 3월 22일.
- 디지털타임즈, "개인 맞춤형 '마이 DNA향수'," 2009년 12월 13일.
- 매일경제, "쉿, VIP 고객 놓칠라…백화점의 '특급 유혹'," 2017년 2월 9일.
- 매일경제, "'안전만 빼고 고객요구 100% 들어줍니다' : 게빈 하틀리 비스포크 디자이너," 2012년 11월 22일.
- 서울경제, "VVIP회원 전용 컨시어지 서비스가 뜬다," 2009년 11월 15일.
- 세계일보, "'남성맞춤정장' 스타일 · 편안함을 동시에," 2012년 6월 15일.
- 아시아경제, "신한카드, 고객별 맞춤형 할인서비스 '샐리' 출시," 2015년 4월 7일.

- 스포츠조선, "동원F&B GNC," 2012년 3월 23일.
- 프라임경제, "우리은행, VIP고객 대상 '컨시어지 서비스' 실시 : 예약 대행, 정보제공 등 1:1 맞춤형 편의 제공," 2012년 8월 13일.
- 한국스포츠경제, "고객평가단에 귀 쫑긋 세운 은행들, 대박났다는데…" 2017년 4월 12일.
- Beatty, Sharon E., Morris Mayer, James E. Coleman, Kristy E. Reynolds, and Jungki Lee(1996), "Customer-Sales Associate Retail Relationships," *Journal of Retailing*, 72(3), 223-247.
- Berry, Leonard L.(1983), "Relationship Marketing," in *Emerging Perspectives on Service Marketing*,(eds.) Leonard L. Berry, G. Lynn Shostack, and Gregory Upah, Chicago, IL: American Marketing Association, 25-28.
- Bitner, Mary Jo(1995), "Building Service Relationships : It's All About Promises," *Journal of Academy of Marketing Science*, 23(4), 246-251.
- Butcher, Ken, Beverely Sparks, and Frances O'Callaghan(2002), "On the Nature of Customer-Employee Relationships," *Marketing Intelligence & Planning*, 20(5), 297-306.
- Buttle, Francis(2009), *Customer Relationship Management : Concepts and Technologies*, 2nd ed., Butterworth-Heinemann, 187-219.
- Goodwin, Cathy and Dwayne D. Gremler(1996), "Friendship over the Counter : How Social Aspects of Service Encounters Influence Consumer Service Loyalty," *Advances in Services Marketing and Management*, 5, 247-282.
- Gwinner, Kevin P., Dwayne D. Gremler, and Mary Jo Bitner(1998), "Relational Benefits in Services Industries: The Customer's Perspective," *Journal of Academy of Marketing Science*, 26(2), 101-114.
- Kotha, Suresh(1996), "From mass production to mass customization : The case of the National Bicycle Industrial Company of Japan," *European Management Journal*, 14(5), 442-450.
- Krajewski, Lee J., Larry P. Ritzman, and Manoj K. Malhotra(2007), *Operations Management : Processes and Value Chains*, 8th ed., Pearson Prentice-Hall, 385-388.
- Lampel, Joseph and Henry Mintzberg(1996), "Customizing customization," *Sloan Management Review*, 38(1), 21-30.
- Peppers, Don and Martha Rogers(2011), *Managing Customer Relationships : A Strategic Relationships*, 2nd ed., Wiley, 66-68, 106-109, 283-285.

- Capital One 홈페이지, http://www.capitalone.com
- Osenstyle 홈페이지, http://style.osen.co.kr, 등록일 2012년 7월 10일(샤라샤라)
- Silverstein, Barry, "Customized Branding: Consumers Get Creative Control," 등록일 2008년 2월 11일, http://www.brandchannel.com/features_effect.asp?pf_id=407
- http://en.wikipedia.org/wiki/LEGO_Design_byME
- http://en.wikipedia.org/wiki/Mymuesli(Mymuesli 사례)
- http://en.wikipedia.org/wiki/My_DNA_Fragrance
- http://ldd.lego.com/en-us/subpages/designbyme/?domainredir=designbyme.lego.com
- http://preview.britannica.co.kr/bol/topic.asp?mtt_id=72627

CHAPTER 04

고객만족과 고객충성

CRM의 가장 주된 목적은 고객들과의 관계강화를 통해 매출이나 수익 등과 같은 재무적 성과를 극대화시키는 데 있다. 고객들과의 관계를 강화한다는 것은 고객들이 더 오랫동안 거래하고, 더 많은 구매를 하며, 더 활발하게 긍정적인 구전을 하도록 만들어나간다는 것을 의미한다. 기업들은 재무적 성과를 달성하기 위해서 다양한 CRM활동을 전개하고 있는데, 고객만족과 고객충성은 기업들이 어떠한 CRM활동을 어떻게 수행하여야 하는가에 대한 방향을 제시해주는 역할을 수행한다. 본장에서는 고객만족 – 충성도 – 수익사슬모델(satisfaction–loyalty–profit chain model)을 기반으로 고객만족과 충성도에 대해 기술한다.

고객만족 – 충성도 – 수익사슬모델은 [그림 4–1]에서와 같이 제품이나 서비스를 구성하는 요소들의 성과가 좋을수록 고객만족도가 높아지고, 고객만족도가 높아지면 고객의 충성도가 높아지며, 그 결과로 기업의 수익도 증가할 수 있음을 표현하고 있다. 이 모델은 기업들이 CRM활동을 전개함에 있어서 가장 강력한 이론적 근거가 되어 왔다고 할 수 있으며, 너무도 당연하게 보여서 의심의 여지없이 받아들여지는 경향이 있다. 그러나 최근의 몇몇 연구들은 고객만족과 충성도의 관계, 충성도와 수익의 관계, 또한 고객만족과 수익의 관계 등에 대해 이 모델에서 주장하는 바와 같은 인과관계가 존재하지 않을 수도 있음을 지적하고 있다. 본장에서는 이 모델을 구성하고 있는 고객만족과 충성도의 개념에 대해 기술하고, 그 다음으로 각 개념 간의 인관관계에 대해 기술한다.

그림 4-1 고객만족 – 충성도 – 수익사슬

자료 : Anderson, Eugene W. and Vikas Mittal(2000), "Strengthening the satisfaction–profit chain," *Journal of Service Research*, 3(2), 107.

제1절 고객만족

고객만족(customer satisfaction)의 개념은 미국의 경우 1980년에 들어서면서 주목받기 시작하였다. 이 시기는 기업 간의 경쟁이 치열해지면서 공급이 수요를 초과하고, 이로 인해 시장이 공급자가 주도하는 시장에서 소비자가 주도하는 시장으로 개편되어 가는 시점이라고 할 수 있다. 다양한 제품이 시장에 쏟아지면서 소비자의 제품이나 서비스의 품질에 대한 기대수준이 높아졌으며, 이를 충족시킬 수 있느냐의 여부가 기업의 성쇠를 가름하는 열쇠가 되었다. 소비자의 기대에 부응함으로써 고객을 만족시킬 수 있는 기업은 번창할 수 있지만 그렇지 않은 기업은 경쟁에서 도태될 수밖에 없다는 '고객만족' 경영철학이 정착되기 시작하였으며, 이를 기반으로 하는 고객만족경영이 1980년대 후반부터 급속하게 확산되기 시작하였다. 우리나라의 경우도 1980년대 중반부터 가속화된 시장개방, 빈번해진 해외여행, 높아진 소득수준 등으로 인해 소비자들이 과거와는 비교할 수 없을 정도로 다양한 상품에 접하게 되면서 품질에 대한 안목과 기대가 급속하게 높아졌다. 이러한 추세에 맞추어 우리나라 기업들도 1990년대부터 고객만족경영의 도입을 통해 소비자들의 품질에 대한 기대수준에 부응하기 위해 노력하고 있다.

1. 고객만족의 정의

고객만족은 "고객의 제품이나 서비스에 대한 사용경험이 구매 이전에 가지고 있던 기대수준을 초과하는 정도"라고 정의될 수 있다. 즉, 고객만족의 수준은 고객이 제품이나 서비스에 대해 사용 이전에 가지고 있던 기대(expectation)와 사용 후에 지각하게 된 성과(perceived performance)와의 비교에 의해 결정된다. 기대와 인지된 성과의 수준에 따라 만족과 불만족의 상태를 다음과 같이 구분할 수 있다.

- 기대 < 지각된 성과 ⟶ 만족
- 기대 = 지각된 성과 ⟶ 만족
- 기대 > 지각된 성과 ⟶ 불만족

이러한 정의에 따라 고객만족의 특징으로 다음과 같은 사항들이 지적될 수 있다.

① 고객만족의 수준은 기대와 인지된 성과의 비교에 의해 결정되기 때문에 지각된 성과가 높다고 하더라도 기대수준이 이보다 더 높게 형성되어 있었다면 고객은 불만을 느낄 수 있다. 그렇기 때문에 고객만족은 제품이나 서비스의 객관적인 품질이나 성능과는 관계가 없다. 예를 들어 5성급 호텔의 객관적 서비스품질수준은 3성급 호텔의 객관적 서비스품질수준보다 높지만, 5성급 호텔의 서비스에 대한 고객의 기대수준이 매우 높으면 5성급 호텔의 서비스에 대해 불만을 느낄 수 있으며, 반면에 3성급 호텔에 대한 기대수준이 매우 낮으면 3성급 호텔의 서비스품질수준이 낮다고 하더라도 고객은 만족을 느낄 수 있다.

② 고객의 만족은 제품이나 서비스의 품질 향상을 통해 지각된 성과수준을 높이는 것도 중요하지만 고객들의 기대수준을 일정하게 유지하는 것도 매우 중요하다. 예를 들어 체인점의 형태로 운영되고 있는 외식업체의 경우에 지점별로 음식이나 서비스의 품질수준에 차이가 있으면 고객들의 기대수준은 품질수준이 우수한 지점을 기준으로 형성되기 때문에 여러 지점을 방문하는 고객들은 가장 우수한 지점을 제외한 모든 지점의 음식이나 서비스에 대해 불만을 갖게 된다. 따라서 이 경우에 지점 간의 품질차이가 없도록 서비스를 표준화시키는 것이 매우 중요하다. 지각된 성과가 기대수준을 초과하도록 하는 것도 바람직하지만, 지각된 성과를 기대수준과 같은 수준으로 유지할 수 있어도 고객을 만족시킬 수 있다는 점에 유의하여야 한다.

③ 고객만족은 기존고객을 대상으로 하는 개념이다. 왜냐하면 고객만족의 측정 자체가 제품이나 서비스를 사용한 경험이 있는 고객들을 대상으로 이루어지기 때문이다. 이러한 측면에서 볼 때 고객만족의 제고는 기존고객을 수성(守成)하는 방어적 전략으로서의 의미를 지닌다. 그러나 만족한 고객은 소개를 통해 신규고객의 창출에도 기여한다. 따라서 고객만족은 기존고객의 수성을 넘어서 신규고객을 창출하는 공격적 전략으로서의 의미도 동시에 지니고 있다([그림 4-2] 참조).

그림 4-2 고객만족도 제고의 두 가지 측면

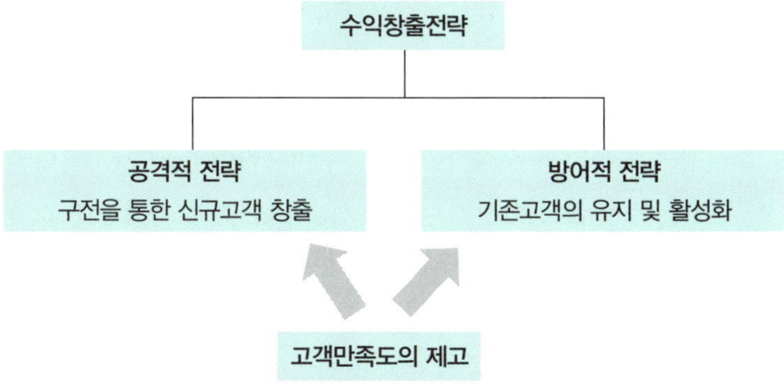

④ 고객만족은 고객 개개인을 대상으로 하는 개념이다. 따라서 고객만족도의 측정은 고객 개개인에 대해 이루어지며, 개별적으로 측정된 만족도를 기반으로 특정 세분시장이나 전체시장을 구성하고 있는 고객들의 평균적인 만족도가 계산된다.

⑤ 매출이나 수익이 회사 차원의 결과지표인 반면, 고객만족은 고객 차원의 결과지표이다. [그림 4-3]은 영업의 최종적인 성과인 판매가 이루어지기까지의 인과관계, 즉 영업의 성과사슬(performance chain)을 나타내고 있다. 고객만족은 영업활동과 매출이나 수익과 같은 회사 차원의 결과를 매개하는 역할을 수행한다고 할 수 있다. 고객 차원의 결과지표는 매출과 같은 단기적인 성과 위주의 조직문화를 고객지향적인 조직문화로 변화시키기 위한 수단으로 사용되기도 한다. 즉, 판매액과 같은 회사 차원의 결과지표와 함께 고객만족도와 같은 고객 차원의 결과지표를 성과지표에 포함시킴으로써 영업사원들이 영업의 질적인 측면도 중요하게 여길 수 있도록 유도할 수 있다.

그림 4-3 영업의 성과사슬

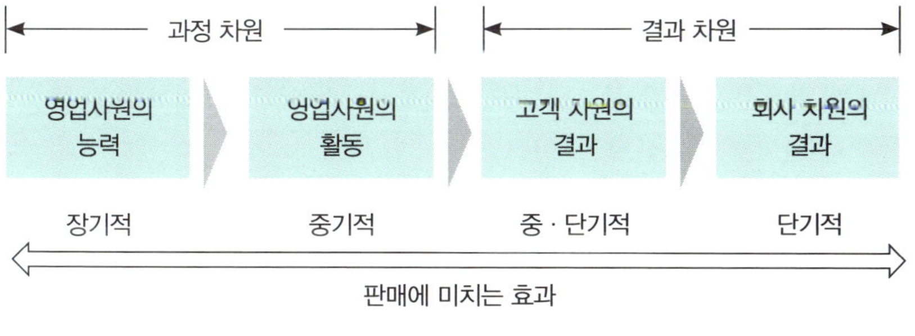

2. 고객만족경영

고객만족경영(customer satisfaction management)은 '기업의 모든 부문의 운영을 고객만족에 초점을 맞추어서 실행하고자 하는 경영기법'으로 1980년대 후반부터 미국과 유럽 등지에서 주목받기 시작하였으며, 우리나라에서도 1990년대 들어 급속히 확산되기 시작하였다. 이를 실현시키기 위해서 기업은 제품이나 서비스 등에 대하여 고객만족도를 정기적이고 지속적으로 파악하고, 이것을 토대로 고객만족을 제고시키기 위한 방안을 기획하며, 이를 구체화하기 위해 프로세스, 인적자원의 배분 및 교육훈련, 조직구조 등을 개혁하는 등의 끊임없는 변화를 모색하여야 한다. 고객만족경영의 프로세스는 [그림 4-4]와 같이 4개의 과정이 지속적으로 순환되는 과정으로 표현될 수 있다. 즉, 고객만족경영은 고객만족 제고를 위한 중점과제를 선정하고, 이를 실행하기 위한 방안을 기획하여 실행하며, 정기적인 고객만족도 조사를 통해 실행성과를 평가하여 그 결과를 다시 중점과제의 선정에 반영하는 순환과정으로 이해될 수 있다.

그림 4-4 고객만족경영 프로세스

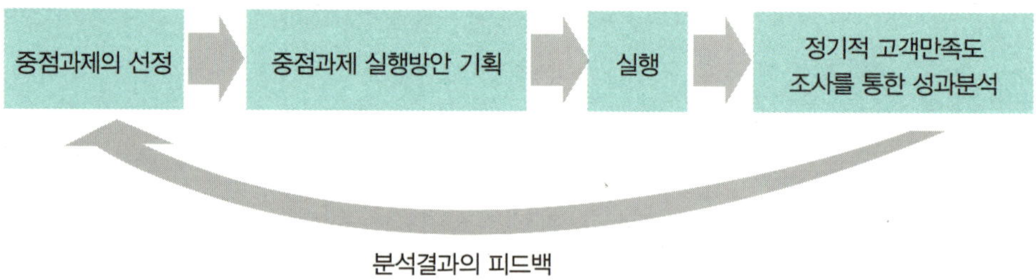

2.1 중점과제의 선정

고객만족경영을 위해서는 우선 고객만족 제고를 위해 어떠한 과제를 수행해야 할 것인가에 대한 의사결정이 이루어져야 한다. 중점과제의 선정이 잘못 이루어지면 자원의 효율적인 배분이 처음부터 불가능해지기 때문에 중점과제의 선정은 고객만족경영의 성패를 좌우하는 가장 중요한 과정이라고 할 수 있다. 중점과제를 선정하는 방법은 크게 세 가지로 나누어질 수 있다.

1) VOC분석

VOC에 접수된 고객불만사항들을 분석하여 고객불만이 빈번하게 발생하고 있는 사항들을 중심으로 중점과제를 선정하는 방법이다([글 4-1] 참조). 이 방법은 생생한 현장의 목소리를 반영할 수 있고, 설문조사 등을 필요로 하지 않기 때문에 불만사항을 파악하는 데 소요되는 비용이나 시간이 적게 소요된다는 장점이 있다. 반면에 전체 고객들의 평균적인 의견을 반영하는 것은 아니기 때문에 그다지 중요하지 않은 문제에 자원을 투여하게 될 가능성이 있다는 단점도 있다. 특히 소수의 이른바 빅마우스(big mouth)로 불리는 고객들의 의견이 집중적으로 반영되고, 정작 기여도가 높은 고객들의 불만사항이 파악되지 않을 가능성이 있기 때문에 이 점에 주의하여야 한다.

글 4-1 VOC분석을 통한 중점과제 선정 사례

2009년에는 엑소후레쉬 물류의 난폭운선 개선, 푸드머스의 KS인증수준의 고객서비스 구축 등 2008년 VOC(Voice of Customer)를 근거로 과제를 도출하여 고객만족도를 향상시키기 위해 노력하였습니다.

- **엑소후레쉬 물류, 난폭운전 개선** : 2008년 VOC분석을 근거로 난폭운전 개선과제를 도출하였습니다. 안전운행 프로세스를 수립하였고, 불법 및 난폭운전에 대한 경각심을 심어주기 위하여 도로교통공단의 강사를 초빙하여 배송사원에 대하여 교육을 진행하였습니다. 또한 안전운행 우수사례를 발굴하여 표창을 진행하였으며, 도색 및 CI에 대한 기준을 보완 및 개선하여 클레임 발생을 줄일 수 있도록 하였습니다. 그 결과 2009년 VOC는 2건으로 2008년 대비 82% 감소하였습니다.
- **푸드머스, KS인증수준의 고객서비스 구축** : 고객접점에서의 직원응대에 대한 고객의 요구수준이 높아짐에 따라 고객서비스 향상을 위해 표준화되고 공인된 기준에 의한 서비스 측정 및 구축이 필요하게 되었습니다. 이에 2009년에는 KS인증수준의 고객서비스 구축을 목표로 하여 지속적인 활동을 전개하여 왔습니다. 상품 매뉴얼 수립, 고객응대 모니터링을 확대하는 등의 활동을 진행하였습니다. 그 결과 고객응대율 95.9%, 대기시간 20초 이내 응답률 85.6%, 첫 통화 문제해결률 99.1%를 달성하여 KS인증수준(각각 90% 이상, 80% 이상, 70% 이상)을 초과한 고객서비스를 실현하게 되었습니다.

자료 : 풀무원(2009), 2009년 풀무원 지속경영보고서, http://www.pulmuone.co.kr/business/report

글 4-2 VOC관리시스템 사례

삼성카드는 VOC관리시스템인 'VOC 대쉬보드'를 갖추고 있다. 'VOC 대쉬보드'는 콜센터나 홈페이지에 제기된 고객불만이나 제안, 요구사항을 표준화된 상담유형과 접목하여 담당부서에 전달하는 기능을 하고 있다. 신호등 형태의 화면을 통하여 모든 임직원이 전사 VOC 접수 및 처리 현황을 실시간으로 확인할 수 있다. 또한, 시급한 개선을 요하는 사안은 '주간 CEO 보고' 형식으로 경영진에게 전달된다. 임원진이 참석하는 'VOC 대책 회의'를 통하여 실무적인 논의와 즉각적인 의사결정이 이루어져 신속한 개선 실행으로 이어진다.

자료 : 한국경제, "[고객만족경영대상] 삼성카드, 고객불만처리 실시간 확인," 2012년 12월 13일.

글 4-3 롯데호텔의 LVOC 시스템 사례

롯데호텔은 '롯데호텔이 서비스다'라는 슬로건 아래 'LVoc(Lotte Hotel Voice of the customer) 제도'와 'CS Star 제도' 등을 통해 고객에게 차별화된 서비스를 제공하고 있습니다. 홈페이지, 게스트 코멘트 북/카드, 당직지배인 로그북, 트립어드바이저 온라인 리뷰 등 불만사항이나 피드백을 빠짐없이 수집할 수 있도록 다양한 채널을 활용 중이다. 수집한 내용을 분석하고 보고서를 작성해 매일, 매주, 매월 단위로 개선사항을 이끌어낸다. 최종적으로 '고객불만 맵'을 작성하고 해당 부서 직원들과 내용을 공유해 '고객불만 액션 플랜'을 수립하도록 업무를 추진한다. 불만과 제안에 대해서는 3일 내 답변하는 게 원칙이다. 또 관련 내용은 전 체인호텔 간 공유해 문제점이 재발하지 않도록 만든다. 우수한 서비스를 보여준 직원에게는 'CS STAR'라는 호칭을 부여한다. 물론 고객 칭찬이 그 기준이 된다. 월단위, 연단위로 CS STAR를 선정하며 직원 간 기분 좋은 선의의 경쟁을 유발하는 것이다. LVOC는 장점으로, 첫째 고객 코멘트 수집 활성화를 위해 앉은 자리에서 직접 모든 코멘트를 작성하고 관리할 수 있게 만들어 전 직원이 실시간으로 고객 요구사항을 파악할 수 있다. 둘째, 서류 업무가 감소했다. VOC 채널별 고객의 소리 입력 창구를 일원화하고 실시간 조회가 가능하게 구성했다. 셋째, 데이터 축적과 분석의 효율화다. 고객불만사항 조회, 등록, 처리 등의 내용을 데이터화해 상시분석, 교육자료로 활용할 수도 있다.

자료 : 월간호텔&레스토랑, "호텔, 불만제로에 도전!," 2016년 9월 19일.

2) 이탈고객 대상의 이탈원인분석

불만이 많은 고객은 이탈할 가능성이 높고, 일단 이탈하면 고객만족도 등의 조사에는 이들의 의견을 전혀 반영할 수 없다. 따라서 현재 남아 있는 고객들에 비해서 불만을 가지고 있을 가능성이 많은 이탈고객을 대상으로 조사를 실시하여 불만사항을 수집하는 것도 좋은 방법이 될 수 있다([글 4-4] 참조).

글 4-4 이탈고객을 활용한 중점과제의 도출 사례

벨사우스 모빌리티(BellSouth Mobility : 이하 벨사우스)의 사례는 이탈고객이 불만요소를 알아내기 위한 훌륭한 원천이 될 수 있다는 것을 잘 보여주고 있다. AT&T로 인수된 무선망 제공업체인 벨사우스는 이탈고객을 대상으로 표적집단면접(Focus Group Interview)을 실시하여 벨사우스의 경쟁사의 열성고객이 된 그들에게 이탈의 이유를 물었다. 이를 통해 대부분의 이탈고객은 서비스 범위, 고객서비스, 지불시스템에는 만족했지만 통화 중에 끊어진 건에 대해 50센트를 할인해주지 않는다는 것에 불만이었다는 것을 알 수 있었다. 또한 신규고객에게만 무료 전화기와 무료 통화시간을 제공하는 것도 불만족의 원인이었다. 이러한 조사를 토대로 끊어진 전화에 대해서는 50센트를 할인해 주고 기존고객에 대해서도 무료 전화기와 무료 통화시간을 제공하는 프로모션을 전개하기로 결정하였다.

자료 : 김나경(2009), "침묵에 가려진 소비자 불평," LG Business Insight, 1031호, 46-54.

3) 현재의 만족도 및 상대적 중요도분석

보다 보편적이고 분석적인 방법으로 [그림 4-5]에서와 같이 낮은 만족도수준을 보이고 있으면서 상대적 중요도(전체 만족도에 미치는 상대적 영향력)는 높은 고객만족 구성요소를 파악하고, 이 구성요소들을 중심으로 중점과제를 선정하는 것이다. 예를 들어 운송회사의 경우에 화물손상, 배송물품에 대한 추적 불능, 배달시간의 지연 등의 3가지 요소에 대한 고객불만이 큰 상태이고, 이러한 요소들이 전체 고객만족도에 미치는 영향이 크다고 하면 이 3가지 요소를 고객만족의 제고를 위한 중점과제로 선정할 수 있다. 상대적 중요도는 설문과정에서 고객들에게 직접 물어볼 수도 있고, 혹

그림 4-5 중요도와 만족도에 따른 중점과제의 선정

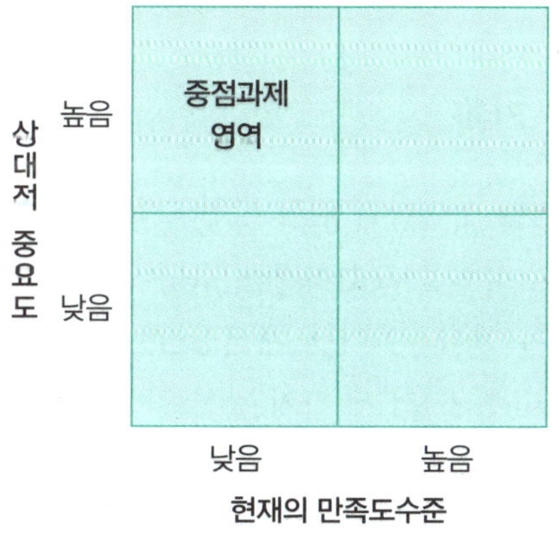

은 전체 만족도를 종속변수로 하고 각 구성요소에 대한 만족도를 독립변수로 하는 회귀분석(regression)을 통해서 분석해 낼 수도 있다.

고객만족 구성요소는 [그림 4-6]에서와 같이 직접적 요소(상품과 서비스)와 간접적 요소(기업이미지)로 나누어질 수 있고, 각각은 다시 세부적인 하부요소들로 구성된다. 그러나 구체적으로 고객만족 구성요소 체계를 어떻게 정할 것인가는 업종과 기업의 구체적인 상황에 따라 크게 달라질 수 있다. 예를 들어 통신회사의 경우에는 통화품질 향상, 부가서비스 편리성 증대 및 다양화, 서비스지역 확대 등과 같은 상품관련 요소들과 함께 자동납부 개선, 요금납부방법의 다양화, 해지 후 재가입절차 개선, 해지절차 개선, 친절한 고객상담 등의 서비스요소들이 주요한 고객만족 구성요소가 될 수 있다.

그림 4-6 고객만족 구성요소의 예시

2.2 중점과제 실행방안 기획

중점과제가 선정되면 이를 실행하기 위한 방안이 모색되어야 한다. 실행방안은 제공하는 제품이나 서비스의 품질을 개선시키는 기본적인 업무 이외에도 다양한 측면에서의 개선이 이루어져야 한다. 이러한 개선방안은 사람(people), 업무처리과정(process), 인프라(infrastructure)의 세 가지 관점에서 검토될 수 있다.

1) 사람

먼저 고객만족경영은 전사적인 차원에서 수행되어야 하기 때문에 모든 직원이 고객만족에 대해 책임의식을 가지고 업무를 수행할 수 있도록 하는 체제를 갖추는 것이 중요하다. 이를 위해서는 고객만족과 관련한 실무적인 교육훈련을 실시하는 것도 중요하고 성과평가 및 보상체계에 고객만족도를 반영함으로써 동기부여가 될 수 있도록 하는 것도 중요하다. 또한 경영진은 고객만족경영에 대한 신념을 가지고 고객만족 지향적인 문화가 정착될 수 있도록 리더십을 발휘하여야 한다([글 4-5] 참조). 모든 직원이 고객만족경영에 동참하여야 하지만 이를 주도할 수 있는 컨트롤타워로서 고객만족 전담부서를 설립하는 것이 바람직하다. 고객만족 전담부서는 지속적이고 정기적인 고객만족도 측정, 고객 및 임직원 인터뷰, 현장 관찰 등을 통해 어디에 어떻게 얼마나 많은 자원을 투여할 것인가를 기획하고 추진 현황을 점검하는 역할을 수행한다.

2) 업무처리과정

중점과제의 실행을 위해서는 기존의 업무 프로세스에 변화가 수반되어야 하는 경우가 많다. 예를 들어 통신회사의 경우에 해지절차를 간소화하기 위해서는 요금정산 등의 업무에 소요되는 시간도 단축하여야 하고, 상담원의 권한에 있어서도 변화가 있어야 한다. 운송회사의 경우에 배송시간을 단축시키기 위해서는 배송물품 분류나 차량 배치체계에 변화가 있어야 할 수도 있고, 외부 협력업체와의 커뮤니케이션체제에서의 변화가 필요할 수도 있다. 따라서 중점과제의 실행을 위해서는 업무처리과정에 대한 전반적인 검토가 이루어져야 하고, 필요하면 제도, 규정, 내부 및 외부 커뮤니케이션방법 등에 변화를 주거나 새롭게 만들어 나갈 필요가 있다. 이러한 과정은 한 번에 끝나는 것이 아니라 끊임없이 반복되는 과정이 되어야 한다. 즉, 기업은 계획 → 실행 → 피드백이 순환되는 과정에서 노하우를 축적하고 경쟁력을 강화시켜 나가는 학습조직(learning organization)으로서의 면모를 갖출 수 있어야 비로소 고객만족경영을 성공적으로 이끌 수 있다.

3) 인프라

고객만족을 위한 중점과제를 실행하기 위해서는 시스템의 구축 등과 같은 시스템 인프라가 요구되는 경우도 있다. 예를 들어 신속하고 심도 있는 상담서비스를 제공하기 위해서는 고객센터의 시스템을 개선해야 할 필요가 발생할 수 있고, 운송회사의 경우 배송물품의 위치를 신속하게 파악하기 위해서는 배송물품 바코드의 입력 · 저장 · 검색 등을 원활하게 수행할 수 있게 하는 위치추적시스템을 도입할 필요가 있으며, 가전회사가 자사 제품에 대한 고객경험을 제공하기 위해서 플래그십스토어(flagship store)를 늘려나갈 필요가 있을 수도 있다. 인프라의 구축은 비교적 많은 비용이 소요되어 적어도 단기적으로는 수익의 감소를 가져오기 때문에 매우 신중하게 의사결정을 내릴 필요가 있다.

글 4-5 고객만족경영에 대한 최고경영진의 관심

외환은행 고객센터는 외환은행의 주인은 소중한 고객이라는 생각으로 고객의 작은 소리에도 귀를 기울이고 있다. 고객만족을 넘어서 고객감동을 최우선 목표로 최선의 노력을 다하고 있다. 올해부터는 금융소비자 권익보호활동의 일환으로 윤용로 외환은행장을 비롯한 임원 및 본부장이 서울 종로구 삼일빌딩 내 외환은행 고객센터를 방문해 고객의 생생한 목소리인 VOC를 청취하고 직접 고객과 상담하는 행사를 가졌다. 일회성 행사로 그치지 않게 하기 위해 임원이 월 1회 이상 고객의 소리 청취 및 상담 행사에 참여하고 있다. 은행장을 비롯한 경영진이 고객불편 발생을 즉시 인지하여 그 처리과정을 공유하고 체계적으로 지원하고 있다.

자료 : 매일경제, "경영진이 불만처리과정 직접 관여," 2013년 4월 18일.

2.3 실행 및 성과분석

중점과제의 실행을 위한 방안이 기획되면 이를 실행하고 실행의 성과를 분석하는 과정으로 이어진다. 성과의 분석은 주로 고객만족도의 측정을 통해 이루어진다. 즉, 고객만족도의 정기적인 측정을 통해 중점과제에 포함된 고객만족 구성요소에 대한 만족도에 어떠한 변화가 있는지를 점검하여 목표로 하는 수준이 달성되었는지의 여부를 판단하는 한편, 더 많은 발전을 위해서는 고객만족경영전략에 어떠한 변화가 있어야 하는가를 모색하여야 한다.

3. 고객만족도의 측정

고객만족의 수준을 의미하는 고객만족도는 고객만족경영의 성패 여부를 판단하는 기준이 되기 때문에 이에 대한 측정은 고객만족경영의 핵심을 이룬다. 고객만족도를 측정하는 과정은 일반적으로 [그림 4-7]과 같은 과정을 거친다.

그림 4-7 고객만족도 측정절차

고객만족 구성요인 및 요인별 구성요소의 선정	→	구성요인 및 구성요소에 대한 만족도 및 중요도 평가	→	고객만족도의 산출

3.1 고객만족 구성요인 및 요인별 구성요소의 선정

특정 제품이나 서비스에 대한 만족도를 구성하는 요인들과 각 요인별 구성요소를 선정하는 것은 고객만족도를 측정하기 위한 가장 기초적이면서도 가장 핵심적인 과정이다. 이러한 구성요인 및 구성요소를 중심으로 실문항목이 정해지기 때문에 이 작업이 잘 이루어지지 않으면 결과물로 산출된 고객만족도도 큰 의미를 갖지 못한다([글 4-6] 참조).

글 4-6 고객관점에서의 설문항목 구성의 중요성 사례

고객만족을 효과적으로 측정하기 위하여 우리는 고객의 관점에서 고객의 상황을 이해해야 한다. 한 할인점에서 고객이 그 상점을 좋아하는지 아닌지를 파악하기 위해 조사를 실시하였다. 조사는 인테리어, 조명, 상품 발견의 수월성, 가격, 그리고 고객에게 더 좋은 서비스를 제공하는 데 도움을 줄 수 있는 많은 질문들을 포함한 것이었다. 그러나 그들은 주차장에 대해서 혹은 고객이 상점 안에 들어올 때 얼마나 안전하게 느끼는지에 대해서는 아무것도 묻지 않았다. 조사에 응답한 한 고객은 상점의 내부에 관한 질문 모두에 매우 긍정적인 응답을 하였다. 그는 조사 참여의 대가를 받나가 왜 주차장에 대한 질문은 없는지를 물었다. 조사담당자는 주차장은 지금 상점에 중요하지 않다고 응답했다. 그러나 이 고객에게는 그렇지 않았다. 이 고객은 상점 내부의 모든 것에 대해서는 만족하지만 주차장의 부적절한 조명 때문에 어두워진 후에는 상점에 들어가기가 꺼려진다고 말했다. 그는 또한 장애인 주차장의 부족, 주차공간을 구분하는 선의 희미함, 자동차에 흠집을 낼 수 있을 정도로 주차장 여기지기 흩어져 있는 쇼핑가드 등에 관심이 있었다. 이것이 시사하는 바는 많은 고객조사가 고객의 느낌에 대한 정확한 그림을 보여주고 있지 못하다는 것이다.

자료 : 일레인 해리스(2012), 고객가치를 높이는 고객서비스 전략, 번역서, 시스마북스, 260.

구성요인과 구성요소를 선정하는 것은 다양한 방법으로 이루어질 수 있다. 회사 내부에 이미 검증된 구성요인과 구성요소에 대한 자료가 있는 경우에는 그것을 약간 수정하는 정도로 설문을 완성할 수 있지만, 그렇지 않은 경우에는 광범위한 문헌 검색, 해당 제품에 대해 관심을 갖고 있거나 혹은 잘 알고 있는 사람들(고객, 유통업체 등 거래업체의 임직원, 해당 분야의 전문가, 자사의 임직원 등)을 대상으로 하는 심층인터뷰나 집단심층면접 등을 통해서 고객이 무엇을 기준으로 해당 제품이나 서비스에 대해 판단하는지를 알아내야 한다. 항목들(구성요인과 구성요소)이 추출된 후에는 시험설문조사를 실시하여 자료를 수집하고 이를 바탕으로 개발항목의 신뢰성, 타당성 등을 통계적으로 검증하는 절차를 거치는 것이 바람직하다. [표 4-1]은 스마트폰에 대한 고객들의 만족도를 평가하기 위해 추출된 구성요인 및 요인별 구성요소에 대한 사례를 제시하고 있다. 이 사례에서는 스마트폰에 대한 고객만족 구성요인이 모두 7개로 구성되어 있으며, 각 구성요인에 대해 3~6개의 구성요소가 추출되었음을 보여주고 있다.

| 표 4-1 | 고객만족도 조사를 위한 평가항목 사례 : 스마트폰

	고객만족 구성요인	요인별 구성요소
1	단말기 사양(6)	크기, 디자인, 화면크기, 버튼의 종류 및 수, 기본 내장기능, 내장 메모리
2	이용 편리성(5)	휴대 편리성, 그립감, 버튼이용 편리성, 문자 입력방식 편리성, 터치감
3	기능 및 성능(6)	화질, 음질, 배터리 사용기간, 배터리 충전시간, 터치 반응 속도, 작동오류 및 버그
4	인터넷 이용(5)	3G 인터넷 접속 속도, 3G 인터넷 접속 안정성, Wi-Fi 인터넷 속도, Wi-Fi 인터넷 접속 안정성, Wi-Fi존
5	어플(3)	어플 종류의 다양성, 유용한 무료 어플수, 어플 이용절차
6	이용금액(3)	단말기가격, 통신요금, 유료 어플 이용가격
7	애프터서비스(3)	AS직원 응대태도, AS처리절차(시간, 비용), AS처리결과

자료 : 인터넷설문조사 전문블로그, http://blog.surveyasp.com

3.2 구성요인 및 구성요소에 대한 만족도 및 중요도의 측정

고객만족의 구성요인과 요소별 구성요소가 추출되었으면 다음 단계는 이를 기반으로 설문지를 확정하고 고객을 대상으로 자료를 수집하는 일이다. 설문지는 구성요인 및 구성요소에 대한 만족도와 중요도를 묻는 방식으로 만들어진다. 가장 전형적인 방

그림 4-8 고객만족 구성요인 및 구성요소의 만족도에 대한 설문 사례

스마트폰 단말기 사양의 다음의 각 측면별로 어느 정도 만족하시는지 평가해주십시오.

	매우 불만족 (1)	약간 불만족 (2)	그저 그렇다 (3)	약간 만족 (4)	매우 만족 (5)
크기					
디자인					
화면크기					
버튼의 종류 및 수					
기본 내장기능					
내장 메모리					

현재 이용하시는 스마트폰 단말기의 사양에 대해 얼마나 만족하시는지 평가해주십시오.

	매우 불만족 (1)	약간 불만족 (2)	그저 그렇다 (3)	약간 만족 (4)	매우 만족 (5)
스마트폰 사양 전반적 만족도					

그림 4-9 고객만족 구성요인 및 구성요소의 중요도에 대한 설문 사례

스마트폰 단말기 사양의 다음의 각 측면들이 얼마나 중요하다고 생각하시는지 평가해주십시오.

	전혀 중요하지 않다(1)	중요치 않은 편이다 (2)	그저 그렇다 (3)	중요한 편이다 (4)	매우 중요하다 (5)
크기					
디자인					
화면크기					
버튼의 종류 및 수					
기본 내장기능					
내장 메모리					

스마트폰을 사용하시면서 단말기의 사양이 얼마나 중요하다고 생각하시는지 평가해주십시오.

	전혀 중요하지 않다(1)	중요치 않은 편이다 (2)	그저 그렇다 (3)	중요한 편이다 (4)	매우 중요하다 (5)
스마트폰 단말기 사양의 중요도					

법은 각 구성요인 및 구성요소에 대한 만족도와 중요도를 5~7점의 척도로 측정하는 것이다. [그림 4-8]은 위의 사례에서 '단말기 사양'이라는 구성요인과 이 구성요인의 6개 구성요소에 대한 만족도를 묻는 설문을 보여주고 있으며, [그림 4-9]는 동일한 구성요인 및 구성요소에 대한 중요도를 묻는 설문을 보여주고 있다.

3.3 고객만족도의 산출

고객만족도는 구성요인 차원에서 산출될 수도 있고, 구성요소 차원에서 산출될 수도 있다. 앞의 사례에서 6개의 구성요인을 활용하여 고객만족도를 산출하는 공식은 다음과 같다.

$$\text{스마트폰 단말기에 대한 만족도} = \sum_{k=1}^{6}(FSI_k \times FI_k)$$

FSI_k(factor satisfaction index) : k번째 구성요인의 만족도
FI_k(factor importance) : k번째 구성요인의 중요도

4. 독립기관의 고객만족도 측정

기업들의 고객만족에 대한 관심이 높아지면서 독립된 외부기관이 여러 기업을 대상으로 고객만족도를 조사하고, 이를 바탕으로 여러 기업의 고객만족도를 비교하여 발표하는 방식이 많아지고 있다.

이러한 지표로 미국의 경우에는 미시간(Michigan)대학교의 국가품질조사연구소(National Quality Research Center)에서 개발한 ACSI(American Customer Satisfaction Index), JD파워(J.D. Power and Associates)사가 자동차를 대상으로 발표하고 있는 'VDS(Vehicle Dependability Study : 자동차 내구품질조사, 구매한 지 3년이 지난 소비자를 대상으로 한 조사)' 및 'IQS(Initial Quality Study : 신차 초기품질조사, 구매한 지 90일이 지난 소비자를 대상으로 한 조사)'([글 4-7] 참조) 등이 있다.

글 4-7 JD파워의 자동차 고객만족도 조사 사례

현대자동차 쏘나타가 미국에서 품질로 인정받았다. 13일 미국 시장조사업체 JD파워 '2013년 내구품질조사(VDS)'에 따르면 NF쏘나타가 중형차 부문에서 1위를 기록했다. NF쏘나타는 내구품질조사에서 불만건수 점수 94점을 기록해 도요타 캠리(104점), 혼다 어코드(107점), 닛산 알티마(110점) 등 주요 경쟁 차종을 모두 제쳤다. JD파워 내구품질조사는 구매한 지 3년이 지난 차량을 대상으로 엔진, 변속기, 주행, 조향 등 202개 세부항목에 대해 자동차 100대당 불만건수를 점수화한 것이다. 점수가 낮을수록 품질이 좋다는 것을 의미한다. 이번 조사는 2009년 9월에서 2010년 2월까지 차량을 구매한 미국 소비자를 대상으로 진행됐다.

자료 : 매일경제, "현대차 쏘나타 미국서 품질 1위," 2013년 2월 14일.

우리나라에도 한국생산성본부와 미시간대학교의 국가품질조사연구소가 공동으로 개발하여 매년 발표하고 있는 국가고객만족지수(NCSI : National Customer Satisfaction index)와 한국능률협회컨설팅과 고객만족경영학회가 공동으로 개발하여 매년 발표하고 있는 한국고객만족도(KCSI : Korean Customer Satisfaction Index)가 있다. 여기에서는 국가고객만족지수와 한국고객만족도가 어떻게 측정되는지에 대해 간략히 기술한다.

4.1 국가고객만족지수

한국생산성본부는 1998년부터 국가고객만족지수(NCSI)를 발표하고 있다. 이 지수는 한국생산성본부가 ACSI를 개발한 미시간대학교의 국가품질조사연구소와 공동으로 개발하였기 때문에 그 기본적인 틀은 ACSI와 거의 동일하다. NCSI에서의 측정단위는 기업이 생산하고 있는 제품군이다. 즉, 특정 제품이나 서비스에 대한 만족도가 아니라 특정 기업이 생산하여 판매하고 있는 전 제품이나 서비스에 대한 기업 차원의 만족도가 측정된다. 그리고 기업 차원의 NCSI를 기업별 매출액을 기준으로 가중평균하여 각 산업의 산업 NCSI를 산출하며, 더 나아가 산업별 GDP 구성비를 기준으로 가중평균하여 국가 NCSI를 산출하고 있다. 이러한 측면에서 개별제품이나 서비스에 초점을 맞추고 있는 KCSI와는 크게 차이가 난다.

NCSI는 ① 전반적 만족도, ② 구입 전 기대 대비 만족도, ③ 이상적인 제품 및 서비스 대비 만족도 등의 3가지 항목을 가중평균해서 100점 만점으로 산출된다. 한국생산성본부는 고객만족도의 측정에서 더 나아가 관련 변수들을 종합적으로 고려한

NCSI모델을 제시하고 있다. NCSI모델은 NCSI와 여러 관련 변수들 간의 인과관계를 설정하고 있는 구조방정식모델로 표현된다([그림 4-10] 참조). 이 모델에서는 NCSI의 선행변수로서 고객의 기대지수, 고객의 인지품질지수, 고객의 인지가치지수를 제시하고 있으며, NCSI의 후행변수로서 고객불만수준과 고객충성도를 제시하고 있다. 이러한 구조방정식모델을 활용하여 고객만족도와 여러 관련 변수 사이의 인과관계에 대한 정보를 분석할 수 있도록 하고 있다. 즉, 고객의 기대수준, 인지품질수준, 인지가치수준이 변화할 때 NCSI에 어떠한 변화가 발생하는지와 NCSI가 변화할 때 고객불평이나 고객충성도 등에는 어떠한 변화가 발생하는지를 분석할 수 있도록 하고 있다.

그림 4-10 NCSI모델

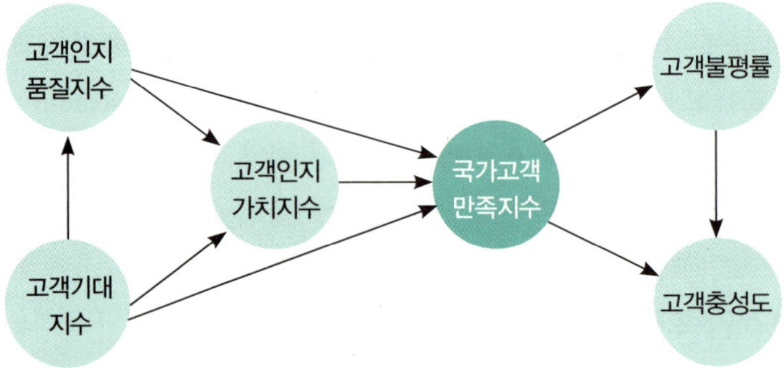

자료 : 한국생산성본부 홈페이지

4.2 한국고객만족도

한국능률협회컨설팅은 1992년부터 국내 기업들의 제품과 서비스에 대한 고객들의 만족도를 조사하여 한국고객만족도(KCSI)를 발표하고 있다. KCSI는 아래의 식에서와 같이 ① 제품 및 서비스에 대한 고객의 전반적인 만족도, ② 구성요소 만족도, ③ 재구입 의향 등의 세 항목에 각각 40%, 40%, 20%의 가중치를 주어서 100점 만점으로 산출된다([그림 4-11] 참조).

KCSI(종합만족도) = (전반적 만족도 × 0.4) + (구성요소 만족도 × 0.4) +
(재구입 의향률 × 0.2)

전반적 만족도는 해당 제품이나 서비스에 대해 전반적으로 어느 정도 만족하는지를 묻는 7점 척도의 질문에 대해 '6(만족한다)'과 '7(매우 만족한다)'로 응답한 비율로 계산된다. 구성요소 만족도는 요소별 만족도와 요소별 중요도를 곱한 것을 모든 요소에 걸쳐 합산하여 계산된다. 요소별 만족도는 각 구성요소에 대해 어느 정도 만족하는지를 묻는 5점 척도 질문에 대해 '4(만족한다)'와 '5(매우 만족한다)'로 응답한 비율로 계산되며, 요소별 중요도는 각 요소별 만족도와 전반적 만족도와의 상관관계로 계산된다. 구성요소 만족도를 산출하는 공식은 아래의 식과 같이 표현될 수 있다.

$$\text{구성요소 만족도} = CLV_i = \sum_{k=1}^{K}(ESI_k \times EI_k)$$

ESI_k(element satisfaction index) : k번째 구성요소의 만족도

EI_k(element importance) : k번째 구성요소의 중요도

K : 구성요소의 수

구성요소는 제품(성능, 품질, 디자인, 포장 등), 가격(가격의 적정성), 서비스(A/S, 종업원의 태도, 종업원의 지식, 부수적 서비스), 하드(점포 쾌적성, 부대시설, 입지, 유통경로) 등으로 구성된다. 마지막으로 재구입 의향률은 각 제품이나 서비스를 향후에 다시 구입할 의향을 묻는 7점 척도 질문에 대해 '6(재구입 의향이 있다)'과 '7(재구입 의향이 매우 있다)'로 응답한 비율로 계산된다.

그림 4-11 한국능률협회컨설팅의 KCSI

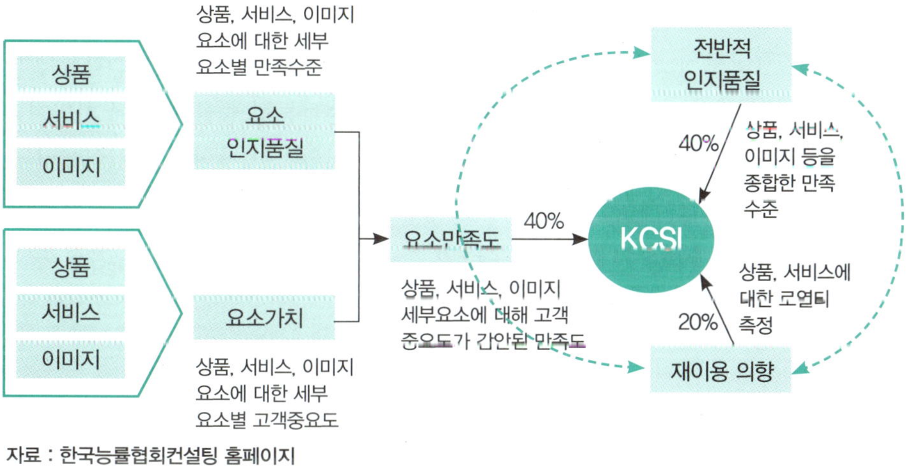

자료 : 한국능률협회컨설팅 홈페이지

이러한 방식으로 산출되는 한국고객만족도의 특징으로 다음과 같은 점을 들 수 있다.

① 개별제품 및 서비스를 조사 대상으로 하고 있다.

② 구성요소의 만족도를 명시적으로 고려하고 있다.

③ 일반적으로 고객만족도의 영향을 받는 변수로 다루어지고 있는 충성도와 관련된 지표(재구입 의향)를 고객만족도의 개념에 포함시키고 있다.

5. 고객불만

5.1 고객불만관리의 중요성

기업은 고객을 만족시키기 위해 노력하지만 어떠한 경우에도 고객불만은 발생하기 마련이다. 불만을 갖는 고객을 최소화시키는 것도 중요하지만, 불만을 느끼는 고객들의 불만을 어떻게 관리해 나가는가도 매우 중요하다. 이는 고객들의 불평을 방치하면 고객유지율이 낮아지는 것은 물론 부정적인 구전(WOM : word-of-mouth)으로 인해 신규고객의 창출에도 악영향이 미칠 수 있고, 더 나아가 기업활동 전반에 걸쳐 치명적인 결과가 초래될 수도 있기 때문이다([글 4-8] 참조). 이러한 이유로 현대의 경영에 있어서는 '고객불평을 체계적으로 수집하고 이를 해결하고자 하는 활동'이라고 정의될 수 있는 고객불만관리(customer complaint management)의 중요성이 강조되고 있다.

고객만족관리가 도입된 배경을 살펴보면 고객만족경영의 일환으로 고객의 불만요소들을 해결함으로써 고객만족도를 높이려는 목적도 있지만 고객불만의 확산에 따른 부정적 구전의 확대, 소비자 집단행동이나 법적 분쟁가능성 등을 사전에 차단한다는 방어적 성격도 분명히 가지고 있다. 그렇지만 고객지향적인 경영활동을 위해서는 고객불만이 어쩔 수 없이 관리하여야 하는 대상이 아니라 기업의 경쟁력 강화를 위한 계기를 제공해줄 수 있는 '고객으로부터의 소중한 선물'이라는 인식을 가질 필요가 있다.

글 4-8 고객불만 대응 실패가 초래한 파괴적 결과의 사례

1. 한때 미국 최대의 대형마트였던 K마트는 성의 없는 고객서비스, 최저가격보장정책 폐지 등 고객서비스에 대한 오만으로 몰락하게 됐다. K마트는 광고 메시지 등을 통해 질 좋은 제품을 가장 저렴한 가격에 제공하겠다고 고객과 약속했다. 그러나 실제 경영정책에서는 특별할인제도를 폐지하는 등 정반대의 전략을 펼쳤다. 물론 K마트의 이미지가 싸구려 물건을 파는 브랜드로 전락할 수 있다는 우려는 있었지만 고객과의 약속은 중요한 것이었다. 직원들의 서비스 또한 엉망이어서 고객의 불평은 끊이지 않았다. 컨설턴트이며 고객서비스 권위자인 존 숄(John Tschohl)은 "K마트가 광고와 매장 수선비용의 10%만 직원교육에 투자했다면 월마트를 계속 능가할 수도 있었을 것"이라고 말했다. 외형확장에만 치중하면서 고객불만을 야기하는 서비스 개선에 소홀한 K마트는 2002년 창립 40주년을 맞은 해에 법정관리를 신청했다.

2. 2000년 6월 29일 일본에서 가장 큰 유제품 제조회사 가운데 하나인 유키지루시유업(雪印乳業株式会社)의 저지방우유를 마신 고객들이 식중독에 걸려 대거 입원하는 사건이 발생했다. 이 회사는 1955년에도 식중독 사건이 발생해 한 차례 세상을 떠들썩하게 했던 전력이 있었다. 그러나 회사 경영진은 2000년에 식중독 사건이 재발했을 당시 책임회피에만 급급하면서 1주일을 허비했다. 간부회의에 참석한 소비자상담 실장은 "원인도 분명치 않은 상태에서 과실을 인정할 필요가 없다"고 주장하기까지 했다. 식중독 피해자가 오사카에서 다른 지역으로까지 확산되고 제품도 저지방우유에서 다른 우유 제품들로 확산되면서 피해자가 3,600명으로 늘어났다. 일본 정부는 공장폐쇄를 명령하는 한편, 유통 중인 유키지루시유업의 전 제품 판매중지 및 회수를 단행했다. 이 기간 동안 이시가와 다츠로 사장은 한 번도 공장을 찾지 않았으며 기자회견마저 거절했다. 사장은 그해 7월 28일 해임됐고 오사카 공장은 문을 닫았다. 유키지루시유업 몰락의 진짜 원인은 1955년에도 발생한 식중독 사건의 교훈을 잊고 고객불만관리에 실패했다는 데 있다. 회사의 몰락은 학습정신과 현장을 찾지 않는 장인정신의 결여가 만들어낸 합작품이었다.

자료 : 심형석(2011), "'고객불만'은 실패를 막아주는 예방주사," 동아비즈니스리뷰, 92호, 102-105.

고객불만관리의 중요성이 부각되는 구체적인 이유로 다음과 같은 사항들을 들 수 있다.

1) 정보원(information source)으로서의 고객불평

앞에서도 언급한 바와 같이 고객의 불평은 기업에게 매우 가치 있는 정보를 제공해 줄 수 있다. 즉, 고객불평에 대한 분석을 통해 현재 제공하고 있는 제품이나 서비스의 품질 개선을 위한 아이디어를 얻을 수도 있으며, 더 나아가서 신제품이나 새로운 사업 아이디어의 발굴에도 도움을 받을 수 있다.

2) 고객충성도 제고의 수단

불평고객을 적극적으로 관리함으로써 이들을 충성고객으로 만들어 갈 수 있다. 저명한 마케팅이론가인 테오도르 레빗(Theodore Levitt)에 따르면 평소 아무런 문제도 느끼지 못하는 고객의 재구매율이 9%인 데 반해 불만고객에 대해 진지하게 응대할 경우 이들의 54%가 다시 해당 기업의 제품과 서비스를 이용하였다. 미국의 조사회사인 TARP(Technical Assistance Research Programs)도 이미 1970년대에 고객불만관리를 통해 충성도를 제고할 수 있음을 발견하였으며, 그뒤 1980년대와 1990년대에 실시된 조사에서도 이러한 발견을 반복적으로 확인해 왔다고 주장하고 있다. 이 회사에 따르면 불만을 가졌지만 자신의 기업이 자신의 불평을 잘 해결하였다고 판단하는 고객들의 충성도는 불만을 가졌지만 불평을 하지 않은 고객들의 충성도에 비해 30% 더 높고, 불평을 말했음에도 불구하고 자신의 문제가 잘 해결되지 못했다고 판단하는 고객들의 충성도에 비해서는 50%나 더 높았다. 또한 이들은 전혀 불만사항이 없었던 고객들에 비해서도 충성도가 8% 높았다.

3) 부정적 구전의 확산 방지

불만을 가진 고객은 거래를 중단하는 데서 그치는 것이 아니라 주변에 부정적인 구전활동을 전개함으로써 기업에 치명적인 타격을 줄 수 있다. 펜실베이니아대학의 경영대학인 와튼스쿨(Wharton School)의 소매유통연구센터(Retailing Initiative)와 캐나다의 컨설팅회사인 베르데그룹(Verde Group)이 2006년에 공동으로 1,186명의 소매유통점에서 쇼핑하는 소비자들을 대상으로 실시한 소매고객불만연구(Retail Customer Dissatisfaction Study)에 따르면 소매유통점에서 불만스런 경험을 한 고객들은 [그림 4-12]와 같은 불만행동을 보이는 것으로 나타났다. 즉, 불만고객 중 6%만이 회사에 직접 항의를 하는 반면, 31%가 주변에 부정적인 구전을 퍼뜨리는 것으로 조사되었다. 또한 이 조사에서 소매유통점에서 불만스런 일을 경험한 사람들 중 33%가 해당 유통점에는 '결코 다시 가지 않겠다' 혹은 '아마도 다시 가지 않을 것이다'라고 응답하였으며, 조사 대상자의 48%는 다른 사람으로부터 어떤 소매유통점에서 부정적인 경험을 겪었다는 얘기를 들었을 때 해당 소매유통점을 찾지 않게 된다고 응답하였다. 즉, 고객불만은 기존고객의 이탈에 그치지 않고 잠재고객의 확보를 어렵게 만듦으로써 기업에 심대한 타격을 줄 수 있다.

그림 4-12 소매유통점에서 불만사항을 경험한 고객들의 불만행동

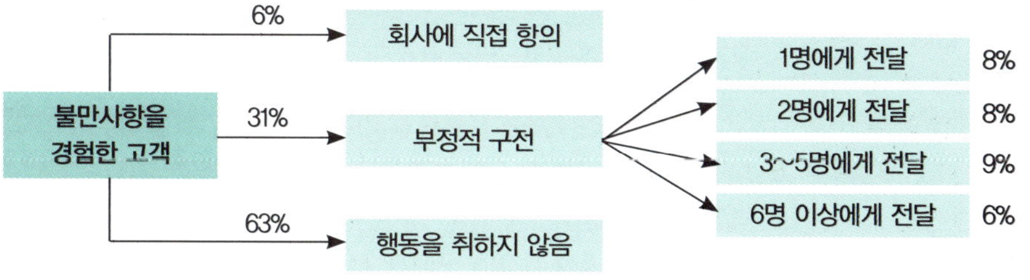

한 연구에서의 설문조사 결과는 우리나라의 기업들이 보다 더 신중하게 고객불만행동에 대처해야 할 필요가 있음을 시사하고 있다([표 4-2] 참조). 이 연구는 가전제품, 의류, 식당 등 3개 분야 중 한 분야에서 불만을 경험한 소비자 290명(한국 소비자 114명, 미국 소비자 176명)을 대상으로 설문조사를 실시하였는데, 분석 결과 미국의 소비자들에 비해 우리나라의 소비자들이 기업에 대해 불만을 제기하는 비율은 낮은 반면, 부정적인 구전활동에 더 적극적으로 참여하고 더 이상 해당 기업의 제품이나 서비스를 사용하지 않을 가능성이 높다는 것을 보여주고 있다.

부정적 구전은 인터넷과 소셜미디어의 확산으로 전과 비교할 수 없을 정도로 파급속도도 빨라지고 파급규모도 커지고 있다. 인터넷이 등장하기 이전에는 기업들이 정보의 생산과 유통의 주도권을 가지고 있었기 때문에 고객불평이 확산되기 힘들었지만, 인터넷의 등장과 함께 소비자집단이 정보의 생산과 유통의 큰 축을 형성하게 되면서 고객불평은 급속도로 확산될 수 있게 되었다. 미국의 조사회사인 TARP에 따르면 인터넷을 통해 불만을 토로하는 고객의 수는 우호적인 메시지를 남기는 고객의 수에 비해 4배에 달한다. 이는 만족한 고객들의 영향력보다 불만을 느끼는 고객들이 기업이나 제품의 이미지에 미치는 영향력이 훨씬 더 크다는 점을 시사하고 있다. 최근 들어 이러한 현상은 블로그, 트위터, 페이스북, 유튜브 등으로 대변되는 소셜미디어 서비스의 등장과 함께 폭발적으로 확산되고 있다. 소셜미디어는 소비자가 다른 소비자들과 자신의 경험을 공유하면서 결속을 이루어갈 수 있는 가장 손쉬운 매체가 되고 있으며, 불만을 느끼는 고객들은 이를 활용한 여론몰이를 통해 특정 기업이나 제품의 이미지에 심대한 타격을 줄 수 있다([글 4-9] 참조). 따라서 소셜미디어 내의 고객불평에 적극적으로 신속하게 대응하는 것이 매우 중요하다.

| 표 4-2 | 한국 및 미국 소비자의 소비자불만 행동 분석

반응 유형	내용	한국	미국
목소리 반응 (voice response)	해당 문제에 대해 종업원이나 관리자와 얘기했다.	27.3	**61.0**
	해당 문제를 해결해 줄 것을 요구했다.	34.7	**59.0**
	앞으로 기업이 더 잘할 수 있도록 해당 문제를 알려줬다.	30.6	**55.9**
	잊어버리고 아무런 조치도 취하지 않았다.	28.9	**22.1**
사적 반응 (private response)	해당 기업의 제품을 더 이상 구입하지 않았다.	**80.2**	53.4
	다음번에는 다른 기업의 제품을 구입했다.	**73.6**	56.6
	친구나 친척에게 내가 겪은 좋지 않은 경험을 얘기했다.	**86.0**	77.9
	친구나 친척에게 해당 기업의 제품을 사지 말 것을 설득했다.	**56.2**	33.8
제3자 반응 (third-party response)	지역신문사에 내가 겪은 좋지 않은 경험에 대해 투고했다.	5.8	4.1
	소비자단체에 해당 문제를 알렸다.	5.8	5.2
	해당 기업을 상대로 법적을 행동을 취했다.	7.4	4.5

자료 : Liu, Raymond R. and Peter McClure(2001), "Recognizing cross-cultural differences in consumer complaint behavior and intentions: an empirical examination," *Journal of Consumer Marketing*, 18(1), 54-74.

글 4-9 소셜미디어를 통한 고객불평의 사례

2008년 3월 31일 캐나다의 가수 데이비드 캐럴(David Carrol)은 유나이티드항공사의 비행기를 탄 뒤 경유지인 시카고에서 수화물을 운반하던 항공사 직원이 자신의 기타를 아무렇게나 짐칸에 던져 넣는 장면을 목격했다. 도착지에서 자신의 3,500달러짜리 기타가 심각하게 파손된 것을 발견한 캐럴은 곧바로 항공사에 항의를 했다. 하지만 9개월 내내 그가 연락했던 모든 유나이티드항공사 관계자들은 자신의 책임은 아니라고 회피했다. 캐럴은 보상은 해줄 수 없다는 입장만을 반복해서 들을 수밖에 없었다. 유나이티드항공사의 처사에 화가 나고 배신당했다는 느낌을 가진 캐럴은 그의 감정과 경험을 바탕으로 뮤직비디오를 만들기로 결심했다. 15개월 만인 2009년 7월 6일 '유나이티드는 기타를 깨부수고 있다(United Breaks Guitars)'는 제목의 뮤직비디오를 유튜브에 올렸다. 캐럴이 공개한 4분 36초짜리 뮤직비디오는 하루 만에 15만 건, 1달 후 500만 건 이상의 선풍적인 조회수를 기록하였다. 또한 해당 항공사와 관련된 불쾌한 경험들이나 보이콧을 하자는 의견 등 900만 건 이상의 댓글이 한 달 동안 올라오면서 유나이티드항공사는 이미지에 큰 타격을 입게 되었다.

자료 : 이태영(2013), "소비자 불만 선제적 대응 중요성이 커지고 있다," LG Business Insight, 1235-1236호, 39-44.

5.2 불만을 얘기하기 꺼리는 이유

고객들이 자신의 불만을 기업에 말하기를 꺼리는 이유로 여러 가지가 지적될 수 있다.

첫째, 가장 주된 이유는 자신의 불만을 일일이 얘기하기가 귀찮기 때문이다. 자신의 불만의 내용을 설명해야 하고 경우에 따라서는 다투기도 해야 하는데 그럴 만한 가치가 없다고 판단하는 고객들은 불평하기를 단념해버린다.

둘째, 불만을 제기해도 결국 해결되지 않고 앞으로도 계속 똑같은 일이 반복될 것이라는 생각에 단념해 버릴 수 있다. 즉, 학습된 무기력(trained helplessness) 현상이 나타날 수 있다. 최근에는 인터넷이나 SNS(Social Network Service) 등 자신의 의견을 적극적으로 개진할 수 있는 다양한 수단들이 활성화되어 있지만 수동적이고 소극적이며 방어적인 기업의 태도는 고객으로 하여금 무엇을 해도 안 될 것이라는 생각을 갖게 할 수 있다. 미국의 와튼스쿨(Wharton School)과 캐나다의 컨설팅회사인 베르데그룹(Verde Group)이 2006년에 공동으로 소매유통점에서 불만스러운 경험을 한 소비자를 대상으로 한 조사에 따르면 조사 대상자의 46%가 '거의 확실히' 혹은 '아마도' 똑같은 경험을 미래에도 하게 될 것이라고 응답하였다. 또한 조사회사인 TARP는 학습된 무기력으로 인해 고객불평이 점점 더 줄어들고 있다고 보고하고 있다.

셋째, 불만을 갖는 이유가 드러내어 얘기하기에는 너무 개인적인 사안일 수 있다는 생각으로 인해 말하기를 꺼릴 수 있다. 예를 들어 자신이 기업에 기여하는 것에 비해 충분히 대접을 받지 못하고 있다고 느낄 경우에 이런 얘기를 드러내어 하기는 체면상 적절하지 않다고 판단할 수 있다.

넷째, 다른 기업의 상품으로 쉽게 전환할 수 있을 경우에는 구태여 문제를 제기하기보다는 다른 회사의 제품을 구입하는 것이 더 바람직하다고 생각할 수 있다. 특히 값이 상대적으로 저렴한 저관여 제품의 경우에 불만을 제기하는 데 소요되는 시간이나 비용에 비해 얻는 이득이 적기 때문에 이러한 현상이 더욱 두드러지게 나타날 수 있다.

기업은 고객들이 자신의 불만을 자발적으로 말하도록 장려하고, 이를 적극적으로 해결하는 노력을 기울임으로써 고객불만이 부정적 구전으로 이어지지 않고 기업의 경쟁력 강화를 위한 정보자원으로 활용될 수 있도록 노력을 기울여야 한다([글 4-10] 참조).

글 4-10 고객불평의 경영자원화 사례

고객의 불만을 단순히 줄이려는 노력에 그치는 것이 아니라 고객의 불만소리를 경영자원화하여 서비스 개선을 위한 아이디어 뱅크로 적극 활용하는 기업이 있어 주목받고 있다. 현대해상은 지난 1년간 VOC(Voice Of Customer, 고객의 소리)시스템을 통해 접수된 고객의 불만 사례를 분석해 총 27가지의 서비스 개선사항을 발굴하고, 불만을 통해 서비스 개선의 계기를 제공한 고객 중에서 30명을 선발해 명예사원으로 위촉했다. 28일 서울 광화문 본사에서 강북지역본부 관할의 명예사원 5명에게 CCO(Chief Customer Officer)와 지역본부장이 직접 명예사원증과 순금 1돈으로 제작된 순금 명함패를 수여하는 등 전국 각 지역본부별로 'Thanks-VOC 명예사원' 위촉식을 가졌다. 이날 위촉된 명예사원들은 앞으로 1년간 현대해상 모니터로 활동하며 현대해상의 각종 서비스를 우선적으로 체험한 후 실제 고객의 입장에서 서비스 이용 만족도를 평가하고 개선 방향에 대한 의견을 제시하는 역할을 하게 된다. 현대해상 CCO 이성재 상무는 "'Thanks-VOC 명예사원'은 불만고객의 소리를 감추는 것이 아니라 오히려 그들의 목소리를 더 키워 소중한 경영자원으로 활용하고 차별화된 고객서비스를 제공하고자 만든 제도"라며 "고객의 의견을 더욱 경청하는 기업문화를 조성하고 불만 속에 숨어 있는 서비스 개선의 실마리를 찾기 위해 더욱 노력할 것"이라고 말했다.

자료 : 스포츠조선, "현대해상, 불만고객을 명예사원으로 위촉," 2011년 9월 29일.

5.3 소비자중심경영

소비자중심경영(Consumer-centered Managemen : 이하 CCM)은 기업이 수행하는 모든 활동을 소비자 관점에서 소비자 중심으로 재구성하고 관련 경영활동을 지속적으로 개선하고 있는지를 평가하여 인증하는 제도이다([그림 4-13] 참조). CCM 인증을 신청한 기업은 한국소비자원(Korea Consumer Agency : 이하 KCA)으로부터 심사기준에 따른 평가가 진행되고 공정거래위원회로부터 인증을 받게 된다. 더불어 KCA는 CCM 평가뿐만 아니라 교육, 인증기업의 사후관리 및 지원 등의 업무를 맡고 있다.

CCM 평가기준은 4개 대분류, 10개 중분류, 15개 소분류, 최대 49개 평가지표로 구성되어 있다([그림 4-15] 참조). 4개의 대분류는 리더십, CCM체계, CCM운영, 성과관리로 나누어진다. 리더십은 '최고경영자(CEO)는 회사의 비전이나 경영방침에 소비자중심경영의 이념을 반영하는가?' 등에 대한 내용을 평가하고 있으며, CCM 체계는 '소비자중심경영을 주관하는 부서가 있으며, 소비자중심경영 주관 부서의 위상은 전체 조직 내에서 적절한가?', CCM 운영은 '소비자에게 회사, 제품, 서비스 등에 관한 정보를 제공하기 위한 시스템과 채널을 다양하게 구축하고, 정보를 충분히 제공

그림 4-13 소비자중심경영

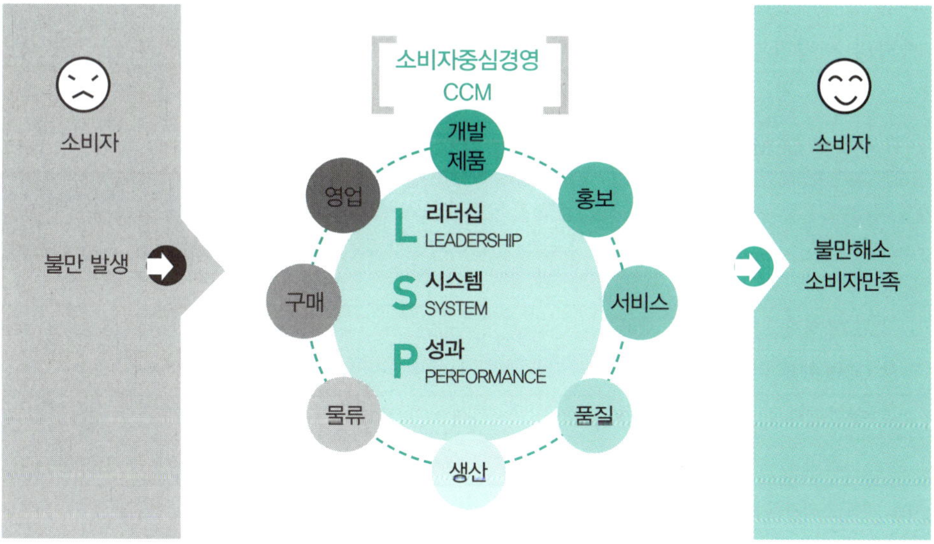

자료 : 공정거래위원회 홈페이지

그림 4-14 CCM 인증마크

자료 : 공정거래위원회 홈페이지

그림 4-15 CCM 평가기준

1. 리더십	2. CCM 체계	3. CCM 운영	4. 성과관리
1. 최고경영자의 리더십	1. 조직관리	1. 소비자정보 제공	1. CCM 성과관리
2. CCM 전략	2. 자원관리	2. VOC	
	3. 교육관리	3. 소비자불만관리	
	4. 문서관리		

자료 : 한국소비자원 홈페이지

하는가?', 성과관리는 '소비자중심경영의 전사적 운영성과를 측정할 수 있는 성과목표를 설정하는가?' 등에 대해 평가하고 있다. 배점 기준은 총점 1,000점이며, 신규평가자와 재평가자, 대기업과 중소기업에 따라 배점이 다르다([표 4-3] 참조).

| 표 4-3 | CCM 평가기준별 배점기준

대분류	신규평가		재평가	
	대기업	중소기업	대기업	중소기업
1. 리더십	300	300	250	200
2. CCM 체계	300	300	200	200
3. CCM 운영	200	300	250	300
4. 성과관리	200	100	300	300
총점	1,000	1,000	1,000	1,000

자료 : 한국소비자원 홈페이지

CCM 인증을 받은 기업은 공정거래위원회에 신고된 소비자피해사건 자율처리 권한이 부여되며, 소비자 관련 법령을 위반할 경우 제재수준이 경감된다. CCM을 통해 소비자, 기업, 정부는 [표 4-4]에서 제시된 혜택을 누릴 수 있다. 즉, 소비자는 발생한 문제를 신속하게 처리할 수 있고, 기업은 소비자의 신뢰 구축을 통해 경쟁력을 향상시킬 수 있으며, 정부는 새로운 규제제도를 제정을 줄일 수 있는 등의 효과를 거둘 수 있다.

| 표 4-4 | 소비자중심경영을 통한 각 주체별 수혜 혜택

주체	수혜 혜택
소비자	• 상품 및 서비스 선택정보 제공 효과 • 인증기업과의 소비자문제 발생 시 CCM 운영체계에 따라 신속하고 합리적인 해결 가능
기업	• CEO와 임직원의 소비자 관련 인식 제고 • 상품과 서비스수준을 소비자 관점에서 끊임없이 혁신하여 궁극적으로 대외 경쟁력 제고
정부	• 사후 분쟁해결 및 시정조치에 필요한 비용절감 효과 기대

글 4-11 소비자중심경영 사례

풀무원건강생활(주)는 2011년 첫 인증 이후 소비자중심경영의 꾸준한 실천을 통해 2016년 4번째 소비자중심경영 인증을 획득함으로써 소비자중심경영 실천 기업임을 대내외적으로 인증받아오고 있다. 풀무원건강생활은 소비자를 중심으로 구축된 경영 시스템을 토대로 전 임직원이 소비자중심경영의 이념을 실현하고, 소비자 만족을 창출하는데 앞장서고 있으며, 이를 위해 CCM위원회로 접수되는 다양한 소비자의견(VOC)을 제품의 기획 · 개발 · 생산 · 판매의 전 과정에 적용하도록 하고 있으며, 이에 대한 내부통제시스템으로 각종 위원회를 통해 보고하고 개선사항을 점검하고 있다. 또한 경영전반에 걸친 소비자 불만 처리절차를 통하여 소비자 불만을 해결하고자 노력하고 있다.

풀무원 CCM 체계

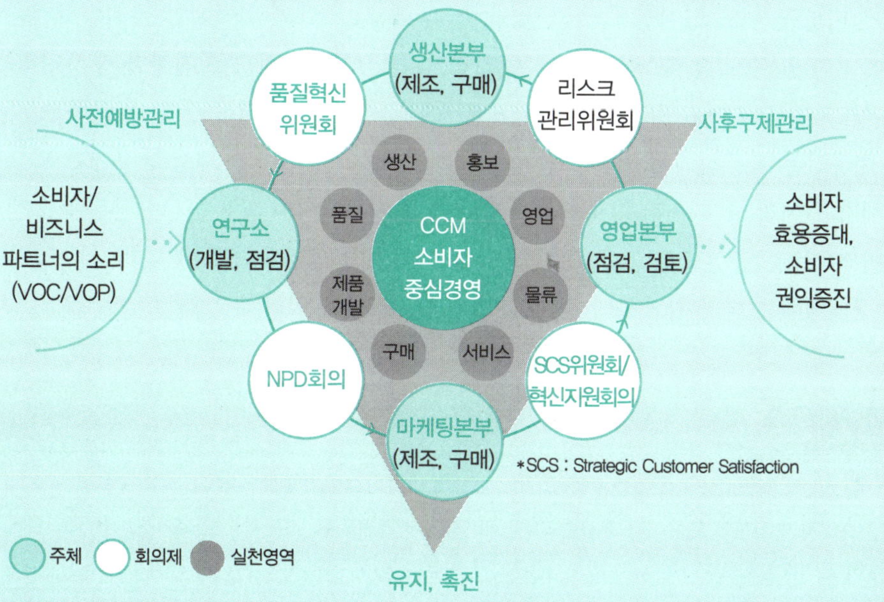

소비자 불만 처리절차

1. 리더십	2. 현장방문	3. 원인분석	4. 대책수립	5. 소비자보고
–e-MAIL 접수 –홈페이지 1:1 고객상담 –유선접수 방문접수 –우편접수	–신속한 방문 • 지역별 가맹점장 • cs전문요원 현장파악	–제품품질 • 제품개발연구원 • 생산 품질담당자 마케팅/영업 서비스 품질 • 마케팅/영업담당자	–원인별 개선 대책 수립 –재발방지 교육 시행 및 경영체계 개선 진행	–발생원인 및 개선 대책 공유 –소비자분쟁해결 기준에 의한 보상 진행

자료 : 풀무원건강생활 홈페이지

제2절 고객충성도

1. 고객충성도의 개념

고객충성도는 "고객이 거래하고 있는 회사와의 관계를 강화하기 위해 기꺼이 투자나 희생을 하고자 하는 정도"라고 정의될 수 있다. 고객충성도를 측정하는 지표로는 흔히 고객점유율(share of customer 혹은 share of wallet)이나 연속구매 여부 등과 같은 행위적인 변수가 사용된다. 그런데 이러한 구매행위가 제품에 대한 진정한 애착에서 비롯될 수도 있지만 습관적인 구매, 무관심, 기업의 적극적인 가격인하캠페인 등에 기인할 수도 있다. 이 경우에 행위적으로 나타난 충성도를 진정한 충성도로 보기 어렵다([글 4-12] 참조). 반대로 제품에 대한 깊은 애착을 가지고 있더라도 자신이 이용하는 유통점에서 해당 제품을 취급하고 있지 않다거나, 제품을 구매할 필요성 자체가 현저히 줄어든 경우에는 지속적 구매가 이루어지지 않는다. 이 경우에 고객은 표면적으로는 충성도가 높은 고객이 전혀 아니지만 상황의 변화에 따라서는 얼마든지 구매행위를 다시 활발하게 전개할 잠재력을 지니고 있다.

글 4-12 고객충성도에 대한 오해

충성도가 경영자들에게 중요한 이유는 그것이 소비자의 구매행동에 영향을 주기 때문이다. 그들은 소비자가 자신의 제품이나 회사를 다른 소비자에게 알려주는 것도 감사히 여기겠지만 정작 회사들이 고객충성도로부터 얻을 수 있는 근본적인 기대는 '반복구매'이다. 하지만 경영자들과 전문가들이 자주 하는 실수 중의 하나가 충성도와 필요성을 혼동하는 일이다. 예를 들어 여행객들은 마음에 안 드는 항공사라도 자신들이 원하는 곳까지의 직항을 제공하는 유일한 항공사이기 때문에 어쩔 수 없이 그 항공사를 반복적으로 이용하는 경우가 있다. 이 모습이 마치 충성도로 비춰질 수도 있으나, 그들의 생각까지 충성스러운 것은 아니라는 것이다. 만약 또 다른 직항이 생긴다면 그들은 지금까지 이용하던 항공사를 바꿀 것이다. 이처럼 억지로 붙잡혀 있는 소비자가 충성스러운 소비자로 잘못 인식되는 경우는 너무도 많다. 따라서 반복구매가 충성도와 같다고 추측하는 것은 실수이다. 소비자들은 일부다처제식의 충성도를 갖는 경향이 있다. 그러므로 충성도는 부분적으로는 한 소비자가 구매를 할 경우에 특정 브랜드를 택할 확률이라고 생각할 수 있다. 예를 들어 어떤 소비자는 구매를 할 때 70%는 브랜드 A, 20%는 브랜드 B, 나머지 10%는 브랜드 C로 구매할 수 있다. 브랜드 C사는 소비자가 최근에 두 건의 자사 브랜드를 구매했다는 이유로 충성도가 있다고 여길 수도 있으나 이런 구매는 사실 원래 선호하는 브랜드의 재고가 떨어졌거나 브랜드 C가 특별히 저렴한 가격을 제시했기 때문일 수도 있는 것이다.

자료 : 티모시 L. 케이닝햄, 테리 G. 바브라, 러잔 액소이, 헨리 왈라드(2006), 고객충성의 신화 : 고객충성도에 관한 오해와 진실, 번역서, 비즈니스맵, 99-100.

이러한 논의에 따라 고객충성도는 [그림 4-16]에서와 같이 제품이나 서비스에 대한 상대적 태도(relative attitude, 경쟁제품에 대한 태도 대비 해당 제품에 대한 태도의 비율)와 반복구매의 정도에 따라 4개의 유형으로 구분할 수 있다.

① 진정한 충성도 : 상대적 태도도 강하고 반복적 구매도 활발히 이루어지는 경우의 충성도는 진정한 충성도라고 할 수 있다.

② 충성도의 부재 : 반대로 상대적 태도도 약하고 반복적 구매도 일어나지 않는 경우는 충성도가 전혀 존재하지 않는 상태라고 할 수 있다.

③ 의사 충성도 : 반복적인 구매는 일어나고 있지만 상대적 태도가 약한 경우의 충성도는 의사(擬似) 충성도 혹은 가짜 충성도라고 할 수 있다. 앞에서 기술한 바와 같이 이는 습관적인 구매, 무관심, 기업의 적극적인 가격인하캠페인, 매장에서의 좋은 진열위치 등에 기인하는 행동적 충성도라고 할 수 있다. 의사 충성도는 회사의 매출이나 이익 신장에 기여하는 것은 분명하지만 진정한 충성도와는 달리 경쟁사의 새로운 제품의 출시나 가격인하캠페인에 쉽게 이끌릴 수 있다. 회사는 제품의 품질 향상이나 광고 등의 프로모션을 통해 자사제품에 대한 태도를 제고시킴으로써 의사 충성도를 진정한 충성도로 전환시키거나 혹은 그렇게 할 필요나 여력이 없다고 판단될 경우에는 판매촉진 등의 활동을 통해 의사 충성도를 가능한 한 오랫동안 지속시키기 위한 활동을 전개하게 된다.

④ 잠재적 충성도 : 반복적 구매는 일어나지 않지만 상대적 태도가 강한 경우의 충성도는 잠재적 충성도라고 할 수 있다. 이러한 경우의 예로 특정 제품을 애착을 가지고 반복적으로 구매하다가 연령의 증가나 소득의 감소와 같은 생활여건의 변화로 인해 해당 제품군 자체를 사용할 수 없게 된 경우를 들 수 있다. 이러한 경우에는 생활여건이 다시 원상태로 회복되면 반복적인 구매가 다시 일어날 수 있고, 그렇지 않다고 하더라도 이들은 활발한 긍정적 구전이나 소개활동을 통해 회사의 수익증가에 기여할 수 있다.

그림 4-16 상대적 태도와 반복적 구매에 따른 충성도의 유형

상대적 태도 \ 반복적 구매	높음	낮음
강함	진정한 충성도	잠재적 충성도
약함	의사 충성도	충성도의 부재

자료 : Dick, Alan S. and Kunal Basu(1994), "Customer loyalty : Toward an integrated conceptual framework," *Journal of the Academy of Marketing Science*, 22(2), 101.

이렇게 고객충성도는 행위적인 측면과 태도적인 측면을 모두 지니고 있기 때문에 그 측정에 있어서도 두 가지 측면이 모두 고려될 수 있다. 먼저 행위적인 요소로는 구매하고 있었던 제품에 대한 반복적인 구매, 보다 고가의 제품의 구매나 구매하지 않았던 제품에 대한 추가 구매, 구전이나 소개와 같은 우호적 커뮤니케이션활동 등이 포함될 수 있고, 태도적인 요소로는 해당 제품에 대한 호감도, 구매의도 등이 포함될 수 있다. 충성도의 척도로 케이닝햄(Keiningham) 외 3인은 그들의 저서 『*Loyalty Myths*』(고객충성의 신화)에서 다음과 같은 세 가지의 질문항목을 제시하고 있다. 그것은 브랜드에 대한 전반적인 만족도, 브랜드를 재구매할 가능성, 브랜드를 주변인들에게 추천할 의향이다.

글 4-13 행위적 및 태도적 충성도에 따른 수익기여도

우리는 식품소매업체를 대상으로 행위적인 측면과 태도적인 측면 모두에서 충성도가 높은 고객들이 행동적인 충성도만 높은 고객들에 비해 수익창출 기여도가 120% 더 높은 것을 발견하였다. 이는 비단 B2C 부문에만 적용되는 것은 아니었다. 기업을 대상으로 서비스를 공급하는 회사의 경우에 생각과 행동의 두 가지 측면에서 모두 충성스러운 고객들은 행동적인 측면에서만 충성스러운 고객에 비해 수익성이 50% 더 높았다.

자료 : Reinartz, Werner and V. Kumar(2002), "The mismanagement of customer loyalty," *Harvard Business Review*, 80(7), 86–94.

2. 고객충성도의 측정

고객충성의 개념이 태도적 충성과 행위적 충성을 모두 포괄하고 있고 행위적 충성은 유지, 구매활성화, 소개 등 다양한 측면을 지니고 있기 때문에 고객충성도는 매우 다양한 형태로 측정된다. 일반적으로 태도적 충성도는 브랜드에 대한 감정적 친밀도, 애착, 추천의도 등에 대한 설문항목을 통해 측정되고, 행위적 충성도는 반복적 구매 정도, 동일 제품 유형 내에서의 구매비율, 구전의 정도 등의 변수로 측정된다. 행위적 충성도의 경우 실제의 구매 자료를 얻기가 어려운 경우가 많기 때문에 지속적 구매의도나 동일 제품 유형 내에서의 구매의도 등과 같은 행위의도를 나타내는 변수를 이용하여 측정되는 경우가 많다.

존스와 새서(Jones and Sasser, 1995)는 고객충성도를 측정할 수 있는 가장 정확한 지표는 해당 제품군에서의 지갑점유율(share of wallet)이지만 개별고객의 차원에서 이에 대한 데이터를 구하는 것은 거의 불가능하기 때문에 다른 대안을 찾게 된다고 주장한다. 이들은 이러한 대안들을 다음과 같이 세 가지 유형으로 구분하고 있다.

1) 구매의도

구매의도를 활용하여 고객충성도를 측정하는 것의 장점은 비교적 데이터를 수집하기가 용이하다는 점이다. 행위적인 데이터는 실제로 구매행동을 관찰하여야 하기 때문에 특히 구매주기가 긴 내구재 같은 경우에는 데이터를 수집하는 데 상당히 오랜 시간이 필요한 데 반하여, 설문조사를 통한 구매의도 데이터의 확보는 어느 시점에서든 가능하다. 또한 일용소비재와 같이 고객의 구매정보를 축적하기 힘든 업종의 기업에서는 구매의도가 고객충성도를 측정하는 거의 유일한 지표가 될 수밖에 없다. 구매의도를 통해 고객충성도를 측정할 수 있는 이유는 구매의도가 실제의 구매행동을 비교적 잘 예측할 수 있기 때문이다. 물론 구매의도가 과장되어 나타나는 것이 사실이지만 과장되는 정도가 상당히 안정적으로 나타나기 때문에 이를 감안하여 실제의 행동을 예측하면 상당히 정확한 예측이 가능하다.

2) 1차적 행동 관련 변수

1차적 행동 관련 변수는 구매행동 관련 변수를 의미한다. 이러한 변수로는 지속적 구매, 지속적 구매기간, 그리고 RFM에서의 세 개 변수(최근일, 구매빈도, 구매액) 등의 변수를 들 수 있다.

3) 2차적 행동 관련 변수

2차적 행동 관련 변수는 고객소개, 추천, 긍정적 구전 등의 행동을 의미한다. 이러한 행동들은 향후 구매활동과의 관련성이 적을 수도 있지만 신규고객을 확보하는 데 있어서는 매우 중요한 역할을 한다. 또한 이러한 행동들은 자신에게도 소개나 추천을 한 지인들과의 관계가 소원해질 수 있는 위험성을 안고 있는 행동이기 때문에 일정 수준 이상의 충성도가 없으면 할 수 없는 행동이라고 할 수 있다.

3. 순추천지수

고객충성도의 측정과 관련하여 순추천지수(純推薦指數, NPS : Net Promoter Score)가 주목을 받고 있다. 이는 고객만족도가 회사의 매출과 수익을 예측하는 데 한계가 있다는 점들이 지적되면서 이를 대체하여 매출과 수익을 보다 정확하게 예측할 수 있는 지표로 등장하였다. 2003년 말에 이 개념을 처음 제안한 베인앤컴퍼니(Bain & Company)의 컨설턴트인 라이헬트(Frederick Reichheld)는 고객충성도를 "고객이 거래하고 있는 회사와의 관계를 강화하기 위해 기꺼이 투자나 희생을 하고자 하는 정도"라고 정의하고, 주변 사람들에게 거래하는 회사 혹은 그 회사의 제품, 서비스, 영업사원 등을 소개하는 것은 자신의 위신이나 명예와도 관련이 있기 때문에 위험이 따르는 희생적인 행동이며, 따라서 소개의 정도는 고객충성도를 측정하기 위한 매우 적합한 기준이 될 수 있다고 주장한다. 사실 제품이나 서비스에 대한 만족은 스스로 느끼는 데서 그치는 반면, 제품이나 서비스를 지인에게 추천하는 행위는 번거로울 뿐만 아니라 위험부담이 따르기 때문에 매우 신중하게 생각하는 경향이 있다.

라이헬트는 추천의도를 측정하기 위한 도구로 [그림 4-17]과 같은 11점 척도의 항목을 제시하고 있다. 그는 이 항목에 응답한 고객들을 9~10점으로 응답한 '옹호자(promoter)' 그룹, 7~8점으로 응답한 '수동적 만족(passively satisfied)' 그룹, 0~6점으로 응답한 '비방자(detractor)' 그룹의 세 유형으로 분류하고, 옹호자 그룹의 비율에서 비방자 그룹의 비율을 뺀 것으로 NPS를 산출하고 있다. 그는 여러 산업에서의 자료를 통해 NPS와 매출성장률의 상관계수가 매우 높음을 실증적으로 보여주고 있다. 여러 항목으로 구성되는 고객만족도에 비해 NPS의 산출을 위한 설문은 '추천의도

(likelihood of recommendation)'를 묻는 단 하나의 항목만으로 구성되기 때문에 그 측정이 매우 수월하다. 따라서 조사에 소요되는 비용이 매우 적게 들 뿐만 아니라 매우 빨리 자료를 수집할 수 있기 때문에 문제가 있다면 이를 조기에 파악하여 개선할 수 있을 가능성이 커진다.

그림 4-17 순추천지수의 측정 설문과 계산식

당신은 주변의 사람들에게 저희 회사를 추천할 의향이 얼마나 있으십니까?

전혀 없음 0 1 2 3 4 5 6 7 8 9 10 매우 강함

NPS = 옹호자 비율(9~10으로 응답한 고객의 비율)
− 비방자 비율(0~6으로 응답한 고객의 비율)

자료 : Reichheld, Frederick F.(2003), "The one number you need to grow," *Harvard Business Review*, 81(12), 46–53.

그러나 몇몇 연구들은 NPS와 기업성과와의 관련성에 대해 라이헬트의 주장과는 상반되는 분석결과를 제시하고 있다. 한 연구(Morgan and Rego 2006)에서는 NPS가 매출성장률, 총마진, 시장점유율 등 6개의 기업성과 변수에 거의 혹은 전혀 영향을 주지 못하는 것으로 나타났다. 또 한 연구(Keiningham et al., 2007)에서는 금융, 주유소, 가구, 보안시스템, 운송 등 5개 부분의 업체들을 대상으로 NPS와 매출의 상대적인 변화와의 상관관계를 분석하였는데, 분석결과 금융부문과 보안시스템에서는 상관관계가 높지만 여타 업종에서는 상관관계가 낮거나 오히려 음의 상관관계가 존재하는 것으로 나타났다.

또한 이 연구는 기업성과(매출)와의 상관관계분석을 통해서 ACSI(American Customer Satisfaction Index)가 NPS보다 기업성과와 더 강한 상관관계를 가지고 있음을 보여주고 있다. 이러한 결과는 NPS가 "고객만족이나 고객유지 등과 비교할 때 기업의 성장을 가장 잘 예측할 수 있는 지표"라는 라이헬트의 주장과는 상반된다. 이러한 NPS의 유용성을 부정하는 연구들에도 불구하고 NPS는 많은 기업들에 수용되어 사용되고 있다([글 4-14] 참고).

글 4-14 NPS의 확산

1. NPS는 등장 이후 세계 유수의 기업에서 자사의 고객지표로 사용되고 있다. 즉 GE, T-Mobile International, Progressive Corporation, AMEX 등 여러 기업들이 자사의 고객 로열티를 측정하는 도구로 NPS를 채택하고 있고, 심지어 NPS 점수가 주주에게 보고되기도 한다. 특히 GE에서는 NPS를 다양한 사업부서의 핵심적인 경영관리지표로 활용하고 있고, CEO인 이멜트(J. Immelt)는 GE에서 "NPS는 고객과 어떻게 상호작용을 할 것인가에 대한 문화로서 체화되고 있다"고 언급한 적이 있다.

자료 : 최정환, 송택근, 황혜정(2008), 걸도는 고객만족경영을 위한 CRM, 다산출판사, 61–62.

2. GE의 제프리 이멜트 회장은 2005년 초, 임원들과의 연례 미팅에서 고위 경영층 보너스의 20%를 NPS와 연동해 지급할 것이라고 발표했다. NPS는 'GE 제품을 타인에게 사용할 것을 추천한 사람의 비율에서 추천하지 않은 사람의 비율을 차감한 비율'로 고객을 대상으로 한 설문조사를 통해 산출된다. 이멜트는 "우리 회사에서 수천여 개의 재무성과지표가 있다. 그러나 이보다 중요한 것이 NPS이다. 회사의 성장은 고객들이 우리 제품을 타인에게 추천하느냐에 달려 있기 때문이다"라고 말하면서 고객 관점의 성과와 연동한 보상을 강조했다. … GE 헬스케어는 2005년 이후 4분기 동안 2만 명 이상의 고객을 대상으로 NPS를 조사했다. 그 결과 고객들은 기술적 문제에 대한 불만에 회사가 30분 이내에 응답해주기를 원한다는 사실을 발견했다. 그러나 당시 회사가 고객 클레임에 응답하는 데 걸리는 시간은 40분이었다. 이에 회사는 태스크포스를 구성해 콜센터 운영 프로세스를 개선하기 시작했고 그 결과 평균 응답시간을 10분 단축할 수 있었다. 이후 다시 조사한 결과 NPS가 15점 상승했다. GE 에너지 역시 마찬가지였다. 2005년 이 회사의 NPS는 –11점이었다. 이에 GE 에너지의 사장은 NPS를 '0' 수준으로 만들겠다는 목표를 세우고 고객인터뷰를 실시했다. 특히 견적프로세스(quote process)가 취약했다. 이에 고객의 견적요청에 응답하는 시간을 개선하는 태스크포스를 구성하고 2주 동안 작업을 진행했다. 그 결과 기존에는 30일이던 주문 접수부터 선적까지의 평균 소요기간을 9일로 단축하고, 17%였던 주문전환 비율을 30%로 높이는 성과를 거뒀다.

자료 : 최병권(2008), 고객가치를 창조하는 기업의 조건, 새로운 제안, 171–173.

우리나라에서도 한국능률협회컨설팅이 2007년부터 KNPS(Korean Net Promoter Score)를 조사하여 발표하고 있다. 이 조사는 서울을 포함한 수도권과 6개 광역시에 거주하는 18~65세의 성인 남녀 약 1만 명을 대상으로 가정방문을 통한 대면면접의 형식으로 이루어진다. KNPS는 11점 척도인 NPS와는 약간 다르게 7점 척도로 측정되며, 중간값인 4를 '보통'으로 하고 적극추천(6, 7점)한 응답자의 비율에서 비추천(1~4점)한 응답자의 비율을 빼는 식으로 계산된다. 국내의 한 연구는 KNPS를 활용하여 KNPS와 기업성과(총자산이익률, ROA)와의 관련성을 조사하였는데, 서비스, 내구재, 비내구재산업 모두에서 KNPS가 단기적으로는 물론 장기적으로도 기업성과에 유의한 영향을 미치는 것으로 나타났다. 이 연구는 "고객추천은 라이헬트가 언급했던 몇몇 산업에서뿐만 아니라 모든 업종에서 매우 중요할 수 있다"고 주장하고 있다.

NPS는 2003년에 소개가 된 이후에 산업계는 물론 학계에도 상당한 파장을 불러온 개념이다. 이 개념이 기업성과와 얼마나 많은 연관성을 가지고 있는가에 대해서는 갑론을박이 있지만, 직관적으로 매우 단순하면서도 상당히 강력한 예측지표로서 기능할 수 있는 가능성은 크다고 할 수 있다. 따라서 기업의 입장에서는 NPS가 보편적인 타당성을 갖는 지표인가에 대해 관심을 갖기보다는 자사의 고객을 대상으로 정기적이고 반복적인 측정을 통해 자사의 성과지표들과의 연관성을 평가하고, 이러한 평가에 따라 NPS를 어떻게 활용할 것인지에 대한 의사결정을 해나가는 것이 바람직하다.

제 3 절 고객만족, 고객충성도, 수익의 인과관계

1. 고객만족과 수익과의 관계

국내외의 많은 연구들이 고객만족이 증가하면 매출과 이익과 같은 기업성과지표들이 증가한다는 것을 실증분석을 통해 보여주고 있다. 그렇지만 한편으로는 고객만족이 과연 기업이 최선을 다해 추구하여야 하는 대상인가에 대한 회의론이 강하게 제기되고 있다. 이러한 회의론이 제기되는 가장 주된 이유는 고객만족도가 높으면 기업의 최종적인 목표라고 할 수 있는 '수익'도 높아져야 하는데, 그렇지 않은 현상들이 나타나고 있기 때문이다. 심지어는 고객만족도는 높아졌음에도 불구하고 기업의 시장점유율이나 매출액, 이익률과 같은 재무성과가 오히려 악화되는 사례도 발견되고 있다. 이러한 현상이 나타나는 주된 원인으로 다음과 같은 사항들이 지적될 수 있다.

1.1 고객만족도 측정 도구와 관련한 한계점

먼저 고객만족도 측정 도구와 관련된 한계점이 지적될 수 있다. 고객만족도의 측정은 고객을 대상으로 하는 설문조사를 통해 이루어지는데, 설문조사과정에서 자신의 의견을 말로 표현하는 것과 그 이후의 행동은 얼마든지 달라질 수 있다. 상품을 구매하기 위해서는 자신의 시간과 돈이라는 소중한 자원을 사용하여야 하기 때문에 의견을 말하는 것에 비해 훨씬 더 많은 요소들을 고려하여야 하고, 따라서 보다 신중해질 수밖에 없다.

고객만족도의 측정과 관련한 또 하나의 한계점으로 고객만족도의 측정항목들이 판매에 영향을 미치는 감성적인 요인들을 고려하지 못하고 있다는 점이 지적될 수 있다. 고객만족에 대한 가장 대표적인 이론인 기대불일치모형(expectation-disconfirmation model)에 따르면, 고객만족은 제품이나 서비스에 대한 고객의 기대(expectation)와 인지된 성과(perceived performance)와의 비교를 통해 이루어진다. 즉, 인지된 성과가 기대에 미치지 못하면 불만이 발생하고, 반대로 인지된 성과가 기대수준과 같거나 크면 만족하게 된다. 이러한 의미에서 고객만족도는 제품이나 서비스의 성과에 대한 평가라는 '이성적인' 측면을 강조하고 있는 측정도구이다.

그렇지만 특히 B2C의 경우에 고객들의 구매는 이성적인 판단에만 의존하여 이루어지지는 않는다. 즉, 상품에 대한 애착과 공감, 새로운 것에 대한 호기심, 상품을 판매하는 영업사원에 대한 친근감과 신뢰 등과 같은 감성적인 측면도 매우 중요하다. 특히 제품 간의 차이가 점차 줄어들고 있는 시장환경에서는 이러한 현상이 더욱 두드러지게 나타난다. 이러한 현상을 반영하여 최근에는 고객만족경영에 대한 대안으로 고객경험에서의 감성적인 측면을 강조하는 고객경험관리(customer experience management)가 주목을 받고 있다.

1.2 고객기여도의 차이에 대한 고려의 미흡

기업들이 고객들의 기여도에 차이가 있다는 점을 잘 알고 있음에도 불구하고 대부분의 경우 고객을 구분하지 않고 평균적인 만족도를 증가시키려고 노력한다는 점도 그 원인으로 지적될 수 있다. 1980년대에 미국 GM의 캐딜락(Cadillac) 사업부는 고객만족도가 높아지는데도 불구하고 수익은 늘지 않는, 당시로서는 기이하게 여겨졌던 현상을 경험했다. 실상은 구매력 약한 나이 많은 고객들 사이에서의 만족도가 높게 나타났던 것이다. 고객들 가운데는 기여도가 높은 고객도 있고 그렇지 않은 고객도 있지만, 고객만족경영은 이를 뚜렷이 구별하지 않는다. 경우에 따라서는 매출기여도가 낮음에도 불구하고 목소리를 높여 자신의 주장을 펼치는 고객들에게 더 많은 자원을 할애하기도 한다. 이러한 과정에서 기여도가 높으면서도 제대로 대접받지 못하고 있다고 생각하는 고객들은 불만이 있지만 아무런 불평도 하지 않고 조용히 다른 기업으로 떠나 버릴 수도 있다. 기업들이 이러한 행동을 보이는 것은 고객만족지수는 대부분 전체 고객들의 평균적인 만족도를 평가하기 때문에 기업들이 구태여 기여도가 높은 고객들만을 선별하여 고객만족도를 개선하려는 노력을 기울일 필요가 없기 때문이다. 매출실적을 올려줄 수 있는 고객들의 만족도를 높일 수 있어야 고객만족과 수익과의 상관관계가 높아지는데, 고객만족도를 개선하는 과정에서는 이에 대한 고려가 이루어지지 않기 때문에 고객만족도가 높아져도 매출이나 수익의 향상이 실현되지 않을 수 있다([글 4-15] 참조).

글 4-15 고객기여도의 차이에 의한 고객만족도와 수익성의 불일치

고객을 수익성 고객, 손익분기점 고객, 비수익성 고객으로 나누면 대부분의 회사에서 20%의 수익성 고객이 총수익의 150~300%를 창출하고, 60~70%의 손익분기점 고객은 수익을 창출하지 못하며, 10~20%의 비수익 고객은 총수익의 50~200%를 빼앗아간다. [그림 4-18]의 '고래등 곡선'은 이 범위를 나타내고 있다. 즉, 일반적으로 회사 고객의 80%는 수익을 가져다주지 못한다는 것이다. 이러한 상황에서 모든 고객의 만족도를 높이기 위한 노력은 당연히 수익의 감소로 이어진다.

그림 4-18 고래등 곡선

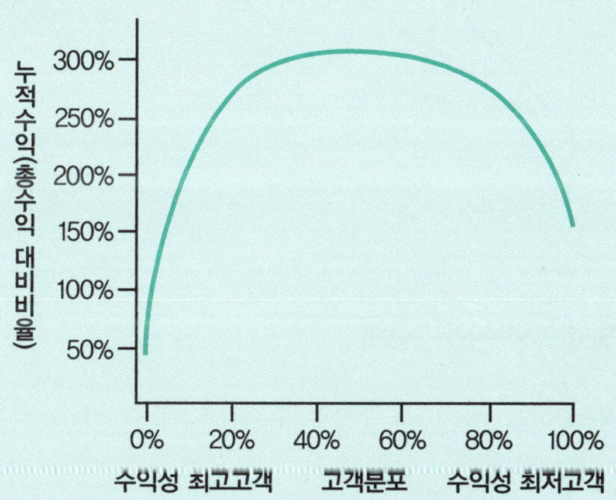

자료 : 티모시 L. 케이닝햄, 테리 G. 바브라, 러잔 악소이, 헨리 윌라드(2006), 고객충성의 신화 : 고객충성도에 관한 오해와 진실, 번역서, 비즈니스맵, 54-55.

1.3 고객만족도 제고를 위한 투자의 증가에 따른 한계매출의 체감

고객만족도를 증가시키는 데 소요되는 비용은 체증(遞增)하고 고객만족도의 증가에 따른 매출의 증가는 체감(遞減)하기 때문에 고객만족도의 증가에 따라 수익은 점차 감소한다는 점이 지적될 수 있다. 예를 들어 품질이 이미 상당히 좋은 제품을 대상으로 품질을 더욱 높여 고객만족도를 높이려고 할 때 많은 비용을 들인 품질개선의 노력이 고객만족도를 상승시킬 수는 있겠지만, 그것이 비용을 감당할 정도의 매출증가로 이어지지 않을 가능성이 높다. 결과적으로 품질개선의 노력으로 고객만족도는 개선되었지만 매출에서 비용을 차감한 수익은 오히려 감소할 수 있다. 이러한 논의는 [그림 4-19]에서와 같이 기업마다 최적의 고객만족도수준이 존재할 수 있다는 것을 의미한다. 그림에서 최적 고객만족도수준은 한계매출액과 한계비용이 일치하는 지점에서 결정되고, 이 지점에서 총매출액에서 총비용을 차감한 수익은 최대가 된다. 고객만족도가 이 수준보다 낮아져도 수익은 감소하지만 높아져도 역시 수익은 감소한다.

그림 4-19 최적 고객만족도의 도출

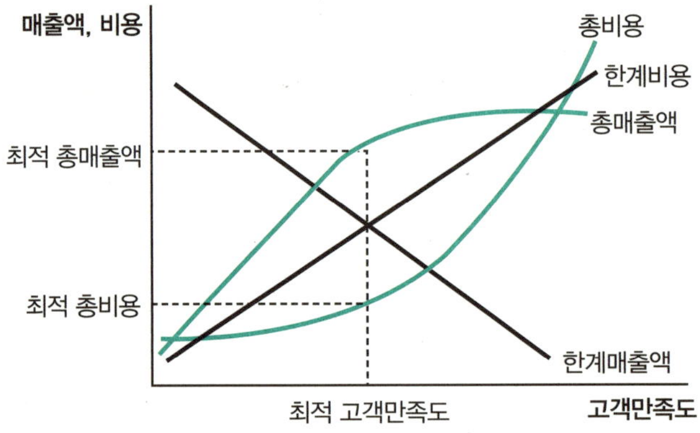

1.4 고객만족도 측정과정에서의 왜곡

고객만족지수는 기업활동을 보다 고객지향적으로 바꾸어 나가는 도구적인 역할을 해야 함에도 불구하고 실제로는 그 자체가 하나의 목표가 되어 버리고 이로 인해 조사과정에서 왜곡이 발생할 수 있다는 점이 지적될 수 있다. 특히 고객만족점수를 임직원의 성과평가에 반영하는 경우에 이러한 현상이 더욱 심하게 발생한다. 왜냐하면 이 경우에 임직원은 고객만족점수의 측정이 가지고 있는 원래의 취지에는 관심이 없고 점수를 올리는 데만 관심을 갖게 되기 때문이다. [글 4-16]에서 앞부분은 설문지의 작성과정에서, 뒷부분은 실사과정에서 왜곡 현상이 발생할 수 있음을 기술하고 있다. 이러한 현상이 발생하면 고객만족도와 수익성과의 상관관계를 따지는 것 자체가 무의미해진다.

글 4-16 고객만족도 측정과정에서의 왜곡 현상

1. 실제로 문제가 있을 경우에도 고객만족조사 결과는 매우 긍정적으로 나타날 수 있다. 왜냐하면 부정적인 응답을 얻을 수 있는 주제를 피하도록 질문을 할 수 있기 때문이다. 예를 들어 직원들은 고객과의 커뮤니케이션 분야에 대해 개선의 필요성을 잘 알고 있음에도 불구하고 상급 관리자가 이 사실을 잘 모르고 있다면 이 문제가 결코 드러나지 않게 질문을 구성할 가능성이 크다.

자료 : 일레인 해리스(2012), 고객가치를 높이는 고객서비스 전략, 번역서, 시그마북스, 265.

2. 기업들은 지난 기간 대비 고객만족활동의 성과 변화나 같은 기간 동안의 경쟁사 대비 고객만족 성과를 비교하고 평가하기 위해 고객만족점수를 자주 사용한다. 때로는 경쟁사 대비 고객만족점수가 관련 경영진 혹은 실무자들의 성과평가에 반영되어 보상과 연동되기도 한다. 그런데 고객만족점수를 평가에 활용하게 되면 피평가자가 고객만족점수에 민감해질 수밖에 없기 때문에 자칫하면 실질적인 개선보다 점수를 높이는 활동에만 치중하는 경향이 나타날 수 있다. 실제로 진정으로 고객을 만족시키기보다는 높은 고객만족점수를 얻기 위해 취해지는 여러 가지 형태의 왜곡된 피평가자들의 행동들이 관찰되고 있으며, 앞으로도 얼마든지 재현될 수 있다고 생각된다. 예를 들어, 어느 기업에서는 서비스를 제공한 후 고객만족점수를 후하게 줄 고객들을 찍어서 고객만족평가를 받기도 한다. 또는 고객들에게 높은 고객만족점수를 달라고 부탁, 호소, 강요하는 서비스 직원들도 있다는 것은 이미 잘 알려진 사실이다. 이러한 행태가 계속된다면 고객에게 불쾌감과 부담을 주게 되며, 이는 오히려 고객만족에 역행하는 것이 된다. 실상, 이러한 왜곡으로 인해 고객만족점수를 올바로 얻는 것이 쉽지 않다. 따라서 이러한 부작용이 통제될 수 없다면 자사의 고객만족점수를 경쟁사와 비교하여 고객만족활동의 성과를 평가하고 이에 따라 보상을 부여하는 것은 바람직하지 않다.

자료 : 최정환, 송근택, 황혜정(2008), 걷도는 고객만족경영을 위한 CRM, 다산출판사, 45-46.

2. 고객만족과 고객충성도와의 관계

고객만족도가 증가하면 고객충성도도 증가하는 경향을 보인다. [그림 4-20]은 우리나라에서 실시된 조사에서 고객만족도가 증가할 때 고객충성도의 한 지표인 고객 유지율도 같이 증가하고 있음을 보여주고 있다.

그림 4-20 NCSI와 고객유지율과의 관계

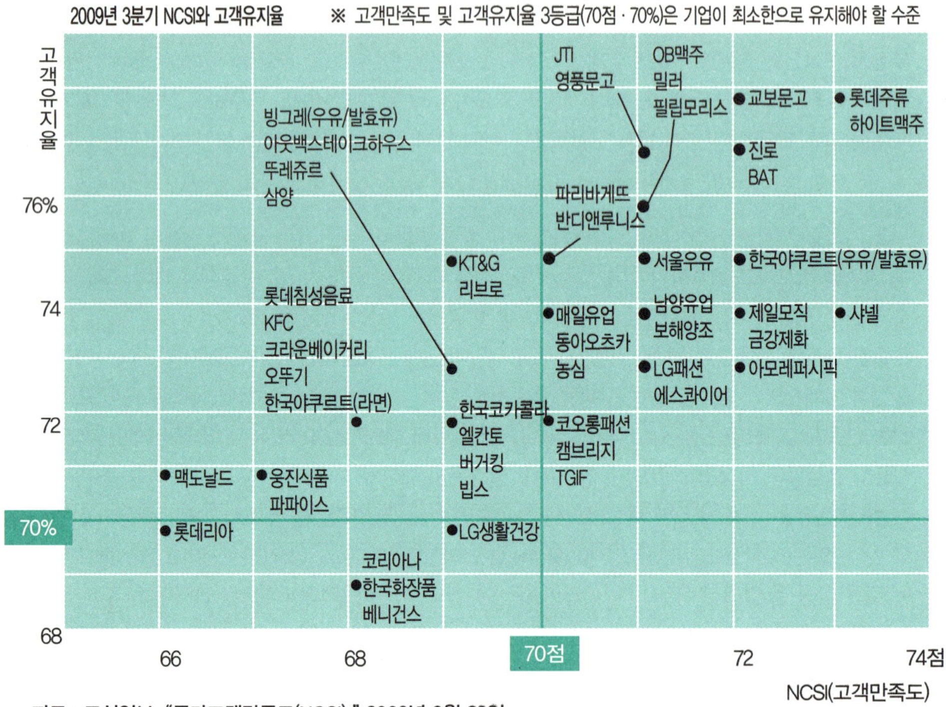

자료 : 조선일보, "국가고객만족도(NCSI)," 2009년 9월 23일.

그렇지만 고객만족도가 증가할 때 고객유지율이 증가하지 않는 현상이 발생할 수 있다. [그림 4-21]은 이러한 현상을 설명해주고 있다. 그림에서 이탈영역(defection zone)은 만족도가 하락할 때 유지율이 급격하게 하락하는 영역이고, 고려영역(consideration zone)은 고객만족도의 변화에 따라 고객유지율의 변화가 거의 없는 영역이며, 신뢰영역(trust zone)은 고객만족도의 수준이 고객이 충분히 신뢰할 수 있는 수준이기 때문에 고객만족도의 증가가 고객유지율의 증가로 이어지는 영역을 의미한다. 고려영역은 만족도의 차이는 존재하지만 고객유지율에는 차이가 나지 않기 때문에 무차별영역(indifference zone)이라고도 불린다. 무차별영역이 넓으면 기업이 서비스 개선 노력을 통해 만족도를 개선하더라도 만족도수준은 계속 무차별영역에 머무르게 되고, 따라서 고객유지율은 그다지 증가하지 않는다. 또한 이 그림은 고객만족도의 변화에 따른 고객유지율의 변화가 매우 비대칭적(asymmetric)임을 보여주고 있다. 예를 들어 현재 A에 위치해 있는 기업의 경우 고객만족도가 약간만 하락해도 고객유지율이 대폭 감소하게 되지만 고객만족도가 증가하여도 고객유지율에는 거의 변화가 없다. 또한 B는 고려영역과 신뢰영역의 경계에 위치해 있는데, B를 중심으로 좌측의 고려영역에 위치한 기업과 우측의 신뢰영역에 위치한 기업의 고객유지율에는 큰 차이가 나타난다. 그래서 만족수준이 '어느 정도 만족하고 있다'는 고객군의 유지율과 '매우 만족하고 있다'는 고객군의 유지율은 큰 차이를 보이게 된다.

그림 4-21 고객만족도와 고객유지율의 관계

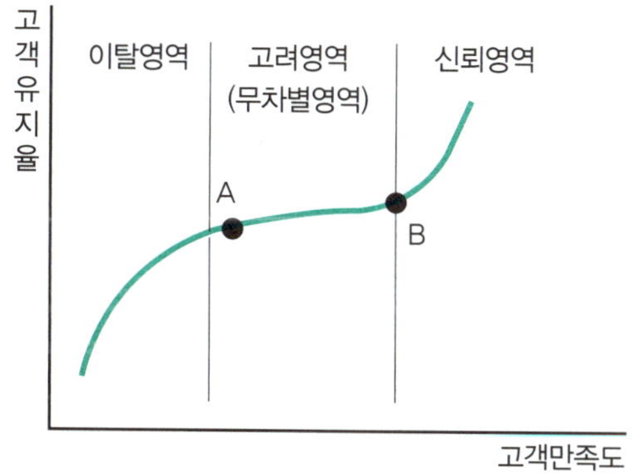

자료 : Anderson Eugene W. and Vikas Mittal(2000), "Strengthening the satisfaction–profit chain," *Journal of Service Research*, 3(2), 107.

고객만족도와 고객충성도와의 관계에 대한 또 하나의 중요한 이슈는 [표 4–5]에서와 같이 둘 간의 관계가 시장요인, 기업요인, 소비자요인 등 여러 요인에 따라 크게 달라질 수 있다는 것이다.

① 시장요인과 관련하여 경쟁업체의 수가 많고, 품질의 차이가 적으며, 전환비용이 적을수록 일정한 수준의 고객충성도를 달성하기 위해 요구되는 고객만족도 수준은 높아진다. 즉, 경쟁이 심한 시장환경일수록 고객충성도를 확보하기가 어렵다.

② 기업요인과 관련하여서는 로열티 프로그램이 약하거나 독점적 기술이 없어서 행위적 충성도를 확보하기 어려운 경우일수록 고객충성도를 확보하기 위해서는 보다 높은 수준의 고객만족도가 요구된다.

③ 소비자요인과 관련하여서는 관여도가 낮을수록 상표전환이 쉽게 일어나기 때문에 관여도가 낮을수록 고객충성도를 확보하는 데 요구되는 고객만족도의 수준은 높아진다.

| 표 4-5 | 고객만족도와 고객충성도의 관계에 영향을 주는 요인들

구분		일정한 수준의 고객충성도를 달성하기 위해 요구되는 고객만족도수준
시장요인	경쟁업체의 수	경쟁업체가 많은 시장일수록 보다 높은 고객만족도가 요구된다.
	품질의 차이	경쟁제품 간의 품질의 차이가 작은 시장일수록 보다 높은 고객만족도가 요구된다.
	전환비용의 수준	전환비용이 적은 시장일수록 보다 높은 고객만족도가 요구된다.
기업요인	로열티 프로그램	로열티 프로그램이 약할수록 보다 높은 고객만족도가 요구된다.
	독점적 기술	독점적 기술이 있는 경우에 비해 없는 경우에 보다 높은 고객만족도가 요구된다.
소비자요인	관여도수준	소비자의 관여도수준이 낮을수록 보다 높은 고객만족도가 요구된다.

3. 고객충성도와 수익과의 관계

고객충성도의 향상이 수익을 증가시켜 줄 것이라는 신념은 CRM의 가장 핵심적인 동력이다. 이러한 논의의 중심에 있는 인물로 1996년에 『*The Loyalty Effect*』를 저술한 베인앤컴퍼니(Bain&Company)의 컨설턴트인 라이헬트(Frederick Reichheld)를 들 수 있다. 그는 1990년에 *Harvard Business Review*에 실린 논문을 통해 "고객이탈률을 5% 감소시키면 업종에 따라 수익을 25~85% 증가시킬 수 있다"고 주장하였으며, 이를 계기로 전 세계적으로 고객유지를 위한 고객충성도 제고전략 수립 열풍이 불었다. 고객유지율은 고객충성도를 나타내는 하나의 지표로, 고객충성도의 행위적 측면과 태도적 측면 중에서 행위적 측면만을 볼 수 있는 지표이다. 하지만 고객유지율은 고객과의 거래정보를 통해 분석될 수 있기 때문에 설문조사가 수반되어야 하는 태도적 충성도에 비해 데이터를 획득하기가 훨씬 더 용이하며, 이러한 이유로 고객충성도의 지표로 가장 빈번하게 사용되고 있다. 라이헬트는 고객유지율의 향상이 수익의 증가로 이어지는 이유로 다음과 같은 사항들을 들고 있다.

① 고객은 시간이 갈수록 점점 더 많이 구매한다.

② 유지기간이 긴 고객일수록 서비스를 제공하는 데 드는 비용이 적어진다.

③ 유지기간이 긴 고객일수록 주변에 긍정적인 구전을 더 많이 퍼뜨린다.

④ 유지기간이 긴 고객일수록 가격에 덜 민감하다. 따라서 기업은 유지기간이 긴

고객에게 더 높은 가격을 책정할 수 있다.

이러한 주장은 너무나도 명백하게 들려서 의심 없이 당연한 것으로 받아들여지는 경향이 있다. 그래서 고객충성도와 수익과의 관계에 대한 실증적인 분석을 한 예는 국내는 물론 외국에도 매우 드물다. 그렇지만 이러한 주장에 대해 강력한 반론도 제기되고 있다. 케이닝햄(Keiningham) 외 3인은 『*Loyalty Myths*』(고객충성의 신화)라는 제목의 서적을 통해 충성도에 대한 기존의 생각을 45가지의 '오해'로 구분하여 조목조목 비판하고 있다. [글 4-17]은 그 중에서 위에서 언급한 고객유지율의 향상이 수익의 증가로 이어지는 이유들이 근본적으로 잘못되었다고 주장하고 있는 내용을 기술하고 있다.

글 4-17 고객유지와 수익 간의 관계의 근거에 대한 반론

오해 24 – 충성스러운 소비자들의 좋은 소문이 회사의 성장을 돕는다

당연히 추천은 더 많은 고객을 확보할 수 있는 주요 원천이다. 그런데 고객들은 두 가지의 극단적인 상황에서만 제품, 서비스, 회사와의 관계를 놓고 말하는 경향이 있다. 즉, 극단적인 불만을 가졌거나 극단적인 만족감을 가졌을 경우이다. 여기서 문제가 되는 것은 소비자들은 좋았던 경험보다는 나빴던 경험에 대해 말할 가능성이 크다는 점이다. 회사가 고객을 유지하는 기간이 그 고객의 충성도를 보여주는 것으로 생각한다면 관계의 기간과 소문 간의 관계는 매우 미약하다. 확실한 것은 고객을 얻기 위한 마케팅 수단으로서 소문이 갖는 영향력은 과대평가되었다는 점이다.

오해 35 – 장기고객일수록 더 많이 구매한다

장기고객이 더 많이 구매한다는 주장은 '고객유지주의'의 핵심교리라고 부를 만하다. 고객의 소득은 최소한 은퇴 전까지는 일반적으로 그들의 나이가 많을수록 증가한다. 따라서 고객의 나이가 많아질수록 부의 정도도 증가하기 때문에 시간이 지날수록 이들이 구매하는 양 또한 증가한다는 것은 완벽한 논리처럼 들린다. 그러나 모든 상품과 서비스의 소비량은 고객의 나이와 함께 증가하는 경향이 있지만, 소득보다는 훨씬 느린 속도로 증가한다. 또한 소비량은 구매되는 많은 종류의 상품과 서비스에 분배된다. 따라서 미시적인 관점에서 시간이 지남에 따라 소비자들의 소비량이 증가한다는 논리는 어불성설에 지나지 않는다. 사람들은 대부분 식료품점, 통신회사, 인터넷서비스회사, 신발가게 등에 규칙적으로 들러서 쇼핑을 한다. 그러나 이들 상점에 다시 방문했다고 해서 이전보다 더 많은 상품을 사게 되는가? 그렇지 않다. 필요야말로 우리의 소비행위를 부추기고 그 속도를 조절하는 중요한 요소라고 할 수 있다. 필요성을 느끼는 고객들은 처음부터 이미 많은 소비를 하고 있었던 것이지, 필요성이 시간이 지난다고 해서 증가하는 것이 아니다.

오해 40 – 충성스러운 고객들은 가격에 덜 민감하다

고객충성도의 미덕으로 여겨지는 것 중의 하나가 '충성스러운 고객들은 익숙하지도 않고, 불편한

다른 경쟁사와 새로 거래를 하는 것보다 웃돈을 주고라도 기존의 회사와 계속 거래하기를 원한다'는 것이다. 그러나 충성스러운 고객은 오히려 가격에 더 민감한 경향을 보인다. 그들이 익숙하지 않고 불편한 경쟁사에게 가지는 않을 것이라고 해도 '일부다처제'식의 다양한 브랜드를 선호하는 고객들은 다른 경쟁사와 '익숙하고 편안한' 상태를 이미 유지하고 있을 가능성이 있기 때문이다. 라이나츠(Reinartz)와 쿠마(Kumar)의 연구에 따르면 다른 공급자로부터 더 낮은 가격에 제품을 구매할 수 있음에도 불구하고 그들이 선호하는 공급자로부터 제품을 구매하는 '충성스러운' 고객의 예를 찾을 수 없었다.

오해 41 – 충성스러운 고객들은 그렇지 않은 고객보다 저렴하게 서비스할 수 있다

이 주장은 전 세계적으로 생산업체들의 전략과 전술에 극적으로 영향을 미친 두 가지의 근거에 그 뿌리를 두고 있다. 첫 번째는 보스턴컨설팅그룹에 의해 대중화된 경험곡선이다. 경험곡선은 누적 경험이 배로 증가할 때마다 상품과 서비스의 비용을 대략 20~30%씩 감소할 것이라고 예측한다. 경험곡선에 기반을 둔 전략은 1960년대부터 회사전략의 하나로 포함되었다. 또 다른 근거는 1980~1990년대의 품질운동이다. 생산업자들은 영업보다는 품질 향상을 꾀하는 것이 더 큰 비용을 절감할 수 있게 해준다는 사실을 발견했다. 즉, 향상된 품질은 영업효율을 높여 결국에는 생산비를 절감하게 해준다는 것이다. 경험곡선과 품질을 바탕으로 한 영업효율은 모두 생산환경에서 꾸준하게 진실임이 입증됐다. 생산업체들이 효율성과 품질 향상을 통해 경험했던 결과들을 보면 '충성스러운 고객들은 그렇지 않은 고객보다 저렴하게 서비스할 수 있다'는 주장은 그럴듯하게 들릴 뿐 아니라 충분히 믿음직스럽게 보이기까지 한다. 그러나 라이나츠와 쿠마가 연구했던 회사들 중에서 단기 고객보다 적은 비용으로 장기고객을 다룰 수 있는 경우는 전혀 없었다. 이들이 찾을 수 있었던 유일한 상관관계는 첨단서비스 부문이었는데, 여기에서조차 충성고객을 다루는 데는 오히려 더 많은 비용이 들었다.

자료 : 티모시 L. 케이닝햄, 테리 G. 바브라, 러잔 액소이, 헨리 왈라드(2006), 고객충성의 신화 : 고객충성도에 관한 오해와 진실, 번역서, 비즈니스맵, 107–108, 155–157, 160–163.

고객유지율과 수익성과의 양의 관계에 대한 반론으로 '고객유지율이 증가함에 따라 수익성도 증가한다는 주장은 고객유지율을 증가시키는 데 소요되는 비용을 간과하고 있다'는 점이 지적되고 있다. 즉, 고객유지율을 높이려는 노력의 궁극적인 목적은 수익을 향상시키는 데 있지만 고객유지율을 높이기 위해서는 비용이 발생하기 때문에 무작정 고객유지율을 높이는 것은 오히려 수익을 감소시킬 수 있다는 것이다. 고객유지율이 낮은 수준에서는 고객유지율의 증가가 수익을 상당히 증가시킬 수 있지만, 고객유지율이 매우 높은 수준에서 추가적으로 고객유지율을 높이려면 낮은 수준에 있을 때에 비해 훨씬 더 많은 비용을 지출하여야 하고, 따라서 고객유지율 증가가 오히려 수익의 감소로 이어질 수 있다. 이는 [그림 4–22]에서와 같이 최적 고객유

그림 4-22 고객유지율과 수익의 관계

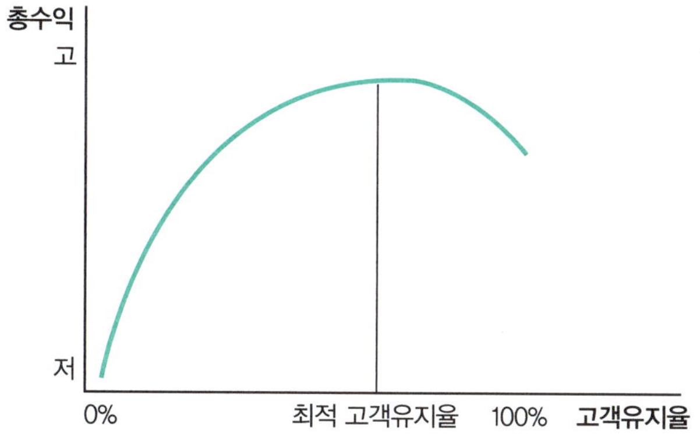

지율수준이 존재한다는 것을 의미한다. 즉, 수익의 극대화를 위해서는 고객유지율 100%를 달성하는 것이 바람직한 것이 아니라 최적 고객유지율을 찾아 그 수준을 유지해 나가는 노력을 기울이는 것이 더 바람직하다. 최적 고객유지율은 사전적(事前的)으로 계산될 수 있는 것은 아니며 고객유지율을 늘려가면서 수익의 변화를 관찰함으로써 찾아질 수 있다.

고객충성도와 수익과의 관계에 대해 우리나라에서 실시된 연구에서도 그 결과는 일관적이지 않다. 우리나라의 한 연구는 어떤 IT기업으로부터 회계 관련 솔루션패키지를 공급받는 263개 기업고객을 대상으로 하여 실시한 조사를 바탕으로 재구매 의향 · 타사소개 · 가격인상수용 등으로 측정된 고객충성도가 매출총이익률과 영업이익으로 측정된 재무성과에 긍정적인 영향을 미치는 것으로 보고하고 있다. 그렇지만 초고속 인터넷서비스를 이용하고 있는 고객 102명을 대상으로 실시된 한 연구에서는 가입기간으로 측정된 고객충성도와 수익성 간에 유의한 인과관계가 존재하지 않음을 보고하고 있다.

고객유지율이 수익성에 결정적인 영향을 미친다는 라이헬트(Frederick Reichheld)의 주장에 대해 실증적인 분석을 바탕으로 하는 가장 강력한 반론은 라이나츠(Reinartz)와 쿠마(Kumar)에 의해 제기되었다. 이들은 4개의 회사(미국의 기업대상 하이테크서비스 공급회사와 우편주문회사, 프랑스의 소매식품회사, 독일의 투자중개회사)를 대상으로 라이헬트의 주장을 검증하였다. 4개 기업을 대상으로 고객의 유지기간과 수익성과의 상관관계를 분석결과는 각각 0.30, 0.20, 0.45, 0.29로 나타났으며, 이에 대해 이러한 정도의 상관관계의 수준은 라이헬트의 주장에 비해서 그

그림 4-23 어떤 고객들이 진정으로 수익성이 높은가?

	짧은 유지기간	긴 유지기간
높은 수익성	**나비(Butterflies)** 하이테크서비스 공급회사 20% 우편주문회사 15% 소매식품회사 19% 투자중개회사 18% 2	**진정한 친구(True Friends)** 하이테크서비스 공급회사 30% 우편주문회사 36% 소매식품회사 31% 투자중개회사 32% 1
낮은 수익성	3 **낯선 사람(Strangers)** 하이테크서비스 공급회사 29% 우편주문회사 34% 소매식품회사 29% 투자중개회사 33%	4 **따개비(Barnacles)** 하이테크서비스 공급회사 21% 우편주문회사 15% 소매식품회사 21% 투자중개회사 17%

다지 높은 수준은 아니라고 주장하였다. 더 나아가 이들은 라이헬트가 주장한 고객충성도와 수익과의 높은 관련성에 대한 근거에 대해서도 조사하였는데, 조사 결과를 바탕으로 특정 기업의 상품을 꾸준히 구입하는 고객일수록 서비스 제공비용이 적다든가, 가격에 덜 민감하다든가, 다른 고객을 더 많이 소개시켜준다는 뚜렷한 증거를 발견하지 못하였다고 주장하였다. 또한 [그림 4-23]에서와 같이 각 기업에 대해 고객들의 수익성과 예상되는 유지기간을 각각 2개로 나눈 추가적인 분석을 통해 자신들의 주장을 보다 논리적으로 설명하고 있다.

고객의 유지기간과 수익성이 높은 연관성을 갖는다면 1상한(진정한 친구)과 3상한(낯선 사람)의 비중이 절대적으로 높아야 하지만 그 비중은 59~70% 정도이고, 나머지 2상한(나비)과 4상한(따개비)의 비중도 30~41%에 이르는 것으로 나타났다. 라이나츠와 쿠마는 이를 근거로 무작정 고객의 유지율을 향상시키는 전략은 실패를 가져올 수 있다고 지적하고 있다. '낯선 사람' 고객집단에 대해서는 관리할 필요가 없고, '진정한 친구' 고객집단에 대해서는 행위적 충성도와 함께 태도적 충성도를 동시에 가질 수 있도록 특별한 대우를 하는 것이 당연하지만, 나머지 두 개의 집단에 대해서는 전혀 다른 전략을 전개하여야 함을 지적하고 있다. 즉, '나비' 고객집단은 기업과 관계 맺는 것을 즐겨 하지 않는 집단이기 때문에 이들을 '진정한 친구' 고객집단으로 전환시키기 위한 노력은 성공을 거둘 수 없으며, 단기적으로 구매를 촉진시킬 수 있는 프로모션전략이 적합하다고 지적하고 있다. 또한 '따개비' 고객집단에 대해서는 잠재적인 구매력이 있는 집단과 없는 집단으로 다시 분류하고, 잠재적인 구매력이 있는 집단에 대해서만 교차판매나 상향판매를 통해 고객점유율을 높여가는 전략이 필요하다고 제안하고 있다.

참고문헌

- 김나경(2009), "침묵에 가려진 소비자 불평," LG Business Insight, 1031호, 46–54.
- 김형수, 김영걸, 박찬욱(2009), CRM : 전략의 원리와 응용, 사이텍미디어, 제3장.
- 박무현(2007), "성과측정모델에서의 가치이익사슬 구조분석 : 고객 및 재무관점을 중심으로," 국제회계연구, 17, 23–48.
- 박찬욱(2012), 고객관계 구축을 위한 영업관리, 도서출판 청람, 585–586, 590.
- 심형석(2011), "'고객불만'은 실패를 막아주는 예방주사," 동아비즈니스리뷰, 92호, 102–105.
- 안재현, 김명수, 이동주, 박영준, 김창규(2004), "초고속인터넷 서비스에서의 고객만족도–충성도–수익성 간의 연관관계 분석," 대한산업공학회/한국경영과학회 춘계학술대회, FB8_5–FB8_8.
- 유창조, 박홍수, 강성호, 장홍란(2009), "비씨카드의 고객만족 전략과 실천에 관한 연구," 소비자학연구, 20(4), 305–326.
- 이유재, 이청림(2010), "고객만족과 고객추천이 기업성과에 미치는 동태적 영향: KCSI와 KNPS를 중심으로," 경영학연구, 39(2), 279–307.
- 이태영(2013), "소비자 불만 선제적 대응 중요성이 커지고 있다," LG Business Insight, 1235–1236호, 39–44.
- 전인수, 김현정(2005), "ROCSI : 고객만족투자 과연 효과 있는가?," 마케팅연구, 20(3), 65–84.
- 최병권(2008), 고객가치를 창조하는 기업의 조건, 새로운 제안, 171–173.
- 최정환, 송근택, 황혜정(2008), 겉도는 고객만족경영을 위한 CRM, 다산출판사, 45–46, 61–62.
- 일레인 해리스(2012), 고객가치를 높이는 고객서비스 전략, 번역서, 시그마북스, 260, 265.
- 티모시 L. 케이닝햄, 테리 G. 바브라, 러잔 액소이, 헨리 왈라드(2006), 고객충성의 신화 : 고객충성도에 관한 오해와 진실, 번역서, 비즈니스맵, 30–32, 60–63, 99–100, 107–108, 155–157, 160–163, 167.
- 동아일보, "KMAC '고객 추천 지수' 1위 기업," 2008년 12월 16일.
- 매일경제, "경영진이 불만처리과정 직접 관여," 2013년 4월 18일.

- 스포츠조선, "현대해상, 불만고객을 명예사원으로 위촉," 2011년 9월 29일.
- 월간호텔&레스토랑, "호텔, 불만제로에 도전!," 2016년 9월 19일.
- 한국경제, "[고객만족경영대상] 삼성카드, 고객불만처리 실시간 확인," 2012.12.13.
- Anderson Eugene W. and Vikas Mittal(2000), "Strengthening the satisfaction-profit chain," *Journal of Service Research*, 3(2), 107-120.
- Dick, Alan S. and Kunal Basu(1994), "Customer loyalty : Toward an integrated conceptual framework," *Journal of the Academy of Marketing Science*, 22(2), 99-113.
- Goodman, John(2006), "Manage complaints to enhance loyalty," *Quality Progress, February*, 28-34.
- Goodman, John(1999), "Basic facts on customer compliant behavior and the impact of service on the bottom line," TARP Report.
- Keiningham, Timothy L., Bruce Cooil, Tor Wallin Andreassen, and Lerzan Aksoy(2007), "A longitudinal examination of net promoter and firm revenue growth," *Journal of Marketing*, 71(July), 39-51.
- Kumar, V. and Werner Reinartz(2012), *Customer Relationship Management: Concepts, Strategy, and Tools*, 2nd ed., Springer, 101-106.
- Liu, Raymond R. and Peter McClure(2001), "Recognizing cross-cultural differences in consumer complaint behavior and intentions: an empirical examination," *Journal of Consumer Marketing*, 18(1), 54-74.
- Morgan, Neil A. and Lopo Leotte Rego(2006), "The value of different customer satisfaction and loyalty metrics in predicting business performance," *Marketing Science*, 25(5), 426-439.
- Oliver, Richard(1981), "Measurement and Evaluation of Satisfaction Process in Retail Setting," *Journal of Retailing*, 57(Fall), 25-48.
- Reichheld, Frederick F.(1996), *The Loyalty Effect, The Hidden Force Behind Growth, Profits, and Lasting Value*, Harvard Business School Press.
- Reichheld, Frederick F. and W. Earl Sasseer, Jr.(1990), "Zero defect : Quality comes to services," *Harvard Business Review*, 68(5), 105-111.
- Reichheld, Frederick F.(2003), "The one number you need to grow," *Harvard Business Review*, 81(12), 46-53.
- Reis, Dayr, Leticia Pena, and Paulo A. Lopes(2003), "Customer satisfaction: the historical perspective," *Management Decision*, 41(2), 195-198.

• Reinartz, Werner and V. Kumar(2002), "The mismanagement of customer loyalty," *Harvard Business Review*, 80(7), 86–94.
• Wharton School(2007), "Beware of dissatisfied consumers: they like to blab," in *Approaches for Retailers*, Vol. 2, 14–16.

CHAPTER 05

고객가치와 고객자산

기업이 CRM활동을 전개하기 위해서는 많은 비용이 소요된다. 매스마케팅에서와는 달리 커뮤니케이션이 일대일로 이루어져야 하기 때문에 고객 1인당 커뮤니케이션비용이 매우 높을 뿐만 아니라, 장기적인 관점에서의 고객관계 강화를 추구하기 때문에 고객들과의 일대일 커뮤니케이션이 지속적으로 이루어져야 한다. 또한 고객에 대한 가치를 제안함에 있어서도 최대한 '맞춤(customization)'을 추구하여야 하기 때문에 제품이나 서비스에 대한 아이디어를 창출하기도 상대적으로 힘들고 생산단가도 높다. 뿐만 아니라 고객을 체계적으로 관리하기 위한 CRM시스템도 갖추어야 하고 이를 관리할 수 있는 인력도 추가적으로 충원되어야 한다. CRM활동에 소요되는 높은 비용을 감당하기 위해서는 이에 상응하는 높은 수익을 올려줄 수 있는 고객들을 중심으로 CRM활동을 전개할 수밖에 없다. 즉, CRM활동은 기업이 수익을 창출하는 데 많은 기여를 하는 소수의 고객을 중심으로 전개된다. '고객이 기업의 수익 창출에 기여하는 가치'로 정의되는 '고객가치'가 중요해지는 이유가 바로 여기에 있다.

고객가치와 밀접하게 관련되어 있는 개념으로 고객자산(customer equity)이 있다. 고객자산은 고객 자체가 기업의 자산이라는 의미인데, 고객을 자산으로 보는 이유는 당연히 수익의 원천이 고객이기 때문이다. 내용적으로 보면 고객가치와 고객자산은 큰 차이가 없지만, 고객을 보는 '단위'에 있어서 큰 차이가 있다. 즉, 고객가치는 고객 개개인의 가치에 주된 관심을 갖는 개념인 반면, 고객자산은 고객 개개인이 아닌 고객 전체의 가치에 초점을 두고 있다. 본장에서는 고객가치와 고객자산의 개념, 고객가치와 고객자산의 측정방법, 고객자산관리 등에 대해 논의한다.

제 1 절 고객가치와 고객자산의 개념

1. 고객가치의 두 가지 의미

'고객가치(顧客價値, customer value)'라는 용어는 두 가지 의미로 사용되고 있다([그림 5-1] 참조). 첫째는 '기업이 고객에게 제공하는 가치'를 의미한다. 이는 기업이 고객에게 어떠한 가치를 제공할 때 보다 더 바람직한 고객관계가 형성될 수 있는가에 관심을 두고 있다. 이러한 의미에서의 고객가치는 주로 '가치창조(value creation)'와 '가치제안(value proposition)'의 틀에서 다루어진다. 이에 대해서는 제3장에서 기술하였다. 둘째는 '고객이 기업의 수익창출에 기여하는 가치'를 의미한다. '고객평생가치(customer lifetime value)' 혹은 '고객가치분석(customer value analysis)' 등의 용어에서의 고객가치는 바로 고객이 기업에게 제공하는 가치를 의미한다. 그런데 고객이 기업에게 가치를 제공할 수 있는 것은 기업이 그 이상의 가치를 고객에게 제공할 수 있기 때문이며, 따라서 고객가치의 두 가지 개념은 서로 상반되거나 관련이 없는 것이 아니라 동전의 양면과 같이 서로 밀접하게 연관되어 있다([글 5-1] 참조).

그림 5-1 고객가치의 두 가지 의미

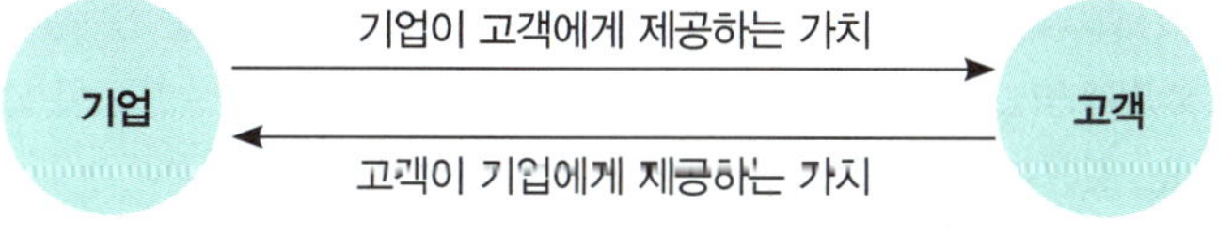

글 5-1 고객가치의 두 가지 개념과 공정가치선

기업과 고객은 시장에서의 거래를 통해 가치를 교환하는데, 기업과 고객 모두 자신이 받은 가치가 자신이 제공한 가치와 같거나 상회할 때 교환을 하고자 하기 때문에 이 두 개의 가치는 같아지는 방향으로 움직이는 경향을 갖는다. 이는 시장에서 고객과 상인이 흥정을 통해서 적정한 가격을 정하는 과정에 비견될 수 있다. [그림 5-2]는 '고객이 기업의 수익 창출에 기여하는 가치'와 '기업이 고객에게 제공하는 가치'가 왜 일치하는 경향을 갖는가를 공정가치선(fair value line)을 이용하여 설명하고 있다. 공정가치선은 두 개의 가치가 일치하는 선으로 수평선과 45° 각도를 이루고 있다. 이 그림은 기업의 입장에서 해석할 수도 있고 고객의 입장에서 해석할 수도 있지만 그 결과는 동일하다.

이하에서는 기업의 입장에서 해석하기로 한다.

그림 5-2 **두 가지 개념의 고객가치와 공정가치선**

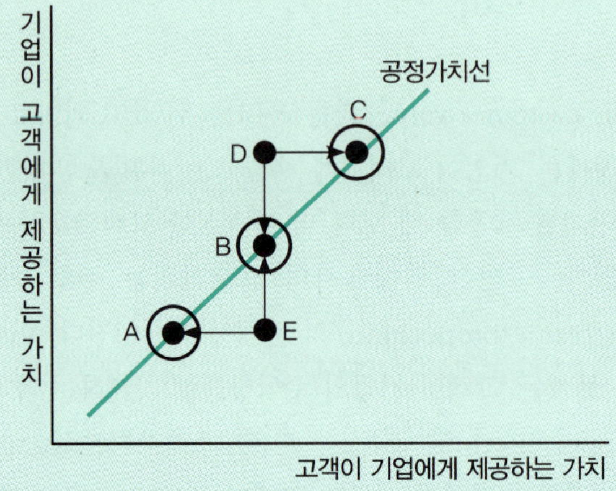

어느 기업이 A, B, C, D, E 등 모두 5명의 고객과 거래하고 있다고 가정하자. 그 가운데 A, B, C는 공정가치선상에 위치하고 있다. 공정가치선상의 어디에 위치하든 고객과 기업은 모두 거래가 공정하게 이루어지고 있다고 판단한다. 공정가치선상의 어느 곳에 위치하는가는 거래의 내용에 따라 달라진다. 거래의 규모도 크고, 고객의 요구가 복잡하며, 기업이 고객의 요구에 부응하였을 때 돌아오는 이득이 크다고 판단되면 고객의 위치는 공정가치선을 따라 우상향으로 이동한다. 따라서 고객이 공정가치선의 위쪽에 위치할수록 기업과 고객과의 관계가 돈독하다고 할 수 있다.

그런데 고객 D와 고객 E는 현재 공정가치선상에 위치하고 있지 않다. 먼저 고객 D의 경우에 기업이 제공하는 가치가 고객이 기여하는 가치를 상회하고 있다. 이러한 경우에 기업에는 손실이 발생할 가능성이 높기 때문에 상황을 개선시킬 방안을 마련하여야 한다. 기업이 선택할 수 있는 방법은 두 가지이다. 첫 번째 방법은 현재 고객이 원하는 정도의 관계가 유지될 수 있도록 고객에게 제공하는 가치를 줄이는 것이고, 두 번째 방법은 관계가 심화되었을 경우에 고객이 누릴 수 있는 혜택을 강조함으로써 고객이 더 많은 기여를 하도록 만드는 방법이다. 고객 E의 경우는 고객 D와는 반대로 기업이 제공하는 가치에 비해 더 많은 기여를 하고 있다. 이러한 경우는 흔하게 발생하지는 않지만 기업이 고객의 요구에 부응할 수 있는 능력이 없거나, 혹은 고객의 의도를 미처 파악하고 있지 못할 때 발생할 수 있다. 이러한 경우에 기업이 선택할 수 있는 최선의 방법은 고객에게 제공하는 가치를 늘려서 관계의 정도를 심화시켜 나가는 것이다. 그렇지 않으면 고객 E는 이탈해버릴 가능성이 높다. 혹은 고객 E를 설득하여 구매를 줄이도록 하는 방법도 생각해볼 수 있지만, 이는 매우 비현실적이다. 이상과 같은 역학관계가 존재하기 때문에 기업이 제공하는 가치와 고객이 기여하는 가치는 공정가치선상으로 회귀하려는 경향을 갖게 된다.

2. 고객가치와 고객자산 개념의 비교

고객가치의 개념과 고객자산의 개념은 매우 유사하면서도 [표 5-1]에 기술한 바와 같이 등장배경, 등장시기, 활용목적 등의 측면에서 큰 차이를 보인다.

| 표 5-1 | 고객가치 개념과 고객자산 개념의 차이점

	고객가치	고객자산
사상	고객들의 수익성에는 차이가 있다	고객은 회사의 자산이다
등장시기	1920년대	1990년대
활용목적	개별고객의 가치측정을 통한 차별적 마케팅활동의 전개	고객자산을 증진시킬 수 있는 방안의 모색
대고객 커뮤니케이션 매체	DM, TM 등의 일대일 커뮤니케이션 매체	일대일 커뮤니케이션 매체뿐만 아니라 대중매체도 포함
분석의 단위	개별고객	전체고객

2.1 고객가치

고객가치의 개념은 다이렉트마케팅회사들에 의해 제안되었으며([글 5-2] 참조, Hogan et al., 2002), 그 도입시기는 축적된 고객데이터에 대한 분석기법이 활용되기 시작한 1920년대로 볼 수 있다. 즉, 미국에서 1880년대 말부터 잠재고객에게 카탈로그를 발송하여 우편주문을 받아 우편으로 상품을 배송해주는 사업을 전개하던 다이렉트마케팅회사들은 수익창출을 위해 영업 대상고객들을 선별할 필요가 있었고, 선별을 위한 가장 적합한 기준으로 고객가치의 개념을 적용하게 되었다.

글 5-2 고객가치 개념의 기원

원래 고객평생가치의 개념은 다이렉트마케팅 전문가들이 처음으로 제안하였다. 그것은 고객을 찾아내고 유지하는 비용을 정당화할 지표가 필요했기 때문이었다. 즉, 다이렉트마케팅 전문가들은 고객평생가치의 개념을 사용하여 고객을 유치하고 유지하기 위해 대대적인 투자를 하여야 한다고 주장했다. 이렇게 시작된 고객평생가치의 개념은 현재에도 매우 중요한 개념으로 각광받고 있다. 이를 통해 고객을 평가하고 점수를 매기며, 이를 바탕으로 선별된 고객층은 고객충성도전략의 핵심대상이 된다.

자료 : 티모시 L. 케이닝햄, 테리 G. 바브라, 러잔 액소이, 헨리 왈라드(2006), 고객충성의 신화 : 고객충성도에 관한 오해와 진실, 번역서, 비즈니스맵, 22-23.

고객가치의 개념에는 이를 기준으로 CRM활동에 적합한 고객을 선별함으로써 마케팅 자원의 배분을 최적화하고자 하는 의도가 담겨 있다([글 5-3] 참조). 이러한 의미에서 고객가치는 고객 전체의 가치가 얼마나 되는지에 관심을 두고 있는 개념이 아니라 고객 개개인의 가치가 어떻게 차이가 나는지에 대해 관심을 두고 있는 개념이라고 할 수 있다.

글 5-3 고객가치에 의한 마케팅활동의 사례

1. 카지노사업장에 있어서 최고의 고객은 누구일까? 분명 리무진 자동차를 타고 와서 하룻밤에 많은 돈을 쓰고 가는 부자들이 최고의 고객인 것은 분명하다. 오래전부터 카지노업체들은 이런 부자 고객들에게 레드카펫을 포함한 다양한 유형의 특별대우를 제공해 왔다. 그런데 최근 들어 가장 돋보이는 성장세를 구가하고 있는 카지노업체 하라스 엔터테인먼트(Harrah's Entertainment)는 어느 정도 이상의 가처분소득을 올리고 있으며 슬롯머신을 주로 하는 중년의 고객들도 높은 수준의 가치를 지니고 있다는 사실을 알아냈다. 카지노에서 80킬로미터 이내의 지역에 거주하고 있으면서 슬롯머신을 즐겨 하는 이 고객들이 카지노에서 한 번에 쓰는 돈은 그리 많지 않지만 카지노를 자주 찾기 때문에 이들이 발생시키는 수익이 제트 비행기를 타고 가끔씩 들러주는 부자 고객들이 발생시키는 수익에 비해 결코 적지 않다는 게 하라스의 분석이었다. 이와 같은 분석은 하라스의 마케팅전략의 무게중심을 바꿔놓았고, 이후 하라스의 수익성은 크게 개선되었다. 하라스의 사례에서 우리는 고객이 한 번의 거래에서 쓰는 돈의 액수도 중요하지만 고객이 얼마나 자주, 얼마나 오랫동안 거래를 해 주느냐 역시 매우 중요하다는 것을 알 수 있다.

자료 : 서닐 굽타, 도날드 레흐만(2006), 당신의 고객을 업그레이드 하라, 번역서, 럭스미디어, 82.

2. 'GE(General Electric)' 소비자금융 장비리스팀은 지난 2005년 영업망을 늘리지 않고도 3억 달러(약 2,800억 원)가량의 추가 매출을 올렸다. 새로운 목표고객 선정기법을 도입해 1만 곳의 잠재고객을 새로 발굴하고, 고객 분포에 따라 기존 영업사원과 지점을 재배치한 '과학적 영업'의 성과였다. GE 장비리스팀은 원래 과거 거래실적에 따라 고객등급을 나눴었다. 거래실적이 많은 고객이 최우선고객이었다. 하지만 2004년부터 과거 실적뿐 아니라 미래의 거래가능성까지 고려해 고객 우선순위를 재분류했다. 그 결과 고객기업의 성장가능성, 고객기업이 속한 지역과 산업의 동향, 장비리스에 대한 수요 및 투자예측금액 등이 실제 매출과 상관관계가 높은 것으로 나타났다. GE는 상위 30%의 최우선 잠재(potential)고객을 선발하고, 잠재고객의 위치와 매출액 추정치에 따라 영업지점과 영업사원을 재배치했다.

자료 : 김연희, 나지연(2007), "영업은 과학이다 …고객을 분석하고 분류하라," 조선일보 Weekly BIZ, 1월 13일.

고객이 기업의 수익창출에 기여할 수 있는 방법에는 두 가지가 있다. 첫 번째 방법은 해당 기업의 제품을 많이 오랜 기간 동안 구매해주는 것이고, 두 번째 방법은 소개활동을 통해 주변의 지인들로 하여금 해당 기업의 제품을 구매하도록 하는 것이다. 첫 번째 방법을 통해 고객이 기여하는 가치를 '고객평생가치(customer lifetime value)'라고 하고, 두 번째 방법을 통해 고객이 기여하는 가치를 '고객소개가치'(customer referral value)라고 한다. 따라서 고객가치는 [그림 5-3]에서와 같이 고객평생가치와 고객소개가치의 합으로 개념화될 수 있다. 직관적으로 고객평생가치가 큰 고객이 회사에 대해 더 많은 충성도를 가지고 있기 때문에 고객소개가치도 높을 것으로 판단되지만, 한 연구는 이러한 직관적 판단이 틀릴 수 있음을 보여주고 있다([글 5-4] 참조).

그림 5-3 고객가치의 개념

고객가치 = 고객평생가치 + 고객소개가치

글 5-4 고객평생가치와 고객소개가치의 불일치

미국의 한 연구는 통신회사의 고객을 대상으로 고객평생가치와 고객소개가치를 조사하였다. [표 5-2]는 그 분석결과를 보여주고 있다. 고객평생가치를 기준으로 고객을 10등급으로 나누었을 때 고객소개가치가 큰 고객들은 의외로 상위등급의 고객이 아니라 중위등급의 고객들이었다.

표 5-2 고객평생가치와 고객소개가치의 비교 사례

		고객평생가치(달러)	고객소개가치(달러)
고객등급	1	**1,933**	40
	2	**1,067**	52
	3	**633**	90
	4	360	**750**
	5	313	**930**
	6	230	**1,020**
	7	190	**870**
	8	160	96
	9	137	65
	10	120	46

자료 : Kumar, V., J. Andrew Petersen, and Robert P., Leone(2007), "How valuable is word of mouth," *Harvard Business Review*, 86(5), 139–146.

2.2 고객자산

고객가치의 개념에 비해 고객자산의 개념은 비교적 최근에 등장하였다. 고객자산의 개념은 기업에게 수익을 가져다주는 주체는 고객이기 때문에 '고객' 자체를 자산으로 간주하여야 한다는 의미를 담고 있다. 고객자산은 영어로는 주로 'customer equity'라는 용어로 쓰이고 있지만 'customer asset'라는 용어도 같은 의미로 사용되고 있다. 코틀러와 암스트롱(Kotler and Armstrong, 1995)은 고객자산을 '고객으로부터의 지속적인 수입의 합계에서 그 고객을 획득하기 위해 소요된 비용과 그 고객에게 재화나 서비스를 판매하거나 서비스를 제공하기 위해 소요되는 비용을 차감한 잉여분'이라고 정의하였으며, 고객자산의 개념을 본격적인 연구주제로 부각시킨 블랫버그와 데이턴(Blattberg and Deighton, 1996)은 고객자산을 '모든 고객들의 평생가치를 현재가치로 환산하여 합계한 것'으로 정의하였다.

이러한 정의들은 모두 [그림 5-4]에서와 같이 고객자산을 모든 고객의 고객평생가치를 합산한 개념으로 파악하고 있으며, 이 분야의 대부분의 연구들이 이러한 관점을 수용하고 있다. 그런데 앞에서 기술한 바와 같이 고객평생가치의 개념은 다이렉트마케팅 회사들이 수익극대화를 위한 가장 기본적인 개념으로 1920년대부터 활용하여 왔다. 이러한 의미에서 고객자산의 개념은 지금까지 존재하지 않았던 개념이라기보다는 고객에 대한 새로운 시각이 등장하면서 더 많은 주목을 받게 된 개념이라고 할 수 있다.

그림 5-4 고객자산의 개념

고객자산	=	모든 고객의 고객평생가치의 합

고객자산의 개념은 경쟁심화와 시장포화로 신규고객을 창출하는 것도 중요하지만 기존고객을 유지하고 활성화시키는 것이 기업의 수익창출에 더 바람직할 수 있다는 분위기가 어느 정도 형성되어 있던 1990년대에 등장하였다. 이러한 의미에서 고객자산 개념의 등장배경은 CRM의 등장배경과 일치한다. 활용의 측면에서도 고객자산의 개념은 고객가치의 개념과 확연히 차이가 난다. 앞에서 언급한 바와 같이 고객가치 개념의 활용은 고객 개개인의 수익기여도를 바탕으로 하는 세분화를 통해 마케팅 자원 배분의 최적화를 추구하는 데 반하여, 고객자산 개념의 활용은 고객자산을 증가시

키기 위해서는 무엇을 하여야 하는가에 대해 관심을 갖는다.

고객자산의 증가를 실현시키는 방법에는 일대일 커뮤니케이션에 의한 고객관계의 관리에 국한되지 않고 품질 향상이나 브랜드이미지 제고 등과 같은 전통적인 마케팅에서 활용되는 모든 방법들도 포함된다. 그래서 브랜드의 이미지나 제품의 품질 등에 대해서도 많은 관심을 갖는다. 분석의 단위에 있어서도 고객가치는 주로 개별고객의 차원에서 논의되지만 고객자산은 고객 모두를 포괄하는 단위에서 논의가 이루어진다.

제 2 절 고객가치와 고객자산의 측정

기업의 입장에서 고객이 기업에 제공하는 가치는 기업의 생존을 위한 가장 중요한 요소이며, 따라서 기업은 고객이 부여하는 가치에 따라 고객을 세분화하고 각 세분시장에 대한 차별적인 활동을 전개해나간다. 고객을 고객가치에 따라서 세분화하기 위해서는 이에 대한 측정이 이루어져야 하는데, 고객가치의 측정에 가장 많이 사용되는 방법에는 고객평생가치, RFM 등이 있다. RFM에 의한 고객가치의 측정은 RFM 점수의 산출을 통해 이루어지는데, 이에 대한 상세한 내용은 제10장 제4절에서 기술하며, 여기에서는 고객평생가치와 고객소개가치를 중심으로 고객가치의 측정에 대해 기술한다. 몇몇 연구들은 고객평생가치에 의한 고객가치 측정이 RFM을 포함한 다른 모델에 의한 고객가치 측정보다 고객들의 구매행동을 예측하는 데 더 유용하다는 점을 보고하고 있다. 예를 들어 배런 등(Baran et al., 2008, p. 411)은 다른 보고서에 대한 인용을 통해 다음과 같이 기술하고 있다.

① 고객평생가치모델을 기반으로 한 상위 30% 고객들의 구매액은 RFM모델을 기반으로 한 상위 30% 고객들의 구매액보다 33%가 더 많다.
② 고객평생가치모델을 기반으로 한 상위 5% 고객들로부터 발생하는 수익은 다른 모델을 기반으로 한 상위 5% 고객들로부터의 수익보다 10~15%가 더 많다

고객평생가치(Customer Lifetime Value : 이하 CLV)는 '고객이 일정기간 동안 구매활동을 통해 기업에 기여할 것으로 예상되는 금전적 가치'를 의미한다. CLV는 일

정기간 동안 고객으로부터 얻을 수 있을 것으로 예상되는 공헌마진(contribution margin)의 흐름을 할인율을 적용하여 현재가치로 환산한 것이기 때문에 순현재가치(NPV : Net Present Value)라고도 불린다.

CLV의 계산에는 [그림 5-5]에서와 같이 판매액, 판매 관련 직접비용, 생애기간, 할인율, 유지율, 획득비용 등 다양한 데이터가 필요하다. 공헌마진은 판매액에서 판매한 제품의 비용, 설치비, 영업사원 커미션 등과 같이 판매와 직접적으로 관련된 비용을 차감한 액수를 의미한다. 스태프 인력 인건비, 감가상각비 등과 같은 간접비용을 산출할 수 있는 경우에는 이를 추가적으로 차감하는 것이 바람직하지만, 특정 고객에 대한 매 건의 판매에 대해 간접비용을 산출하는 것은 불가능에 가깝기 때문에 통상적으로 판매액에서 직접비용만을 차감한 공헌마진을 활용한다. 할인율(discount rate)은 미래의 공헌마진을 현재의 가치로 환산하기 위해 사용된다. 예를 들어 이자율이 5%라고 하면 1년 후의 105원을 현재 가치로 환산하면 105원/(1+0.05)=100원이 된다. 획득비용(acquisition cost)은 해당 고객을 획득하기 위해 지출된 비용으로 판촉, 커뮤니케이션 등에 소요되는 비용을 의미한다.

그림 5-5 고객평생가치(CLV)의 산출에 고려되어야 하는 요인들

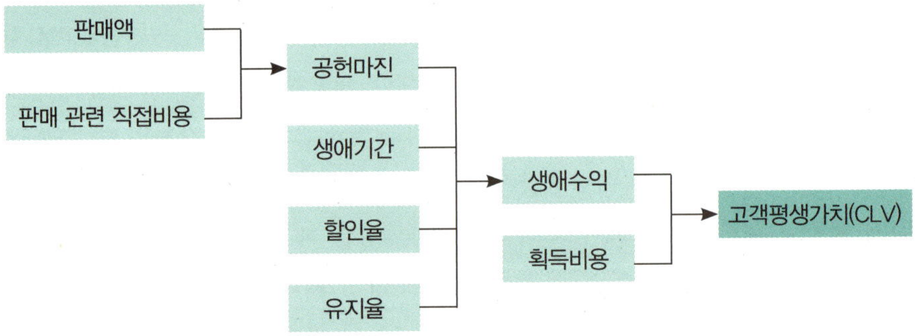

가장 간단한 형태의 CLV는 식 (1)과 같이 산출된다. 특정 고객과 거래할 것으로 예상되는 일정기간 동안의 공헌마진을 현재가치로 환산한 후, 여기에서 해당 고객을 획득하기 위해 사용한 비용을 차감하면 그 고객의 CLV가 산출된다. 만일 CLV가 음(−)의 숫자로 나오면 공헌마진의 현재가치가 해당 고객의 획득비용에도 미치지 못한 것이기 때문에 그러한 고객을 획득하는 것은 기업의 입장에서 바람직하지 않다는 의미가 된다.

$$CLV_i = \sum_{t=1}^{T}(S_{it} - DC_{it})\left(\frac{1}{1+\delta}\right)^t - AC_i = \sum_{t=1}^{T} CM_{it}\left(\frac{1}{1+\delta}\right)^t - AC_i \qquad (1)$$

CLV_i : 고객 i의 고객평생가치
S_i : 고객 i에 대한 판매액
DC_i : 고객 i에 대한 판매와 관련한 직접비용
CM_i : 고객 i의 공헌마진
δ : 할인율
AC_i : 고객 i의 획득에 소요된 비용
T : CLV의 산출에 고려되는 기간

식 (1)은 고객 한 사람에 대한 평생가치를 계산한 것이기 때문에 한 기업이 거래하고 있는 모든 고객에 대한 평생가치를 합산하면 해당 기업이 얼마나 많은 고객자산을 가지고 있는가를 계산할 수 있다.

$$CE = \sum_{i=1}^{I} CLV_i = \sum_{i=1}^{I}\left[\sum_{t=1}^{T} CM_{it}\left(\frac{1}{1+\delta}\right)^t - AC_i\right] \qquad (2)$$

CE : 고객자산(customer equity)
I : 전체 고객의 수

또한 식 (1)에서는 해당 고객이 일정기간 동안은 이탈하지 않는다는 가정을 담고 있지만, 이러한 가정도 현실적인 것은 아니다. 이러한 조건을 완화하여 해당 고객이 이탈할 확률을 감안하면 고객 i의 CLV는 식 (3)과 같이 나타낼 수 있다. 이 식에서 R_t는 t기에서의 유지율을 의미하는데, 만일 $R_1=0.7$, $R_2=0.8$, $R_3=0.9$라면 1기($t=1$)에는 공헌마진의 70%만을 현재가치로 환산하는 것이 타당하고, 2기($t=2$)에는 56%(0.7×0.8), 3기($t=3$)에는 50.4%만을 현재가치로 환산하는 것이 타당하다는 것을 의미한다.

$$CLV_i = \left[\sum_{t=1}^{T}\left(\prod_{t=1}^{T} R_t\right) CM_{it}\left(\frac{1}{1+\delta}\right)^t\right] - AC_i \qquad (3)$$

R : 유지율(retention rate)
$\prod_{t=1}^{T} R_t$: 1기에서 T기까지의 유지율의 곱

그런데 특히 B2C 시장에서 고객들의 가치는 고객 스스로가 구매하는 것을 넘어서서 다른 사람을 소개하는 것을 통해서도 실현될 수 있다. 이렇게 고객가치는 고객평

생가치와 고객소개가치의 합으로 측정될 수 있다. 식 (4)의 뒷부분은 고객소개가치를 표현하고 있다. 즉, 고객은 매기마다 지인을 소개할 수 있으며, 지인의 평생가치가 소개한 고객의 평생가치에 합산된다.

$$CV_i = CLV_i + CRV_i$$
$$= \left[\left\{\sum_{t=1}^{T}\left(\prod_{t=1}^{T} R_t\right) CM_{it}\left(\frac{1}{1+\delta}\right)^t\right\} - AC_i\right] + \sum_{t=1}^{T}\sum_{j=1}^{J}\frac{CM_{jt}}{1-R_{jt}+\delta} \tag{4}$$

CRV_i : 고객 i의 고객소개가치
J : 고객 i가 소개한 고객의 수

굽타와 레흐만(Gupta and Lehmann, 2005)은 그들의 저서 『*Managing Customers as Investment*』에서 ① 고객생애기간에 시간의 제한을 두지 않고, ② 고객이 일생 동안 가져다주는 공헌마진이 일정한 수준으로 유지되며, ③ 고객의 일생 동안의 유지율이 일정하게 유지된다는 세 가지를 가정하면 식 (3)은 다음의 식 (5)와 같이 매우 간략하게 표현될 수 있음을 보여주고 있다.

$$CLV_i = CM_i \times \frac{R_i}{1-R_i+\delta} - AC_i \tag{5}$$

이들은 이러한 세 가지 가정이 현실을 크게 왜곡하고 있는 것이 아니며, 식을 복잡하게 만들어서 실무자들이 사용하기 어렵도록 만드는 것보다는 어렵지 않게 데이터를 확보할 수 있고, 계산이 가능하도록 하는 것이 훨씬 더 바람직하다고 주장한다. 굽타와 레흐만은 $(R_i/1-R_i+\delta)$을 '마진배수(margin multiplier)'라 부르고 현실을 반영한 고객유지율과 할인율을 바탕으로 마진배수가 어떻게 변화하는지를 [표 5-3]과 같이 제시하고 있다. 이 표를 바탕으로 한 고객의 고객평생가치는 해당 고객으로부터 가져올 수 있는 1년치 공헌마진의 1~4.5배 사이에 들어오는 게 대부분이라고 설명하고 있다. 또한 고객유지율의 증가로 인한 마진배수의 증가폭이 할인율의 감소로 인한 마진배수의 증가폭보다 훨씬 더 크게 나타난다는 점을 근거로 할인율을 낮추기 위한 재무공학적인 접근보다는 고객유지율을 높이기 위한 마케팅적인 접근이 고객가치를 높이는 데 더 효율적이라는 해석으로 이어질 수 있다고 지적하고 있다.

| 표 5-3 | 고객유지율과 할인율에 따른 마진배수

		할인율			
		10%	12%	14%	16%
고객유지율	60%	1.20	1.15	1.11	**1.07**
	70%	1.75	1.67	1.59	1.52
	80%	2.67	2.50	2.35	2.22
	90%	**4.50**	4.09	3.75	3.46

자료 : 서닐 굽타, 도날드 레흐만(2006), 당신의 고객을 업그레이드 하라, 번역서, 럭스미디어, 37.

고객가치와 고객자산을 산출하는 과정에는 산출하는 사람의 주관과 가정이 들어갈 수밖에 없으며, 따라서 실제를 정확히 반영하는 고객가치와 고객자산의 산출이란 있을 수 없다. 고객의 유지율과 공헌마진의 패턴은 고객평생가치를 산정하는 데 사용되는 가장 기본적인 자료이다. 그런데 고객의 유지율은 보험, 이동통신, 케이블방송, 학습지, 임대정수기 등과 같이 계약을 통해 고객과 거래하는 업종이 아니라면 파악하기가 매우 까다롭다. 공헌마진의 패턴을 파악하기 위해서는 매출과 비용에 대해 예측할 필요가 있는데 이 또한 매우 어려운 작업이다. 매출 예측의 경우 고객들이 예전부터 구매를 해오고 있는 성숙단계의 상품들은 예측하기가 비교적 용이하지만 도입기나 성장기 단계의 상품들은 예측하기가 어렵다. 비용의 경우도 특정 고객의 가치를 정확히 산출하기 위해서는 해당 고객으로 인해 발생하는 비용을 파악할 수 있어야 하는데, 활동기준 원가회계법에 기초한 비용 산정도 어려운 상황에서 비용을 고객별로 정확히 산정한다는 것은 거의 불가능한 일이다. 이러한 이유로 고객가치와 고객자산은 일정한 가정하에서 산출될 수밖에 없으며, 따라서 숫자 자체에 의존한 전략을 세우기보다는 시기별 추세분석이나 고객 간의 비교 등을 통한 전략 수립이 보다 바람직하다.

제 3 절 고객자산의 관리

고객자산관리는 '개별고객의 평생가치 증대를 통한 고객자산의 극대화에 초점을 맞추고 있는 기업경영방식'이라고 정의할 수 있다(Hogan et al., 2002). 고객에 대한 접근 방식에 있어서 고객자산관리는 전통적인 의미에서의 마케팅관리와 뚜렷이 구별된다. 마케팅관리가 주로 개별상품 차원에서의 관리에 초점을 두고 있는 반면, 고객자산관리는 개별상표가 아닌 고객 차원에서의 관리에 초점을 두고 있다. 즉, 전통적인 마케팅관리가 개별상표의 관점에서 공통된 니즈를 지닌 다수의 소비자를 바라보는 관리방식인 반면, 고객자산관리는 개별고객의 관점에서 자사에서 생산되는 모든 상품을 바라보는 관리방식이라고 할 수 있다(예 : Blattberg and Deighton, 1996; Rust et al., 2004).

1. 블랫버그와 데이턴의 고객자산관리

고객자산 개념을 본격적으로 도입한 블랫버그와 데이턴(Blattberg and Deighton, 1996)은 고객자산을 증가시키는 방법으로 신규고객의 창출, 기존고객의 유지, 추가판매를 들고 있다([그림 5-6] 참조). 이러한 방법들은 본서에서 논의하고 있는 3가지 유형의 CRM활동(신규고객의 창출, 기존고객의 유지, 기존고객의 활성화)과 일치하며, 따라서 블랫버그와 데이턴은 CRM활동을 통해서 고객자산이 증가할 수 있음을 주장한다고 할 수 있다. 이들은 대부분의 기업들이 신규고객의 창출, 기존고객의 유지, 추가판매 등의 세 개 활동을 별개의 업무로 진행하고 있는데 이는 잘못된 관행이며, 고객자산의 극대화를 기준으로 세 가지 활동의 비중이 적절하게 결정되어야 한다고 주장하였다(Blattberg and Deighton, 2001). 이들은 조직의 구조도 고객자산의 증가에 적합한 형태를 갖추는 것이 바람직하며, 몇몇 업종에서는 이미 이러한 방식으

그림 5-6 고객자산에 영향을 미치는 요인(블랫버그와 데이턴 모델)

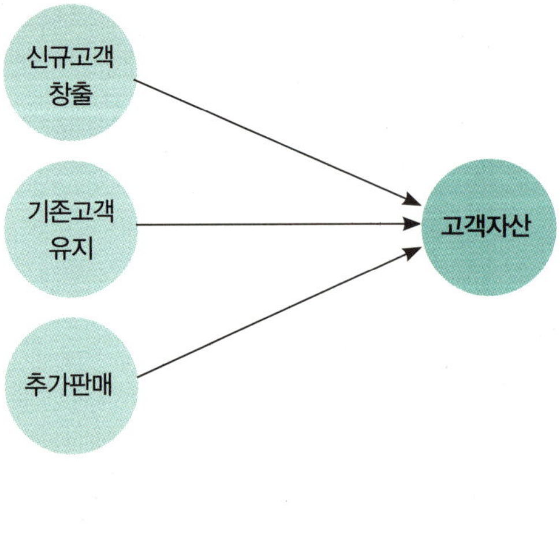

로 조직이 갖추어져 있음을 지적하고 있다. 예를 들어 카탈로그마케팅회사나 카드사에서는 잠재고객의 확보와 신규고객으로의 전환을 담당하는 팀과 신규고객의 유지와 지속적인 서비스 제공활동을 담당하는 팀이 분리되어 있다는 사례를 제시하고 있다(Bell et al., 2002).

고객자산의 개념이 등장한 것은 기업의 경영이 고객중심의 관점에서 이루어져야 한다는 시각을 반영하고 있다. 이러한 시각은 전통적인 마케팅에서의 브랜드자산중심적인 시각과 구별된다([글 5-5] 참조). 블랫버그 등(Blattberg et al., 2001)은 명시적으로 고객자산을 브랜드자산과 구별되는 개념으로 사용하고 있다. 이들은 업종에 따라 고객자산과 브랜드자산의 상대적인 중요성이 달라질 수 있음을 다음과 같이 기술하고 있다. "외부의 유통업체를 통해 판매활동을 하는 기업의 경우에는 브랜드자산이 더 중요하고, 고객과의 직접적인 접촉을 통해 판매활동을 하는 기업의 경우에는 고객자산이 더 중요하다. 전자의 기업들은 고객자산을 형성하기가 매우 힘들고, 반면에 후자의 기업들은 고객자산을 잘 구축하지 않으면 많은 어려움에 봉착할 수 있다." 즉, 이들은 고객자산이 고객들과의 일대일 관계를 중심으로 구축된다는 것을 강조하고 있다. 이러한 점에서 고객자산은 고객과의 관계는 물론, 브랜드의 품질에 대한 평가나 브랜드에 대한 태도 등에 의해서도 영향을 받는다는 것을 주장한 RLZ모델과 차이가 있다(RLZ모델은 뒤에서 기술).

글 5-5 브랜드중심 마케팅과 고객중심 마케팅

마케팅은 지금까지 브랜드이미지 강화에 초점을 맞추어 왔다고 할 수 있다. 브랜드중심 마케팅은 브랜드가치를 증진시키기 위해 일반적으로 제품, 가격, 유통, 촉진으로 알려진 '4P'라고 불리는 마케팅믹스요소들을 조정하는 과정이라고 할 수 있다. 브랜드중심 마케팅의 궁극적인 목표는 경쟁사가 제공하는 상품보다 자사의 상품이 제공하는 혜택을 더 크게 하는 것이다. 자신의 기업이 제공하는 상품가치가 경쟁사보다 크면 시장점유율 제고는 부수적으로 따라오는 선물이다. 반대로 새로운 개념인 고객중심 마케팅은 고객이 기업의 상품을 사용할 때 즐거운 경험을 갖도록 하고 기업 자체를 고객과 연관시키는 데 초점을 맞추고 있다. 고객중심전략은 고객들의 제품만족도 및 경험의 수준을 향상시키는 데 집중하는 경향이 있다. 고객중심 마케팅의 목표는 고객수명을 늘리고 구매증가를 통해서 고객의 평생이익을 늘리는 데 있다. 브랜드중심의 마케팅은 더 많은 고객을 끌어모으는 데 초점을 맞추지만(획득마케팅), 고객중심 마케팅은 일반적으로 고객이탈을 줄이고 기존고객의 충성을 강화하는 데 초점을 맞춘 것이다(유지마케팅).

자료 : 티모시 L. 케이닝햄, 테리 G. 바브라, 러잔 액소이, 헨리 왈라드(2006), 고객충성의 신화 : 고객충성도에 관한 오해와 진실, 번역서, 비즈니스맵, 229-230.

2. RLZ의 고객자산관리

2.1 고객자산의 핵심동인

고객을 자산으로 인식하는 이유는 기업의 수익창출이 고객의 구매에 기반을 두고 있기 때문이다. 따라서 고객의 구매의사결정에서 중시하는 요인들이 무엇인가를 파악하면 고객자산에 영향을 미치는 요소들을 파악할 수 있다. 러스트, 레몬, 자이사믈(Rust, Lemon, Zeithaml : 이하 RLZ) 등은 2000년의 공저 『*Driving Customer Equity: How Customer Lifetime Value is Reshaping Corporate Strategy*』를 통해 고객자산을 증진시킬 수 있는 요인들로 가치자산, 브랜드자산, 관계자산을 지적하고, 이를 핵심동인(核心動因, driver)으로 명명하였다([그림 5-7] 참조). 즉, 고객들이 특정 회사의 제품을 구입할 가능성은 해당 제품이 가치가 있다고 판단할수록, 브랜드가 좋다고 판단할수록, 해당 브랜드를 판매하는 기업과의 관계가 좋다고 판단할수록 높아진다고 보고 있다. 이러한 분류체계는 그 이후의 고객자산에 대한 많은 논문과 저서들에 영향을 미치고 있다.

그림 5-7 고객자산에 영향을 미치는 요인(RLZ모델)

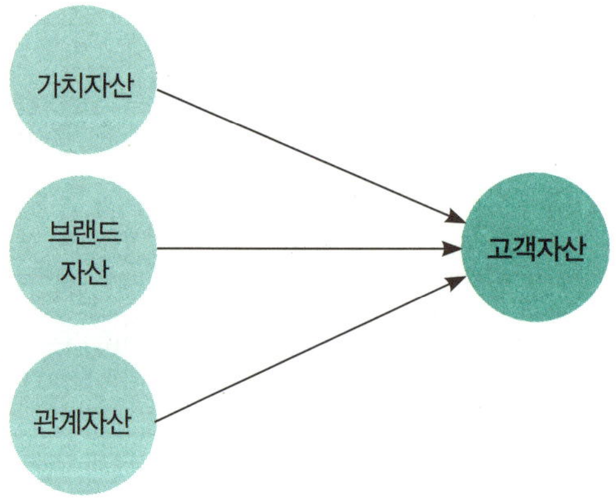

① 가치자산 : 가치자산(value equity)은 '제품이나 서비스의 가치에 대한 고객들의 객관적인 판단에 기초한 가치'라고 정의할 수 있다. 제품이나 서비스의 가치는 제품이나 서비스가 제공하는 혜택에서 가격을 차감한 것으로 계산될 수 있기 때문에 가치자산을 증진시킬 수 있는 요인에는 제품의 '품질'과 '가격'이 포함

된다. RLZ는 '품질' 및 '가격'과 함께 사용과 이용의 '편리성'을 가치자산을 증진시킬 수 있는 요소로 들고 있다.

② 브랜드자산 : 브랜드자산(brand equity)은 '제품의 기능과 같은 객관적으로 지각될 수 있는 가치를 넘어서는 브랜드에 대한 고객들의 주관적이며 무형적인 평가'라고 정의될 수 있다. 브랜드자산이 고객자산에 영향을 미치는 요인이 되기 위해서는 브랜드 자체가 신규고객의 창출과 기존고객의 유지 및 활성화에 기여할 수 있어야 한다. 이에 대해 RLZ(Rust et al., 2001)는 브랜드에 대한 인지도를 높임으로써 새로운 고객들을 창출하는 데 기여할 수 있으며, 고객들에게 자사의 브랜드를 상기시켜 주고 브랜드를 통해 기업과 고객과의 감성적인 유대감을 높여줌으로써 기존고객의 유지 및 활성화에 기여할 수 있다고 주장한다.

③ 관계자산 : RLZ는 관세자산(relationship equity) 대신에 유지자산(retention equity)이라는 용어를 사용하였지만, '유지'는 고객과의 관계 구축을 위한 활동의 일부이기 때문에 보다 넓은 범위를 포괄하기 위해 많은 학자들은 관계자산이라는 용어를 더 많이 사용하고 있다. 관계자산은 '고객들의 브랜드에 대한 객관적 및 주관적 평가를 넘어서서 회사 자체에 몰입하는 정도'로 정의된다(Lemon et al., 2001). 즉, 관계자산은 개별 브랜드들의 기능에 대한 판단이나 정서적 유대감을 넘어서서 그 회사가 자신과 사회에 대해 행하는 모든 활동에 대한 고객들의 총체적인 판단에 근거하고 있다고 할 수 있다.

RLZ는 자신들이 제시한 세 가지의 핵심동인들은 CRM활동의 유형(신규고객의 확보, 기존고객의 유지, 기존고객의 활성화)에 따라 그 상대적인 중요성이 달라질 수 있음을 지적하고 있다. 예를 들어 한 연구에서는 브랜드자산은 신규고객의 유치에 있어서 가장 중요한 역할을 수행하고, 관계자산은 기존고객들을 유지하고 활성화하는 데 있어서 가장 중요한 역할을 수행한다고 주장하였다(Mittal, 2001). 또한 이들은 각 핵심동인을 결정하는 요인들에 대해 기술하고 있다. 가치자산은 제품의 품질, 가격, 편의성에 대한 고객들의 평가에 의해 결정되고, 브랜드자산은 브랜드인지도, 브랜드태도, 기업윤리수준에 대한 고객들의 평가에 의해 결정되며, 관계자산은 로열티 프로그램, 자신에 대한 기업의 인지, 타 고객과의 유대감 등에 대한 고객들의 평가에 의해 결정된다고 주장하였다. [표 5-4]는 각 핵심동인에 대한 결정요인들과 측정을 위한 설문항목을 보여주고 있다.

| 표 5-4 | 고객자산 핵심동인별 결정요인과 설문항목

핵심동인	결정요인	측정을 위한 설문항목
가치자산	품질, 가격, 편의성	• 당신은 이 제품(혹은 서비스)의 전반적인 품질에 대해 어떻게 평가하십니까? • 당신은 이 제품(혹은 서비스)의 가격경쟁력에 대해 어떻게 평가하십니까? • 당신은 이 제품(혹은 서비스)을 사용하기가 얼마나 편리하다고 평가하십니까?
브랜드자산	브랜드인지도, 브랜드태도, 기업윤리수준	• 나는 종종 이 제품(혹은 서비스)의 대중매체 광고에 관심을 기울인다. • 나는 종종 이 회사가 나에게 보내온 정보에 관심을 기울인다. • 이 회사는 훌륭한 법인시민으로 잘 알려져 있다. • 이 회사는 지역사회의 행사를 적극적으로 후원하고 있다. • 이 회사는 고객과 직원들에 대해 높은 도덕적 기준을 가지고 있다. • 이 회사의 이미지는 나의 이미지에 잘 부합한다.
관계자산	로열티 프로그램, 특별대우, 인정, 커뮤니티구축	• 나는 이 회사의 로열티 프로그램에 많은 투자를 하였다 • 나로서는 이 회사의 로열티 프로그램을 통해 받는 혜택이 매우 중요하다. • 나는 이 회사의 업무 프로세스를 잘 알고 있다. • 이 회사는 나에 대한 정보를 많이 가지고 있다. • 이 회사는 나를 매우 특별한 고객으로 인지하고 있다. • 나는 이 회사의 다른 고객과 감정적인 일체감을 느끼고 있다. • 나는 이 회사를 신뢰한다.

2.2 핵심동인의 상대적 중요성

몇몇 연구들은 핵심동인들의 상대적 영향력에 대한 실증분석 결과를 제시하고 있다. 미국에서 실시한 한 연구는 유럽의 대형 DIY(Do-It-Yourself) 유통업체의 고객 5,694명을 대상으로 세 개의 핵심동인이 충성도(재구매 의도와 추천의도)에 미치는 영향을 조사하였으며 이 분석 결과 다음과 같은 회귀식을 얻었다(Vogel et al., 2008).

$$\text{충성도} = -0.017 + 0.32 \times VE + 0.32 \times BE + 0.13 \times RE \quad (R^2 = 0.4469)$$

우리나라에서 실시된 한 연구는 유형제품 4개(이동전화 단말기, PC, 탄산음료, 스포츠화) 및 서비스제품 4개(이동통신서비스, 이메일서비스, 인터넷쇼핑몰, 이동전화 벨소리서비스)에 대해 596명을 대상으로 세 개의 핵심동인이 고객자산(지갑점유율,

구매액, 구배빈도)에 미치는 영향을 조사하였으며 분석결과 다음과 같은 회귀식을 얻었다(우정, 박흥수, 윤승재, 2005).

$$고객자산 = 0.163 \times VE + 0.195 \times BE + 0.144 \times RE$$

우리나라에서 실시된 또 다른 연구는 관여도의 수준과 이성제품/감성제품 등의 2가지 기준으로 제품을 4개의 유형으로 구분하고 356명을 대상으로 세 개의 핵심동인이 충성도(재구매의도, 추천의도, 해당 제품 정보수집의도)에 미치는 영향을 조사하였으며, 이 분석결과 다음과 같은 회귀식을 얻었다(안광호, 김성환, 김모란, 2008).

$$충성도 = 0.059 + 0.444 \times VE + 0.687 \times BE + 0.199 \times RE \quad (R^2 = 0.737)$$

이러한 연구결과들은 관계자산에 비해 가치자산과 브랜드자산의 상대적인 중요성이 더 크고, 가치자산과 브랜드자산은 비슷하거나 브랜드자산의 상대적인 중요성이 더 크다는 것을 보여주고 있다. 그런데 이 연구들은 모두 최종소비자에게 판매되는 소비재를 대상으로 하고 있다는 점을 주목할 필요가 있다. 최종소비자가 아닌 기관구매자에게 판매되는 제품을 대상으로 하는 경우에는 전혀 다른 결과가 도출될 수 있다. 즉, B2B 시장에서는 B2C 시장에서보다 고객과의 관계가 훨씬 더 중요한 의미를 지닐 수 있고, 브랜드보다도 객관적인 가치가 더 중요해질 수 있다. 따라서 실무적으로 유용한 세 가지 핵심동인의 상대적인 중요성을 도출하기 위해서는 상대적인 중요성에 영향을 미칠 수 있는 요인들을 보다 면밀하게 분석할 필요가 있다.

2.3 핵심동인의 상대적 중요성에 영향을 미치는 요인

RLZ는 세 가지 핵심동인의 상대적 중요성은 산업, 시장환경, 제품의 특성, 고객의 의사결정과정 등에 따라 달라질 수 있음을 지적하고 있다. 이들은 가치자산, 브랜드자산, 관계자산 각각에 대해 고객자산에 대한 영향력이 커지는 경우를 [표 5-5]에서와 같이 제시하고 있다(Rust et al., 2000). 예를 들어 가치자산은 고객들의 제품의 품질에 대한 지각이 중요하기 때문에 경쟁제품 간의 품질 차이가 두드러지게 나타나거나, 품질과 가격을 꼼꼼히 따지는 조직구매자의 경우에 매우 중요하다. 브랜드자산은 품질보다는 이미지가 더 중요한 저관여 제품이나 소비행위가 다른 사람에 의해 관

| 표 5-5 | RLZ가 제시한 각 핵심동인이 중요한 상황

핵심동인	중요한 상황
가치자산	• 경쟁제품 간의 차이가 있는 경우 • 복잡한 의사결정을 거쳐 구매가 이루어지는 경우 • B2B 구매 • 혁신적인 제품 혹은 서비스 • 성숙기에 있는 제품에 활력을 줄 수 있는 개선을 시도하는 경우
브랜드자산	• 저관여 구매 • 타인의 눈에 잘 뜨이는 제품 혹은 서비스 • 제품사용경험이 다른 사람 혹은 다음 세대로 전파되는 경우 • 사용 이전에는 제품 혹은 서비스에 대한 품질 판단이 어려운 경우
관계자산	• 고객이 판단하는 로열티 프로그램의 혜택이 실제의 금전적 혜택보다 큰 경우 • 제품이나 서비스와 연결된 커뮤니티가 제품이나 서비스만큼 중요한 경우 • 기업이 고객을 알아가면서 관계를 형성할 수 있는 기회가 있는 경우 • 서비스를 중지하기 위해서는 고객의 행동이 요구되는 경우

찰되기 쉬운 경우에 구매의사결정에 많은 영향을 미친다. 관계자산은 고객 커뮤니티가 매우 잘 형성되어 있거나 계약상품과 같이 서비스를 중지하기 위해서는 구체적인 행동이 필요한 경우에 중요한 역할을 한다.

우리나라의 한 연구(손영석, 박찬욱, 2007)는 고객자산 핵심동인들의 상대적 중요도가 제품 특성, 대고객 마케팅커뮤니케이션 특성, 시장 특성 등에 따라 달라질 수 있음을 제시하고 있다. 이 연구에서 제시하고 있는 가설들의 내용은 [표 5-6]과 같다. 이 연구는, 예를 들어 기능적 제품일수록(제품 특성) 불황기일수록(시장 특성) 가치자산의 중요성이 증가하고, 감성적 제품이거나 제품의 무형성이 증가할수록(제품 특성) 브랜드자산의 중요성이 증가함을 제시하고 있다. 또한 판매하는 제품 간의 연계성이 높고 제품의 수가 많을수록(제품 특성), 일대일 커뮤니케이션에 대한 의존도가 높을수록(대고객 마케팅커뮤니케이션 특성), 목표고객의 수가 적을수록(시장 특성) 관계자산의 중요성이 증가함을 제시하고 있다.

| 표 5-6 | 핵심동인의 상대적 중요도에 영향을 미치는 요인

구분	내용
제품 특성	
무형성	• 제품의 무형성이 증가할수록 가치자산의 중요성은 감소하고 브랜드자산의 중요성은 증가한다.
기능적 제품 vs 감성적 제품	• 기능적 제품일수록 가치자산의 중요성은 증가하고 브랜드자산의 중요성은 감소한다. • 감성적 제품일수록 가치자산의 중요성은 감소하고 브랜드자산의 중요성은 증가한다.
제품 간 연계성	• 판매하는 제품의 연계성이 높을수록 관계자산의 중요성은 증가한다.
제품의 수	• 판매하는 제품의 수가 많을수록 관계자산의 중요성은 증가한다.
제품수명주기	• 제품의 수명주기가 짧을수록 브랜드자산의 중요성은 감소하고 관계자산의 중요성은 증가한다.
모방 용이성	• 모방이 손쉽게 이루어지는 제품일수록 브랜드자산의 중요성은 감소하고 관계자산의 중요성은 증가한다.
만기의 유무	• 만기(滿期)가 있는 제품일수록 관계자산의 중요성은 증가한다.
수요의 소득탄력성	• 수요의 소득탄력성이 높은 제품일수록 관계자산의 중요성은 증가한다.
사후관리의 중요성	• 지속적인 사후관리가 중요한 제품일수록 관계자산의 중요성은 증가한다.
대고객 마케팅커뮤니케이션 특성	
고객정보 축적 용이성	• 대고객 커뮤니케이션과정에서 고객정보의 축적이 용이하게 이루어질수록 관계자산의 중요성은 증가한다.
커뮤니케이션 수단	• 일대일 커뮤니케이션에 대한 의존도가 높을수록 관계자산에 대한 중요성은 증가한다.
시장 특성	
목표고객의 수	• 목표고객의 수가 작을수록 관계자산의 중요성은 증가한다.
시장의 성장성	• 성장이 정체된 성숙시장일수록 관계자산의 중요성은 증가한다.
시장 경기	• 불황기일수록 가치자산의 중요성은 증가하고 브랜드자산의 중요성은 감소한다.
시장 세분화수준	• 세분화가 진전된 시장일수록 관계자산의 중요성은 증가한다.

참고문헌

- 김형수, 김영걸, 박찬욱(2009), CRM : 전략의 원리와 응용, 사이텍미디어, 제4장.
- 손영석, 박찬욱(2007), "고객자산(Customer Equity)의 개념적 정리와 구성요소의 상대적 중요도에 영향을 미치는 요인," 마케팅관리연구, 12(1), 131−152.
- 안광호, 김성환, 김모란(2011), "고객자산 구성요소가 고객충성도에 미치는 상대적 효과에 관한 연구," 마케팅연구, 26(March), 23−45.
- 우정, 박흥수, 윤승재(2005), "고객자산의 구성요소와 형성에 관한 탐색적 연구," 마케팅관리연구, 10(3), 113−129.
- 이형재(2002), "CRM과 고객자산관리," 한국IT서비스학회 2002년도 추계학술대회, 20, 1−6.
- 서닐 굽타, 도날드 레흐만(2006), 당신의 고객을 업그레이드 하라, 번역서, 럭스미디어, 82.
- 티모시 L. 케이닝햄, 테리 G. 바브라, 러잔 액소이, 헨리 왈라드(2006), 고객충성의 신화 : 고객충성도에 관한 오해와 진실, 번역서, 비즈니스맵, 229−230.
- Baran, Roger J., Robert J. Galka, and Daniel P., Strunk(2008), *Principles of Customer Relationship Management*, Thomson South−Western, 410−414.
- Bell, David, John Deighton, Werner J. Reinartz, Roland T. Rust, and Gordon Swartz(2002), "Seven barriers to customer equity management," *Journal of Service Research*, 5(1), 77−85.
- Blattberg, Robert C., Gary Getz, and Jacquelyn S. Thomas(2001), *Customer Equity : Building and Managing Relationships as Valuable Assets*, Harvard Business School Press.
- Hogan, John E., Kathering N. Lemon, and Roland T. Rust(2002), "Customer equity management : Charting new directions for the future of marketing," *Journal of Service Research*, 5(1), 4−12.
- Keller, Kevin Lane(1993), "Conceptualizing, measuring, and managing customer−based brand equity," *Journal of Marketing*, 57(January), 1−22.
- Kotler, Phillip and G. Armstrong(1995), *Principles of Marketing*, 7th ed. New Jersey : Prentice−Hall.

- Kumar, V. and Werner J. Reinartz(2006), *Customer Relationship Management : A Databased Approach*, John Wiley & Sons, Inc., 124–128.
- Kumar, V., J. Andrew Petersen and Robert P., Leone(2007), "How valuable is word of mouth," *Harvard Business Review*, 86(5), 139–146.
- Lemon, Katherine N., Roland T. Rust, and Valarie A. Zeithaml(2001), "What drives customer equity," *Marketing Management*, 10(1), 20–25.
- Mittal, Vikas(2001), "Book Review : Driving customer equity: How customer lifetime value is reshaping corporate strategy," *Journal of Marketing*, 65(21), 107–109.
- Rust, Roland T., Katherine N. Lemon, and Valarie A. Zeithaml(2000), *Driving Customer Equity : How Customer Lifetime Value is Reshaping Corporate Strategy*, New York, Free Press.
- Rust, Roland T., Katherine N. Lemon and Valarie A. Zeithaml(2001), "Where should the next marketing dollar go?," *Marketing Management*, 10(3), 25–28.
- Vogel, Verena, Heiner Evanschitzky, and B. Ramaseshan(2008), "Customer equity drivers and future sales," *Journal of Marketing*. 72(November), 99–108.

CHAPTER 06

신규고객의 창출

CRM은 시장포화와 경쟁심화로 인해 기존고객의 유지와 활성화가 보다 중시되는 시장환경을 배경으로 하고 있기 때문에 신규고객의 창출이 CRM의 가장 핵심적인 내용이라고 할 수는 없다. 심지어 "신규고객 창출비용은 기존고객을 유지하는 데 소요되는 비용의 5배에 달한다"는 등의 주장이 폭넓게 회자되면서 신규고객의 창출은 CRM과 서로 배치되는 활동인 것처럼 비치기도 한다. 실제로 B2C 기업에서 광고캠페인이나 판매촉진 등과 같은 매스마케팅 수단을 활용하여 불특정다수를 대상으로 신규고객 창출을 담당하는 부서와 고객DB의 분석을 바탕으로 기존고객의 유지와 활성화를 담당하는 부서 간에는 예산이나 역할을 놓고 갈등관계가 형성되기도 한다. 그러나 기존고객은 시간이 지나면 어떠한 이유에서든 이탈하게 되어 있기 때문에 신규고객이 창출되지 않으면 관리하여야 할 기존고객 자체가 줄어들게 되고, 이에 따라 CRM활동의 가치도 그만큼 줄어들 수밖에 없다. 따라서 신규고객의 창출도 CRM에서 매우 중요한 위치를 차지하고 있다. 신규고객의 창출이 매스마케팅의 고유영역으로 간주되는 경향이 있지만, 고객과의 일대일 커뮤니케이션에 의해 신규고객의 창출이 이루어지는 경우도 매우 많다. 특히 B2B의 경우 신규고객의 창출은 거의 영업사원과 고객과의 개별적인 접촉을 통해 이루어진다. B2C의 경우에도 자동차, 보험, 학습지, 정수기, 건강식품, 화장품 등 매우 다양한 업종에서 영업사원과 개별고객과의 일대일 접촉을 통해 신규고객의 창출이 이루어지고 있다.

본장에서는 CRM 관점에서 신규고객의 창출이 어떻게 이루어질 수 있는가에 대해 기술한다. 즉, 매스미디어 광고 등과 같이 불특정다수를 대상으로 하는 신규고객의 창출활동에 대해서는 다루지 않고, 고객과의 일대일 커뮤니케이션을 통해 이루어지는 신규고객 창출활동에 대해서 기술한다.

제1절 신규고객의 창출 프로세스

CRM 관점에서의 신규고객의 창출 프로세스는 [그림 6-1]에서와 같이 '잠재고객의 바람직한 특성파악'에서 '신규고객에 대한 사후관리'에 이르기까지의 여러 단계로 나누어질 수 있다. 이 절에서는 각 단계에 대해 기술한다.

그림 6-1 신규고객 창출 프로세스

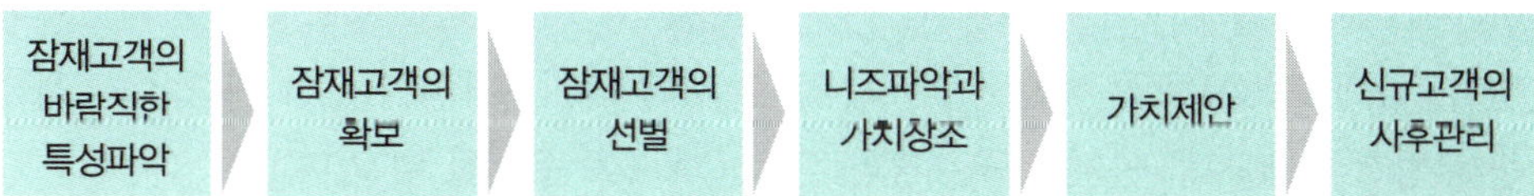

1. 잠재고객의 바람직한 특성파악

잠재고객(prospect, 潛在顧客)은 '현재는 거래하고 있지 않지만 자사의 제품이나 서비스를 구매할 잠재력을 가지고 있는 고객'이라고 정의될 수 있다. 원래 'prospect'라는 단어는 채광과 관련된 용어로 동사로서는 '금광이나 석유 따위를 찾아 시굴(캐낼 값어치가 있는 광물이 있는지를 알기 위하여 시험적으로 파 보는 일)하다'라는 뜻을 가지고 있으며, 명사로서는 '채광 유망지'의 뜻을 가지고 있다.

잠재고객을 확보하기 위해서는 우선 자사의 제품이나 서비스를 구매할 가능성이 높은 고객들의 특성을 파악하는 것이 중요하다. 마케팅에서는 주로 S/T/P(세분화/타깃팅/포지셔닝) 방법론을 활용하여 마케팅전략을 수립하는데, 여기에서 목표고객의 설정을 의미하는 타깃팅이 곧 잠재고객의 특성을 설정하는 것을 의미한다. 목표고객의 설정은, 예를 들어 '설화수'의 타깃은 40~50대 고소득층 여성, 'BMW'의 타깃은 대도시 거주의 30~40대 전문직 종사자 등과 같은 방식으로 이루어진다. B2C 부문에서의 목표고객 선정에 있어서 기준이 되는 변수로는 나이나 성별과 같은 인구통계학적 변수가 가장 빈번하게 사용되지만, 라이프스타일 변수나 사용량이나 충성도와 같은 행위적인 변수도 사용된다. B2B부문에서는 회사의 규모, 업종, 지역, 소유형태, 의사결정 유형 등이 목표고객 선정의 기준이 될 수 있다.

2. 잠재고객의 확보

'잠재고객의 확보(prospecting)'는 구매가능성이 있는 고객의 리스트(list)를 확보하는 것을 의미한다. 리스트를 확보한다는 것은 고객의 이름은 물론, 고객의 특성을 파악할 수 있는 정보와 전화번호나 이메일과 같은 접촉정보를 확보한다는 것을 의미한다. 잠재고객의 확보는 종종 '리드 창출(lead generation)'이라고 불리기도 한다. CRM활동에서 잠재고객의 확보 없이는 신규고객의 창출이 이루어질 수 없기 때문에 잠재고객의 확보는 지속적인 판매실적을 달성하기 위한 매우 중요한 과정이다. [글 6-1]은 '영업 깔때기'의 개념을 활용하여 잠재고객 확보의 중요성에 대해 기술하고 있다. 잠재고객은 해당 제품군을 사용해 본 경험이 있는가의 여부를 기준으로 '제품군 무경험 잠재고객'과 '제품군 유경험 잠재고객'으로 구분될 수 있다.

2.1 제품군 무경험 잠재고객

'제품군 무경험 잠재고객'은 전에는 가지고 있지 않았던 니즈를 새롭게 갖게 되었거나, 혹은 기존의 니즈를 충족시켜 줄 수 있다고 판단되는 새로운 제품군을 발견하게 된 잠재고객을 의미한다. 전자의 예로는 결혼으로 인해 주택, 각종 가전제품/금융상품 등에 대한 필요성을 느끼게 된 신혼부부, 자녀를 갖게 되면서 각종 유아용품을 구매하여야 하는 주부, 처음으로 등산동호회에 가입하면서 등산복이나 등산장비를 구매하여야 하는 사람 등을 들 수 있다. 후자의 예로는 이동 중에 음악 듣기를 좋아해서 CD플레이어 대신 새로 출시된 MP3를 사용하고자 하는 사람, 밖에서 쇼핑하기가 귀찮아져서 집에서 인터넷을 통해 쇼핑하기로 마음먹은 사람 등을 들 수 있다.

2.2 제품군 유경험 잠재고객

'제품군 유경험 잠재고객'은 경쟁사의 제품을 이미 이용하고 있는 잠재고객을 의미한다. 이러한 잠재고객은 기존 거래업체에 대해 가지고 있는 충성도의 수준에 따라 차이는 있지만 '제품군 무경험 잠재고객'에 비하면 신규고객화시키는 데 훨씬 더 많은 비용이 소요된다. 따라서 잠재고객을 확보함에 있어 경쟁사의 고객을 대상으로 하기에 앞서 '제품군 무경험 잠재고객'을 확보하는 노력을 우선적으로 기울이는 것이 바람직하다.

양질의 잠재고객의 확보는 성공적인 영업활동의 초석이 되기 때문에 매우 중요한 의미를 지닌다. 특히 새롭게 사업을 시작하는 회사의 경우 기존고객이 거의 없기 때문에 매출의 대부분을 신규고객에 의존하여야 하고, 따라서 잠재고객 확보의 의미는 더욱 커지게 된다. 잠재고객을 어떠한 원천으로부터 확보하는가는 그 중요성을 감안하여 제2절에서 별도로 기술하였다.

글 6-1 **영업 깔때기와 잠재고객 확보의 중요성**

잠재고객의 확보에서 판매의 종결에 이르는 판매과정에서 많은 수의 잠재고객 중 성공적으로 신규고객화되는 고객은 소수에 불과하다. 예를 들어, 잠재고객이 1,000명 확보되었을 때 그 중에서 실제로 제품이나 서비스를 구매하는 고객은 10여 명에 불과할 수 있다. 즉, 영업활동이 진행되는 과정에서 많은 수의 잠재고객들이 여러 가지 이유로 더 이상 영업의 대상이 되지 못한다. 예를 들어, 선별과정에서 의사결정권한이 없는 것으로 확인되었다거나, 니즈확인과정에서 자사의 제품이나 서비스로는 니즈충족의 가능성이 없는 것으로 확인되었다거나, 프레젠테이션단계까지 갔지만 예기치 않게 경쟁사에 밀렸다거나, 반론극복이 제대로 이루어지지 못해서 잠재고객의 불만을 샀다거나, 판매종결과정에서 가격이 맞지 않아 협상이 결렬되었다거나 하는 등의 이유로 영업활동이 더 이상 이루어지지 않을 수 있다. 신규고객의 확보가 꾸준히 이루어지기 위해서는 영업과정의 각 단계에 일정수의 고객들이 존재하여야 한다. 즉, 이제 막 영업활동을 시작하는 잠재고객도 있어야 하고, 니즈파악단계에 있는 고객도 있어야 하며, 판매의 종결이 임박한 고객도 있어야 한다. 이렇게 각 단계에 있는 고객들을 시각적으로 나타내면 지름의 크기가 아래로 내려갈수록 점점 작아지는 깔때기의 모양이 되며, 그래서 이를 '영업 깔때기(sales funnel)'라고 부른다. 즉, 영업 깔때기는 [그림 6-2]와 같이 영업사원의 영업활동대상 고객들의 판매과정에서의 유형들을 한눈에 파악할 수 있도록 시각적으로 표현한 것을 의미한다.

그림 6-2 **영업 깔때기**

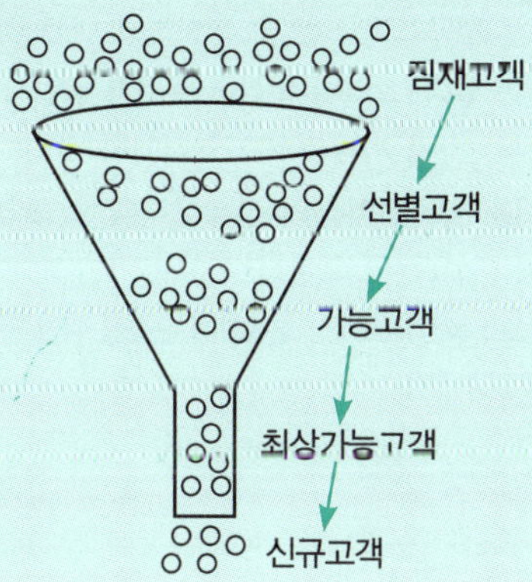

영업 깔때기상에서의 고객은 잠재고객, 선별고객, 가능고객, 최상가능고객, 신규고객 등으로 구분될 수 있다. 잠재고객은 선별과정을 거쳐 선별고객이 되는데, 상당수의 잠재고객은 이 과정에서 깔때기 내에 머무르지 못하고 탈락한다. 선별고객은 가능고객과 최상가능고객의 단계를 거쳐 신규고객이 되는데, 잠재고객과 마찬가지로 니즈 파악, 프레젠테이션, 반론극복, 판매종결 등의 각 단계에서 상당수가 탈락한다. 가능고객은 신규고객화될 수 있는 가능성이 높은 고객을 의미하고, 최상가능고객은 판매가 임박한 것으로 판단되는 고객을 의미하는데, 구체적으로 어떠한 단계에 있는 고객을 가능고객 및 최상가능고객으로 정의할 것인가는 제품의 특성, 고객의 특성, 영업활동의 특성 등에 따라 달라질 수 있다. 따라서 영업사원이 영업 깔때기의 개념을 효과적으로 사용하기 위해서는 제품, 고객, 영업활동 등의 특성을 고려하여 나름대로의 가능고객 및 최상가능고객에 대한 정의를 가지고 있어야 한다. 예를 들어 잠재고객은 여러 가지 기준에 의해 나름대로 정제된 고객이지만 아직 접촉이 이루어지지 않은 고객, 선별고객은 최신의 동향들이 파악되고 접촉을 통해 니즈파악 등을 위한 초기 상담이 이루어지고 있는 고객, 가능고객은 니즈를 해결하기 위한 해결책이 작성되고 이의 제시가 이루어지고 있는 고객, 최상가능고객은 제시된 해결책을 중심으로 조율이 이루어지고 있는 단계에 있는 고객 등으로 구분할 수 있다.

영업 깔때기의 개념은 영업사원의 영업활동이 균형 있게 이루어지고 있는가를 알아낼 수 있는 좋은 도구가 된다. 즉, 시기별로 영업목표를 설정하고, 현재 각 유형별 고객의 수를 파악하면 현재와 같은 영업활동을 지속하였을 때 영업목표를 계획한 대로 달성할 수 있는지를 파악할 수 있고, 이를 통해 문제점이 발견되면 그 문제점을 해결하기 위한 영업활동을 보다 적극적으로 실행에 옮길 수 있다. 가장 바람직한 형태의 영업 깔때기는 [그림 6-2]에서와 같이 완만하게 좁아지는 미끈한 형태를 취한다. 그렇지 않은 경우라면 문제점이 있는 것으로 해석될 수 있다. 예를 들어 영업 깔때기가 마름모 모양을 취하고 있는 경우라면 단기적으로는 신규고객 확보실적이 좋을 수 있지만 중 · 장기적으로는 실적이 매우 부진해질 가능성이 크다는 것을 의미하며, 따라서 잠재고객과 선별고객의 확보에 보다 많은 노력을 기울여야 한다. 또한 선별고객에서 가능고객으로 이동하는 과정에서 깔때기가 매우 급격하게 좁아지고 있는 형태라면, 선별고객을 대상으로 하는 영업활동이 매우 부진하다는 것을 의미하며, 따라서 고객접촉을 위한 준비와 접촉, 니즈파악 등의 과정이 보다 정교하게 이루어져야 한다. 통상적으로 영업사원은 신규고객을 한 명 확보하고 나면 다음으로 가장 가능성이 높은 최상가능고객에게 집중하는 경향이 있다. 그러나 실적이 우수한 영업사원은 신규고객을 한 명 확보하였으면, 예를 들어 열 명의 잠재고객을 확보하려고 노력한다. 이는 과거의 경험으로부터 한 명의 신규고객을 확보하기 위해서는 열 명 이상의 잠재고객이 확보되어야 함을 알고 있기 때문이다.

자료 : 박찬욱(2012), 고객관계 구축을 위한 영업관리, 도서출판 청람, 80-83.

3. 잠재고객의 선별

잠재고객의 리스트가 확보되었으면 그 다음에는 구체적으로 누구를 대상으로 커뮤니케이션활동을 수행할 것인가를 결정하기 위해 확보된 잠재고객에 대한 선별작업이 이루어지게 된다. '잠재고객의 선별'은 '잠재고객 가운데 실제로 구입할 가능성이 있는가를 평가하여 구입가능성이 없는 잠재고객을 커뮤니케이션 대상에서 제외하는 것'을 의미한다. 잠재고객의 선별작업은 특히 B2B 부문에서 더욱 중요한 의미를 지닌다. 왜냐하면 B2B 부문에서는 커뮤니케이션이 주로 영업사원을 통한 방문활동을 통해 이루어지기 때문에 이메일이나 전화 등에 주로 의존하는 B2C 부문에 비해 커뮤니케이션에 소요되는 비용이 훨씬 더 크고, 따라서 선별작업을 통해 가능성이 적은 고객을 접촉 대상에서 탈락시킴으로써 비용을 크게 절감시킬 수 있기 때문이다. 잠재고객의 선별을 위해서는 확보된 잠재고객이 [그림 6-3]에서와 같은 조건들을 충족하고 있는가를 검토하여야 한다.

그림 6-3 잠재고객 선별조건

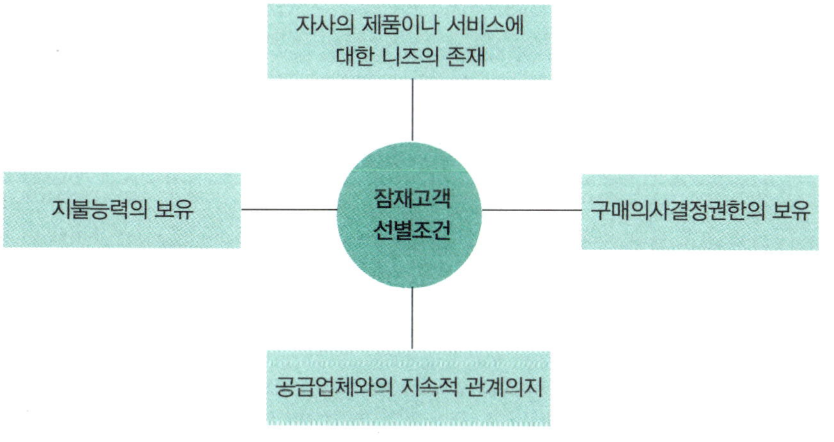

3.1 자사의 제품이나 서비스에 대한 니즈의 존재

먼저 잠재고객이 자사의 제품이나 서비스에 대해 관심을 가지고 있는지의 여부를 확인하여야 한다. 잠재고객이 현재 거래하고 있는 경쟁사의 제품이나 서비스에 대해 만족하고 있는 경우라면 자사의 제품이나 서비스에 대해 관심을 갖지 않을 가능성이 높고, 따라서 접촉 대상에서 제외하는 것이 타당하다. 또한 자사의 제품이나 서비스에 대해서 관심을 갖고 있을 만한 잠재고객이더라도 예상 구매액이 너무 작아서 수익성이 없을 것으로 판단된다면 역시 접촉 대상에서 제외되어야 한다. B2B 부문의 경우 현 공급업체의 제품이나 서비스에 대한 잠재고객의 만족도나 예상 주문량 등에 대한 정보는 2차자료나 다른 영업사원들을 통해서 확보할 수도 있고, 그렇지 않다면 잠재고객과의 전화 통화나 가벼운 미팅 등을 통해 파악할 수 있다.

3.2 구매의사결정권한의 보유

자사의 제품이나 서비스에 대한 니즈가 있다고 하더라도 구매를 결정할 수 있는 권한이 없는 경우라면 추가적인 노력은 주문으로 연결되기 어렵다. 예를 들어, B2B의 경우 어느 회사의 특정 사업부에서 자사의 제품이나 서비스에 대해 관심을 갖고 있다고 하더라도 구매의사결정이 사업부 차원이 아닌 본사 차원에서 이루어진다면 그 사업부는 유력한 잠재고객이 될 수 없다.

3.3 지불능력의 보유

자사의 제품에 대한 니즈도 존재하고 의사결정권한이 있는 경우라고 하여도 자사의 제품이나 서비스를 구매할 수 있는 금전적 능력이 부족한 경우에는 유력한 잠재고객이 될 수 없다. B2B의 경우에 잠재고객의 신용에 대한 정보는 신용평가회사를 통해 쉽게 확보될 수 있다. 그렇지만 우수한 신용등급을 가지고 있다고 하더라도 예산이 편성되어 있지 않거나 부족한 경우에는 판매가 이루어질 가능성이 희박하기 때문에 예산의 확보가 확인될 때까지는 본격적인 커뮤니케이션활동을 하지 않는 것이 바람직하다. B2C 부문에서도 잠재고객이 자사의 제품이나 서비스를 구매할 만한 경제력이 있는가는 매우 중요한 선별기준이 된다. 기업이 잠재고객의 소득수준이나 재산상태에 대한 정보를 확보하기는 매우 어렵기 때문에 주로 거주지 주소, 보유자동차, 신용등급 등의 변수를 활용하여 지불능력을 평가하는 것이 일반적이다.

3.4 공급업체와의 지속적인 관계의지

거래업체를 수시로 바꾸는 잠재고객은 신규고객화에 성공하더라도 수익성을 기대하기 어렵기 때문에 접촉 대상에서 제외하는 것이 바람직하다. 이러한 잠재고객은 대부분 가격이나 거래조건 등을 중시하는 거래중심적인 마인드를 가지고 있으며, 이로 인해 짧은 기간 내에 다시 이탈할 가능성이 높을 뿐만 아니라 가격할인, 추가적 서비스 등에 대한 요구가 빈번하여 수익을 기대하기가 힘들다.

4. 니즈분석과 가치창조

잠재고객의 선별을 통해서 접촉 대상고객이 정해지면 다음 단계에서는 이들의 니즈를 파악하고 이를 기반으로 제안할 가치를 개발하여야 한다. 고객의 니즈를 파악하고 이를 충족시켜 줄 수 있는 가치를 개발하는 활동을 가치창조(價値創造, value creation)라고 한다. 가치창조는 CRM활동의 전개에 있어서 가장 핵심적인 활동이라고 할 수 있다(가치창조의 구체적인 내용은 제3장 참조).

5. 가치제안

잠재고객에게 어떠한 가치를 제시할 것인가가 정해지면 이를 기반으로 잠재고객과의 본격적인 커뮤니케이션이 이루어진다. 이러한 대잠재고객 커뮤니케이션활동이 바로 가치제안이다. B2C 부문에서는 잠재고객과의 커뮤니케이션이 영업사원을 통한 개별적 접촉보다는 이메일, 우편, 발신TM 등을 통해 이루어지는 것이 일반적이다. 즉, 다수의 잠재고객을 대상으로 커뮤니케이션이 이루어져야 하는 경우에 기업들은 이메일, 우편, 발신TM 등과 같이 일대일 커뮤니케이션이 가능하면서도 한꺼번에 많은 수의 잠재고객을 접촉할 수 있는 매체를 활용하는 캠페인을 전개함으로써 잠재고객을 신규고객화시키려는 노력을 기울인다. 기업들은 이러한 캠페인활동을 원활하게 수행하기 위해 캠페인관리시스템(campaign management system)을 도입하기도 한다.

캠페인관리시스템은 신규고객 창출, 교차판매, 상승판매, 이탈방지 등 다양한 목적으로 수행되는 대고객 커뮤니케이션활동을 지원하는 전산시스템이다. 캠페인관리시스템에 대해서는 제12장 제3절에서 상세하게 기술하였다. 영업사원은 B2B 부문에서는 물론 자동차, 보험, 건강식품, 화장품 등의 B2C 부문에서도 대잠재고객 커뮤니케이션에 있어서 가장 핵심적인 위치를 차지한다. 영업사원은 잠재고객을 대상으로 하는 프레젠테이션 등을 통해 자사의 제안이 고객의 문제를 어떻게 해결해줄 수 있는가를 설득력 있게 설명할 수 있어야 함은 물론, 고객이 판매과정에서 제기할 수 있는 반론을 잘 극복하여야 하고, 최대한 적기에 판매를 종결지을 수 있어야 한다. 영업사원의 프레젠테이션, 반론극복, 판매종결 등에 대해 간략히 기술하면 다음과 같다.

5.1 프레젠테이션

영업 프레젠테이션은 '영업사원이 고객에게 고객의 니즈를 충족시키거나 문제를 해결하기 위한 방안을 보여주거나 설명하는 것'이라고 정의될 수 있다. 프레젠테이션에서는 주로 제품이나 서비스의 특성, 장점, 혜택 등에 대한 설명이 이루어진다. 즉, '이 제품은 이러한 특성을 지니고 있어서 이러한 장점이 있고, 그래서 고객에게 이러한 혜택을 드릴 수 있다'는 방식의 설명이 이루어진다. 특성에 대한 설명은 제품이나 서비스에 내재된 특징을 중심으로 이루어지고, 장점에 대한 설명은 이러한 특성이 제품이나 서비스의 성능에 어떻게 영향을 미치는지를 중심으로 이루어지며, 혜택에 대한 설명은 이러한 장점이 고객의 니즈를 어떻게 충족시켜 줄 수 있고 문제를 어떻게 해결할 수 있는지를 중심으로 이루어진다. 예를 들어 외장이 알루미늄으로 되어 있는 넷북이라면 외장이 알루미늄 소재라는 것이 특성이며, 그로 인해 무게가 덜 나간다는 것이 장점이 되고, 이로 인해 훨씬 수월하게 휴대할 수 있다는 것이 혜택이 된다. 훌륭한 프레젠테이션을 하는 것은 매우 어려운 일이다. 훌륭한 프레젠테이션이 되기 위해서는 [표 6-1]에서 제시한 몇 가지의 조건들을 충족하고 있어야 한다.

| 표 6-1 | 성공적인 프레젠테이션의 조건

항목	내용
내용의 단순화	전달하고 싶은 정보가 많이 있더라도 최대한 자제심을 발휘하여 핵심이 되는 혜택을 3개 정도로 요약하는 것이 바람직하다.
일상적인 용어의 사용	전문용어 등의 사용은 최대한 절제하고, 대신 잠재고객의 일상적인 용어를 사용하는 것이 바람직하다. 부득이 전문용어를 사용하여야 하는 경우에는 이에 대한 정의를 명확히 함으로써 해석에 있어서 혼선이 발생하지 않도록 하여야 한다.
구체적인 상황 바탕	잠재고객은 자신의 문제를 위한 해결책을 찾기 위해 프레젠테이션을 듣는 것이기 때문에 프레젠테이션의 내용을 최대한 잠재고객의 구체적인 상황에 맞도록 개별화시켜야 한다.
논리성의 확보	잠재고객에게 신뢰를 주기 위해서는 프레젠테이션의 내용이 논리적이어야 한다. 즉, 문제의 인식, 문제의 원인, 해결책의 제안 등의 일련의 과정이 논리의 비약 없이 자연스럽게 연결될 수 있도록 하여야 한다.

5.2 반론극복

영업사원은 프레젠테이션을 포함한 거의 모든 잠재고객과의 커뮤니케이션과정에서 잠재고객의 반론(反論, objection)에 부딪히게 된다. 반론에 대한 처리를 잘하지 못하면 판매의 기회를 상실하게 될 수도 있기 때문에 영업사원은 이를 극복할 수 있는 방안을 숙지하고 있어야 한다. 고객과의 커뮤니케이션이 성공적일수록 보다 많은 반론이 제기된다. 즉, 반론은 성공적인 커뮤니케이션에서 반드시 수반되는 자연스런 현상이다. 반론을 극복하기 위해서는 [그림 6-4]와 같이 경청, 질문, 확인, 반응 등의 네 개의 단계를 거치는 것이 효과적이다.

그림 6-4 **반론극복과정**

① 경청 : 반론극복과정의 첫 단계는 잠재고객의 반론을 경청하는 것이다. 잠재고객이 반론을 제기하는 과정에서 절대로 말은 끊어서는 안 된다. 경청을 하는 과정에서 "충분히 그런 생각을 하실 수 있을 것 같습니다" 등과 같은 멘트를 통해 잠재고객의 감정상태에 대한 공감을 표명하는 것도 좋은 방법이다.

② 질문 : 두 번째 단계는 질문을 통해 잠재고객의 반론의 근거나 원인을 파악하는 것이다. 잠재고객의 반론에 대한 근거나 원인을 이미 잘 알고 있다고 속단하여서는 안 되며, 잠재고객의 입을 통해서 이를 확인하도록 노력하여야 한다.

③ 확인 : 다음 단계는 고객이 제기한 반론의 내용과 그 원인을 잠재고객으로부터 확인하는 단계이다. 영업사원은 먼저 자신이 이해하는 반론의 내용과 원인을 얘기한 후, 제대로 이해하고 있는지를 질문함으로써 이를 확인할 수 있다.

④ 반응 : 반론의 내용과 원인이 파악되었으면 이제 반응을 할 수 있는 단계가 된다. 잠재고객의 반론은 제안의 가치에 대한 반론, 제품이나 서비스에 대한 반론, 그리고 구매 연기 반론 등의 유형으로 구분될 수 있으며, 영업사원은 각각의 유형의 반론에 대한 적절한 대응 방법을 숙지하고 있어야 한다. 예를 들어 '필요하지 않다'든가 '가격이 너무 비싸다'라는 등과 같은 제안의 가치에 대한 반론에 대해서는 고객으로 하여금 니즈파악단계에서 확인되었던 내용들을 상기시켜 주거나, 혹은 다른 대안적인 방법과의 비교를 통해 제시된 제안이 충분히 가

치가 있음을 설명하는 것이 좋은 방법이 될 수 있다.

5.3 판매종결

판매의 종결은 영업사원이 잠재고객에게 구매 약속을 요청할 때 발생하며, 성공적으로 판매가 종결되었다는 것은 잠재고객으로부터 구매하겠다는 약속을 얻어냈다는 것을 의미한다. 판매의 종결은 잠재고객의 거절로도 이어질 수 있기 때문에 영업사원들이 가장 어려워하는 부분 중의 하나이다. 물론 잠재고객이 먼저 구매의사를 밝히는 경우도 있지만 이는 매우 예외적인 경우이고, 판매의 종결은 당연히 영업사원의 주도로 이루어져야 한다. B2B 영업의 경우에는 판매의 종결에 이르기까지 10회 이상의 방문이 필요할 수도 있지만, B2C에서는 판매종결이 한두 번의 방문을 통해 이루어지기도 한다. 특히 B2C 영업에서는 단기에 판매를 종결하여야 하기 때문에 영업사원들은 가능한 한 조속히 판매를 종결하기 위해 여러 가지 종결기법을 활용하기도 한다. 대표적인 종결기법으로는 대안종결, 요약종결, 추정종결 등을 들 수 있으며, 이러한 종결기법들을 간략히 설명하면 다음과 같다.

① 대안종결(代案終結) : 이는 영업사원이 잠재고객에게 다양한 대안을 연속적으로 제시함으로써 고객 스스로가 선택대안을 줄이면서 의사결정에 이를 수 있도록 하는 방법이다. 예를 들어 연금보험상품의 경우에 영업사원이 잠재고객의 보험료와 연금의 액수를 지속적으로 조절하면서 제시하고, 잠재고객이 이 과정에서 스스로 결론에 이를 수 있도록 하는 것을 들 수 있다.

② 요약종결(要約終結) : 이는 영업사원이 잠재고객이 인정하는 제품이나 서비스의 혜택을 요약해서 언급하면서 고객의 구매 결심을 유도하는 방법이다.

③ 추정종결(推定終結) : 이는 잠재고객이 이미 구입하는 것을 결정한 것으로 추정하고 주문의 구체적인 내용에 대해 질문을 하는 것을 의미한다. 예를 들어 "언제 물건을 보내드릴까요? 내일 오후까지 보내드리면 되겠습니까?", "3박스 정도면 충분하겠습니까?" 등과 같은 질문에 잠재고객이 대답을 하면 판매는 성공적으로 종결된다.

6. 신규고객의 사후관리

판매의 종결로 모든 것이 끝나는 것이 아니라 가치제안에서 약속한 내용들이 충실하게 수행될 수 있도록 사후관리를 철저히 하여야 한다. 공급하는 제품의 품질을 확인하여야 함은 물론, 대금결제나 배송 등이 정확히 수행되었는지를 확인하여야 하고, 필요한 경우에는 장비의 설치, 상품의 진열, 고객사 직원의 교육훈련, 사후 서비스 등이 원활하게 이루어질 수 있도록 함으로써 고객으로부터 불만이 제기되지 않도록 최선을 다하여야 한다. 신규고객에 대한 이러한 사후관리활동은 결국 기존고객의 유지 및 활성화로 이어진다([글 6-2] 참조). 기존고객의 관리에 대해서는 제7장에서 상술한다.

글 6-2 사무기기회사의 사후관리 사례

A사는 국내 유수의 사무기기 제조 판매업체로 A/S에 많은 노력을 기울이고 있다. 내구소비재인 사무기기는 판매 후의 철저한 A/S가 회사의 신뢰를 높이는 데 중요한 역할을 한다. 그러나 A/S는 회사에게나 A/S 기사에게나 여간 골칫거리가 아니었다. 우선 회사로서는 A/S가 수입에 비해서 비용이 많이 드는 업무이기 때문이었다. A/S 업무에 들어가는 비용은 단순히 기사의 인건비뿐만이 아니다. 인건비 외에도 수시로 퇴사하는 A/S 기사들을 양성하고 교육하는 데 많은 비용이 소요된다. 반면에 A/S 수수료는 고객에게 충분히 청구할 수가 없어서 고비용, 저효율 구조가 될 수밖에 없다. A/S 기사들에게도 여러 가지 애로가 발생했다. A/S 요청이 산발적으로 발생되다 보니 실제로 A/S 하는 시간보다 A/S를 위해서 이동하는 시간이 더 많아서 하루종일 녹초가 되도록 일을 해도 처리 건수는 5~6건에 불과했다. 또한 고객사도 불만이기는 마찬가지였다. 복사기는 부서 회의 같은 것이 예정되어 있을 때 집중적으로 사용하게 되는데, 이럴 때 예기치 않은 문제가 많이 일어난다. 이 경우 급하기 때문에 대부분 외부의 문방구에 많은 비용을 지불하고 수리를 받게 되어서 나중에 회사로부터 A/S를 받게 되어도 별로 고마움을 느끼지 않게 되는 것이다. 결국 A/S 업무는 회사, A/S 기사, 고객사 모두가 불만스러워하는 업무 중 하나였다.

이런 골칫거리인 A/S 업무를 개선하기 위해서 여러 가지 방법을 검토한 끝에 A사는 '적극적 방문'의 방식을 도입하게 되었다. 이 회사에서는 A/S 요청 시점에서 해결하는 소극적인 방식을 버리고, A/S 기사가 클레임 여부와는 관계없이 일정한 주기로 고객사를 방문해서 점검하고 조치하는 '유지관리시스템'으로 변경했다. 즉, 상황에 따라서 일주일이나 보름 간격으로 고객사를 방문하고, 약간의 문제만 있어도 즉시 처리하기로 하였다. 고객사와는 유지보수계약을 실비로 체결하였으며, 나중에는 기기에 소요되는 복사용지 및 토너 등 소모품도 공급하게 되어서 일정한 수익모델을 개발하는 성과도 거둘 수 있었다. 또한 A/S 기사들도 사전적인 계획하에 일정지역을 중심으로 방문할 수 있게 됨으로써 하루에 처리하는 업무량이 4~5배나 증가하였고, 이로 인해 업무의 효율성을 크게 향상시킬 수 있었다. 고객사도 조그만 고장이라도 사전에 손보게 되어서 항상 양질의 복사품질을 보장받게 되었으며, 부수적으로 복사기의 수명도 최소 2배 이상 연장되어서 장기적인 예산절감 효과를 거둘 수 있게 되었다.

자료 : 박익춘(2011), 생산성 영업을 실현하는 쓰나미 세일즈, 비비에스마케팅, 76–77.

제2절 잠재고객의 원천

잠재고객의 확보는 앞에서 언급한 바와 같이 구매가능성이 있는 고객들의 리스트를 확보하는 것을 의미한다. 잠재고객은 [그림 6-5]에서와 같이 외부 리스트, 회사 내부의 정보, 기존고객의 소개, 인적 네트워크, 프로모션활동, 임의적 방문 등 다양한 원천으로부터 확보될 수 있다.

그림 6-5 잠재고객의 원천

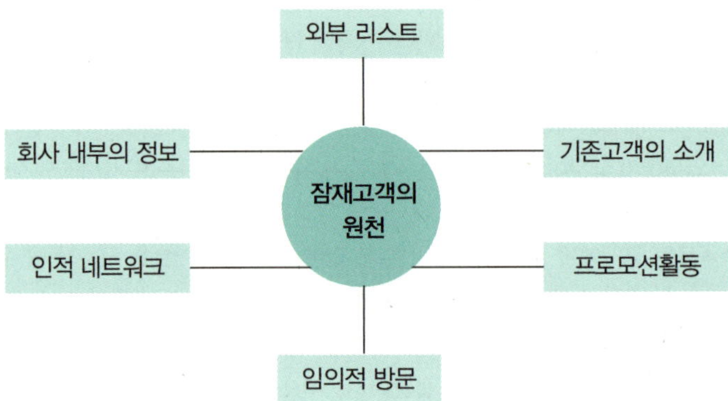

1. 외부 리스트

다른 기업으로부터 양질의 잠재고객 리스트를 공급받을 수 있다면 이는 비용과 시간이 가장 적게 드는 방법이기 때문에 매우 바람직하다고 할 수 있다. B2B 영업을 위한 기업정보는 해당 산업의 협회 회원정보, 기업연감 등의 정부기관 간행물 등 다양한 2차자료를 통해 확보할 수 있다. 이러한 정보들은 대부분 공개된 정보이기 때문에 비교적 용이하게 수집할 수 있으며, 개인정보의 유출과 같은 법률적인 문제가 발생하지 않는다. 그렇지만 개인정보의 경우에는 사정이 많이 다르다. 미국의 경우에는 대부분의 주(州)에서 고객정보를 거래하는 것이 합법화되어 있고, 또한 고객의 리스트를 제공해주는 대형 리스트 편집회사들도 다수 존재하기 때문에 B2C 기업들도 큰 비용부담 없이 조건에 맞는 잠재고객의 리스트를 외부로부터 얼마든지 확보할 수 있다. 하지만 우리나라의 경우에는 개인정보보호법에 의해 고객의 동의가 없이는 고객정보를 타 기업에 제공할 수 없도록 하고 있기 때문에 잠재고객의 리스트를 거래하는 합법적인 시장이 존재하지 않고, 따라서 B2C 영업을 전개하는 기업들이 외부 기업으로부터 잠재고객의 리스트를 공급받는 것은 매우 힘들다. 그러나 예외적인 경우도 있다. 가장 대표적인 경우로 금융지주회사에 포함되어 있는 계열사 간의 고객 리스트 제공을 들 수 있다. 우리나라의 금융지주법은 동일한 금융지주회사에 포함되어 있는 계열사 간의 리스트 제공을 허용하고 있다. 그래서 예를 들어 은행계 카드사의 경우에는 같은 금융지주회사 소속의 은행으로부터 유망 잠재고객의 리스트를 공급받을 수 있다.

2. 회사 내부의 정보

회사 내부의 잠재고객정보로는 대고객 커뮤니케이션 채널을 통해 확보된 잠재고객 정보와 이탈고객 리스트가 있다.

2.1 대고객 커뮤니케이션 채널을 통해 확보된 잠재고객정보

고객센터나 홈페이지 등과 같이 회사가 고객에게 제공하는 커뮤니케이션 채널을 통해서도 잠재고객에 대한 정보를 확보할 수 있다. 고객센터의 경우 불만이나 A/S 요청을 위한 전화뿐만 아니라 제품이나 서비스에 대해 문의를 하기 위한 전화도 걸려온다. 문의를 해오는 고객들은 자사의 제품이나 서비스에 대해 관심을 가지고 있는 사람들이기 때문에 훌륭한 잠재고객이 된다. 또한 자사의 홈페이지에 접속하여 제품이나 서비스를 검색하거나, 여기에서 더 나아가 정보요청이나 문의를 위한 글을 남기는 고객들 또한 가능성이 높은 잠재고객이라고 할 수 있다. 최근에는 페이스북이나 트위터와 같은 SNS(Social Network Service)를 통해서도 많은 수의 잠재고객들과 활발한 커뮤니케이션이 이루어지고 있기 때문에 SNS 또한 잠재고객 확보를 위한 유용한 매체가 될 수 있다.

2.2 이탈고객 리스트

자사의 제품이나 서비스를 사용하다가 이탈한 고객들도 훌륭한 잠재고객이 될 수 있으며, 다양한 업종의 기업들이 이탈고객을 재획득하는 전략을 활용하고 있다([글

6-3] 참조). 특히 통신사, 은행, 카드사, 보험사, 증권사 등은 장기간 동안 거래실적이 없는 고객들의 리스트를 대량으로 보유하고 있기 때문에 이들 고객 가운데 잠재력이 큰 고객들을 선별하여 활용함으로써 영업활동을 활성화시킬 수 있다. 예를 들어, 특히 우리나라의 대형 카드사들은 시장포화 현상이 매우 심한 카드시장에서 타사의 고객을 대상으로 신규고객 창출에 나서기보다는 수백만에 달하는 자사의 이탈고객(혹은 비활성화고객)을 대상으로 이들을 재활성화시키기 위한 전략을 활발히 전개하여 왔다. 그렇지만 금융감독원은 2013년 4월부터 카드사를 대상으로 12개월 동안 실적이 없는 고객에 대해 1달 동안 해당 사실을 고지하고, 고지 이후 3개월 동안의 유예기간에도 실적이 없으면 자동으로 카드를 해지하도록 하고 있으며, 해당 고객이 보유하고 있는 자사의 모든 카드가 해지된 상태이면 그 고객은 자동으로 탈퇴가 되도록 하고 있다. 탈퇴가 된 고객에 대해서는 고객정보를 보유할 수는 있지만 사용할 수는 없다. 이렇게 개인정보에 대한 보호정책이 점차 강화되고 있기 때문에 적어도 금융업종에서는 이탈고객을 대상으로 하는 재획득전략이 더욱 어려워지고 있다.

글 6-3 휴면고객 대상의 신규고객 창출 사례

가전제품 양판점 전자랜드는 2006년에 6개월 또는 1년 이상 구매실적이 없는 '휴면고객'의 재방문을 유도하기 위해 DM(Direct Mail)을 보내기 시작했다. DM은 고객이 전자랜드 매장을 방문하면 사은품이나 가격할인 등 혜택을 준다는 내용을 담고 있었다. 하지만 이런 혜택만으로는 고객이 '차별화된 대우'를 받는다는 생각을 별로 하지 않는다는 사실이 드러났다. 해결책을 찾기 위해 고심하던 전자랜드는 매장 방문 고객의 대부분이 개인 차량을 이용한다는 사실에 주목했다. 그리고 고객들에게 가전제품 할인 이외에 자동차정비서비스를 함께 제공하는 전략을 생각해 냈다. 이러한 전략은 업종 간 고객공유로 시장잠식(cannibalization)이 없고, 공통고객군(30~40대 남성 또는 20~30대 고객)을 쉽게 끌어올 수 있다는 장점이 있었다. 게다가 추가비용 지출도 거의 없었다. 전자랜드는 자동차정비업체인 스피드메이트와 공동 프로모션계약을 맺고, 고객들에게 보내는 DM에 계절을 반영한 다양한 서비스(에어컨 정비, 황사 대비 에어컨 살균 세척, 냉각수 주입)를 추가하여 성공적으로 고객유입을 늘릴 수 있었다. 스피드메이트도 이를 통해 자연스럽게 신규고객 유입 채널을 확보할 수 있었음은 물론이다.

자료 : 문종훈, 문권모(2009), "기존 데이터에서 '숨은 보물' 캐내라," 동아비즈니스리뷰, 31, 34-36.

"내 아이디가 뭐였더라?" 최근 오픈마켓 업체들이 일정기간 동안 구매 기록이 없는 고객들을 대상으로 파격적인 '100원 딜' 행사를 펼치자 소비자들이 잊고 있었던 아이디와 비밀번호를 찾느라 분주하다. 업체들의 휴면고객 '다시 모셔오기' 전략에 소비자들이 크게 반응하고 있는 것이다. 업계에 따르면 터치 한번만으로 쇼핑 채널을 쉽게 바꿀 수 있는 온라인 쇼핑환경에서 잠재고객을 유치하는 것은 이커머스 업체가 주목하는 중요한 과제로 떠올랐다. 2016년 국내 온라인쇼핑 연 거래액은 전년 대비 20.5% 증가한 64조 9,134억원으로 집계됐다. 이렇듯 온라인쇼핑 시장이 날로 커지면서 온라인몰 업체는 가격이나 상품 경쟁력을 넘어 고객 유치 경쟁에 열을 올릴 수밖에 없다. 이에 시행한 것이 웰컴 마케팅이다. 먼저 옥션은 휴면고객 관리를 활성화하는 방안으로 작년 말부터 '오랜만에 뵙는 고객님'이라는 콘셉트로 구매 이력이 1년 이상 된 고객을 대상으로 한 '웰컴백 이벤트(일명, 첫 구매 100원딜)'를 선보이고 있다. 다양한 카테고리의 상품들을 특가에 선보이는 이벤트로, 올 상반기 동안 식품부터 영화관 티켓까지 총 20여 회를 진행했다. 첫 선을 보인 'CGV편'은 'CGV 영화예매 4,000원권' 쿠폰을 3,000개 한정 판매하는 선착순 딜로 오픈 6일만에 완판 기록을 세웠다. 일명 '100원 딜'이라는 콘셉트로 선보이고 있는 100원 이벤트는 반응이 가히 폭발적이다. '버거킹 와퍼주니어세트와 코카콜라 12캔(185ml)'을 100원에 선착순 5,000세트 판매한 이벤트도 모두 오픈 2일만에 마감됐다. 100원에 진행했던 '네슬레 퓨어라이프 생수 20세트(500ml)'도 오픈 이틀 만에 준비수량 5,000세트 중 절반이 팔려나갔다. 옥션 CRM 팀장은 "웰컴백 이벤트를 선보인 올 상반기 동안 1년 이상 휴면고객의 재구매자수가 전년 동기 대비 21% 이상 증가하는 성과를 거둔 만큼, 향후 더욱 차별화된 혜택을 부여하는 데 힘을 쏟을 계획"이라고 말했다. G마켓 역시 구매이력이 1년 이상 된 고객들의 마음을 사로잡기 위해 '웰컴 100원딜'을 작년 9월부터 집중적으로 선보이고 있다. 지난달 28일부터 12일간 파리바게트 5,000원권을 할인쿠폰을 받아 100원에 구매할 수 있는 프로모션의 경우 오픈 7일만에 4,000명이 구매할 정도로 큰 인기를 얻고 있다. 11번가도 신규휴면고객을 대상으로 'CU 편의점 5,000원 이용권', '빽다방 아이스 아메리카노 1+1 교환권' 등을 100원딜로 내놨다.

자료 : 한국스포츠경제, "오픈마켓 '100원 딜'의 특별함…'휴면고객들이 돌아왔다'," 2017년 7월 26일.

'이탈고객 재획득전략(customer winback strategy)'은 거래실적이 전혀 없었던 고객을 획득하는 전략에 비해 훨씬 더 비용효율적인 전략이다. 이와 관련하여 한 연구는 현재 거래관계에 있는 고객을 대상으로 추가적인 판매에 성공할 확률은 60~70%에 이르고, 이탈고객을 대상으로 판매에 성공할 확률은 20~40%에 이르지만, 자사의 제품을 구입한 경험이 없는 고객을 대상으로 판매에 성공할 확률은 5~20%에 불과하다는 것을 보여주고 있다(Thomas et al., 2004).

또 다른 연구도 사례분석을 통해 외부 리스트를 활용해서 새로운 고객을 창출하는 전략의 ROI(Return On Investment)는 23%에 불과한 반면, 이탈고객 재활성화전략의 ROI는 무려 214%에 이름을 보여주고 있다. 이탈고객 재획득전략의 성공적인 수행을 위해서는 고객이 이탈한 시점에서부터 재획득전략이 시행되는 시점까지의 기간을 최소화시키는 것이 가장 중요하다. 왜냐하면 이 기간이 길어질수록 이탈고객과 자사와의 관계는 더욱 소원해지고, 이탈고객과 새로 거래를 시작한 경쟁사와의 관계는 더욱 돈독해지기 때문이다. 한 조사에 의하면 고객이 이탈한 후 일주일 내에 접촉하였을 경우에 재획득에 성공할 확률은 4주째에 접촉하였을 경우의 성공확률에 비해 4배에 이르는 것으로 나타났다(로렌스 한덴, 2001).

이탈고객 재획득전략의 또 하나의 이점은 회사가 이탈고객에 대한 정보를 가지고 있기 때문에 이 정보에 대한 분석을 바탕으로 거래업체를 자주 바꾸는 고객, 신용도가 낮은 고객, 거래규모가 작은 고객 등과 같이 공헌기여도가 낮을 것으로 예상되는 이탈고객을 재획득 대상에서 제외시키고, 다시 거래를 시작하였을 때 회사에 대한 기여도가 높을 것으로 예상되는 이탈고객만을 선별하여 캠페인을 전개할 수 있다는 점이다.

3. 기존고객의 소개

많은 전문가들은 소개나 추천이 잠재고객의 확보를 위한 매우 유력한 수단이며, 만족한 고객들의 소개나 추천은 성공을 뒷받침하는 가장 든든한 버팀목임을 강조하고 있다. 기존고객의 소개나 추천을 촉진시키기 위한 활동은 회사 차원에서의 활동과 영업사원 차원에서의 활동으로 구분될 수 있다.

3.1 회사 차원의 활동

많은 기업들이 기존고객들의 긍정적 구전(word-of-mouth)의 중요성을 인식하고 이를 활성화시키기 위해 '고객추천 보상 프로그램(referral reward program)'을 운영하고 있다. 이 프로그램은 기존고객이 주변 사람에게 특정 제품이나 서비스를 추천하고, 추천을 받은 사람이 구매를 하면 추천을 한 기존고객에게 일정한 보상을 제공하는 프로그램이다. 이 프로그램을 운영하기 위해서 기업은 추천을 받은 잠재고객이 기존고객이거나 이탈고객은 아닌지를 확인할 수 있어야 한다. 그렇지 않으면 신규고객을 확보하려는 노력이 효과를 볼 수 없다. 그래서 고객정보를 체계적으로 축적하고 있지 않은 기업은 이 프로그램을 도입할 수 없다. 이 프로그램은 특히 통신업체, 금융업체, 인터넷업체를 중심으로 활발하게 도입되고 있다.

기업들은 인센티브로 주로 자사의 제품(혹은 서비스)이나 포인트를 제공하는 것이 일반적이다. 왜냐하면 기업의 입장에서는 이 방법이 비용이 가장 적게 들면서 운용하기가 용이할 뿐만 아니라 기존고객들은 이미 자사의 제품이나 서비스에 대해 관심을 가지고 있기 때문이다.

'고객추천 보상 프로그램'을 지속적으로 운용하기 위해서는 추천을 통해 신규고객이 된 고객이 그렇지 않은 고객에 비해 가치가 있는 고객이라는 점을 확신할 수 있어야 한다. 슈미트 등(Schmitt et al., 2011)은 어느 독일 은행의 약 10,000명의 고객에 대한 3년간의 추적 조사를 통해 기존고객의 추천을 통해 구매를 시작한 고객이 그렇지 않은 고객에 비해 가치가 더 높은지의 여부에 대해 연구하였다. 연구결과 추천을 통해 신규고객이 된 고객은 더 높은 공헌마진(contribution margin)을 제공하고, 유지율도 더 높으며, 고객가치도 비슷한 인구통계특성과 거래기간을 가지고 있는 그렇지 않은 고객들에 비해 16%가 더 높은 것으로 나타났다. 이 연구는 한 업종의 한 기업에 국한되어서 이루어졌다는 한계점은 있지만, 기존고객의 추천을 통한 신규고객의 확보가 전략적으로 매우 우수하다는 것을 보여주고 있다.

글 6-4 고객추천 보상 프로그램 사례 : 헬로모바일

CJ헬로비전의 알뜰폰 서비스인 헬로모바일은 고객이 블로그나 소셜네트워킹서비스(SNS)를 통해 주변 지인에게 헬로모바일을 소개하거나 가입자를 유치하면 OK캐쉬백 포인트를 지급하는 '친추플러스' 프로그램을 운영한다고 4일 밝혔다. 친추플러스는 친구의 추천으로 헬로모바일에 가입하면 추천인과 피추천인 모두에게 기본료 10% 할인 혜택을 주는 '친구추천 반값플랜' 상품의 업그레이드 버전이다. 헬로모바일 관계자는 "요금 할인이 아닌 보상(reward) 방식을 택해 고객의 자발적인 참여도를 높였다"고 설명했다. 친추플러스 프로그램을 이용해 OK캐쉬백 포인트를 쌓고 싶은 사용자는 헬로모바일 다이렉트 홈페이지에서 CJ 원(ONE) 아이디로 로그인을 한 다음 OK캐쉬백 인증을 받으면 된다. 이후 사용자는 자신의 블로그나 SNS에 공유한 게시물을 통해 다른 사람이 헬로모바일 다이렉트에 방문한 수 만큼 OK캐쉬백을 받게 된다. 헬로모바일 전략채널팀장은 "친추플러스는 유통단계를 줄여 절감한 마케팅비와 유통비를 고객에게 되돌려주는 프로그램"이라며 "상호 밀접한 관계를 바탕으로 이루어지는 리퍼럴(Referral) 마케팅은 해외에서 이미 검증된 방식"이라고 말했다.

자료 : 조선비즈, "친구에게 CJ 알뜰폰 추천하면 OK캐쉬백 쌓인다," 2016년 10월 4일.

3.2 영업사원 차원의 활동

영업사원의 입장에서 기존고객은 잠재고객의 확보를 위한 매우 훌륭한 원천이 된다. 많은 전문가들은 소개를 통해 확보된 잠재고객을 대상으로 진개되는 영업활동의 성공확률이 그렇지 않은 경우에 비해 훨씬 더 높다는 점을 지적하고 있다. 예를 들어 소개를 통한 영업 성공확률은 임의적 방문(cold call)의 성공확률에 비해 6배에 달하며(Connick, 2013), 주변의 사람들을 많이 소개시켜 주는 충성고객을 통한 계약 성공확률은 거의 100%에 육박한다고 지적하고 있다(김동범, 2004). 또한 소개를 통해 확보된 잠재고객은 그렇지 않은 경우에 비해 훨씬 더 선별된 고객이며, 판매종결까지 걸리는 시간도 훨씬 짧기 때문에 영업활동에 소요되는 비용이 훨씬 더 적고, 또한 그렇게 확보된 고객은 미래에 다시 다른 고객을 소개시켜 줄 가능성이 높다고 지적하고 있다(Farrington, 2013).

소개를 통한 잠재고객의 확보가 매우 중요함에도 불구하고 기존고객의 소개는 일반적으로 그다지 활성화되지 못하고 있다. 이에 대한 가장 중요한 이유로 영업사원이 고객에게 지인을 소개해줄 것을 부탁하지 않는 경향이 있기 때문이라는 점이 지적되고 있다. 이는 소개를 부탁하면 고객이 부담스러워할 수 있고, 이로 인해 그 고객과의 관계가 소원해질 수 있다고 우려하기 때문이다. 따라서 고객에게 고객 자신을 위해서가 아니라 지인을 위해서 소개하는 것이라는 점을 충분히 인식시켜 줌으로써 자연스럽게 소개를 이끌어내는 것이 중요하다. 또한 막연하게 주변의 관심이 있는 지인들을 소개시켜 달라고 하는 것보다는 연령, 직업, 성향 등을 보다 구체화하여 요청하는 것이 훨씬 더 효과가 있는 것으로 알려져 있다. 고객에게 소개를 요청하는 가장 좋은 시점은 고객의 문제를 성공적으로 해결하였을 때이다. 즉, 고객의 문제를 해결한 뒤 주변에 비슷한 문제를 가지고 있는 지인의 소개를 부탁하는 것이 가장 효과적이다. [글 6-5]는 B2C 영업에서의 기존고객을 통한 소개의 중요성을 기술하고 있다.

글 6-5 기존고객의 소개를 통한 잠재고객 확보의 중요성

'한 명의 키맨은 50건 이상의 계약을 낳는다'

기존고객은 영업사원에 대한 충성도에 따라 단순고객, 단골고객, 협력고객, 충성고객, 키맨(key man) 등으로 분류할 수 있다. 소개를 통한 고객 확보방법에서 가장 효과가 큰 방법은 키맨을 활용하는 방법이다. 키맨을 활용한 소개 확보방법은 키맨 세력권 내의 거의 모든 사람들을 고객으로 만드는 방법으로 그 효과는 다른 어떤 소개 루트보다도 강력하다. 키맨을 확보하기 위해서는 설득에 많은 시간과 기술이 필요하지만 일단 확보를 하고 나면 그 성과는 매우 크다. 키맨은 단지 영업사원을 도와주는 입장에 있지만 그 영향력은 막강해서 영업사원 한 사람 몫을 일정기간 동안 충분히 해줄 수 있다. 실제로 대부분의 키맨들이 일정기간 동안 50명 이상을 소개해 주는 경우가 비일비재하다. 지금껏 보아온 자동차 영업사원의 키맨 중에는 자그마치 120대를 소개해 준 사람도 있었다. 생명보험과 손해보험을 합해서 무려 170건, 화장품은 200명 이상을, 정수기 · 연수기 · 비데 등 생활용품은 150명까지 소개해준 사람도 있었다. 키맨을 통한 계약 성공확률은 거의 100%에 육박한다. 이것이 바로 소개마케팅의 위력이다. 소개에 의하지 않고 다른 방법에 의존하여도 비효율적이기는 하지만 그런대로 영업활동을 펼칠 수 있다. 그러나 시간이 지나가면 힘들고 피곤해진다. 왜냐하면 성공확률이 희박해서 능률이 오르지 않기 때문이다. 그러나 소개마케팅은 고객관리만 확실하게 잘한다면 그 효과가 빠르고 지속적으로 나타나 영업에 대해 자긍심을 갖게 해주는, 평생토록 할 수 있는 영업방식이다.

자료 : 김동범(2004), 1사람이 50명의 계약을 낳는 소개마케팅, 다산북스, 154-157 요약.

4. 인적 네트워크

영업사원은 잠재고객의 확보를 위해 자신 혹은 자신이 소속된 회사를 다른 사람에게 추천해줄 수 있는 인적 네트워크(personal network)를 확보하는 방법도 많이 활용하고 있다. 예를 들어 동문회, 협회, 동호회, 봉사모임 등 각종 단체에 참여하여 잠재고객을 소개시켜 주거나 혹은 스스로 잠재고객이 되어 주는 사람들을 만날 수 있다. 특히 우리나라와 같이 인간관계를 중시하는 사회에서는 인적 네트워크의 중요성이 매우 크다. 참여 단체는 오프라인 단체일 수도 있고 온라인 단체일 수도 있다. 그런데 동호회 등과 같은 단체의 구성원 중에는 회원들을 대상으로 영업활동을 하는 것에 대해 부정적으로 생각하는 사람들도 있기 때문에 보다 장기적인 안목을 가지고 회원들이 자신의 문제를 해결하기 위해 스스로 다가올 수 있도록 분위기를 조성하는 것이 중요하다. [글 6-6]은 동호회를 통한 잠재고객 확보 사례를 기술하고 있다.

글 6-6 동호회를 통한 잠재고객 확보 사례

국내 P생명보험에 근무하는 보험영업인 K 씨는 골프 동호회를 세 개나 만들어 동호회 멤버들과 일주일에 세 번 이상 골프를 친다. 골프장 부킹과 회원들에게 연락하는 일은 물론 K 씨가 도맡아 한다. 골프를 치면서 재미있는 이야기를 화제에 올려 그 어떤 영업인보다 고객들과 자주, 그리고 재미있게 커뮤니케이션한다. 그러다 보면 보험 이야기를 하지 않아도 골프 동호회 멤버들이 자연스럽게 자신의 고객이 되고 또한 이들에게 새로운 고객도 자주 소개받는다. K 씨는 골프 동호회를 통해서 영업성과의 60% 이상을 올리고 있다.

자료 : 이성동(2005), 영업달인은 절대 세일즈하지 않는다, 호이테북스, 149-150.

또한 고객을 서로 소개를 시켜주고 소개를 받을 수 있는 업종들 간에는 일종의 네크워크가 형성되기도 한다. 예를 들어 회계법인, 로펌, 세무법인, 은행 등은 자사의 업무 수행을 원활히 하기 위해 보완적인 역할을 할 수 있는 다른 업종의 기업들과의 네트워크를 형성하고 서로 자사의 고객을 소개시켜주는 방식으로 공생관계를 형성하기도 한다.

5. 프로모션활동

기업은 다양한 프로모션활동을 통해서 잠재고객에 대한 정보를 수집할 수 있다. 이러한 프로모션활동은 통상적으로 마케팅부서에 의해 수행된다. 마케팅부서가 다양한 프로모션활동을 통해 잠재고객의 리스트를 확보하고, 이를 영업부서에 공급하여 영업사원이 영업활동에만 몰두할 수 있도록 해줌으로써 영업 생산성의 향상에 기여할 수 있다. 마케팅부서와 영업부서를 별도로 가지고 있는 우리나라의 어느 외국계 생명보험회사의 경우 마케팅부서의 가장 중요한 역할은 직접반응 TV광고를 집행하고, 이를 통해 확보된 잠재고객의 리스트를 영업부서에 전달하는 것이다.

영국의 전략컨설팅회사인 그레이엄 커뮤니케이션(Graham Communication)의 설립자인 그레이엄(John R. Graham)은 잠재고객의 획득과 관련하여 다음과 같이 언급하고 있다. "영업사원은 잠재고객을 발견하는 데 시간을 낭비해서는 안 된다. 잠재고객을 발견해내는 것은 회사가 해야 할 일이지 영업사원이 할 일은 아니다. 만일 영업사원이 일일이 찾아다니면서 잠재고객을 발견해야 한다면 영업사원들은 정작 필요한 판매에는 많은 노력을 기울이지 못하게 될 것이다." 잠재고객의 확보를 위해 이용될 수 있는 프로모션 수단들로 직접반응광고, 제휴마케팅, 퍼블리시티(publicity), 이벤트를 들 수 있다. 여기에서는 각각에 대해 간략히 기술한다.

5.1 직접반응광고

직접반응광고는 제품이나 서비스의 이미지를 전달하려는 광고가 아니라 광고를 보는 사람으로 하여금 문의, 구매, 매장방문 등과 같은 구체적인 행동을 취할 수 있도록 유도하기 위한 목적으로 집행되는 광고이며, 주문이나 문의를 위한 전화번호가 광고 내용 중에 반드시 포함된다. 직접반응광고는 대중매체를 중심으로 이용되는 만큼 많은 소비자를 대상으로 하는 B2C 부문에서 주로 사용된다.

우리나라에는 직접반응광고를 전문적으로 취급하는 광고대행사가 없지만, 미국이나 유럽에는 직접반응광고만을 취급하는 광고대행사가 많이 있으며, 이러한 광고대행사는 광고물의 제작이나 매체의 집행뿐만 아니라 반응해 온 고객들의 정보를 관리하고, 이를 분석하여 CRM전략을 만들어내는 서비스까지 제공하고 있다. 직접반응광고의 효율적인 집행을 위해서는 목표고객에 적합한 매체의 선정, 단순하면서도 매력적인 상품내용의 구성, 고객의 반응에 대한 적절한 인센티브의 제공, 편리한 접촉수단의 제공 등 여러 가지 측면에 대한 전략 수립이 필요하다. 특히 직접반응광고는 단순히 소비자의 주목을 끄는 데 목적이 있는 것이 아니라 문의나 구매와 같은 소비자의 구체적인 행동을 유도하는 데 목적이 있기 때문에 이러한 목적을 달성하기 위해서는 소비자에게 제공할 인센티브(예 : 가격할인, 상품정보의 무료 제공, 사은품이나 경품 등의 제공)를 개발하는 것이 매우 중요하다.

직접반응광고는 보는 사람들이 전화를 거는 등의 구체적인 행동을 할 수 있도록 설득하여야 하기 때문에 많은 정보를 제공하여야 하고, 이에 따라 광고의 길이도 길어지게 된다. 그래서 광고비가 비싼 공중파 방송에서는 직접반응광고가 거의 등장하지 않는다. 최근에는 우리나라에서도 광고비가 상대적으로 저렴한 케이블TV의 보급률이 높아지고, 기업들의 광고의 투자수익률(ROI)에 대한 인식이 높아지면서 직접반응광고가 매우 활발하게 사용되고 있다. 광고를 보고 문의를 해오는 사람들은 대부분 광고에 소개된 제품이나 서비스에 대해 많은 관심을 가지고 있기 때문에 매우 훌륭한 잠재고객이 된다. 특히 금융상품, 건강식품, 탈모치료제 등과 같이 광고를 통해 제품이나 서비스에 대한 상세한 설명이 어려운 경우에는 문의를 권유하는 직접반응광고를 통해 잠재고객의 리스트를 효과적으로 확보할 수 있다. 이렇게 확보된 고객 리스트는 영업조직에 전달되어 영업활동에 사용된다.

직접반응광고는 4대 매체를 중심으로 논의되지만 인터넷에서 정보를 입력한 사람에게 소개 자료를 보내주거나 상담서비스를 제공하는 등의 방식으로 운용되는 배너광고나 웹페이지 등도 넓은 의미의 직접반응광고의 범주에 포함시킬 수 있다. 이 방식을 사용하면 큰 비용을 들이지 않고도 광범위한 시장을 대상으로 잠재고객을 확보할 수 있으며, 특히 인터넷 비즈니스를 하고 있는 기업들이나 네티즌이 자사 고객들의 상당부분을 차지하고 있는 기업들이 유용하게 사용할 수 있다.

5.2 제휴마케팅

타 기업과의 공식적인 제휴를 통해서도 타 기업의 고객을 잠재고객으로 확보할 수 있다. 예를 들어 패밀리레스토랑업체가 통신업체와 제휴를 맺고, 통신업체 고객들 중

일부에게 할인혜택을 제공하는 모바일 쿠폰을 발송하는 것 등이 그 예가 될 수 있다. 이 방법을 활용하면 고객 리스트의 허가받지 않은 사용에 따른 프라이버시 침해의 문제를 예방할 수 있다. 왜냐하면, 예를 들어 A라는 기업이 B라는 기업과 제휴를 맺고 B기업의 고객을 대상으로 자사의 제품이나 서비스를 판매하는 캠페인을 전개한다고 할 때, B기업 고객과의 커뮤니케이션은 A기업이 아니라 B기업에 의해 이루어지기 때문이다. 캠페인이 집행되는 과정에서 B기업의 고객들 가운데 A기업의 제품이나 서비스를 구입하였거나, 혹은 A기업에 의한 접근을 명시적으로 허용한 고객들에 대해서는 A기업이 연락을 취할 수 있다. 제휴마케팅은 제휴업체의 규모가 큰 경우에는 잠재고객을 대량으로 확보할 수 있는 좋은 기회가 된다. 하지만 제휴를 통한 잠재고객 확보가 효과적으로 이루어지기 위해서는 무엇보다 제휴 이전에 제휴업체 고객의 특성이 자사 고객의 특성과 일치하는가를 면밀히 검토하는 것이 중요하다. 왜냐하면 고객의 특성이 상이하면 제휴업체의 고객을 자사의 신규고객으로 전환시키도 힘들고, 신규고객이 된다고 하더라도 거래관계가 오래 지속되지 않을 가능성이 크기 때문이다.

글 6-7 제휴마케팅 사례 : SK텔레콤

SK텔레콤은 고객에게 차별화된 멤버십 서비스를 제공하기 위해 VIP와 GOLD 등급의 T멤버십 할인 한도를 없애는 등 파격적인 혜택을 제공하는 '무한멤버십' 프로모션을 론칭하였다. '무한멤버십'은 기존 T멤버십 고객을 대상으로 별도의 신청 절차 없이 자동으로 적용되고, 고객들은 롯데월드 · 메가박스 · CGV · 미스터피자 · CU · VIPS · 뚜레쥬르 등 국내에서 가장 많은 약 250여 개 T멤버십 제휴처에서 할인 혜택을 누릴 수 있다. 또한, 'T가족혜택'을 신청한 가족구성원들은 멤버십 할인한도를 공유 혜택도 누릴 수 있다. SK텔레콤은 무한멤버십 프로모션 론칭을 기념해 다양한 이벤트도 진행하였다. 인기 제휴처인 VIPS 신메뉴를 기존 할인 혜택에 1만 원 추가 할인 혜택을 더해 이용할 수 있고, 롯데월드 2인 입장권을 70% 할인된 가격인 2만 8천 원에 구매할 수 있다. 아울러 T멤버십 모바일카드를 발급받는 고객에게는 추첨을 통해 4월 30일까지 영화예매권 1천 매를 제공하였다. 더불어 격주로 운영되는 '무한핫딜'을 통해서는 최고 90%까지 할인된 상품을 응모 형태로 구매할 수 있다.

자료 : SK Insight, "SK텔레콤 '무한멤버십'으로 T멤버십 한도 무제한으로 누린다!," 2014년 3월 19일.

5.3 퍼블리시티

퍼블리시티(publicity)는 기업의 홍보(弘報, public relations)활동의 일환으로 신문이나 TV 등의 대중매체에 자사에 대한 기사가 보도될 수 있도록 하는 활동을 의미한다. 퍼블리시티는 대중매체를 이용한다는 측면에서는 광고와 같지만 광고와 달리 언론사에 돈을 지불하지 않는다. 그렇지만 퍼블리시티를 전개함에 있어서 비용이 전혀 들지 않는 것은 아니다. 기사는 기자의 이름으로 보도되지만, 대부분 기업이 작성하여 언론사에 제공하여야 하기 때문에 기사 작성이나 기자 섭외 등에 어느 정도의 비용이 소요된다. 신문이나 TV를 보는 사람들은 광고주가 그 내용을 결정하는 광고에 비해 언론사가 그 내용을 결정하는 기사가 훨씬 더 객관적이라고 생각하기 때문에 퍼블리시티는 전달하고자 하는 내용에 대한 신뢰성을 확부하는 데 매우 효과적이다. 기자는 제공받은 기사를 보고 보도할 만한 가치가 있는지, 과장되거나 거짓된 부분이 없는지 등을 검토한다. 따라서 기업이 퍼블리시티를 보다 적극적으로 활용하기 위해서는 사실에 근거하고 있으면서도 화제성 있는 이슈를 만들어낼 수 있어야 한다. 예를 들어 획기적인 제품이나 기술의 개발, 주목을 받을 만한 마케팅활동 등이 실제로 이루어져야 퍼블리시티가 활성화될 수 있다. 이러한 기사를 보고 관심을 갖고 연락을 해오는 기업이나 사람들은 기업의 입장에서는 가능성이 높은 훌륭한 잠재고객이 될 수 있다. 퍼블리시티는 특히 실력은 있지만 광고 등을 통해 자사 제품을 적극적으로 알릴 수 있을 만한 자금력은 확보하고 있지 못한 중소기업에게 매우 효율적인 잠재고객 확보수단이 될 수 있다.

5.4 이벤트

B2B의 경우에는 트레이드쇼, 컨벤션, 세미나 등의 이벤트에 참여하거나 개최함으로써 제품을 설명하는 기회를 갖고, 여기에 참여한 사람들로부터 명함을 받거나 혹은 그들을 대상으로 간략한 설문조사를 실시하여 잠재고객의 리스트를 확보하는 방법이 많이 활용되고 있다. B2C의 경우도 이벤트 행사 등을 개최하여 잠재고객의 리스트를 확보할 수 있나. 우리나라의 한 손해보험회사는 성기적(대규모 행사 연 6회, 소규모 행사 월 1~2회)으로 손해보험 상품들을 소개하는 행사를 개최하여 소비자들의 내방을 유도하고, 자사의 보험설계사가 내방한 사람들을 대상으로 현장에서 계약을 체결하는 한편, 잠재고객의 리스트도 확보할 수 있도록 하고 있다.

6. 임의적 방문

임의적 방문(cold call 혹은 canvassing)은 사전 약속 없이 자사의 제품이나 서비스에 관심을 있을 만한 소비자나 회사를 방문하는 것을 의미한다. 이 방법은 과거에는 신용카드, 학습지, 화장품 등의 분야에서 광범위하게 사용되었지만 지금은 사무실 출입을 제한하는 회사들이 늘어나고 낯선 사람의 출입을 꺼리는 경향이 강해지면서 그 사용빈도가 많이 줄어들었다. 그렇지만 사무용품, 보험, 화장품, 건강식품 등과 같이 매우 보편적으로 사용되는 제품의 경우에는 이 방법이 아직도 상당히 광범위하게 사용되고 있다.

제 3 절 신규고객 창출활동의 평가

1. 평가의 개요

신규고객 창출활동은 수익성이 있는 신규고객을 얼마나 많이 또한 얼마나 비용효율적으로 창출하였는가를 기준으로 평가될 수 있다. 즉, 창출된 신규고객의 수, 신규고객 1인당 창출비용, 신규고객 1인당 고객가치 등이 신규고객 창출활동의 평가를 위한 기초자료가 된다. 신규고객의 창출은 확보된 잠재고객을 기반으로 이루어지기 때문에 신규고객 창출비용은 [그림 6-6]에서와 같이 잠재고객을 확보하는 데 소요되는 비용과 잠재고객을 신규고객으로 전환하는 데 소요되는 비용으로 나누어진다. 따라서 신규고객 1인당 창출비용은 다음의 식과 같이 나타낼 수 있다.

$$\text{신규고객 1인당 창출비용} = \frac{\text{잠재고객 확보비용} + \text{전환비용}}{\text{창출된 신규고객의 수}}$$

그림 6-6 신규고객 획득비용

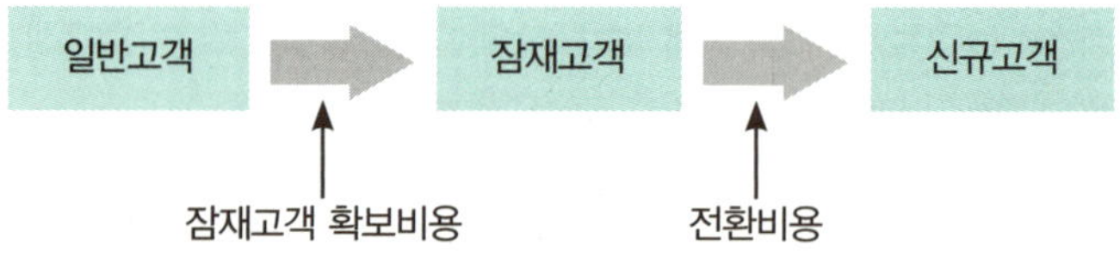

잠재고객 확보비용은 잠재고객의 원천에 따라 크게 차이가 난다. 고객센터에 문의한 고객이나 이탈고객의 리스트와 같이 회사 내부의 정보를 활용하는 경우에는 비용이 거의 들지 않지만, 직접반응광고 등과 같은 대중매체를 사용하는 경우에는 많은 비용이 소요된다. 또한 기존고객이나 인적 네트워크를 통해 잠재고객을 소개받는 경우에는 소개에 따른 별도의 인센티브를 지불하지는 않지만 평소에 기존고객이나 인적 네크워크를 잘 관리하여야 하기 때문에 정확하게 산정하기는 어렵더라도 상당한 정도의 비용이 소요된다. 또한 제휴마케팅과 같은 경우에는 제휴기업의 고객을 잠재고객으로 활용하는 것이기 때문에 잠재고객 확보비용이 별도로 소요되는 것은 아니지만, 일반적인 캠페인에 비해 보다 더 많은 인센티브를 제휴기업 고객들에게 제공하여야 하기 때문에 전환비용은 더 많이 소요된다고 할 수 있다.

전환비용은 확보된 잠재고객으로 하여금 최초의 구매를 하도록 유도하는 데 소요되는 비용을 의미한다. B2B의 경우와 보험이나 자동차와 같은 일부 B2C 부문에서는 신규고객화가 영업사원에 의한 인적 커뮤니케이션에 의해 이루어지기 때문에 전환비용이 상당히 높다고 할 수 있다. B2C 부문에서는 영업조직보다는 주로 마케팅캠페인을 통해 잠재고객을 신규고객으로 전환시키는 노력을 기울인다. 이 경우에는 주로 DM, TM, 이메일, SMS 등 대량으로 메시지를 발송할 수 있는 매체들이 활용된다. 신규고객으로 전환된 잠재고객의 비율을 전환율(conversion rate)이라고 하며, 이를 신규고객 창출의 효율을 나타내는 지표로 별도로 관리하기도 한다. 전환율은 다음과 같은 식으로 나타낼 수 있다.

$$\text{전환율} = \frac{\text{잠재고객 가운데 구매를 한 고객의 수}}{\text{잠재고객의 수}}$$

신규고객의 가치는 주로 수익성을 의미한다. 그런데 CRM에서는 고객의 지속적인 관리를 전제로 하기 때문에 신규고객의 가치는 최초의 구입액을 기준으로 평가하는 것이 아니라 장기적인 관점에서 3~5년을 기준으로 판단하는 것이 일반적이다. 즉, 신규고객의 가치는 고객평생가치(customer lifetime value)의 관점에서 평가하게 된다.

2. 평가의 예

잠재고객을 확보하는 방법이나 잠재고객을 신규고객으로 전환시키는 방법들이 다양하기 때문에 신규고객을 창출하는 활동도 매우 다양하게 전개될 수 있다. 여기에서는 대중매체를 이용한 직접반응광고를 통해 잠재고객을 확보하고, 발신TM을 활용하여 잠재고객을 신규고객으로 전환시킨 한 금융회사의 가상적인 예를 활용하여 신규고객 창출활동이 어떻게 평가될 수 있는지에 대해 기술한다. 평가를 위한 가정은 다음과 같다.

① 광고에 게시된 전화번호를 이용하여 전화하면 금융상품에 대한 자료를 무료로 보내준다는 직접반응광고캠페인을 10억 원의 예산을 들여 집행하여 10,000명의 잠재고객을 확보하였음.

② 10,000명의 잠재고객을 대상으로 무료자료의 우송 및 발신TM을 실행하였으며, 이 가운데 5,000명이 금융상품을 구매하였음. 무료자료 및 발신TM에 2억 원의 예산이 소요되었음.

③ 고객의 평균적인 구매액은 연간 약 30만 원이며 모든 제반비용은 연간 약 20만 원임. 따라서 신규고객 1인당 수익은 연간 약 10만 원임.

④ 연간 고객이탈률은 약 20%이며, 이자율은 0%임.

이러한 가정을 기반으로 신규고객 창출활동에 대한 평가를 하면 [표 6-2]와 같이 나타낼 수 있다. 잠재고객의 확보를 위한 직접반응광고 캠페인과 잠재고객의 신규고객으로의 전환을 위한 발신TM 캠페인이 이루어진 첫해에는 7억 원의 순손실이 발생하였지만, 둘째 해에는 누적 순손실이 3억 원으로 줄어들었고, 세 번째 해부터는 누적 순수익이 플러스가 되었으며, 그 후로는 급속히 상승하고 있음을 보여주고 있다. 즉, 이 예에서 신규고객 창출활동이 단기적인 관점에서는 바람직하지 않지만, 5년 정도의 장기적인 관점에서는 수익성이 상당히 높은 것으로 평가할 수 있다.

표 6-2 | 신규고객 창출활동에 대한 평가의 가상 예

항목	Year 1	Year 2	Year 3	Year 4	Year 5
신규고객의 수	5,000명	4,000명	3,200명	2,560명	2,048명
이탈률	20%	20%	20%	20%	20%
1인당 평균구매액	30만 원	30만 원	30만 원	30만 원	30만 원
1인당 평균비용	20만 원	20만 원	20만 원	20만 원	20만 원
1인당 평균수익	10만 원	10만 원	10만 원	10만 원	10만 원
총운영수익	5억 원	4억 원	3.2억 원	2.56억 원	2.48억 원
잠재고객 확보비용	10억 원	–	–	–	–
전환비용	2억 원	–	–	–	–
순수익	−7억 원	4억 원	3.2억 원	2.56억 원	2.48억 원
누적 순수익	−7억 원	−3억 원	0.2억 원	2.76억 원	5.24억 원
누적 ROI*	−58.3%	−25.0%	1.7%	23.0%	43.7%

* 누적 ROI = [누적 순수익 ÷ (잠재고객 확보비용 + 전환비용)] × 100

참고문헌

- 김기영(2002), 한국을 뒤흔든 세일즈 마케터, 시대의 창, 134–137.
- 김동범(2004), 1사람이 50명의 계약을 낳는 소개마케팅, 다산북스, 154–157.
- 김현식(2006), "고객추천행동 촉진을 위한 인센티브 연구 : 성과보상과 비용보조를 중심으로," 경영학연구, 35(1), 1–19.
- 김형수, 김영걸, 박찬욱(2009), CRM : 전략의 원리와 응용, 사이텍미디어, 제5장.
- 류강석(2004), "고객추천 보상프로그램이 소비자의 추천의도에 미치는 영향 : 보상유형, 고객–브랜드 관계의 질, 제품사용지위의 역할을 중심으로," 마케팅연구, 19(3), 179–196.
- 문종훈, 문권모(2009), "기존 데이터에서 '숨은 보물' 캐내라," 동아비즈니스리뷰, 31, 34–36.
- 박익춘(2011), 생산성 영업을 실현하는 쓰나미 세일즈, 비비에스마케팅, 76–77.
- 박찬욱(1999), 금융기관의 데이터베이스마케팅, 시그마인사이트그룹, 315.
- 이성동(2005), 영업달인은 절대 세일즈하지 않는다, 호이테북스, 149–150.
- 로렌스 한덴(2001), "수익 중심의 고객관계 형성," in 프라이스워터하우스쿠퍼스, 세계 최고 기업들의 CRM 전략, 번역서, 북21, 33–47.
- 조선비즈, "친구에게 CJ 알뜰폰 추천하면 OK캐쉬백 쌓인다," 2016년 10월 4일.
- 한국스포츠경제, "오픈마켓 '100원 딜'의 특별함…'휴면고객들이 돌아왔다'," 2017년 7월 26일.
- SK Insight, "SK텔레콤 '무한멤버십'으로 T멤버십 한도 무제한으로 누린다!," 2014년 3월 19일.
- Baran, Roger J., Robert J. Galka and Daniel P. Strunk(2008), *Principles of Customer Relationship Management*, Thomson, 400–401.
- Boles, James S., Hiram C. Barksdale Jr., and Julie T. Johnson(1997), "Business relationships : An examination of the effects of buyer–salesperson relationships on customer retention and willingness to refer and recommend," *Journal of Business & Industrial Marketing*, 12(3/4), 253–263.
- Buttle, Francis(2009), *Customer Relationship Management : Concepts and Technologies*, 2nd ed., Butterworth–Heinemann, 227–253.

- Connic, Wendy, "How to get referrals and how they can boost your sales," http://sales.com/od/salesbasics, 2013년 5월 22일 검색.
- Farrington, Jonathan, "Thoughts about referral based selling," http://ivytechpartners.com/index.php/articles/lead-generation-a, 2013년 5월 22일 검색.
- Kumar, V. and Werner Reinartz(2012), *Customer Relationship Management : Concepts, Strategy, and Tools*, 2nd ed., Springer, 91-92.
- Kumar, V., J. Andrew Pertersen, and Robert P. Leone(2007), "How valuable is word of mouth?," *Harvard Business Review*, 85(10), 139-146.
- Schmitt, Philipp, Bernd Skiera, and Christophe Van den Bulte(2011), "Referral program and customer value," *Journal of Marketing*, 75(1), 46-59.
- Thomas, Jacquelyn S., Robert C. Blattberg, and Edward J. Fox(2004), "Recapturing lost customers," *Journal of Marketing Research*, 41(1), 31-45.

CHAPTER 07

기존고객의 관리

기존고객의 관리는 CRM의 가장 중요한 주제이며 목적이라고 할 수 있다. 기존고객의 관리가 중요해지는 것은 시장의 포화와 경쟁의 심화로 신규고객의 확보가 어려워지고 있기 때문이다. 또한 고객들 간의 매출기여도가 크게 차이가 난다는 점도 기존고객 관리의 중요성을 증가시키는 요인이 되고 있다. 기존고객의 관리를 위한 활동은 기존고객의 유지를 위한 활동과 기존고객의 활성화를 위한 활동으로 구분될 수 있다. 로열티 프로그램의 운영, 이탈방지캠페인의 전개, 맞춤서비스의 제공 등은 기존고객의 유지를 위한 활동이고, 교차판매, 상향판매, 고객의 소개활동 활성화, 고객 커뮤니티의 활성화 등은 기존고객의 활성화를 위한 활동이다. 본장에서는 기존고객 관리의 의미와 중요성, 기존고객의 유지와 활성화, 관리 대상 기존고객의 선별, 기존고객 관리활동의 효과 측정, 신규고객 확보활동과 기존고객 관리활동의 배분 등에 대해 기술한다. 기존고객 관리에서 중요한 위치를 점하고 있는 로열티 프로그램에 대해서는 다음 장에서 상세히 기술한다.

제1절 기존고객 관리의 의미와 중요성

기존고객의 관리는 기존고객과의 관계를 유지하고 활성화시키는 활동을 의미한다. 기존고객의 유지 및 활성화는 회사의 매출과 수익의 증가에 결정적인 역할을 하며, 기존고객의 관리 소홀로 인한 고객불만의 증가나 고객이탈은 회사에 파괴적인 영향을 가져올 수 있다. 기존의 많은 연구들은 기존고객의 관리가 다음과 같은 중요성을 지니고 있음을 지적하고 있다.

① 기존고객의 이탈률을 5% 줄이면 업종에 따라 회사의 이윤은 35%에서 95%까지 증가한다.

② 평균적인 회사의 매출 중 65% 정도가 만족한 기존고객을 통해 이루어진다.

③ 불만족한 고객들의 10% 미만만이 자신이 느낀 불만을 호소하기 위해 해당 회사에 연락을 취한다. 그렇지만 불만족한 고객의 91%는 절대로 그 회사의 물건을 다시 구입하지 않으며, 최소한 9명에게 자신이 겪은 불쾌감을 얘기한다.

④ 신규고객의 창출을 통한 판매에 비해 기존고객의 유지 및 활성화를 통한 판매는 비용이 덜 들기 때문에 수익성의 차원에서 훨씬 유리하다. 신규고객을 획득하는 데 소요되는 비용은 기존고객에게 서비스하는 비용의 5배에 달한다([글 7-1] 참조).

글 7-1 TARP사의 신규고객 창출비용과 기존고객 유지비용의 비교

미국의 조사회사인 TARP(Technical Assistance Research Programs)는 한 자동차회사를 대상으로 광고를 이용하여 신규고객을 창출하는 데 소요되는 비용과 고객불만관리를 통해 기존고객을 유지하는 비용을 비교하였다. 전체 광고비를 판매 자동차의 수로 나눈 금액은 375달러였는데, 판매의 50% 정도가 기존고객의 재구매를 통해 이루어지는 점을 감안하면 신규고객의 창출비용은 750달러(375달러×2)가 된다. 고객불평관리를 통한 기존고객 유지에 소요되는 비용은 1인당 150달러였다. 이러한 계산에 따라 신규고객을 창출하는 비용은 기존고객을 유지하는 비용에 비해 5배(750달러 : 150달러)가 더 소요된다는 결론이 나온다.

자료 : Goodman, John(1999), "Basic facts on customer compliant behavior and the impact of service on the bottom line," TARP Report.

기존고객 관리의 중요성이 증가하고 있는 가장 주된 이유는 시장이 포화되고 경쟁이 심화되고 있기 때문이다. 이러한 두 개의 조건이 형성되면 신규고객의 확보를 위해서는 대부분 타사 고객의 이탈을 유도하여야 하기 때문에 마케팅비용이 많이 들고, 따라서 비용적인 측면에서 신규고객의 확보보다는 기존고객의 관리를 통해 고객을 유지하고 활성화시키는 것이 보다 유리해진다. 우리나라의 경우에도 대부분의 산업에서 시장포화와 경쟁심화라는 시장환경이 조성되고 있기 때문에 기존고객 관리의 중요성은 점점 더 커지고 있다.

그런데 기존고객의 관리는 그 중요성이 강조되고 있음에도 불구하고 신규고객의 확보에 비해 상대적으로 소외되고 있는 부문이다. 여기에는 여러 가지 이유가 있지만 특히 CRM활동을 실행하는 조직에 대한 성과평가나 보상체계와 관련이 있다. 고객과의 접점을 담당하는 영업사원들의 경우 자신이 받는 보상이 판매성과에 따른 인센티브(커미션 및 보너스)에 크게 의존하고 있기 때문에 기존고객의 관리가 인센티브와 직결되어 있지 않으면 회사의 기대와는 달리 기존고객의 관리에는 소홀하고 신규고객의 확보에만 매진하는 경향을 보인다. 보험회사, 통신회사, 카드사 등과 같이 계약상품의 경우에는 이러한 현상이 더욱 두드러지게 나타난다.

예를 들어 보험회사는 판매에 대한 커미션을 보험가입 초기 2년에 집중적으로 지급하고 있기 때문에 설계사의 입장에서는 가입 2년이 지난 고객에 대한 관리가 수입차원에서는 의미가 없어서 관리에 소홀해지게 된다. 만일 보상체계가 100% 커미션으로만 구성되어 있는 경우라면 보험 영업사원의 입장에서는 이탈하지 않고 계속 보험료를 잘 내고 있는 고객보다는 2년마다 해지한 후에 다시 가입하는 고객이 훨씬 많은 소득을 가져다준다. 그렇지만 보험사의 입장에서는 해지하지 않고 지속적으로 보험료를 납부해주는 고객이 훨씬 더 바람직하다. 카드사가 카드모집인을 통해 신규고객을 확보하는 경우에도 이러한 경향이 나타난다. 즉, 카드모집인에 대한 인센티브는 주로 발급 카드수에 비례하여 지급되기 때문에 이들은 고객의 유지나 활성화에 관심을 기울일 필요가 없다. 이처럼 영업사원이 기존고객을 소홀하게 관리하는 경우가 발생하기 때문에 신규고객 확보는 영업사원이 담당하지만 기존고객의 관리는 본사의 지원부서에서 담당하는 예들도 볼 수 있다.

그러나 영업사원이 고객과의 접점을 담당하고 있기 때문에 기존고객에 대한 관리도 영업사원의 주도로 이루어지는 것이 이론적으로는 물론 현실적으로도 타당하다. 왜냐하면 고객과의 직접적인 접점을 갖고 있지 않은 지원부서의 직원이 고객을 관리하는 데는 명확한 한계가 있기 때문이다. 영업사원이 신규고객의 확보는 물론 기존고객의 관리에도 진력할 수 있도록 하기 위해서는 고객유지율이나 교차판매율 등을 성과지표에 포함시키고, 이를 보상과 연계시킴으로써 회사의 목표와 영업사원의 목표가 같은 방향으로 갈 수 있도록 도모하는 것이 바람직하다.

기존고객 관리활동의 체계적인 전개를 위해서는 다음과 같은 세 가지 사항들에 대한 결정이 이루어져야 한다.

① 어떠한 활동을 할 것인가?

② 누구를 대상으로 할 것인가?

③ 그 효과는 어떻게 측정할 것인가?

기존고객 관리활동은 크게 기존고객 유지와 기존고객 활성화로 나누어진다. 본장에서는 제2절에서 '기존고객의 유지'에 대해 기술하고 제3절에서 '기존고객의 활성화'에 대해 기술한다. 제4절에서는 '관리 대상 기존고객의 선별'에 대해 기술하고, 제5절에서는 '기존고객 관리활동의 효과 측정'에 대해 기술한다. 마지막으로 제6절에서는 '신규고객 확보활동과 기존고객 관리활동의 배분'에 대해 기술한다.

제2절 기존고객의 유지

기존고객의 유지는 '기존고객의 이탈을 방지하는 것'이라고 정의될 수 있다. 기존고객의 유지활동은 고객관리활동의 가장 중추가 되는 활동이다. 이는 앞에서 언급한 바와 기존고객의 관리를 통하여 재구매를 유도하는 데 소요되는 비용이 신규고객 한 명을 확보하는 데 드는 비용에 비해 월씬 적고, 또한 이탈률을 낮춤으로써 기업의 수익률을 획기적으로 증가시킬 수 있기 때문이다([글 7-2] 참조). 기존고객 유지활동은 기존고객의 존속기간(longevity)을 늘려주는 것이 그 핵심적인 내용을 이룬다. [그림 7-1]에서와 같이 존속기간이 2, 3, 4, 5년으로 증가함에 따라 유지율이 급격히 증가하기 때문에 신규고객의 확보에 소요되는 비용을 절감할 수 있을 뿐만 아니라, 안정적인 관계를 바탕으로 향후에 교차판매나 상향판매와 같은 고객 활성화를 위한 기반을 마련하는 데도 유리하다.

그림 7-1 고객존속기간과 고객유지율과의 관계

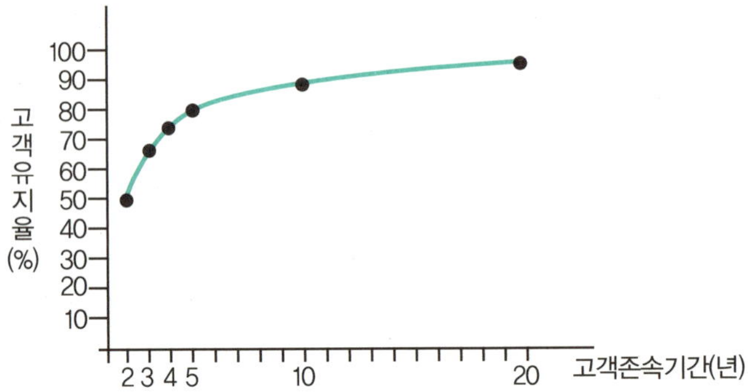

자료 : Reichheld, Frederick F.(1999), *The Loyalty Effect, The Hidden Force Behind Growth, Profits, and Lasting Value*, Harvard Business School Press, 53.

글 7-2 일본 제약회사의 기존고객 유지 사례

일본의 규슈 구마모토현에 위치한 사이슌칸제약(再春館製薬所)은 기초화장품과 한방약을 제조하여 판매하는 회사로 종업원수는 약 1,000명에 이른다. 이 회사는 전형적인 직접반응광고에 의한 영업방식을 채택하고 있다. 먼저 TV나 라디오 같은 대중매체를 활용한 광고를 통해 사람들이 상품에 대한 관심을 갖게 하고, 광고를 보고 전화나 인터넷으로 문의하는 잠재고객에게 '무료 샘플 세트'를 보내서 사용해 보도록 한다. 이렇게 확보된 잠재고객을 대상으로 첫 구매를 유도하고, 첫 구매한 고객이 지속적으로 구매할 수 있도록 하는 것이 이 회사의 영업방식이다.

이 회사에는 외근직 영업사원은 없으며, 400명 이상의 모든 영업사원들이 사내의 콜센터에서 근무하고 있다. 이들은 칸막이가 없는 넓은 공간의 사무실에 비치된 부채꼴 모양의 책상에서 근무하고 있으며, 모두가 파트타임이 아닌 정규직원의 신분이다. 이들은 회사에서 오퍼레이터가 아니라 고객을 기쁘게 한다는 뜻의 '고객 플리저(pleaser)'라고 불린다. 고객 플리저는 샘플팀, 육성팀, 회원팀으로 나누어져 고객관리를 하고 있다. 샘플팀의 역할은 샘플을 받은 고객이 첫 구매를 할 때까지를 관리하는 것으로, 적당한 시기에 고객에게 전화를 걸어 첫 구입을 권유하는 역할을 담당한다. 육성팀은 첫 구매를 한 고객에게 두 번째 및 세 번째 구입을 권유하는 역할을 맡는다. 그리고 회원팀은 세 번 이상 구매한 반복구매 고객을 '회원'으로 관리한다. 샘플을 사용해본 사람의 25%가 첫 구매를 하였으며, 첫 구매를 한 사람의 재구매확률은 약 60%, 두 번 구매한 사람의 재구매확률은 약 75%, 세 번째 구매한 사람의 재구매확률은 약 80%, 8번 이상 구매한 사람의 재구매확률은 약 90%로 구매횟수가 늘어날수록 재구매율이 높아진다. 이 회사는 판매액의 증대를 위해서는 두 번째 및 세 번째의 구매율을 높여야 한다고 판단하고 육성팀의 활동에 주목했다. 육성팀은 첫 구매 후 2~ 3개월이 경과하면 판매를 목적으로 고객에게 전화를 걸었다. 이는 상품 구입 후 내용물이 떨어질 때까지의 기간을 2개월로 가정하고 그 시기에 접촉하는 것이 효과적이라고 보았기 때문이다. 이때 고객이 상품을 구입하지 않으면 2개월 후에 다시 전화를 걸어 구매를 권유하였다.

2002년에 들어 성장이 둔화되면서 위기감을 갖게 된 이 회사는 지금까지 실행해 온 영업방식에 어떠한 변화가 있어야 하는지에 대한 검토를 하기 시작하였다. 고객정보에 대한 분석을 실행하는 과정에서 1년간 지속적으로 이용한 고객의 재구매율이 매우 높음을 발견하였다. 즉, 지금까지 구매 횟수를 기준으로 고객을 관리하였던 것에서 고객의 1년 유지율을 경영지표로 삼는 변화를 시도하였다. 이러한 변화를 통해 1년 후에는 고객유지율을 현재보다 5% 끌어올리는 것을 목표로 하였다. 구체적으로 어떠한 변화를 도입해야 하는지를 모색하기 위해 1년 이내에 이탈한 고객을 대상으로 다른 브랜드로 옮겨간 이유에 대해 조사하였다. 그 결과 제품의 효과적인 사용방법이나 제품의 기능에 대한 정보가 제대로 전달되지 않아서 타사 제품과의 차별성을 그다지 느끼지 못하는 것이 주된 원인인 것으로 나타났다. 이러한 분석 결과를 바탕으로 첫 구매를 한 고객에게 첫 전화를 거는 시기가 2~3개월이 경과한 시점이 아닌 10~15일 후로 변경되었다. 또한 전화를 거는 목적에도 변화가 있었다. 전화를 거는 목적이 과거에는 구입을 권유하는 것이었지만, 지금은 구입을 권유하는 것이 아니라 제품에 대한 문의에 응답하고 상담하는 것으로 바뀌었다. 또한 지속적인 구매를 유도하기 위해서는 고객들이 사용하는 동안 열심히 관리하려는 열정이 식어버리는 현상을 극복하는 것이 중요했기 때문에 45~60일 사이에 다시 전화를 걸고 있다.

이러한 변화를 정착시키기 위해 고객 플리저를 대상으로 하는 4가지 행동지침이 만들어졌다. 첫째, 고객의 마음을 열기 위해 고객의 고민을 고객의 관점에서 이해한다. 둘째, 고객의 고민에 대해 정확한 조언을 한다. 고객 한 사람 한 사람의 고민에 따라 자사 제품과 타사 제품의 기능 차이를 설명한다. 셋째, 제품의 효과를 설명하고 나서 반드시 올바른 사용법과 용량을 제시해 제품의 효과를 실감할 수 있도록 한다. 넷째, 메이크업 제품은 판매하고 있지 않지만, 고객의 피부 고민을 해결해 주기 위해 메이크업에 의한 피부자극 대처법이나 클렌징방법, 피부에 좋은 생활습관 등 상품과 직접 관련이 없는 부분에 대해서도 적극적으로 조언한다. 이러한 활동의 결과로 판매를 위한 아웃바운드 콜은 없어지고, 고객의 주문전화로 구매가 이루어지는 인바운드 콜이 대부분을 차지하게 되었다. 고객의 유지를 위한 변화관리는 큰 성과를 가져왔다. 변화를 실행한 지 1년 후의 고객유지율은 목표했던 대로 약 5%가 향상되었으며, 이를 통해 연간 약 12억 엔 정도의 판매액 증가가 예상되었다.

자료 : 스기타 히로아키(2009), 보스턴컨설팅그룹의 영업테크닉, 비즈니스맵, 번역서, 61-80.

글 7-3 증권사의 사후관리 사례 : 미래에셋증권

고객이 가입한 펀드가 미리 설정해 놓은 수익률을 달성하면 휴대폰 문자 메시지로 알려준다. 증권사는 고객이 펀드를 제때 환매할 수 있어 수익률을 높일 수 있다고 설명했다. 미래에셋증권 온라인마케팅팀 팀장은 '미리 설정해놓은 수익률에 도달했을 때 고객에게 바로 즉석에서 SMS가 전송되므로 외부에서도 편안하게 펀드를 관리할 수 있는 장점이 있으며, 인터넷을 통해 미리 원하는 매매가격과 수량 등의 정보를 설정해놓으면 조건이 충족되었을 때 이렇게 문자메시지가 온다' 설명했다. 연결버튼을 누르면 주문까지 가능한 이 서비스는 출시 2일만에 100여 명이 넘는 고객들이 신청했다. 증권사들이 이처럼 사후관리 마케팅을 강화하는 것은 신생 증권사들이 대거 등장하면서 수수료 인하 경쟁이 심해졌기 때문이다. 수수료가 내려갈 만큼 내려간 이상 '신규고객 유치'보다 '기존고객 유지'에 더 신경을 쓰게 되었다.

자료 : 머니투데이, "증권사 '고객 지키기' 마케팅 열전," 2010년 7월 13일.

높은 고객유지율의 달성을 위해서는 이에 상응하는 높은 수준의 고객만족도를 달성하는 것이 중요하기 때문에 고객만족도를 제고시키기 위한 모든 기업활동이 고객유지를 위한 활동이 된다고 할 수 있다. 따라서 예를 들어 제품 및 서비스품질의 개선, 생산성 향상을 통한 경쟁력 있는 가격의 제시, 이미지 차별화를 위한 광고캠페인의 전개, 편리한 쇼핑환경 조성을 위한 판매채널의 다각화 등 제품, 가격, 프로모션, 유통 등의 4P 변수를 활용한 모든 마케팅활동은 곧 고객유지율 제고를 위한 활동이라고 할 수 있다. 여기에서는 이러한 활동 가운데 고객의 개별적인 니즈의 충족을 위해 이루어지는 활동, 고객과의 일대일 커뮤니케이션을 통해 이루어지는 활동, 이탈방지를 주목적으로 이루어지는 활동 등을 중심으로 기술한다.

1. 로열티 프로그램의 운영

고객유지는 고객의 로열티(충성도)를 나타내는 가장 주요한 지표 중의 하나이며, 따라서 기업에서 운영하는 모든 로열티 프로그램은 고객유지를 위한 중요한 도구가 된다. 로열티 프로그램에 대해서는 제8장에서 상술하였기 때문에 여기에서는 간략히 기술한다.

기업의 로열티 프로그램은 우수고객우대 프로그램과 마일리지 프로그램으로 나누어진다. 우수고객우대 프로그램은 회사에 대한 기여도가 큰 고객을 우수고객으로 선정하고, 이들만을 대상으로 배타적인 서비스를 제공하는 프로그램을 의미한다. 마일리지 프로그램은 고객들의 반복적인 구매를 증진시키기 위해 다양한 형태의 인센티브를 제공하는 일련의 활동을 의미한다. 우수고객우대 프로그램이 소수의 우수고객을 대상으로 하는 프로그램인 반면에 마일리지 프로그램은 대다수의 고객을 대상으로 전개되는 프로그램이라는 점에서 차이가 있다.

우리 주변에는 다양한 형태의 마일리지 프로그램이 운영되고 있다. 소규모의 음식점, 커피전문점, 제빵제과점 등에서는 해당 점포에서만 적용되는 스탬프 기반의 단골

고객 프로그램이 운용되기도 하고, 항공사의 마일리지 프로그램, 백화점이나 대형마트와 같은 대형 유통업체의 멤버십 프로그램, 이동통신사의 멤버십 프로그램 등도 모두 마일리지 프로그램이다. 또한 OK캐쉬백과 같이 많은 대규모 기업들이 참여하는 연합포인트제도도 활성화되어 있다. 로열티 프로그램이 회사에 대한 진정한 로열티를 형성하는 데 도움이 되는가에 대해서는 논란이 있지만, 로열티 프로그램은 구매실적을 기준으로 인센티브를 제공하기 때문에 고객의 전환비용을 증가시킴으로써 이탈을 완화시키는 역할을 한다는 것은 확실하다고 할 수 있다.

2. 이탈방지캠페인의 전개

고객유지를 위해서는 고객이탈이 줄어야 하기 때문에 많은 B2C 기업들은 고객들의 이탈을 방지하기 위한 캠페인을 전개한다. 포화된 시장에서의 마켓리더의 경우에는 특히 고객의 이탈을 방지하는 것이 가장 중요한 CRM전략이 된다. 왜냐하면 마켓리더를 제외한 모든 경쟁업체들의 입장에서는 가장 많은 고객을 보유하고 있는 마켓리더로부터 고객을 탈취해오는 것이 가장 주된 시장점유율 확대전략이 되기 때문이다. 이탈을 방지하기 위한 캠페인을 전개하기 위해서는 캠페인의 대상, 제안(offer), 커뮤니케이션방법 등의 세 가지 사항에 대한 의사결정이 이루어져야 한다. 이 가운데 성공적인 캠페인의 전개를 위해서는 무엇보다 이탈을 방지할 가치가 있는 세분시장을 선정하는 것이 가장 중요하다. 이를 위해 필요한 분석은 고객의 구매잠재력에 대한 분석과 이탈가능성에 대한 분석이다. 즉, [그림 7-2]에서와 같이 구매잠재력도 높으면서 동시에 이탈가능성도 높은 세분시장이 이탈방지캠페인의 대상이 된다.

구매잠재력의 지표로는 제5장에 기술한 고객평생가치나 제10장에서 기술한 RFM 점수 등이 사용될 수 있다. 이탈가능성이 높은 고객을 선별하기 위해서는 이탈가능성 예측모델을 구축하여 사용한다. 방법론적으로 보면 이탈가능성 예측모델은 이탈한 고객들과 그렇지 않은 고객들을 구분할 수 있는 변수들을 중심으로 구축되는데, 그러한 변수들을 찾기 위해서는 제10장에서 기술한 로지스틱 회귀분석, 판별분석, 신경망모델 등과 같은 분석기법들이 사용된다. 고객들의 구매잠재력과 이탈가능성 지수가 산출되면 고객들을 4개의 세분시장(구매잠재력도 높고 이탈가능성도 높은 세분시장, 구매잠재력은 높고 이탈가능성은 낮은 세분시장, 구매잠재력은 낮고 이탈가능성은 높은 세분시장, 구매잠재력도 낮고 이탈가능성도 낮은 세분시장)으로 구분할 수

그림 7-2 이탈방지캠페인의 대상고객군의 선정

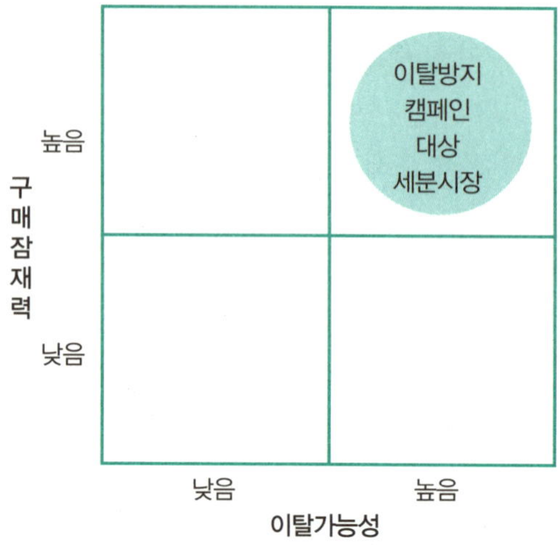

있고, 이 가운데 구매잠재력도 높고 이탈가능성도 높은 세분시장이 이탈방지캠페인의 대상이 된다. 이러한 방식의 이탈방지캠페인 대상고객의 선별은 특히 금융, 통신, 유통 등 대규모의 고객데이터베이스를 보유하고 있는 B2C 부문에서 활발히 사용되고 있다. 그렇지만 이탈방지 대상고객이 반드시 복잡한 분석을 통해서만 추출될 수 있는 것은 아니다. 이탈을 예견할 수 있는 특정 변수가 발견되면 그 변수 하나만을 기준으로 대상고객을 추출하여도 훌륭한 이탈방지캠페인을 전개할 수 있다([글 7-4] 참조). 캠페인의 대상이 되는 고객들이 선별되면 이들을 대상으로 DM, TM, 이메일 등 다양한 커뮤니케이션 채널을 활용하여 가격할인기회나 부가서비스 등을 인센티브로 제공하는 캠페인을 전개한다.

글 7-4 단일변수에 의한 이탈방지캠페인 대상고객의 선정 사례

백만 명이 넘는 가입자를 가지고 있는 미국의 무선인터넷회사인 소닉 와이어리스(Sonic Wireless)는 높은 서비스품질을 자랑한다. 이 회사의 월 고객이탈률은 2%이다. 이 회사의 경영진은 한 달에 3번 이상 서비스지원부서에 전화를 걸어 온 고객들이 60일 이내에 이탈할 확률은 그렇지 않은 고객에 비해 4배나 높다는 것을 발견하였다. 이러한 발견을 바탕으로 이 회사는 한 달에 3번 이상 전화를 걸어온 고객들을 대상으로 이탈을 방지하기 위한 캠페인을 실시하였으며, 그 결과 월 이탈률을 2%에서 1.8%로 감소시킬 수 있었다. 월 0.2%는 연간 2.4%로 가입자의 수가 약 100만 명인 점을 감안하면 이탈방지캠페인으로 인해 이탈고객이 연 24,000명 감소한다는 것을 의미한다. 고객 1인당 공헌수익이 약 30달러이고, 고객 유지기간이 평균 40개월 정도이기 때문에 고객 1인당 평생가치는 약 1,000달러 정도이다. 따라서 이탈방지캠페인을 통해서 매년 2,400만 달러의 고객평생가치의 증가가 이루어지고 있는 셈이 된다.

자료 : Hawkins, Trace(2010), "Retain customer and win : How a comprehensive churn management approach improves margins," North Highland White Paper.

3. 회사의 업무 프로세스 · 제도의 개선

고객이 이탈하는 원인은 매우 다양하고 따라서 이를 해결할 수 있는 방안도 매우 다양하다. 해결방안이 신제품의 개발이나 장비의 도입 등과 같이 대규모 투자와 오랜 준비기간을 요하는 경우도 있지만, 그렇지 않고 회사 업무 프로세스의 변화나 제도의 개선 등과 같이 큰 비용적인 부담 없이 회사의 의지나 결정에 의해 조속히 이루어질 수 있는 부분도 있다. 예를 들어 우수고객들이 이탈하는 주요한 원인 중의 하나가 회사가 신규고객을 창출하는 과정에서 우수고객들을 역차별하기 때문이라고 한다면 회사는 업무 프로세스를 변경하여 신규고객 창출을 위한 캠페인을 실행하기 이전에 신규고객에게 제공할 혜택을 우수고객에게 미리 제공하는 방식을 채택할 수 있다. 또한 고객이탈의 원인이 임직원에 대한 성과평가나 보상체계 등과 같은 관리제도의 변경을 통해서 해결될 수 있다면 그러한 제도 변경을 실행하는 것은 조직구성원들의 큰 저항이 없다면 매우 비용효율적인 방안이 될 수 있다([글 7-5] 참조).

글 7-5 제도의 개선을 통한 이탈방지 사례

데일리트리뷴(The Daily Tribune)은 약 백만 명의 독자를 가지고 있는 미국의 지역신문사이다. 최근까지 이 신문사는 고객으로부터 배달이 번번이 늦어서 더 이상 구독하지 않겠다는 연락이 오면 사과하는 내용을 담은 이메일을 보내는 한편, 몇 주 동안 공짜로 신문을 볼 수 있는 혜택을 제공하였다. 이런 정책을 몇 년 동안 실행하고 있었는데, 한 의욕이 넘치는 젊은 중견간부가 고객데이터를 분석하여 "1년 동안 최소한 2번 이상 지연배달로 인한 할인혜택을 받은 고객이 전체고객의 50%에 이른다"고 지적했다. 지연배달로 인한 할인 관행이 매출에 미치는 영향은 실로 어마어마하게 큰 것이었으며, 더욱 충격적인 사실은 3번째 할인혜택을 받은 고객은 거의 신문구독을 갱신하지 않고 영원히 떠나버린다는 것이었다. 이러한 발견을 바탕으로 고객서비스관리팀은 배달과정을 조사하여 배달이 지연되는 이유는 보급소의 관리소장이 배달차량 운전자에게 오전 7시 30분 이전에는 도저히 배달을 완료할 수 없을 정도로 많은 수의 신문을 배정하기 때문이라는 것을 알아냈다. 또한 관리소장이 운전자에게 과도하게 신문을 배정하는 것은 자신에 대한 보상체계가 정시배달이 아니라 배달차량 1대당 배달신문 숫자에 치우쳐 있기 때문이라는 점도 알아냈다. 이 신문사는 관리소장에 대한 보상체계를 배달숫자에서 정시배달로 바꾸는 것만으로 지연배달의 문제를 해결할 수 있었으며, 그 결과 연간 수백만 달러를 절약할 수 있었다.

자료 : Hawkins, Trace(2010), "Retain customer and win : How a comprehensive churn management approach improves margins," North Highland White Paper.

4. 해지방어 전담팀의 운영

신문, 잡지, 학습지, 유·무선통신, 케이블TV, 보험, 카드, 렌트정수기 등 일정기간 동안의 계약을 바탕으로 거래가 이루어지는 업종에서는 고객의 명시적인 의사표시에 의해 계약의 해지가 이루어질 수 있고, 계약이 해지되면 고객의 이탈이 발생한 것이 된다. 이러한 업종에서는 고객이 계약 해지를 위해 연락을 해오는 순간이 기업으로서는 이탈을 방지할 수 있는 매우 중요한 순간이다.

해지를 효과적으로 방어하기 위한 가장 좋은 방법은 해지를 위한 채널을 최대한 단일화하고, 여기에 전담 상담요원을 배치하여 충분한 상담이 이루어지도록 하는 것이다. 고객들이 해지를 하겠다고 하는 이유는 매우 다양하지만 어쩔 수 없는 이유(이사, 이민, 사망, 졸업 등)가 아니라면 대부분은 불쾌한 경험을 하였다거나 제품이나 서비스에 대해 만족하지 못하였기 때문이다. 따라서 고객의 마음을 돌려 거래를 지속하도록 만드는 것은 매우 힘든 일이다. 상담원은 우선 경청을 통해 해지의 이유를 정확하게 파악할 수 있어야 하고, 미봉책이 아닌 고객이 가지고 있는 불만이나 문제를 근원적으로 해결시켜 줄 수 있는 방안을 제시할 수 있어야 한다. 즉, 상담원은 어떻게 해서든 해지만은 막으려는 생각을 갖기보다는 영업사원의 입장에서 새롭게 제품이나 서비스를 판매한다는 생각을 가지고 상담에 임하는 것이 바람직하다.

이러한 방식으로 상담에 임하여야 비록 해지방지에는 실패하더라도 고객에게 더 나쁜 감정을 갖지 않게 할 수 있고, 또한 고객이 해지하려는 이유를 정확하게 파악하여 향후에는 같은 일이 반복되지 않도록 조치를 취할 수 있다. 일부 기업들은 해지절차를 복잡하고 불편하며 불리하게 해놓음으로써 해지가 원천적으로 쉽지 않게 하기도 한다. 이러한 행동은 일시적으로는 효과를 볼 수 있지만 고객의 불만을 가중시킬 수 있으며, 공정거래 위반으로 주무 관청의 제재를 받을 수도 있다. 이러한 점에 유념하여 기업들은 해지절차를 간소화하고 편리하게 하면서도 적극적으로 해지를 방어할 수 있는 정교한 전략을 마련하여야 한다(제14장 참조).

글 7-6 우수고객 역차별 및 해지방어 전담팀 사례

"얼마까지 할인 혜택을 알아보셨어요?" 주부 A(45) 씨는 휴대폰 대리점에서 듣던 소리를 이동통신사 인터넷서비스 고객센터 상담원에게 들었다. A 씨의 "인터넷을 해지하고 싶다"는 말에 상담원이 A 씨가 기존에 사용했던 상품가격에서 10% 할인된 가격을 제시했다. A 씨는 "해지하려 했지만 이것저것 핑계를 대면서 해지를 지연시키거나 상품권을 제시해 그냥 유지하기로 했다"고 말했다. 작년 12월 6일 방송통신위원회는 전체회의를 열고 이용자의 초고속인터넷 · 결합상품 서비스 이용계약 해지 요청을 위 사례처럼 거부 · 지연해 이용자 이익을 침해한 이동통신 4사(SK텔레콤, KT, LG유플러스, SK브로드밴드)에 시정명령을 내리고 총 9억 400만 원의 과징금도 부과했다. 당시 총 위반건수 1,205건 중 878건(73%)을 기록해 위반정도가 심한 LG유플러스의 경우 8억 원의 과징금을 부과받았다. 그러나 시정명령을 받은지 한 달이 지난 지금도 인터넷 결합상품 서비스 '해지방어' 행위로 피해를 호소하는 이용자들은 여전한 것으로 나타났다. 해지방어는 통신 이용자의 약정이 만료되기 전 다른 사업자로 이동하는 것을 할인 혜택이나 상품권 제공으로 막는 행위를 말한다. 지난해 소비자고발센터에 제보된 해지지연 관련 소비자 불만 사례는 466건이다. 하지만 실제 피해자 수는 최소 2~3배로 보고 있다. 업계 관계자는 "제보 방법을 모르는 고령층 이용자들을 합치면 족히 현재 사례의 2~3배는 넘을 것"이라고 말했다.

해지방어 행위로 인해 다른 이용자가 차별을 느끼는 일도 생긴다. 회사원 B(29) 씨는 "나는 10년 충성고객인데 아무 혜택도 없었다"며 "그런데 친구가 해지 요청 전화 한 통으로 20만 원짜리 상품권을 챙기는 것을 보고 황당했다"고 말했다. 해지방어를 악용하는 사례도 있다. 휴대폰 전문 커뮤니티 '뽐뿌'의 한 게시자는 "해지방어 후기를 알려주겠다"면서 "이런 식으로 하면 족히 20만 원어치 상품권을 얻을 수 있다"고 해지방어 행위 악용 방법을 게재했다. 게시자는 "처음부터 강하게 나가야 해지방어팀이 거의 바로 연락이 온다"며 "해지방어팀은 '상품권이고 뭐고 줄테니 해지만 하지 말라'고 했다. 일 년 후 똑같은 방법으로 상품권을 얻어내 승리하겠다"고 했다. 글에는 동조하는 댓글이 수십 개 이상 달리며 악용 사례를 퍼나르기 바빴다. 해지방어팀은 계약을 해지하려는 이용자를 막기 위해 이동사별로 조직된 팀이다. 문제는 해지방어 행위가 지나쳐 악용 사례가 나와도 어쩔 수 없다는 점이다. 업계 관계자는 "계약 해지를 막기 위해 '어떤 방법이든 써라'가 회사의 방침이니 악용을 당해도 어쩔 수 없는 상황"이라고 말했다.

자료 : 조선비즈, "'2년 더 쓰면 현금줍니다' …철퇴 맞아도 '여전'한 통신사 '해지방어'," 2018년 1월 19일.

5. 맞춤서비스의 제공

'고객의 개별적인 니즈에 부합하는 개별화된 제품이나 서비스를 제공하는 것'을 의미하는 '맞춤(커스터마이제이션)'은 고객의 니즈를 충족시킴으로써 고객유지율을 제고시킬 수 있는 매우 유용한 수단이다. 서비스 분야에서는 생산과 소비가 동시에 이루어지는 특성이 있기 때문에 제조업에 비해 맞춤이 보다 더 활발히 이루어지고 있다([글 7-7], [글 7-8] 참조). 제조업 분야에서도 공급업체가 제품설계의 단계부터 참여하거나 부분적인 맞춤제작이나 대량생산된 부품의 맞춤조립 등을 통해 고객이 원하는 상품을 제공하기 위해 노력하고 있다. 이에 대해서는 제3장 제1절에서 상술하였다.

글 7-7 호텔의 맞춤서비스

1898년 프랑스 파리에서 설립되어 현재는 미국 조지아주 애틀랜타에 본사를 두고 있는 리츠칼튼 호텔은 전 세계에 약 40개의 체인을 가지고 있다. 이 호텔은 상위 5%의 고객을 목표시장으로 하여 최상의 개별화서비스를 제공하고 있는 것으로 유명하며, 호텔로서는 유일하게 미국 상공부가 수여하는 최고 권위의 말콤 볼드리지상(Malcolm Baldrige National Quality Award)을 2차례(1992년 및 1999년)에 걸쳐 수상하였다.

이 호텔의 주요 전략 중의 하나는 고객유지율을 100%를 달성하는 것이며, 이를 실현하는 가장 주된 수단으로 '고객인지 프로그램(customer recognition program)'을 운영하고 있다. 이 프로그램은 두 개의 정보시스템(COVIA과 Encore)에 기반하고 있다. COVIA는 본사에서 관리하는 전 세계의 예약시스템이며, Encore는 각 개별 호텔에서 예약을 기록하고 고객들의 선호를 관리하는 지역시스템이다. 고객이 어느 지역의 호텔에 예약을 하면 호텔의 고객인지관리자(guest recognition manager)는 COVIA로 고객선호 파일을 요청하여 Encore 시스템에 다운로드할 수 있다. 이때 개별호텔은 일정액의 수수료를 본사에 지불한다. 고객인지관리자는 매일 아침의 회의를 통해 예약고객에 대한 정보를 층별 책임자, 객실관리자, 식음료부관리자 등의 관계자들에게 제공한다. 이러한 시스템을 통해 고객에 대한 정보를 전달받은 모든 직원은 고객의 선호에 부합하는 서비스를 능동적으로 제공하기 위해 노력한다. 예를 들어 객실 유형, 침대 유형, 베개의 유형 및 숫자, 음료수나 크리넥스와 같은 소모품, 장식품 등은 물론 음식에 대한 취향, 모닝콜 시간, 운동종목과 시간, 회의장 유형 및 장비 등에 대해 고객이 일일이 요청하지 않아도 확보된 정보를 바탕으로 준비하여 제공한다. 종업원은 관찰이나 대화를 통해 새로이 파악된 고객의 선호에 대한 정보를 항상 소지하고 다니는 고객선호수첩(guest preference pads)에 기록한다. 여기에는 베개를 어떻게 사용하는지, 시계는 어디에 두는지 등과 같은 매우 사소한 것까지도 기록하고, 이를 층별 책임자에게 제출한다. 층별 책임자는 이를 취합하여 다시 고객인지관리자에게 제출하며, 고객인지관리자는 Encore에 입력하는데 이 정보는

COVIA에도 전송되어 전 세계의 체인에서 공유할 수 있게 된다. 이러한 고객인지 프로그램을 통해 고객들의 만족도를 제고시키고, 높아진 고객만족도가 높은 고객유지율로 이어질 수 있도록 도모하고 있다.

자료 : 오준석(2010), "The Ritz-Carlton case : 'We are ladies and gentlemen serving ladies and gentlemen'," 專門經營人硏究, 13(1), 1-19; 나눔자리, 리츠칼튼호텔의 고객지향전략, 2008년 4월 21일, http://blog.naver.com/su12192000/80050994806

글 7-8 의료기관의 맞춤서비스

700병상급 종합병원에서 의료 CRM시스템을 도입할 경우 연간 수억 원의 수익증대 효과가 발생하는 것으로 나타났다. 21일 병원계 및 의료정보업계에 따르면 주5일제 도입을 계기로 병원마다 신규환자 유치와 기존고객 관리를 위한 방안으로 CRM 도입에 높은 관심을 보이고 있다.

현재 각 병의원에 도입되고 있는 CRM은 의료기관을 방문한 환자들의 데이터를 수집하고 이를 세분화해 진료 전·후 고객의 상황에 맞춰 환자들에게 난계적으로 신료정보를 제공하는 시스템이다. 이를 통해 병원들은 기존환자들의 재진을 유도하는 것은 물론 예약부도율을 낮추는 효과를 톡톡히 보고 있는 것으로 알려졌다. 실제 의료CRM 전문업체인 에콜벨소프트가 자사의 솔루션을 도입한 모종합병원(700병상)의 효과를 분석한 자료에 따르면 이 시스템을 도입한 지 6개월이 지나면서 예약부도율이 도입 전후를 기점으로 5%가량 감소했다. 초진환자의 재방문율은 도입 전 29%에서 41%로 늘었고, 신규환자수 역시 도입 전 11%에서 17%로 증가했다. 고객들의 상담건수도 CRM 도입 전 한 달 평균 121건에서 시스템 구축 이후에는 324건으로 대폭 늘어났고, 환자들의 불만신고는 도입 전 월 16건에서 7건으로 절반수준으로 떨어졌다. 이를 통해 이 병원은 CRM시스템 도입 이후 연간 3억 4,000만 원의 수익증대효과를 얻은 것으로 분석됐다. 이처럼 CRM 도입 효과가 뚜렷이 나타나자 올해 초 대형 의료정보화사업을 발주한 한림대의료원, 연세의료원, 건국대의료원 등 주요 대학병원들이 CRM시스템 도입을 결정한 바 있다.

뿐만 아니라 중소병원과 개원가, 특히 전문클리닉을 중심으로 CRM 도입이 빠르게 확대되고 있는 것으로 나타났다. 에코벨소프트는 올해 들어 세송병원과 부산의 프라임병원 등 중소병원은 물론 안과, 피부과, 한의원 등 개원가에 자사의 CRM 솔루션을 공급하는 실적을 올렸다. 의료정보 전문업체인 유비케어 역시 병의원 전용 CRM 솔루션인 '엔케어'를 1,000여 개 의원에 공급했다. 에코벨소프트의 한 관계자는 "최근 들어 중소병원을 중심으로 CRM시스템 도입 문의가 부쩍 늘어나고 있다"며 "특히 개원가에서도 전문 클리닉을 중심으로 이 솔루션에 높은 관심을 보이고 있다"고 말했다.

자료 : 데일리메디, "종합병원 CRM 도입시 '年 수억원' 수익증대," 2004년 7월 21일, http://www.dailymedi.com

6. 인간적 유대의 강화

고객유지를 위해서는 로열티 프로그램, 이탈방지 캠페인의 전개, 맞춤서비스의 제공 등 고객에게 혜택을 부여할 수 있는 프로그램을 운영하는 것도 중요하지만, 그에 못지않게 중요한 것으로 고객과의 인간적인 유대 강화를 들 수 있다. B2C 부문에서는 물론 B2B의 경우에도 결국 비즈니스에 대한 결정은 사람에 의해 이루어지기 때문에 고객들과의 인간적인 측면에서의 접촉은 매우 중요하다. 고객과의 접촉과정에서 '거래를 해주어서 감사하다'는 점과 '당신이 우리 회사를 지탱하게 해주는 매우 중요한 인물'이라는 점을 강조하는 것이 중요하다([글 7-9] 참조). 또한 인간적 유대의 강화는 비업무적인 사회적 관계의 강화를 통해서도 이루어진다. 특히 영업사원이 고객과 대면접촉하는 경우에 영업사원은 고객과 친구나 친지와 같은 관계를 형성함으로써 고객이 자신과 회사에 대해 강한 로열티를 갖도록 도모할 수 있다([글 7-9] 참조).

글 7-9 **인간적 유대 강화를 통한 고객유지전략 사례**

한 회사가 '신나는 금요일'이라 불리는 고객유지 프로그램을 시작했다. 매월 어떤 주의 금요일이 '신나는 금요일'로 지정되었다. '신나는 금요일'에 모든 직원들은 자기에게 할당된 고객에게 전화하기 위해서 그들이 하던 일을 멈춘다. 전화하는 데 할당된 시간은 10분이었다. 목표는 적어도 1년에 한 번 전화로 모든 고객을 만나는 것이다. 고객과의 대화는 그들이 어떻게 지내고 있는지, 어떤 특별한 요구가 있는지 질문하고, 그들의 거래에 매우 고마워하고 있다는 것을 고객들에게 알리는 기회이다. '신나는 금요일'에 직원들은 캐주얼한 옷을 입는 것이 허용되며 아침식사를 제공받고 참가상을 받을 자격이 주어진다. 회사대표로부터 우편담당 직원에 이르기까지 모든 사람이 '신나는 금요일'에는 고객에게 전화하는 데 참여한다.

자료 : 일레인 해리스(2012), 고객가치를 높이는 고객서비스 전략, 번역서, 시스마북스, 257–258.

제 3 절 기존고객의 활성화

신규고객의 확보가 타인과의 관계를 지인(知人)의 관계로 이끄는 활동이고, 기존고객의 유지가 지인의 관계를 친구의 관계로 이끄는 활동이라고 하면, 기존고객의 활성화는 친구의 관계를 더 심화시켜 동반자(partner)의 관계로 이끄는 활동이라고 할 수 있다. 동반자 관계의 형성을 위해서는 고객과의 관계가 양적으로 확대되어야 함은 물론 질적으로도 심화되어야 한다. 고객관계의 양적 확대는 고객과의 연결고리의 숫자를 확대해 나가는 것을 의미하며, 고객관계의 질적 심화는 하나하나의 연결고리가 보다 더 심도 있게 이루어질 수 있도록 도모하는 것을 의미한다. 기존고객의 활성화를 위한 활동에는 교차판매, 상향판매, 고객참여 유도, 고객의 소개활동 활성화, 고객 커뮤니티의 활성화 등이 포함된다.

1. 교차판매

교차판매(cross-selling)는 이미 판매한 제품이나 서비스와 관련이 있는 제품이나 서비스를 추가적으로 판매하는 것을 의미하며, 이를 통해 고객과의 관계를 양적으로 확대시켜주는 역할을 수행한다. 미국의 온라인 소매유통기업인 미국의 아마존(Amazon)은 창업 이후 한동안은 책만 취급하였지만, 수익다각화를 위해 책 이외에 CD, DVD 등을 팔기 시작하여 현재는 종합 온라인쇼핑몰로서의 면모를 갖추고 있으며, 이를 기반으로 교차판매활동을 활발하게 전개하고 있다. 교차판매는 두 가지 측면에서 중요한 의미를 지닌다.

첫째, 신규고객의 확보에 비해 판매에 소요되는 비용이 훨씬 적을 뿐만 아니라, 이미 형성된 관계를 바탕으로 하기 때문에 판매가 보다 수월하다. 그래서 신규고객 대상의 판매에 비해 수익률이 높다.

둘째, 고객관계의 연결고리가 늘어날수록 고객의 이탈확률이 급격하게 감소한다. 예를 들어 미국 대리점 보험협회는 10년에 걸쳐 실시한 연구를 통해 가입한 보험상품의 수가 1개에서 2개로 증가할 때 유지율은 40% 증가하고, 2개에서 3개로 증가할 때에는 유지율이 무려 90% 증가함을 보고하고 있다. 미국에서 실시된 또 다른 조사에서도 1개의 보험상품에 가입한 고객의 연간 실효율(失效率)은 10.4%의 높은 수준인 데 반하여, 가입상품의 수가 2개, 3개, 4개로 증가함에 따라 실효율이 6.9%, 3.3%, 2.4%로 대폭 낮아지는 것으로 나타났다. 이탈율 감소가 가져다주는 많은 이익을 감안하면 교차판매는 단순한 판매증진 이상의 큰 이점을 지니고 있음을 알 수 있다. 교차판매에는 이러한 이점들이 있기 때문에 많은 기업들이 교차판매의 활성화를 위해 노력하고 있다([글 7-10] 참조).

글 7-10 보유제품 수와 이탈률과의 관계 사례

콕스커뮤니케이션즈(Cox Communications)는 2003년을 기준으로 미국 전역에 600만 명의 고객을 가지고 있는 미국 내에서 업계 5위 정도의 케이블방송사이다. 콕스커뮤니케이션즈의 서비스영역은 매우 넓어서 가정용 케이블방송서비스를 기본으로 전화, 인터넷, 디지털비디오, 음성데이터 통합서비스 등을 제공하고 있다. 그런데 콕스커뮤니케이션즈는 기존고객의 자료를 분석하여 두 개 이상의 서비스를 이용하고 있는 고객들의 이탈률이 하나의 서비스만을 이용하고 있는 고객들의 이탈률보다 낮다는 사실을 발견했다([그림 7-3] 참조). 즉, 하나의 서비스를 이용할 때에 비해 2개의 서비스를 이용하면 이탈률이 3분의 2 수준으로 떨어졌고, 3개의 서비스를 이용하면 절반 이하의 수준으로 떨어졌다. 복합서비스가 고객들을 묶어 놓고 있었던 것이다. 이러한 점에 주목하여 콕스커뮤니케이션즈는 자사의 서비스를 두 개 이상 상품으로 구성된 번들(bundle)로 판매하는 데 역점을 두고 있다.

그림 7-3 콕스커뮤니케이션즈 고객들의 보유제품수에 따른 이탈률

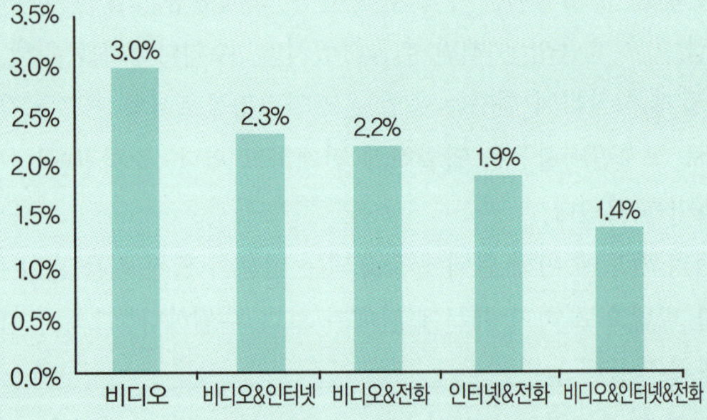

자료 : 서닐 굽타, 도날드 레흐만(2006), 당신의 고객을 업그레이드 하라, 번역서, 럭스미디어, 86–88.

교차판매는 주로 캠페인과 같이 기업이 주도가 되는 커뮤니케이션활동을 통해서 이루어지는 것이 일반적이지만 업무를 위해 영업점에 내방한 고객이나 문의나 불만 표출 등을 위해 고객센터에 전화를 걸어온 고객을 대상으로 이루어지기도 한다. 전자의 경우를 아웃바운드 교차판매(outbound cross-selling)라고 하고, 후자의 경우를 인바운드 교차판매(inbound cross-selling)라고 한다. 인바운드 교차판매는 아웃바운드 교차판매에 비해 계획적으로 이루어지기가 힘들고, 그 규모도 상대적으로 적지만, 비용이나 성공률 등의 측면에서는 훨씬 더 우수하다.

교차판매는 자사의 제품만을 대상으로 이루어질 수도 있지만, 연관된 업종의 제품을 대상으로 이루어질 수도 있다. 예를 들어 자동차나 주택을 구매하는 고객들은 대출서비스에 대한 니즈를 가지고 있기 때문에 할부금융 등과 같은 금융서비스와의 연계가 가능하다. 이러한 이업종 간의 교차판매는 토털서비스(total service), 원스톱쇼핑(one-stop shopping) 등을 추구하는 기업에 의해 많이 이루어진다([글 7-11] 참조).

글 7-11 이업종 간 교차판매 사례

1. 영국에서 Tesco에 이어 두 번째로 큰 슈퍼마켓 체인인 세인즈베리(Sainsbury)는 900만 명이 넘는 고객정보를 기반으로 전혀 새로운 분야인 은행사업에 진출한 독특한 사례를 보여주고 있다. 1990년대 중반 영국의 슈퍼마켓 시장은 포화상태에 달해 있었으며, 세인즈베리는 기존시장에서는 더 이상 성장할 수 없음을 깨달았다. 이 회사는 방문 고객들이 구매하는 제품을 분석한 결과, 고객들이 독특한 금융 니즈가 있음을 알아냈다. 예를 들어 인테리어나 DIY(Do It Yourself) 제품을 많이 사는 고객들은 집수리나 리모델링을 하려는 니즈가 무척 높았다. 세인즈베리는 보다 자세한 니즈를 알아내기 위해 슈퍼마켓 고객의 구매패턴과 함께 가족 구성원수, 새로운 자동차 구매, 이사 등과 같은 인구통계학적 정보를 분석했다. 그 결과 부엌 리모델링, 차고 증축, 집수리 등과 연계한 대출 및 손해보험과 같은 패키지 상품을 개발할 수 있었다. 세인즈베리는 1997년 스콜틀랜드은행(Bank of Scotland)과의 50 : 50 합작회사 형태로 세인즈베리은행(Sainsbury's Bank)을 설립하고, 약 400개에 달하는 슈퍼마켓 매장에서 은행업무에 돌입했다. 이 은행은 기존은행과 다른 참신한 방식으로 고객들의 호응을 얻었다. 슈퍼마켓 상품과 연계한 금융 상품을 계속 개발했고, 은행원 없이 진열대에 저축예금, 개인대출, 모기지론, 주택보험 등의 가입신청서만 진열하기도 하였다. 세인즈베리은행은 출범 8주 만에 10만 명의 고객과 1,900억 원 규모의 예금유치를 이뤄냈다. 2008년 기준 수신고는 7조 원에 달했으며, 현재 약 140만 명의 활성고객을 가지고 있다.

자료 : 문종훈, 문권모(2009), "기존 데이터에서 '숨은 보물' 캐내라," 동아비즈니스리뷰, 31, 34-36; http://en.wikipedia.org/wiki/Sainsbury's_Bank

2. 1964년에 설립된 일본의 오릭스그룹은 일본에서 가장 큰 비은행금융기구이다. 오릭스그룹은 일본 1위의 자동차 리스회사인 오릭스 오토리스의 고객정보분석을 바탕으로 이(異)업종 간 교차판매서비스를 제공하여 고부가가치를 창출하고 있다. 즉, 오릭스 오토리스 고객 중 중견 · 중소기업인들이 세무, 금융에 관해 어려움을 느낀다는 사실을 파악하고 이들에게 맞는 오릭스그룹의 생명보험, 증권, 할부, 융자, 부동산 등의 금융상품을 제공하고 있다. 2002년에는 이러한 교차판매로 일본의 포터상을 수상하였다.

자료 : 일본경제신문, "복합화로 고수익 올리는 오릭스," 2004년 10월 6일, 신형원, 이승현, 홍선영(2008), "한국기업의 CRM 성공전략," 삼성경제연구소 CEO Information, 647호, 재인용.

3. 파리바게뜨를 운영하고 있는 SPC그룹이 온라인 음악시장에 진출한다. 13일 SPC에 따르면 이 회사는 계열사인 SPC네트웍스를 통해 '헬륨'이라는 브랜드로 온라인 음악서비스를 시작한다. SPC네트웍스는 파리바게뜨 등 가맹점 멤버십서비스인 '해피포인트'를 관리하고 있다. SPC 측은 헬륨에서 음원을 살 때마다 포인트를 적립해주고, 쌓아둔 포인트로 결제도 가능하게 할 방침이다. 회사 측은 1,200만 명 규모인 해피포인트 회원이 온라인 음악 시장 주 소비층과 겹치기 때문에 시너지효과를 낼 것으로 판단하고 있다. 업계에서는 제과점업이 최근 동반성장위원회에서 중소기업적합업종에 선정되는 등 매장 확장에 제동이 걸리자 신규수익모델 발굴에 나선 것으로 보고 있다. 업계 관계자는 "1,200만에 달하는 회원망을 최대한 활용해 새 수익모델 발굴에 나선 것"이라고 말했다.

자료 : 매일경제, "SPC, 온라인 음악시장 진출," 2013년 2월 14일.

2. 상향판매

상향판매(up-selling)는 이미 판매한 제품이나 서비스에 비해 가격이나 품질 등의 측면에서 높은 수준에 있는 제품이나 서비스를 판매하는 것을 의미한다. 3만 원대의 와인을 구매한 고객을 대상으로 5~10만 원대 와인을 판매하는 것이나, 건강보험 상품을 가지고 있는 고객을 대상으로 종신보험 상품을 판매하는 것 등이 이러한 예에 속한다. 교차판매가 고객관계의 양을 확대하는 것이라면 상향판매는 고객관계의 질을 심화시키는 활동이라고 할 수 있다. 이는 제품이나 서비스의 가격이 높아질수록 고객은 그 제품이나 서비스를 보다 중요하게 생각하게 되고, 이에 따라 그 제품을 공급한 회사나 영업사원과의 관계를 보다 중시하는 경향이 있기 때문이다.

상향판매를 위한 효과적인 방법은 고객으로 하여금 보다 상위단계의 제품이나 서비스를 경험해보도록 하는 것이다. 특히 대규모 시설을 기반으로 하는 서비스업의 경우에 팔리지 않은 서비스를 활용하여 고객에게 업그레이드된 경험을 원활하게 제공할 수 있다. 예를 들어 항공사에서 이코노미 단골고객으로 하여금 업그레이드서비스를 통해 비즈니스석을 경험해보도록 하는 것이나, 호텔에서 단골고객에게 스위트룸과 같은 고급룸을 체험해보도록 하는 것이 이러한 예에 속한다. 화장품, 와인 등의 제조업의 경우에도 가능성이 있는 고객들을 대상으로 보다 고급상품을 경험할 수 있는 기회를 제공할 수 있다. 일단 업그레이드된 제품이나 서비스를 경험한 고객은 평소에 사용하던 제품이나 서비스에 만족하기 어렵기 때문에 그렇지 않은 고객에 비해 훨씬 더 용이하게 상향판매캠페인에 반응할 수 있다.

3. 고객의 소개활동 활성화

많은 업종에서 기존고객의 소개는 신규고객을 확보하기 위한 가장 강력한 수단이 되고 있다. 기존고객은 자신과 유사한 특성을 가지고 있는 주변의 지인들을 소개해 주는 경향이 있기 때문에 특히 우수고객이 소개한 신규고객은 향후 우수고객이 될 가능성이 크다(제6장 제2절 참조). 기존고객의 소개활동은 이렇게 우수한 신규고객을 확보하기 위한 훌륭한 수단이기도 하지만, 소개를 한 고객과의 관계증진을 위해서도 바람직하다. 이는 지인을 소개한 고객은 지인이 원하는 제품이나 서비스를 구매하였는지, 영업사원으로부터 제대로 서비스를 잘 받고 있는지 등에 대해 관심을 갖게 되기 때문이다. 영업사원은 이러한 점을 활용하여 기존고객과의 관계를 더욱 강화시켜 나갈 수 있다.

4. 고객 커뮤니티의 활성화

고객들 간의 관계를 향상시키기 위한 목적으로 고객 커뮤니티를 활성화시키는 것도 고객관계의 질을 향상시키기 위한 좋은 방안이 될 수 있다. 전 세계적으로 64만여 명이 가입한 것으로 추산되고 있는 할리데이비슨(Harley-Davidson) 동호회인 HOG(Harley Owner Group)가 가장 빈번하게 인용되고 있는 사례이다. 그 밖에도 은행이 미래고객의 육성을 위해 자산가 고객들의 2세들을 위한 모임을 활성화시킨다거나, 영업사원이 골프, 여행 등의 취미를 중심으로 하는 동호회를 결성하는 것도 고객 커뮤니티 활용의 사례로 볼 수 있다([글 7-12] 참조). 고객 커뮤니티의 형성은 인터넷상에서도 활발하게 이루어지고 있다. 기업은 고객들이 자발적으로 형성한 온라인 고객 커뮤니티를 후원하거나, 혹은 직접 온라인 고객 커뮤니티를 개설함으로써 고객들 간의 커뮤니케이션을 활성화시키고, 이를 통해 자사에 대한 로열티의 증진을 도모해 갈 수 있다([글 7-13] 참조).

글 7-12 영업사원의 동호회 결성 사례

지방의 한 보험영업인은 자신의 고객 중 요트에 취미가 있는 사람들과 요트 동호회를 결성하여 매월 또는 2개월에 한 번씩 요트도 타고, 낚시도 한다. 이 보험영업인의 고객이 아닌 사람들도 이 동호회에 회원으로 가입하게 되었고, 이들도 자연스럽게 자신의 고객이 되었다. 이처럼 취미가 같은 고객들과 동호회를 결성하여 적극적으로 활동하면 기존고객을 충성고객으로 만들 수 있고, 더 나아가 신규고객을 확보할 수 있는 기회도 자연스럽게 만들어진다.

자료 : 이성동(2005), 영업달인은 절대 세일즈하지 않는다, 호이테북스, 307.

글 7-13 온라인상에서의 고객 커뮤니티 활용 사례

소비자 커뮤니티를 비즈니스 혁신에 잘 활용한 사례로는 장난감 블록회사로 유명한 레고의 인공지능 로봇 '마인드스톰' 이벤트를 예로 들 수 있다. 레고는 장난감 완구와 IT기술, 메카닉기술 간의 컨버전스 트렌드를 반영하여 마인드스톰 로보틱스 인벤션시스템을 출시한 바 있다. 이는 레고 벽돌로 인공지는 로봇을 만들 수 있는 것으로, 소비자들 특히 어른들에게 폭발적인 인기를 끌었다. 마인드스톰은 바퀴, 모터, 센서, S/W, 마이크로컴퓨터 등을 활용해 벽돌을 끼워 맞추듯이 복잡한 로봇 장치를 만들어낼 수 있어 소비자들에게 흥미진진한 경험환경을 제공해주었다. 이는 자발적인 소비자 커뮤니티 형성과 활성화로 이어졌다. 소비자들은 웹사이트 개설과 커뮤니티활동을 통해 다양한 인공지능 로봇 제작 아이디어와 노하우를 공유하고 학습하게 되었고, 그 성과를 레고의 상품개발 프로세스에 반영시켰다. 레고는 최근 마인드스톰센터라는 로봇 시연장을 운영하는 한편, 네피니언 리더(Nepinion Leader) 선발을 통해 신기술 시연회에 참여시키는 등의 이벤트를 개최하여 소비자 커뮤니티를 보다 조직화 · 활성화시키고 있다. 레고는 소비자 커뮤니티 내에서의 활발한 커뮤니케이션과 경험학습 효과를 제품개발과 혁신에 활용하여 고객을 R&D의 조력자로 충실히 활용한 것이다.

자료 : 조준일(2010), "차별적인 경쟁력 맞춤화와 개방형 혁신으로," LG Business Insight, 6월 9일, 17-31.

제 4 절 관리 대상 기존고객의 선별

기존고객을 대상으로 CRM활동을 전개하기 위해서는 기존고객 중 누구를 대상으로 CRM활동을 전개할 것인가에 대한 의사결정이 필요하다. 즉, 영업활동을 전개하기 위해서는 시간과 비용 등 회사가 가지고 있는 소중한 자원을 사용하여야 하기 때문에 이러한 자원을 기존고객들 중 누구를 대상으로 사용할 것인가에 대한 결정이 이루어져야 한다. 여기에서는 이러한 의사결정에 사용될 수 있는 모델에 대해 기술한다.

1. 단일요소기준 선별모델

단일요소기준 선별모델은 하나의 요소를 기준으로 회사의 자원을 배분하는 것을 의미한다. 선별의 기준으로는 매출기여도와 구매잠재력이 가장 보편적으로 사용된다.

1.1 매출기여도기준 선별모델

매출기여도기준 선별모델은 고객의 구매액을 기준으로 관리 대상고객을 선별하는 것을 의미한다. 고객의 매출기여도는 고객DB에 있는 사료에 대한 분석을 통해 비교적 어렵지 않게 산출할 수 있다. 업종에 따라 정도의 차이는 있지만 소수의 고객이 매출의 상당부분을 차지하는 현상은 어느 업종에서나 나타난다. 이에 따라 많은 기업들이 고객의 매출기여도에 따라 고객의 등급을 구분하며, 이러한 등급에 따라 차별화된 서비스를 제공하고 있다. 회사는 이러한 구분을 기준으로 회사의 자원과 시간을 배분함으로써 보다 효율적인 CRM활동을 전개할 수 있다([글 7-14] 참조). 즉, 고객의 기여도에 대한 고려가 전혀 없이 고객의 요청에 의하거나 혹은 모든 고객에게 동일하게 자원과 시간을 투여하는 것에 비해 주요 고객을 중심으로 하는 활동을 전개함으로써 우수고객의 이탈을 보다 효율적으로 방지할 수 있고, 보다 많은 매출실적도 올릴 수 있다. 그렇지만 과거의 매출실적이 반드시 미래의 구매잠재력과 일치하지 않고, 또한 이탈가능성을 반영하고 있는 것도 아니기 때문에 보다 다양한 변수를 고려할 수 있는 모델이 요구된다.

글 7-14 비수익성 고객과 고객유지전략 사례

1990년대 초 퍼스트시카고내셔널은행(First Chicago National Bank : 현재의 Bank One)은 줄어드는 영업이익으로 말미암아 문제은행으로 전락할 위기에 처해 있었다. 시카고 내에서 최고의 시장점유율과 최대의 지점망을 가지고 있음에도 불구하고 자기자본이익률은 업계평균인 15%에 훨씬 못 미치는 5%에 머무르고 있었다. 이러한 위기를 타개하기 위해 이 은행이 했던 첫 번째 일 중의 하나는 고객의 수익성을 검토하는 것이었다. 그 과정에서 전체고객 중 오직 3분의 1만이 회사의 수익에 보탬이 된다는 것을 발견하였으며, 수익성 고객과 비수익성 고객의 특성을 분석하는 과정에서 수익성 고객이 은행에서 제공하는 셀프서비스시스템 사용에 더 익숙하다는 사실을 알아냈다. 또한 은행 운영과 관련된 비용분석을 통해 은행의 창구직원을 통한 고객서비스가 다양한 뱅킹서비스 중 가장 비용이 많이 드는 것도 알아냈다.

이러한 분석을 바탕으로 이 은행은 마침내 1995년 4월 25일 은행잔고가 적은 고객들이 ATM 또는 텔레뱅킹으로 대체 가능한 서비스를 은행직원을 통해 받으면 그 대가로 3달러를 부과할 것이라고 발표하였다. 이러한 조치는 언론, 정치가, 소비자단체 등의 강력한 반발을 불러일으켰고, 일부 경쟁 은행들은 은행 창구를 방문하는 고객들에게 오히려 돈을 주면서까지 퍼스트시카고내셔널은행에서 이탈하는 고객들을 유치하기 위해 열을 올렸다. 퍼스트시카고내셔널은행의 이러한 접근방식은 기존의 고객유지전략과는 거리가 먼 것이었다. "은행이 지속적으로 이윤을 창출하는 방법은 고객유지뿐이다"라고 한 라이헬트(Reichheld)와 케니(Kenny)의 주장을 고려하면 이 전략은 이 은행을 나락으로 빠뜨려야 했다. 하지만 결과는 어떠했는가? 이용료 부과제도를 도입한 후 한 달 동안 이 은행의 ATM 사용횟수는 두 배 정도 증가했고, 1년 후에는 다시 50%가 증가했다. 은행직원을 통한 서비스 이용은 3분의 1이 감소했고, 1995년 말까지 은행거래의 80% 이상이 자동화시스템에 의해 이루어졌으며, 모든 계좌입금의 3분의 2가 ATM 또는 ACH(자동거래시스템)를 통해 이루어졌다. 이러한 과정을 거쳐 제도 도입 이전에 33%였던 수익성 고객의 비율이 44%가 되었으며, 수익도 28%나 증가했다.

자료 : 티모시 L. 케이닝햄, 테리 G. 바브라, 러잔 액소이, 헨리 왈라드(2006), 고객충성의 신화 : 고객충성도에 관한 오해와 진실, 번역서, 비즈니스맵, 30-32.

1.2 구매잠재력기준 선별모델

구매잠재력은 미래의 구매가능성을 의미하며, 이를 측정하기 위해 가장 보편적으로 사용되는 방법은 고객평생가치를 측정하는 것이다. 고객평생가치의 개념과 측정방법에 대해서는 제5장에서 상세하게 기술하였다. 그런데 고객평생가치를 계산하기 위해서는 각 고객의 과거 구매패턴에 대한 자료가 확보되어야 한다. 따라서 신규고객과 같은 경우에는 과거의 데이터가 충분하지 않기 때문에 고객평생가치에 의한 구매잠재력 평가가 어려워진다. 이러한 경우에는 구매와 관련된 자료가 아닌 인구통계변수 등을 활용하는 방법을 적용하여야 한다.

이러한 방식의 구매잠재력 평가는 두 단계의 분석과정을 통해 이루어진다. 첫 번째 단계는 기존고객에 대한 데이터분석을 통해 고객들의 구매액에 영향을 미치는 변수들과 이 변수들의 가중치를 산출하는 것이고, 두 번째 단계는 이 가중치를 각 고객에게 적용시켜 구매잠재력 지수를 산출하는 것이다. 예를 들어 은행의 경우 기존고객의 데이터분석을 통해 거주지역, 거주 아파트나 주택의 가격, 연령, 직업 등이 거래규모와 관련이 있는 것으로 나타났다면 이러한 변수들을 활용하여 모든 고객의 거래규모 잠재력을 산출할 수 있다. 이 방법은 현재의 매출기여도는 미미하지만 잠재력이 큰 고객을 집중적인 관리 대상으로 선별할 수 있다는 장점이 있다.

2. 포트폴리오모델

2.1 포트폴리오모델의 개념

포트폴리오모델(portfolio model)은 고객을 분산투자의 대상이 되는 포트폴리오라고 가정하고, 고객을 2~3개의 변수를 기준으로 몇 개의 집단으로 구분한 뒤, 각 집단의 매력도에 따라 CRM활동의 수준을 결정하는 모델을 의미한다. 하나가 아닌 2~3개의 변수를 동시에 활용하기 때문에 단일요소기준 선별모델보다는 더 복잡한 분석이 요구된다. 2개의 변수를 사용하는 경우에는 각 변수를 높고 낮은 두 개의 수준으로 구분하여 전체를 4개(2×2)의 집단으로 구분하며, 같은 논리로 3개의 변수를 사용하는 경우에는 전체의 고객을 8개(2×2×2)의 집단으로 구분하게 된다.

포트폴리오모델은 각 고객의 위치와 세분시장별 고객의 분포를 시각적으로 명확하게 표현할 수 있기 때문에 여러 가지 이점이 있다. 첫째는 자사의 고객 포트폴리오가 바람직한 모습을 갖고 있는지를 쉽게 평가할 수 있으며, 이를 기반으로 바람직한 고객 포트폴리오의 구성을 위해서는 어떠한 노력을 기울여야 하는지에 대한 정확한 방향 설정이 가능하다. 예를 들어 분석을 통해 핵심고객으로 파악된 고객의 숫자가 너무 적다면 여타 고객군을 핵심고객화시키는 방향으로 노력을 집중하여야 한다는 방향 설정이 가능해진다. 둘째는 구성원 간의 커뮤니케이션이 용이해져서 CRM활동의 방향에 대한 공감대를 형성시키는 데 매우 유용하게 사용될 수 있다. 즉, 조직구성원들에게 CRM활동의 방향을 보다 명확하게 제시할 수 있어서 조직구성원의 동기부여에도 큰 도움이 된다.

2.2 변수의 선택

어떠한 변수들을 사용하여 고객을 구분할 것인가는 CRM활동의 목적에 따라 달라진다. 예를 들어 수익 극대화를 위한 CRM활동을 전개하고자 하는 경우에는 고객별로 구매액에서 제품비용을 차감한 총마진(gross margin)과 판매활동에 소요되는 비용 등의 2개 변수를 기준으로 고객을 4개의 세분시장으로 구분한 후, 가장 매력적인 세분시장을 대상으로 보다 집중적인 CRM활동을 전개할 수 있다. 이 경우에 가장 매력적인 세분시장은 총마진은 높으면서 판매비용이 적게 드는 세분시장이다. 또한 총마진은 많지만 반품 등으로 인해 판매비용이 많이 소요되는 세분시장보다는 총마진은 많지 않지만 판매에 소요되는 비용이 미미해서 수익성이 높은 세분시장이 더 우선적인 CRM활동의 대상이 된다. 또 다른 예로 고객의 이탈이 심해지고 있는 환경하에서는 기존고객의 이탈을 방지하기 위한 CRM활동이 우선되어야 한다. 제2절에서 기술한 바와 같이 구매잠재력과 이탈가능성 지수 등의 2개 변수를 사용하여 고객들을 4개의 세분시장으로 구분하고, 이 가운데 구매잠재력과 이탈가능성이 모두 높은 세분시장이 이탈방지캠페인의 대상이 된다.

B2B 부문에서 관리 대상고객사의 선별을 위해 많이 사용되는 2개의 변수는 구매잠재력과 자사의 경쟁적 위상이다. 구매잠재력은 현재까지의 거래규모, 고객 비즈니스의 예측성장률, 재무건전성, 고객의 시장경쟁력 등에 의해 평가될 수 있다. 경쟁적 위상은 자사와 해당 고객사와의 관계의 강도를 의미한다. 이는 고객사의 구입액에서

그림 7-4 B2B 부문에서의 구매잠재력 및 경쟁적 위상기준의 포트폴리오모델

구매잠재력 \ 자사의 경쟁적 위상	높음	낮음
높음	**핵심고객** • 매력도 : 매우 높음 • CRM전략 : 자사의 경쟁적 위상이 높고, 판매기회도 많기 때문에 집중적인 영업활동을 전개하여야 함	**성장고객** • 매력도 : 잠재적으로 높음 • CRM전략 : 자사의 경쟁적 위상을 강화시킬 수 있는 가능성이 있는 고객을 확인하는 추가적 분석을 실시하고, 그러한 고객에 대해서만 집중적으로 CRM활동을 전개하여야 함
낮음	**부진고객** • 매력도 : 보통 • CRM전략 : 자사의 경쟁적 위상이 높음에도 불구하고 판매가 늘어날 가능성이 적기 때문에 현재의 위치를 유지할 정도의 CRM활동을 전개함	**문제고객** • 매력도 : 낮음 • CRM전략 : 자사의 경쟁적 위상도 낮고 판매가 늘어날 가능성도 적기 때문에 최소한의 CRM활동을 전개하고, 비인적 마케팅활동을 강화함. 경우에 따라서는 거래를 중단함

차지하는 자사 매출의 비중, 계약의 형태, 고객사의 만족도, 고객사 의사결정자와의 친분 정도 등에 의해 평가될 수 있다. 이 두 개의 변수를 기준으로 고객사를 4개의 세분시장으로 구분할 수 있다. [그림 7-4]는 4개의 세분시장에 대한 매력도 평가와 각 세분시장에 대한 CRM전략을 기술하고 있다. 예를 들어 구매잠재력 수준과 자사의 경쟁적 위상이 모두 높은 고객사는 핵심고객으로 가장 많은 CRM 자원이 투여되어야 하고, 반대로 구매잠재력 수준과 자사의 경쟁적 위상이 모두 낮은 고객사는 문제고객으로 최소한의 CRM 자원을 투여하거나 혹은 거래를 중단하여야 한다.

제 5 절 기존고객 관리활동의 효과 측정

CRM활동의 요체는 기존고객의 관리에 있기 때문에 기존고객 관리활동의 효과 측정은 곧 CRM의 효과 측정이라고 할 수 있다. 제4장에서 기술한 고객만족-충성도-수익사슬모델이 의미하는 바와 같이 기업들은 CRM활동을 통해 고객만족과 고객충성을 성취하고 이를 통해 수익이라는 재무적 성과를 달성하기 위해 노력한다. 따라서 기존고객 관리활동의 효과를 측정하기 위한 지표로는 고객만족과 고객충성에 관련된 모든 변수들이 포함될 수 있다. 즉, 고객만족도는 물론 태도적 충성도지표(감정적 친밀도, 애착, 추천의도, 구매의도 등)와 행위적 충성도지표(고객유지율, 유지기간, 고객점유율, 구전, 소개 등) 등이 모두 기존고객 관리활동의 효과 측정지표로 사용될 수 있다. 이 가운데 고객만족도와 태도적 충성도지표에 대해서는 제4장에서 논의하였으며, 본장에서는 행위적 충성도지표라고 할 수 있는 고객유지율과 고객점유율을 중심으로 기술한다.

1. 고객유지율

기업들은 고객의 유지율(retention rate) 증가를 위해 로열티 프로그램, 이탈방지 캠페인, 맞춤서비스 등 다양한 노력을 기울인다. 고객의 유지율과 이탈률(defection rate)의 합은 1이 되기 때문에 유지율을 증가시킨다는 것은 곧 이탈률을 감소시킨다는 것을 의미한다. 이탈률은 감소율(減少率, attrition rate) 혹은 해지율(解止率,

churn rate)이라고도 불린다. 특히 해지율은 통신서비스, 케이블TV, 보험, 학습지, 임대정수기 등과 같이 일정기간 동안의 계약을 기반으로 거래가 이루어진 산업에서 주로 쓰인다.

1.1 고객유지율의 측정

t기의 고객유지율은 전기(前期, $t-1$기)에 구매를 한 고객들 가운데 t기에서도 구매를 한 고객들의 비율로 측정되며, t기의 이탈률은 전기에 구매를 한 고객들 가운데 t기에는 구매하지 않은 고객의 비율로 측정된다.

$$R_t = \frac{(t-1)\text{기에 구매한 고객들 가운데 } t\text{기에서도 구매한 고객의 수}}{(t-1)\text{기에 구매한 고객들의 수}}$$

$$D_t = 1 - R_t$$

R_t : t기의 고객유지율
D_t : t기의 고객이탈률

| 표 7-1 | 가상적 예에서의 유지고객수, 이탈고객수, 유지기간

기	각 기의 유지고객수	각 기의 이탈고객수	매기 이탈고객의 유지기간
1기 초	A명	……	……
1기 말	$A\times R$명	$A-(A\times R)=A\times(1-R)$	1
2기 말	$A\times R^2$명	$(A\times R)-(A\times R^2)=A\times R\times(1-R)$	2
3기 말	$A\times R^3$명	$(A\times R^2)-(A\times R^3)=A\times R^2\times(1-R)$	3
4기 말	$A\times R^4$명	$(A\times R^3)-(A\times R^4)=A\times R^3\times(1-R)$	4
……	……	……	……

• 고객들의 평균 유지기간

$$= \frac{A\times(1-R)}{A}\times 1 + \frac{A\times R\times(1-R)}{A}\times 2 + \frac{A\times R^2\times(1-R)}{A}\times 3 + \frac{A\times R^3\times(1-R)}{A}\times 4 + \cdots\cdots$$

$$= (1-R) + R\times(1-R)\times 2 + R^2\times(1-R)\times 3 + R^3\times(1-R)\times 4 + \cdots\cdots$$

$$= (1-R)\times(1 + 2\times R + 3\times R^2 + 4\times R^3 + \cdots\cdots)$$

$$= (1-R)\times\left(\frac{1}{1-R} + \frac{R}{1-R} + \frac{R^2}{1-R} + \cdots\cdots\right)$$

$$= 1 + R + R^2 + R^3 + \cdots\cdots$$

$$= \frac{1}{1-R}$$

고객유지율의 개념을 활용하면 미래의 고객의 수, 이탈고객의 수, 고객들의 평균 유지기간 등을 계산할 수 있다. 1기 초에 A명의 고객이 있었고, 유지율이 R로 일정하며, 고객들이 매기 말에 한꺼번에 이탈한다고 가정하면 각 기말의 유지고객수, 이탈고객수, 그리고 매기 이탈고객의 유지기간은 [표 7-1]과 같이 나타낼 수 있다. 또한 이 경우의 고객들의 평균 유지기간은 $1 \div (1-R)$이 된다. 예를 들어 유지율이 80%라고 하면 고객들의 평균 유지기간은 $1 \div 0.2 = 5$년이 되고, 유지율이 50%라고 하면 평균 유지기간은 $1 \div 0.5 = 2$년이 된다.

1.2 고객유지율과 시장점유율의 관계

시장점유율의 증가는 신규고객의 창출을 통해서도 이루어지지만 포화된 시장환경하에서는 기존고객의 유지가 더 중요한 역할을 한다. 여기에서는 고객유지율의 증가가 시장점유율에 어떠한 영향을 미치는지에 대해 살펴보기로 한다. [그림 7-5]는 가상적인 시장상황에 대해 기술하고 있다. 특정 제품의 시장이 A와 B의 두 개 기업으로만 구성되어 있고, 모든 고객은 A와 B 두 기업 중의 하나의 고객이며, 새로운 고객의 유입은 없다. t시점에서 두 기업의 시장점유율은 50%로 동일하다. [그림 7-5]에서는 고객유지율을 중심으로 세 가지의 시나리오를 제시하고 있다. 기업 B의 경우에는 시나리오 1~3 모두에서 고객유지율이 80%로 동일하다. 즉, t시점에서 기업 B의 제품을 구입한 고객들의 80%는 $t+1$시점에서도 B기업의 제품을 구입하지만 20%의 고객은 A기업의 제품으로 전환하였다. 기업 A의 고객유지율은 시나리오 1에서는 기업 B의 고객유지율과 마찬가지로 80%이지만, 시나리오 2에서는 90%, 시나리오 3에서는 95%로 증가하였다.

그림 7-5 두 기업의 고객유지율에 대한 가상 예

$t+1$시점에서의 구매

t시점에서의 구매	A	B	A	B	A	B
A	80%	20%	90%	10%	95%	5%
B	20%	80%	20%	80%	20%	80%
	시나리오 1		시나리오 2		시나리오 3	

자료 : 서닐 굽타, 도날드 레흐만(2006), 당신의 고객을 업그레이드 하라, 번역서, 럭스미디어, 92.

시나리오 1에서는 두 기업의 고객유지율은 80%로 동일하기 때문에 장기 시장점유율도 각각 50%로 일정하게 유지된다. 왜냐하면 기업 A에서 기업 B로 이탈하는 고객의 수와 기업 B에서 기업 A로 이탈하는 고객의 수가 동일하기 때문이다. 그렇지만 시나리오 2와 3에서는 기업 A의 고객유지율이 기업 B의 고객유지율보다 높기 때문에(즉, 기업 A에서 기업 B로 이탈하는 고객수보다 기업 B에서 기업 A로 이탈하는 고객수가 더 많기 때문에) 기업 A의 시장점유율은 점차 증가하고, 따라서 기업 B의 시장점유율은 점차 감소한다. 종국적으로는 기업 A에서 이탈하여 기업 B로 옮기는 고객수와 기업 B에서 이탈하여 기업 A로 옮기는 고객수가 일치하는 시점에서 시장점유율은 변화를 멈추게 된다. [표 7-2]는 3개의 가상 시나리오에서 두 개 기업의 시장점유율이 어떻게 변화하는지를 보여주고 있다.

이러한 분석을 통해 고객유지율과 시장점유율의 관계에 대해 다음과 같은 시사점을 얻을 수 있다.

첫째, 고객유지율이 변화할 때 시장점유율은 더 빠른 속도로 변화한다는 점이다. 위의 예에서 기업 A의 고객유지율의 증가율이 12.5%(80%에서 90%로 증가)일 때 시장점유율의 증가율은 33.3%(50%에서 66.7%로 증가)였으며, 기업 A의 고객유지율의 증가율이 18.8%(80%에서 95%로 증가)일 때에는 시장점유율의 증가율은 무려 60%(50%에서 80%로 증가)에 이르렀다. 이러한 분석은 적어도 시장이 포화상태일 경우에 고객유지율은 시장점유율의 변화에 결정적인 역할을 할 수 있다는 것을 보여주고 있다. 따라서 고객만족도 증대를 통한 고객유지율의 증대전략은 시장점유율 확대를 위한 매우 효과적인 전략이라고 할 수 있다.

둘째, 시간이 흐를수록 현재는 시장점유율이 작더라도 고객유지율을 매우 높게 유지하고 있는 기업이 유리해진다는 점이다. 높은 고객유지율은 가속적으로 시장점유율을 증대시킬 수 있고, 따라서 현재는 작은 기업이라고 하더라도 시간이 지나면 시장지배적인 사업자의 위치를 점할 수 있게 된다. 반대로 현재 높은 시장점유율을 차지하고 있는 기업이라고 하더라도 고객유지율이 경쟁기업에 뒤지면 시간이 갈수록 급속하게 시장점유율이 잠식될 수 있다. 즉, 기업이 오랫동안 시장에서 생존하기 위해서는 고객의 유지율을 제고시키는 것이 필수적이라고 할 수 있다. 오랜 기간 동안 지속적으로 높은 수준의 고객유지율을 유지하는 것은 매우 어렵기 때문에 기업들의 부침(浮沈)도 심해진다고 할 수 있다. 미국 경제전문지 포춘(Fortune)이 1970년에 선정한 20대 기업 중에서 2004년에도 포함된 기업은 6개에 불과했으며, 100대 기업에 포함되었던 기업 중에서 절반에 가까운 46개 기업이 2004년에는 500대 기업에도 속

| 표 7-2 | 가상 예에서의 두 기업의 고객유지율의 변화에 따른 시장점유율의 변화

	고객유지율			시장점유율		
	A의 고객유지율	A의 고객유지율 증가율	B의 고객유지율	A의 시장점유율	A의 시장점유율 증가율	B의 시장점유율
시나리오 1	80%	……	80%	50%	……	50%
시나리오 2	90%	12.5%	80%	66.7%	33.3%	33.3%
시나리오 3	95%	18.8%	80%	80%	60%	20%

기업 A의 종국적인 시장점유율은 다음과 같은 공식에 의해 구해질 수 있다.

$$M_A = M_A \times R_A + M_B \times D_B$$

M_A, M_B : 각각 기업 A와 기업 B의 시장점유율
R_A : 기업 A의 고객유지율
D_B : 기업 B의 고객이탈률

그런데 $M_A + M_B = 1$이고, $D_B = 1 - R_B$이기 때문에 M_A는 다음과 같은 수식으로 표현될 수 있으며, 이 수식을 이용하여 위에서와 같이 기업 A와 기업 B의 종국적인 시장점유율을 구할 수 있다.

$$M_A = \frac{1 - R_B}{(1 - R_A) + (1 - R_B)}$$

하지 못할 정도로 쇠락했거나 인수, 합병, 청산 등으로 역사 속으로 사라졌다. 2002년에 선정한 100대 기업 중에서도 2012년에는 61개만이 100대 기업에 이름을 올렸을 뿐 39개는 리스트에서 사라졌다.

2. 고객점유율

교차판매나 상향판매 등과 같이 추가적인 판매를 통해 기존고객을 활성화시키려는 활동은 기존고객을 대상으로 고객점유율(share of customer) 혹은 지갑점유율(share of wallet)을 증가시키는 전략이라고 할 수 있다([글 7-15] 참조).

글 7-15 고객점유율 확대중심의 CRM활동 사례

디즈니(Disney)는 고객점유율을 성공적으로 늘린 것으로 유명하다. 1980년대 중반, 디즈니는 네 명(부모와 두 명의 자녀)으로 이루어진 전형적인 미국의 한 가족이 플로리다 올란도의 디즈니 테마파크를 방문하기 위해 수천 달러의 돈을 지출한다는 사실을 알아냈다. 돈은 항공료, 호텔숙박료, 식사비, 테마파크 이용료 등의 명목으로 지출되었다. 그동안 어느 정도는 짐작하고 있었지만 디즈니 고객들의 지출내역을 구체적으로 살펴본 디즈니의 경영진은 충격을 받았다. 디즈니라는 브랜드가 그토록 많은 사람들을 플로리다 올란도로 끌어들이고 있었지만 정작 고객들이 사용하는 돈 가운데 디즈니의 몫은 얼마 되지 않았던 것이다. 고객점유율을 끌어올릴 필요가 있고 그럴 여력도 얼마든지 있다는 판단을 내린 디즈니는 자사 소유의 땅에 호텔을 짓고, 테마파크 내에 다양한 음식점들을 새로 열고, 크루즈사업에도 뛰어들었다. 이러한 일련의 투자 이후 디즈니의 고객점유율은 크게 높아졌다.

자료 : 서닐 굽타, 도날드 레흐만(2006), 당신의 고객을 업그레이드 하라, 번역서, 럭스미디어, 84–85.

2.1 지갑의 크기

고객점유율의 개념을 이해하기 위해서는 먼저 ‘지갑의 크기(size of wallet)’의 개념에 대해 이해할 필요가 있다. ‘지갑의 크기’는 고객이 특정 범주의 제품을 구매하기 위해 지출하는 총금액이라고 정의될 수 있으며, 다음과 같은 식으로 나타낼 수 있다.

$$\text{지갑의 크기} = \sum_{j=1}^{J} S_{ij}$$

i : 고객
j : 기업
J : 특정 범주의 시장에서 상품을 공급하는 모든 기업의 수
S_{ij} : 고객 i가 기업 j의 상품을 구입하기 위해 지출한 총금액

그런데 ‘범주’의 개념은, 예를 들어 의류라고 하면 의류 전체로 정의될 수도 있지만, 등산복, 캐주얼, 정장 등과 같이 좁은 범위로 정의될 수도 있기 때문에 모호한 측면이 있다. 하지만 기업의 입장에서 ‘범주’는 상당히 명확하게 정의될 수 있다. 왜냐하면 자사제품과 경쟁하고 있다고 판단되는 제품들을 포괄하는 개념으로 ‘범주’를 정의하면 되기 때문이다. 예를 들어 전통주를 판매하고 있는 제조업체의 경우에 전통주를 선호하는 고객층이나 소비상황이 소주, 맥주, 양주 등의 경우와는 상당히 차별적

이라고 하면 전통주만을 대상으로 범주를 정의할 수 있고, 반면에 소주와 대체재의 관계에 있다면 전통주와 소주를 포괄하는 개념으로 범주를 정의할 수도 있다. 또 다른 예로 대형마트의 경우에 대형마트만을 대상으로 범주를 정의할 수도 있지만, SSM(기업형 슈퍼마켓)과 경쟁관계에 있다면 이를 포괄하는 개념으로 범주를 정의할 수 있다. 경쟁입체의 범위를 너무 좁거나 혹은 너무 넓게 설정하면 경쟁자의 존재, 새로운 시장기회, 시장의 흐름 등을 정확하게 파악하지 못할 수 있다. 따라서 시장 상황에 맞는 적절한 경쟁업체의 범위를 찾아내는 것이 매우 중요하다.

지갑의 크기는, 예를 들어 어떤 고객이 캐주얼 의류를 구입하는 데 월평균 20만 원을 지출한다면 그 고객의 캐주얼 의류범주의 '지갑의 크기'는 연간 240만 원이 된다. 따라서 '지갑의 크기'는 특정 고객의 특정 범주의 상품에 대한 구매력을 의미한다. 기업들은 당연히 지갑의 크기가 큰 고객들을 찾아서 이들을 유치하고, 유지하며, 활성화시키기 위해 노력하여야 한다. 이러한 의미에서 고객들의 '지갑의 크기'를 아는 것은 매우 중요하다. 그런데 개별고객의 '지갑의 크기'에 대한 정보는 어떻게 획득하여야 하나? B2B의 경우에는 고객사의 생산시설, 생산량, 매출액 등에 대한 정보를 바탕으로 '지갑의 크기'를 비교적 정확하게 추정할 수 있지만, B2C의 경우에는 모든 개별고객의 '지갑의 크기'를 비교적 정확하게 알아내는 것은 불가능하다. 이를 추정할 수 있는 가장 보편적인 방법은 설문조사를 통해 고객들이 일정기간 동안(예 : 1달 혹은 1년) 특정 범주의 상품을 구입하는 데 지출하는 금액을 묻고, 이를 바탕으로 평균적으로 어느 정도의 금액을 지출하는지를 계산하는 방식이라고 할 수 있다. 예를 들어 프랜차이즈 외식업종이라고 하면 "프랜차이즈 식당에서 한 달에 평균적으로 몇 번 정도 식사를 하십니까?"와 "매 방문 시 평균적으로 어느 정도의 금액을 지출하십니까?" 등과 같은 질문을 통해 고객들의 평균적인 '지갑의 크기'를 추정하는 방법을 사용할 수 있다.

2.2 고객점유율의 측정

고객들의 지갑의 크기를 알면 기업은 개별고객 및 전체고객의 고객점유율을 다음과 같이 측정할 수 있다.

1) 개별고객 고객점유율

고객점유율은 '고객이 특정 범주의 제품을 구매하는 데 지출하는 총액(즉, 지갑의 크기)에서 특정 기업의 제품을 구입하기 위해 지출하는 금액의 비율'로 정의된다. 개별고객 차원에서 기업 k의 고객 i에 대한 고객점유율은 아래의 식과 같이 나타낼 수 있다. 예를 들어 특정 고객이 한 달에 식료품 및 생활용품 구입비로 평균 100만 원을 지출하는데, 해당 고객이 특정 슈퍼마켓에서 월평균 50만 원을 지출하고 있다면 그 슈퍼마켓의 해당 고객에 대한 고객점유율은 50%가 된다.

$$\text{개별고객 고객점유율}(\%) = S_{ik} / \sum_{j=1}^{J} S_{ij} \times 100$$

S_{ik} : 고객 i가 기업 k의 상품을 구입하기 위해 지출한 총액

2) 고객점유율

전체고객 대상의 고객점유율은 개별고객의 고객점유율을 전 고객에 확대한 개념으로 기업 k의 자사의 모든 고객에 대한 고객점유율은 아래의 식과 같이 나타낼 수 있다.

$$\text{고객점유율}(\%) = \frac{\sum_{i=1}^{I} S_{ik}}{\sum_{i=1}^{I}\sum_{j=1}^{J} S_{ij}} \times 100$$

I : 자사의 고객수

2.3 고객점유율과 시장점유율

고객점유율은 고객의 가치에 대한 중요성이 부각되면서 비교적 최근에 등장한 개념이며, 흔히 "이제는 시장점유율이 아니라 고객점유율을 중시하여야 한다"라는 슬로건를 통해 많이 알려져 있다. 두 점유율의 근본적인 차이는 시장점유율이 자사 제품을 구입하고 있는 고객들과 그렇지 않은 잠재고객들을 모두 포괄하여 계산되는 개념인 반면, 고객점유율은 자사 제품을 구입하고 있는 고객들만을 대상으로 하고 있는 개념이라는 점이다. '시장점유율 증대전략'과 '고객점유율 증대전략'과의 차이는 [그림 7-6]과 같이 나타낼 수 있다.

① 그림에서와 같이 시장점유율의 증가는 주로 신규고객의 창출을 통한 고객수의 증가를 통해 이루어진다. B2C 기업의 경우에 신규고객의 창출을 위해 4대 매체나 인터넷을 활용한 광고를 흔히 사용한다.

② 시장점유율과는 대조적으로 고객점유율의 증가는 주로 고객 1인당(B2B의 경우에는 고객사 1개사당) 구매액의 증가를 통해 이루어진다. 커뮤니케이션도 영업사원, TM, 직접우편, 이메일 등과 같은 일대일 커뮤니케이션 수단이 사용된다.

그림 7-6 고객점유율의 증가와 시장점유율의 증가

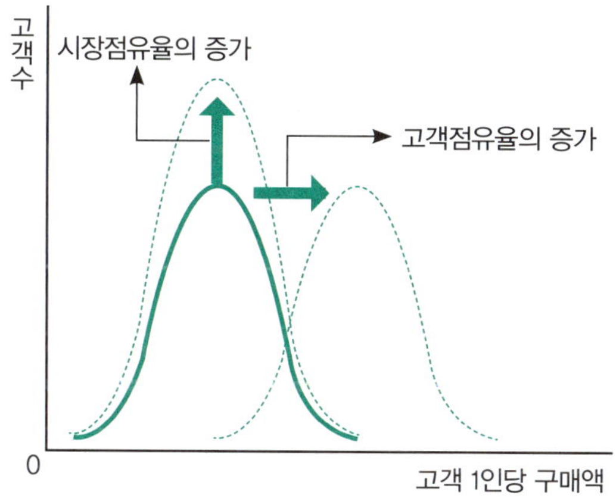

이러한 논의를 통해 유추될 수 있는 바와 같이 시장점유율은 상대적으로 신규고객의 창출을 중심으로 하고 있는 개념인 반면, 고객점유율은 기존고객의 활성화를 중심으로 하고 있는 개념이다. 따라서 제품수명주기상에서 시장이 확대되면서 새로이 시장에 유입되는 고객들이 늘어나고 있는 도입기나 성장기에는 시장점유율이 브랜드의 성과를 나타내는 보다 적절한 지표가 되는 반면, 성숙기나 쇠퇴기와 같이 기업들 간의 제로섬게임(zero-sum game)이 치열해지는 정체된 시장에서는 시장점유율보다 고객점유율이 더 적합한 성과지표가 된다. 우리나라의 경우 거의 모든 산업에서 시장정체가 가시화되고 있으며, 시간이 갈수록 이러한 현상은 더욱 심화되고 있다. 따라서 고객점유율 개념은 시간이 갈수록 더욱 중시될 것으로 예측할 수 있다.

시장점유율과 고객점유율이 어떻게 계산되는지를 살펴보면 그 차이를 더 명확히 이해할 수 있다. [표 7-3]은 3개의 브랜드와 5명의 고객만으로 구성된 가상적인 특징 범주의 시장에서 구매가 어떻게 일어났는가에 대한 예를 제시하고 있다.

| 표 7-3 | 시장점유율과 고객점유율 계산을 위한 가상 예

	브랜드 A	브랜드 B	브랜드 C	합계
고객 1	100	150	150	400
고객 2	100	200	300	600
고객 3	0	150	250	400
고객 4	250	150	0	400
고객 5	200	300	0	500
합계	650	950	700	2,300

이 가상 예에서 시장점유율과 고객점유율은 각각 다음과 같이 계산될 수 있다.

- 브랜드 A의 시장점유율 : 650÷2,300=28.3%
- 브랜드 B의 시장점유율 : 950÷2,300=41.3%
- 브랜드 C의 시장점유율 : 700÷2,300=30.4%

- 브랜드 A의 고객점유율 : 650÷(400+600+400+500)=650÷1900=34.2%
- 브랜드 B의 고객점유율 : 950÷(400+600+400+400+500)=950÷2,300=41.3%
- 브랜드 C의 고객점유율 : 700÷(400+600+400)=700÷1,400=50.0%

이러한 계산을 통해 위의 가상적인 예에서 시장점유율과 고객점유율에 대해 다음과 같은 점들을 발견할 수 있다.

① 시장점유율은 시장을 구성하고 있는 3개의 브랜드들에 대해 합산하면 100%가 되지만, 고객점유율은 브랜드에 따라 거래하고 있는 고객집단이 모두 다르기 때문에(즉, 브랜드 A는 5명 중 4명의 고객, 브랜드 B는 5명 중 5명의 고객, 브랜드 C는 5명 중 3명의 고객) 3개 브랜드들에 대해 고객점유율을 합산하면 100%를 초과한다. 극단적으로 3개 브랜드의 고객점유율이 모두 100%가 될 수도 있으며(시장을 구성하고 있는 고객들 모두가 1개의 브랜드만을 사용하는 경우), 이 경우에 3개 브랜드의 고객점유율을 합산하면 300%가 된다.

② 모든 고객과 거래하고 있는 브랜드 B의 경우에는 시장점유율과 고객점유율이 동일하지만, 모든 고객과 거래하고 있지 않은 브랜드 A와 브랜드 C의 경우에는 시장점유율보다 고객점유율이 더 높다.

③ 시장점유율은 브랜드 B가 가장 높지만, 고객점유율은 시장을 구성하고 있는

5명의 고객 중에서 오직 3명의 고객들과 거래를 하고 있는 브랜드 C가 가장 높다. 이는 브랜드 C가 시장침투율은 가장 낮은 반면, 다른 브랜드에 비해 고객들의 브랜드충성도가 높다는 것을 의미한다.

제 6 절 신규고객 확보활동과 기존고객 관리활동의 배분

신규고객 확보활동 및 기존고객 관리활동과 관련하여 회사는 자원과 시간을 이 두 개의 활동에 어떻게 배분할 것인지를 결정하여야 한다. 이러한 결정을 함에 있어서 가장 중요한 기준은 개별고객의 고객평생가치를 전체고객에 대해 합산한 개념인 고객자산을 극대화시키는 것이라고 할 수 있다. 고객자산의 극대화를 위해서는 단기적인 매출실적뿐만 아니라 장기적인 관점에서의 매출증대 잠재력도 중요하다. 따라서 신규고객 확보활동과 기존고객 관리활동의 비중을 결정함에 있어서 단기적인 안목과 장기적인 안목이 동시에 고려되어야 한다. 다음과 같은 다양한 변수들이 두 개 활동의 비중을 결정하는 데 영향을 미칠 수 있다.

1. 회사의 고객관계전략

회사의 고객관계전략은 크게 거래중심적인 전략과 장기적 관계 구축전략으로 나누어질 수 있다. 거래중심적인 전략이 단기적인 판매 위주의 전략이라고 하면, 장기적 관계 구축전략은 고객과의 밀접한 관계를 바탕으로 고객의 문제해결이나 새로운 가치의 제시와 같은 보다 고도화된 서비스를 제공하고자 하는 전략이라고 할 수 있다. 거래중심적인 전략을 취하면 상대적으로 신규고객의 확보에 치중하게 되고, 장기적 관계 구축전략을 취하면 상대적으로 기존고객의 관리에 치중하게 된다. B2C와 B2B를 비교하면 B2C의 고객의 숫자가 B2B의 고객의 숫자에 비해 훨씬 많고, 따라서 B2C에 비해 B2B 부문에서는 기존고객의 관리의 비중이 더 크다. 일반적으로 잠재고객의 숫자가 적을수록 기존고객 관리의 중요성이 더 커진다. 예를 들어 우리나라 대부분의 대형 생활용품 및 식품 제조업체의 매출의 60% 이상이 몇몇 대형마트와 기업형 슈퍼마켓을 통해서 이루어지기 때문에 이들 제조업체들은 거의 예외 없이 별도의 부서를 두고 이들 고객들을 집중적으로 관리하고 있다.

2. 기존고객의 매출 비중

신규고객의 획득을 위한 활동과 기존고객의 관리를 위한 활동의 비중을 결정하는데 있어서 고려하여야 할 가장 중요한 요인은 기존고객의 매출이 전체 매출에서 차지하는 비중이다. 기존고객의 매출 비중이 클수록 신규고객의 창출보다는 기존고객의 유지 및 활성화에 더 많은 자원과 시간을 할애하는 것이 바람직하다. B2B 업체들 중에는 고객사의 숫자가 한두 개에 불과한 업체들도 있다. 이러한 경우에는 신규고객 확보의 개념은 거의 존재하지 않고 거의 모든 기업활동이 기존고객 관리를 중심으로 이루어진다. 신규업체와 기존업체를 비교하면, 신규업체의 경우에는 기존고객이 거의 없기 때문에 당연히 신규고객 획득을 위한 활동의 비중이 크고, 기존업체는 상대적으로 기존고객의 유지 및 활성화를 위한 활동의 비중이 크다.

3. 기존고객의 소개활동

기존고객이 직접 구매를 하지 않더라도 주변의 지인들을 많이 소개시켜 주는 경우에 여전히 기존고객의 관리는 중요하다. 즉, 기존고객이 양질의 잠재고객을 확보하는데 큰 기여를 하는 경우에는 기존고객으로부터의 매출이 많지 않더라도 기존고객과의 관계를 돈독하게 하기 위한 활동을 적극적으로 전개할 필요가 있다.

4. 구매주기

제품이나 서비스의 구매주기가 매우 긴 경우에는 기존고객의 매출에만 의존하기가 어렵기 때문에 신규고객의 창출이 중요해진다. 예를 들어 자동차나 냉장고 등과 같이 구매주기가 매우 긴 상품의 경우에는 생활용품과 같이 구매주기가 짧은 상품에 비해 신규고객 창출의 중요성이 더 커진다.

5. 제품의 제품수명주기상의 단계

제품수명주기(PLC : Product Life Cycle)상에서 도입기나 성장기에 있는 신제품인 경우는 기존고객이 없거나 적기 때문에 신규고객을 찾는 활동에 주력하여야 한다. 예를 들어 성인용 의류를 취급하고 있는 의류 도매상이 아동용 의류를 새롭게 취급하려면 아동용 의류를 취급하는 소매상과의 거래를 시작하기 위한 노력을 기울여야 한다. 반면에 성숙기나 쇠퇴기에 있는 경우에는 신규고객의 확보보다는 기존고객의 유지가 훨씬 더 중요하다. 그렇지만 신제품이라고 하더라도 기존제품과 연관성이 많은 경우에는 그렇지 않을 수 있다. 예를 들어 다양한 생활용품을 취급하는 방문판매회사와 같은 경우에 신제품이 빈번하게 출시되더라도 신제품의 판매를 위해 새로운 고객을 찾는 것보다 기존고객을 대상으로 하는 교차판매가 훨씬 수월하다. 제약회사와 같은 경우에도 새로운 전문 의약품을 출시하였다고 하더라도 기존의 병원이나 의원이 여전히 주요한 고객이기 때문에 이로 인해 새로운 고객을 더 열심히 찾아야 할 필요성이 발생하지는 않는다.

6. 판매 후 서비스의 필요성

판매 후 서비스의 필요성이 많은 경우일수록 기존고객의 관리에 할애하는 시간이 많아지게 된다. 일반적으로 일반소비재보다는 내구소비재가 판매 후 서비스가 더 필요하고, 소비재보다는 산업재의 판매 후 서비스가 더 많이 요구된다. 판매 후 서비스는 그 자체가 매출증진에 크게 기여하는 것은 아니지만 부실해질 경우에는 고객의 불만을 초래하여 거래관계가 단절될 우려가 있으며, 반면에 충실하게 이루어질 경우에는 교차판매, 상향판매, 고객소개 등으로 이어지면서 매출 및 수익성이 향상될 수 있다.

7. 신규고객의 잠재력

신규고객 창출이 무리하게 이루어져서 한계고객(限界顧客 : 구매력, 충성도 등에서의 잠재력이 부족한 고객)들의 비중이 높아지면 향후의 고객유지율, 고객 1인당 구매량 등이 낮아지는 부작용이 발생한다. 따라서 신규고객의 잠재력이 낮아지는 현상이 발생하고 있는 경우에는 기존고객의 유지 및 활성화활동을 강화해 나갈 필요가 있다.

참고문헌

- 김형수, 김영걸, 박찬욱(2009), CRM : 전략의 원리와 응용, 사이텍미디어, 제9장.
- 문종훈, 문권모(2009), "기존 데이터에서 '숨은 보물' 캐내라," 동아비즈니스리뷰, 31, 34-36.
- 박찬욱(2013), 고객관계 구축을 위한 영업관리, 도서출판 청람, 4장.
- 신형원, 이승현, 홍선영(2008), "한국기업의 CRM 성공전략," 삼성경제연구소 CEO Information, 647호.
- 오준석(2010), "The Ritz Carlton casc : 'Wc arc ladics and gentlemen serving ladies and gentlemen'," 專門經營人研究, 13(1), 1-19.
- 이성동(2005), 영업달인은 절대 세일즈하지 않는다, 호이테북스, 307.
- 조준일(2010), "차별적인 경쟁력 : 맞춤화와 개방형 혁신으로," LG Business Insight, 6월 9일, 17-31.
- 서닐 굽타, 도날드 레흐만(2006), 당신의 고객을 업그레이드 하라, 번역서, 럭스미디어, 66-67, 84-88, 91-95.
- 일레인 해리스(2012), 고객가치를 높이는 고객서비스 전략, 번역서, 시스마북스, 257-258.
- 티모시 L. 케이닝햄, 테리 G. 바브라, 러잔 액소이, 헨리 왈라드(2006), 고객충성의 신화 : 고객충성도에 관한 오해와 진실, 번역서, 비즈니스맵, 30-32.
- 나눔자리, 리츠칼튼호텔의 고객지향전략, 2008년 4월 21일, http://blog.naver.com/su12192000/80050994806
- 매일경제, "SPC, 온라인 음악시장 진출," 2013년 2월 14일.
- 머니투데이, "증권사 '고객 지키기' 마케팅 열전," 2010년 7월 13일.
- 소선비스, "'2년 너 쓰면 현금줍니다'…철퇴 맞아도 '여전'한 통신사 '해지방어,'" 2018년 1월 19일.
- 한국경제, "美 100대 기업 중 40% 탈락한 까닭," 2013년 3월 18일.
- 데일리메디, "종합병원 CRM도입시 '年 수억원' 수익증대," 입력 2004년 7월 21일, http://www.dailymedi.com.
- Baran, Roger J., Robert J. Galka, and Daniel P. Strunk(2008), *Principles of Customer Relationship Management*, Thomson, 347-359.

- Goodman, John(1999), "Basic facts on customer compliant behavior and the impact of service on the bottom line," TARP Report.
- Hawkins, Trace(2010), "Retain customer and win : How a comprehensive churn management approach improves margins," North Highland White Paper.
- Ingram, Thomas N., Raymond W. LaForge, Ramon A. Avila, Charles H. Schwepker, Jr., and Michael R. Williams(2009), *Sales Management : Analysis and Decision Making*, 7th ed., M.E.Sarpe.
- Reichheld, Frederick F.(1999), *The Loyalty Effect, The Hidden Force Behind Growth, Profits, and Lasting Value*, Harvard Business School Press, 33–62.
- http://en.wikipedia.org/wiki/Sainsbury's_Bank

CHAPTER 08

로열티 프로그램

로열티 프로그램(loyalty program)은 '고객들의 충성도를 제고시키기 위해 지속적이고 일관성 있게 운영되는 프로그램'으로 정의될 수 있다. 이러한 정의에 따라 로열티 프로그램의 특징을 다음과 같이 기술할 수 있다.

첫째, 고객들의 충성도는 행동적인 측면과 태도적인 측면을 모두 지니고 있기 때문에 로열티 프로그램에는 반복적 구매와 같은 행동적인 충성도는 물론, 감정적인 애착이나 우호적인 감정 등과 같은 태도적인 충성도를 제고시키기 위한 프로그램도 포함된다. 즉, 금전적인 혜택의 부여를 통해 반복적 구매를 유도하는 프로그램은 물론, 인지서비스나 특별대우서비스와 같이 감성적인 혜택의 부여를 통해 우호적인 감정의 제고를 목적으로 하는 프로그램도 포함된다.

둘째, 로열티 프로그램은 사전에 정해진 운영지침에 따라 지속적으로 이루어진다는 점에서 단발적으로 이루어지는 행사성의 프로그램과 구분된다. 예를 들어 고객초청행사나 고객경진대회 등이 지속적이고 반복적으로 행해지는 것이 아니라 그때그때의 필요에 따라 치러지는 단발성 행사라면 로열티 프로그램에는 포함되지 않는다.

셋째, 로열티 프로그램에 대한 내용은 홈페이지 등을 통해 공개된다. 따라서 이는 고객과의 공개된 약속이며, 기업은 반드시 이를 준수하여야 한다.

본장에서는 로열티 프로그램의 유형, 마일리지 프로그램, 우수고객우대 프로그램 등에 대해 기술한다.

제1절 로열티 프로그램의 유형

기업에서 운영하고 있는 로열티 프로그램은 [그림 8-1]에서와 같이 마일리지 프로그램(mileage program)과 우수고객우대 프로그램의 두 가지로 나누어질 수 있다. 마일리지 프로그램은 고객이 구매를 할 때마다 적립되는 포인트를 현금과 같이 사용할 수 있도록 하는 것을 의미하고, 우수고객우대 프로그램은 일정한 기준에 따라 선정된 우수고객에게 다양한 금전적 및 비금전적 혜택을 제공하는 것을 의미한다.

마일리지 프로그램도 실적이 많은 고객에게 더 많은 혜택을 부여하는 방식으로 운용되기 때문에 우수고객을 우대하는 측면을 지니고 있지만, 우수고객우대 프로그램은 여러 가지 측면에서 마일리지 프로그램과는 확연히 구분된다. [표 8-1]은 마일리지 프로그램과 우수고객우대 프로그램이 어떠한 점에서 차이가 있는지에 대해 기술하고 있다. 두 프로그램의 가장 핵심적인 차이는 마일리지 프로그램이 모든 고객을 대상으로 하는 범용적 프로그램인 반면, 우수고객우대 프로그램은 기여도가 높은 고객들만을 대상으로 하는 배타적 프로그램이라는 점이다. 이 밖에도 이 두 개의 프로그램은 혜택 제공기준, 제공 혜택, 등급, 혜택 제공기간, 운용시스템 등에서 많은 차이를 보인다.

그림 8-1 로열티 프로그램의 두 가지 유형

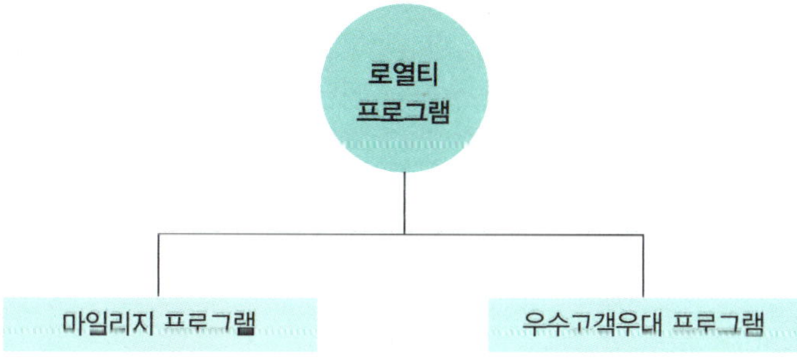

| 표 8-1 | 마일리지 프로그램과 우수고객우대 프로그램의 차이점

구분	로열티 프로그램	
	마일리지 프로그램	우수고객우대 프로그램
혜택 제공 대상 고객	• 거래실적이 있는 모든 고객이 혜택 제공 대상이 될 수 있음 • 다만 고객의 의사를 확인하거나 거래정보를 확보하기 위해 회원 등록 절차가 필요할 수 있음	• 우수고객 선정기준에 부합하는 고객만이 혜택 제공의 대상이 됨
혜택 제공 기준	• 구매액이 유일한 기준임	• 우수고객 선정에는 구매액을 포함하여 다양한 기준이 사용될 수 있음. 즉, 구매액 이외에 수익기여도, 거래기간, 신용등급, 소개고객의 수 등이 활용됨 • 과거의 실적뿐만 아니라 잠재력과 같이 미래의 가능성을 평가하는 지표도 사용될 수 있음 • 사회적 명망도와 같이 현재 및 미래의 매출기여도와는 관련이 없는 기준이 사용되기도 함
제공 혜택	• 적립 포인트에 비례하는 금전적 혜택을 제공함	• 금전적 혜택은 물론 고객접점에서의 특별대우와 같은 비금전적 혜택도 중요한 혜택이 됨
등급	• 별도의 등급이 없음	• 우수고객을 몇 개의 등급으로 세분화하고 각 등급에 따라 혜택을 다르게 설계하는 것이 일반적임(예 : 최우수VIP/우수VIP/VIP, 실버/골드/다이아몬드 등)
혜택 제공 기간	• 마일리지 프로그램이 자격을 부여하는 제도는 아니기 때문에 별도의 혜택 제공기간은 없음 • 그렇지만 회사의 부담을 줄이기 위해 적립 포인트를 일정기간이 경과하도록 사용하지 않으면 소멸하도록 하는 경우가 많음	• 일반적으로 구매 사이클을 고려한 자격부여기간이 정해짐. 즉, 일정한 조건을 지속적으로 충족시켜야 우수고객으로서의 자격을 유지할 수 있음 • 주로 분기단위 혹은 1년 단위로 자격이 주어지며, 경우에 따라서는 자격 박탈의 대상이 되는 고객에 대하여 유예기간을 부여하기도 함 • 항공사의 경우와 같이 정해진 실적을 초과 달성한 고객에 대해서는 종신 우수고객의 자격을 부여하기도 함
운용 시스템	• 모든 고객을 대상으로 하고, 또한 실시간으로 누적 포인트가 정확하게 계산되어야 하기 때문에 전사적으로 운용하기 위해서는 상당한 규모의 시스템이 요구됨	• 프로그램의 대상이 되는 고객의 수가 적고, 일정기간의 성과를 평가하여 대상고객을 정하기 때문에 정교한 시스템에 대한 필요성은 마일리지 프로그램에 비해 적음 • 마일리지 프로그램을 위한 시스템이 갖추어져 있는 경우에는 이를 약간만 보완하는 정도로도 충분함

이러한 많은 차이점에도 불구하고 이 두 개의 로열티 프로그램은 고객의 로열티를 증진시킨다는 공통점을 가지고 있기 때문에 호텔, 항공사, 백화점, 화장품 등 다양한 업종에서 이 두 개의 프로그램을 같은 틀 속에서 운용하고 있다. 이러한 방법을 통해 고객들이 구매를 증진시킴으로써 마일리지서비스도 받고, 동시에 우수고객으로서의 자격을 획득하여 다양한 혜택을 누릴 수 있다는 점을 쉽게 이해할 수 있도록 하고 있다. 다음은 이러한 몇몇 예를 제시하고 있다.

① 메리어트호텔은 '메리어트 리워즈(Marriott Rewards)'라는 명칭의 로열티 프로그램을 통해 객실요금이나 부대시설 이용비용 등을 기준으로 적립된 포인트(미화 1달러당 10포인트)를 여행패키지 구입, 쇼핑 등에 사용할 수 있도록 하는 동시에, 과거 1년간의 숙박 일수를 기준으로 5개 등급의 우수고객을 선정하고(실버, 골드, 플래티넘, 티타늄, 앰배서더), 이들에게 전담 고객서비스 전화번호, 체크아웃시간 연장, 객실등급 업그레이드서비스 등 다양한 혜택을 제공하고 있다.

② 아시아나항공은 '아시아나클럽(Asiana Club)'이라는 로열티 프로그램의 틀 속에서 마일리지 프로그램과 함께 5개의 등급(플래티넘, 다이아몬드 플러스, 다이아몬드, 골드, 실버)으로 이루어진 우수고객우대 프로그램을 운용하고 있다.

③ SK텔레콤은 3개 등급(VIP, 골드, 실버)으로 이루어진 우수고객우대 프로그램이 포함된 'T 멤버십서비스'를 운용하고 있다.

④ 아모레퍼시픽은 마일리지 프로그램인 뷰티포인트의 회원을 대상으로 2개의 등급(플래티넘, 골드)으로 나누어진 우수고객우대 프로그램을 운용하고 있다.

제 2 절 마일리지 프로그램

1. 마일리지 프로그램의 개념과 유래

1.1 마일리지 프로그램의 개념

마일리지 프로그램은 가장 보편적으로 사용되고 있는 로열티 프로그램이며, '구매액에 따라 포인트를 적립시키고, 적립된 포인트에 따라 일정한 금전적 혜택을 부여하는 범용적 프로그램'이라고 정의될 수 있다. 마일리지 프로그램은 반복구매 프로그램(frequent purchase program), 보상 프로그램(reward program) 등 다양한 이름으로 불리고 있다. 고객에 대한 보상으로 마일리지, 캐시백 포인트, 가격할인, 상품증정 등의 다양한 혜택을 제공하지만, 가장 전형적인 형태는 고객에게 구매액에 상응하는 포인트를 부여하고 포인트가 일정수준에 이르면 이 포인트를 자사(경우에 따라서는 타사)의 제품이나 서비스로 교환해 주는 것이다. 이러한 정의에 따라 마일리지 프로그램의 특징은 다음과 같이 세 가지로 요약될 수 있다.

① 구매액 기준의 혜택 부여 : 마일리지 프로그램에서의 혜택 부여기준은 구매액이다. 다음 절에서 기술된 우수고객우대 프로그램에서는 구매액 이외에도 다양한 변수들이 사용되지만 마일리지 프로그램에서는 구매액이 유일한 혜택 부여의 기준이 된다.

② 금전적 혜택의 부여 : 마일리지 프로그램에서는 현금 쿠폰, 상품권, 선물 등과 같은 금전적 혜택을 부여한다. 즉, 우수고객우대 프로그램과는 달리 마일리지 프로그램을 통해 비금전적 혜택을 부여하는 경우는 거의 없다. 적립된 항공마일리지로 항공권을 구입하거나 승급서비스를 받는 것, 대형 할인점에서 적립 포인트를 활용하여 쇼핑을 하거나 상품권을 구매하는 것 등이 금전적 혜택의 대표적인 예라고 할 수 있다.

③ 범용적 프로그램 : 마일리지 프로그램은 특정한 고객들만을 대상으로 적용되는 프로그램이 아니라 모든 고객을 대상으로 적용될 수 있는 프로그램이다.

1.2 마일리지 프로그램의 유래

마일리지 프로그램은 최근에 등장한 새로운 마케팅 프로그램이 아니며, 19세기 중엽에 세계 최초의 협동조합인 영국의 로치데일 파이어니어(Rochdale Pioneer)가 조합원들에게 구매액에 비례하여 남은 상품을 배당금의 형태로 지급한 것이 그 시초인 것으로 알려져 있다. 20세기에 들어서는 통합형 마일리지 프로그램이라고 할 수 있는 S&H 그린 스탬프(Green Stamps)와 같은 스탬프 기반의 마일리지 프로그램이 많은 인기를 끌었다([글 8-1] 참조).

글 8-1 S&H사의 그린 스탬프

S&H(Sperry and Hutchinson)사는 스페리(Thomas Sperry)와 바이런(Shelley Byron)에 의해 1896년에 설립되었으며, 그 해부터 슈퍼마켓, 백화점, 주유소 등과 같은 소매업체에게 S&H 그린 스탬프(Green Stamps)를 판매하기 시작하였다. 그린 스탬프는 일종의 쿠폰이라고 할 수 있는데, 녹색의 우표와 같은 형태를 기지고 있었기 때문에 그리한 이름을 붙였으며, 1점, 10점, 50점 등의 3가지가 발행되었다. 소매업체들은 S&H사로부터 이 스탬프를 사다가 현금을 내고 자사의 상품을 사가는 고객들에게 이 스탬프를 보상으로 주었다. S&H사는 고객들에게 모두 24페이지로 구성된 수집책을 무료로 나누어 주었는데 한 페이지에 50점을 붙이도록 되어 있었기 때문에 한 권을 모두 붙이면 1,200점이 되었고, 이를 가지고 S&H사가 운영하는 상점이나 카탈로그를 통해서 가정용품 등 자신이 원하는 상품을 선택하여 받을 수 있었다. 포인트 적립률은 소매업체들이 자율적으로 정하였으며, 따라서 고객들은 적립률이 높은 소매업체들을 선택하여 쇼핑하는 현상도 나타났다.

이 회사는 1960년대에 가장 번성하였는데, 1960년대에 이 회사가 발행한 카탈로그는 미국에서 가장 많은 인쇄 부수를 기록하였으며, 미국우정국에서 발행하는 우표의 3배에 달하는 스탬프를 찍어냈다. 1970년대 들어서 경기가 급강하하고 또한 업계의 경쟁이 심해지면서 사양길로 접어들었다. 수익성을 제고하기 위해 동일한 상품을 받는 데 더 많은 포인트의 스탬프를 수집하여 가져오도록 하였는데, 이로 인해 스탬프를 사용하는 소비자들이 급감하였다. 1990년대 말에는 약 100여 개의 상점만이 그린 스탬프를 취급하고 있었는데, 인터넷 시대가 도래함에 따라 오프라인에서의 거래는 모두 사라지고 현재는 온라인 구매만을 대상으로 하는 '그린 포인트(greenpoints)'를 제공하고 있다.

자료 : 위키피디아 인터넷 사전, http://en.wikipedia.org/wiki/S&H_Green_Stamps

그러나 현재와 같은 CRM 도구로서의 마일리지 프로그램은 미국의 아메리칸에어라인(American Airline)이 1981년에 도입한 FFP(Frequent Flier Program)가 최초라고 할 수 있다([글 8-2] 참조). 이렇게 항공사에 의해 최초로 도입된 마일리지 프로그램은 1990년대 말에 접어들면서 도입하는 기업들이 폭발적으로 증가하기 시작하였으며, 현재는 백화점, 호텔, 레스토랑, 이동통신, 대형 할인점, 베이커리 체인점, 도넛 체인점, 주유소, 대형 서점 등 거의 모든 산업에 걸쳐 보편화되었다. 마일리지 프로그램이 확산된 것은 경쟁심화와 시장포화가 진행됨에 따라 신규고객을 확보하는 데 소요되는 비용보다 기존고객을 유지하는 데 소요되는 비용이 훨씬 적게 든다는 인식이 확산되었기 때문이다.

글 8-2 아메리칸에어라인의 마일리지 프로그램

지금은 전 세계적으로 보편화되어 있는 항공사의 FFP는 우수고객 유지를 위한 마일리지 프로그램의 효시라고 할 수 있다. 미국의 아메리칸에어라인(American Airline)은 이 부문의 선두주자로 1981년 에이어드밴티지 프로그램(AAdvantage Program)이라고 불리는 최초의 마일리지 프로그램을 도입하였다. 미국 정부는 1970년대 들어 항공기 운임을 적정 수준에서 유지시켜 줌으로써 항공사에 일정 이윤을 보장하여 주던 제도를 없애버렸는데, 이에 따라 미국 항공업계는 본격적인 경쟁체제에 돌입하면서 경쟁력의 강화를 위한 방안을 절실히 필요로 하고 있었다. 항공사는 고객에게 티켓을 판매할 때, 여행일자, 여행목적지, 티켓의 가격 등의 정보를 기록하고 있기 때문에, 특정 고객이 자사 항공기를 얼마나 자주 이용하며 또한 얼마를 지불하였는지에 대한 정보를 가지고 있었다. 이러한 고객정보의 분석을 통해 이들 항공사는 80/20법칙을 발견하게 되었으며, 비즈니스 목적의 여행객이 주류를 이루는 20%의 우수고객을 어떻게 고정고객화시킬 것인가를 고민하게 되었다. 완벽한 고객데이터베이스의 보유, 그리고 80/20 파레토법칙은 항공사로 하여금 자연스럽게 FFP라고 불리는 마일리지 프로그램을 만들어내게 하였다. 그런데 이 제도의 시행 초기에는 전산시스템의 미비로 인해 일정 마일리지에 해당하는 쿠폰을 지급하고 쿠폰이 누적되면 무료로 탑승할 수 있는 서비스를 제공하였는데, 이 쿠폰이 거래되는 암시장이 형성되기도 하였다. 그러나 1976년 AA가 항공업계 최초로 세이버(SABRE)라 불리는 항공예약시스템을 도입하면서 이러한 현상은 사라졌다. 에이어드밴티지 프로그램은 세계 최대의 FFP로 2003년 현재 4,500만 명 이상의 회원을 확보하고 있다.

자료 : 박찬욱(1996), 데이터베이스마케팅, 연암사, 202–203;
Kumar, V. and Werner J. Reinartz(2006), *Customer Relationship Management : A Databased Approach*, John Wiley & Sons, Inc., 169.

2. 마일리지 프로그램의 목적

2.1 로열티의 제고

마일리지 프로그램은 로열티 프로그램의 일환이며, 따라서 프로그램의 가장 주된 목적은 고객들의 로열티를 제고시키는 데 있다. 하지만 마일리지 프로그램을 통해 고객들의 로열티를 이끌어내는 것이 점점 더 힘들어지고 있다. 이러한 현상이 나타나게 된 가장 큰 이유는 마일리지 프로그램에서 제공하는 보너스 포인트가 경쟁사가 제공할 수 없는 특별한 혜택이 아니라 일반적으로 제공되는 보편적인 서비스가 되어 가고 있기 때문이다. 예를 들어 아메리칸에어라인에 의해 최초로 도입된 FFP는 도입 초기에는 경쟁우위의 확보를 위한 매우 효과적인 수단이었지만, 지금은 거의 모든 항공사가 도입하고 있는 평범한 서비스가 되어 버렸다. 백화점과 같은 대형 유통업체들도 거의 대부분 마일리지 프로그램을 가지고 있기 때문에 소비자들은 여러 개의 마일리지 카드를 가지고 다니면서 사용한다. 이처럼 마일리지 프로그램은 경쟁사가 할 수 없는 매우 특별한 혜택을 제공하는 경우를 제외하고는 매우 쉽게 모방할 수 있기 때문에 경쟁우위를 확보하는 유용한 수단이라기보다는 마일리지 프로그램을 운용하지 않으면 소비자의 구매 대상에서 제외되는 기본적인 서비스가 되어 버리고 있다([글 8-3] 참조).

마일리지 프로그램을 통해 반복적인 구매를 유도할 수는 있지만, 진정한 로열티는 반복적인 구매는 물론 심정적으로도 자사의 제품이나 서비스에 대해 강한 애착을 가질 때 형성된다. 즉, 행동적 로열티(behavioral loyalty)와 함께 태도적 로열티(attitudinal loyalty)도 같이 제고시킬 수 있을 때 비로소 진정한 로열티를 확보했다고 할 수 있다. 그래서 진정한 로열티를 확보하는 것은 매우 힘들다. 반복적 구매와 같은 행동적 로열티는 관찰이 되기 때문에 비교적 쉽게 인식할 수 있지만, 고객들이 진정으로 자사의 제품이나 서비스를 좋아하는지는 확인하기가 매우 힘들다.

글 8-3 마일리지 프로그램의 확산과 부작용

1. 마일리지 프로그램에 가입된 전체 미국 고객 회원은 2004년에 약 10억 명에 이르는 것으로 나타났다. 이는 미국 성인 남녀 한 명당 4개의 프로그램에 해당하는 수치이다. 전 세계적으로 보았을 때 마일리지 프로그램 시장은 실로 엄청나다. 하지만 마일리지 프로그램이 만연함에 따라 차별화가 사라졌다는 것이 문제점으로 지적되고 있다. 다양한 프로그램에도 불구하고 고객들은 이들 프로그램을 동일시하기 시작한 것이다. 따라서 고객이 지루해하는 것은 당연하다. 할인보상, 현금보상, 잡지 구독권 또는 상품권 등 비슷한 것들이 너무 많다. 항공마일리지조차도 이제 그 매력을 잃어가고 있다.

호텔업계의 마일리지 프로그램에 대한 연구에 따르면, 브랜드와 로고를 떼면 고객들은 그것이 어느 회사의 프로그램인지 분간하지 못한다고 한다. 더군다나 마일리지 프로그램 회원의 19%는 그들이 적립한 포인트마저 잊고 지내고, 결국에는 사용하기도 전에 유효기간이 끝나버리는 일도 자주 발생한다. 그리고 현재 마일리지 프로그램에 참여하고 있지 않은 고객 중에 47%는 이러한 프로그램에 앞으로도 관심이 없을 것이라고 말했다. 프로그램이 언제나 존재하고 실질적으로 똑같다는 인식이 만연하면 투자에 비해 얻는 소득이 적어진다. 더욱이 마일리지 프로그램을 연중 가동하는 유통업체들은 그 투자 본전도 못 뽑는 경우가 많다. 컨설팅사인 맥킨지(McKinsey)는 다음과 같은 사실을 알아냈다.

- 유럽의 16개 주요 유통업체는 고객에게 제공할 할인 프로그램을 위해 매년 12억 달러의 예산을 잡고 있으며, 몇몇 슈퍼마켓 체인은 매년 1억 5천만 달러를 할애하고 있다.
- 대형 유통업체는 모든 비용(교육, 마케팅, IT, 유지관리)을 계산할 때 마일리지 프로그램에 대한 투자 액수가 첫해에 무려 3천만 달러에 이르렀다. 매년 유지비용도 다음 해부터 5백만 달러에서 천만 달러에 이르렀다.
- 손익분기점이라도 넘기려면 매출이 평균적으로 매년 6%는 성장해야 한다. 마일리지 프로그램을 제공하는 미국, 유럽 유통업체의 초기 성장률은 첫해에 식료품업계에서 1~3%, 백화점에서 5~8%로 나타났다. 마일리지 프로그램이 이 성장률조차 갉아먹었던 것이다.

2. 플라이바이(Fly Buy)의 충성도 프로그램은 오스트레일리아에서 가장 널리 보급된 충성도 프로그램으로 한때는 오스트레일리아의 모든 소매상 소비의 20%를 차지하기도 하였다. 플라이바이 개시 이후 2만 명의 회원이 가입하였으며, 프로그램 운영비는 20만 달러를 넘었었다. 이 프로그램은 특정 백화점과 슈퍼마켓에서 쇼핑을 할 때, 신용카드를 사용할 때, 자동차에 주유를 할 때 포인트를 적립해주었다. 하지만 플라이바이가 효과적이었다는 증거는 어디에도 없다. 바이런(Byron)과 샤프(Sharp)는 설문조사를 실시하여 일반 소비자들의 소비패턴과 플라이바이 충성도 프로그램 가입자들의 소비패턴의 차이점들을 분석하였으며, 이를 통해 다음과 같은 두 가지 중요한 결과를 도출하였다.

- 소비패턴을 분석했을 때 플라이바이 상품들이 더 많은 소비를 발생시켰다는 증거가 없다.
- 여섯 개의 플라이바이 상품들 가운데 단 두 상품에서만 실제적이고 반복적인 소비충성도가 나타났는데 이것은 플라이바이의 회원들과 비회원들에게서 똑같이 나타난 현상이다.

이러한 결과는 플라이바이에 참여한 많은 고객들의 충성도를 크게 증가시키지 못했다는 사실과 마일리지 프로그램이 실제로 어떤 것이고, 어떻게 만들어지고 운영되어야 하는지에 대한 이해도가 부족했다는 점을 명확히 보여준다.

자료 : 티모시 L. 케이닝햄, 테리 G. 바브라, 러잔 액소이, 헨리 왈라드(2006), 고객충성의 신화 : 고객충성도에 관한 오해와 진실, 번역서, 비즈니스맵, 30-32, 127-128.

2.2 수익의 증가

수익증가도 마일리지 프로그램의 중요한 목적이 된다. 수익의 증가는 마일리지 프로그램에 참여하는 고객들의 유지율의 향상, 낮아진 가격민감도, 더욱 빈번한 구매 등을 통해 이루어진다. 그렇지만 마일리지 프로그램을 통해 수익을 향상시킬 수 있다는 주장에 대한 비판도 만만치 않다. 이러한 비판의 중심에는 마일리지 프로그램을 구축하고 운영하는 데 상당한 비용이 소요된다는 사실이 자리하고 있다.

마일리지 프로그램이 고객이 구매할 때마다 단순히 도장을 찍어주거나 쿠폰을 나누어주는 방식으로 이루어지는 경우에는 전산시스템이 꼭 필요한 것은 아니다. 그렇지만 마일리지 프로그램을 고객정보와 연동하여 체계적으로 구매정보를 축적할 수 있는 형태로 운용하기 위해서는 상당한 규모의 IT 투자가 선행되어야 한다. 더욱이 특정 가맹점에서 물건을 구입하면서 적립된 포인트를 다른 가맹점에서도 사용할 수 있도록 하기 위해서는 가맹점 간의 정산이 정기적으로 이루어져야 하기 때문에 시스템도 더 복잡해지고, 운용상의 업무도 크게 늘어난다. 많은 기업들이 OK캐쉬백과 같이 다른 기업이 운용하는 통합 마일리지서비스에 참여하는 이유 중의 하나도 자체적으로 시스템을 구축하고 유지하는 것이 비용적으로 부담스럽기 때문이다. 시스템을 구축하는 비용뿐만 아니라 고객에게 혜택을 제공하는 데도 많은 비용이 소요된다. 이는 고객으로 하여금 선택의 자유를 포기하고 자사의 제품이나 서비스를 지속적으로 구매하도록 만들기 위해서는 그에 상응하는 충분한 금전적인 혜택을 제공하여야 하기 때문이다. 고객에게 구매액에 비례하는 포인트를 제공하는 경우에 이 포인트는 최종이익금에서 지출되어야 하기 때문에 수익률에 미치는 영향이 매우 크다. 예를 들어 구매액의 1%에 해당하는 포인트를 제공하는 경우에 해당 업체의 수익률이 전체 매출액의 5%라고 가정하면 포인트제도로 인해 수익률은 5%에서 4%로 무려 20%가 감소하게 된다. 항공사, 카드사들이 마일리지 프로그램을 축소하고 대형 유통점들이 마일리지 프로그램을 포기하는 사례가 나타나는 것은 이처럼 경제적인 부담이 매우 크기 때문이다([글 8-4] 참조).

또한 마일리지 프로그램을 통해서 로열티가 높지 않았던 고객들을 로열티가 높은 고객으로 만들 수 있어야 수익이 증가하는데, 마일리지 프로그램에 참여하는 많은 고객들이 원래부터 로열티가 높았던 고객들이라는 점도 수익률을 낮추는 큰 요인이 된다는 점이 지적될 수 있다. 즉, 포인트를 제공하지 않아도 구매를 잘할 수 있는 고객을 대상으로 포인트를 제공하는 결과가 되기 때문에 마일리지 프로그램을 도입한 후의 수익률이 도입하기 이전보다 낮아지게 된다.

글 8-4 카드사의 비용절감을 위한 항공마일리지의 축소

카드사들이 소비자에게 인기를 끌고 있는 항공마일리지 카드의 적립한도를 대폭 줄이거나 아예 없애는 등 마일리지 카드 혜택 축소에 나섰다. 13일 카드업계에 따르면 현대카드는 내년 초 항공마일리지와 M포인트를 동시에 적립해주는 퍼플카드의 보상체계를 손질할 예정이다. 앞서 현대카드는 지난달 레드카드에 대해 항공마일리지 적립형 상품을 아예 폐지하고 포인트 적립만 선택할 수 있게끔 부가서비스제도를 바꾼 상태다. KB국민카드도 내년 초부터 '테제'카드의 월간 마일리지 적립한도를 5만 마일에서 1만 5천 마일로 대폭 줄이고, 로블 스카이패스와 로블 토털마일 카드에 대한 마일리지 적립조건을 강화할 예정이다. 신한카드는 지난 10월부터 모든 항공마일리지 카드에 할인금액은 적립 대상에서 제외한다는 조건을 만들었다. 삼성, 롯데, KB국민카드 등도 하반기부터 무이자할부 결제금액에는 마일리지를 쌓아주지 않고 있다. 이처럼 카드사들이 항공마일리지부터 축소하고 나선 것은 마일리지가 자체 포인트에 비해 비용이 많이 들어가기 때문이다.

자료 : 매일경제, "마일리지 카드 사라지나," 2012년 12월 13일.

2.3 고객정보의 확보

마일리지 프로그램이 로열티 제고나 수익증가에 그다지 기여하지 못하고 있는 경우에도 구태여 이 프로그램을 운영하는 기업들이 많이 있다. 왜 그럴까? 이는 마일리지 프로그램을 통해서 고객에 대한 정보를 축적하고, 축적된 정보에 대한 분석을 통해 매출증진을 위한 캠페인이나 보다 정교한 마케팅전략을 수립할 수 있기 때문이다. 특히 대형 유통업체나 대형 프랜차이즈 가맹본부가 마일리지 프로그램에 대해 많은 관심을 갖는 이유는 이 업체들은 마일리지 프로그램을 도입하지 않으면 대규모로 고객정보를 확보할 수 있는 방법이 없기 때문이다. 금융업체나 통신업체들은 업(業)의 특성상 업무를 수행하는 과정에서 고객정보가 자연스럽게 데이터베이스에 축적되지만, 유통업체나 프랜차이즈업체들은 그렇지 못하다. 그래서 이들 업체들은 많은 비용이 소요되는 마일리지 프로그램을 구태여 운영하면서 고객정보의 수집을 위해 노력한다.

이렇게 수집된 고객정보는 OLAP이나 데이터마이닝과 같은 분석도구를 사용하여 분석되며, 분석된 결과를 바탕으로 단기 매출을 위한 캠페인이 기획될 수도 있고, 보다 장기적인 관점에서의 경쟁력을 강화하기 위한 마케팅전략이 세워질 수도 있다. 예를 들어 유통업체들은 장바구니분석이나 의사결정나무 등과 같은 데이터마이팅 도구를 사용하여 특정 상품을 대상으로 하는 교차판매캠페인을 기획할 수도 있고, RFM 분석을 바탕으로 매장 방문을 위한 DM캠페인을 기획하거나 이탈 징후를 보이는 세분시장에 대한 대책을 세울 수도 있다. 또한 고객정보를 지리정보와 결합시켜 자사의 상권을 분석하고, 이를 비탕으로 새로운 상권에 대한 개척이나 기존 상권의 강화를 위한 계획을 수립할 수도 있다. 온라인 업체라면 고객이 선호하는 제품을 바탕으로 초기 화면을 고객의 취향에 맞도록 개인화하는 작업을 수행할 수도 있다. 이처럼 고객정보는 단기적인 매출증진은 물론, 중 · 장기적인 경쟁력 강화를 위해서도 매우 유용하게 사용될 수 있다.

2.4 고객의 기여도에 따른 혜택의 제공

마일리지 프로그램의 또 하나의 목적은 기여도가 높은 고객에게 보다 많은 혜택을 부여하는 데 있다. 고객이 마일리지 프로그램을 통해 많은 혜택을 받기 위해서는 보다 많은 구매를 하여야 한다. 구매를 많이 한다는 것은 기업에 대한 기여도가 높다는 것을 의미하기 때문에 결과적으로 마일리지 프로그램은 기여도에 따라 차별적으로 혜택을 제공하는 효과를 갖는다. 즉, 마일리지 프로그램은 구매를 많이 하는 우수한 고객들을 우대하는 역할을 한다. 이러한 의미에서 마일리지 프로그램은 우수고객우대 프로그램과 유사한 효과를 갖는다고 할 수 있다. 그래서 앞에서 언급한 바와 같이 마일리지 프로그램은 우수고객우대 프로그램과 연동하여 운영하고 있는 기업들도 많이 있다. 그렇지만 마일리지 프로그램은 우수고객을 명시적으로 선정하여 이들에게 특화된 혜택을 제공하는 것은 아니며, 이러한 의미에서 우수고객우대 프로그램과는 명확히 구별된다. 우수고객우대 프로그램에 대해서는 제3절에서 상세히 기술한다.

3. 마일리지 프로그램의 유형

마일리지 프로그램은 [그림 8-2]에서와 같이 '포인트의 적립 및 상환과 관련된 기업의 수'와 '운영주체의 유형'의 두 가지 기준에 따라 난독형 마일리지 프로그램, 제휴형 마일리지 프로그램, 통합형 마일리지 프로그램 등의 세 개 유형으로 나누어질 수 있다.

그림 8-2 마일리지 프로그램의 유형

		관련 기업의 수	
		1개	다수
운영주체	마일리지 제공기업	단독형 마일리지 프로그램	제휴형 마일리지 프로그램
	독립 운영기업	………	통합형 마일리지 프로그램

3.1 단독형 마일리지 프로그램

단독형 마일리지 프로그램은 기업이 자사의 상품을 구매한 고객을 대상으로 보상을 해주는 프로그램을 의미하며, 가장 일반적인 형태의 마일리지 프로그램이라고 할 수 있다. 여기에는 홈플러스, 카페베네, 아모레퍼시픽, 아디다스코리아, 제일모직 등의 개별기업이 단독으로 운영하는 프로그램은 물론 매일유업, CJ, 롯데 등이 여러 계열사를 연계하여 마일리지를 제공하는 프로그램도 포함될 수 있다.

3.2 제휴형 마일리지 프로그램

제휴형 마일리지 프로그램은 포인트의 적립 및 상환이 주도하는 기업과의 거래는 물론, 제휴사와의 거래를 통해서도 이루어질 수 있도록 만들어진 마일리지 프로그램을 의미한다. 제휴형 마일리지 프로그램의 목적은 주도하는 기업이 자사의 고객에게 보다 다양한 포인트의 적립 및 상환방법을 제공함으로써 자사에 대한 보다 강력한 로열티를 형성시키는 데 있다. 최근 들어 경쟁적으로 도입된 단독형 마일리지 프로그램의 차별화 수단으로서의 가치가 하락함에 따라 보다 경쟁력 있는 마일리지 프로그램의 구축을 위해 제휴형 마일리지 프로그램을 활발히 도입하고 있다. 예를 들어 아시아나항공은 자사와의 거래뿐만 아니라 제휴하고 있는 호텔, 렌터카회사, 카드사, 은행, 인터넷쇼핑몰, 면세점, 보험사, 운송회사 등과의 거래에도 마일리지를 적립하여 주고 있으며, 적립된 마일리지를 제휴하고 있는 영화관, 리조트시설, 아트홀 및 미술관, 놀이시설 등에서도 사용할 수 있도록 하고 있다. 이러한 제휴형 마일리지 프로그램은 카드사나 항공사와 같이 업무의 수행과정에서 다양한 업종의 기업과 관련을 맺고 있으면서, 비교적 규모가 커서 타사와의 교섭에서 힘을 발휘할 수 있는 기업들에 의해 도입되는 경향이 있다([글 8-5] 참조).

글 8-5 제휴형 마일리지 프로그램 사례

1. 신한카드의 '마이신한포인트'

신한카드가 마이신한포인트로 다양한 오프라인 상품과 온라인 콘텐츠 구입이 가능한 '포인트 백화점'을 홈페이지 내에 오픈했다고 21일 밝혔다. 신한카드 포인트 백화점은 외식, 제과, 커피, 피자, 식음료, 음악감상, 방송 보기 등 온 · 오프라인의 다양한 상품을 마이신한포인트로 구매하여 바로 사용할 수 있는 디지털 상품몰이다. 상품을 선택하면 회원 휴대폰으로 기프티콘(문자메시지 형태로 전송되는 쿠폰)이 전송되며, 이를 오프라인 매장에서 상품을 받을 때 제시하거나, 온라인 사이트 콘텐츠 이용 시 번호 등을 입력하는 방식으로 사용하면 된다. 신한카드 포인트 백화점에서는 맥스무비 영화 예매권, 아웃백스테이크하우스, 씨즐러, 버거킹, 크리스피크림도넛, 던킨도너츠 등 외식 관련 상품, 탐앤탐스, 엔제리너스 등의 커피 관련 상품, GS25, 7-ELEVEN에서 교환할 수 있는 과자 및 음료 관련 상품 등을 구입할 수 있으며, 넷마블, 피망 등 게임 아이템과 iMBC, 벅스, 클럽박스 등 음악감상, 방송 다시 보기 등 온라인 콘텐츠도 구입할 수 있다. 신한카드 관계자는 "고객들의 선호도가 높은 가맹점에서 포인트를 사용할 수 있기 때문에 큰 호응을 얻을 것으로 기대한다"며, "고객들이 좋아하는 브랜드와 상품을 지속적으로 추가해 마이신한포인트가 '가장 활용하기 좋은 포인트'로 자리매김할 수 있도록 노력할 계획"이라고 말했다.

자료 : 프라임경제, "신용카드 포인트 '안 되는 게 없네'," 2009년 1월 21일.

2. SPC그룹의 '해피포인트'

SPC그룹은 약 1,200만 명에 이르는 회원을 가지고 있는 자사의 '해피포인트 카드'를 식품 · 외식업계에선 처음으로 자사 이외의 제휴사에서도 사용할 수 있는 개방형 마일리지 포인트 카드로 전환하였다. 이를 계기로 해피포인트 카드는 파리바게뜨, 배스킨라빈스, 던킨도너츠 등 SPC그룹 브랜드에 한정됐던 혜택을 YES24, 메가박스, 대한항공, 현대오일뱅크, 롯데관광, 옥션 등 문화 · 생활영역까지 확대하게 됐다. '해피포인트 카드' 홈페이지(www.happypointcard.com)를 통해 제휴사를 확인할 수 있고, 제휴사의 상품을 구매할 때 구매금액의 일부를 해피포인트로 적립할 수 있으며, 적립 포인트를 활용하여 할인 혜택을 받을 수도 있다. SPC 관계자는 "'해피포인트 카드'의 적립률은 5%로 다른 개방형 마일리지 포인트카드보다 높은 편"이라며 "파리바게뜨에서 3만 원짜리 케이크 두 개를 샀을 때 적립되는 포인트는 휘발유 100만 원어치를 넣어야 적립되는 포인트와 비슷하다"고 말했다. SPC는 이 카드를 사용하는 고객을 세분화하여 서비스 폭을 확대했다. 실적에 따라 H, A, PP, Y등급으로 나누었으며, 연간 구매액이 120만 원 이상인 최상위의 H고객들에게는 매월 메가박스 1,500원 할인, 대한항공 항공권 10%, SPC 그룹 브랜드 제품 할인 등의 혜택을 주고 있다.

자료 : 헤럴드경제, "해피포인트 카드, 주유소서도 적립하세요," 2012년 6월11일;
파이낸셜뉴스, "해피포인트카드 혜택 강화… SPC, 실적 따른 등급 도입," 2012년 6월 6일.

3.3 통합형 마일리지 프로그램

통합형 마일리지 프로그램은 포인트의 적립 및 상환과는 직접적으로 관련이 없는 제3의 기업에 의해 운영되는 마일리지 프로그램을 의미한다. 이 프로그램은 포인트의 적립과 상환에 여러 기업들이 관련되어 있다는 점에서는 제휴 마일리지 프로그램과 동일하지만, 운영주체가 직접적으로 고객과 거래관계가 있는 기업이 아니라 마일리지를 전문적으로 관리하는 업체라는 점에서 차이가 있다. 통합형 마일리지 프로그램은 다시 동종 업계에서의 통합형 마일리지 프로그램과 다양한 업종으로 구성된 통합형 마일리지 프로그램으로 나눌 수 있다. 동종 업계에서의 통합형 마일리지 프로그램의 대표적인 예로는 에어캐나다, 에어차이나, 루프트한자, 싱가포르항공, 유나이티드항공, 아시아나항공 등을 포함한 전 세계의 27개 항공사를 회원사로 하고 있는 스타얼라이언스(Star Alliance) FFP를 들 수 있다. 이 프로그램은 회원사들을 대리하여 스타얼라이언스서비스라는 회사에 의해 운영되고 있다.

다양한 업종으로 구성된 통합형 마일리지 프로그램의 대표적인 예로는 OK캐쉬백서비스를 들 수 있다. OK캐쉬백서비스의 연원은 SK에너지의 엔클린보너스 카드 프로그램이다. 이 프로그램은 론칭하자마자 대대적인 성공을 거두었다. 이러한 성공에 자극을 받은 경쟁사들이 비슷한 형태의 마일리지 프로그램을 도입하자 SK에너지는 이들 경쟁업체와의 차별화를 위해 제휴 마일리지 프로그램인 OK캐쉬백서비스를 선보였다. OK캐쉬백사업이 급속도로 성장하자 SK그룹은 보다 체계적인 사업전개를 위해 SK에너지의 OK캐쉬백사업부를 ‘SK마케팅&컴퍼니’라는 명칭의 회사로 독립시켰다. 따라서 OK캐쉬백은 단독형 마일리지 프로그램에서 시작하여 제휴형 마일리지 프로그램을 거쳐 통합형 마일리지 프로그램으로 발전한 예라고 할 수 있다. OK캐쉬백서비스는 국내 최대 규모의 고객기반(2,000만 명)을 가지고 있으며, 전국 5만 여 개의 오프라인 가맹점과 300여 개의 온라인 사이트를 제휴사로 하고 있다. OK캐쉬백 적립 포인트가 5,000점 이상 되면 전국 오프라인 가맹점에서 현금처럼 사용할 수 있으며, 온라인 가맹점에서는 포인트 제한 없이 1점만 있어도 사용할 수 있다. 또한 적립 포인트가 50,000점 이상인 고객이 환급신청을 하면 고객의 계좌로 입금시켜준다. [그림 8-3]은 OK캐쉬백서비스의 운영 프로세스를 보여주고 있다.

그림 8-3 OK캐쉬백서비스의 운영 프로세스

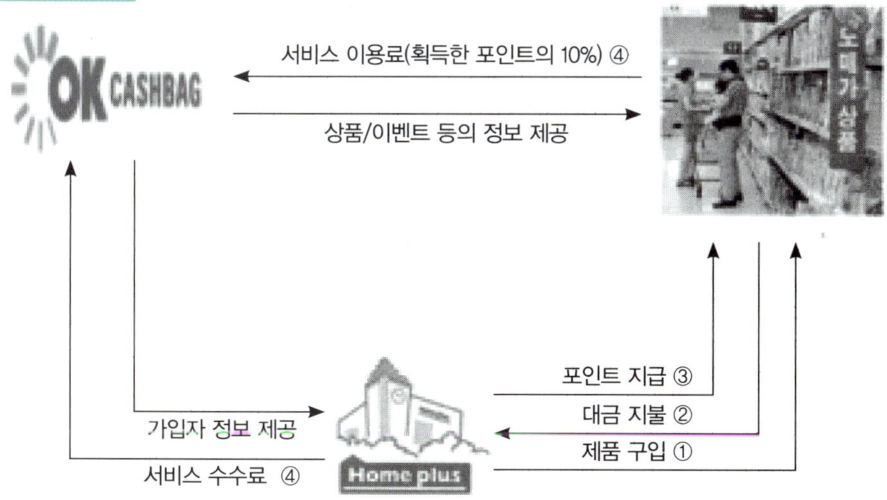

외국에서 가장 유명한 통합형 마일리지 프로그램은 영국에서 일용소비재 및 서비스기업을 중심으로 운영되고 있는 넥타(Nectar) 프로그램이다. 이 프로그램은 '에어로플랜(Groupe Aeroplan)'이라는 이름의 회사에 의해 운영되고 있는데, 이 회사는 다양한 업종의 기업들을 모아 연합군을 구성한 뒤, 이를 기반으로 새로운 마케팅 프로그램 등을 제공하는 마케팅서비스 전문기업이다. 이 회사는 에어캐나다의 마일리지사업부에서 분사한 기업으로 2011년 현재 3,000명의 임직원이 일하고 있으며, 2010년의 매출액은 약 2조 원에 달했다.

4. 마일리지 프로그램의 설계

마일리지 프로그램의 설계를 위해서는 [그림 8-4]에서와 같이 '포인트의 적립' 및 '포인트의 상환'에 대한 의사결정이 이루어져야 한다. 포인트의 적립과 관련하여서는 '포인트 적립의 유형', '포인트 적립률', '적립 포인트의 소멸' 등에 대한 의사결정이 이루어져야 하고, 포인트 상환과 관련하여서는 '적립 포인트 상환의 유형', '적립 포인트의 사용', '부분결제의 허용 여부', '최소 상환가능 적립 포인트' 등에 대한 의사결정이 이루어져야 한다.

그림 8-4 마일리지 프로그램의 설계

4.1 포인트의 적립

포인트의 적립은 대부분 회원카드의 발급과 동시에 이루어지는 것이 일반적이다. 최근에는 웹사이트를 통해 신청하여 모바일기기로 발급받은 모바일 카드가 이용되기도 한다. 포인트의 적립과 관련하여서는 포인트 적립의 유형, 포인트 적립률, 포인트의 소멸 등에 대한 의사결정이 이루어져야 한다.

1) 포인트 적립의 유형

포인트 적립의 유형은 [그림 8-5]에서와 같이 포인트 적립률이 누적 구매액에 따라 어떻게 달라지는가에 따라 고정형 포인트 적립, 계단증가형 포인트 적립, 선형증가형 포인트 적립 등의 세 가지 유형으로 나누어질 수 있다.

① 고정형 포인트 적립 : 이는 포인트 적립률이 누적 구매액에 관계없이 일정한 형태의 포인트 적립을 의미한다. 이 경우에 적립 포인트는 누적 구매액에 비례하여 증가한다.

② 계단증가형 포인트 적립 : 이는 상위 누적 구매액 구간에서의 포인트 적립률이 하위 구매액 구간에서의 포인트 적립률보다 큰 형태의 포인트 적립을 의미한다. 이 경우에 구매증가액이 동일하더라도 하위 구간에 속해 있을 때에 비해 상위 구간에 속해 있을 때 적립 포인트 증가량이 더 크다.

③ 선형증가형 포인트 적립 : 이는 포인트 적립률이 누적 구매액에 비례하여 증가

하는 형태의 포인트 적립을 의미한다. 이 경우에 적립 포인트는 누적 구매액이 증가함에 따라 볼록 함수의 형태로 증가한다.

그림 8-5 포인트 적립의 세 가지 유형

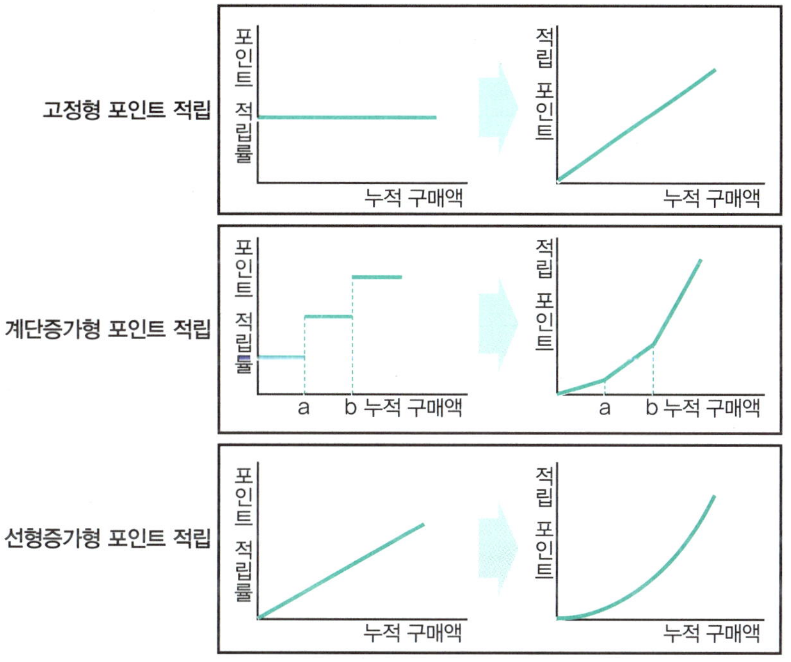

고정형 포인트 적립에서는 고객들이 누적 구매액에 비례하여 혜택을 누리게 되지만, 계단증가형 포인트 적립이나 선형증가형 포인트 적립에서는 누적 구매액이 많을수록 더 많은 혜택을 누리게 된다. 예를 들어 고객 A의 누적 구매액이 고객 B의 누적 구매액의 2배라면 고정형 포인트 적립제도하에서는 고객 A가 고객 B에 비해 2배의 혜택을 누리지만, 계단증가형 포인트 적립이나 선형증가형 포인트 적립제도하에서는 2배 이상의 혜택을 누리게 된다. 따라서 계단증가형 포인트 적립이나 선형증가형 포인트 적립제도는 구매액이 많은 고객에게 더 많은 혜택을 부여하는 제도라고 할 수 있다. 우리나라의 기업들은 대부분 고정형 포인트 적립제도를 채택하고 있지만 우수고객우대 프로그램과 연계하여 계단증가형 포인트 적립제도와 유사한 포인트 제도를 운용하고 있는 예도 있다. 예를 들어 정관장은 연간 구매액에 따라 0.5~1.5%까지 차등적으로 적립률을 적용하고 있으며, 메리어트호텔은 앰배서더, 티타늄, 플래티넘

엘리트, 골드, 실버 5등급 우수고객에 대해 각각 75%, 75%, 50%, 25%, 10%의 보너스 포인트를 추가로 적립시켜주고 있다([그림 8-6] 참조).

그림 8-6 계단증가형 포인트 적립의 예

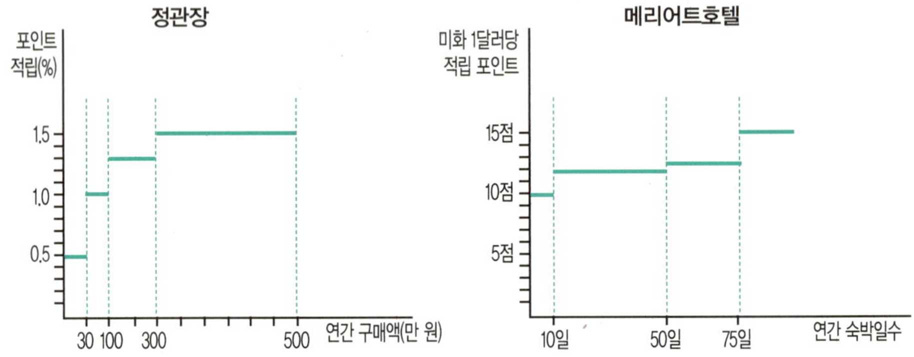

2) 포인트 적립률

포인트 적립률은 회사에 따라 큰 차이를 보이고 있다. 홈플러스는 멤버십카드 종류에 따라 구매금액의 0.1~2%를 적립시켜준다. 이에 비해 아모레퍼시픽은 2~5%, SPC그룹(파리바게뜨, 배스킨라빈스, 던킨도너츠 등을 운영)은 5%, 아디다스코리아는 5%, 삼성물산(제일모직)은 1~5%를 적립시켜준다. 적립률의 수준은 회사의 마일리지 프로그램에 대한 의지에 기인하는 부분도 있겠지만 그보다는 업종별 수익률과 밀접한 관계가 있다. 즉, 마진율이 높은 업종의 기업들이 상대적으로 높은 적립률을 제공한다. 여러 업종의 계열사와 함께 통합 마일리지 프로그램을 운용하는 매일유업이 업종별로 각기 다른 적립률(가정배달 유기농 제품 1%, 의류 2%, 레스토랑 3%)을 적용하고 있는 것도 이러한 이유에 기인한다고 할 수 있다. CJ도 B2C 부문의 모든 계열사를 대상으로 'CJ One'이라는 명칭의 통합 마일리지서비스를 제공하고 있는데, 계열사에 따라 결제금액 대비 0.1~10%를 적립시켜주고 있다(CJ 오쇼핑 0.3%, 올리브영 2%, CGV 5% 등).

그렇지만 이러한 기업 간의 적립률의 평면적인 비교는 1포인트가 1원의 가치를 가지고 있을 때에만 가능하다. 통신, 유통, 호텔, 항공사 등 많은 업종에서는 1포인트가 1원을 의미하지는 않는다. SK텔레콤의 경우 적립률은 납부요금을 기준으로 0.5%인데, 1포인트의 가치는 할인을 받는 품목에 따라 다르지만 1원을 훨씬 상회한다. 예를 들어 신라호텔도 포인트 적립률은 0.1%이지만 실제의 혜택은 구매액 대비 약 2.5~3.5%이다.

3) 적립 포인트의 소멸

적립 포인트는 고객이 이를 상환하면 당연히 소멸되지만, 많은 기업들이 포인트의 누적에 따른 충당금의 부담을 줄이기 위해 상환 이외에도 적립 포인트가 소멸되는 조건들을 두고 있다. 소멸조건은 두 가지로 나누어질 수 있다. 첫 번째는 적립 포인트의 미사용에 따른 소멸이고, 두 번째는 미구매에 따른 소멸이다. 적립 포인트의 미사용에 따른 소멸의 예로는 다음과 같은 것들을 들 수 있다.

① 매일유업, CJ, 현대백화점그룹 H.Point 등은 적립된 포인트를 2년 이내에 사용하지 않으면 소멸되는 것으로 하고 있다.

② OK캐쉬백의 경우에는 최종적립일로부터 5년을 적립유효기간으로 하고 있다.

③ 항공사의 상환가능기간은 구매주기를 감안하여 훨씬 더 길게 설정되어 있다. 아시아나항공은 유효기간 항공 탑승 혹은 마일리지 적립시점의 회원자격에 따라 10~12년의 유효기간을 두고 이 기간 내에 사용하지 않은 마일리지는 자동 소멸되도록 하고 있다.

4.2 적립 포인트의 상환

적립 포인트 상환과 관련하여서는 '적립 포인트 상환의 유형', '적립 포인트의 사용', '부분결제의 허용 여부', '최소 상환가능 적립 포인트' 등에 대한 의사결정이 이루어져야 한다.

1) 적립 포인트 상환의 유형

포인트 상환의 유형은 적립 포인트의 가치를 적립 포인트의 수준에 따라 차등을 둘 것인가의 여부에 따라 단순형 상환과 누진형 상환으로 나누어질 수 있다.

① 단순형 상환 : 이는 적립 포인트 단위당 가치가 적립 포인트의 수준과 관계없이 동일한 형태의 포인트 상환을 의미한다. 이 경우에 모든 고객들은 자신이 적립한 포인트에 비례하는 혜택을 누리게 된다.

② 누진형 상환 : 이는 적립 포인트 단위당 가치가 적립 포인트가 많을수록 높아지는 형태의 포인트 상환을 의미한다. 이 경우에는 구매액이 많은 고객일수록 적

립 포인트 대비 상환되는 혜택의 비율이 높아진다.

2) 적립 포인트의 사용

적립된 포인트는 현금처럼 사용할 수 있다. 자사의 제품이나 서비스를 구매할 때 사용할 수 있음은 물론, 제휴사의 제품이나 서비스를 구매하는 데 사용하게 하는 경우도 있다. 다음은 적립 포인트를 사용하는 몇 가지 사례를 제시하고 있다.

① 호텔신라는 적립된 포인트를 AMEX 여행자수표, 삼성 상품권, 무료 숙박권 등으로 교환하여 사용할 수 있도록 하고 있다.

② 메리어트호텔의 적립 포인트는 무료숙박은 물론, 항공권의 구입, 여행 패키지 구입, 유명 상점에서의 쇼핑 등을 위해 사용할 수 있으며, 더 나아가 적립된 포인트를 다른 사람에게 양도하거나 자선단체에 기부할 수도 있다.

③ 아시아나항공은 적립 포인트를 이용하여 아시아나항공 및 스타얼라이언스에 소속된 항공사들의 항공권을 구입하거나 좌석승급을 위해 사용할 수 있음은 물론, 영화관, 호텔, 리조트, 기내 면세점 등 다양한 제휴서비스에 사용할 수 있도록 하고 있다.

3) 부분결제의 허용 여부

부분결제는 제품을 구매할 때 구매금액의 일부를 포인트로 차감하고 나머지는 현금 등으로 결제할 수 있는 것을 말한다. 부분결제가 허용되지 않으면 구매하고자 하는 상품 가격 이상의 포인트를 적립하여야 하기 때문에 적립 포인트의 활용이 제한될 수 있다([글 8-6] 참조).

글 8-6 부분결제 사례

화장품 마일리지가 제도적인 결함으로 인해 모으기는 쉬워도 사용하기는 어려운 것으로 나타났다. 이에 따라 한 해 동안 사용되지 않고 쌓이는 화장품 마일리지 포인트가 업체별로 수억 원에서 수십억 원에 이른다. 11일 금융감독원 전자공시시스템에 따르면 마일리지 때문에 쌓아야 하는 충당금이 아모레퍼시픽의 경우 지난해 83억 5,500만 원을 넘어섰고, LG생활건강은 17억 3,500만 원에 달했다. 하지만 화장품을 구입할 때마다 일정 비율로 적립되는 마일리지(구매금액의 평균 5%선)는 백화점이나 외식기업의 포인트 카드와 달리 부분결제를 허용하지 않는다. 여기서 부분결제란 제품을 구매할 때 구매금액의 일부를 포인트로 차감하고 나머지는 현금 등으로 결제할 수 있는 것을 말한다. 예컨대 마일리지가 3만 점 있을 때 5만 원 상당의 제품 구입 시 3만 점을 차감한 나머지 2만

원을 현금으로 결제하는 것을 화장품업계에서 허용하지 않는 것. 이처럼 마일리지 사용이 어렵다는 맹점 때문에 충당부채는 매년 늘고 있다. 아모레퍼시픽의 마일리지 충당부채는 지난 2007년 48억 9,477만 원, 2008년 69억 5,138만 원, 2009년 83억 5,500만 원 등 꾸준히 늘어나고 있다. LG생활건강도 2007년 3억 8,028만 원에 불과했던 마일리지 충당부채가 지난해 더페이스샵을 인수하면서 17억 3,500만 원으로 급등했다. 계륵으로 변하는 마일리지 해결을 위해 아모레퍼시픽과 LG생활건강은 다양한 제도적인 보완책을 내놨지만 고객들의 사용률을 끌어올리기에는 역부족이다. 실제 아모레퍼시픽은 통합 포인트제도를 도입해 화장품과 녹차 브랜드에서 공통적으로 적립, 사용할 수 있도록 하고 있다. LG생활건강도 CGV영화 관람 할인권을 포인트 차감으로 구매할 수 있도록 했다. 뚜레쥬르에선 5,000원 이상 구매 시, 2,000점이 차감되는 대신 20% 할인을 받을 수 있다. 하지만 부분결제란 암초에 걸려 마일리지 사용률은 매우 저조한 편이다. 주부 지모 씨(56)는 "쌓여가는 마일리지를 보면 씁쓸할 때가 많다"며 "베이커리전문점에서는 1만 원짜리 제품을 구매할 때 1,000마일리지로 1,000원을 할인받을 수 있지만 화장품은 전액 마일리지 결제만 고집해 마일리지 사용이 어렵다"고 토로했다. 이에 대해 아모레퍼시픽 관계자는 "뷰티포인트는 백화점, 마트, 아리따움 등 여러 경로에서 사용이 가능하다"며 "백화점, 대형마트 등에서 현금합산 결제방식을 도입하지 못하는 것은 전산시스템이 호환이 안 되기 때문이다"라고 해명했다. 한편 화장품 마일리지는 마지막 제품 구입 후 2년이 지나면 자동 소멸된다.

자료 : 파이낸셜뉴스, "부분결제 안되는 화장품 마일리지..소비자에겐 '계륵' 업체엔 '짐'," 2010년 7월 12일.

4) 최소 상환가능 적립 포인트

최소 상환가능 적립 포인트는 고객이 자신의 적립 포인트를 사용하는 데 필요한 최소한의 적립 포인트 수준을 의미한다. 예를 들어 현대백화점그룹의 H.Point는 1,000포인트 이상을 최소 상환가능 적립 포인트로 하고 있으며, 홈플러스는 10점 이상, 정관장은 1,000점(구매액 6만 7천~20만 원)을 최소 상환가능 적립 포인트로 하고 있다.

최소 상환가능 적립 포인트를 높이면 회사에는 두 가지 유리한 점이 있다. 첫째는 고객들을 보다 오래 유지시킬 수 있는 잠금효과(lock-in effect)를 기대할 수 있고, 둘째는 미상환 적립 포인트가 증가해서 상환으로 인한 비용을 감소시킬 수 있는 효과를 거둘 수 있다. 그런데 최소 상환가능 적립 포인트를 너무 높게 설정하면 고객불만의 원인이 될 수 있다. 소비자들이 마일리지 프로그램에서 탈퇴하는 가장 큰 이유는 제품을 받을 자격이 생길 때까지 걸리는 시간이 너무 길기 때문이라고 밝히고 있는 연구도 있다. 기업들은 인터넷 쇼핑 등을 활용하면 소액결제가 편리하게 이루어질 수 있기 때문에 고객의 불만이 발생하지 않는 수준에서 최소 상환가능 적립 포인트를 설정하는 것이 바람직하다.

제3절 우수고객우대 프로그램

1. 우수고객우대 프로그램의 개요

우수고객우대 프로그램은 우수고객을 선정하여 이들에게 다양한 혜택을 제공하는 프로그램을 의미하며, 우수회원 프로그램, VIP 프로그램, 주거래고객제도, 프라임고객우대서비스, 로열클럽 등 다양한 명칭으로 불린다. 우수고객우대 프로그램에서는 금전적인 혜택뿐만 아니라 고객의 감성이나 우수고객으로서의 자부심의 증진을 위한 비금전적 혜택도 중시된다는 점에서 같은 로열티 프로그램이지만 금전적인 혜택에만 의존하는 마일리지 프로그램과 구분된다. 이로 인해 마일리지 프로그램이 주로 행위적 충성도를 증진시키는 데 기여하는 반면, 우수고객우대 프로그램은 행위적 충성도뿐만 아니라 태도적 충성도가 같이 수반되는 '진정한 충성도'를 이끌어내는 효과를 갖는다. 우수고객우대 프로그램의 도입 이유로는 다음과 같은 점들을 들 수 있다.

첫째, 우수고객우대 프로그램을 도입하는 이유는 우수고객의 수익 창출기여도가 매우 높기 때문이다([글 8-7] 참조). 우수고객의 기여도를 표현하는 가장 대표적인 용어로는 파레토법칙(Pareto Principle)이 있다. 이는 '이탈리아 인구의 20%가 이탈리아 전체 부(富)의 80%를 차지하고 있다'고 주장한 이탈리아의 경제학자 빌프레도 파레토(Vilfredo Pareto)의 이름에서 유래하며, 80/20법칙이라고도 불린다. 이 용어가 CRM 분야에 적용되면서 "상위 20% 고객에 대한 매출이 전체 매출의 80%를 차지한다"는 의미로 해석되고 있다. 그런데 상위 우수고객의 기여도는 산업에 따라 크게 차이가 난다. 예를 들어 같은 금융업종 중에서도 은행이나 증권투신사의 우수고객의 기여도는 보험사나 카드사 우수고객의 기여도보다 훨씬 더 크다. 왜냐하면 소득이 증가할 때 보험상품을 추가로 구입하거나 카드사용액을 늘리는 것에 비해 다양한 투자 관련 상품을 구입할 개연성이 훨씬 더 크기 때문이다. 그래서 카드사와 보험사의 경우에는 상위 30% 고객의 기여도가 60~70% 정도에 그치지만, 은행이나 증권투신사의 경우에는 상위 10% 고객의 기여도가 80% 이상을 차지한다.

글 8-7 우수고객의 기여도 사례

금융업종뿐만 아니라 호텔과 같은 서비스업종에서도 소수고객들의 기여도가 매우 높은 것으로 나타나고 있다. 미국의 힐튼호텔의 경우 상위 9%가 로열티 프로그램의 회원인데, 그 가운데 1%만이 최상위인 다이아몬드 혹은 골드 회원이고 2%가 차상위인 실버 회원이다. 다이아몬드/골드 회원들과 실버 회원들의 기여도는 [표 8-2]와 같이 나타나고 있다. 즉, 3%의 우수고객의 수입(revenue)기여도는 11%, 수익(profit)기여도는 무려 46%에 이르는 것으로 나타났다.

표 8-2 | 힐튼호텔의 우수고객기여도

	고객의 비율	수입기여도	수익기여도
다이아몬드+골드 회원	1%	6%	28%
실버 회원	2%	5%	18%

자료 : Bell, David, John Deighton, Werner J. Reinartz, Roland T. Rust, and Gordon Swartz(2002), "Seven barriers to customer equity management," *Journal of Service Research*, 5(1), 77–85.

둘째, 우수고객우대 프로그램이 더 큰 의미를 갖는 것은 우수고객들의 추가적인 구매 여력이 일반고객에 비해 훨씬 크기 때문이다. 예를 들어 A은행의 우수고객은 다른 은행에서도 우수고객일 가능성이 높고, 따라서 이들을 대상으로 고객점유율을 향상시키는 전략이 수익 향상에 크게 기여할 수 있다.

셋째, 우수고객우대 프로그램은 우수고객의 유지 및 활성화뿐만 아니라 비우수고객을 우수고객으로 전환시키는 유력한 수단이 된다. 즉, 우수고객이 될 수 있는 잠재력을 지닌 고객들을 선별하고 이들을 대상으로 구매액을 일정수준 증가시키면 우수고객으로서 각종 혜택을 받을 수 있다는 내용의 커뮤니케이션활동을 통해 매출증진 효과를 거둘 수 있다([글 8-8] 참조).

글 8-8 우수고객우대 프로그램의 비우수고객 매출증진 효과

패밀리레스토랑인 TGIF는 2005년 우수고객관리 프로그램을 놓고 깊은 고민에 빠져 있었다. VIP 고객을 대상으로 한 '케이준(Cajun)클럽' 프로그램의 매력도와 고객호응이 점점 떨어지고 있었기 때문이다. 고객데이터를 분석하던 TGIF는 케이준클럽 회원이 되기를 원하지만 실적이 약간 밑도는 고객군이 있음을 발견했다. 회사는 이들 고객을 '워너비(Wannabe)'라고 이름 붙였다. 담당팀은 워너비 고객들을 케이준 회원에 편입시키면 여러 가지 이익을 얻을 수 있음을 알았다.

첫째, 워너비 고객들은 사업경쟁에 필요한 최소임계치(critical mass)를 채우는 데 큰 도움이 됐다.

당시 패밀리레스토랑업계는 극심한 경쟁을 치르고 있었고, 일정 수익을 얻기 위한 최소 고객의 숫자는 계속 늘어나는 중이었다. 둘째, 워너비 고객의 포섭은 그들 자체는 물론 '조금만 더 충성도를 높이면 특별회원이 될 수 있다'는 기대를 높여 일반고객들의 매출을 늘리는 효과가 있었다. 실제로 개선된 프로그램을 통해 워너비 고객은 14%, 일반고객은 5%의 1인당 거래금액 증가가 있었다. 물론 TGIF는 신규 케이준클럽 회원이 된 워너비 고객들에게 기존 케이준 고객보다 조금 적은 혜택을 제공했다. 이는 기존 케이준클럽 회원의 반발과 이탈을 막기 위한 당연한 조치였다.

자료 : 문종훈, 문권모(2009), "기존 데이터에서 '숨은 보물' 캐내라," 동아비즈니스리뷰, 31, 34-36.

2. 우수고객우대 프로그램의 설계

우수고객우대 프로그램을 효율적으로 일관성 있게 전개하기 위해서는 상당히 정교한 설계가 이루어져야 한다. 그렇지 않으면 많은 노력을 기울인 우수고객우대 프로그램이 이루고자 하는 목표를 달성하지 못하는 명목뿐인 프로그램이 되어 버릴 수도 있다([글 8-9] 참조).

글 8-9 우리나라 시중은행 우수고객우대 프로그램의 허실

하나금융경영연구소가 일반 금융 소비자 1,536명을 대상으로 실시한 설문조사에 따르면 금융지주 내 계열사 간 시너지를 창출하고 고객충성도를 높이기 위해 도입된 우수고객우대 프로그램이 도입 취지를 살리지 못하고 있는 것으로 나타났다. 조사 대상자 중 본인의 등급과 등급에 따른 혜택을 모두 알고 있는 비율은 13.3%에 불과하였으며, 55.3%는 은행에서 부여한 등급도 모르고 있었다. 이처럼 등급제도가 활성화되지 않고 있는 주된 이유로는 다음과 같은 점들을 들 수 있다.

첫째, 등급 산정기간과 등급 유지기간이 매우 짧아서 우수고객의 유지와 활성화라는 우수고객우대 프로그램의 도입 취지를 살리지 못하고 있다([표 8-3] 참조). 즉, 특정 시기에 높은 등급을 부여받더라도 등급 유지기간이 종료되면 소비자가 더 나은 조건을 제공하는 금융기관 및 금융상품에 관심을 가질 가능성이 높다.

| 표 8-3 | 우리나라 4대 시중은행의 우수고객우대 프로그램 개요

구분	선정기준	유지기간	등급수	참여 계열사	혜택
KB	최근 3개월 거래실적	3개월	4등급	KB국민은행, KB국민카드, KB투자증권, KB생명	수수료 면제 및 할인, 금리우대
신한	최근 3개월 거래실적	6개월	4등급	신한은행, 신한카드, 신한금융투자, 신한생명, 제주은행	수수료 면제 및 할인, 신용카드 연회비 면제
우리	최근 3개월 거래실적 및 평균잔액	3개월	4등급	우리은행, 우리투자증권, 우리아비바생명, 우리파이낸셜	수수료 면제 및 할인, 금리우대, 신용카드 연회비 면제
하나	최근 3개월 거래실적	3개월	4등급	하나은행, 하나대투증권, 하나SK카드	수수료 면제 및 할인, 금리우대

자료 : 각 사 홈페이지

둘째, 등급제도와 관련하여 고객과의 커뮤니케이션이 원활하지 못하다. 은행은 고객이 온라인뱅킹이나 모바일뱅킹에 접속할 때 등급을 노출하는 형태로 고객등급을 안내하고 있으나, 지점 등 대면 채널에서는 고객등급 및 혜택에 대한 커뮤니케이션이 부족하다. 그래서 고객이 적극적으로 찾아보기 전에는 자신의 등급과 등급에 따른 혜택을 알기 어렵다. 조사결과 본인의 고객등급과 혜택을 모두 알고 있는 집단은 그렇지 않은 집단에 비하여 은행의 고객관리수준에 대하여 상대적으로 높게 평가하는 경향이 있는 것으로 나타났으며([표 8-4] 참조), 따라서 우수고객우대 프로그램에 대한 홍보는 매우 중요한 의미를 지닌다.

| 표 8-4 | 고객등급 인지수준에 따른 은행의 고객관리에 대한 평가

구분	등급 모름	등급만 인지	등급과 혜택 모두 인지
점수	44	48	57

셋째, 고객에게 부여하는 혜택이 별로 크지 않다. 등급별 혜택이 금융거래 수수료 면제에 집중되어 제한적 형태의 금융거래를 하는 개인고객의 입장에서는 체감하는 혜택이 많지 않다고 느낄 가능성이 높다. 또한 입출금, 송금 수수료는 특정 금융상품에 가입하는 경우에도 면제받을 수 있어서 고객의 입장에서는 매력적인 혜택이라고 인식하기 어렵다.

자료 : 오영선(2012), "은행의 효율적 고객 등급제도 운영 방안," 주간하나금융포커스, 2(40), 6-9;
매일경제, "은행 고객등급 …처음 들어보는데요," 2012년 12월 18일.

우수고객우대 프로그램을 설계하기 위해서는 [그림 8-7]에서와 같이 우수고객의 선정기준, 우수고객의 규모, 제공 혜택, 실적평가기간과 자격부여기간, 커뮤니케이션방법 등의 여러 가지 사안에 대한 의사결정이 이루어져야 한다.

그림 8-7 우수고객우대 프로그램의 설계

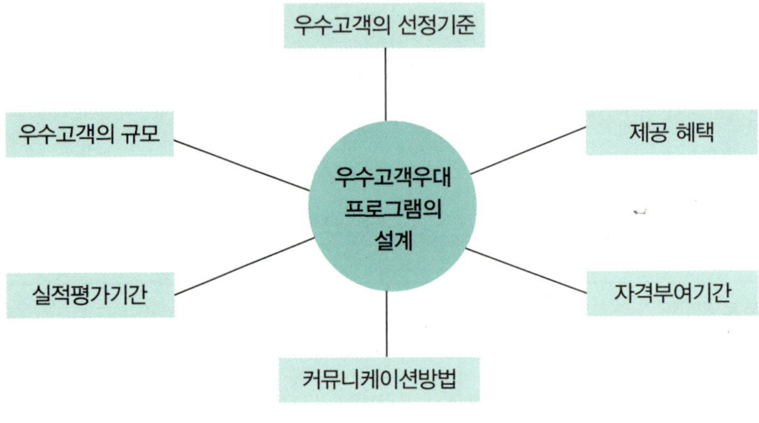

2.1 우수고객의 선정기준

우수고객을 선정하기 위해서는 우수고객의 선정기준이 전사적인 차원에서 일관성 있게 정해지는 것이 무엇보다 중요하다. 특히 은행, 의류업체, 패밀리레스토랑, 호텔체인 등과 같이 많은 지점을 가지고 있는 경우에 우수고객의 선정기준이 각 지점별로 정해지면 우수고객우대 프로그램을 전사적인 차원에서 일관성 있게 진행하는 것이 불가능해진다. 경우에 따라서는 거래실적이 우수한데도 불구하고 우수고객으로 선정되지 못했다고 생각하여 불만을 갖는 고객들이 생겨날 수도 있다.

또한 우수고객의 선정기준이 모호하면 적극적인 대고객 홍보수단으로서의 기능도 반감된다. 즉, 현재 우수고객은 아니지만 우수고객으로서의 자질을 지니고 있는 고객들을 대상으로 우수고객우대 프로그램을 소개하면서 거래를 활성화시키도록 유도하는 것도 회사로서는 매우 중요한 CRM전략 중의 하나라고 할 수 있는데, 우수고객의 선정기준이 명확치 않으면 잠재적인 우수고객이 거래실적을 어느 정도 늘려야 자신이 우수고객이 될 수 있는지가 모호하기 때문에 적극적으로 구매를 하려는 의사를 갖게 되기가 힘들어진다. 또한 전기(前期)에 우수고객이었다가 현재는 우수고객의 자격을 상실한 고객에 대해 회사는 무엇 때문에 우수고객의 자격이 상실되었다는 것을 고객에게 명쾌하게 설명할 수 있어야 하는데 선정기준이 지점마다 상이할 경우에 이러한 설명이 어려워질 수밖에 없고, 따라서 그 고객으로 하여금 다시 우수고객의 자격을 획득하도록 유도하는 것도 그만큼 힘들어진다.

우수고객 선정기준으로는 구매액과 수익기여도가 가장 보편적으로 사용된다. 회사의 입장에서 실제로 중요한 것은 수익이기 때문에 수익기여도를 기준으로 우수고객을 선정하는 것이 보다 합리적이지만, 구매액에 비해 수익기여도는 다음과 같은 현실적인 어려움을 지니고 있다.

첫째, 수익기여도는 계산하기가 매우 어렵다. 수익기여도의 계산을 위해서는 수입은 물론 비용도 함께 고려하여야 하는데, 실제로 비용을 계산하는 것이 매우 복잡할 뿐 아니라 애매한 경우가 많다. 특히 지원부서 인건비나 감가상각비와 같은 간접비용을 어떻게 배분할 것인가 하는 문제는 매우 어렵고도 객관성을 유지하기가 힘든 부문에 속한다.

둘째, 수익기여도는 대개 복잡한 수리적 모델에 의해 결정되기 때문에 고객에게 수익기여도에 대해 명쾌하게 설명하는 것은 거의 불가능하다. 이렇게 되면 고객의 입장에서는 어떠한 상품을 얼마나 어떤 채널을 통해 구매하여야 우수고객으로 선정될 수 있을지가 명확하지 않고, 따라서 거래를 늘리고자 하는 욕구도 그만큼 감소할 수밖에 없다. 이에 반하여 구매액은 계산하기가 수월할 뿐만 아니라 선정기준에 대한 설명도 매우 간단하게 이루어질 수 있기 때문에 고객으로 하여금 목표를 정해서 거래를 늘려갈 수 있도록 유도하는 활동이 비교적 쉽게 효과를 발휘할 수 있다.

결론적으로 우수고객 선정기준으로는 원칙적으로 수익기여도가 더 바람직하지만 실행상의 편의성이라는 측면에서는 구매액이 수익기여도보다 더 우수하기 때문에 이들 두 개 기준의 장 · 단점을 잘 고려하여 자사의 형편에 맞도록 선정기준을 정할 필요가 있다.

우수고객 선정기준에는 구매액이나 수익기여도 이외에도 구매잠재력, 거래기간, 소개고객의 수, 신용등급 등의 변수도 사용될 수 있다. 특히 거래기간은 고객의 로열티를 나타내주는 중요한 변수이고, 또한 이에 대한 자료를 비교적 쉽게 확보할 수 있기 때문에 우수고객의 선정기준에 포함시키는 경우가 많다. 예를 들어 SKT는 신징기순 점수 산출식에 가입기간을 포함시키고 있고, 성관상은 과서 5년간 매년 구매한 경험이 있는 장기고객을 대상으로 하는 우수고객기준을 별도로 설정하고 있으며, 하나SK카드는 5년 이상의 장기회원에 대해서 우수고객등급 내에서 1등급을 상향 조정해주고 있다.

여러 변수들을 우수고객 선정기준으로 사용하는 경우에 고객점수를 계산하기 위해서는 선정기준들의 가중치가 정해져야 한다. 가중치는 포함된 선정기준들이 실제로 수익 창출에 얼마나 기여하는가에 대한 분석을 통해 정해질 수 있다. 예를 들어 구매액, 거래기간, 신용등급 등의 3개 변수를 선정기준에 포함시킨 경우에 전기의 구매액, 거래기간, 신용등급이 금기(今期)의 구매액 혹은 수익기여도와 어느 정도의 인과관계가 있는가를 회귀분석(regression)을 통해 분석한 후 각 변수의 회귀계수를 각 변수의 가중치로 정할 수 있다. 선정기준에 포함된 변수들의 가중치가 결정되면 고객별로 각 변수의 값에 가중치를 곱하여 고객점수를 산출할 수 있다.

경우에 따라서는 고객과의 커뮤니케이션을 위해 매우 간단한 형태로 고객점수를 산출하기도 한다. SKT의 경우, 연간 납부금액(구매액), 가입기간(거래기간), 연체횟수 등의 3개 변수를 선정기준으로 삼고 있다.

| 표 8-5 | SKT 선정기준

누계 납부금액	가입기간		
	2년 미만	2년 이상~5년 미만	5년 이상
90만원 이상~	Gold	VIP	VIP
60만원 이상~90만원 미만	Gold	Gold	VIP
48만원 이상~60만원 미만	Silver	Gold	Gold
36만원 이상~48만원 미만	Silver	Silver	Gold
~36만원 미만	Silver	Silver	Silver

2.2 우수고객의 규모

우수고객 선정기준이 정해지고 고객점수가 산출되면 다음 단계는 우수고객이 될 수 있는 고객점수의 커트라인을 정하거나 혹은 전체고객 대비 우수고객의 비율을 정함으로써 우수고객의 규모를 확정하는 일이다. 예를 들어 구매액이 우수고객 선정기준인 경우에 과거 일정기간 동안의 구매액이 일정액(예 : 1천만 원) 이상인 고객을 우수고객으로 정의할 수도 있고, 혹은 구매액이 상위 일정 비율(예 : 상위 5%) 내에 포함되는 고객을 우수고객으로 정의할 수도 있다. 이 두 가지 방법 가운데 대고객 커뮤니케이션의 수월성이라는 측면에서 볼 때에는 선정기준의 값이 일정수준 이상인 고객을 우수고객으로 선정하는 것이 더 바람직하다. 왜냐하면 고객들은 '우수고객이 되기 위해서는 구매액을 기준으로 전체고객 가운데 상위 몇 퍼센트 내에 들어야 한다'는 것보다는 '구매액이 얼마 이상 되어야 우수고객으로 선정될 수 있다'는 것을 훨씬 더 쉽게 받아들일 수 있기 때문이다. 또한 상위 일정 비율로 우수고객을 선정하면 평가시기에 따라 평가 대상이 되는 고객집단이 달라지기 때문에 선정기준의 값이 같음에도 불구하고 우수고객으로 선정될 수도 있고 되지 않을 수도 있다. 따라서 선정기준의 값이 일정액 이상이면 상위 비율과는 관계없이 우수고객으로 선정하는 것이 안정적인 우수고객우대 프로그램의 운영을 위해서는 보다 바람직하다.

우수고객으로 선정되기 위해 도달하여야 하는 선정기준 점수나 상위 비율을 조절하면 우수고객의 수가 달라진다. 따라서 달성 점수나 상위 비율에 대한 의사결정은 우수고객의 규모와 직결된다. 우수고객의 규모는 회사의 우수고객 관리능력, 소요비용, 조직 내의 공감대 형성의 정도 등 여러 가지 요소를 고려하여 결정된다. 예를 들어 우수고객우대 프로그램을 처음으로 도입하는 기업의 경우에는 시행착오에 의한 손실을 줄이기 위해 작은 규모로 시작하고, 프로그램의 내용을 개선해가면서 점차 규모를 확대시켜 나가는 방법을 택하는 것이 바람직하다.

2.3 제공 혜택

우수고객에 대한 제공 혜택은 우수고객우대 프로그램의 가장 핵심적인 부분이다. 많은 전문가들은 우수고객에게 제공하는 혜택이 비용의 낭비가 되지 않고 경쟁력 강화에 기여할 수 있기 위해서는 다음과 같은 사항들을 고려해야 한다고 지적하고 있다.

첫째, 제공하는 혜택이 자사상품과 직접적인 연관성을 갖도록 함으로써 자사상품의 가치를 증진시키는 것이 바람직하다. 자사의 상품과 연계를 갖지 않는 혜택을 제공하면(예 : 은행의 경우 평균 잔고증가에 따른 항공마일리지서비스의 제공) 자사의 상품에 대한 로열티가 형성되는 것이 아니라 혜택 자체에 대한 로열티가 형성되어서 고객이 혜택을 받은 후에 이탈해 버리는 현상이 발생할 수 있다.

둘째, 제공 혜택을 정할 때 다음번 구매를 촉진시킬 수 있도록 하는 것이 바람직하다. 이를 위해 제공 혜택을 자사의 상품과 연계시키거나 구매실적에 따른 혜택을 제공할 때 혜택의 크기가 구매실적에 따라 누적적으로 증가할 수 있도록 하는 것도 좋은 방안이 될 수 있다.

셋째, 우수고객의 등급에 따라 혜택을 차등적으로 적용함으로써 거래실적에 따른 혜택이 부각될 수 있도록 하여야 한다. 이를 통해 하위 등급의 우수고객이 상위 등급의 우수고객으로 진입하고자 하는 강한 동기를 가질 수 있도록 하여야 한다.

넷째, 우수고객에게 차별적인 혜택을 제공하는 것은 적어도 장기적으로 수익에 기여할 수 있을 때 의미를 갖는 것이기 때문에 객관적이고도 엄밀한 평가기준을 설정하고 이를 바탕으로 혜택이 제대로 설정되었는가를 항시 검증하여야 한다. 가장 대표적인 평가기준으로는 우수고객유지율, 우수고객 1인당 매출액, 투자 대비 수익률(ROI) 등을 들 수 있다.

우수고객에게 제공되는 혜택은 크게 금전적 혜택과 비금전적 혜택으로 나누어진다.

1) 금전적 혜택

금전적 혜택은 금전으로 환산될 수 있는 이득을 의미한다. 예를 들어 카드사가 우수고객들에게 제공하는 연회비 면제, 수수료 면제, 무이자 할부서비스, 생일 및 명절 선물, 상품권 등이 이에 속한다. 또한 우리나라의 이동통신사들이 우수고객등급에 따라 일정한 액수의 할인한도를 정해 놓고 한도 내에서 제휴사의 제품이나 서비스를 할인된 가격으로 구입할 수 있도록 하는 것도 금전적 혜택에 포함될 수 있다. 이 경우에 할인으로 인해 발생하는 비용은 통상적으로 이동통신사와 제휴업체가 4 대 6의 비율로 분담한다. 뿐만 아니라 마일리지 포인트의 적립률을 등급에 따라 차등적으로 적용한다거나, 보너스 포인트를 적립해주는 것도 금전적 보상에 속한다. 예를 들어 커피전문점인 까페베네는 일반고객과 3등급 우수고객에 대해서는 2%의 적립률을 적용하고 있지만, 최상위 및 차상위 우수고객에 대해서는 5%를 적용하고 있으며, 아모레퍼시픽의 경우에는 일반회원의 적립률은 3%, 우수고객의 적립률은 5%이다. 메리어트호텔은 최상위, 차상위, 3등급 우수고객에 대해 각각 50%, 25%, 20%의 보너스 포인트를 추가로 적립시켜주고 있다.

금전적 혜택은 연회비 면제, 상품권, 보너스 포인트 등과 같이 현금성이 높은 형태인 것이 일반적이지만 기념일이나 명절 선물과 같이 현물로 이루어질 수도 있다. 상품권이나 보너스 포인트 등과 같이 현금성이 높은 경우에는 구매물품이나 구매시기에 대한 고객들의 선택권을 높여준다는 장점이 있다. 이에 반해 상품 등 현물을 제공하는 것은 고객들의 선택권을 제한하는 단점은 있지만 상품의 시장가격이 회사가 해당 상품을 확보하는 데 소요되는 비용보다 훨씬 큰 것이 일반적이기 때문에 회사의 입장에서는 상품 종목을 잘 선정하면 큰 비용부담 없이 고객들을 만족시킬 수 있다는 장점이 있다. 또한 고객이 평소에는 구매할 가능성이 없는 제품을 제공하는 것도 고객의 만족도를 제고시키는 좋은 방법이 될 수 있다([글 8-10] 참조).

글 8-10 현금 혹은 현물?

현금보상이 더 효과가 있을까, 아니면 현물보상이 더 효과가 있을까? 현물보상을 한다면 생필품을 주어야 할까, 아니면 사치성 제품을 주어야 할까? 많은 기업들이 사이버캐시나 상품권과 같은 현금성 보상이 가장 효과적인 로열티 프로그램의 방법이라고 생각하고 있지만, 현물보상이 더 효과적이라고 믿는 기업들도 많다. 그리고 최근에 발표된 한 연구 결과를 보면 현금보다 현물이나 서비스를 제공하는 편이, 그것도 생활에 꼭 필요한 것이 아닌 사치성의 제품이나 서비스를 제공하는 편이 비용은 더 적게 들지만 더 큰 고객만족으로 이어지는 것으로 나타났다. 현금성 보상은 분명 보편적인 만족을 줄 수는 있겠지만 사치성 현물이나 서비스를 이용한 보상은 고객들의 특별한 관심을 끌면서도 투입되는 비용에 비해 훨씬 더 큰 효과를 볼 수 있게 해준다. 그래서 많은 기업들은 현금성 보상에 주로 의존하던 로열티 프로그램 추진방식에서 벗어나 고객들에게 다양한 유형의 보상을 해주고 있다. 고객들이 사치성 현물을 더 선호하는 이유는 사치성 현물을 자신의 돈으로 직접 구입하는 경우 소유하더라도 마음이 불편할 가능성이 크지만 로열티 프로그램의 일환으로 소유하게 되면 이러한 불편함이 없기 때문이다. 그리고 보상을 받기가 더 까다로운 로열티 프로그램일수록 고객들의 사치성 현물에 대한 선호도는 더 높아진다고 한다. 로열티 프로그램을 개발할 때는 이러한 고객들의 성향을 반영하여야 한다.

자료 : 서닐 굽타, 도날드 레흐만(2006), 당신의 고객을 업그레이드 하라, 번역서, 럭스미디어, 156-157.

금전적 혜택은 단기적으로는 가장 강력한 형태의 인센티브라고 할 수 있지만, 다음과 같은 단점도 지니고 있다.

첫째, 금전적 혜택은 비용부담이 매우 클 뿐만 아니라 경쟁사를 자극하여 자칫 경쟁사 간의 과열 경쟁으로 이어질 수 있다.

둘째, 금전적 혜택은 고객으로 하여금 자사의 제품이나 서비스의 가격에 대해 민감해지도록 부추김으로써 우수고객이 보다 많은 금전적인 혜택을 요구하거나 더 나아가서는 보다 많은 금전적 혜택을 제안하는 경쟁사의 유혹에 넘어가 버리는 결과가 초래될 수도 있다.

기업들은 우수고객우대 프로그램을 실행하는 과정에서 발생하는 손실을 줄이기 위해 추가 매출을 기대할 수 없는 금전적 혜택을 축소하는 대신, 추가적인 매출을 기대할 수 있는 금전적 혜택을 제공하기도 한다. 예를 들어 국내의 어느 카드사는 연회비 면제나 수수료 면제와 같은 혜택을 축소하는 대신, 우수고객에게 여행, 쇼핑, 공연 등의 서비스 상품을 할인된 가격으로 구매할 수 있도록 하고, 또한 면세점, 의류업체 등과 공동으로 실시하는 우수고객만을 대상으로 하는 캠페인에 참여할 수 있도록 함으로써 우수고객우대 프로그램을 고객의 로열티 제고뿐만 아니라 추가적인 매출을 유도할 수 있는 수단으로도 활용하고 있다.

2) 비금전적 혜택

기업은 금전적 혜택 이외의 다양한 형태의 비금전적 혜택을 우수고객에게 제공할 수 있다. 우수고객들은 우수고객에 상응하는 대접을 받기를 원하기 때문에 정서적 만족감을 줄 수 있는 잘 구성된 비금전적 혜택은 고객의 로열티를 이끌어내는 데 매우 효과적인 방법이 될 수 있다. 이러한 혜택은 특히 고객과의 접점에서 생산과 소비가 동시에 이루어지는 서비스업종에 발달해 있다. 백화점은 무료주차, 발렛파킹, 우수고객 라운지 이용 등을 많이 사용하고 있고([글 8-11] 참조), 호텔은 전용 예약 전화번호, 전담 고객서비스 전화번호, 체크인 및 체크아웃시간 연장, 객실등급 업그레이드, 객실 유형 보장, 우수고객 라운지 이용 등을 제공하고 있다. 또한 항공사의 경우는 전용 탑승수속 카운터, 수하물 우선처리, 무료 추가 수하물, 대기예약 우선권, 탑승 우선권, 우수고객 라운지 이용 등의 서비스를 많이 사용하고 있다.

글 8-11 백화점의 비금전적 혜택 사례

현대백화점은 가장 대표적인 결제 수단인 현대백화점 카드를 활용하여 결제하는 고객에 대해서 1,000원당 1점(1원에 해당)의 포인트를 부여하고, 1월 1일부터 12월 31일까지의 실적을 기반으로 금전적 혜택과는 별도로 다음과 같은 비금전적 혜택을 제공하고 있다.

표 8-6 현대백화점의 우수고객 대상의 비금전적 혜택

유형/기준	제공 혜택내용
40,000점 이상	• 전점 클럽 쟈스민 라운지서비스 • 발렛파킹서비스
20,000점 이상	• 전점 플래티늄 데스크 음료서비스 • 전점 1일 3시간 무료주차서비스
5,000점 이상	• 1개점 1일 3시간 무료주차서비스

우수고객의 기여도가 높은 업종일수록 비금전적 혜택이 발달되어 있다. 은행의 경우 PB(Private Banking)서비스를 통해 초우량 우수고객에 대해서는 유능한 직원을 전담 컨설턴트로 배정하여 은행서비스뿐만 아니라 세무나 투자와 같은 부문을 포괄하는 종합적인 금융컨설팅서비스를 받을 수 있도록 하고 있다. 또한 은행 방문시의 주차난을 해소해주기 위해 우수고객 전용의 주차공간을 확보하기도 하고, 도심의 본점이나 지점에 우수고객이 간단한 사무를 보거나 휴식을 취할 수 있는 공간을 마련해주기도 한다. 예를 들어 미국의 케미컬은행(Chemical Bank)은 수신 평균잔고 2만 5천 달러 이상인 고객을 대상으로 'Select Banking'이라는 우수고객우대 프로그램을 운용하고 있는데, 이 프로그램은 연중무휴로 하루종일 언제든지 금융전문가와 상담할 수 있는 'Select Banking 고객 전용 고객센터'나 모든 업무를 우선적으로 신속하게 처리해주는 'Select Banking 고객 전용 창구' 등과 같은 비금전적 혜택에 중점을 두고 있다.

2.4 실적평가기간

실적평가기간은 우수고객 선정을 위한 실적평가를 몇 개월 혹은 몇 년 단위로 실시할 것인가를 의미한다. 실적평가기간을 짧게 하면 고객의 단기적인 실적을 보다 면밀하게 평가할 수 있다는 장점은 있지만 보다 장기적인 관점에서의 로열티를 적절하게 평가하지 못하며, 평가작업과 고객과의 커뮤니케이션이 그만큼 빈번하게 이루어져야 한다는 단점이 있다. 반대로 평가기간의 단위를 길게 하면 장기적인 관점에서의 로열티 형성에는 도움이 되지만 단기적으로 고객의 실적 향상을 유도하는 데는 불리한 측면이 있다. 평가기간 단위는 제품의 구매주기에 따라서도 크게 달라진다. 제품구매주기가 짧으면 평가기간 단위도 짧아져야 하고, 반대로 제품구매주기가 길면 평가기간 단위도 길어져야 한다. 따라서 평가기간의 단위는 이러한 점들을 종합적으로 고려하여 적절하게 설정되어야 한다.

일반적으로 1년 단위의 실적평가가 가장 보편적으로 사용되고 있다. 현대백화점은 1년간의 구매액을 기준으로 5개 등급의 우수고객을 선정하고 있으며, 메리어트호텔도 1년간의 숙박 일수를 기준으로 5개 등급의 우수고객을 선정하고 있다. 이동통신사인 SKT는 전년 11월 30일~금년 10월 31일의 실적을 기준으로 12월에 멤버십의 등급을 결정하여 익년 1월부터 이를 기준으로 혜택을 부여하고 있다. 이렇게 1년을 기준으로 하고 있는 것과는 달리 항공사인 아시아나항공은 24개월간의 탑승실적을 기준으로 우수고객의 자격을 부여하고 있다.

2.5 자격부여기간

우수고객 자격부여기간은 우수고객으로 선정된 고객에게 몇 개월 혹은 몇 년 동안 우수고객으로서의 자격을 부여할 것인가를 의미한다. 우수고객으로서의 자격을 부여하는 기간에 대해서도 평가기간의 단위에 대한 논의에서와 비슷한 논리가 적용된다. 우수고객으로서의 자격부여기간이 너무 짧으면 장기적인 관점에서의 로열티 형성이 어려워지고, 고객과의 커뮤니케이션도 그만큼 빈번하게 이루어져야 하는 단점이 있으며, 반대로 너무 긴 기간 동안 혜택을 부여하면 프로그램의 긴장감이 떨어질 뿐만 아니라 단기적인 실적이 부실한 고객에 대해서도 혜택을 부여해야 하기 때문에 프로그램의 운영을 위한 비용도 그만큼 커지게 된다. 대부분의 기업에서 평가기간의 단위와 우수고객으로서의 자격부여기간은 거의 일치한다. 이는 이렇게 하는 것이 프로그램의 운영을 단순화할 수 있기 때문이다.

경우에 따라서는 우수고객으로서의 자격이 상실된 것으로 평가된 기존의 우수고객에 대해 우수고객의 자격을 즉각 박탈하지 않고 한 번의 유예기간을 부여할 수도 있다. 이렇게 자격을 상실한 고객에게 우수고객으로서의 자격을 일정기간 동안 유지시켜주면 그만큼 비용이 증가하는 단점은 있지만 장기적인 로열티 형성의 관점에서는 유리한 측면이 있고, 또한 유예기간 동안 고객과의 커뮤니케이션을 통해 거래실적을 증가시키도록 촉구할 수 있는 기회를 가질 수 있는 유리한 점이 있다. 또한 예외적이긴 하지만 우수고객으로서의 자격을 영구히 갖도록 하는 경우도 있다. 예를 들어 아시아나항공은 24개월 동안의 실적을 평가하여 선정된 하위 등급의 우수회원에게는 24개월 동안 회원자격을 유지할 수 있도록 하고 있지만, 상위 등급의 우수회원(총 적립 마일리지 50만 이상 혹은 탑승 500회 이상)에게는 평생 동안 자격을 유지할 수 있도록 하고 있다.

2.6 커뮤니케이션방법

우수고객과의 커뮤니케이션 수단으로는 청구서, 실적보고서, 뉴스레터, 다이렉트 메일(DM), TM, 인터넷, 핸드폰 등의 여러 가지 방법이 동원될 수 있지만 이 가운데 가장 현실적이고 비용효율적인 방법은 회사의 기존 업무 프로세스상에서 자연스럽게 커뮤니케이션이 이루어질 수 있도록 하는 것이다. 이러한 의미에서 업무의 수행을 위해 고객과 정기적으로 커뮤니케이션을 하여야 하는 은행, 카드사, 보험사, 증권사, 통신사 등의 경우에는 청구서나 실적보고서 등이 매우 유용한 수단으로 사용될 수 있다. 왜냐하면 정기적으로 발송되는 청구서나 실적보고서는 고객들이 개봉하여 읽을 확률이 크고, 또한 추가적으로 인쇄물을 동봉해도 비용이 크게 상승하지 않기 때문이다. 그런데 청구서나 실적보고서를 정기적으로 보내지 않는 경우에는 이메일이나 SMS와 같이 비용이 적게 드는 커뮤니케이션방법을 효과적으로 사용할 수 있는 방법을 찾아내야 한다. 소수의 우수고객을 타깃으로 하는 뉴스레터 등을 만들어서 정기적으로 발송하는 것도 좋은 방법이 될 수 있다. 예를 들어 하나SK카드는 차별화된 청구서 및 뉴스레터의 발송, 홈페이지에서의 별도의 우수고객 사이트 운영, 캠페인 전개 시 특별 제작된 DM의 발송 등을 우수고객과의 커뮤니케이션 수단으로 활용하고 있다.

[글 8-12]에 소개된 WSFS(Wilmington Savings Fund Society)의 경우에는 '가장 소중한 고객들을 위한 가장 가치 있는 프로그램(The Most Value Program for our Most Valued People)'이라는 MVP 프로그램을 운용함에 있어서 과거 3개월 동안의 실적을 바탕으로 우수고객을 선정하고, 선정된 우수고객에게는 향후 6개월 동안 우수고객으로서의 자격을 유지할 수 있도록 하고 있으며, 우수고객들과의 커뮤니케이션 수단으로는 주로 분기마다 한 번씩 보내지는 청구서를 사용하고 있는데, 청구서에는 고객의 분기별 누적점수는 물론, 고객소개 프로그램 양식, 우수고객 증서, 보상상품 카탈로그 등을 동봉하고 있다.

글 8-12 우수고객우대 프로그램 운용 사례

미국 델라웨어주의 윌밍턴(Wilmington)시에 위치한 WSFS(Wilmington Savings Funds Society)는 160여 년의 오랜 역사를 지닌 소규모 저축기관으로, 1990년에 들어 부동산 금융의 실책으로 말미암아 1억 달러의 자본금 가운데 0천 6백만 달러가 잠식당하는 어려움을 겪고 있었다. 설상가상으로 이 은행이 곧 합병될 것이라는 루머가 돌면서 고객들의 예금 인출 사태가 벌어져 1990년에 11억 달러에 달하던 예금 잔고가 1993년에는 6억 달러로 급감하였다. 이러한 현상은 1980년대에 이 은행이 가격중심의 마케팅전략을 운용한 데서 기인하는 바가 큰 것으로 분석되고 있다. 즉, WSFS는 1980년대의 부동산 호황에 힘입어 부동산 대출이 활성화되면서 많은 이윤을 축적하였는데, 이 은행은 이를 기반으로 양도성 예금증서에 대해서 인근의 금융기관 가운데 가장 높은 이자율을 지급하는 한편, 소비자 대출에 대해서는 가장 낮은 이자율을 적용하였다. 이렇게 가격을 중심으로 하는 경영을 한 결과 고객들이 가격에 대해 매우 민감하게 반응하게 된 반면, 양질의 고객서비스나 고객밀착 경영에 의해 구축될 수 있는 고객과의 우호적인 관계의 형성이라는 측면에서는 경쟁사에 뒤지는 결과를 초래하였다. 결론적으로 가격에 민감해지도록 훈련된 이 은행의 고객들이 1990년에 들어 WSFS가 가격 메리트를 상실하게 되자 거래를 단절시켜 버리는 사태가 발생한 것이다.

이러한 현상을 타개하기 위해 이 은행은 '가장 소중한 고객들을 위한 가장 가치 있는 프로그램(Most Value Program for our Most Valued People)'이라는 의미를 가진 MVP 프로그램을 도입하였다. 이 MVP 프로그램에서는 고객별로 평균 예금 잔고, 분기별 잔고증가액, 분기별 신규대출실적, 소개고객의 수 등과 같은 여러 가지 항목을 바탕으로 점수가 부여되는데, 점수는 분기단위로 평가되며 평가점수는 분기별 청구서를 통하여 고객에게 통보된다. 이 점수를 기준으로 고객들을 등외, 1단계, 2단계, 3단계의 4개 범주로 구분하였는데, 단계가 높아질수록 보다 많은 혜택이 부여되며, 특정 분기에 1단계 이상의 자격이 있는 것으로 평가된 고객은 그 다음 분기까지 규정된 혜택을 누릴 수 있다. 처음으로 1단계 이상의 자격을 획득한 고객에게는 환영의 편지와 함께 은행 및 제휴업체에서 사용할 수 있는 쿠폰이 들어 있는 DM을 발송해 주며, 1단계 이상의 MVP 고객에게는 누적 포인트 점수, 고객소개 프로그램 양식, 우수고객 증서, 보상상품 카탈로그 등을 담은 패키지를 청구서에 동봉하여 분기에 한 번씩 발송해준다. 고객들은 청구서에 포함된 정보를 바탕으로 자신의 점수가 몇 점이며, 그 점수로는 어떠한 혜택을 받을 수 있는가를 파악할 수 있다. 자격을 갖춘 고객에게는 은행에서 제공하는 서비스는 물론, 제휴업체가 공급하는 상품이나 서비스를 할인된 가격에 구매할 수 있는 혜택이 주어진다. 예를 들어 아메리칸에어라인(American Airline), 델타(Delta), 노스웨스트에어라인(Northwest Airline) 등의 항공사를 이용하는 경우에는 몇 번을 이용하든 다음 분기까지 5%의 요금 할인 혜택이 주어지며, 이 은행과 제휴하고 있는 슈퍼마켓에서 25달러 이상을 구입할 때 사용할 수 있는 5달러짜리 쿠폰을 다음 분기까지 2주일마다 한 번씩 보내준다.

WSFS의 고객 5만 명 가운데 1단계에서 3단계의 고객으로 분류된 우수고객은 전체의 30%에 해당하는 1만 5천 명인데, 이들의 예금 잔고는 전체 예금 잔고의 94%를 차지하였다. 이 은행은 당연히 이들 1만 5천 명의 고객에게 마케팅 예산을 집중적으로 배정하여 MVP 프로그램을 진행하였는데, 1년간 이 프로그램에 투자된 총액은 이 프로그램의 대행사인 Emanacom Data Service사에 지불한 6만 달러와 고객보상에 소요된 8만 달러를 합한 14만 달러였다. 이 프로그램에 포함된 1만 5천 명 고객들의 예금 잔고는 프로그램을 시작한 지 반 년 만에 무려 2천 1백만 달러가 증가하였다. 이 프로그램이 시작되기 전해에는 은행의 전체 예금 잔고가 1천 9백만 달러 정도 감소하였던 것을 감안하면 예금 잔고가 2천 1백만 달러 증가한 것은 매우 획기적인 변화라고 할 수 있다. 이 은행의 예금 이자율이 경쟁은행에 비해 낮았음에도 불구하고 예금 잔고가 이렇게 획기적으로 증가한 것은 MVP 프로그램이 이자율에 대한 고객들의 민감도를 둔화시키는 역할을 하였기 때문이다. 만일 이 은행이 경쟁은행과 비슷한 수준의 이자율을 유지하였다면 고객들에게 80만 5천 달러를 이자로 더 지급하였어야 했는데, 이 액수와 프로그램에 소요된 14만 달러와 비교하면 MVP 프로그램의 효과가 매우 컸다는 것을 쉽게 알 수 있다. 또한 MVP 대상고객은 시행 6개월 동안 1,250만 달러에 이르는 624건의 신규대출을 받았을 뿐만 아니라, 108명의 고객을 소개하여 고객기반을 확장시키는 데도 크게 기여하였다. 이와 더불어 이 프로그램에 포함되지 않은 3,363명의 고객들이 시행 6개월 동안 평균 4,519달러씩 예금 잔고를 증가시켜 전체적으로는 모두 1,520만 달러의 예금 잔고가 증가하는 효과를 거두었다. 즉, WSFS의 MVP 프로그램은 프로그램에 포함된 고객의 활성화 및 유지에 기여하였을 뿐만 아니라, 프로그램에 포함되지 않은 고객들을 자극하여 은행과의 거래를 늘리도록 하는 효과도 동시에 거두었다.

WSFS는 이 MVP 프로그램을 고객의 이탈방지나 교차판매를 위한 수단으로도 활용하고 있다. 이 프로그램에 포함된 고객들은 두 개 분기 동안 연속으로 1단계 수준도 유지하지 못하면 우수고객으로서의 자격을 상실하게 되는데, 이 은행은 정기적으로 점수가 저조한 고객들(즉, 이탈의 징후를 보이는 고객들)을 선별하여 고객이 지금까지 축적한 점수를 알려주고 우수고객으로서의 자격을 상실하지 않기 위해서 거래를 활성화시켜 줄 것을 요청하는 DM이나 TM을 실시하고 있다. 또한 혜택을 받을 자격을 가지고 있으면서도 특정 계좌를 가지고 있지 않아 혜택을 누리지 못하는 고객에 대해서는 DM을 발송하여, 특정 계좌를 개설함으로써 누릴 수 있는 다양한 혜택과 편리하게 계좌를 개설할 수 있는 방법 등을 알려주고 있다.

자료 : 박찬욱(1999), 금융기관의 데이터베이스마케팅, 시그마인사이트그룹, 133-136.

참고문헌

- 김형수, 김영걸, 박찬욱(2009), CRM : 전략의 원리와 응용, 사이텍미디어, 제9장.
- 박찬욱(1999), 금융기관의 데이터베이스마케팅, 시그마인사이트그룹, 133-136.
- 박찬욱(1996), 데이터베이스마케팅, 연암사, 202-203.
- 백천현, 김철민, 변희준(2006), "국내 이동통신 멤버십프로그램의 서비스품질과 고객만족, 고객충성도의 관계," 經營科學, 23(1), 115-133.
- 이소영, 김향미, 김재욱(2009), "제휴 로열티 프로그램이 운영사와 제휴사의 고객 로열티 형성에 미치는 영향에 관한 연구," 한국경영학회 통합학술발표논문집, 37-52.
- 오영선(2012), "은행의 효율적 고객 등급제도 운영 방안," 주간하나금융포커스, 2(49), 6-9.
- 정지윤, 이희진, 장승권, 최우석(2011), "통합 로열티프로그램의 성공요인 : 오케이캐쉬백 사례," 한국전자거래학회지, 16(2), 91-109.
- 한효섭(2011), "국경 넘어 손잡는 기업들… 이 연합군을 어찌 당하랴," Chosun Biz.com, 2011년 9월 21일.
- 서닐 굽타, 도날드 레흐만(2006), 당신의 고객을 업그레이드 하라, 번역서, 럭스미디어, 156-157.
- 티모시 L. 케이닝햄, 테리 G. 바브라, 러잔 액소이, 헨리 왈라드(2006), 고객충성의 신화 : 고객충성도에 관한 오해와 진실, 번역서, 비즈니스맵, 131.
- 매일경제, "마일리지 카드 사라지나," 2012년 12월 13일.
- 매일경제, "은행 고객등급… 처음 들어보는데요," 2012년 12월 18일.
- 파이낸셜뉴스, "부분결제 안되는 화장품 마일리지… 소비자에겐 '계륵' 업체엔 '짐'," 2010년 7월 12일.
- 파이낸셜뉴스, "해피포인트카드 혜택 강화… SPC, 실적 따른 등급 도입," 2012년 6월 6일.
- 프라임경제, "신용카드 포인트 "안 되는 게 없네," 2009년 1월 21일.
- 헤럴드경제, "해피포인트 카드, 주유소서도 적립하세요," 2012년 6월 11일.
- 메리어트호텔 홈페이지, http://www.marriott.co.kr.
- 신라호텔 홈페이지, http://www.shilla.net
- 아모레퍼시픽 홈페이지, http://www.amorepacific.com.

- 아시아나항공 홈페이지, http://www.flyasiana.com.
- SK텔레콤 멤버십 홈페이지, http://www.sktmembership.co.kr.
- 위키피디아 인터넷 사전, http://en.wikipedia.org/wiki/S&H_Green_Stamps
- 한국인삼공사 정관장멤버스 홈페이지, http://www.kgcmembers.or.kr.
- 현대백화점 홈페이지, http://www.ehyundai.com.
- 홈플러스 홈페이지, http://corporate.homeplus.co.kr.
- Buttle, Francis(2009), *Customer Relationship Management : Concepts and Technologies*, 2 ed., Butterworth–Heinemann, 267–271.
- Kumar, V. and Werner J. Reinartz(2006), *Customer Relationship Management : A Databased Approach*, John Wiley & Sons, Inc., 8장, 9장.

PART 03

CRM시스템

CHAPTER 09

분석 CRM

CRM시스템은 제1장에서 논의한 바와 같이 분석 CRM시스템, 운영 CRM시스템, 그리고 협업 CRM시스템으로 구분된다. 분석 CRM시스템은 전체 CRM시스템의 기반이 되는 영역으로 고객정보를 저장 · 관리 · 분석하기 위한 일련의 정보기술요소로 구성된다. 주요한 구성요소에는 원천 데이터베이스, ETL, 데이터웨어하우스(data warehouse)와 데이터마트(data mart), 그리고 분석 도구인 OLAP(On-Line Analytical Processing)과 데이터마이닝(data mining) 등이 포함된다.

'분석 CRM'은 분석 CRM시스템을 기반으로 수행되는 CRM활동으로, 고객정보의 수집 · 저장 · 분석 · 추출 · 분배 등과 관련한 활동을 의미한다. 분석 CRM은 특히 DW에 저장된 정보에 대한 분석을 통해 유용한 정보를 추출하고 이를 마케팅, 영업, 서비스활동을 전개하는 부서에 공급함으로써 보다 원활한 마케팅, 영업, 서비스활동이 전개될 수 있도록 하는 역할을 수행한다. 예를 들어 분석 CRM을 통해 고객가치, 특정 제품의 구매가능성, 이탈가능성, 신규구매의 가능성, 특정 고객집단이 선호하는 제품특성, 지역별 제품유형별 판매 추이 등에 대한 분석업무를 수행하고, 이를 관련 부서에 제공함으로써 관련 부서가 우수고객 선정, 교차판매, 이탈방지, 신규고객 창출, 기존고객의 유지, 지역별 매장관리 등의 업무를 원활하게 수행할 수 있도록 지원한다.

본장에서는 분석 CRM의 기반이 되는 고객정보의 품질과 분석 CRM시스템에 대해 논의한다. 분석 CRM시스템 중 분석도구에 대해서는 OLAP에 대해서만 이 장에서 논의하고 데이터마이닝은 그 중요성을 감안하여 제10장에서 별도로 논의한다.

제1절 고객정보의 품질

높은 수준의 고객정보 품질이 CRM의 성공적인 수행을 보장하는 것은 아니지만 고객정보의 품질이 높지 않으면 CRM은 절대 성공할 수 없다. 이러한 의미에서 높은 수준의 고객정보 품질을 유지하는 것은 성공적인 CRM을 위한 '필요조건'이라고 할 수 있다.

1. 고객정보 품질 개선방법

CRM에서 고객정보 품질의 개선을 위한 노력은 고객정보의 최신화(update)와 증강(enhancement)으로 구체화된다.

1.1 최신화

고객정보의 최신화는 이미 고객DB에 존재하는 정보 가운데 시간의 흐름에 따라 바뀐 정보를 최신의 정확한 정보로 갱신하는 것을 의미한다. 특히 주소, 전화번호, 이메일주소 등과 같은 '접촉정보'의 최신화가 이루어지지 않으면 고객과의 접촉 자체가 이루어지지 않기 때문에 '접촉정보의 최신화'는 고객정보의 품질을 결정하는 가장 중요한 요인이 된다.

1.2 증강

고객정보의 증강은 현재 고객DB에 없는 유용한 정보를 새로이 획득하여 입력하는 것을 의미한다. 가구단위 DB의 구축을 위해 고객 가족구성원의 신상정보를 획득하여 DB화하는 것이 고객정보 증강의 예라고 할 수 있다. 고객정보의 증강은 '고객 가족구성원에 대한 신상정보'와 같이 통상적으로 수집과 최신화가 모두 어려운 정보를 중심으로 이루어지기 때문에 고객정보의 증강을 위한 노력을 기울이기 이전에 확보하려는 고객정보를 어떻게 사용할 것인지 대한 명확한 아이디어를 가지고 있어야 한다. 그렇지 않고 무언가 도움이 될 수 있을 것이라는 정도의 막연한 생각이라면 최초 획득은 물론 향후의 최신화도 어렵기 때문에 처음부터 증강을 위한 노력을 기울이지 않는 것이 바람직하다.

2. 고객정보 품질 개선의 어려움

미국과 같은 국가에서는 외부업체의 도움을 통해 고객정보의 품질을 신속하고도 비용효율적으로 개선시킬 수 있지만, 우리나라의 경우에는 강력한 개인정보보호법으로 인해 보유하고 있는 고객정보를 최신화하고 증강시켜주는 서비스를 제공하는 전문업체가 존재하지 않으며, 따라서 우리나라 기업들은 고객정보의 품질 개선과 관련한 대부분의 문제들을 스스로 해결하여야 한다. 이러한 이유로 우리나라 기업들은 고객정보 품질의 개선을 위해 더 많은 노력을 기울여야 하지만 현실적으로 고객정보 품질 개선업무는 다음과 같은 이유로 원활하게 이루어지지 못하는 경우가 많다.

첫째, 고객정보의 품질을 관리하는 업무 자체가 어렵고 힘든 일이다. 고객정보 하나하나에 대해 바뀐 것을 수정하고 새로운 정보를 입력하는 업무는 전문성이 요구되지만 창의적이거나 재미있는 일은 아니다. 따라서 적절한 보상과 업무에 대한 자부심이나 사명감 없이는 고객정보 품질 개선업무를 지속적으로 수행하기가 힘들다.

둘째, 고객정보 품질의 관리를 충실히 한다고 해서 매출증대와 같은 효과가 즉시 나타나는 것은 아니기 때문에 회사 차원에서 고객정보 품질관리에 대한 공적을 인정해 주는 경우가 매우 드물다. 어떠한 조직구성원도 공적을 인정받지 못하는 고객정보 품질 개선업무에 매진하려 하지 않는다. 또한 경영진도 단기적인 실적이 나오지 않는 고객정보 품질 개선에 투자하기를 꺼린다. 그래서 회사 전반적으로 고객정보 품질 개선업무는 뒷전으로 밀리는 업무가 되기 쉽다.

셋째, 고객정보 품질에 대한 책임 소재를 분명히 하기가 힘들다. 특히 고객접점이 다양하고 고객접점 직원의 수가 많은 경우에는 누구의 잘못으로 고객정보의 품질이 떨어졌는지를 가려내기가 힘들다. 그러다 보니 모든 직원들이 고객정보 품질 개선업무에 대해 관심을 갖지 않고 대충대충 하려는 경향을 보인다.

3. 고객정보 품질 개선방법론

외부 기업의 도움 없이 고객정보의 품질을 개선하여야 하는 우리나라 기업들이 효율적으로 고객정보의 품질을 개선할 수 있는 방법으로 '고객정보 최신화를 위한 업무 프로세스의 확보', '고객정보의 통합적 관리', '고객정보 품질관리부서의 설립' 등을 들 수 있다.

3.1 고객정보 최신화를 위한 업무 프로세스의 확보

고객접점을 담당하고 있는 고객센터 상담원과 영업사원이 고객정보의 최신화 업무를 수행하는 것이 최선의 방법이다. 하지만 이 방안이 효과를 발휘하기 위해서는 여러 가지 현실적인 문제들의 해결이 전제되어야 한다.

1) 고객센터 상담원의 고객정보 최신화

고객센터에서의 고객정보 최신화는 고객들이 전화를 걸어왔을 때 상담원이 컴퓨터에 입력이 되어 있는 전화번호, 이메일주소 등을 물어서 정확한지를 확인하고 변경사항이 있으면 이를 수정하는 방식으로 이루어진다. 그러나 이러한 방식의 업무가 효율적으로 이루어지기 위해서는 고객센터 상담원들에 대한 성과평가기준에 평균 처리시간이나 시간당 평균 처리콜수와 같은 운영성과지표와 더불어 고객만족도와 같은 서비스 품질 관련 지표와 고객정보 정확도와 같은 고객정보 품질과 관련한 지표들도 같이 포함시키는 것이 바람직하다. 또한 이와 더불어 경영진을 포함한 모든 조직구성원들이 고객센터 상담원들의 마케터로서의 역할을 충분히 인지하고 이를 적극적으로 표현하려는 노력을 기울여야 한다. 이를 통해 고객센터 상담원들이 고객과의 접점을 담당하고 있는 최일선 마케터로서의 자부심을 느낄 수 있도록 함으로써 자발적으로 고객정보 품질의 개선에 나설 수 있도록 하는 것이 중요하다.

2) 영업사원의 고객정보 최신화

고객들과 빈번한 접촉을 갖는 영업사원들은 고객에 대한 최신정보를 가장 많이 확보하고 있기 때문에 고객정보의 최신화를 위해서 매우 중요한 역할을 할 수 있다. 그런데 문제는 영업사원들이 '고객은 회사의 고객이기 이전에 자신의 고객이며, 고객정보는 자신의 수입 창출을 위한 자산'이라는 생각을 갖는 경향이 있으며, 이로 인해 자신들이 확보하고 있는 고객정보를 회사와 공유하기를 꺼릴 수 있다는 점이다. 이를 극복하기 위한 몇 가지 방안을 고려할 수 있다.

첫째, 교육을 통해 영업사원으로 하여금 고객정보는 회사의 자산이라는 점을 인식시키는 것이다. 그러나 이는 조직구성원 전체의 공감대가 형성되어야 하기 때문에 단기적으로 문제를 해결하기는 힘들다. 다만 신생기업이나 새로운 사업을 시작하려는 기업의 경우에는 이 방법을 처음부터 강력하게 채택함으로써 고객정보의 공유를 회사의 문화로서 정착시켜 나갈 수 있다.

둘째, 영업사원이나 영업점의 성과평가기준에 고객정보 입력실적을 포함시키는 것이다. 그러나 이는 영업사원들의 반발을 불러올 수 있다. 즉, 영업사원들은 여전히 고객정보의 공유를 거부하거나 혹은 거짓정보를 입력할 수 있다. KPI에 고객정보 입력실적을 포함시키더라도 이것이 효과를 보기 위해서는 고객정보의 입력을 통해 영업사원들이 어떠한 혜택을 볼 수 있다는 점을 명확하게 인지시키는 것이 중요하다. 예를 들어 "정확한 정보는 정확한 분석을 가능하게 하기 때문에 추가적인 판매기회를 파악하거나 혹은 더 높은 수준의 고객서비스를 제공할 수 있는 계기를 마련해줄 수 있다"는 방식의 설명이 필요하고, 회사는 이러한 혜택이 실제로 실현될 수 있도록 노력을 기울여야 한다. 또한 고객정보와 관련한 별도의 프로그램을 만들고 이를 바탕으로 영업사원이 고객정보관리를 철저히 해나가도록 유도하는 방법도 사용될 수 있다. 예를 들어 많은 수의 매장을 운영하고 있는 기업의 경우에 다음과 같은 방법을 활용할 수 있다. 먼저 본사는 각 매장으로 하여금 정기적으로 고객들의 리스트와 주소 등의 정보를 보내오도록 한다. 본사는 각 매장의 명의로 해당 매장의 고객들에게 정기적으로 카탈로그, 할인권, 우대권 등이 동봉된 DM을 발송한다. DM에는 각 매장의 식별번호가 적혀 있기 때문에 반송이 된 DM이 어느 매장의 고객에게 발송된 것인지를 확인할 수 있고, 따라서 반송률을 기준으로 각 매장에서의 고객정보관리 수준을 평가할 수 있다. 각 매장은 나쁜 평가로 인한 불이익도 원치 않지만 고객들에게 좋은 정보를 제공할 수 없어서 영업기회를 놓칠 수도 있기 때문에 고객정보의 품질 개선에 더 적극적으로 나서게 될 수 있다.

3.2 고객정보의 통합적 관리

각 고객접점부서에서의 고객정보의 최신화 및 증강업무가 활발하게 이루어진다고 하여도 이렇게 확보된 정보가 전사적인 차원에서 공유되지 않으면 그 효과는 미미해질 수 있다. 즉, 고객정보가 공유되지 않으면 한 부서에서 최신화된 정보에 대해 다른 부서에서 동일한 업무를 반복하여야 하고, 한 부서에서 확보된 정보를 다른 부서에서 활용할 수 없게 되어 정보의 가치가 떨어진다. 고객정보의 공유가 가능해지기 위해서는 통합시스템에 의한 고객정보의 통합적 관리가 이루어져야 한다. 제1장에서 논의한 CRM시스템에서 다양한 채널들을 통합하는 협업 CRM시스템이 구축되고 이를 통해 고객에 대한 정보가 전사적으로 공유되면서 고객에 대한 하나의 시각(single view)을 확보하는 것이 중요하다.

3.3 고객정보 품질관리부서의 설립

고객정보의 품질을 체계적으로 관리하기 위해서 고객정보의 품질을 관리하는 부서를 별도로 설립할 수 있다. 서구에서는 이미 DA(Data Administrator)라는 직책이 일반화되어 있다. DA는 현업에 고객정보만을 다루고 있는 것은 아니지만 고객정보가 제대로 입력되고 있는지, 고객정보가 의도한 바와 같이 활용되고 있는지 등에 대해 총괄적으로 책임을 진다. DA가 일반화되어 있다는 것은, 첫째 고객정보가 IT의 관점이 아니라 비즈니스적인 관점에서 관리되고 있다는 것과, 둘째 고객정보가 단위부서의 차원이 아니라 전사적인 차원에서 관리되고 있다는 것을 의미한다. 우리나라에서도 2000년대 초부터 하나은행, KT 등의 기업들이 데이터관리팀을 신설하여 데이터 품질 평가, 데이터 표준화, 데이터 분류체계 정립, 업무 프로세스 개선, 메타데이터의 관리 등의 업무를 수행하고 있다. 고객정보의 품질을 관리하는 부서의 업무로는 다음과 같은 것들을 생각해볼 수 있다.

첫째, 고객정보의 클린징(cleansing)업무와 같이 외부업체와의 협력을 통해 고객정보의 품질을 향상시키는 업무를 들 수 있다. 이러한 방법을 통해 단위부서에 의해 수행되던 외부업체와의 협업을 통한 고객정보 품질 개선업무를 전사적인 차원에서 보다 일관성 있게 수행할 수 있다.

둘째, 고객정보의 품질을 개선시키기 위해 필요한 변화관리업무를 들 수 있다. 부서 간에 차이를 보이는 고객정보 양식 등을 통일하는 업무나 고객접점부서의 업무 프로세스를 변경하는 등의 업무를 그 예로 들 수 있다. 이러한 업무들이 단위부서에서 자발적으로 수행되기를 기대하기는 힘들기 때문에 전사적인 차원에서 수행되도록 하는 것이 바람직하다.

셋째, 고객정보의 품질과 관련된 평가지표를 개발하고 이를 기반으로 관련 부서들을 평가하는 업무이다. 이를 통해 전담부서는 전사적인 차원에서 고객정보 품질의 개선을 위한 활동이 활발하게 전개될 수 있도록 도모할 수 있다. 이 업무를 효율적으로 수행하기 위해서는 현업부서에 대해 상당한 정도의 통제력을 발휘할 수 있어야 하고, 따라서 이 전담부서를 현업부서에 배속시키기보다는 CEO의 직할이나 기획실 등에 소속시키는 것이 바람직하다.

제 2 절 분석 CRM시스템

분석 CRM시스템은 [그림 9-1]에서와 같이 원천 데이터베이스, ETL, 정보계 DB, 분석도구 등의 요소로 구성된다. 정보계 DB에는 데이터웨어하우스(data warehouse : 이하 DW)와 데이터마트(data mart)가 있으며, 대표적인 분석도구로는 OLAP(On-Line Analytical Processing) 데이터마이닝이 있다. 본절에서는 분석 CRM시스템을 구성하는 원천 데이터베이스, ETL, 데이터웨어하우스, 데이터마트, 그리고 데이터웨어하우스의 구조를 다루고 있는 다차원 모델링에 관해 논의한다. 분석도구 중에서 OLAP은 다음 절에서 논의하고, 데이터마이닝은 제10장에서 별도로 논의한다.

그림 9-1 분석 CRM시스템

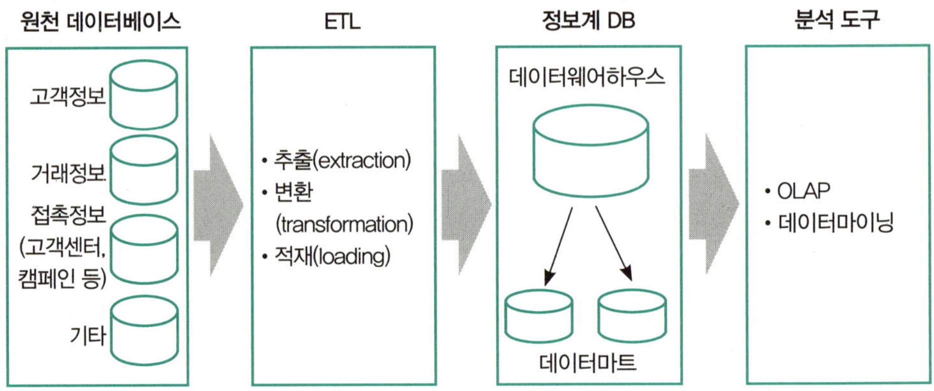

1. 원천 데이터베이스

정보계 DB인 DW의 구축을 위해 필요한 정보는 고객과의 접점에서 곧바로 DW에 적재되는 것이 아니라 고객과의 거래정보나 접촉정보를 담아 놓은 데이터베이스로부터 추출된다. 이렇게 정보계 DB 구축의 기반이 되는 DB를 원천(source) DB라고 하며, 인구통계정보 DB, 거래정보 DB, 고객센터 접촉 DB, 캠페인 반응이력 DB 등이 이에 포함된다. 원천 DB는 대부분 주문처리, 재고관리, 고객문의응답, 예약관리 등과 같은 일상적인 업무를 지원하기 위해 구축되는 운영계(運營系, operational) DB로 구성된다. 따라서 분석 CRM시스템은 운영계 DB를 원천으로 정보계 DB가 구축되고 이를 대상으로 분석이 이루어지는 것으로 이해될 수 있다.

2. ETL

ETL은 원천 DB로부터 필요한 데이터를 추출(extraction)한 후, 추출된 데이터를 원하는 형태로 변환(tranformation)하고, 변환된 데이터를 DW에 적재(loading)시킴으로써 물리적으로 DW를 생성시키는 과정을 지칭한다.

고객정보에 대한 분석은 정보계 DB인 DW를 대상으로 이루어지기 때문에 분석을 위해서는 원천 DB에 있는 정보가 DW로 옮겨져야 한다. 그런데 다양한 원천 DB에 있는 모든 정보가 합쳐져서 DW가 만들어지는 것이 아니라 원천 DB에 적재되어 있는 고객정보 가운데 CRM활동을 위해 필요한 정보만 DW에 옮겨진다. 또한 원천 DB에 있는 정보가 원래의 형태대로 옮겨지는 경우도 있지만 변환되어 옮겨져야 하는 경우도 많다. 즉, 중복 데이터는 통합이 되어야 하고 다양한 형식의 데이터는 통일된 형식으로 바뀌어야 한다. 또한 경우에 따라서는 평균 등과 같은 연산과정을 거쳐야 한다. 예를 들어 어느 은행의 고객이 입출금을 한 달 동안 20번 하였다고 가정하면 원천 DB에는 20번 각각에 대해 거래액, 잔고, 거래일자 및 시각, 거래지점 등에 대한 상세한 정보가 보관된다. 그러나 CRM의 실행을 위해 필요한 정보가 거래실적 추이를 분석하기 위한 각 고객의 월평균 잔고라고 하면 원천 DB에 있는 정보 가운데 매일매일의 잔고를 월별로 합계를 내서 해당 월의 날짜수로 나눈 숫자만 DW로 옮겨지면 된다. 이렇게 추출, 변환, 적재의 과정에서는 원천 DB에 존재하는 데이터와 DW에 적재되는 타깃 데이터 사이의 대응관계, 변환규칙, 추출주기 등을 규정하고 있는 부가적인 데이터가 발생하게 되는데, 이러한 데이터를 메타데이터(metadata)라고 한다. 즉, 메타데이터는 데이터를 올바르게 관리하고 사용할 수 있도록 만들어주는 데이터로 흔히 '데이터에 대한 데이터'로 불린다. 메타데이터는 DW의 구축, 관리, 그리고 활용에 있어서 매우 중요한 역할을 하며, 메타데이터를 생성하고 관리하는 작업은 DW를 구축하는 과정에서 가장 어려운 작업에 속한다. ETL은 추출, 변환, 적재와 함께 메타데이터를 관리하는 기능도 수행한다.

3. 데이터웨어하우스

정보계 DB는 '분석을 통해 정보를 추출하기 위한 목적으로 구축되는 DB'를 의미한다. CRM시스템에서 사용되는 정보계 DB에는 데이터웨어하우스와 데이터마트가 있다.

3.1 데이터웨어하우스의 개념과 특성

데이터웨어하우스(data warehouse : 이하 DW)는 사용자의 의사결정에 도움을 주기 위해 운영계 DB에 저장되어 있는 데이터 가운데 의사결정에 필요한 데이터를 추출한 후, 이를 통일된 형식으로 변환하여 저장해 놓은 데이터베이스이다. DW의 개념은 1988년 IBM이 자사의 하드웨어를 판매하기 위한 목적으로 처음 도입되었는데, 당시에는 DW가 아닌 'Information Warehouse'라는 용어를 사용하였다. 데이터웨어하우스라는 용어를 가장 먼저 사용한 사람은 인몬(William H. Inmon, 1990)으로 그는 DW를 "의사결정을 지원하는 주제지향적(subject-oriented)이고, 통합적(integrated)이고, 시계열적(time variant)이고, 비소멸적인(nonvolatile) 데이터베이스"로 정의하였다. 즉, 그는 DW의 특성으로 주제지향성, 통합성, 시계열성, 비소멸성 등의 4가지를 들고 있다.

1) 주제지향성

운영계 데이터베이스는 재고관리, 영업관리, 미수금관리 등과 같이 특정한 업무를 지원하기 위한 목적으로 구축되는 반면, DW는 특정한 업무 대신에 상품, 판매, 고객 등과 같은 전사적인 관심의 대상이 되는 주제들을 중심으로 관련 데이터가 통합된다. 이렇게 주제들을 중심으로 데이터베이스를 구축하는 것은 여러 주제들에 대한 다양한 분석을 가능하게 함으로써 의사결정에 필요한 다양한 정보를 추출해낼 수 있는 유연성을 부여하기 위함이다.

2) 통합성

DW는 운영계 DB에 담겨진 자료나 조직 외부 자료 가운데 관심의 대상이 되는 주제(예 : 고객)와 관련된 데이터들이 통합된 데이터베이스이다. 그런데 DW는 운영계 DB나 외부자료를 단순히 합쳐놓은 것이 아니라, 각각으로부터 필요한 데이터만을 추출하여 통합한 데이터베이스이기 때문에 그 크기는 운영계 DB들의 합이 아니며, 경우에 따라서는 하나의 운영계 DB보다 작을 수도 있다. 다양한 원천으로부터의 데이터들이 통합되기 위해서는 데이터의 표준화작업이 이루어져야 하며, 중복된 데이터를 제거함으로써 각 주제에 대해 하나의 시각만을 제공하여야 한다. 이러한 기술을 통합 · 정화기술(merge and purge technology)이라고 한다.

3) 시계열성

운영계 DW 구축의 목직은 특정 입무의 원활한 수행을 지원하는 것이기 때문에 항상 최신의 정보가 담겨져 있어야 한다. 예를 들어 재고관리를 위해서는 현재 각 품목별 재고가 어느 정도 있는지가 중요하기 때문에 입고나 출고가 이루어지면 해당 제품의 재고 데이터가 곧바로 갱신되어야 한다. 과거 재고에 대한 정보는 일정기간(예 : 6개월, 1년 등)만 보관되고 그 이후에는 삭제되거나 혹은 별도의 저장장소에 담겨져서 보관된다. DW에서는 이와는 달리 데이터가 현재의 값으로 갱신되는 것이 아니라 계속 누적되어 시계열적으로 보관된다. 위의 예에서 운영계 DB에 저장되어 있는 데이터를 바탕으로 각 품목별 월평균 재고수준이 계산되고, 이 데이터가 매월 DW에 추가된다. 따라서 DW에 있는 정보를 분석하면 시간의 흐름에 따라 변수들이 어떠한 변화를 보이고 있는지를 분석해낼 수 있다.

4) 비소멸성

시계열성과 밀접하게 관련되어 있는 DW의 또 하나의 특징으로 비소멸성을 들 수 있다. 비소멸성은 운영계 DB에 저장된 데이터가 추출되고, 변환되어서 DW에 일단 저장되면 어떠한 경우에도 변경되지 않는다는 것을 의미한다. 따라서 DW의 사용자들은 담겨져 있는 정보를 검색할 수 있을 뿐 갱신시킬 수는 없다. 이러한 의미에서 DW는 '읽기 전용' 저장장소라고 할 수 있다.

3.2 데이터웨어하우스의 장점

위에서 기술한 것과 같은 특성을 지닌 DW는 운영계 시스템의 보호, 질의에 대한 신속한 응답, 데이터 원천에 대한 탐색 불필요, 양질의 데이터 제공, 주제에 대한 하나의 관점 제공 등과 같은 여러 가지 장점을 가지고 있다.

1) 운영계 시스템의 보호

분석을 위한 데이터 저장공간을 별도로 구축함으로써 운영계 시스템에 대한 부하를 줄여줄 수 있다. 의사결정을 위한 정보를 운영계 시스템으로부터 추출하여야 한다면 운영계 시스템이 작동하지 않는 시간(업무가 종료되어서부터 다음 날 다시 업무가 시작될 때까지의 시간) 동안 운영계 시스템에 대한 분석작업이 수행되어야 하는데, 만일 이 분석과정에서 운영계 시스템의 데이터가 의도하지 않게 바뀐다든지 혹은 삭제된다든지 하는 사고가 발생하면 기본적인 업무 수행에 큰 지장을 초래하게 된다. 이러한 측면에서 DW는 운영계 시스템을 보호하는 역할을 한다고 할 수 있다.

2) 질의에 대한 신속한 응답

사용자의 질의에 대해 신속한 응답이 가능해진다. DW가 없는 경우에는 전산부서에 의뢰하여 자신이 원하는 정보를 얻어야 하기 때문에 응답을 얻기까지 걸리는 시간을 스스로 통제할 수 없다. 경우에 따라서는 몇 시간 내에 얻을 수도 있지만 경우에 따라서는 1주일 이상이 걸릴 수도 있고, 전산부서의 사정이나 전산부서와의 관계에 따라서는 얻지 못하게 될 수도 있다. 그러나 DW를 사용하면 분석의 정도에 따라 다르지만 필요성을 감지한 즉시 분석을 시작할 수 있으며, 빠르면 몇 분 내에, 늦어도 대부분 몇 시간 내에 원하는 정보를 얻을 수 있다.

3) 데이터 원천에 대한 탐색 불필요

사용자는 자신이 원하는 정보가 어디에 있는가에 대해 신경 쓰지 않고도 원하는 정보를 쉽게 얻을 수 있다. 즉, 사용자는 원천 데이터가 어느 운영계 DB에 저장되어 있는지를 알 필요가 없이 분석업무를 수행할 수 있다.

4) 양질의 데이터 제공

데이터가 운영계 DB에서 DW로 이동되어 오는 ETL과정에서 통합, 중복제거, 표준화 등의 과정을 거치기 때문에 운영계 DB에 있는 데이터를 직접 분석하는 것에 비해 훨씬 더 풍부하고 잘 정제된 데이터를 사용하여 분석할 수 있다.

5) 주제에 대한 하나의 관점 제공

회사 내의 모든 구성원이 하나의 DW를 통해 분석업무를 수행하기 때문에 각 주제에 대한 하나의 관점(single view)을 가질 수 있으며, 이로 인해 사내의 커뮤니케이션이 원활하게 이루어지는 데 큰 도움이 된다.

4. 데이터마트

4.1 데이터마트의 개념

사용자는 DW를 직접 사용하여 분석업무를 수행할 수도 있지만 경우에 따라서는 DW와 사용자의 사이에 데이터마트(data mart)를 별도로 구축하기도 한다. 데이터마트는 DW의 부분집합이라고 할 수 있으며([그림 9-2] 참조), DW가 다음과 같은 문제점을 가지고 있기 때문에 이러한 문제점을 해결할 수 있는 대안으로 매우 광범위하게 활용되고 있다.

첫째, DW는 전사적인 관점에서 구축되는 것이기 때문에 데이터가 개별 부서나 특정 업무에 적합하지 않은 형태로 저장되어 있을 수 있다. 이로 인해 사용자의 질의에 대해 빠른 응답을 제공하지 못할 수 있다.

둘째, 대부분의 사용자들은 DW에 담겨져 있는 데이터의 일부만을 사용하여 분석업무를 수행한다. 그럼에도 불구하고 조직의 모든 사용자들이 DW에 대해 직접 질의를 수행하면 전체 시스템에 많은 부하를 줄 수 있고, 이로 인해 응답 속도가 떨어지는 등의 부작용이 발생할 수 있다.

이러한 문제는 DW가 소규모이고 사용자의 수가 적을 때에는 문제가 되지 않지만, DW의 규모가 커지고 사용자의 수가 많아지면 중앙집중형의 DW의 성능저하가 두드러지게 나타날 수 있다. 이러한 문제를 해결하기 위해 DW와 사용자 사이에 완충역할을 해줄 수 있는 장치가 필요한데, 이것이 바로 데이터마트이다. 데이터마트는 특정한 사용자 집단에 특화된 사용자중심의 저장고로서 사용자의 분석 편의성을 제고시키는 데 초점이 있다. 즉, DW의 주된 목적이 사내에 존재하는 운영계 시스템의 데이터를 통합함으로써 분석의 인프라를 구축하는 데 있다면, 데이터마트의 주된 목적은 원활한 사용자 인터페이스(user interface)에 초점을 두고 있다.

그림 9-2 데이터웨어하우스와 데이터마트

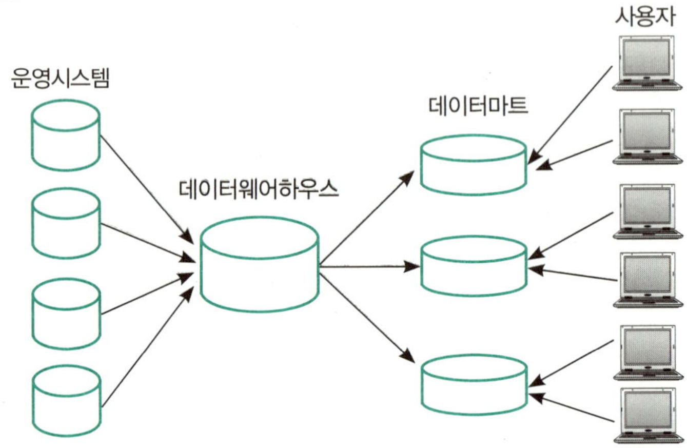

4.2 데이터마트의 이점

데이터마트가 DW와 같이 사용될 경우 여러 가지 측면에서 이점이 있다. 첫째, 데이터마트는 DW와는 전혀 별개의 저장장소이기 때문에 데이터마트의 운용이 DW에 전혀 영향을 미치지 않는다. 따라서 데이터마트를 사용하는 부서나 사용집단은 데이터마트에 저장된 데이터를 용도에 맞게 얼마든지 가공하여 사용할 수 있다. 또한 데이터마트의 데이터는 대부분 DW로부터 복제되지만 필요한 경우에는 자체적으로 생산된 데이터가 저장되어 활용될 수도 있다. 둘째, 데이터마트는 특정 소프트웨어에 맞추어 설계될 수 있기 때문에 각 부서는 자신의 니즈에 부합하는 소프트웨어를 선택할 수 있다.

4.3 독립형 데이터마트

앞에서 논의한 내용에 따르면 DW가 구축되고 이를 기반으로 데이터마트가 구축된다. 이렇게 먼저 DW가 구축되고 연이어서 데이터마트가 구축되는 방식을 하향식(top-down) 접근법이라 한다. 이 접근법에서의 데이터마트는 DW로부터 데이터를 공급받기 때문에 DW에 종속되어 있다는 의미에서 종속형 데이터마트(dependent data mart)라고 불린다. 그런데 하향식 접근법이 전사적인 차원에서의 통일성을 기할 수 있는 방법이지만, 경우에 따라서는 각 부서에서 운영시스템으로부터 직접 부서에서 필요한 데이터를 추출하여 데이터마트를 구축하기도 한다([그림 9-3] 참조). 이러한 방식으로 구축된 데이터마트는 독립형 데이터마트(independent data mart)라고 불린다. 이렇게 데이터마트를 구축하는 이유로는 다음과 같은 사항들이 지적될 수 있다.

첫째, 전사적인 DW를 구축할 만한 충분한 예산이 확보되지 못하였기 때문이다. 이러한 경우에는 부서의 니즈에 적합한 작은 규모의 데이터마트를 구축하여 사용하는 것이 선택의 여지가 없는 유일한 방법이 된다.

둘째, DW 구축 프로젝트가 실패할 가능성도 배제할 수 없기 때문이다. DW의 구축은 매우 복잡하고 규모가 크기 때문에 예상하지 못했던 이유로 실패할 가능성이 있다. DW를 구축하기 위해서는 많은 비용과 노력과 시간이 소요되기 때문에 DW의 구축이 실패하였을 경우에는 DW의 구축을 주도했던 임직원은 물론 회사도 큰 곤경에 처할 수 있다. 따라서 이러한 위험부담을 줄이기 위해 작은 규모의 데이터마트 구축을 선호할 수 있다.

셋째, DW를 구축한 후 기대만큼의 효과가 빨리 나오지 않을 가능성이 크기 때문이다. DW는 의사결정을 지원하는 역할을 하는 것이지 그 자체가 수익을 창출해내는 것은 아니기 때문에 통상적으로 그 효과는 서서히 나타난다. 따라서 조직이 단기적인 수익창출을 매우 중시하는 분위기라면 장기적인 관점에서 그 구축효과를 기대하여야 하는 DW의 구축은 매력적인 투자 대상이 되지 못한다. 이러한 경우에도 훨씬 더 저렴한 비용으로 구축할 수 있고, 또한 각 부서의 구체적인 업무를 지원함으로써 상대적으로 빨리 구축의 효과를 나타낼 수 있는 데이터마트가 훨씬 더 선호될 수 있다.

여러 부서에서 각자의 데이터마트를 구축하여 사용하다가 통일된 형식의 데이터에 대한 필요성이 발생하고 예산도 확보되었을 때 DW를 구축하기도 한다. 이렇게 데이터마트를 먼저 구축하고 나중에 이들을 DW로 통합하는 구축방식을 상향식(bottom-up) 집근빕이라고 한다.

그림 9-3 **독립형 데이터마트**

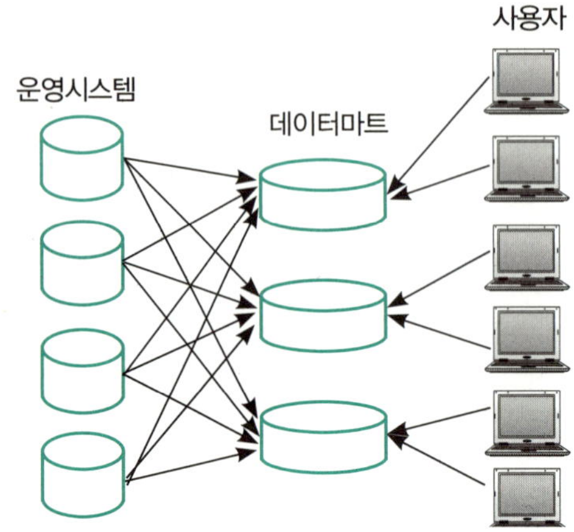

독립형 데이터마트는 각 부서의 실무진들이 DW가 구축될 때까지 오랜 시간을 기다리지 않아도 되고, 또한 실무진의 의견이 보다 더 잘 반영될 수 있다는 장점이 있지만, 전사적인 일관된 계획이 없이 만들어지는 것이기 때문에 다음과 같은 위험성도 존재한다.

첫째, 독립형 데이터마트는 각 부서의 필요에 의해 구축되는 것이기 때문에 데이터 통합을 위한 공통 기반이 존재하지 않으며, 따라서 향후에 이를 기반으로 하는 상향식 DW 구축 자체가 불가능해질 수 있다.

둘째, 종속적 데이터마트가 구축되는 경우에는 운영시스템과의 인터페이스는 운영계 DB와 DW 간의 인터페이스를 관리하는 것으로 충분하지만, 독립적 데이터마트의 경우에는 운영계 DB와의 인터페이스가 데이터마트의 숫자만큼 요구된다. 그런데 각 인터페이스를 생성하고 유지하는 것도 매우 힘든 작업이기 때문에 운영상의 비효율성이 발생한다.

셋째, 독립적 데이터마트에서는 각 데이터마트에서 요구되는 데이터를 운영계 DB로부터 독자적으로 수집하기 때문에 동일한 데이터에 대한 작업이 여러 데이터마트에서 중복적으로 수행되고, 이로 인해 데이터의 수집과 관리에 더 많은 비용이 발생하게 된다.

5. 다차원 모델링

DW에는 대단히 큰 규모의 데이터가 저장되는데, 이러한 데이터가 어떻게 저장되는가는 CRM의 실천을 위해서도 매우 중요하다. 왜냐하면 DW의 구축목적은 의사결정을 지원하는 데 있고, 이를 위해서는 DW로부터 원하는 정보를 원활하게 추출할 수 있도록 데이터베이스가 설계되어야 하기 때문이다. 가장 대표적인 데이터베이스 설계방식은 다차원 모델링(multidimensional modeling)으로 이는 분석에 사용되는 여러 가지 정보를 차원(dimension)들로 구분하고, 이들을 사실(fact)을 매개로 결합시킬 수 있도록 데이터베이스를 설계하는 방식을 의미한다.

5.1 다차원 모델링기법의 특징

다차원 모델링의 특징은 [표 9-1]과 같이 사실, 차원, 항목, 속성으로 구성되어 있다는 점에 찾을 수 있다.

표 9-1 | 다차원 모델링의 구성

구분	의미	예
사실 (fact)	• 분석의 대상으로 주로 판매액과 같이 활동의 결과를 수치로 나타난 값 • 사실테이블에 저장됨	판매액, 판매수량 등
차원 (dimension)	• 사실에 대한 분석의 관점을 나타냄 • 차원테이블에 저장됨 • 하나의 사실테이블에 여러 개의 차원 테이블이 연결되어 분석에 사용됨	제품, 매장, 고객, 기간, 영업사원 등
항목 (element)	• 차원이 취할 수 있는 구체적인 값을 의미함 • 차원테이블에 저장됨 • 항목들 간에는 계층구조가 형성되는 경우가 많음	• 제품의 경우 : 냉장고, 세탁기, 에어컨 등 • 기간의 경우 : 연, 반기, 분기, 월, 일 등
속성 (attribute)	• 각 차원을 구성하는 항목들의 특성을 나타내는 정보를 의미함 • 차원테이블에 저장됨	• 제품의 냉장고의 경우 : 색상, 크기, 신제품 여부 등 • 매장의 경우 : 책임자, 면적, 주소, 전화번호, 직영 여부, 개점일 등 • 영업사원의 경우 : 성별, 연령, 직급, 학력 등

DW와 같은 정보계 DB는 의사결정을 위해 활용되는 것이기 때문에 무엇보다 사용자의 질의에 대해 신속하게 응답할 수 있어야 한다. 이를 위해 DW나 데이터마트와 같은 정보계 DB는 여러 개의 차원(dimension)들이 사실(fact)과 결합되어 있는 형태로 설계되어 있다. '사실'은 분석의 대상이라고 할 수 있고, '차원'은 분석의 관점이라고 할 수 있다. 예를 들어 지난 6개월 동안의 판매액을 월별, 지역별, 상품별, 영업사원별로 분석하고자 한다면 판매액이 사실이 되고, 기간, 지역, 상품, 영업사원은 모두 차원이 된다. 사용자가 의사결정을 위해 정보계 DB를 분석할 때 통상적으로 판매액이나 판매량과 같은 성과변수들을 기간, 매장, 지역, 영업사원, 상품, 고객 유형 등의 다각적인 각도에서 분석하는 것이 일반적이다. 이처럼 분석의 대상이 되는 사실(fact)은 판매액, 판매량 등과 같은 성과를 측정하기 위한 항목들로 구성되는 것이 일반적이다.

사실에 대한 정보를 담고 있는 사실테이블은 다차원 모델링의 중심에 위치하며 규모가 가장 큰 테이블이다. 대규모 유통업체, 통신업체, 금융기관 등의 다차원 모델인 경우에는 수억 개 이상의 행도 가질 수 있다. 차원테이블은 사실에 대한 분석의 관점을 나타내며, 차원에 대한 기술적인(descriptive) 정보들을 저장한다.

[그림 9-4]는 가상적인 화장품 제조업체의 데이터 모델링의 사실테이블과 매장차원테이블을 나타내고 있다. 사실테이블은 매장키, 영업사원키, 기간키, 제품키, 판매단가, 판매수량, 판매액 등을 열(列)에 포함하고 있다. 이 가운데 매장키, 영업사원키, 기간키, 제품키는 각 차원테이블과의 연결을 위한 외래키(foreign key)이다. 이와 같이 사실테이블은 외래키 열과 자체적인 상세 데이터값을 갖는 열(판매단가, 판매수량, 판매액)로 구성된다. 매장차원테이블은 기본키(primary key)인 매장키 열과 여러 속성의 값을 갖는 열로 구성된다. 대표적인 다차원 모델링기법인 스타스키마(star scheme, 뒤에서 기술)에서는 특정 차원과 관련된 모든 속성들에 대한 정보들이 하나의 테이블에 저장된다. 예를 들어 [그림 9-4]에서와 같이 매장차원테이블에는 매장명, 소권역, 시 · 도, 대권역, 책임자, 면적 등 매장과 관련된 모든 속성들에 대한 정보가 담겨 있다. 이렇게 하는 이유는 사용자의 질의에 응답하기 위해 필요한 테이블들의 결합횟수를 줄임으로써 응답 속도를 높이기 위함이다. 만일 사용자가 특정 매장의 판매액을 알고자 하는 경우에는 두 개의 테이블에서 공통된 키인 매장키를 매개로 두 테이블을 결합시킴으로써 원하는 데이터를 얻게 된다.

그림 9-4 사실테이블과 차원테이블의 결합

두 테이블의 공통키인 매장키를 매개로 두 테이블을 결합하여 매장별 매출액 산출

사실테이블

매장키	영업사원키	기간키	제품키	판매단가	판매량	판매액
12345	A199408	20120813	ABC2048	62000	3	186000
23456	A200115	20120813	BCD1174	48000	5	240000
⋮	⋮	⋮	⋮	⋮	⋮	⋮

매장차원테이블

매장키	매장명	소권역	시 · 도	대권역	책임자	면적(km^2)
12345	회기점	강북권	서울	수도권	홍길동	33
23456	잠원점	강남권	서울	수도권	박문수	28
⋮	⋮	⋮	⋮	⋮	⋮	⋮

5.2 다차원 모델링기법

다차원 모델링은 다차원 데이터를 구현하는 데 사용되는 기법으로 DW 구축의 핵심적인 기술이라고 할 수 있다. 대표적인 다차원 모델링기법으로는 스타스키마와 눈송이스키마를 들 수 있다.

1) 스타스키마

스타스키마(star scheme)는 다차원 데이터를 표현하기 위한 데이터베이스 설계기법 중의 하나이다. 스타스키마에서 다차원 모델은 사실(fact)테이블과 차원(dimension)테이블로 구성되며, 스타스키마는 사실테이블에서 여러 개의 차원테이블이 뻗어져 나온 형태를 취한다. '스타스키마'라는 용어도 차원테이블이 뻗어 나온 모습이 별모양과 유사하다는 의미에서 붙여졌다. 예를 들어 A라는 회사의 판매액이나 판매량 등의 성과지표들을 제품, 매장, 기간, 고객 등의 4개 관점에서 분석하고자 한다면 판매액이나 판매량은 사실이 되고, 제품, 매장, 기간, 고객은 각각 차원이 된다([그림 9-5] 참조). 그래서 4개의 차원테이블이 하나의 사실테이블을 둘러싸고 있는 형태를 취하며, 각 차원테이블에는 각 차원에 속해 있는 항목(element)들의 속성(attribute)값이 저장된다. 스타스키마 구조는 매우 단순하기 때문에 사용자가 데이터베이스의 구조를 이해하기가 쉽고, 또한 이용 시에 테이블 간의 결합(join)횟수가 적기 때문에

검색 속도가 빠르다는 장점이 있다.

그림 9-5 스타스키마

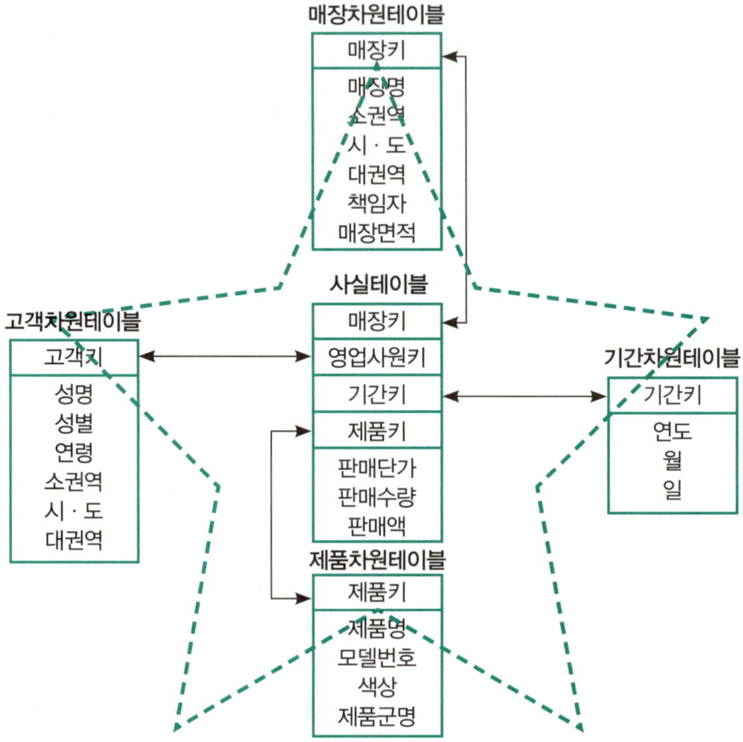

2) 눈송이스키마

스타스키마는 차원테이블이 대용량일 경우에 처리속도가 늦어지는 결점을 가지고 있는데, 눈송이스키마(sonwflake schema)는 이러한 결점을 해결하기 위한 목적으로 도입되었다. 스타스키마에서는 특정 차원에 대한 정보가 하나의 테이블에 모두 저장되고, 결합은 사실테이블과 차원테이블 간에 이루어진다. 그런데 눈송이스키마에서는 [그림 9-6]에서와 같이 사실테이블과 직접 결합될 수 있는 차원테이블이 다른 차원테이블의 기본키를 참조하는 외래키를 그 속성으로 가질 수 있기 때문에 차원테이블 간의 결합이 가능하다. 눈송이스키마라는 이름은 차원테이블이 뻗어 나가 있는 모습이 눈송이와 비슷하다고 하여 붙여진 이름이다.

예를 들어 300만 명의 고객을 대상으로 고객의 주소를 소권역, 시 · 도, 대권역으로 구분해 놓고 있는 통신회사의 DW 사용자가 [표 9-2]와 같이 대권역별, 시 · 도별,

소권역별로 몇 명의 고객이 있는지를 알고자 하는 경우를 가정해보자. 스타스키마 모델에서는 300만 명의 고객에 대해 고객차원테이블에 저장되어 있는 대권역, 시 · 도, 소권역의 정보를 모두 검색하여야 한다. 그런데 [그림 9-6]에서와 같이 고객차원테이블에는 소권역키만 저장하고, 소권역의 이름과 소속 시 · 도를 알 수 있는 소권역차원테이블, 시 · 도의 이름과 소속 대권역을 알 수 있는 시 · 도차원테이블, 그리고 대권역의 이름을 알 수 있는 대권역차원테이블 등을 따로 분리하여 만들어 놓으면 시스템은 각 고객에 대해 소권역정보만 검색하고, 시 · 도와 대권역에 대한 정보는 매우 작은 규모의 소권역차원테이블, 시 · 도차원테이블, 대권역차원테이블을 검색하여 손쉽게 얻을 수 있다. 이러한 방식으로 차원테이블이 대용량일 경우에 처리속도를 단축시킬 수 있다.

표 9-2 | 고객의 거주지역에 따른 고객의 수

대권역	수도권							……	중부권					
시 · 도	서울			……	경기도			……	대전		……	충남		
소권역	강동	……	강북		수원	……	화성		북부	남부		태안군	……	공주
고객의 수														

그림 9-6 눈송이스키마

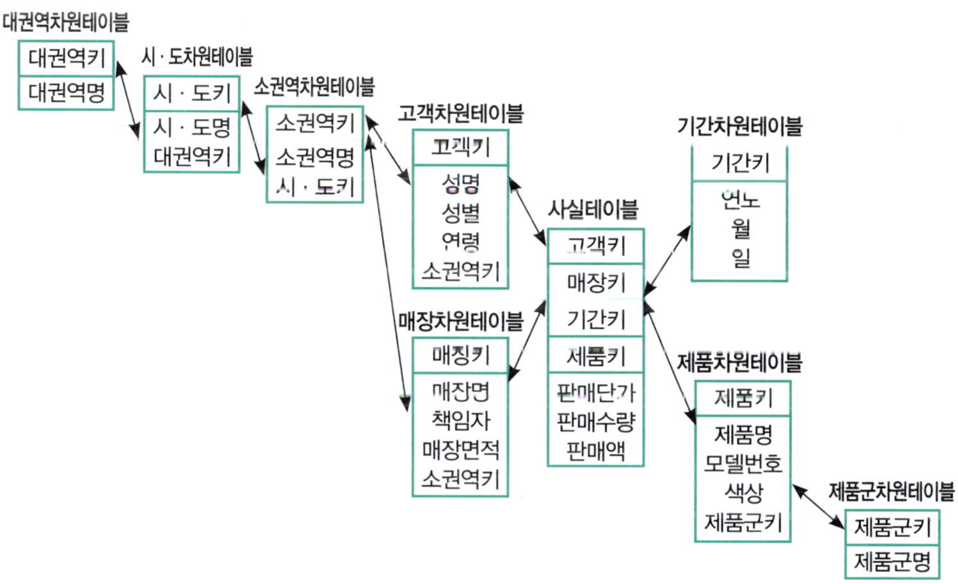

눈송이스키마에서는 각 속성을 나타내는 작은 규모의 차원테이블이 늘어나는 대신, 주된 차원테이블의 크기가 대폭 줄어들게 되기 때문에 데이터를 저장하는 데 필요한 공간을 최소화할 수 있다. 그러나 스타스키마에 비해 더 많은 수의 차원테이블을 사용하기 때문에 그 구조가 복잡하며, 따라서 유지 · 보수를 위해 더 많은 시간과 노력을 기울여야 한다. 또한 사용자가 매우 다양한 속성을 사용하여 분석하고자 할 때 차원테이블 사이에 많은 결합이 필요하게 되며, 이로 인해 처리속도가 현저하게 떨어질 수 있다. 눈송이스키마의 최대 장점은 저장공간을 절약하는 것인데, 하드웨어의 발전에 따라 데이터 저장비용이 저하되면서 사용빈도가 낮아지고 있는 추세에 있다. [표 9-3]은 스타스키마와 눈송이스키마의 여러 가지 차이점에 대해 기술하고 있다.

| 표 9-3 | 스타스키마와 눈송이스키마의 비교

구분	스타스키마 모델	눈송이스키마 모델
장점	• 모델이 단순하여 쉽게 이해할 수 있음 • 계층구조를 정의하기가 용이함 • 결합의 숫자를 줄임으로써 응답 성능이 향상됨	• 데이터의 무결성 유지가 보다 용이함 • 데이터의 중복성이 최소화됨으로써 스타스키마에 비해 요구되는 저장공간이 적음 • 차원테이블의 추가를 통해 보다 유연한 모델링이 가능함
단점	• 자료의 무결성 정도가 떨어질 수 있음 • 중복 데이터가 발생하기 때문에 많은 저장공간이 요구됨 • 모델이 유연하지 않음	• 구조가 복잡해져서 이해하기가 힘들어짐 • 차원테이블의 수가 늘어남에 따라 관리비용이 증가함 • 차원테이블 간의 결합횟수가 증가하여 응답속도가 느려짐

자료 : http://i-blade.blogspot.kr/2011/04/dw-data-warehouse.html

제 3 절 OLAP

DW나 데이터마트가 구축되면 사용자는 다양한 분석도구를 활용하여 저장된 데이터를 검색하거나 분석할 수 있다. 현재 사용되고 있는 가장 대표적인 분석도구로는 OLAP(On-Line Analytical Processing)과 데이터마이닝(data mining)을 들 수 있다. 본절에서는 OLAP에 대해 기술하고 데이터마이닝은 제10장에서 기술한다.

1. OLAP의 정의와 특징

OLAP(On-Line Analytical Processing)은 1993년 코드(Edgar F. Codd)가 처음으로 도입한 개념으로, 그는 OLAP을 "사용자가 다차원정보에 직접 접근하여 대화형태로 정보를 분석하고 의사결정에 활용하는 과정"이라고 정의하였다. 오늘날의 DW환경에서 OLAP은 DW와 불가분의 관계에 있지만, OLAP의 개념은 DW와는 독립적으로 발전하였다. DW와 OLAP의 공통점은 의사결정을 지원하기 위한 목적으로 활용된다는 점이다. DW가 의사결정 지원을 위한 인프라의 구축에 초점을 두고 있는 반면, OLAP은 의사결정에 필요한 정보를 추출하기 위한 데이터분석에 초점을 맞추고 있다. 그래서 DW에서는 주로 데이터의 통합성, 정확성 등에 대한 논의가 이루어지고, OLAP는 주로 사용자의 분석 니즈에 대한 논의가 이루어진다.

DW의 등장 초기에는 주된 관심이 어떻게 DW를 구축할 것인가에 모아져 있었다. 즉, 저장된 데이터의 활용보다는 기술적으로 사내의 운영시스템에 담겨져 있는 데이터를 어떻게 통합할 것인가가 주된 관심사였다고 할 수 있다. 이러한 현상은 DW의 개념이 IBM과 같은 하드웨어 벤더사에 의해 처음으로 도입되었다는 사실과도 관련이 있다. 그러나 점차 DW의 구축이 보편화되고, 이를 사용하는 과정에서 사용자들이 방대한 데이터의 가치를 인식하게 되면서, 관심의 초점이 DW를 어떻게 더 잘 활용할 수 있을 것인가로 옮겨졌다. 이렇게 DW의 구축에서 DW의 활용으로 관심의 초점이 옮겨짐에 따라 데이터분석 도구인 OLAP은 DW와 불가분의 관계를 맺게 되었으며, 현재는 DW의 개념에 OLAP과 같은 분석도구도 같이 포함되어 논의되는 단계에까지 이르렀다.

OLAP의 정의를 기반으로 하여 OLAP의 특징으로 다차원 데이터베이스, 직접 접근, 대화식 분석, 의사결정목적의 활용 등을 도출할 수 있다.

1.1 다차원 데이터베이스

판매액 혹은 판매량에 대한 분석을 함에 있어서 "이번 달의 매출액은 얼마나 되나?"와 같이 시기별 매출액만을 알고자 하는 경우에는 데이터베이스에 기간별로 구분되어 있는 매출액이 담겨 있으면 충분하다. 그렇지만 "이번 달의 매장별 판매액이 지난달과 비교하여 어떠한 변화가 있나, 지역별 매출액이 시기적으로 어떠한 변화를 보이고 있나, 매장별로 각 제품의 판매 비중이 어떠한 차이를 보이고 있나, 지역별로 각 제품의 판매량은 어떻게 되나?"와 같이 다양한 각도에서 분석을 하고자 하는 경우에는 다양한 차원으로 구성된 정보가 요구된다. 위의 예와 같은 분석을 하기 위해서는 판매, 시기, 매장, 지역, 제품 등의 차원으로 구성된 다차원 데이터베이스가 요구된다.

1.2 직접 접근

사용자가 다차원 데이터베이스에 직접 접근한다는 것은 전산부서와 같은 정보 매개자를 거치지 않고 사용자가 스스로 원하는 정보를 추출해낸다는 것을 의미한다. 회사의 모든 운영시스템은 전산부서에 의해 관리된다. 그런데 기업의 각 운영시스템은 지원하고자 하는 업무의 특성에 따라 각기 고유한 포맷과 구조를 가지고 있으며, 따라서 미리 정의된 형식 이외의 방식으로 데이터를 검색하기가 쉽지 않다. 이러한 이유로 운영시스템에서 의사결정을 위한 정보를 추출하기는 매우 어렵다. 사용자가 자신이 원하는 정보를 얻기 위해서는 전산부서에 자신이 원하는 정보를 구체적으로 설명하면서 추출해줄 것을 요청하여야 한다. 그런데 이러한 업무는 전산부서의 본연의 업무가 아니기 때문에 바로바로 대응하지 못할 경우가 많고, 따라서 사용자가 원하는 정보를 얻기까지는 상당한 시간이 걸릴 수 있다.

의사결정은 시의적절하게 이루어져야 하는데, 시간이 많이 경과하면 그 정보의 가치는 떨어진다. 또한 전산부서로부터 요청한 데이터를 받아본 사용자가 보다 심도 있는 데이터가 필요하다는 것을 지각하고 이 데이터를 추가적으로 얻으려고 한다면 또 다시 전산부서에 요청하여야 한다. 이러한 과정은 매우 번거로울 뿐만 아니라 전산부서와의 관계가 그다지 좋은 편이 아닐 경우에는 요청하는 것 자체가 힘들어진다. 이와는 달리 OLAP환경에서는 다차원 데이터베이스가 사용자가 직접 이용하기 손쉬운 형태로 존재한다. 즉, OLAP은 사용자의 관점에서 구축된 다차원 데이터베이스를 전제로 하고 있기 때문에 사용자는 전산부서를 거치지 않고 이러한 다차원 데이터베이스에 직접 접근하여 분석함으로써 자신이 원하는 정보를 얻을 수 있다.

1.3 대화식 분석

대화는 쌍방향적으로 이루어지기 때문에 대화의 과정에서는 상대방의 반응에 따라 자신의 반응도 달라진다. OLAP환경에서는 분석이 쌍방향 커뮤니케이션과 같은 형태로 이루어진다. 즉, 사용자가 다음에 어떠한 분석을 하게 될지는 이전의 분석결과에 따라 달라진다. 예를 들어 지난달의 매장별 판매액에 대한 분석을 하고 있던 사용자가 매장별로 매출액에 상당한 차이가 있다는 것을 발견하였다면 이에 대한 원인을 찾기 위해 다음 단계로 각 매장에서 판매되고 있는 상품별 매출액을 분석해볼 수 있다. 분석결과 실적이 부진한 몇몇 매장에서 특정 상품의 매출이 거의 일어나지 않는 것을 발견하였다면 사용자는 다시 해당 상품의 재고수준이 어떠한 추이를 보이고 있는지를 검색해볼 수 있다. 그 결과 해당 상품의 재고수준이 몇 개월 전부터 점점 줄어들어서 현재는 거의 바닥수준에 있음을 발견하였다면 사용자는 이러한 분석결과를 바탕으로 왜 해당 제품의 공급이 원활하게 이루어지지 않는가에 대한 조사에 착수할 수 있다. 이렇게 OLAP환경에서의 분석은 사용자와 시스템이 대화를 하는 형식으로 이루어진다. 이러한 과정을 통해서 사용자는 자신이 생각하는 전략이나 가설이 데이터에 의해 지지되고 있는가를 바로바로 확인해볼 수도 있고, 경우에 따라서는 자신이 생각하지 못했던 새로운 사실을 발견하게 될 수도 있다.

1.4 의사결정목적의 활용

OLAP의 목적은 의사결정을 지원하는 데 있다. OLAP의 이러한 특성은 흔히 OLTP(On-Line Transaction Processing, 온라인거래처리)와 비교되어 논의된다([글 9-1] 참조). OLTP는 '온라인상에서 실시간적으로 데이터를 갱신함으로써 특정한 업무를 처리해가는 과정'이라고 정의될 수 있다. OLTP를 바탕으로 하는 시스템을 OLTP시스템이라고 한다. 은행의 창구업무시스템, 항공사의 예약시스템, 온라인쇼핑몰의 주문처리시스템, 제조업체의 재고관리시스템, 고객센터의 고객문의처리시스템 등 현업에서 발생하는 대부분의 업무처리시스템이 OLTP시스템이다. 이러한 시스템은 일상적인 업무의 효율적인 수행을 지원하는 데 그 목적이 있다. 예를 들어 항공사 예약시스템의 경우 고객에게 원하는 시간의 항공편 좌석을 예약해주고 항공 티켓을 판매하는 역할을 수행한다. 이러한 과정에서 이중 예약이나 이중 판매가 이루어지거나, 예약이 정원을 초과하는 일이 발생하지 않아야 한다. 따라서 데이터의 실시간 갱신은 OLTP에서 매우 핵심적인 사항이다. 은행의 창구업무시스템에서도 잔고에 초과하여 출금이 이루어지는 일이 발생하여서는 안 되기 때문에 데이터의 실시간 갱신은 업무 수행을 위한 필수요건이 된다. OLTP시스템은 기업 본연의 업무수행을 지원하는 기간시스템으로 이 시스템이 존재하지 않으면 기업은 정상적인 업무수행이 불가능해진다. OLTP와는 달리 OLAP은 기업의 일상적인 업무를 지원하는 것이 목적이 아니라 OLTP를 통해 수집된 정보를 활용하여 의사결정을 위해 필요한 정보를 추출하는 데 그 목적이 있다.

글 9-1 OLAP과 OLTP

OLTP는 일상적인 업무의 수행을 위해 운영계 DB의 데이터를 실시간으로 조회 · 갱신 · 삭제하는 것을 의미한다. OLTP는 많은 사용자가 동시에 업무처리를 시도하더라도 신속하고 정확하게 업무가 처리될 수 있도록 하는 것이 성능평가의 기준이 된다. OLTP에서는 현재 처리하고자 하는 업무에만 관심을 두기 때문에 가장 최근에 갱신된 자료만이 중요하다. 과거 데이터는 업무수행에는 필요하지 않지만 과거 정보에 대한 조회 필요성이 발생할 수 있기 때문에 일정기간이 지난 데이터는 다른 장소로 옮겨져서 보관된다. 더 많은 시간이 경과하면 다른 장소에 보관되어 있는 데이터는 삭제되거나 요약 데이터의 형태로 보관된다. OLAP과 OLTP의 관계는 [그림 9-7]과 같이 나타낼 수 있다. OLAP을 활용하여 DW를 분석하면 CRM전략이 수립될 수 있다. 수립된 CRM전략의 실행과정에서 고객접점에서의 업무(예 : 주문, 문의응답, 예약, 구매 등)가 OLTP를 통해 처리되면서 운영계 DB가 갱신된다. 운영계 DB의 정보는 정기적으로 ETL과정을 거쳐 데이터웨어하우스에 적재된다. 이러한 과정이 순환적으로 이루어진다.

그림 9-7 OLAP과 OLTP의 관계

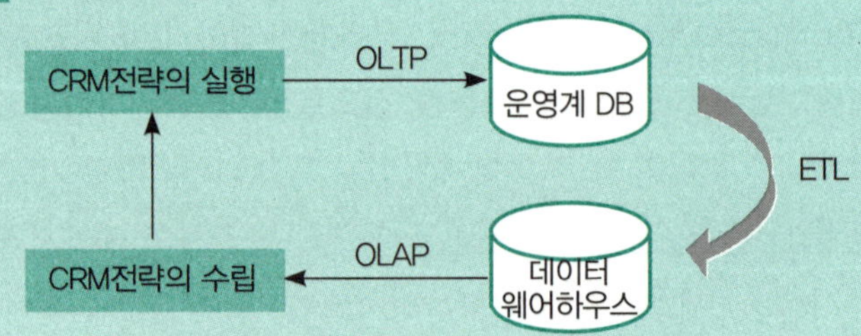

2. OLAP의 기능

DW, 데이터마트 등에 대한 분석을 통해 유용한 정보를 추출하고자 하는 마케터는 OLAP 툴을 활용하여 판매액과 같은 성과 관련 변수들을 다양한 관점에서 검색할 수 있다. 이러한 검색작업을 다차원 질의(multidimensional query)라고 한다. OLAP 툴은 이러한 다차원 질의가 원활하게 이루어질 수 있도록 하기 위해 슬라이싱과 다이싱, 드릴링(드릴다운, 드릴업, 드릴어크로스, 드릴스루), 피보팅, 필터링 등의 다양한 기능들을 제공하고 있다.

2.1 큐브와 셀의 개념

OLAP의 주요 기능을 이해하기 위해서는 OLAP의 분석 대상이 되는 큐브(cube)와 큐브의 구성단위인 셀(cell)의 개념을 이해하여야 한다. 셀은 각 차원을 구성하는 항목들의 조합에 의하여 만들어지는 공간을 지칭하며, 이곳이 바로 데이터가 저장되는 공간이다. 예를 들어 기간, 제품, 매장 등의 3개 차원이 있으면 각 차원에 대한 값이 존재하는데(예 : 제품이라는 차원의 값은 냉장고, 세탁기, 에어컨, TV 등) 이러한 각 차원의 값의 조합(예 : 2012년, 냉장고, 잠원점)에 의해 셀이 만들어지고, 여기에 판매액이나 판매수량과 같은 데이터가 저장된다. 큐브는 모든 가능한 셀들을 모아놓은 공간이다. 큐브의 사전적인 뜻은 '정육면체'이기 때문에 차원이 3개일 때를 강조하고 있지만, 실제로 큐브는 차원의 수와는 관계없이 OLAP의 분석 대상이 되는 데이터베이스를 지칭한다. 차원이 3개 이상인 큐브를 지칭하기 위해 하이퍼큐브(hypercube)라는 용어를 별도로 사용하기도 한다. [그림 9-8]은 제품, 기간, 매장의 3개 차원으로 구성된 큐브를 보여주고 있다. 제품이 4개의 값, 기간이 3개의 값, 매장이 3개의 값을 가지고 있기 때문이 이 큐브는 모두 4×3×3=36개의 셀로 구성되어 있다.

그림 9-8 큐브와 셀

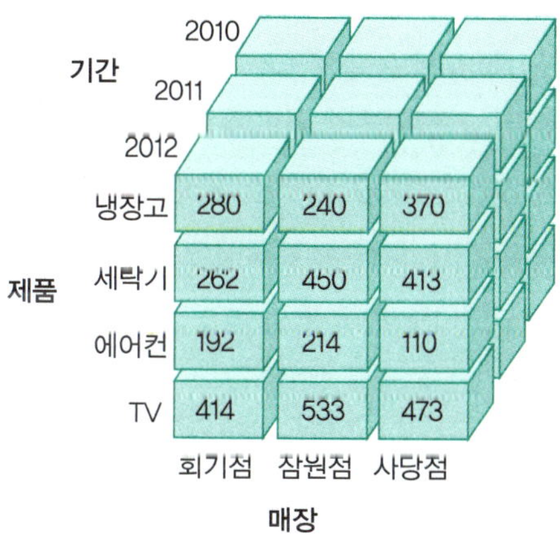

2.2 슬라이싱과 다이싱

1) 슬라이싱

슬라이싱(slicing)은 특정 차원에서 하나의 값을 선택함으로써 큐브의 부분집합을 도출해내는 방법이다. [그림 9-9]의 가상 예에서는 기간 차원에서 2012년이 선택되었는데 그 결과 2012년의 판매액을 제품별, 매장별로 볼 수 있게 되었다. 슬라이싱을 이용하면 차원의 수가 하나 줄어들게 되는 효과를 갖는다. 그림의 예에서 제품, 매장, 기간 등의 3개의 차원이 있었지만 기간이라는 차원은 하나의 값이 선택됨에 따라 차원으로서의 기능이 상실하였으며, 따라서 차원의 수는 3개에서 2개로 줄어들었다.

그림 9-9 슬라이싱의 예

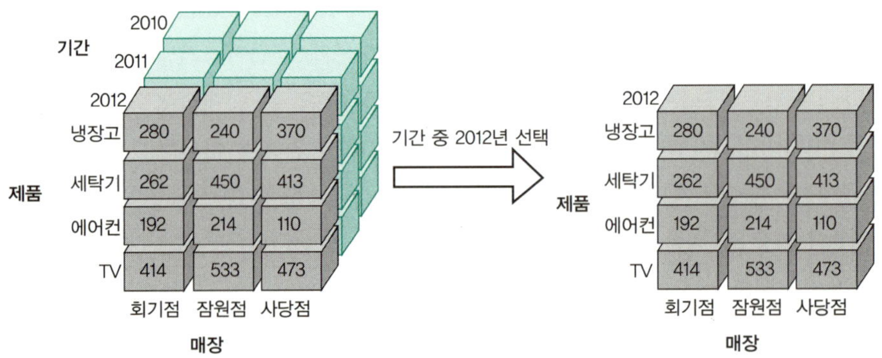

2) 다이싱

슬라이싱은 하나의 차원에서 해당 차원이 취할 수 있는 값 중의 하나를 선택하는 형태로 진행되는 반면, 다이싱(dicing)에서는 사용자가 각 차원에 대해서 분석하고 싶은 범주를 지정함으로써 원래 큐브의 부분집합을 도출해내는 방법이다. 슬라이싱에서는 차원의 수가 하나 줄어들지만 각 차원에 대해서 하나의 값이 선택되는 것이 아니라 범주가 선택되는 것이기 때문에 차원의 수는 그대로 유지된다. [그림 9-10]의 가상 예에서는 제품 차원에서는 냉장고와 에어컨, 매장 차원에서는 회기점과 잠원점, 그리고 기간 차원에서는 2011년과 2012년이 선택되었다.

그림 9-10 다이싱의 예

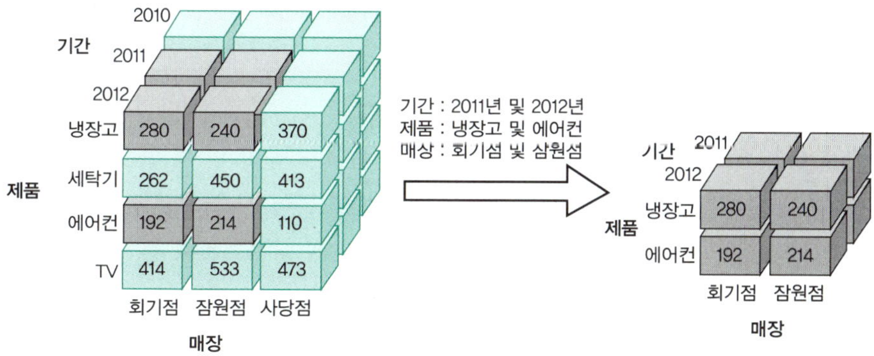

2.3 드릴링

드릴링(drilling)은 사용자가 데이터에 접근하는 가장 기본적인 방식이라고 할 수 있으며, 이를 통해 분석의 깊이나 차원을 목적에 맞게 조정할 수 있다. 드릴링에는 드릴다운(drill-down), 드릴업(drill-up), 드릴어크로스(drill-across), 드릴스루(drill-through) 등이 있다.

1) 드릴다운과 드릴업

드릴다운은 요약된 형태의 데이터에서 보다 상세한 데이터로 접근하는 분석방법이며, 드릴업은 반대로 상세한 수준의 데이터로부터 보다 요약된 데이터로 접근하는 분석방법이다. [그림 9-11]에서 사용자가 세탁기에 대해 세탁기의 유형별(드럼세탁기,

그림 9-11 드릴다운과 드릴업의 예

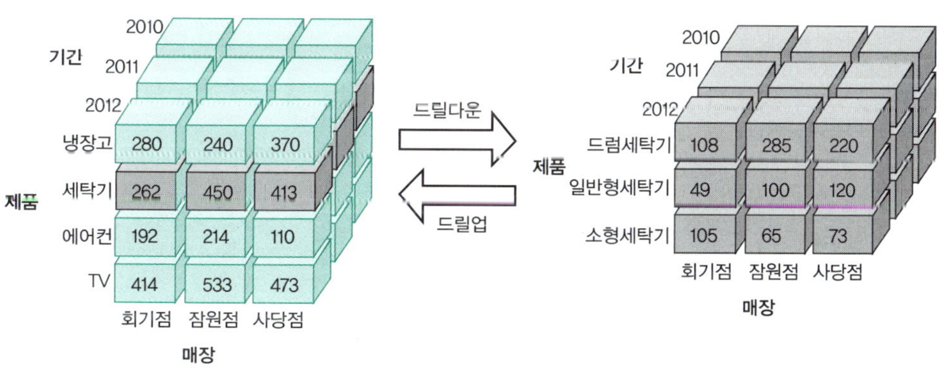

일반세탁기, 소형세탁기)로 구분하기를 원하면 드릴다운 기능을 활용하면 되고, 반대로 다시 요약정보를 검색하기를 원하면 드릴업 기능을 활용하면 된다.

2) 드릴어크로스와 드릴스루

드릴다운이나 드릴업이 하나의 큐브상에서의 분석 기능인 반면, 드릴어크로스는 다른 큐브의 데이터에 접근하는 것을 의미한다. 예를 들어 사용자가 '판매액 큐브'를 사용하여 분석하는 과정에서 잠원점에서 에어컨의 판매가 급격하게 증가하고 있음을 발견하고, 재고수준을 확인하기 위해 '재고 큐브'로 드릴어크로스하여 잠원점의 냉장고 재고량을 파악해볼 수 있다. 드릴스루는 OLAP시스템으로부터 DW 혹은 OLTP시스템의 상세 데이터에 접근하는 것을 말한다. OLAP은 DW에 직접 접속하여 사용하기도 하지만 수행속도 등을 감안하여 데이터마트를 기반으로 사용되는 경우가 많다. 그런데 경우에 따라서는 사용자가 보다 상세한 정보가 필요할 수 있고, 이러한 경우에는 사용자가 DW는 물론 OLTP에도 접근할 수 있어야 하는데, 드릴스루가 바로 이러한 기능을 수행한다. 드릴스루 기능이 가능하기 위해서는 OLAP시스템에 있는 데이터와 DW에 있는 데이터 간의 논리적 관계가 메타데이터의 형태로 관리되어야 한다. [그림 9-12]는 드릴어크로스와 드릴스루 기능을 나타내고 있다.

그림 9-12 드릴어크로스와 드릴스루

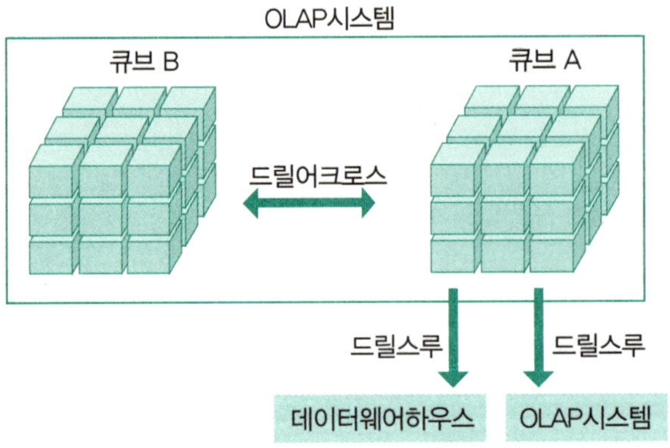

2.4 피보팅

피보팅(pivoting)은 큐브에서 행과 열 등과 같은 축을 구성하는 차원들을 분석목적에 따라 자유롭게 바꾸어서 볼 수 있도록 하는 기능을 의미한다. 즉, 피보팅은 큐브를 회전시킴으로써 큐브의 여러 측면을 볼 수 있도록 하여 준다. 사용자는 이 기능을 활용하여 자신의 원하는 형태의 다양한 보고서를 만들어 낼 수 있다. [그림 9-13]에서는 기간 차원과 제품 차원을 바꿈으로써 분석의 초점이 '특정 연도에 매장별로 각 제품들의 판매액이 얼마인가'에서 '특정 제품의 매출액이 매장별로 시간이 지남에 따라 어떠한 변화를 보이고 있는가'로 바뀌었다.

그림 9-13 피보팅의 예

2.5 필터링

필터링(filtering)은 전체 데이터 중에서 사용자가 관심이 있는 데이터만을 걸러내는 것을 의미한다. 필터링은 계층구조, 항목, 속성, 데이터값 등 여러 가지 형태로 이루어질 수 있다. 예를 들어 기간 차원에서 각 연도의 3사분기에 해당하는 데이터만을 선택할 수도 있고(계층구조에 의한 필터링), 제품명에 '소형'이라는 글자가 들어간 제품만을 선택할 수도 있으며(항목의 이름에 의한 필터링), 제품 차원의 속성에 포함되어 있는 색상에서 흰색만을 선택할 수도 있다(속성에 의한 필터링). 또한 '판매액 실적 상위 20% 내에 드는 매장', '판매액 상위 3개 제품' 등과 같이 큐브에 저장된 숫자 데이터에 직접 조건을 주어서 데이터를 선택하는 방법도 있다.

참고문헌

- 박찬욱(2005), 한국적 CRM 실천방안, 시그마인사이트, 제2장.
- 조재희, 박성진(1999), OLAP 테크놀로지, 시그마컨설팅그룹.
- Berry, Michael J.A. and Gordon S. Linoff(2004), 경영을 위한 데이터마이닝 : 마케팅과 CRM 활용을 중심으로, 제2판, 번역서, 한경사, 21-24.
- Berson, Alex, Stephen Smith, and Kert Therling(2000), CRM을 위한 데이터마이닝, 번역서, 대청, 171-183.
- Buttle, Francis(2009), *Customer Relationship Management* : *Concepts and Technologies*, 2nd ed., Butterworth-Heinemann, Chapter 4.
- Inmon, William H.(1990), *Buinding the Data Warehouse*, London : QED.
- Peelen, Ed(2005), *Customer Relationship Management*, FT Prentice-Hall, 93-106.
- http://i-blade.blogspot.kr/2011/04/dw-data-warehouse.html
- http://en.wikipedia.org/wiki/OLAP_cube

CHAPTER 10

데이터마이닝

데이터마이닝(Data Mining)은 OLAP과 함께 가장 대표적인 DB분석기법이다. 대용량의 데이터에서 유용한 정보를 추출하는 것을 목적으로 하는 데이터마이닝은 CRM의 활성화가 이루어지면서 매우 각광받는 영역이 되고 있다. 데이터마이닝기법들의 연원은 통계학과 인공지능의 두 가지로 크게 나누어질 수 있다. 먼저 판별분석, 로지스틱 회귀분석 등과 같은 전통적인 다변량분석기법들은 통계학에 그 연원을 두고 있으며, 상대적으로 최근에 등장한 의사결정나무, 장바구니분석, 인공신경망분석 등은 반복수행을 기반으로 하는 인공지능에 그 연원을 두고 있다. 데이터마이닝은 OLAP에 비해 배우기가 어렵고, 또한 원하는 정보를 추출하는데 더 많은 시간이 요구되지만, OLAP이 제공해 줄 수 없는 분류, 추정, 연관규칙 탐색, 연속패턴 탐색, 군집화 등 다양한 목적의 분석을 수행할 수 있다. 본장에서는 데이터마이닝의 개요, 데이터마이닝 수행과정, 데이터마이닝기법 등에 대해 기술한다.

제1절 데이터마이닝 개요

1. 데이터마이닝의 정의와 연관 분야

데이터마이닝은 OLAP과 더불어 DW나 데이터마트와 같은 정보계 DB를 대상으로 하는 분석에 사용되는 대표적인 분석도구이다. 데이터마이닝의 마이닝(mining)은 '광석을 채굴하다'라는 뜻을 가진 'mine' 이라는 동사의 동명사이며, 따라서 데이터마이닝은 탄광에 비유될 수 있는 '대용량의 데이터'에서 광물에 비유될 수 있는 '가치 있는 정보'를 찾아내는 것을 의미한다. 이러한 의미에서 데이터마이닝은 '대용량의 데이터 집합에서 유용한 정보를 추출하는 것'으로 정의될 수 있다.

대표적인 리서치 기관인 가트너그룹(Gartner Group)도 이와 유사하게 데이터마이닝을 '통계 및 수학적 기술뿐만 아니라 패턴인식기술들을 이용하여 데이터 저장소에 저장된 데이터를 분석함으로써 의미 있는 새로운 상관관계, 패턴, 추세 등을 발견하는 과정'이라고 정의하고 있다. 데이터마이닝은 비단 경영학 분야뿐만 아니라 공학, 자연과학, 의학, 사회과학 등 분야를 가리지 않고 대용량 정보가 존재하고 이로부터 새로운 정보를 발견할 필요가 있는 모든 분야에서 활용되고 있다. CRM 분야에서도 데이터마이닝은 이탈가능성 예측, 교차판매 대상상품의 선정, 신용등급의 결정, 시장 세분화, 고객 잠재력의 평가, 부정거래의 식별 등 매우 다양한 용도로 활용되고 있다.

데이터마이닝의 형성에는 많은 학문 분야의 기여가 있었지만, 그 가운데 가장 대표적인 것으로는 통계학과 인공지능(artificial intelligence) 분야를 들 수 있다([그림 10-1] 참조). 통계학에서는 오래전부터 데이터를 분석하고 모델을 구축하는 다양한 기법들을 발달시켜 왔으며, 그 결과 통계학에 기반을 두고 있는 여러 가지 다변량분석(multivariate analysis)기법들이 데이터마이닝의 한 축을 형성하고 있다. 이러한 기법들은 데이터가 희소하다는 전제하에 추정치의 통계적 유의성에 대해 많은 관심을 갖고 있으며, 구체적으로는 회귀분석, 로지스틱 회귀분석, 판별분석 등이 대표적인 통계학 기반의 데이터마이닝기법이라고 할 수 있다. 기계학습(machine learning)으로도 알려져 있는 인공지능 분야는 대용량 데이터와 강력한 컴퓨터 성능을 기반으로 하고 있으며, 추정치의 통계적 유의성보다는 기계학습을 통해 예측력이 뛰어난 모델을 만들어내는 데 관심을 갖는다. 인공지능에 기반을 두고 있는 대표적인 데이터마이닝기법으로는 의사결정나무, 인공신경망분석 등을 들 수 있다.

그림 10-1 데이터마이닝 관련 분야

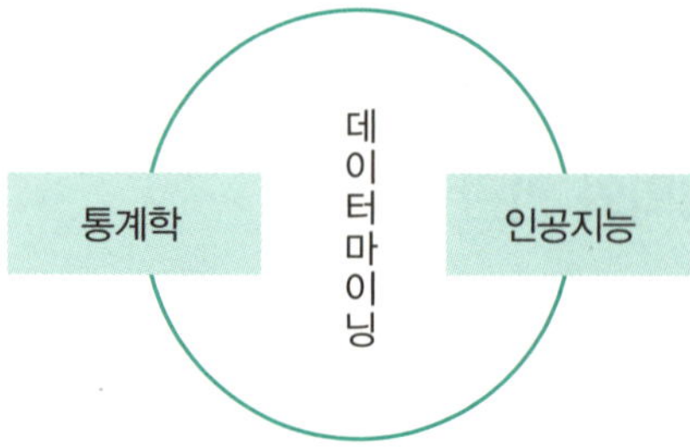

2. 데이터마이닝 활성화요인

CRM 분야에서 데이터마이닝에 대한 관심이 높아지고 있는 이유로는 고객관계관리 중요성의 증가, 대용량 데이터의 증가, 컴퓨터 성능의 향상, 데이터웨어하우스의 구축 등을 들 수 있다.

2.1 고객관계관리 중요성의 증가

경쟁의 심화, 시장의 포화, 제품 표준화 등의 현상이 진행되면서 고객 개개인의 니즈에 부응하는 마케팅 및 영업활동이 더욱 요구되고 있다. 이러한 활동을 수행하기 위해서는 고객 개개인의 니즈에 맞는 가치제안(value proposition)을 할 수 있어야 하며, 적합한 가치제안을 하기 위해서는 고객정보에 대한 분석을 통해 고객에 대한 이해를 심화시켜야 한다. 데이터마이닝은 고객에 대한 이해를 심화시키는 데 활용될 수 있는 유용한 수단이다.

2.2 대용량 데이터의 증가

대부분의 데이터마이닝기법들을 적용하기 위해서는 대용량의 데이터가 요구된다. 따라서 대용량 데이터의 증가는 데이터마이닝의 활성화를 위한 전제조건이 된다. 은행, 신용카드회사, 통신회사 등과 같이 비즈니스의 수행을 위해서 고객정보가 반드시 수집되어야 하는 회사들은 오래전부터 대규모의 거래정보를 구축하여 왔지만, 많은 산업에서 자동화된 정보시스템의 활용이 보편화되기 시작한 것은 비교적 최근의 일이다. 오늘날에는 POS 스캐너, 현금인출기, 신용카드, 온라인쇼핑, 인터넷뱅킹 등 다양한 방법으로 대용량의 데이터가 자동적으로 축적되고 있으며, 또한 이에 소요되는 비용도 지속적으로 낮아지고 있다.

2.3 컴퓨터 성능의 향상

대용량의 데이터의 생산과 함께 하드웨어, 소프트웨어 등의 컴퓨터 성능의 향상은 데이터마이닝의 활성화에 크게 기여하고 있다. 대다수의 데이터마이닝 알고리즘은 많은 시스템 자원을 요구한다. 그런데 메모리, 처리용량, 입출력 속도 등과 관련한 하드웨어 및 소프트웨어의 가격이 하락하면서 과거에는 소수의 연구기관만이 사용할 수 있었던 데이터마이닝 관련 기술들을 이제는 일반기업들도 활용할 수 있게 되었다. 또한 오라클, 테라데이터, IBM과 같은 대표적인 IT 벤더사들이 병렬관계형 데이터베이스관리 기술을 개발함에 따라 데이터마이닝을 위한 훌륭한 환경이 조성되었으며, 학계에서도 성능이 더 우수한 데이터마이닝 알고리즘을 발전시키면서 더욱 손쉬운 활용이 가능하게 되었다.

2.4 데이터웨어하우스의 구축

정보계 DB로서의 DW 구축의 활성화는 데이터마이닝의 활성화를 위한 훌륭한 기반이 되고 있다. 운영계 시스템을 이용하여 부하가 많이 걸리는 데이터마이닝 작업을 수행하는 것은 일상 업무에 지장을 초래할 수 있기 때문에 전혀 바람직하지 않다. 이에 반해 DW는 의사결정을 지원하기 위한 목적으로 구축되었기 때문에 데이터마이닝을 손쉽게 적용시킬 수 있다. 사실 DW는 데이터마이닝과는 독립적으로 발전되어 왔지만, 오늘날에는 DW 개념에 분석도구인 데이터마이닝이 당연히 한 부분으로 포함될 정도로 DW와 데이터마이닝은 불가분의 관계를 맺고 있다.

글 10-1 '맥주와 기저귀' 이야기

데이터마이닝에 대해 얘기할 때 가장 빈번하게 회자되는 이야기는 단연 '맥주와 기저귀의 연관성'에 대한 것이다. 1990년대 중반에 미국 언론을 통해서 빈번하게 소개되었던 이 이야기의 내용은 대충 다음과 같다.

"미국 최대의 슈퍼마켓 체인인 월마트(Wal-Mart)는 로열티 카드로부터 수집된 고객의 인구통계 정보와 판매시점(POS) 데이터로부터 얻어지는 거래정보를 결합한 후, 이를 대상으로 데이터마이닝을 집중적으로 실시하였다. 그 결과 상품들 간의 많은 연관관계들을 발견하였다. 그 중에는 '진(gin)

을 구매한 사람은 토닉(tonic)을 같이 구매하는 경향이 있고, 또한 레몬을 같이 구매하기도 한다'와 같이 매우 상식적인 것들도 있었지만, 전혀 예상하지 못했던 발견도 있었다. 그러한 발견 중에 가장 두드러진 것이 바로 '맥주와 기저귀의 연관성'이다. 즉, 금요일 오후에 미국의 젊은 아빠들은 아이의 기저귀를 사면서 맥주도 같이 사는 경향이 있으며, 그 이유는 금요일 오후에 집에서 아이를 돌보는 동안 TV를 보면서 맥주를 한잔 기울이기 때문이다. 이러한 결과를 바탕으로 월마트는 맥주의 매대를 기저귀 매대 옆으로 옮겼으며, 그 결과 맥주의 매출액이 증가하였다."

이 이야기는 데이터마이닝의 위력을 나타내는 좋은 사례로 많은 언론에 의해 보도되었고, 또한 대학 강단에서도 빈번히 언급되었지만, 그 내용의 진실성에 의문을 품은 사람들에 의해 이 이야기는 사실과 부합하지 않는다는 것이 밝혀졌다. 이 이야기가 사실과 부합하지 않은 내용은 다음과 같이 요약될 수 있다.

- 기저귀와 맥주의 연관성이 발견된 것은 1996년이 아니라 그보다 훨씬 이전인 1992년이다.
- 기저귀와 맥주의 연관성을 발견한 회사는 월마트가 아니라 드럭스토어 체인인 오스코드럭(Osco Drug)이다.
- 발견된 사실은 소비자들이 오후 5시에서 7시 사이에 기저귀와 맥주를 동시에 구입하는 경향이 있다는 것뿐이며, 구매자의 성과 연령, 그리고 요일과의 연관성은 발견되지 않았다.
- 오스코드럭은 맥주의 매대를 옮기는 행동을 취하지 않았다.
- 가장 중요한 차이점은 이러한 발견이 데이터마이닝이 아니라 질의(query)에 의한 것이었다는 사실이다. 즉, 데이터마이닝에 의한 예상치 못했던 발견이 아니라 조사자의 직관에 의한 데이터분석에 의해 발견된 것이다.

결국 '맥주와 기저귀' 이야기는 단편적인 발견을 이용하여 데이터마이닝의 효용을 부각시키고자 하는 사람들과 이 이야기의 재미에 이끌려 이야기를 더욱 극화해나간 사람들에 의해 부풀려진 이야기로 판명났다.

자료 : Whitehorn, Mark, "The parable of the beer and diapers," 2006년 8월 15일, http://www.theregister.co.uk/2006/08/15/beer_diapers/.
Power, Daniel J.(2002), "What is the "true story" about data mining, beer and diapers?," *DSS News*, 3(23).

제 2 절 데이터마이닝 수행과정

데이터마이닝은 [그림 10-2]에서와 같이 데이터마이닝 수행목적의 결정, 분석 데이터의 추출, 추출 데이터의 품질 제고, 추출 데이터의 분할, 모델의 개발 및 평가 등의 단계를 거쳐 이루어진다.

그림 10-2 데이터마이닝의 수행과정

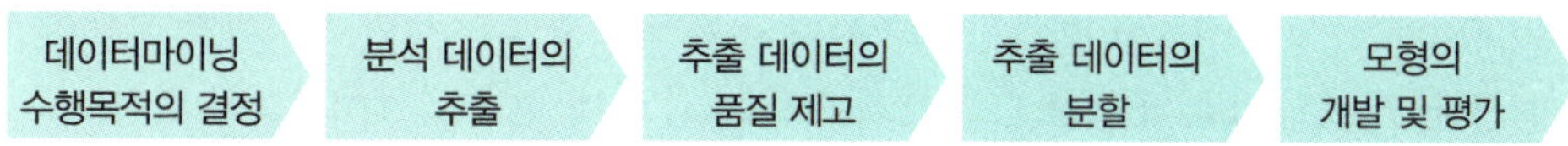

1. 데이터마이닝 수행목적의 결정

데이터마이닝의 첫 번째 단계는 데이터마이닝을 수행하는 목적을 결정하는 것이다. 데이터마이닝은 통상적으로 기업이 당면해 있는 문제를 해결할 목적으로 수행된다. 예를 들어 고객이탈이 문제가 되고 있다면 기존고객의 이탈가능성과 구매잠재력을 평가하는 모델을 개발하는 것이 목적이 될 수 있다. 회사는 이러한 목적으로 수행된 데이터마이닝의 결과를 바탕으로 구매잠재력이 높으면서 이탈가능성이 높은 고객들을 추출하고, 이들을 대상으로 이탈방지캠페인을 전개할 수 있다. 그런데 데이터마이닝의 수행목적이 결정되면 어떤 데이터마이닝기법을 사용할 것인지에 대한 결정도 자연스럽게 이루어진다. 왜냐하면 기법들마다 기능에 차이가 있고, 따라서 데이터마이닝 수행목적에 가장 잘 부합하는 기법이 선택되어야 하기 때문이다.

2. 분석 데이터의 추출

두 번째 단계는 분석에 사용될 데이터를 추출하는 것이다. 분석에 사용되는 데이터는 주로 DW에서 추출되지만, DW가 구축되어 있지 않은 경우에는 운영시스템에서 직접 추출되기도 한다. 분석 데이터의 추출과 관련하여서는 어떠한 방법을 사용할 것인가와 어느 정도 크기의 표본을 추출할 것인가가 결정되어야 한다. 데이터의 추출은 대개 가장 대표적인 확률적 표본추출방법인 단순무작위 표본추출(simple random sampling)에 의해 이루어진다. 표본의 크기는 모델 구축을 위한 기계학습이 잘 이루어질 수 있을 정도로 충분히 커야 한다. 표본의 크기는 사용되는 변수의 수에 따라 달라지지만, 대개 수천에서 수만 개의 레코드가 필요하다. 그런데 표본의 크기와 관련하여 또 하나 고려되어야 할 사항은 데이터는 기계학습을 위해서만 필요한 것이 아니라 선택 대안이 되는 여러 모델들을 비교하고, 또한 최종선택된 모델을 검증하기 위해서도 필요하다는 점이다. 예를 들어 모델 구축을 위한 기계학습을 위해 1만 개의 레코드를 사용하여야 한다면 1만 개의 레코드만을 추출하는 것이 아니라, 평가와 검증을 위해 사용될 각 5천 개씩의 레코드를 고려하여 총 2만 개의 레코드를 추출하여야 한다. 추출된 표본의 활용 용도에 대해서는 뒤의 네 번째 단계에서 상술한다.

3. 추출 데이터의 품질 제고

세 번째 단계는 추출된 데이터의 품질을 제고시키는 것이다. 추출된 데이터의 품질을 제고시키는 작업은 전체 데이터마이닝 수행과정에서 가장 많은 노력과 시간이 소요되는 단계로 대개 전체 소요되는 시간의 70~80% 이상이 이 단계에서 소요된다. 이 단계는 데이터마이닝에서 가장 핵심적인 작업이라고는 할 수는 없지만 성공적인 데이터마이닝의 수행을 위한 전제조건이 된다. 이 단계에서는 데이터의 정제(精製), 데이터의 변환(變換), 사용변수의 선별, 파생(派生)변수의 생성 등의 다양한 작업이 이루어진다.

① 데이터의 정제 : 데이터의 정제과정에서는 결측치(missing value)를 처리하고 잘못된 데이터나 극단치(outlier)를 제거하는 등의 작업이 이루어진다.

② 데이터의 변환 : 데이터의 변환은 데이터의 형태를 바꾸어주는 것을 의미한다. 각각의 데이터마이닝기법들은 특정 형태의 데이터를 요구하는 것이 일반적이다. 예를 들어 인공신경망분석에서는 0에서 1 사이의 데이터가 입력되어야 하기 때문에 변수들을 이러한 형태로 변환시켜 주어야 한다.

③ 사용변수의 선별 : 데이터마이닝기법을 효율적으로 사용하기 위해서는 모델에 포함될 변수들을 사전에 걸러주는 작업이 필요하다. 예를 들어 이탈가능성을 예측하는 모델을 구축하고자 할 때 모든 변수들을 모델에 포함시키는 것이 아니라, 사전에 이탈집단과 비이탈집단 간의 비교분석을 통해서 두 집단 간에 통계적으로 유의한 차이가 있는 변수들만을 모델에 포함시켜야 한다.

④ 파생변수의 생성 : 기존의 변수를 활용하여 새로운 변수를 추가적으로 만드는 작업도 이루어진다. 예를 들어 고객들의 월별 주문량 데이터와 월별 주문횟수에 대한 데이터가 있다고 할 때 월별 주문량을 월별 주문횟수로 나누어서 '월별 평균 주문량'이라는 새로운 변수를 생성시켜 사용할 수 있다. 이렇게 기존의 변수를 변형시키거나 혹은 다른 변수와 결합시켜 만들어 내는 변수를 파생변수라고 한다.

4. 추출 데이터의 분할

네 번째 단계는 다섯 번째 단계인 '모델의 개발 및 평가' 단계에서의 작업들이 원활하게 수행될 수 있도록 추출 데이터를 분할하는 것이다. '모델의 개발 및 평가' 단계는 대안이 되는 여러 모델들을 구축하고, 구축된 모델들을 평가하며, 평가결과 선정된 모델을 검증하는 과정으로 이루어진다. 이러한 과정에 따라 데이터도 [그림 10-3]에서와 같이 학습용, 평가용, 검증용으로 분할된다.

① 학습용 표본(training sample) : 다양한 모델들을 개발하기 위해 사용되는 데이터를 의미하며, 일반적으로 동일한 데이터를 사용하여 다수의 모델을 개발한다.

② 평가용 표본(validation sample) : 개발된 다양한 모델들을 평가하기 위해 사용되는 표본을 의미한다. 평가에서 가장 좋은 성과를 보인 모델이 선택된다.

③ 검증용 표본(test sample) : 최종선택된 모델의 성과를 검증하기 위해 사용된다.

그림 10-3 데이터마이닝의 분석목적에 따른 데이터 분할

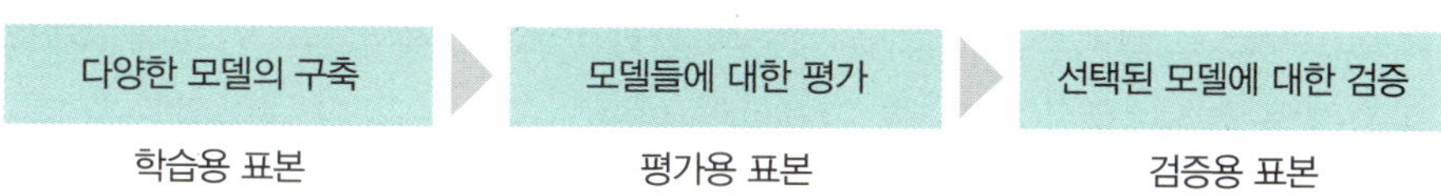

그런데 실제로 데이터의 분할 개수는 분석방법에 따라 차이가 있다. 분석이 통계적인 방법론에 따라 이루어지는 로지스틱 회귀분석, 판별분석 등에서는 회귀계수나 판별식의 가중치 등의 추정이 비교적 안정적으로 이루어지기 때문에 평가를 위한 표본이 별도로 필요하지 않다. 따라서 이러한 기법들을 활용할 때에는 학습용 표본과 검증용 표본의 두 개로 분할하는 것으로 충분하다. 그렇지만 의사결정나무, 인공신경망분석 등과 같이 인공지능에 바탕을 둔 기계학습을 이용하는 경우에는 분석하는 사람이 그 값을 입력하여야 하는 파라미터(parameter, 한도를 정해 주어야 하는 변수)가 많이 있기 때문에 파라미터의 값에 따라 다양한 모델들이 구축된다. 이러한 분석기법에서는 학습용 표본을 이용하여 파라미터의 값에 따라 다양한 모델들을 구축하고, 평가용 표본을 이용하여 구축된 여러 개의 모델들에 대한 평가를 통해 그 중 하

나를 선택하며, 마지막으로 검증용 표본을 이용하여 선택된 모델에 대한 검증과정에 들어가는 것이 일반적이다.

5. 모델의 개발 및 평가

다섯 번째 단계인 '모델의 개발 및 평가'에서는 실제로 데이터마이닝기법들이 적용되어 다양한 모델들이 개발되고, 개발된 모델들에 대한 평가를 통해 하나의 모델이 선택되며, 이어서 선택된 모델에 대한 검증이 이루어진다. 모델의 개발과정에서 데이터마이닝의 수행목적에 적합한 기법들이 적용되는데, 통상적으로 하나의 기법만 사용되지 않고 여러 가지 기법들이 사용된다.

여러 가지 기법들이 사용되는 상황은 두 가지로 나누어질 수 있다. 첫 번째는 두 개 이상의 기법이 적용되었을 때 비슷한 결과가 나오는지를 확인하고자 하는 상황이다. 만일 두 개의 기법을 사용하여 각각의 모델을 구축하였는데 그 결과가 비슷하였다면 구축된 모델에 대해 더 많은 확신을 가질 수 있다. 두 번째는 분석의 목적을 달성하기 위해 두 개 이상의 기법들이 연이어서 사용될 필요가 있는 상황이다. 예를 들어 고객들의 이탈가능성을 예측하는 모델을 구축하고자 할 때 예측에 사용되는 변수들을 선정하는 단계와 각 변수들의 가중치를 부여하는 단계로 나누어질 수 있다. 첫 번째 단계에서는 의사결정나무를 이용하여 어떠한 변수들이 이탈에 영향을 미치고 있는지를 추출하고, 두 번째 단계에서는 판별분석, 로지스틱 회귀분석, 신경망분석 등의 기법을 사용하여 각 변수들의 가중치를 산출할 수 있다.

모델에 대한 평가와 검증은 사용된 데이터마이닝기법에 따라 각기 다른 방법으로 이루어진다. 예를 들어 고객들의 이탈가능성을 예측하는 모델을 개발하였다면 이 모델에 대한 평가와 검증은 아래의 공식에 제시된 것과 같은 향상도(向上度, lift)라는 개념을 통해 이루어진다. 향상도는 모델에 의해 이탈할 것으로 예상된 고객들 가운데 실제로 이탈한 고객들의 비율을 전체고객의 고객이탈률로 나누어 구할 수 있다.

$$\text{향상도} = \frac{\text{모델에 의해 이탈할 것으로 예측된 집단에서 실제로 이탈한 고객들의 비율}}{\text{모집단에서의 고객이탈률}}$$

예를 들어 고객 10,000명에 대한 데이터를 가지고 평가를 하고 일정기간 동안 이 가운데 1,000명이 실제로 이탈하였다고 하면 모집단에서의 고객이탈률은

1,000/10,000=10%가 된다. 그런데 예측모델에서 10,000명 가운데 예측 이탈확률이 50% 이상인 고객이 1,200명인 것으로 분석되었고 실제로 그 가운데 720명이 이탈하였다면 모델에 의해 이탈할 것으로 예측된 집단에서 실제로 이탈한 고객의 비율은 720/1,200=60%가 된다. 따라서 이 경우에 향상도는 60%/10%=6이 된다. 향상도가 높은 모델일수록 우수한 모델이라고 평가할 수 있다.

데이터마이닝 수행목적의 결정에서 모델의 개발 및 평가에 이르기까지 데이터마이닝의 모든 과정이 종료되면 원래의 수행목적에 부합하도록 데이터마이닝의 결과를 실제 현장에 적용시키고, 일정한 기간이 경과한 뒤 그 적용 결과를 분석하게 된다. 또한 그 분석결과는 향후의 데이터마이닝 작업이 개선될 수 있도록 피드백된다.

제3절 데이터마이닝 기법

1. 데이터마이닝 기법의 유형구분

데이터마이닝 기법들은 여러 가지 기준에 의해 그 유형을 구분할 수 있다. 이러한 기준으로 가설의 존재 여부와 수행하고자 하는 작업의 유형을 들 수 있다.

1.1 가설의 존재 여부에 따른 구분

데이터마이닝 기법은 검증하려는 가설의 존재 여부에 따라 확인적(confirmation-oriented) 기법과 발견적(discovery-oriented) 기법으로 구분될 수 있다. 즉, 사용자가 사전에 확인하고자 하는 가설을 가지고 있는 경우에 적용할 수 있는 기법을 확인적 기법이라고 하고, 특정한 가설을 갖지 않고 컴퓨터에 전적으로 의존하여 미처 생각하지 못했던 사실을 찾고자 할 경우에 적용할 수 있는 기법을 발견적 기법이라고 한다. 대표적인 확인적 기법으로는 회귀분석이나 판별분석 등을 들 수 있고, 대표적인 발견적 기법으로는 의사결정나무나 인공신경망분석 등을 들 수 있다. 그러나 이러한 구분이 아주 엄밀한 것은 아니다. 예를 들어 회귀분석은 가설을 검증하기 위해서는 물론, 데이터베이스에 저장된 모든 변수 가운데 어떠한 변수가 종속변수에 유의한 영향을 미치고 있는지를 탐색적으로 살펴보고자 할 때도 유용하게 사용될 수 있다.

확인적 기법은 주로 A라는 변수가 B라는 변수에 영향을 미친다는 가설을 기반으로 수행된다. 발견적 기법에서는 데이터 속에 내재해 있는 패턴이나 구조를 발견하는 대부분의 작업을 사용자가 아닌 컴퓨터가 실행한다. 경우에 따라서는 확인적 기법과 발견적 기법은 상호보완적으로 사용되기도 한다. 예를 들어 독립변수가 종속변수에 미치는 영향의 정도를 회귀분석을 통해 확인하고자 하는 경우에 발견적 기법인 의사결정나무기법을 사용하여 유력한 독립변수를 추출한 후 이 변수들을 이용하여 회귀분석을 실행할 수 있다.

1.2 작업의 유형에 따른 구분

데이터마이닝 기법들은 [표 10-1]에서와 같이 크게 종속적 분석(dependence analysis)기법과 상호의존적 분석(interdependence analysis)기법으로 구분될 수 있다. 종속적 분석에서는 영향을 받는 변수인 종속변수와 영향을 주는 변수인 독립변수가 명확히 구분되어 있고, 독립변수를 활용하여 종속변수의 값을 추정하는 작업이 이

| 표 10-1 | 데이터마이닝의 작업 유형

구분	작업 유형	내용	적용	데이터마이닝기법
종속적 분석	분류	새로운 대상을 이미 정해진 그룹으로 분류할 수 있는 규칙 발견	• 신용등급 결정 • 이탈가능성 예측 • 부정거래 식별 • 잠재력에 따른 고객 구분	판별분석, 로지스틱 회귀분석, 의사결정나무
	추정	특정 변수를 종속변수로 하는 수리적 모델을 구축하고, 이를 기반으로 새로운 대상의 종속변수의 값을 추정	• 고객평생가치의 추정 • 예상 이탈고객수의 추정 • 구매량의 추정	회귀분석, 인공신경망분석
상호 연관적 분석	연관규칙 탐색	동시에 발생하는 사건들 사이에 존재하는 패턴 발견	• 매장 상품 진열에 적용 • 교차판매 대상상품의 선정 • 패키지 상품의 개발	장바구니분석
	연속패턴 탐색	시간의 흐름에 따른 사건들의 발생패턴 발견	• 교차판매 프로그램 • 로열티 프로그램	연속패턴분석
	군집화	이질적인 개체들을 동질적인 그룹으로 구분	• 제품 카테고리분석 • 시장세분화	계층적 군집분석, k-means 군집분석

루어진다. 이에 반해 상호의존적 분석에서는 종속변수나 독립변수의 개념은 없고, 데이터의 전체적인 구조가 어떻게 되어 있는지를 밝혀내는 작업이 이루어진다. 데이터마이닝을 통해서 이루어질 수 있는 작업의 유형으로는 분류(classification), 추정(estimation), 연관규칙(associated rule) 탐색, 연속패턴(sequential pattern) 탐색, 군집화(clustering) 등이 있다. 이 가운데 분류와 추정은 종속적 분석기법에 속하고, 연관규칙 탐색, 연속패턴 탐색, 군집화 등은 상호의존적 분석기법에 속한다.

① 분류 : 분류는 새롭게 나타난 대상의 특징을 살펴보고, 이 대상을 사전에 정의된 집단 가운데 하나에 소속시키는 것을 의미한다. 분류와 관련된 기법들은 예를 들어 고객의 신용등급을 상중하 중의 하나의 등급으로 구분한다거나, 고객이 이탈할지 혹은 하지 않을지를 예측한다거나, 신용카드의 사용이나 보험청구의 사기(詐欺)가능성을 예측한다거나 하는 경우에 유용하게 사용될 수 있다. 의사결정나무, 판별분석, 로지스틱 회귀분석 등이 분류에 적합한 기법들이다.

② 추정 : 분류에서는 종속변수가 예를 들어 신용 1등급, 2등급과 같은 이산변수(離散變數)의 형태를 띠고 있는 반면, 추정에서의 종속변수는 연속변수(連續變數)의 형태를 취한다. 추정은 예측의 대상이 되는 종속변수의 값이 연속변수의 형태로 산출되어 나온다는 것을 의미한다. 추정은 과거의 데이터를 바탕으로 특정 변수를 예측할 수 있는 수리적 모델을 만들고, 이를 기반으로 새로운 대상이 나타났을 때 이 대상의 특정 변수에 대한 값을 구하는 방식으로 이루어진다. 고객의 평생가치를 추정한다거나, 예상되는 이탈고객수를 추정한다거나, 구매추세를 예측하는 등의 작업에 활용될 수 있다. 주로 회귀분석이나 인공신경망 분석 등이 많이 사용된다.

③ 연관규칙 탐색 : 연관규칙 탐색은 동시에 일어나는 사건 간의 연관성이 얼마나 되는지를 분석하는 것을 의미하며, 장바구니분석이 흔히 사용된다. 어떤 두 개의 상품 간의 연관성이 크다고 하면 소매점에서는 이 정보를 매장의 상품 진열에 활용할 수도 있고, 교자판매의 대상이 되는 상품을 선성하거나 패키시 상품을 개발하는 데 활용할 수도 있다.

④ 연속패턴 탐색 : 연속패턴 탐색은 시간적으로 차이가 있는 두 개의 사건 간의 연관성이 얼마나 있는가를 분석하는 것을 의미한다. 연속패턴분석에서 노출된 정보도 교차판매에 활용될 수 있다.

⑤ 군집화 : 군집화는 이질적인 대상들을 소수의 동질적인 집단으로 세분화하는 것을 의미한다. 분류에서는 미리 정해진 집단도 존재하여야 하고 분류를 위한

모델도 만들어져야 하지만, 군집화에서는 미리 정해진 집단도 존재하지 않고 모델도 만들어지지 않는다. 군집화에서는 군집 대상들 간의 상호 유사성의 크기에 따라 두 개의 집단이 하나의 집단으로 묶일지의 여부가 결정된다. 계층적 군집분석, k-means 군집분석 등이 군집화를 위한 기법들이다.

여기에서는 종속적 분석기법인 판별분석, 로지스틱 회귀분석, 의사결정나무, 인공신경망분석과 상호의존적 분석기법인 연관규칙 탐색, 군집분석 등에 대해 기술한다.

2. 판별분석

2.1 판별분석의 개요

판별분석(discriminant analysis)은 분석의 대상들이 속해 있는 집단이 이미 정해져 있는 경우에 분석 대상들이 속해 있는 집단을 예측하는 데 사용될 수 있는 변수들의 가중치(weight)를 알아내기 위해 사용되는 데이터마이닝 기법이다. 판별분석은 로지스틱 회귀분석이나 의사결정나무와 같이 분류의 목적으로 활용된다. 예를 들어 어떤 유통업체가 기존고객 1,000명을 대상으로 할인권이 동봉되어 있는 DM을 발송하여 명절상품 판매촉진을 위한 캠페인을 실시하였는데 1,000명 가운데 300명이 할인권을 이용하여 구입을 하였다면 300명은 구매집단이 되고 700명은 비구매집단이 된다. 이때 판별분석은 구매집단과 비구매집단을 분류할 수 있는 변수들(예 : 과거의 구매빈도와 구매액, 최근 구입일, 자사와의 거래연수 등)의 가중치를 산출하는 데 사용된다. 판별분석에서의 독립변수는 반드시 연속변수의 형태를 취하여야 한다. CRM에서는 고객들의 구매 여부, 이탈 여부, 캠페인 반응 여부 등과 같이 종속변수가 명목변수인 경우가 많이 있기 때문에 판별분석은 다양한 목적의 분석을 위해 유용하게 사용될 수 있다.

판별분석의 목적은 분석 대상들의 소속집단을 예측할 수 있는 독립변수들 간의 선형결합, 즉 판별함수(discriminant function)를 도출하는 것이다. 독립변수의 수가 k개인 경우의 판별함수는 다음과 같은 식으로 나타낼 수 있다.

$$Z = W_1X_1 + W_2X_2 + \cdots + W_kX_k$$

Z : 판별점수(discriminant score)

X_k : k번째 독립변수
W_k : k번째 독립변수의 가중치

그런데 도출되는 판별함수의 개수는 분석 대상들이 소속되어 있는 집단의 수에 따라 달라진다. 집단의 수가 2개인 경우에는 1개의 판별함수이면 족하지만 집단의 수가 3개, 4개 등으로 증가하면 도출되는 판별함수의 개수도 2개, 3개 등으로 증가한다. 일반적으로 도출되어야 하는 판별함수의 개수는 (집단의 수 − 1)이 된다. 여기에서는 소속되는 집단이 2개인 경우를 중심으로 기술한다.

판별함수가 도출되면 분석 대상 개체들에 대한 판별점수는 다음과 같은 식을 활용하여 계산된다.

$$Z_i = W_1X_{1i} + W_2X_{2i} + \cdots + W_kX_{ki}$$

Z_i : i 번째 분석 대상 개체의 판별점수
X_{ki} : i 번째 분석 대상 개체의 k 번째 독립변수의 값

두 개의 집단이 있다고 할 때 위의 식을 통해 계산된 값이 일정 점수 이상이면 두 개 중 하나의 집단에 소속시키고, 일정 점수 이하이면 다른 집단에 소속시키게 된다. 이때 이 일정 점수를 분류점수(cutoff score)라고 한다. 이에 대해서는 뒤에서 상술한다.

2.2 판별함수 도출의 원리

판별함수 도출의 원리는 분석 대상들이 2개의 집단으로 분류되었을 때 동일한 집단에 속해 있는 대상들은 최대한 동질적으로 만들면서 서로 다른 집단에 속해 있는 대상들은 최대한 이질적으로 만드는 데 있다. 즉, 집단 간 분산(between group variance)값을 집단 내 분산(within-group variance)값으로 나눈 수치를 최대화하는 방향으로 독립변수들의 가중치가 정해진다.

[그림 10-4]는 두 개의 집단이 있고 X_1과 X_2의 두 개의 독립변수가 있을 때 가장 단순한 형태의 판별함수를 보여주고 있다. 좌측의 경우에는 두 개의 집단을 가장 잘 분류할 수 있는 판별식은 X_1 축이 되고, 우측에서는 X_2 축이 된다. 분류점수는 개체들을 싸고 있는 두 개의 타원형이 만나는 점을 연결하는 선이 각각 X_1 축 및 X_2 축과 수직으로 만나는 점이 된다. 좌측의 경우 판별점수가 X_1(CS) 이하이면 집단 A로 분류

되고, X_1(CS) 이상이면 집단 B로 분류된다. 우측의 경우에는 판별점수가 X_2(CS) 이하이면 집단 B로 분류되고, X_2(CS) 이상이면 집단 A로 분류된다.

그림 10-4 가장 단순한 형태의 판별함수

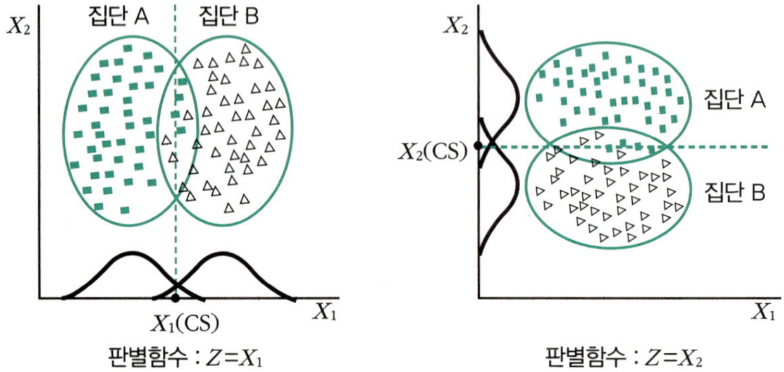

보다 일반적인 경우의 판별함수는 [그림 10-5]에서와 같이 도출된다. 원점에서 연결되어 있으면서 두 개의 타원형이 만나는 두 개의 점을 연결하는 선과 직각으로 교차하는 선이 판별함수가 된다. 타원이 X_1축과 직각을 이루는(서 있는) 형태가 될수록 W_1의 값이 커지고, 반대로 타원이 X_2축과 직각을 이루는(누워 있는) 형태가 될수록

그림 10-5 판별함수의 도출

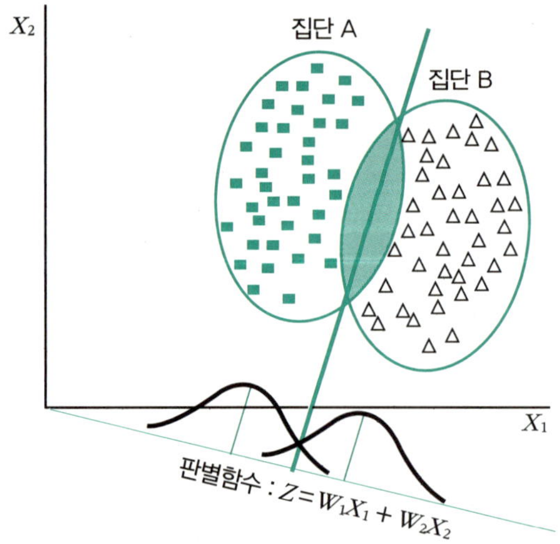

W_2의 값이 커진다. 판별함수를 기준으로 하는 두 집단의 분포도에서 분포도가 겹치는 부분이 클수록 분류의 오차(error)가 커진다. 그림에서 진하게 표시된 부분이 잘못된 분류가 발생하는 부분이 된다.

2.3 분류점수의 계산

판별함수에서 가장 중요한 이슈 중의 하나는 분류점수(cutoff score)를 정하는 문제이다. 분류점수를 정하는 공식은 두 개 집단의 표본의 수에 따라 달라진다. 두 개 집단의 표본의 수가 같을 때에는 각 집단의 판별점수의 중심값(centroid)의 평균이 분류점수가 되지만, 표본의 수가 다를 때에는 표본수의 상대적인 크기를 가중치로 가중평균이 계산된다.

① 양 집단의 표본의 수가 같을 때에는 [그림 10-6]에서와 같이 분류점수는 양 집단의 중심값의 중간에 위치하고, 따라서 분류점수는 양 집단의 중심값의 평균이 된다.

② 양 집단의 표본의 수가 다를 때에는 [그림 10-7]에서와 같이 분류점수는 해당 집단의 중앙값에 전체 표본수에서 상대집단의 표본수가 차지하는 비율을 곱한 값을 두 집단에 대해 합한 값으로 표현된다. 따라서 이 경우의 분류점수는 표본수가 작은 집단의 중심값에 치우치게 된다.

그림 10-6 두 집단의 표본수가 같은 경우의 분류점수의 계산

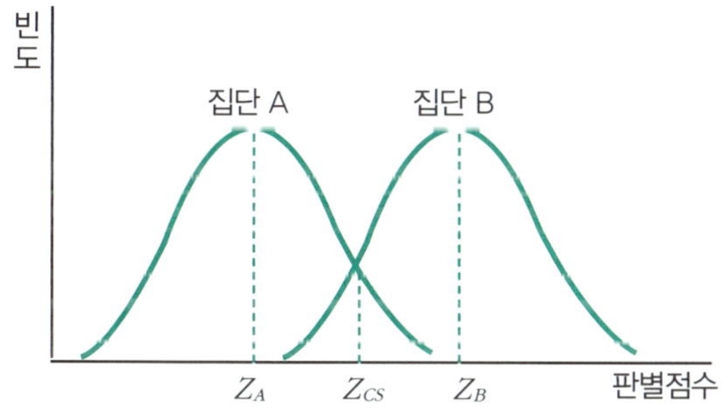

$$Z_{CS} = \frac{Z_A + Z_B}{2}$$

Z_{CS} : 분류점수
Z_A : 집단 A이 중심값
Z_B : 집단 B의 중심값

그림 10-7 두 집단의 표본수가 다른 경우의 분류점수의 계산

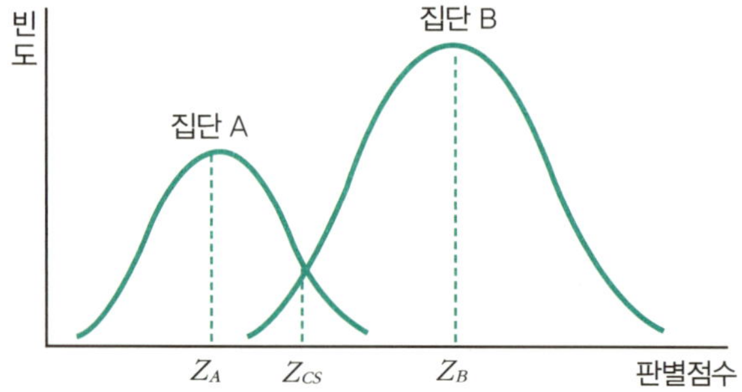

$$Z_{CS}=\frac{N_B Z_A + N_A Z_B}{N_A + N_B}$$

Z_{CS} : 분류점수
Z_A : 집단 A의 중심값
Z_B : 집단 B의 중심값
N_A : 집단 A의 표본수
N_B : 집단 B의 표본수

2.4 분류의 정확도

판별분석은 분류점수와 각 분류대상의 판별점수의 비교를 통해 분류 대상들이 소속될 것으로 예측되는 집단을 지정해 준다. 따라서 판별분석의 분류 정확도는 예측되는 집단과 실제의 집단이 얼마나 일치하는가를 기준으로 평가될 수 있다. 그런데 판별함수의 도출을 위해 사용된 표본을 또다시 정확도를 평가하는 데 사용하면 정확도가 과장되어 나타난다. 왜냐하면 판별함수의 가중치들이 판별함수의 도출을 위해 사용된 표본을 이미 반영하고 있기 때문이다. 따라서 판별분석을 시행할 때에는 사전에 표본을 두 개의 집단으로 구분하고 하나는 판별함수의 도출을 위해 사용하고, 또 하나는 판별함수의 정확도를 검증하는 데 사용한다. 정확도의 평가를 위해 남겨놓은 표본을 유보표본(留保標本, holdout sample)이라고 부르기도 한다.

판별함수의 정확도는 전체 분류 표본 중에서 실제집단을 정확하게 예측한 표본의 수, 즉 적중률(hit ratio)로 측정된다. 두 개의 집단으로 분류하는 경우에 분류 결과가 [표 10-2]와 같이 나타났다면 적중률은 대각선에 위치한 숫자의 합을 전체 표본의 수로 나눈 수치로 계산된다. 이 예에서 적중률은 90%((43+47)÷100×100)로 나타났다. 90%의 적중률은 분류 표본을 임의로 50%씩 양 집단으로 분류하였을 때 예측되는 적중률인 50%에 비해 훨씬 높기 때문에 상당히 정확도가 높다고 평가할 수 있다.

| 표 10-2 | 판별분석 분류 결과의 가상 예

		예측집단		실제 집단의 크기	분류 정확도
		집단 A	집단 B		
실제집단	집단 A	43	7	50	86%
	집단 B	3	47	50	94%
예측집단의 크기		46	54	100	90%

계산된 적중률이 임의로 분류하였을 때의 적중률에 비해 통계적으로 유의미하게 높은지를 평가하기 위해 아래와 같은 공식을 이용하여 T-test를 실시할 수 있다. 이 공식에서 $max(p)$는 두 집단의 표본 비율 중에서 높은 수치를 의미하는데, 공식의 분자에서 이 수치와 실제의 적중률을 비교하는 이유는 표본들을 표본의 비율에 따라 임의로 분류하더라도 표본 비율 중에서 더 높은 표본 비율에 이르는 적중률을 기대할 수 있기 때문이다. 예를 들어 집단 A의 표본수가 900이고, 집단 B의 표본수가 100이라고 하면, 전체 표본 중에서 900개를 임의로 추출하여 집단 A로 분류하고 나머지 100개를 집단 B로 분류하여도 평균적인 분류 적중률은 90%가 된다. 위의 예를 아래의 공식에 대입하면 p는 0.9, $max(p)$는 0.5, t값은 8.0이 되고, 이는 판별분석에 의한 적중률이 임의적으로 분류할 때의 적중률에 비해 유의미하게 높다는 것을 의미한다.

$$t = \frac{p - max(p)}{\sqrt{\frac{max(p) \times (1 - max(p))}{N}}}$$

p : 적중률
$max(p)$: 두 집단의 표본 비율 중 높은 수치
N : 전체 표본의 수

3. 로지스틱 회귀분석

로지스틱 회귀분석(logistic regression)은 대상이 되는 사람이나 사물을 이미 정해진 두 개의 집단 중의 하나로 분류하기 위한 기준을 찾아내는 분석기법이다. 이 기법은 가장 대표적인 다변량분석기법 중의 하나인 회귀분석에서 갈라져 나온 분석기법

이기 때문에 분석방법은 회귀분석과 매우 유사하다. 또한 대상을 이미 정해진 집단 중의 하나로 분류한다는 목적에 있어서는 앞에서 기술한 판별분석과 유사하다. 여기에서는 로지스틱 회귀분석의 기원이라고 할 수 있는 회귀분석에 대해 간략하게 살펴본 후 로지스틱 회귀분석에 대해 기술한다.

3.1 회귀분석

회귀분석(回歸分析, regression)은 변수들 간의 인과관계에 초점을 두고 있는 종속적 분석기법 중의 하나로 독립변수와 종속변수 간의 선형관계(線型關係)를 파악하는 것을 그 목적으로 한다. 선형관계란 한 변수가 증가할 때 다른 변수가 일정한 비율로 증가하거나 감소하는 관계를 의미한다. 따라서 한 변수가 증가할 때 다른 변수가 증가하다가 다시 감소한다거나 증가하더라도 증가율이 일정하지 않은 경우는 선형관계에 포함되지 않는다. 회귀분석은 독립변수가 하나인 단순회귀분석과 두 개 이상인 중회귀분석(重回歸分析)으로 나누어진다. 그렇지만 분석원리는 완전히 동일하다. 독립변수의 수가 k 개인 경우의 회귀식은 다음과 같이 표현된다.

$$y = a + b_1x_1 + b_2x_2 + \cdots\cdots + b_kx_k$$

y : 종속변수
x : 독립변수
a : 상수항
b : 회귀계수

변수의 형태에 있어서는 독립변수이든 종속변수이든 연속변수를 원칙으로 한다. 그렇지만 독립변수가 연속변수가 아닌 명목변수인 경우에는 가변수(假變數)회귀분석(dummy regression)을 사용할 수 있다. 또한 종속변수가 연속변수가 아닌 2개의 값을 취하는 명목변수(예 : 구매/비구매, 이탈/유지, 합격/불합격, 사망/생존 등)로 되어 있을 경우에는 바로 로지스틱 회귀분석을 사용할 수 있다. 회귀분석의 궁극적인 목적은 관찰치들을 가장 잘 설명할 수 있는 회귀식을 도출하는 데 있다. 이는 위의 식에서 회귀계수를 도출한다는 것을 의미한다. 회귀식은 각 관찰치에서 회귀식에 이르는 거리를 제곱한 값을 모든 관찰치에 대해 합산한 후 이를 최소화시키는 방법으로 구해진다([그림 10-8] 참조). 관찰치가 n개인 경우에 관찰치와 회귀식에 의해 추정된 값과의 차이의 자승합은 아래와 같은 수식으로 표현될 수 있으며, 이를 최소화하는 방법에 의해 회귀계수가 추정된다. 이러한 방법을 최소자승법(最小自乘法, least squared method)이라고 한다. 회귀계수가 추정되면 이제 이를 활용하여 새로운 대상의 종속변수에 대한 예측치를 추정할 수 있다. 즉, 새로운 대상의 독립변수의 값을 입력함으로써 새로운 대상의 종속변수 예측치를 산출해 낼 수 있다. 이러한 의미에서 회귀분석은 두 변수 간의 인과관계 여부를 확인하는 기능과 새로운 대상에 대한 예측치를 산출하는 기능을 동시에 지니고 있다고 할 수 있다.

관찰치와 회귀식에 의한 예측치와의 차이의 자승합 : $E=\sum_{i=1}^{n}(y_i-\hat{y}_i)^2$

그림 10-8 **회귀식 도출의 원리**

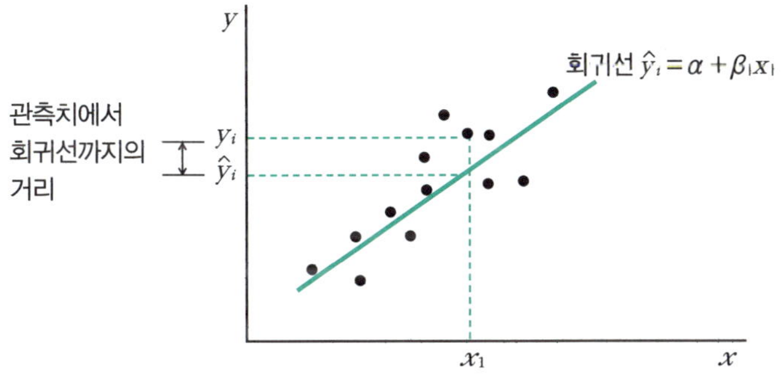

3.2 로지스틱 회귀분석

앞에서 언급한 바와 같이 로지스틱 회귀분석은 종속변수가 두 개의 값을 취하는 명목변수일 때 특정 대상을 두 개의 집단 중 어느 집단에 소속시킬 것인가를 결정하는 기준을 만들어내기 위한 목적으로 수행된다. 종속변수인 y가 두 개의 값을 취할 수 있는 명목변수인 경우에 y는 0와 1의 두 개의 값 중의 하나로 코딩(coding)될 수 있다. 예를 들어 y가 이탈 혹은 유지를 나타내는 변수라면 이탈은 1로, 유지는 0으로 코딩될 수 있다. 로지스틱 회귀분석을 통해 도출된 회귀식을 이용해 산출된 숫자는 언제나 0에서 1 사이에 위치하기 때문에 이 숫자는 특정 대상이 y가 1인 집단에 소속될 확률로 해석될 수 있다. 그래서 회귀식에 의해 산출된 숫자가 0.5 이상이면 이탈집단에 소속시키고, 그 이하이면 유지집단에 소속시키게 된다.

그런데 종속변수의 값으로 0과 1을 그대로 입력하면 회귀식은 선형이기 때문에 회귀식을 통해 산출되는 종속변수의 값이 0에서 1 사이를 벗어나는 경우가 발생하게 되고, 따라서 도출된 값을 확률로 해석할 수 없게 된다. 이러한 현상을 방지하기 위해 두 개의 변형단계를 거친다. 첫 번째 변형단계는 로지스틱 반응함수(logistic response function)를 설정하는 것이다. 위에서 언급한 바와 같이 y에 0 혹은 1의 값을 그대로 입력하여 회귀식을 추정하면 y의 값이 0에서 1 사이의 값을 취하지 않을 수 있기 때문에 아래와 같은 비선형함수인 로지스틱 반응함수를 사용한다. 이때 p는 집단 1에 속할 확률을 의미하며 [그림 10-9]에서와 같이 0에서 1 사이의 값을 취하게 된다.

$$p = \frac{1}{1 + e^{-(a + b_1x_1 + b_2x_2 + \cdots + b_kx_k)}}$$

$$p = \frac{exp(a + b_1x_1 + b_2x_2 + \cdots + b_kx_k)}{1 + exp(a + b_1x_1 + b_2x_2 + \cdots + b_kx_k)}$$

그림 10-9 로지스틱 반응함수

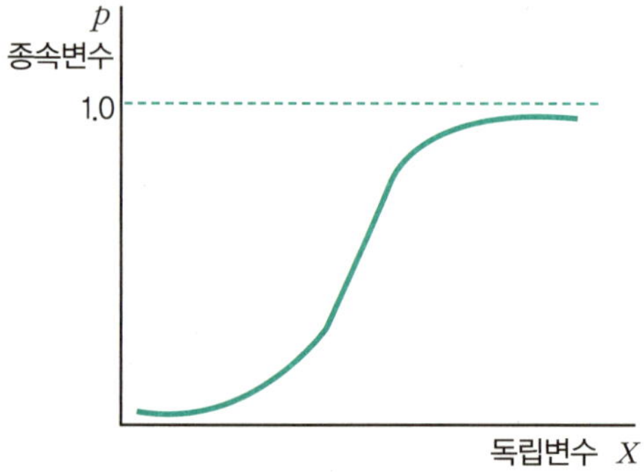

두 번째로 필요한 단계는 p의 분포가 선형이 아니기 때문에 회귀분석을 적용시키기 위해 이를 선형관계로 바꾸어주는 단계이다. 이를 위해서는 위의 p를 변형시켜 종속변수와 독립변수와의 관계를 선형으로 바꾸어주는 작업이 필요하다. 이를 로지스틱 변환(logistic transformation)이라고 하고, 이 회귀식에서의 종속변수를 로짓(logit)이라고 부른다(아래의 공식 참조). 이렇게 만들어진 회귀식은 일반적인 선형회귀식의 특성을 그대로 가지고 있다. 그런데 계수의 추정에 있어서 종속변수가 p와 독립변수와의 관계가 선형이 아니기 때문에 회귀분석에서처럼 최소자승법을 이용하지 못하고 최우추정법(最尤推定法, maximun likelihood method)을 이용하는데, 이는 컴퓨터 프로그램을 이용한 반복 수행을 통해 관찰치와 동일한 데이터를 얻을 가능성을 최대화시킬 수 있는 추정치를 찾는 기법이다. 이 회귀식에 의해 값이 구해지면 그 값을 이용해서 p의 값을 구할 수 있고, 그 값이 0.5 이상이면 그 대상을 집단 1로, 그렇지 않으면 그 대상을 집단 2로 분류하게 된다.

$$\log\left(\frac{p}{1-p}\right)=a+b_1x_1+b_2x_2+\cdots+b_kx_k$$

위에서 기술한 변형과정들은 모두 컴퓨터에 의해 수행되기 때문에 사용자는 그 원리를 이해하고 결과를 해석하는 것으로 충분하다. 로지스틱 회귀분석의 결과에서 가장 핵심적인 것은 로지스틱 회귀식의 예측 정확도라고 할 수 있다. 이는 [표 10-3]과 같이 나타낼 수 있다. 분석의 목적이 구매 여부를 예측하는 것이었다고 하고, 실제 구매가 일어났을 때 구매가 일어난 것으로 예측된 빈도가 a, 구매가 일어나지 않은 것으로 예측된 빈도가 b, 실제 구매가 일어나지 않았을 때 구매가 일어난 것으로 예측된 빈도가 c, 구매가 일어나지 않은 것으로 예측된 빈도가 d라고 하면 전체적으로 예측 정확도는$(a+d)/(a+b+c+d)$로 계산될 수 있다.

| 표 10-3 | 로지스틱 회귀분석에서의 예측 정확도

관찰치		예측치		
		구매 여부		예측 정확도
		구매	비구매	
구매 여부	구매	a	b	$a/(a+b)$
	비구매	c	d	$d/(c+d)$
전체				$(a+d)/(a+b+c+d)$

4. 의사결정나무

4.1 의사결정나무의 개요

의사결정나무(decision tree)는 분류를 위해 사용되는 가장 대표적인 데이터마이닝기법 중의 하나이다. 의사결정나무는 판별분석이나 로지스틱 회귀분석과 같이 종속변수가 두 개의 값을 취하는 명목변수일 때 종속변수에 영향을 미치는 변수들을 발견하기 위해 사용된다. 즉, 의사결정나무는 예를 들어 고객들의 특정 상품의 구매 여부, 이탈 여부, 캠페인 반응 여부 등과 같이 두 개의 값을 취하는 변수에 영향을 미치는 변수들을 파악하는 데 초점을 두고 있다. 그러나 의사결정나무는 판별분석이나 로지스틱 회귀분석과는 다음과 같은 점에서 차이가 있다.

첫째, 판별분석이나 로지스틱 회귀분석에서는 독립변수가 연속변수의 형태를 취하여야 하지만, 의사결정나무에서는 독립변수가 명목변수의 형태를 취하여야 한다(다만 로지스틱 회귀분석에서는 독립변수가 명목변수일 때 가변수(dummy variable)를 사용하여 처리할 수 있다). 그래서 의사결정나무의 알고리즘(algorism)들은 사용되는 변수가 연령, 소득, 구매빈도 등과 같이 연속변수일 경우에는 특정 값을 기준으로 범주(範疇, category)화하여 사용한다. 예를 들어 구매빈도가 독립변수에 포함되어 있다면 구매빈도 10회를 기준으로 분석 대상집단을 구매빈도가 10회 이상인 집단과 10회 미만인 집단으로 나눌 수 있다.

둘째, 판별분석이나 로지스틱 회귀분석이 통계적 기법에 의해 종속변수에 영향을 미치는 변수들과 이 변수들의 가중치를 파악하는 반면, 의사결정나무에서는 반복적 수행(iteration)을 통해 가장 영향을 많이 미치는 변수들을 순차적으로 찾아준다. 즉, 판별분석이나 로지스틱 회귀분석에서는 통계적 기법에 의해 산출된 변수들의 가중치를 통해 변수들의 상대적인 중요성이 정해지지만, 의사결정나무에서는 추출되는 변수의 순서에 따라 변수들의 상대적인 중요성이 정해진다.

셋째, 판별분석이나 로지스틱 회귀분석은 최종산출물이 판별식이나 회귀식으로 표현되지만, 의사결정나무는 추출되는 변수들을 시각적으로 보여준다. '의사결정나무'라는 명칭도 최종산출물의 모양이 뿌리가 위로 가 있는 '뒤집어진 나무'를 닮았기 때문에 붙여진 이름이다. 따라서 의사결정나무를 활용하면 종속변수에 영향을 미치는 변수들의 영향력의 순서를 시각적으로 쉽게 파악할 수 있다.

넷째, 판별분석이나 로지스틱 회귀분석은 변수들 간의 상호작용 효과(interaction effect)가 명시적으로 고려되지 않지만 의사결정나무에서는 변수들 간의 상호작용 효과가 자연스럽게 도출된다. 예를 들어 특정 제품의 구매 여부에 가장 많은 영향을 미치는 변수가 성별이었다면 분석 대상의 고객들은 우선 남성과 여성으로 구분된다. 그 다음에 남성으로 구성된 집단의 구매 여부를 결정하는 데 가장 많은 영향을 미치는 변수가 연령이었다면 남성으로 구성된 집단은 다시 연령을 기준으로(예 : 30세 이상과 30세 미만) 두 개의 집단으로 나누어진다. 그런데 여성으로 구성된 집단의 구매 여부를 결정하는 데 가장 많은 영향을 미치는 변수는 연령이 아니라 다른 변수가 될 수 있다. 만일 그 변수가 직업(예 : 학생과 일반인)이었다면 여성으로 구성된 집단은 직업을 기준으로 두 개의 집단으로 나누어진다. 이 예에서 남성의 경우에는 직업보다는 연령이 더 중요한 반면, 여성의 경우에는 연령보다는 직업이 더 중요한 의미를 지닌다는 것을 알 수 있다. 그래서 해당 상품의 판매를 위한 캠페인을 전개한다고 하였을 때 예를 들어 '남성이면서 30세 미만의 고객', '여성이면서 학생인 고객' 등과 같이 캠페인의 대상이 되는 고객들을 추출할 수 있다.

4.2 의사결정나무의 원리

대표적인 의사결정나무 알고리즘(algorism)에는 CART(Classification and Regression Tree), CHAID(Chi square Automatic Interaction Detection), C5 등이 있고 이러한 알고리즘의 변형들도 많이 존재하지만, 기본적인 원리에 있어서는 공통점이 존재한다. 이 공통적인 원리는 분석의 대상이 되는 집단을 특정 독립변수를 활용하여 보다 동질적인 집단으로 세분화해 나간다는 것이다. 예를 들어 [그림 10-10]에서 특정 상품에 대한 구매 여부가 종속변수이고 구매 여부에 영향을 미치는 변수들 가운데 가장 영향을 많이 미치는 변수가 성별이었다고 하면 분석 대상은 성별을 기준으로 보다 동질적인 두 개의 집단으로 나누어졌다. 이 예에서 분석 대상집단의 구매자와 비구매자의 비율은 각각 50%씩이었지만, 남녀별로 구분하였을 때에는 남자의 경우에는 구매자와 비구매자와의 비율이 각각 75%와 25%가 되었고, 여자의 경우에는 구매자와 비구매자와의 비율이 각각 25%와 75%가 되었다. 즉, 분석 대상의 집단을 성별로 나누었을 때 각각의 집단은 구매 여부를 기준으로 원래의 집단보다 훨씬 더 동질적인 집단이 되었다. 이렇게 형성된 두 개의 집단은 또다시 다른 변수들을

그림 10-10 의사결정나무 원리의 예

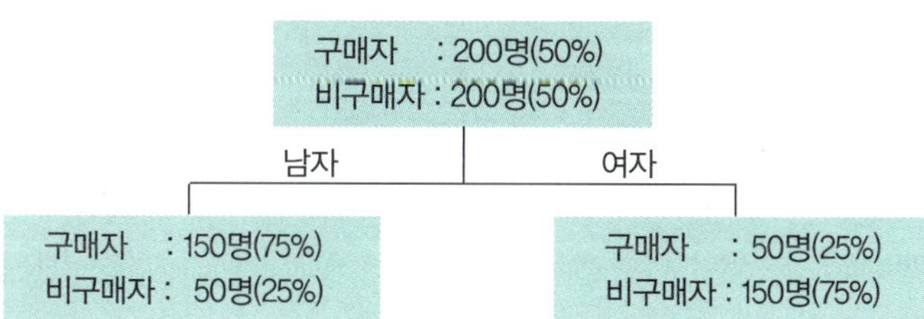

기준으로 보다 더 동질적인 집단으로 나누어지는 과정이 반복되고, 더 동질적인 집단으로 나눌 수 있는 변수가 더 이상 없거나 혹은 있다고 하더라도 동질적으로 되는 정도가 미미해질 때 최종적인 결과가 산출된다.

의사결정나무를 활용하면 분석 대상집단은 여러 개의 독립변수를 기준으로 점점 더 작은 집단으로 세분화되어 간다. [그림 10-11]은 의사결정나무의 최종산출물의 전형적인 예를 보여주고 있다. 최초의 분석 대상인 집단 A는 변수 X의 특정 값을 기준으로 B1, B2의 두 개 집단으로 세분화되었고, 집단 B1은 다시 변수 Y의 특정 값을 기준으로 C1, C2의 두 개 집단으로 세분화되었으며, 집단 C1은 다시 변수 Z의 특정 값을 기준으로 D1, D2의 두 개 집단으로 세분화되었다. 집단 B2도 변수 Y의 특정 값을 기준으로 E1, E2의 두 개 집단으로 세분화되었다. 최초의 분석 대상인 집단 A를 뿌리마디(root node)라고 하고, 더 이상 분할이 되지 않는 집단(C2, D1, D2, E1, E2)은 잎(leaf), 끝마디(leaf node), 말단마디(terminal node) 등으로 불린다. 마디(node)는 분기점을 의미한다. 상위에 위치한 마디는 바로 하위 마디의 부모마디(parent node)가 되고, 하위에 위치한 마디는 바로 상위 마디의 자식마디(child node)가 된다. [그림 10-11]에서 예를 들면 B1과 B2는 A의 자식마디가 되고, B1은 C1과 C2의 부모마디가 된다. 부모마디에서는 2개 이상의 자식마디가 분기(分岐)될 수 있지만 통상적으로 2개의 마디로 분기되는 알고리즘이 보편적으로 사용되고 있다. 자식마디의 수가 2개인 나무는 이진나무(二進나무, binary tree)라고 불린다.

그림 10-11 의사결정나무에서의 마디의 유형

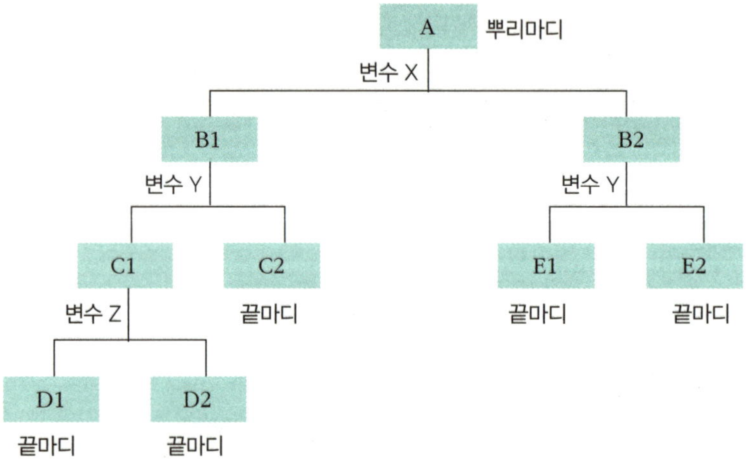

의사결정나무분석에서는 독립변수가 여러 개 존재하기 때문에 어느 변수를 기준으로 집단을 세분화할 것인가에 대한 기준이 마련되어야 한다. 가장 보편적인 기준으로 '지니 지수(Gini index)'와 '엔트로피 지수(entropy measure)'가 있다. 이 지수들은 모두 순수도(純粹度, purity) 혹은 불순도(不純度, impurity)를 기준으로 어떤 변수를 기준으로 집단을 세분화할 것인지를 결정한다.

1) 지니 지수

지니 지수(Gini index)는 불균형의 정도를 나타내는 통계학적 지수로 이탈리아의 통계학자이자 경제학자였던 코라도 지니(Corrado Gini)에 의해 1912년에 처음 소개되었다. 의사결정나무에서 특정 마디의 불균형이 심하다는 것은 해당 마디의 개체들이 특정 집단에 몰려 있다는 것을 의미하고, 따라서 특정 마디의 순수도가 높다는 것을 의미한다. 지니 지수는 다음과 같은 공식을 이용하여 산출된다.

$$\text{지니 지수} = \left(\frac{N_1}{M}\right)^2 + \left(\frac{N_2}{M}\right)^2$$

M : 해당 마디의 총개체수($M = N_1 + N_2$)
N_1 : 집단 1의 개체수
N_2 : 집단 2의 개체수

특정 마디의 개체들이 완벽하게 하나의 집단에 몰려 있을 경우에 지니 지수의 값은 1이 된다. 반대로 해당 마디의 개체들이 양 집단에 동일한 수로 분포되어 있을 경우에는 지니 지수의 값은 0.5가 된다. 따라서 지니 지수는 0.5에서 1 사이의 값을 취하고 숫자가 커질수록 순수도가 높다는 것을 의미한다.

2) 엔트로피 지수

엔트로피(entropy)는 물리학에서 사용되는 전문용어로 불확실성, 복잡성, 무질서 등을 의미한다. 엔트로피 지수는 다음과 같은 공식을 이용하여 산출된다.

$$\text{엔트로피 지수} = -\left[\frac{N_1}{M} \times \log_2\left(\frac{N_1}{M}\right) + \frac{N_2}{M} \times \log_2\left(\frac{N_2}{M}\right)\right]$$

해당 마디가 완벽한 순수성을 지니고 있는 경우에 엔트로피 지수의 값은 0이 되고,

반대로 완벽하게 균형 상태(혹은 완벽하게 복잡한 상태)에 있는 경우에는 엔트로피의 값은 1이 된다. 따라서 엔트로피 지수는 0에서 1 사이의 값을 취하고, 숫자가 커질수록 순수도가 낮다는 것을 의미한다.

[그림 10-12]는 캠페인을 통해 특정 제품을 구매한 고객 300명과 구매하지 않은 고객 200명 등 총 500명으로 구성된 부모마디가 있을 때 각각 최근일(최종구매일로부터 현재까지 경과한 기간)과 구매빈도(일정기간 동안의 구매횟수)를 기준으로 자식마디가 형성된 예를 제시하고 있다. 각각에 대해 지니 지수를 산출하면 [표 10-4]와 같다.

그림 10-12 2개 변수를 기준으로 한 분기의 예

표 10-4 [그림 10-12]에서의 지니 지수의 산출

	최근일 기준의 분기	구매빈도 기준의 분기
좌측 마디의 지니 지수	$(0.8)^2 + (0.2)^2 = 0.68$	$(0.75)^2 + (0.25)^2 = 0.63$
우측 마디의 지니 지수	$(0.4)^2 + (0.6)^2 = 0.52$	$(0.5)^2 + (0.5)^2 = 0.5$
지니 지수(가중평균)	$(250 \div 500) \times 0.68$ $+ (250 \div 500) \times 0.52 = 0.60$	$(200 \div 500) \times 0.63$ $+ (300 \div 500) \times 0.5 = 0.55$

[표 10-4]에서와 같이 지니 지수는 각각의 변수에 대해 좌측 마디와 우측 마디에서 계산된 지니 지수에 개체수의 비중을 곱하여 합산한 형태로 구해진다. 최근일을 기준으로 자식마디가 형성되는 경우의 지니 지수는 0.60로, 구매빈도를 기준으로 자식마디가 형성되는 경우의 지니 지수인 0.55보다 크기 때문에 500명으로 구성된 부모마디는 최근일을 기준으로 분기가 이루어진다.

이진나무에서는 독립변수가 취할 수 있는 값들을 2개의 집단으로 구분하여야 한다. 의사결정나무의 알고리즘이 이를 구분하는 방법은 독립변수가 명목변수일 때와 연속변수일 때를 나누어 살펴볼 수 있다. 먼저 독립변수가 명목변수일 경우에는 해당

명목변수가 취할 수 있는 값들을 2개의 집단으로 나눌 수 있는 모든 경우가 고려된다. 예를 들어 명목변수가 취할 수 있는 값이 A, B, C, D의 4개인 경우에 이 값들을 2개의 집단으로 나눌 수 있는 방법은 모두 7개가 된다: {A}와 {B, C, D}, {B}와 {A, C, D}, {C}와 {A, B, D}, {D}와 {A, B, C}, {A, B}와 {C, D}, {A, C}와 {B, D}, {A, D}와 {B, C}. 의사결정나무의 알고리즘은 7개의 모든 경우에 대해 지니 지수나 엔트로피 지수를 산출하고 순수도가 가장 높은 분할방법을 선택하게 된다. 독립변수가 연속변수인 경우에는 독립변수가 취하는 값들에 대해 순차적으로 2개 값의 평균값을 계산하여 분할값을 산출한다. 예를 들어 독립변수가 취하는 값이 크기순으로 6, 9, 13, 15, 20… 등으로 나타났다면 순차적으로 산출된 2개 값의 평균값들, 즉 7.5, 11, 14, 17.5… 등이 분할값으로 사용된다. 의사결정나무의 알고리즘은 이렇게 계산된 모든 분할값들에 대해 지니 지수나 엔트로피 지수를 산출하고 순수도가 가장 높은 분할방법을 선택하게 된다.

의사결정나무에서 결정되어야 하는 또 하나의 중요한 사항은 정지규칙(stopping rule)으로 이는 자식마디의 산출을 어느 시점에서 정지할 것인가를 의미한다. 가장 많이 사용되는 정지규칙은 지니 지수나 엔트로피 등으로 측정되는 순수도에 최소 증가분을 설정하는 것이다. 예를 들어 자식마디의 형성으로 인한 지니 지수의 최소 증가분을 0.1로 설정하고 이에 미치지 못하면 가지치기를 정지시키는 규칙을 사용할 수 있다. 이 외에도 최대 분기계층의 수(뿌리마디에서 말단마디까지 단계의 최대수), 부모마디의 최소 개체수, 자식마디의 최소 개체수 등을 정지규칙으로 사용할 수 있다.

5. 인공신경망분석

인공신경망분석은 데이터마이닝에 대해 논의할 때 의사결정수와 더불어 가장 많이 언급되는 기법이며, 실제로도 매우 광범위하게 활용되고 있다. 인공신경망분석의 개념은 1940년대에 소개되었으며, 1980년대에 들어 컴퓨터능력이 획기적으로 높아짐에 따라 더욱 주목을 받기 시작하였다. 인공신경망분석은 인간이 경험을 통해 학습해 가는 두뇌의 신경망활동을 모방하여 개발되었으며, 데이터에 대한 반복적인 학습과정을 거쳐 패턴을 찾아내고 예측하는 데 사용되고 있다. 즉, 인공신경망분석은 대용량의 데이터로부터 패턴을 찾아주고 예측모델을 만들어 주는 기계적 학습 알고리즘이다. 인공신경망분석의 핵심은 학습을 시킬 때 수집된 데이터 전체를 한꺼번에 입력하지 않고, 인간이 학습하는 것과 같은 방식으로 데이터를 하나씩 입력시킨다는 데 있다. 즉, 인공신경망분석은 데이터의 레코드가 하나씩 입력될 때마다 조정되고 보완되는 동적인 모델이며, 이러한 점이 바로 인공신경망분석이 여타의 데이터마이닝기법과 구별되는 가장 큰 차이점이다.

5.1 인공신경망분석의 원리

인공신경망분석은 인간의 두뇌작용을 모방한 것이기 때문에 그 원리도 인간의 두뇌작용의 원리를 통해 설명될 수 있다. 인간은 외부로부터의 다양한 자극들을 하나씩 경험하면서 이러한 자극들의 패턴을 학습하게 되고, 향후에 비슷한 자극을 다시 경험하게 되었을 때 학습한 내용을 바탕으로 그 자극에 대해 판단도 하고 행동도 취하게 된다. 이러한 현상은 다른 사람에 대한 판단을 예로 들어 설명될 수 있다. 사람들은 처음 만난 사람에 대해서도 그 사람의 행동, 음성, 표정, 생김새, 말씨 등을 바탕으로 그 사람이 어떤 유형의 사람인지를 판단한다. 이렇게 판단할 수 있는 것은 자신이 살아오는 과정에서 직 · 간접적으로 많은 경험을 하였기 때문이다.

사람들은 다른 사람들을 경험하면서 판단을 하고, 또한 자신의 판단이 옳은지 그렇지 않은지를 살아가는 과정에서 확인해 가면서 자신의 판단을 강화하거나 수정하는 과정을 반복한다. 이러한 과정을 거치면서 사람들은 새로운 사람을 만나거나 기존의 알던 사람이더라도 새로운 면을 보게 되면 그 사람이 어떤 유형의 사람인지에 대해 판단할 수 있게 된다. 인공신경망분석은 이러한 인간의 두뇌작용을 모방하고 있다. 즉, 입력정보와 출력정보의 관련성에 대한 학습을 통해 모델을 형성하고, 이렇게 형성된 모델을 이용하여 새로운 대상의 정보가 입력되었을 때 출력정보를 산출해 준다. 예를 들어 인공신경망분석을 이용하여 고객의 이탈 여부를 예측하고자 할 때, 과거의 데이터를 활용한 학습을 통해 이탈가능성을 예측하는 모델을 구축하게 하고, 이렇게 구축된 모델을 바탕으로 현재 고객들이 향후에 이탈할 확률이 얼마나 되는지를 예측할 수 있게 된다.

그런데 인간의 두뇌작용을 들어다볼 수는 없기 때문에 구체적으로 어떠한 과정을 거쳐 판단을 위한 모델을 형성하는지에 대해서는 알 수 없다. 즉, 입력정보와 출력정보가 존재하고 복잡한 두뇌작용을 통해 입력정보와 출력정보가 연계된다는 것은 분명하지만, 구체적으로 정보들 간의 상호작용이 어떻게 일어나는지에 대해서는 알 수 없다. 결국 두뇌 내부에서 정보가 처리되는 과정은 블랙박스(black box)로 남게 된다([그림 10-13] 참조). 참고로 인간 두뇌의 신경세포는 정보를 담고 있는 마디(node)와 이들 마디들을 연결해주는 링크(link)로 구성되어 있는 것으로 알려져 있다. 인공신경망분석도 인간의 두뇌작용과 마찬가지로 설명이 거의 불가능한 내부 과정을 거쳐서 산출물을 제공해 줄 뿐 어떠한 입력변수가 중요한지, 변수들 간에 어떠한 상호작용을 거쳐서 산출물이 만들어졌는지에 대해서는 설명하지 못한다. 그렇지만 예측력은 매우 뛰어나다. 이러한 점 때문에 원인의 파악이 중시되는 분야에서는 인공신경망분석이 사용될 수 없지만 설명보다는 실질적인 예측력이 중시되는 분야에서는 매우 환영받는 기법이 되고 있다.

그림 10-13 인간 두뇌의 신경망활동

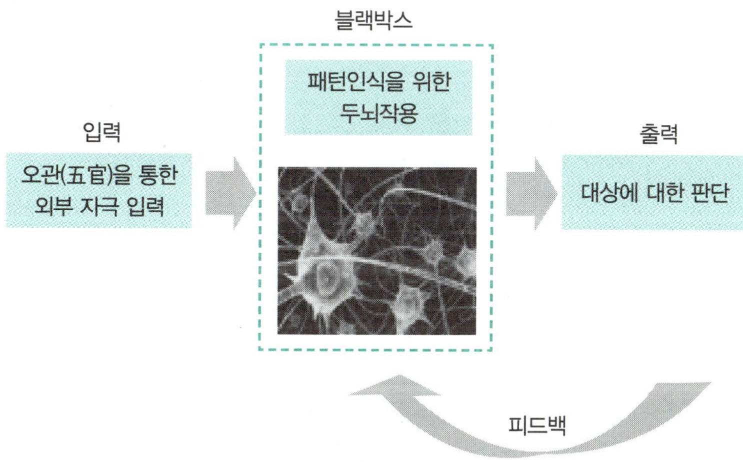

5.2 인공신경망분석 아키텍처

인공신경망분석은 [그림 10-14]와 같이 입력계층(input layer), 출력계층(output layer), 그리고 블랙박스에 해당하는 은닉계층(hidden layer)으로 구성된다. 인공신경망분석의 아키텍처에서 가장 중요한 것은 은닉계층의 수와 은닉노드의 수를 정하는 것이다. 그림의 모델 1에서는 은닉계층의 수가 1개이고 은닉노드의 수는 3개이며, 모델 2에서는 은닉계층의 수가 2개이고, 은닉노드의 수는 5개이다. 은닉계층과 은닉노드의 수가 너무 적으면 모델의 설명력이 떨어진다. 반대로 수가 너무 많으면 모델 구축에 사용되는 데이터의 특성이 모델에 너무 상세하게 반영되고, 이로 인해 과도적합(過度適合, overfitting)의 문제가 발생하여 이 모델을 다른 데이터에 일반화하기가 어려워진다. 몇 개의 은닉계층과 은닉노드를 사용할 것인가에 대해서는 일반적인 규칙이 있는 것이 아니기 때문에 학습표본을 활용하여 다양한 형태의 모델을 구축한 후, 평가표본을 활용하여 이 모델들을 평가하는 과정에서 가장 뛰어난 설명력을 보인 모델을 선택하여야 한다.

그림 10-14 인공신경망분석 아키텍처의 예

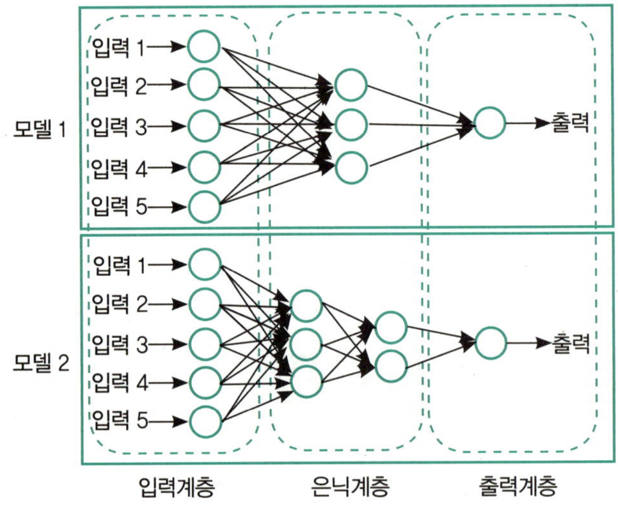

인공신경망분석에서 블랙박스에 해당하는 은닉노드에는 [그림 10-15]에서와 같이 비선형함수인 활성함수(activation function)가 지정된다. 활성함수는 다시 입력과의 연결부분인 결합함수(combination function)와 출력과의 연결부분이 전환함수(transfer function)로 구성된다. 은닉노드가 블랙박스인 것은 특히 전환함수가 어떤 작용을 거쳐 산출물을 만들어내는지를 설명하는 것이 거의 불가능하기 때문이다. 입력노드로부터 입력되는 데이터는 전환함수에 의해 변환된 후 다른 은닉노드나 출력노드로 전달된다. 인공신경망을 학습시킨다는 것은 입력 데이터를 활용하여 은닉계층 내에서의 내부 작업을 통해 가장 정확한 결과를 도출해낼 수 있도록 연결 가중치를 찾아간다는 것을 의미한다. 통상적으로 데이터의 각 레코드를 하나씩 읽어가면서 인공신경망을 학습시키고 이로 인해 출력된 결과와 실제값을 비교하여 그 차이가 미리 정해진 오차범위에 들어올 때까지 반복적으로 연결 가중치를 조정해나간다. 일련의 학습과정이 끝나서 연결 가중치가 정해지면 이제는 아직 결과변수를 알 수 없는 레코드를 받아들여 예측치를 산출해주게 된다.

그림 10-15 은닉노드의 구조

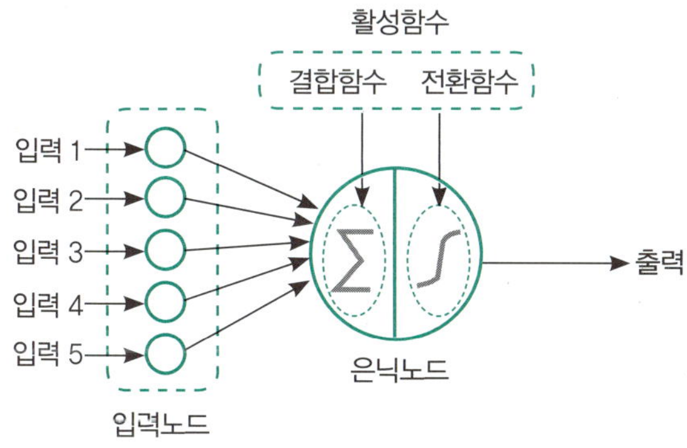

5.3 인공신경망분석의 장 · 단점

인공신경망분석의 가장 큰 장점은 예측력이 뛰어나다는 점이다. 비교적 짧은 역사에도 불구하고 매우 다양한 산업에서 빈번하게 사용되고 있다는 점이 이러한 예측의 우수성을 대변하고 있다. CRM 영역에서도 신용카드 불량거래 색출, 고객신용도 평가, 우량고객의 선정, 이탈가능성 예측 등 다양한 분야에 적용되고 있다. 또한 인공신경망분석은 매우 유연하다. 입력변수나 출력변수의 수도 매우 탄력적으로 운용할 수 있고, 은닉계층의 수나 은닉노드의 수도 쉽게 조절할 수 있다. 또한 입력변수와 출력변수의 형태가 연속형이든 이산형이든 모두 수용이 가능하다.

앞에서도 언급한 바와 같이 인공신경망분석의 가장 큰 단점은 결과에 대한 설명을 제공해주지 못한다는 것이다. 사람이 어떠한 과정을 거쳐 외부의 현상들을 이해하고 또한 미래에 일어날 현상들을 예측하게 되는지를 설명하기가 어려운 것과 마찬가지로 인공신경망분석에서도 어떠한 내부적인 작업을 통해서 결과를 제공하는지에 대해서는 설명해주지 못한다. 즉, 결과물만 제공해줄 뿐 어떠한 변수가 중요한 변수인지, 변수들 간에 어떠한 상호작용을 통해서 그러한 결과가 나오게 되었는지에 대해서는 설명하지 못한다. 인공신경망분석은 어떤 변수들이 중요한지를 구분해주지 않기 때문에 어떠한 변수를 모델 구축에 사용하여야 하는지에 대한 지침을 주지 못한다. 이러한 단점을 보완하기 위해 의사결정수나 회귀분석을 통해 중요성을 지닌 변수들을 미리 선별하는 작업을 거치기도 한다. 또한 인공신경망분석에서는 학습의 결과로 나오는 모델이 얼마나 우수한 모델인가를 나타내주는 지표가 없다. 예를 들어 로지스틱 회귀분석에서는 회귀계수의 유의성을 나타나는 p값과 회귀식의 설명력을 제시해 주는 R^2값 등이 출력되지만, 인공신경망분석에서는 이러한 통계치가 제시되지 않는다. 그렇기 때문에 인공신경망분석을 가장 잘 사용할 수 있는 방법은 입력변수, 은닉계층의 수, 은닉노드의 수 등을 변경시켜 가면서 반복적으로 수행해보고 그 가운데 가장 좋은 결과를 산출한 모델을 선택하는 것이다.

6. 연관규칙 탐색

장바구니분석이라고도 불리는 연관규칙 탐색은 금광에서 금을 채굴한다는 의미의 '마이닝'이라는 용어에 가장 잘 부합하는 데이터마이닝기법이다. 즉, 연관규칙 탐색에서 금광은 대용량의 데이터베이스를 의미하고, 금은 그동안 알려지지 않았던 흥미 있고 가치 있는 연관규칙을 의미한다. 연관규칙은 "~이면 ~이다"라는 "If, then"의 형식을 취한다. 예를 들어 슈퍼마켓의 POS시스템을 통해 수집된 데이터를 분석하여 다음과 같은 연관규칙을 발견할 수도 있다. "셀러리를 사면 마요네즈도 산다", "맥주를 사면 땅콩도 산다"처럼 연관규칙에는 구체적인 상품이 언급되기 때문에 이해하기가 쉬울 뿐만 아니라 실무에 적용하기도 용이하다. 연관규칙은 특히 유통업체에 의해 많이 사용될 수 있다. 즉, 두 상품의 연계성이 높다는 것이 밝혀지면 유통업체들은 이를 근거로 매출증진을 위해 두 개의 상품을 같이 진열하거나 패키지 상품으로 묶을 수도 있고, 카탈로그를 만든다거나 교차판매를 실시할 때 활용할 수도 있다.

연관규칙의 탐색에 필요한 데이터는 판매시점에서 고객이 구입한 품목들에 대한 데이터이며, 인구통계 변수 등 구매정보 이외의 고객정보는 전혀 필요하지 않다. 즉, POS 데이터만 있으면 충분하고 고객데이터베이스는 필요하지 않다. 연관규칙 탐색에서 중요한 것은 두 상품 간의 연관성 정도를 어떻게 측정할 것인가인데 측정지표로 흔히 지지도(support), 신뢰도(confidence), 향상도(lift)의 3가지가 사용된다. 관심 있는 규칙이 "상품 A를 구입하면 상품 B도 구입한다"인 경우에 세 척도의 공식과 의미는 [표 10-5]와 같다.

| 표 10-5 | 연관규칙 도출을 위한 측정지표

명칭	공식	내용
지지도	$P(A\&B)=\frac{n(A\cap B)}{N}$	전체의 거래 중에서 A와 B를 동시에 포함하고 있는 거래의 비율
신뢰도	$P(B\|A)=\frac{P(A\cap B)}{P(A)}=\frac{n(A\cap B)}{n(A)}$	A를 포함한 거래 중에서 B가 동시에 포함되어 있는 거래의 비율
향상도	$\frac{P(B\|A)}{P(B)}=\frac{n(A\cap B)\times N}{n(A)\times n(B)}$	A를 구매한 거래에 B가 포함되어 있는 경우와 B가 임의로 구매되는 경우와의 비율

지지도는 전체 거래횟수 중에서 A와 B를 모두 구입한 거래횟수의 비율을 의미한다. 지지도는 확률이기 때문에 0에서 1 사이의 값을 취하며, 지지도가 높을수록 A와 B의 연관성이 높다고 할 수 있다. 신뢰도는 A가 구입되었을 때 B가 구입되었을 확률, 즉 조건부 확률이다. 이는 A와 B를 동시에 구매할 확률과 A를 구매할 확률의 비율로, A와 B를 동시에 구입한 거래의 횟수를 A를 구매한 횟수로 나누어 계산된다. 지지도와 마찬가지로 신뢰도도 확률이기 때문에 0에서 1 사이의 값을 취하며, 신뢰도가 높을수록 A를 구입하면 B도 같이 구입할 확률이 높아진다. 향상도는 A를 구입하였을 때 B도 같이 구입할 확률과 B를 구입할 확률의 비율을 의미한다. 이는 B를 임의로 구입할 때에 비해서 A를 구입한 경우에는 B를 구입할 확률이 얼마나 더 높아지는가에 관심을 갖는다. 향상도는 지지도나 신뢰도와는 달리 확률이 아니며, 그 크기에 따라 A와 B의 관계는 [표 10-6]과 같이 나타낼 수 있다

| 표 10-6 | 향상도의 크기에 따른 상품 A와 상품 B의 관계

향상도의 크기	의미	예
향상도 > 1	A를 구입하면 B를 구입할 확률이 높아진다.	보완관계에 있는 상품 : 정장과 넥타이, 맥주와 땅콩, 식빵과 버터
향상도 = 1	A를 구입하건 하지 않건 B를 구입할 확률은 영향을 받지 않는다.	대부분의 상품
향상도 < 1	A를 구입하면 B를 구입할 확률이 떨어진다.	대체관계에 있는 상품 : 콜라와 사이다, 돼지고기와 소고기

이 세 가지 측정지표의 공식들을 살펴보면 전체 구매횟수(N), 상품 A의 구매횟수(n(A)), 상품 B의 구매횟수(n(B)), 상품 A와 상품 B를 동시에 구매한 횟수(n(A∩B))

등의 4개 숫자만 알면 세 가지 측정지표가 모두 계산될 수 있음을 알 수 있다. POS 데이터에는 구매번호와 상품번호, 단가, 가격 등의 정보가 담겨 있다. [표 10-7]은 어느 양복점에 방문한 고객들이 어떠한 상품을 구매하였는지를 정리하여 놓은 표인데, 이 표를 이용하여 정장과 넥타이의 연관성을 나타내는 3개의 측정지표를 산출하면 다음과 같다.

$$\text{지지도} = n(\text{정장} \cap \text{넥타이}) \div N = 4 \div 10 = 0.4$$

$$\text{신뢰도} = n(\text{정장} \cap \text{넥타이}) \div n(\text{정장}) = 4 \div 8 = 0.5$$

$$\text{향상도} = [n(\text{정장} \cap \text{넥타이}) \times N] \div [n(\text{정장}) \times n(\text{넥타이})] = (4 \times 10) \div (8 \times 4) = 1.25$$

| 표 10-7 | 연관규칙 측정지표의 산출을 위한 POS 데이터 가상 예

구매번호	구매품목		
1	정장		넥타이
2	정장	와이셔츠	넥타이
3	정장	와이셔츠	
4	정장		
5		와이셔츠	
6	정장	와이셔츠	넥타이
7	정장		
8		와이셔츠	
9	정장	와이셔츠	넥타이
10	정장	와이셔츠	

• 총구매횟수 = 10 • 넥타이 구매횟수 = 4
• 정장 구매횟수 = 8 • 정장 및 넥타이 동시 구매횟수 = 4

이렇게 계산된 숫자가 산출되었을 때 향상도는 그 크기가 1 이상이면 '상품 A를 구입하면 상품 B도 구입한다'는 연관규칙이 성립하는 것으로 간주할 수 있지만, 지지도나 신뢰도에 대해서는 그 크기가 어느 정도 되어야 연관규칙이 존재하는 것으로 판단할 수 있느냐에 대한 객관적인 기준은 없다. 따라서 이를 정하기 위해서는 경험치에 의존할 수밖에 없는데, 이를 위한 하나의 방안으로 다양한 상품들에 대한 지지도와 신뢰도를 계산해서 그 분포를 살펴본 후 연관규칙의 활용목적에 따라 적당한 크기를 정하는 방안을 생각해볼 수 있다.

연관규칙의 탐색을 위한 데이터분석에 앞서서 상품의 유형을 얼마나 상세하게 구분할 것인가에 대한 의사결정이 선행되어야 한다. 왜냐하면 유형구분의 정도에 따라 연관규칙 탐색의 결과가 크게 달라질 수 있기 때문이다. 예를 들어, 우유의 경우 모든 유형의 우유를 구분하지 않을 것인지 혹은 일반우유와 저지방/무지방 우유를 구분할 것인지에 따라서 분석의 결과는 크게 달라진다. 이에 대한 결정은 연관규칙을 찾아내려는 목적이 무엇인가에 따라 달라진다. 예를 들어 "치즈를 좋아하는 사람은 우유도 좋아한다"라는 가설을 기반으로 "치즈를 구입하면 우유도 구입한다"라는 연관규칙을 검토하고자 하는 경우에는 우유를 구태여 일반우유와 저지방/무지방 우유로 나눌 이유는 없다. 하지만 다이어트에 관심이 많은 사람은 제품 카테고리에 관계없이 저칼로리 식품을 구매할 것이라는 생각을 바탕으로 "닭가슴살을 구입하면 저지방/무지방 우유도 구입한다"라는 연관규칙을 검토하고자 하는 경우에는 우유를 일반우유와 저지방/무지방 우유로 구분하고 저지방/무지방 우유를 구입한 거래건만을 분석의 대상에 포함시켜야 한다.

글 10-2 고객의 구매데이터를 활용한 데이터마이닝 사례

미국의 한 대형마트는 시간별 매출 데이터로 소비 경향을 분석하던 중 특징적인 사실을 발견했다. 바로 평일 오후에 매장에서 캔디와 청량음료 판매가 늘어난다는 것이었다. 그래서 적립카드 데이터를 통해 캔디나 청량음료를 구입한 고객들을 파악해봤더니 대체로 중년 부인들이 그 주인공이었다. 이 대형마트는 왜 중년 부인들이 이 시간대에 캔디나 청량음료를, 그것도 낱개로 구입할까 연구한 끝에 다음과 같은 사실을 파악했다.

오후가 되면 많은 주부들이 하교하는 자녀들을 데려오는 길에 장을 본다. 오후 2~3시면 나른하기도 하고 피곤이 몰려올 때이기도 하다. 그래서 활력을 충전하기 위해 청량음료나 캔디를 찾게 되고 자녀들과 함께 장을 보니 당연히 아이들 몫도 사게 된다. 결국 엄마와 자녀들 몫까지 낱개 판매가 늘어났던 것이다.

이러한 원인 분석 후 이 대형마트는 매장에 음료수와 캔디가 어디에 위치해 있는지에 대한 정보를 바탕으로 고객의 동선을 그려봤다.

자료 분석결과 주부들이 이 시간대에 생활용품과 식자재 장을 보러 오는데 이 코너들은 청량음료나 캔디를 판매하는 코너에서 멀리 떨어져 있었다. 주부들이 자녀들을 데리고 매장 이곳저곳을 왔다 갔다 하는 게 그리 쉬운 일은 아니다. 그래서 착안한 아이디어가 계산대 바로 옆에 간이 진열대를 설치하는 것이었다. 쇼핑을 마치면 반드시 거쳐야 하는 계산대에 청량음료나 캔디를 진열한 간이 진열대를 설치해 고객의 번거로움은 줄이고 매출은 올리자는 새로운 운영 개선안이 제시됐다. 여기서 한걸음 더 나아가 이 간이 진열대에 주부들이 자주 보는 잡지를 진열하자는 아이디어도 제시됐다. 계산대 옆에 청량음료나 캔디 진열대를 설치하면 당연히 주부들은 간이 진열대로 눈을 돌릴 것이다. 계산을 하기 위해 기다리는 시간에 잡지책을 볼 수 있도록 함으로써 기다리는 시간의 지루함도 없애고 매출도 올릴 수 있다.

이 개선안은 그야말로 성공적이었다. 이후 청량음료와 캔디를 낱개로 판매하지 않았던 다른 대형 유통업체는 물론 심지어 가전업체들까지 이런 방식을 모방해 계산대 앞에 작은 진열대를 따로 설치하게 됐다.

이 성공 사례의 핵심은 매출 데이터, 고객 데이터, 그리고 상품의 위치 정보를 함께 분석해 새로운 인사이트를 찾았다는 점이다. 특정 시간대에 어떤 상품이 잘 팔리는지를 매출 데이터를 통해 파악했고 이를 구매하는 고객 계층을 고객 데이터를 통해 발견했으며 상품의 위치와 고객 동선을 바탕으로 새로운 개선안을 마련했다.

달걀이나 우유와 같은 유제품은 유통기간이 짧기 때문에 고객들이 자주 구매하는 상품이다. 늘 필요하지만 오랜 기간 보관할 수 없어 소비자들은 이들 상품을 구매하려고 주기적으로 마트를 방문하고 쇼핑을 온 김에 다른 상품도 함께 구매하는 경향이 있다. 즉 달걀과 우유를 구매하러 마트를 방문하지만 이와 함께 매장을 둘러보며 필요한 상품이 눈에 띄면 이 상품들도 함께 구매하는 경우가 많다. 그래서 많은 마트들이 달걀과 우유와 같은 상품을 매장 출입문에서 가장 먼 곳에 배치해 고객의 마트 내 체류시간을 늘리고 매장에 비치된 다양한 상품들을 볼 수 있는 기회를 제공해 매출 증대의 기회로 삼는다. 이러한 매장 상품 배치전략은 대형마트가 탄생한 1950년대 이후 매장 배치의 기본 전략으로 이용돼 왔다. 그러나 이러한 통념이 과연 언제나 옳을까란 질문을 던진 이가 있다. 에메트 콕스(Emmett Cox)는 수십 년간 미국 유통기업인 K마트와 리테일 전문 컨설팅 기업에서 데이터를 기반으로 한 경영혁신 경험을 바탕으로 지난 반세기 동안 통념으로 여겨진 배치전략이 과연 유용한지를 데이터 분석을 통해 살펴봤다. 그가 사용한 분석은 '장바구니 분석'을 통한 '고객동선 분석'이었다. 장바구니 분석(Market Basket Analysis)이란 데이터 간의 연관성을 분석하는 방식으로 고객이 마트를 방문할 때마다 장바구니에 담긴 상품과 각 상품 간의 관계를 파악해 어떤 상품이 함께 자주 구매되는지를 파악하는 것이다. 그리고 고객동선 분석은 한 장바구니에 담긴 상품의 위치를 바탕으로 고객의 동선을 유추하는 것이다.

이 분석은 고객의 최소 매장 체류 시간을 산정하거나 매장 내 어느 지점이 붐비는지를 파악하는 툴로 이용된다. 예를 들어 어느 고객이 우유와 당근을 구매했다면 '매장 출입문→우유 냉장고→당근이 있는 야채 코너→계산대'로 이동하는 시간 이상은 매장에서 머물렀다고 할 수 있다. 그렇다면 콕스는 "우유와 달걀처럼 고객이 자주 구매하는 제품을 매장 출입문과 멀리 떨어진 곳에 배치한다"는 전통적인 전략의 효용을 어떤 방식으로 검증할 수 있었을까? 만일 장바구니 분석에서 우유나 달걀과 함께 다양한 많은 제품을 같이 구매했다면 이 전략은 유효한 전략이라 할 수 있다. 그러나 반대로 많은 고객이 달랑 우유와 달걀만 구매한다면 이들만 구매하러 온 고객들에게 불편을 안겨주는 게 된다.

그렇다면 콕스의 분석결과는 어떻게 나왔을까?

그가 분석한 수십 개 매장 중 대부분의 매장에서 우유와 달걀이 다른 상품과 함께 구매되는 것을 발견할 수 있었다. 그러나 몇몇 특정 매장은 우유와 달걀만 구매하는 고객의 비율이 현저히 높았다. 이들 매장의 위치와 고객을 분석해본 결과 젊고 맞벌이 부부가 많은 지역이란 사실이 파악됐다.

이는 무엇을 의미할까? 콕스는 이를 쇼핑 개념의 변화로 설명하고 있다. 1960~1970년대 가정주부가 집안의 가사일을 모두 맡던 시절, 식료품 쇼핑은 일종의 레저활동이었다. 느긋하게 매장을 돌아다니며 필요한 상품을 이리저리 둘러보며 구매하는 게 보편적이었고 이를 매장 배치에 활용했다. 더구나 정보 매체가 발달하지 않은 시절 소비자가 상품을 접할 수 있는 통로는 제한적이었다. 그래서 직접 상품을 고객에게 보여주는 매장의 역할은 매우 중요했다. 그러나 요즘 고객은 다양한 채널로 상품을 접한다. 심지어 인터넷에서 상품정보를 파악하고 스마트폰으로 맞춤형 쿠폰을 받는 시대다. 매장에 들어서기 전 어떤 상품을 구매할지 어느 정도의 구체적인 정보를 가지고 있다. 특히 젊은 맞벌이 부부의 경우 식료품 쇼핑은 과거 가정주부가 느끼던 레저에서 하루하루 처리해야 할 많은 업무들 중 하나로 변화하고 있다. 바쁜 시간을 쪼개 우유 하나 구매하려는 고객에게 온 매장을 헤집고 구석까지 이동하게 하는 기존 매장 배치는 고객에게 불편만 줄 뿐이다. 콕스는 반세기 넘게 이용된 기존 매장 배치의 통념을 뒤집었고 현대 사회에 어울리는 새로운 쇼핑패턴을 파악했다. 그리고 새로운 인사이트의 시작은 다름 아닌 다양한 데이터를 함께 분석하는 기술이다.

실제 식료품 체인인 웨그먼스(Wegman's)는 고객이 자주 구매하는 유제품을 매장 끝 쪽뿐만 아닌 매장 출입문 바로 앞에도 배치해 이들 제품만 구입하러 온 고객에게 신속함을 제공했고 이는 유제품의 매출증대로 이어졌다.

자료 : 장영재(2012), "조각 난 데이터? 연결하고 합치면 혁신의 보고!," 동아비즈니스리뷰, 98호.

7. 군집분석

군집분석은 상호의존적 분석의 가장 대표적인 분석방법 중의 하나로 분석 대상들을 몇 개의 집단으로 구분하는 것을 목적으로 한다. 이를 통해서 분석 대상 개체들의 전체적인 구조를 파악할 수 있다. CRM에서 군집분석은 주로 시장세분화를 위해 사용된다. 예를 들어 유통업체의 경우 과거 일정기간 동안의 구매액 및 구매빈도, 연령, 자택까지의 거리, 주요 구매품목 등을 기준으로 고객들을 세분하고, 각 세분시장 고객들의 특성에 맞는 CRM활동을 전개할 수 있다. 또한 고객들을 라이프스타일 변수를 바탕으로 지역별로 세분하고 이를 기반으로 세분시장에 맞는 다양한 활동을 전개할 수 있다. [글 10-3]은 군집분석을 활용한 지리인구통계적 시장세분화의 대표적인 사례를 기술하고 있다.

글 10-3 클라리타스사의 군집분석을 이용한 시장세분화

통합적 시장분석(integrated market analysis), 핀포인트 시장 타깃팅(pinpoint market targeting), 고객파일의 질적 강화(customer file enhancement) 등의 서비스를 제공하는 미국의 클라리타스(Claritas)사의 PRIZM(Potential Rating Index for ZIP Markets)은 지리인구통계적 시장세분화의 가장 대표적인 예라고 할 수 있다. 이 기법은 세 단계를 거쳐 이루어졌다. 첫 번째 단계는 수많은 변수들 가운데서 고객의 특성을 가장 잘 나타내는 변수를 식별해내는 단계이다. 미국에서는 주에 따라 약간의 차이가 있기는 하지만 인구센서스 자료나 운전자등록 자료 등이 대개 공개되어 있는데, 여기에는 개개인에 대해 수백 개의 항목에 이르는 정보가 담겨져 있기 때문에 고객의 특성을 가장 잘 나타내는 소수의 항목을 추출할 필요가 있다. 두 번째 단계는 군집분석을 이용하여 잠재고객을 몇 개의 군집으로 구분하는 것이다 1970년대에는 9,200만 가구를 40개의 군집으로 구분하였으며, 1990년대에는 이를 수정 · 확대하여 62개 군집으로 구분하였다. 각각의 군집들은 명문계급, 풀장과 안뜰, 젊은 교외 거주자, 도시고급주택, 신진 전원이주자, 노인 파워, 자녀양육 블루칼라, 도시 독신생활 노동자, 남부의 가난한 소작인 등 군집의 특성에 어울리는 이름을 가지고 있다. 세 번째 단계는 PRIZM의 특성을 가장 잘 나타내는 부분으로 자체 개발한 수학적 알고리즘을 이용하여 각 지역단위를 하나의 군집에 소속시키는 것이다. 이러한 작업을 통해 어느 지역에 거주하고 있는 사람들은 일반적으로 어떠한 특성을 지니고 있다는 설명이 가능하게 된다.

자료 : 박찬욱(1996), 데이터베이스마케팅, 연암사, 180–183;
Shmueli, Galit, Nitin R. Patel, Peter C. Bruce(2009), *Data Mining for Business Intelligence*, 번역서, 비즈니스 인텔리전스를 위한 데이터마이닝, 사이텍미디어, 291.

군집분석에는 계층적 군집분석(hierarchical cluster analysis)과 비계층적 군집분석(nonhierarchical cluster analysis)의 두 가지 유형으로 나누어진다.

① 계층적 군집분석 : 계층적 군집분석은 분석 대상개체들을 자연적인 계층구조로 정렬하고자 할 때 사용되는 군집분석으로 이는 다시 계층적 병합(hierarchical agglomerative) 군집분석과 계층적 분할(hierarchical divisive) 군집분석으로 나누어진다. 계층적 병합 군집분석은 n개의 군집분석 대상이 있을 때 n개의 군집에서 시작하여 유사한 개체들을 묶어가면서 종국적으로는 모든 개체가 포함된 1개의 군집을 형성하도록 하는 군집분석방법이며, 계층적 분할 군집분석은 반대로 모든 개체가 포함된 1개의 군집에서 시작하여 이질적인 개체들이 별도의 군집을 형성하도록 하는 과정을 거치면서 종국적으로는 n개의 군집을 형성하도록 하는 군집분석방법이다. 대부분의 컴퓨터 패키지는 계층적 병합 군집분석을 채택하고 있으며, 여기에서도 계층적 병합 군집분석에 대해 기술한다.

② 비계층적 군집분석 : 비계층적 군집분석은 미리 군집의 수를 정한 후에 개체

들을 각각의 군집에 소속시키는 방법으로 k-평균(k-means)이 대표적인 알고리즘이다. 비계층적 군집분석은 일반적으로 계산의 양이 많지 않기 때문에 대용량 데이터베이스의 분석에 적합하며, 이러한 이유로 점점 더 많이 활용되고 있다.

7.1 계층적 병합 군집분석

계층적 병합 군집분석은 n개의 분석 대상 개체가 있을 때 n개의 군집에서 시작하여 거리가 가장 가까운 군집들을 순차적으로 병합해가면서 최종적으로는 하나의 군집을 형성한다. 군집은 하나의 개체로 구성될 수도 있고, 여러 개의 개체로 구성될 수도 있기 때문에 군집 간의 병합은 [그림 10-16]과 같이 세 가지 유형으로 나누어질 수 있다. 즉, 하나의 개체로만 구성된 군집 간의 병합, 하나의 개체로 구성된 군집과 다수의 개체로 구성된 군집 간의 병합, 그리고 여러 개의 개체로 구성된 군집들 간의 병합 등으로 나누어질 수 있다.

그림 10-16 군집분석에서의 병합의 유형

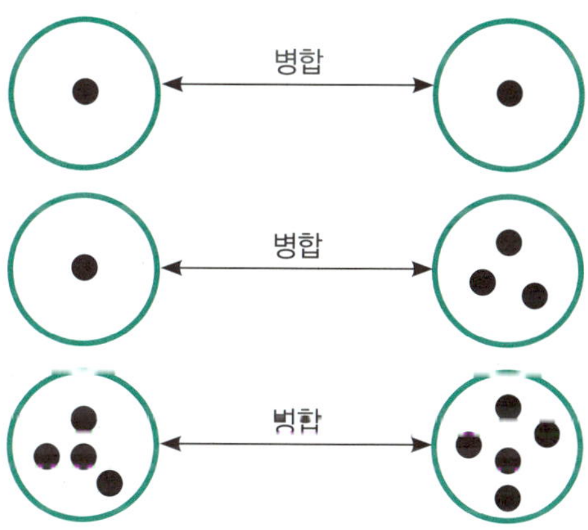

따라서 계층적 병합 군집분석이 실행되기 위해서는 두 개체 간의 거리를 어떻게 측정할 것인가와 두 군집 간의 거리를 어떻게 측정할 것인가가 논의되어야 한다.

1) 두 개체 간의 거리의 측정

두 개체 간의 거리를 측정하는 방법 중에서 가장 일반적으로 사용되는 방법은 유클리디안 거리(Euclidean distance)로 두 개의 변수 X_1과 X_2를 기반으로 군집분석을 실행할 때 [그림 10-17]에서의 개체 A와 개체 B의 유클리디안 거리 d_{AB}는 다음과 같이 계산된다.

$$d_{AB}=\sqrt{(X_{1B}-X_{1A})^2+(X_{2B}-X_{2A})^2}$$

그림 10-17 두 개체 간의 유클리디안 거리

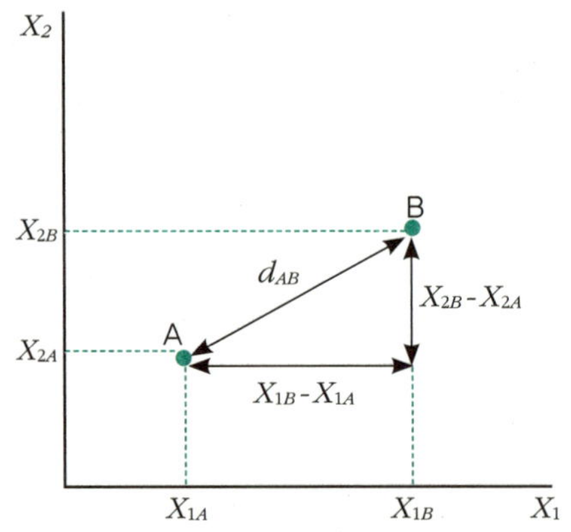

2) 두 군집 간의 거리의 측정

어느 한쪽이든 두 개 이상의 개체로 구성된 군집이 있을 경우에는 무엇을 기준으로 군집 간의 거리를 계산할 것인가에 대한 문제가 해결되어야 한다. 여기에는 최단거리 연결법(minimum distance linkage), 최대거리 연결법(maximum distance linkage), 중심값 연결법(centroid linkage) 등의 3가지 유형이 있다.

① 최단거리 연결법 : 최단거리 연결법은 두 개의 군집에서 가장 가까이 위치한 개체들 간의 거리를 두 군집 간의 거리로 정하는 방법이다.

② 최대거리 연결법 : 최대거리 연결법은 두 개의 군집에서 가장 멀리 위치한 개체들 간의 거리를 두 군집 간의 거리로 정하는 방법이다.

③ 중심거리 연결법 : 중심거리 연결법은 각 군집의 중심값(평균값)을 계산한 후, 중심값 간의 거리를 두 군집 간의 거리로 정하는 방법이다.

[그림 10-18]은 X_1, X_2의 두 개의 변수를 기반으로 군집분석을 실시하고, 각각 2

그림 10-18 군집 간 거리 측정의 유형

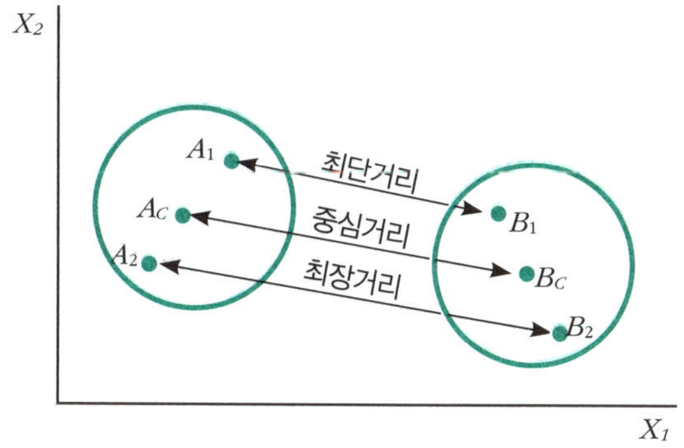

개의 개체로 구성되어 있는 2개의 군집(군집 A와 군집 B)이 있는 경우를 상정하여 군집 간의 거리를 계산하는 3가지 유형을 시각적으로 표현하고 있다. 그림에서 최단거리는 가장 가까이 위치한 A_1과 B_1 간의 거리가 되고, 최대거리는 가장 멀리 위치한 A_2와 B_2 간의 거리가 되며, 중심거리는 A_1과 A_2를 기반으로 계산된 군집 A의 중심값인 A_C와 B_1과 B_2를 기반으로 계산된 군집 B의 중심값인 B_C 간의 거리가 된다. 이 세 개의 연결법 가운데 중심거리 연결법이 아웃라이어(outlier)의 영향을 완화시킬 수 있는 가장 무난한 방법이라고 할 수 있다.

군집화의 과정은 [그림 10-19]와 같은 덴드로그램(dendrogram)을 활용하여 설명될 수 있다. 그림에서 군집 대상 개체는 A~H까지 8개가 있다. 최초의 단계에서는 8개 개체 간의 가능한 모든 조합의 개수인 28개(${}_8C_2 = 8 \times 7 \div 2$)의 거리를 계산하여 거리가 가장 가까운 2개의 개체가 하나의 군집을 형성한다. 이 예에서는 C와 D가 병합되어 하나의 군집을 형성하였다. 이 과정을 거쳐 전체 군집의 수는 8개에서 7개로 줄었다. 다음으로는 7개 군집 간의 모든 거리 21개(${}_7C_2 = 7 \times 6 \div 2$)를 계산하여 거리가 가장 가까운 2개의 개체가 하나의 군집을 형성한다. 이 예에서는 E와 F가 병합되어 하나의 군집을 형성하였다. 이러한 과정은 모든 개체가 하나의 군집을 형성할 때까지 반복된다. 이 예에서는 7번의 병합이 일어났는데, 4번째까지는 하나의 개체로 구성된 군집 간의 병합이 일어났지만 5번째부터는 복수의 개체로 구성된 군집 간의 병합이 일어났다.

그림 10-19 덴드로그램

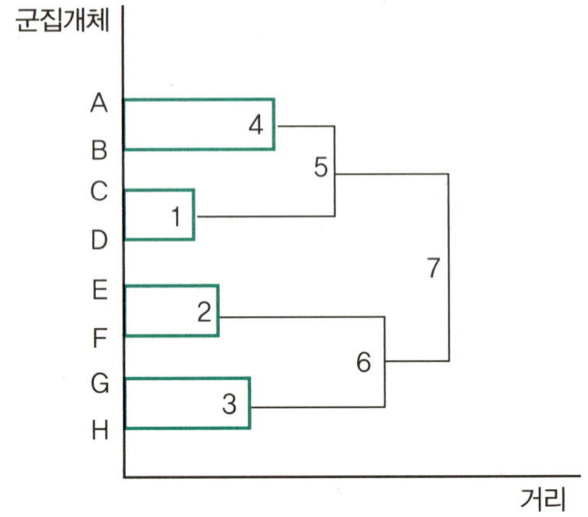

군집분석은 전체의 개체를 훨씬 작은 수의 군집으로 나눔으로써 전체의 구조를 단순명료하게 표현하고자 하는 목적으로 수행되지만 군집분석 자체가 몇 개의 군집이 적당한가에 대한 정보를 제공해 주지는 않는다. 따라서 분석 대상의 개체들을 몇 개의 군집으로 나눌 것인가는 군집분석을 실시하는 사람의 주관적인 판단에 따라 결정된다. 위 그림의 예에서는 A, B, C, D로 구성된 군집과 E, F, G, H로 구성된 군집의 2개 군집으로 나누는 것이 가장 적절할 것으로 보인다. 이렇게 군집화를 한 후 2개 군집의 특성을 군집분석을 위해 사용하였던 변수는 물론 여타 변수도 같이 사용하여 두 군집 간에는 어떠한 차이가 있는지를 분석하게 되고, 이러한 분석결과를 바탕으로 각 군집에 적합한 CRM전략을 수립하게 된다.

7.2 *k*−평균 군집분석

k−평균(*k*−means) 군집분석은 분석을 하는 사람이 *k*개의 군집을 형성하겠다는 것을 먼저 정해 놓고, 각 군집에서의 이질성을 최소화시키는 방향으로 개체들을 각 군집에 소속시키는 군집분석방법이다. *k*−평균 알고리즘은 [그림 10−20]과 같이 표현될 수 있다.

① 먼저 군집의 수가 분석하는 사람에 의해 입력되면 *k*−평균 알고리즘은 군집의 수만큼의 시드(seed)를 임의로 배정한다. 시드의 사전적 의미는 '씨앗'으로 여기에서는 분석을 개시하도록 만드는 시발점이 된다는 것을 의미한다.

② 각 개체를 가장 가깝게 위치한 시드에 배정하여 *k*개의 군집을 형성한다.

③ 이렇게 형성된 k개의 군집에 대해 각 군집의 중심값을 계산한다.

④ 각 개체를 새롭게 형성된 중심값들 중에서 가장 가깝게 위치한 중심값에 다시 배정한다.

⑤ 개체들의 소속 군집에 더 이상의 변화가 없을 때까지 중심값을 계산하고 다시 각 개체들을 배정하는 작업을 반복한다.

그림 10-20 k-평균 군집분석의 알고리즘

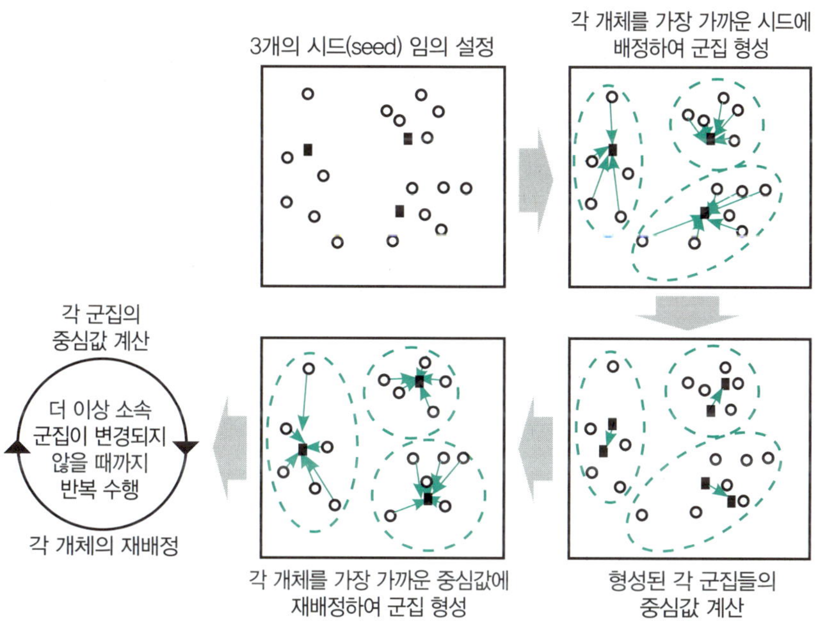

k-평균 군집분석을 사용할 때 중요한 점은 k값을 어떻게 정하는가에 대한 것이다. k-평균 군집분석 알고리즘이 이에 대한 정보를 제공해 주는 것은 아니기 때문에 사용자가 자신의 판단에 따라 정하여야 한다. 따라서 k-평균 군집분석의 효용성은 사용자의 능력에 따라 크게 달라질 수 있다. 이러한 작업을 수행하는 방법은 연역적 방법과 귀납적 방법으로 나누어질 수 있다. 연역적 방법은 과거의 경험이나 문헌 연구를 통해 몇 개의 세분시장이 적합한지를 파악하여 k값을 정하는 것이다. 이론적으로 충실한 방법이라고 할 수 있지만 분석결과 생성된 군집들의 특성이 선험적인 판단과 일치하지 않게 나타날 수 있다. 귀납적 방법은 사용자가 k값을 변경해 가면서 가장 적합하다고 판단되는 k의 값을 정하는 것이다. 즉, 특정 수의 군집들이 추출되었을

때 군집 간의 차이가 상식과 경험을 바탕으로 판단하여 무리 없이 설명이 가능하고, 따라서 CRM전략의 차별화에 반영할 수 있는지를 판단하는 것이다. 이러한 기준에 의해 가장 적합하다고 판단되는 *k*값을 선택한다.

제 4 절 RFM 개관

RFM은 Recency(최근일), Frequency(구매빈도), Monetary(구매액) 등의 세 요인의 앞 글자를 따서 만들어진 용어로 세 요인은 각각 다음과 같이 정의된다.

① 최근일(Recency) : 특정 고객이 가장 최근에 구입한 날로부터 현재 시점까지 경과한 기간
② 구매빈도(Frequency) : 특정 고객이 일정기간 동안 구매한 횟수
③ 구매액(Monetary) : 특정 고객이 일정기간 동안 구매한 액수

RFM의 기원을 살펴보면 상품 카탈로그(catalog)를 고객들에게 발송하고 우편을 통해 주문을 받는 사업을 전개하던 미국의 카탈로그마케팅회사에 의해 개발되었다 ([글 10-4] 참조). 19세기에 등장하기 시작한 미국의 카탈로그마케팅회사들은 주문할 가능성이 큰 고객에게만 카탈로그를 발송하기 위해 고객들의 반응가능성을 예측하는 시스템의 개발에 노력을 기울이게 되었다. 이러한 노력은 엘든즈(Alden's)사가 1920년대에 개발한 RFM모델로 결실을 보게 되었다. 즉, 이 회사는 기존고객들의 구매정보에 대한 분석을 통해 가장 최근에 구입한 날로부터 현재까지의 경과기간이 짧을수록, 과거 일정기간(예 : 과거 1년) 동안의 거래빈도와 구매액이 많을수록 카탈로그를 보냈을 때 반응할 확률이 높다는 것을 발견하고 이를 체계화하였다.

글 10-4 RFM의 기원

산업화가 성숙되기 이전의 시기에는 많은 사람들이 농촌지역에 거주하고 있었는데, 교통이 좋지 않았기 때문에 물건을 사기 위해 도시지역으로 여행하는 것이 매우 불편한데다 많은 비용이 소요되었다. 이러한 점에 착안하여 19세기 말부터 몽고메리워드(Montgomery Ward, 1884), 시어즈루벅(Sears Roebuck, 1897), 슈피겔(1905) 등의 거대 카탈로그마케팅회사들이 나타나기 시작하였다.

1897년의 시어즈루벅사의 카탈로그는 700여 페이지에 약 6,000개 제품의 정보를 담고 있었으며, 1902년경에는 매출액이 5,000만 달러에 달했고, 1930년대에는 이미 수천만 부의 카탈로그를 발송하고 있었다.

초기의 카탈로그마케팅은 대중에게 카탈로그를 무차별적으로 배송하는 대중마케팅으로서의 성격을 지니고 있었다. 즉, 목표고객의 개념이나 잠재고객의 반응가능성에 대한 평가 없이 리스트에 수록된 사람들에게 무차별적으로 카탈로그를 배송하는 매스다이렉트마케팅(mass direct marketing)의 형태를 띠고 있었다. 그런데 비싼 비용을 들여 제작한 카탈로그를 배송받은 소비자가 주문을 하지 않으면 영업을 지속해 나갈 수 없었기 때문에 주문가능성이 큰 고객들에게만 카탈로그를 배송함으로써 그 효율성을 높일 필요가 있었으며, 이에 따라 카탈로그마케팅회사들은 점차 개별고객의 수익성을 평가하는 시스템의 개발에 노력을 기울이게 되었다. 그 결과 1910년대에 카탈로그마케팅회사들은 과거의 거래경험을 바탕으로 '12개월 삭제법칙'을 개발하였는데, 이는 과거 1년 동안 거래실적이 없는 소비자를 카탈로그 배포리스트에서 삭제하는 것을 의미한다. 이 법칙은 간단한 조작만으로 영업의 효율성을 제고할 수 있는 편리성을 지니기는 했지만, 고객관리에 있어서 구조적으로 비효율성을 초래할 수 있는 한계도 지니고 있었다. 예를 들어 이 법칙을 고수하게 되면 매 2년마다 비싼 내구재를 사는 고객보다 1년에 값싼 물건을 몇 차례 사는 고객을 보다 우대하는 결과를 초래하게 된다. 따라서 이 법칙은 고가 내구재와 같이 몇 년에 한 번씩 구매하는 제품에 대해서는 가능성 있는 고객을 구조적으로 삭제해 버릴 수도 있는 단점을 지니고 있었다. '12개월 삭제법칙'의 이러한 단점은 카탈로그마케팅회사인 엘든즈(Alden's)사가 1920년대에 RFM모델을 개발함으로써 어느 정도 해소되었다. RFM은 얼마나 최근에 구입하였고(Recency), 얼마나 자주 구입하였으며(Frequency), 또한 얼마나 많은 액수를 지불하였는가(Monetary)의 세 가지를 기준으로 하여 고객을 평가하는 시스템으로, 이 세 가지 기준을 바탕으로 고객이 세분화되고 그 결과에 따라 카탈로그 배송의 우선순위가 결정되었다. RFM모델은 오늘날에도 가장 광범위하게 사용되는 데이터베이스분석방법 중의 하나가 되고 있다.

자료 : 박찬욱(1996), 데이터베이스마케팅, 연암사, 57-59.

이처럼 RFM은 반응확률이 높은 고객들을 추출하기 위한 목적으로 만들어졌는데, 현재는 이에 그치지 않고 다양한 용도로 활용되고 있다. RFM의 활용방법은 [그림 10-21]에서와 같이 캠페인 반응률이 높을 것으로 예상되는 세분시장의 추출, 세분시장별 CRM전략의 수립, RFM 점수의 산출을 통한 고객가치의 측정 및 캠페인 대상 선정 등의 3개 유형으로 나누어질 수 있다.

① 예상 캠페인 반응률이 높은 세분시장의 추출 : 이는 가장 전통적인 활용방법으로 DM, TM, 카탈로그, 이메일 등의 매체를 활용하여 캠페인을 실행할 때 반응률이 높을 것으로 예상되는 세분시장을 추출하는 것을 의미한다.

② 세분시장별 CRM전략의 수립 : RFM분석법은 3개의 변수를 바탕으로 고객들을

세분화하는 것이기 때문에 분석과정에서 다양한 세분시장이 도출된다. 각 세분시장은 각기 다른 특성을 지니고 있기 때문에 이러한 특성에 상응하는 CRM전략을 수립하여 집행하면 그 성과를 높일 수 있다. 예를 들어 이탈이 우려되는 세분시장에 대해서는 이탈방지전략이, 구매액을 증진시켜야 하는 세분시장에 대해서는 교차판매 등을 통한 매출액 증진전략이 수립된다.

③ RFM 점수의 산출을 통한 고객가치의 측정 및 캠페인 대상의 선정 : 3개의 변수에 가중치를 부여하여 RFM 점수를 산출하고 이를 바탕으로 고객가치를 측정하거나 캠페인 대상을 선정하는 방법도 활발하게 사용되고 있다. 고객가치의 측정을 위해 가장 많이 사용되는 방법은 고객평생가치를 계산하는 방법이지만(고객평생가치에 대해서는 제5장 제2절 참조) RFM을 통해서도 고객가치가 측정될 수 있다.

그림 10-21 RFM분석의 활용

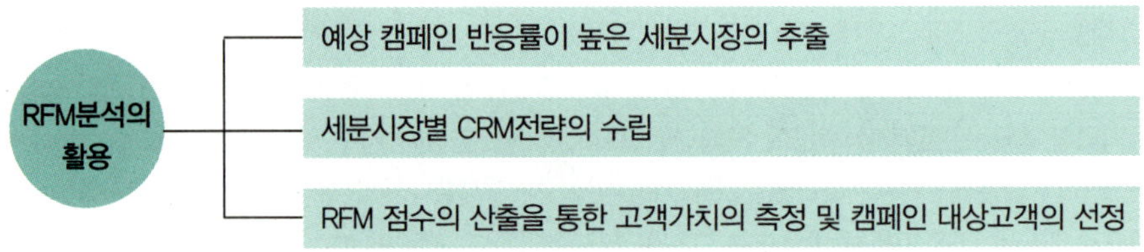

그런데 RFM은 경우에 따라서는 세 가지 요소 이외에 제품연관성(affinity)을 추가하여 RFMA라는 형태로 사용되기도 한다. RFM이 특정 제품 카테고리를 염두에 두지 않고 구매가능성을 예측하는 데 사용되는 반면, RFMA는 특정 카테고리의 제품에 대한 구매가능성을 예측하는 데 유용하게 사용될 수 있다. 이를 적용하기 위해서는 두 가지 방법을 고려할 수 있다. 예를 들어 의류 유통업체가 아동용 의류를 대상으로 캠페인을 실행하고자 하는 경우를 가정하면 두 가지 방법은 다음과 같이 기술될 수 있다.

첫 번째 방법은 아동용 의류를 구입한 고객들만을 추출하여 통상적인 RFM과 동일한 방법을 적용하는 것이다. 이 방법은 아동용 의류를 구입한 고객들의 숫자가 많을 때 유용하게 사용될 수 있다.

두 번째 방법은 연관성분석과 같은 데이터마이닝기법을 활용하여 아동용 의류와 여타 의류와의 연관성 지수를 계산해 내고 이를 가중치로 하여 최근일, 구매빈도, 구매액 등을 조정하여 RFM을 적용하는 방법이다. 첫 번째 방법에 비해 계산 절차가 훨씬 복잡하지만 모든 고객을 대상으로 RFM을 적용할 수 있다는 장점이 있다.

제 5 절 예상 캠페인 반응률이 높은 세분시장의 추출

예상되는 캠페인 반응률이 높은 세분시장의 추출을 위한 절차는 [그림 10-22]에서와 같이 세분시장의 형성, 각 세분시장의 반응률 산출, 손익분기(breakeven) 반응률 산출, 캠페인 대상 세분시장의 선정, 캠페인의 실행 등의 과정으로 나누어질 수 있다.

그림 10-22 RFM을 이용한 반응률 제고 절차

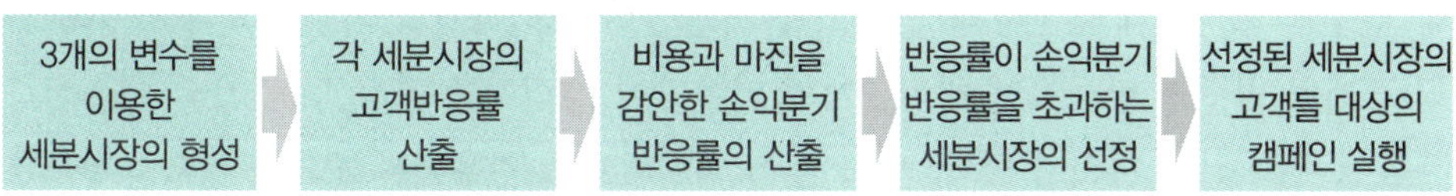

1. 세분시장의 형성

캠페인 반응률 제고를 위한 RFM분석은 최근일, 구매빈도, 구매액 등의 3개 변수 각각을 몇 개의 범주로 나누는 것으로부터 시작된다. 통상적으로 각 변수들을 5개의 범주로 구분하는 방법이 가장 보편적으로 사용된다. 각 변수들을 5개의 범주로 나누면 [그림 10-23]에서와 같이 모두 125개(5×5×5)의 세분시장이 형성된다. 그런데 125개의 세분시장에 고객들이 균등하게 분포되는 것도 아니고, 경우에 따라서는 상당수의 세분시장에 한 명의 고객도 없을 수 있다. 최선의 방법은 세분시장을 나누는 기준값을 변경하면서 몇 개의 세분시장에 고객들이 너무 몰리거나 비어 있는 세분시장이 너무 많이 발생하지 않도록 하는 것이다. 또한 고객의 수가 많지 않을 때에는 세분시장의 수가 많으면 각 세분시장의 고객수가 너무 적어지기 때문에 각 변수를 5개가 아닌 3개 범주로 나누어 125개가 아닌 27개(3×3×3)의 세분시장을 형성하는 방법도 고려할 수 있다.

그림 10-23 RFM에 의한 세분시장의 형성

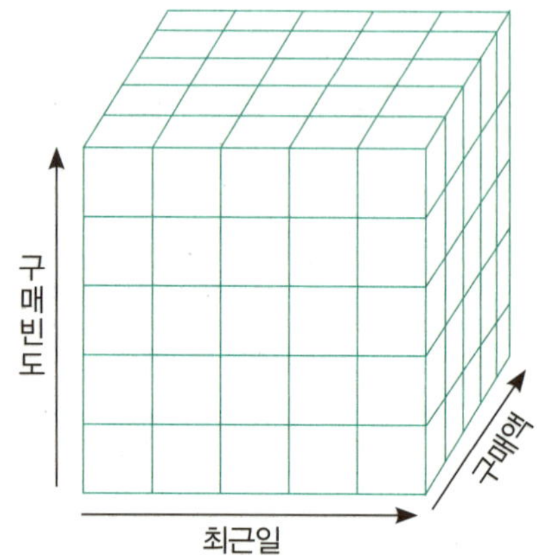

RFM을 적용하기 위해서는 각 변수의 범주를 구분하는 기준값들이 정해져야 한다. 각 변수에 대해 5개의 범주를 만들고자 하면 변수별로 4개의 기준값이 정해져야 하고, 3개의 범주를 만들고자 하면 2개의 기준값이 정해져야 한다. 기준값은 업종이나 제품에 따라 크게 차이가 난다. 예를 들어 대형마트의 경우에는 고객들이 평균적으로 한 달에 2회 정도 방문을 하고, 영화관은 2달에 한 번 정도 방문을 한다고 하면, 두 업종 간에는 최근일이나 빈도의 범주를 나누는 기준값에서 큰 차이가 있다. 기준값을 정하는 방법은 다음과 같이 두 가지로 나누어질 수 있다.

첫 번째 방법은 5개의 범주로 나누고자 하는 경우에 각 변수에 대해서 고객들을 균등하게 20%(100%÷5)로 나눌 수 있는 값을 정하는 것이다. 즉, 각 변수에 대해 고객들의 분포를 살펴본 후 5개의 범주로 나누었을 때 각 범주에 소속되는 고객의 수가 전체고객의 수의 20%가 되도록 기준값을 정하는 것이다.

두 번째 방법은 각 변수에 대해 회사의 고객관리 차원에서 의미가 있다고 판단되는 기준값들을 주관적인 판단에 따라 정하는 것이다. 이러한 판단을 함에 있어서 거래빈도와 같은 경우에 고객들의 평균적인 거래빈도, 우수고객들의 거래빈도 등이 판단을 위한 기준이 될 수 있다. 이 방법이 첫 번째 방법보다 훨씬 더 보편적으로 사용되고 있다.

[표 10-8]은 두 번째 방법에 의한 가상적인 유통업체의 범주구분의 예를 보여주고 있다. 예를 들어 최근일의 경우에 2주, 4주, 8주, 10주의 4개 값을 기준으로 5개의

범주로 구분되었다. 이렇게 3개 변수를 5개의 범주로 구분하면 모두 125개의 세분시장이 형성되고, 회사의 모든 고객들을 125개 세분시장 중의 하나에 소속시킬 수 있다. 세분시장의 명칭은 3개 변수의 범주의 숫자를 기준으로 정해질 수 있다. 예를 들어 최근일, 구매빈도, 구매액 3개 변수의 범주가 모두 1인 세분시장은 111, 모두 5인 세분시장은 555 등으로 명칭을 붙일 수 있다.

| 표 10-8 | RFM 3개 변수의 범주구분의 가상 예

구분	기준값	범주				
		1	2	3	4	5
최근일	2주, 4주, 8주, 10주	2주 이내	2~4주	4~8주	8~10주	10주 이상
구매 빈도	5회, 10회, 20회, 30회	30회 이상	20~29회	10~19회	5~9회	5회 이하
구매액	300만 원, 200만 원, 100만 원, 50만 원	300만 원 이상	200만~ 299만 원	100만~ 199만 원	50만~ 99만 원	50만 원 이하

2. 각 세분시장의 고객반응률 산출

회사는 과거에 실행한 캠페인 결과에 대한 자료를 분석하거나 새로운 캠페인 실행 후의 결과에 대한 분석을 통해서 각 세분시장별로 고객수와 구매고객수를 파악한 후 구매고객수를 고객수로 나누어서 각 세분시장의 반응률을 산출할 수 있다. [표 10-9]는 이에 대한 가상 예를 보여주고 있다.

| 표 10-9 | 캠페인 실행 결과의 분석을 통한 반응률 산출의 가상 예

세분시장 번호	고객수	구매고객수	반응률
111	2,370	573	24.2%
112	1,948	438	22.5%
113	3,510	735	20.9%
114	2,940	680	23.1%
115	2,324	476	20.5%
121	3,107	598	19.2%

122	3,847	715	18.6%
…	…	…	…
311	2,650	337	12.7%
312	1,986	258	13.0%
313	2,762	409	14.8%
314	3,896	436	11.2%
315	3,604	410	11.4%
321	2,450	212	8.6%
322	1,889	179	9.5%
…	…	…	…
544	3,840	127	3.3%
545	2,978	51	1.7%
551	3,468	31	0.9%
552	2,743	58	2.1%
553	3,083	43	1.4%
554	3,865	97	2.5%
555	2,946	24	0.8%

3. 손익분기 반응률의 산출과 캠페인 대상 세분시장의 선정

다음 단계는 손익분기 반응률(breakeven response rate)을 산출하는 것이다. 예를 들어 카탈로그를 발송하여 주문을 받는 활동을 전개하는 경우에 특정 세분시장 고객들로부터 수익이 발생되기 위해서는 상품을 구매한 고객의 수에 평균마진에서 상품 배송비용을 차감한 값을 곱한 액수가 카탈로그의 제작 및 발송비용에 소요되는 비용을 초과하여야 한다. 즉, 아래와 같은 부등식이 성립하여야 회사는 해당 세분시장의 고객들을 대상으로 한 캠페인을 통해 수익을 실현할 수 있다.

$$\text{구매고객수} \times (\text{평균마진} - \text{상품 발송비용}) > \text{카탈로그 발송고객수} \times (\text{카탈로그 제작비용} + \text{카탈로그 발송비용})$$

손익분기점은 위의 부등식에서 좌변과 우변이 같아지는 점이기 때문에 손익분기 반응률도 좌변과 우변이 같아지는 점에서 구해진다. 반응률은 구매고객수를 카탈로그 발송고객수로 나눈 수치이기 때문에 손익분기 반응률은 다음과 같은 공식에 의해 구해진다.

$$\text{손익분기 반응률} = \frac{\text{구매고객수}}{\text{카탈로그 발송고객수}} = \frac{\text{카탈로그 제작비용} + \text{카탈로그 발송비용}}{\text{평균마진} - \text{상품 발송비용}}$$

아래와 같은 가상 예에서 손익분기 반응률을 구하면 다음과 같다.

가상 예 : 카탈로그 제작 및 발송비용 : 1,750원/개
고객 1인당 평균 구매비용 : 56,000원/인
평균마진율 : 30%
상품 발송비용 : 3,000원/개

손익분기점 : (구매고객수)×[(56,000원×30%)−3,000원]=(발송고객수)×1,750원

$$\text{손익분기 반응률} = \frac{\text{구매고객수}}{\text{카탈로그 발송고객수}} = \frac{1{,}750\text{원}}{(56{,}000\text{원} \times 30\%) - 3{,}000\text{원}} = \frac{1{,}750\text{원}}{13{,}800\text{원}} = 12.7\%$$

따라서 캠페인의 대상이 될 수 있는 세분시장은 [표 10-9]의 반응률이 손익분기 반응률(가상 예에서 12.7%)을 초과하는 반응률을 보인 세분시장이 된다.

제 6 절 세분시장별 차별적 CRM전략의 수립

RFM을 활용하면 3개 변수의 수준에 따라 고객을 몇 개의 집단으로 세분화하고 이를 바탕으로 각 세분시장에 적합한 CRM전략을 수립할 수 있다. RFM의 3개 변수를 모두 5개의 범주로 나누면 최대 125개의 세분시장이 만들어진다. 그런데 125개의 세분시장에 대해 각기 다른 CRM전략을 수립한다는 것은 현실적으로 대단히 어려울 뿐

만 아니라 소요되는 비용이나 수립된 전략의 실행가능성을 감안하면 바람직하지도 않다. 따라서 세분시장별로 차별적인 CRM전략을 수립할 목적으로 RFM을 활용하고자 할 때에는 적정한 숫자의 세분시장이 도출될 수 있도록 각 변수의 범주의 수를 축소시키는 것이 바람직하다. 여기에서는 3개 변수를 점수가 높고 낮은 두 개의 범주로 구분하여 형성된 8개의 세분시장에 대한 CRM전략에 대해 기술한다. 각 세분시장의 변수별 수준은 [표 10-10]과 같다. 각 세분시장별로 적합한 CRM전략은 다음과 같이 기술될 수 있다.

표 10-10 | 3개 변수의 수준에 따른 세분시장

	최근일 점수	구매빈도 점수	구매액 점수
세분시장 1	높음	높음	높음
세분시장 2	높음	높음	낮음
세분시장 3	높음	낮음	높음
세분시장 4	높음	낮음	낮음
세분시장 5	낮음	높음	높음
세분시장 6	낮음	높음	낮음
세분시장 7	낮음	낮음	높음
세분시장 8	낮음	낮음	낮음

① 세분시장 1 : 이 세분시장의 고객들은 최근에 구매를 하였고 구매빈도도 높으며 구매액도 많다. 이 고객들은 회사의 가장 우수한 고객들로 이들을 대상으로 유지중심의 CRM을 전개하기 위해 우수고객우대 프로그램, 인지서비스, 빈번한 접촉 등을 활성화시키는 것이 바람직하다.

② 세분시장 2 : 이 세분시장의 고객들은 최근에 구매를 하였고 구매빈도도 높지만 구매액이 적다. 따라서 구매액의 증진이 CRM의 목표가 되고 이를 위해 상향판매(up-selling)나 고가 제품중심의 교차판매(cross-selling)전략을 수립하는 것이 바람직하다.

③ 세분시장 3 : 이 세분시장의 고객들은 최근에 구매를 하였고 구매액도 많지만 구매빈도가 낮다. 이들 고객들의 구매는 비교적 값이 비싼 몇몇 제품에 국한되어 있다. 따라서 이 세분시장의 고객들이 다양한 제품을 구매할 수 있도록 상품안내, 교차판매 등을 중심으로 하는 CRM전략을 수립하는 것이 바람직하다.

④ 세분시장 4 : 이 세분시장의 고객들은 최근에 구매를 하였지만 구매액도 많지 않고 구매빈도도 낮다. 이 고객들은 신규고객이거나 혹은 오랫동안 거래를 하지 않았다가 오랜만에 다시 구매를 시작한 고객들이다. 이 고객들은 지속적으로 구매를 할 수 있도록 유도하는 것이 CRM의 목표가 된다. 일차적으로는 다음 번 구매가 최대한 빠른 시일에 일어날 수 있도록 하는 것이 중요하며, 이를 위해서는 이들 고객들의 특성을 분석하여 관심이 있을 만한 제품을 중심으로 하는 할인, 사은품 증정 등의 판촉캠페인 계획을 수립할 필요가 있다.

⑤ 세분시장 5 : 이 세분시장의 고객들은 구매빈도도 높고 구매액도 많지만 상당히 오랫동안 구매를 하지 않고 있다. 이들 고객들은 우수고객이지만 이탈의 조짐을 보이고 있다. 이들의 이탈은 회사에 상당한 타격을 줄 수 있기 때문에 신속하고 적극적으로 행동을 취하여야 한다. 즉, 캠페인활동을 통해 거부하기 어려운 상당히 매력이 있는 제안을 함으로써 다시 구매를 할 수 있도록 하여야 하며, 이러한 활동을 몇 차례에 걸쳐 시행하면서 추이를 분석해나가야 한다.

⑥ 세분시장 6 : 이 세분시장의 고객들은 구매빈도는 높지만 구매액도 적고 상당히 오랫동안 구매를 하지 않고 있다. 이들 고객들은 주로 저가 제품을 중심으로 비교적 빈번하게 구매를 하여 오다가 최근 들어 이탈의 조짐을 보이고 있는 것이다. 이들 고객에 대해서는 구매액을 증진시키는 노력보다는 다시 구매를 시작할 수 있도록 하는 것이 더 중요하다. 이를 위해서는 이들 고객들이 구매하였던 제품군을 중심으로 하는 판촉캠페인을 전개하는 것이 바람직하다.

⑦ 세분시장 7 : 이 세분시장의 고객들은 구매액은 많지만 구매빈도도 적고 상당히 오랫동안 구매를 하지 않고 있다. 이들 고객들은 비교적 고가의 제품을 한두 번 구매하고는 다시 구매를 하지 않고 있다. 구매력은 있지만 상당히 까다로운 고객들일 가능성이 높고, 다시 구매를 시작할 수 있도록 하는 활동의 효과도 그다지 크지 않을 수 있다. 하지만 다시 구매를 시작하도록 할 수 있으면 회사에 큰 도움이 될 수 있다. 이들 고객들에 대해서는 특성분석을 통해 니즈를 파악하고, 이를 바탕으로 개별화된 제안을 하는 것이 좋은 방법이 될 수 있다.

⑧ 세분시장 8 : 이 세분시장의 고객들은 구매액도 적고 구매빈도도 적으며 상당히 오랫동안 구매를 하지 않고 있다. 회사의 입장에서는 기여가 적은 고객들이기 때문에 큰 노력을 기울일 필요가 적다.

제 7 절 RFM 점수의 산출을 통한 고객가치의 측정 및 캠페인 대상 선정

앞의 두 방법은 세분시장을 분석의 단위로 하고 있지만 RFM의 3개 변수를 기준으로 점수를 산출하면 개별고객을 단위로 하는 분석이 가능해진다. RFM 점수는 고객의 구매행동을 기준으로 산출되기 때문에 '고객의 기업에 대한 기여'를 의미하는 고객가치를 나타내주는 지표가 된다. 따라서 기업은 RFM 점수를 우수고객의 선정에 활용할 수 있다([글 10-5] 참조). 또한 RFM 점수는 고객들의 캠페인 반응가능성을 예측하는 지표도 되기 때문에 캠페인의 대상이 되는 고객들을 선정하는 데도 유용하게 사용될 수 있다([글 10-6] 참조).

글 10-5 FRM을 이용한 우수고객 프로그램 사례

다음커뮤니케이션이 운영하는 온라인 종합쇼핑몰 다음쇼핑(shop.daum.net)은 우수고객 프로그램을 도입하고 본격적인 VIP마케팅 강화에 나선다고 1일 밝혔다. 이를 위해 최근 6개월간의 구매시점(Recency), 구매빈도(Frequency), 구매금액(Monetary) 등을 종합적으로 고려한 RFM방식을 도입해 VIP, GOLD, SILVER등급으로 고객을 세분화해 차별화된 서비스를 제공한다. VIP고객과 GOLD고객은 모든 상품 구입 시 3~5% 포인트 적립과 다음 서비스 2~3항목 우대 혜택, 전용 고객 콜센터 서비스, 생일선물로 다음상품권을 받게 되고, 준우량고객은 1%의 포인트 적립과 생일선물로 다음상품권을 제공받는다. 우수고객이 선택할 수 있는 다음서비스 우대혜택으로는 한메일 프리미엄서비스 6개월 무료이용, 다음만화 3개월 무료이용권, 다음게임 점수 100만 점, VOD 상영관의 영화콘텐츠 15편 무료이용, 다음노래방 3개월 무료이용 등 8가지다.

자료 : 머니투데이, "다음쇼핑, 우수고객 프로그램 도입," 2002년 8월 1일.

글 10-6 이메일 캠페인의 반응률 제고를 위한 RFM 적용 사례

미국의 펜실베이니아 주에 위치한 이스트우드(Eastwood)사는 자동차 맞춤개조를 위한 부품과 장비를 판매하는 유통업체로 비용을 줄이면서도 더 많은 수익을 올릴 수 있는 이메일마케팅방법을 찾고 있었다. 이 회사는 한 벤더사의 제안으로 RFM분석방법을 적용하게 되었는데 이를 통해 20만 명의 고객 중에서 반응확률이 높은 7만 명만을 추출하여 이메일을 발송함으로써 수입은 20%가 증가하고, 수익은 21%가 증가하며, 이메일비용은 25%가 절감되는 성과를 거둘 수 있었다. 이 회사는 이를 적용하는 과정에서 고객의 반응이 RFM 점수에 따라 어떻게 달라지는가를 분석하기 위해 전체고

객을 대상으로 가격할인 이메일캠페인을 실시하였다. 그 결과 전체 반응 중 34%는 RFM 점수 상위 4%의 고객으로부터 왔고, 57%는 차상위 33%의 고객들로부터 왔으며, 나머지 63%의 고객들로부터 온 반응은 단지 9%에 불과했다는 것을 발견하였다.

자료 : Keenan, Joe(2009), "Case Study : RFM analysis strengthens Easewood's e-mail marketing program," http://www.retailonlineintegration.com/article.

1. 가중치의 산출

RFM 점수를 산출하기 위해서는 아래의 식에서와 같이 세 요소에 가중치를 부여하여야 한다. 따라서 가장 예측력 있는 현실적인 가중치를 계산해내는 것이 RFM분석법의 실행을 위한 주요 노하우가 된다.

$$\text{RFM 점수} = w_1 \times RS + w_2 \times FS + w_3 \times MS$$

w_1, w_2, w_3 : 가중치
RS : 최근일 점수
FS : 구매빈도 점수
MS : 구매액 점부

가중치를 계산하는 방법은 다양하게 이루어질 수 있다. 여기에서는 세분시장을 기반으로 하는 방법, 로지스틱 회귀분석을 이용하는 방법, 범주에 따른 반응률 차이를 이용하는 방법 등의 세 가지 방법에 대해 기술하다.

1.1 3개 변수에 의한 세분시장을 기반으로 하는 방법

이는 가장 간단한 방법으로 우선 3개의 변수를 기준으로 세분시장을 형성한 후에 각 변수별로 가장 상위의 범주에 5점을 주고 1점씩 내리면서 마지막 최하위 범주에 1점을 주는 방법이다. [표 10-11]은 가상적인 6명의 고객(A~F)을 대상으로 이 방법에 의한 RFM 점수 산정방법을 제시하고 있다. 이 방법을 사용하면 RFM 최대점수는 15점이 되고 최하점수는 3점이 된다.

| 표 10-11 | 세분시장 기반 RFM 점수 산출의 가상 예

고객	소속 세분시장	최근일 점수	구매빈도 점수	구매액 점수	RFM 점수
A	111	5	5	5	15
B	121	5	4	5	14
C	311	3	5	5	13
D	312	3	5	4	12
E	544	1	2	2	5
F	555	1	1	1	3

위의 방법은 최근일, 구매빈도, 구매액 3개 변수의 가중치가 모두 같다는 것을 가정하고 있다. 이러한 단점을 해소하기 위해 실무적인 경험을 바탕으로 3개 변수의 가중치를 정해서 각 변수에 곱해 합산하는 방식도 많이 사용되고 있다. 예를 들어 최근일, 구매빈도, 구매액에 대해 가중치를 각각 5, 3, 2로 부여하였다고 하면, 앞에 기술한 가상 예에서의 6명 고객의 RFM 점수는 [표 10-12]와 같이 산출된다. 이 가상 예에서 RFM 최대점수는 50점이 되고 최하점수는 10점이 된다.

| 표 10-12 | 세분시장 기반 RFM 점수 산출의 가상 예(가중치 부여)

고객	소속 세분시장	최근일 점수	최근일 가중치	최근일 가중점수	구매빈도 점수	구매빈도 가중치	구매빈도 가중점수	구매액 점수	구매액 가중치	구매액 가중점수	RFM 점수
A	111	5	5	25	5	3	15	5	2	10	50
B	121	5	5	25	4	3	12	5	2	10	47
C	311	3	5	15	5	3	15	5	2	10	40
D	312	3	5	15	5	3	15	4	2	8	38
E	544	1	5	5	2	3	6	2	2	4	15
F	555	1	5	5	1	3	3	1	2	2	10

이 방법은 매우 간단하게 계산할 수 있음에도 불구하고 캠페인 반응률의 예측력 등이 상당히 우수한 것으로 알려져 있다. 그러나 주관적 판단이 얼마나 합리적인가에 따라 그 유용성이 큰 편차를 보인다는 단점이 있다. 다음은 주관적인 판단을 최소화시킬 수 있는 보다 분석적인 방법들에 대해 기술한다.

1.2 로지스틱 회귀분석을 이용한 RFM 점수의 산출

로지스틱 회귀분석은 종속변수가 연속변수가 아닌 두 개의 값을 취하는 명목변수일 때 특정 대상을 두 개의 집단 중 어느 집단에 소속시킬 것인가를 결정하는 기준을 만들어내기 위한 목적으로 수행된다(로지스틱 회귀분석에 대한 상세한 내용은 제10장 제3절에서 기술). 로지스틱 회귀분석을 수행하면 특정 대상이 두 개의 집단 중 특정 집단에 소속하는 데 영향을 미치는 변수들의 상대적인 영향력이 도출된다. RFM 점수를 산출함에 있어서도 로지스틱 회귀분석을 이용하면 최근일, 구매빈도, 구매액 등의 3개 변수가 고객의 구매 여부에 얼마나 많은 영향을 미치는지를 분석할 수 있다. 로지스틱 회귀분석을 통해 RFM 점수를 산출하는 절차는 [그림 10-24]와 같다.

그림 10-24 로지스틱 회귀분석을 이용한 RFM 점수 산출 절차

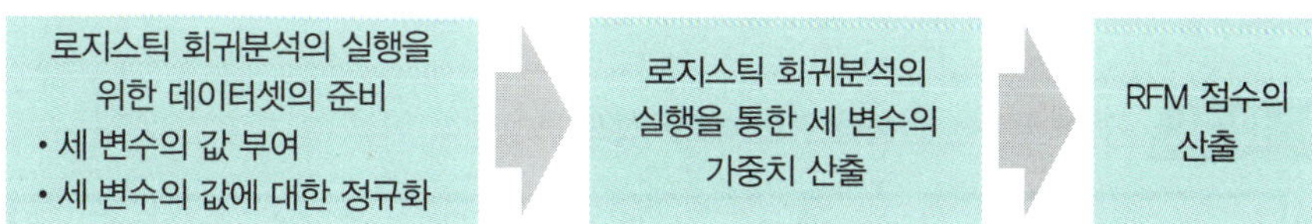

1) 로지스틱 회귀분석의 실행을 위한 데이터셋의 준비

RFM 점수를 산출하기 위한 로지스틱 회귀분석을 수행하기 위해서는 고객들의 구매 데이터가 필요하다. 3개 변수의 가중치 산출을 위한 로지스틱 회귀분석은 [그림 10-25]와 같은 인과관계를 상정하고 있기 때문에 구매 여부, 최근일, 구매빈도, 구매액 등 4개 변수를 담고 있는 데이터셋(dataset)이 준비되어야 한다.

그림 10-25 3개 변수의 가중치 산출을 위한 로지스틱 회귀분석에서의 인과관계

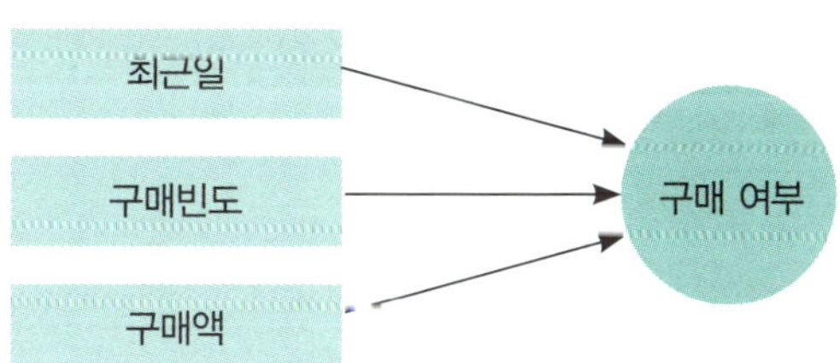

소비재를 판매하는 유통업체의 경우에 기존의 고객데이터베이스를 활용하여 4개 변수를 추출할 수 있는 방법은 다음과 같다. 소비재 유통업체의 경우에 고객들의 구매주기가 상대적으로 짧기 때문에 과거 1년 정도의 데이터가 준비되면 충분하다. 구매 여부는 최근 몇 개월 사이에 구매가 이루어졌는지의 여부로 측정된다. 구매가 이루어졌으면 '1'의 값을 취하고, 구매가 이루어지지 않았으면 '0'의 값을 취한다. 구매 여부를 결정하기 위한 최근 몇 개월을 제외한 기간의 데이터는 최근일, 구매빈도, 구매액의 점수를 결정하는 데 사용된다. 최근 몇 개월치의 데이터를 구매 여부를 결정하기 위해 사용할 것인가는 고객들의 평균적인 구매주기를 반영하면 된다. 고객들의 평균 구매주기가 2개월인 경우의 데이터의 활용은 [그림 10-26]과 같이 나타낼 수 있다. 데이터 수집기간이 1월부터 12월까지라면 11월과 12월의 데이터는 구매 여부를 결정하는 데 사용되고 1~10월까지의 데이터는 최근일, 구매빈도, 구매액의 점수를 결정하는 데 사용된다.

그림 10-26 RFM 점수의 산출을 위한 데이터셋의 활용

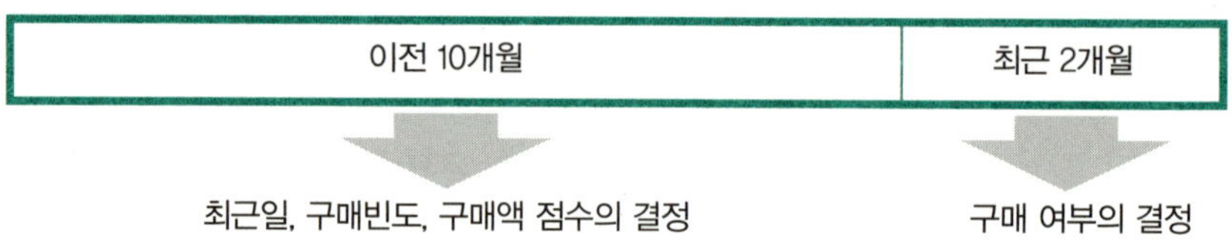

최근일은 위의 예에서 1월 1일에서 10개월 동안 가장 최근에 구입한 날짜까지 경과한 일수로 정해진다. 예를 들어 10월 31일에 구매가 이루어졌다면 최근일의 점수는 304가 되고, 1월 21일에 구매가 이루어졌다면 21이 된다. 즉, 최근에 구입한 고객일수록 최근일의 점수는 커진다. 이러한 방법을 취하는 이유는 구매빈도나 구매액과 같이 그 점수가 증가할수록 구매확률이 높아지도록 만들기 위함이다. 구매빈도와 구매액은 각각 1월 1일에서 10월 31일까지의 구매한 횟수와 지불한 금액으로 결정된다.

그런데 이렇게 만들어진 데이터셋을 그대로 이용하는 것이 아니라 최근일, 구매빈도, 구매액 등의 점수를 정규화(正規化, normalization)하는 과정을 거쳐야 한다. 정규화는 변수가 평균은 0, 분산은 1의 값을 갖도록 변수의 값을 조정하는 것을 의미한다. 즉, 최근일, 구매빈도, 구매액이 모두 평균 0, 분산 1의 값을 취하도록 만들어 주어야 한다. 이렇게 하는 이유는 3개 변수의 단위가 모두 달라서 정규화를 하지 않으면 로지스틱 회귀분석의 실행을 통해 구해진 회귀계수가 상대적인 중요성을 반영할

수 없기 때문이다. 이러한 과정이 없이 그대로 로지스틱 회귀분석을 실행하면 점수의 크기가 가장 큰 구매액의 회귀계수가 최근일이나 구매빈도의 회귀계수에 비해 훨씬 작게 나타나게 된다.

2) 로지스틱 회귀분석의 실행과 RFM 점수의 산출

데이터셋이 준비되었으면 로지스틱 회귀분석을 실행한다. 최근일, 구매빈도, 구매액 등의 3개 변수를 대상으로 하는 로지스틱 회귀분석의 회귀식은 아래와 같다. 여기에서 p는 구매확률을 의미하고, b_1, b_2, b_3는 각 변수의 회귀계수로 각 변수의 영향력의 방향과 크기를 의미한다. 바로 이 회귀계수가 RFM 점수 산출을 위한 가중치로 활용된다.

$$\log\left(\frac{p}{1-p}\right)=a+b_1\times \text{최근일}+b_2\times \text{구매빈도}+b_3\times \text{구매액}$$

예를 들어 로지스틱 회귀분석 실행 결과 $b_1=0.47$, $b_2=0.24$, $b_3=0.13$으로 추정되었다면 RFM 점수의 산출을 위한 식은 아래와 같이 나타낼 수 있다.

$$\text{RFM 점수}=0.47\times \text{최근일}+0.24\times \text{구매빈도}+0.13\times \text{구매액}$$

1.3 범주에 따른 반응률 차이를 이용한 RFM 점수의 산출

최근일, 구매빈도, 구매액 등의 3개 변수를 몇 개의 범주로 구분하고 각 변수에 대해 범주별로 반응률을 산출할 수 있다. 각 변수를 5개의 범주로 구분한 경우에 범주가 1에서 5의 방향으로 진행함에 따라 반응률이 급격하게 감소하는 변수일수록 상대적인 중요성이 더 크다. 즉, 각 변수의 범주에 따른 반응률 변동 폭은 각 변수의 중요도를 반영한다. [그림 10-27]에서 제시된 가상 예에서 최근일의 경우에는 범주가 1에서 5로 진행할 때 반응률이 급격하게 감소하고 있는 반면, 구매액은 범주가 1에서 5로 진행할 때 반응률이 감소하고는 있지만 감소폭이 훨씬 작고, 구매빈도는 그 중간 정도에 위치한다. 따라서 이 가상 예의 경우에서는 최근일의 상대적인 중요성이 가장 크고, 그 다음은 구매빈도이며, 구매액은 세 변수 중 상대적인 중요성이 가장 작다고 할 수 있다. 실제로 많은 연구와 보고서에서도 최근일→구매빈도→구매액의 순으로 반응률에 많은 영향을 미치고 있는 것으로 나타나고 있다.

그림 10-27 각 변수의 범주별 반응률의 가상 예

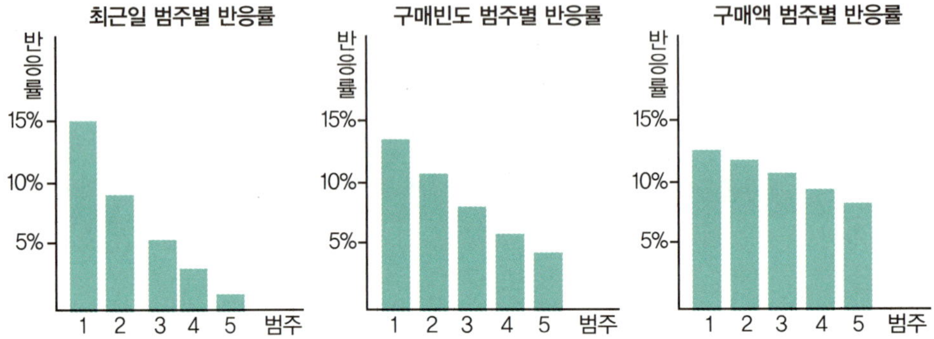

따라서 각 변수의 가중치는 아래의 식과 같이 산출될 수 있다.

$$\text{최근일의 가중치} = \frac{\text{최근일의 반응률 변동폭}}{\text{최근일의 반응률 변동폭} + \text{구매빈도의 반응률 변동폭} + \text{구매액의 반응률 변동폭}}$$

$$\text{구매빈도의 가중치} = \frac{\text{구매빈도의 반응률 변동폭}}{\text{최근일의 반응률 변동폭} + \text{구매빈도의 반응률 변동폭} + \text{구매액의 반응률 변동폭}}$$

$$\text{구매액의 가중치} = \frac{\text{구매액의 반응률 변동폭}}{\text{최근일의 반응률 변동폭} + \text{구매빈도의 반응률 변동폭} + \text{구매액의 반응률 변동폭}}$$

예를 들어 최근일의 범주별 반응률의 최대치 15%, 최소치 2%, 구매빈도의 범주별 반응률의 최대치 13%, 최소치 5%, 구매액의 범주별 반응률의 최대치 12%, 최소치 8%라고 가정하면 각 변수의 가중치는 다음과 같이 산출될 수 있다.

$$\text{최근일의 가중치} = \frac{15-2}{(15-2)+(13-5)+(12-8)} = \frac{13}{13+8+4} = \frac{13}{25} = 0.52$$

$$\text{구매빈도의 가중치} = \frac{13-5}{(15-2)+(13-5)+(12-8)} = \frac{8}{13+8+4} = \frac{8}{25} = 0.32$$

$$\text{구매액의 가중치} = \frac{12-8}{(15-2)+(13-5)+(12-8)} = \frac{4}{13+8+4} = \frac{4}{25} = 0.16$$

이 수치를 이용하면 RFM 점수는 다음과 같은 식을 이용하여 산출될 수 있다. 최근일, 구매빈도, 구매액 등의 점수는 앞의 '로지스틱 회귀분석의 실행을 위한 데이터셋의 준비'에서 논의한 방법이 그대로 사용될 수 있다.

RFM 점수 = 0.52 × 최근일 + 0.32 × 구매빈도 + 0.16 × 구매액

2. RFM 점수의 활용

각 고객의 RFM 점수는 고객가치의 측정 및 캠페인 대상고객의 선정 등의 목적으로 활용될 수 있다.

2.1 고객가치의 측정

기업의 수익은 고객의 구매를 통해 이루어지기 때문에 고객의 구매 여부나 반응률을 감안하고 있는 RFM 점수는 고객가치를 나타낸다고 할 수 있다. 따라서 기업들은 RFM 점수를 바탕으로 우수고객 선정의 기준으로도 활용할 수 있다. RFM 점수를 기준으로 하는 고객가치 측정방법은 고객평생가치를 계산하는 것에 비해 훨씬 더 계산이 간단하다는 장점은 있지만, 고객평생가치를 통해 계산되는 수치와는 달리 그 절대적인 값은 의미가 없고, 단지 고객들 간의 점수를 비교할 수 있다는 의미가 있을 뿐이다. 즉, 특정 고객의 평생가치가 100이라면 그 고객을 유지하는 데 80을 지출한다고 하여도 20만큼의 이득이 있다고 얘기할 수 있지만, RFM 점수에 대해서는 이러한 논의는 불가능하다. 그러나 상대적인 크기의 비교는 가능하기 때문에 고객들 간의 상대적인 고객가치 점수가 중요한 우수고객의 선정 등을 위한 기준으로는 매우 유용하게 사용될 수 있다.

2.2 캠페인 대싱고객의 선정

RFM 점수는 반응률이나 구매 여부를 감안하여 산출된 수치이기 때문에 RFM 점수는 캠페인 대상고객을 선정하는 기준으로 사용될 수 있다. 전통적인 캠페인 대상고객 추출방법과 다른 것은 대상고객의 추출이 세분시장별로 이루어지는 것이 아니라 개별고객별로 이루어진다는 점에 있다. 이 방법을 사용하기 위해서는 전체고객을 대상

으로 하는 캠페인을 실행하고 상위 몇 %까지 캠페인을 실행하였을 때 수익이 극대화가 된다는 것을 분석하여 차기의 이 정보를 차기의 캠페인에 반영하면 된다. 혹은 새로운 캠페인을 실행하지 않고 과거의 구매정보를 분석하여 적정한 상위고객 %를 알아낼 수도 있다.

참고문헌

- 박찬욱(1996), 데이터베이스마케팅, 연암사.
- 박찬욱(1996), 데이터베이스마케팅, 연암사, 180–183.
- 이용구, 최희경(2002), "통계적 기법을 이용한 RFM 모형 비교분석," 수학 · 통계논문집, 제9권, 95–118.
- 조재희, 박성진(1999), OLAP 테크놀로지, 시그마컨설팅그룹, 14장.
- 장영재(2012), "조각 난 데이터? 연결하고 합치면 혁신의 보고!," 동아비즈니스리뷰, 98호.
- 하성호, 백경훈(2004), "백화점 고객의 구매 분석 및 고객관계관리 전략 적용," 경영과학, 21(3), 55–69.
- 머니투데이, "다음쇼핑, 우수고객 프로그램 도입," 2002년 8월 1일.
- AAker, David A., V. Kumar, and George S. Day(2007), *Marketing Research*, 9th ed., Wiley, 20장.
- Berry, Michael J. A. and Gordon S. Linoff(2004), 경영을 위한 데이터마이닝 : 마케팅 CRM 활용을 중심으로, 제2판, 번역서, 한경사, 1장, 3장.
- Berson, Alex, Stephen Smith, and Kert Therling(2000), CRM을 위한 데이터마이닝, 번역서, 대청, 171–183.
- Buttle, Francis(2009), *Customer Relationship Management : Concepts and Technologies*, 2nd ed., Butterworth–Heinemann, 143–147.
- Hair, Joseph F. JR., Rolph E. Anderson, Ronald L. Tatham, and William C. Black(1998), *Multivariate Data Analysis*, 5th ed., Prentice–Hall, 276–281.
- Keenan, Joe(2009), "Case Study : RFM analysis strengthens Easewood's e–mail marketing program," http://www.retailonlineintegration.com/article.
- Kumar, V. and Werner Reinartz(2012), *Customer Relationship Management : Concept, Strategy, and Tools*, 2nd ed., Springer, 111–120.
- Mason, Charlotte(2003), "Recency, frequency and monetary(RFM) analysis," Kenan–Flagler Business School, The University of North Carolina.
- Peelen, Ed(2005), *Customer Relationship Management*, Prentice–Hall, 228–229.
- Power, Daniel J.(2002), "What is the "true story" about data mining, beer and

diapers?," *DSS News*, 3(23).
- Shmueli, Galit, Nitin R. Patel, Peter C. Bruce(2009), *Data Mining for Business Intelligence*, 번역서, 비즈니스 인텔리전스를 위한 데이터마이닝, 사이텍미디어, 8장, 12장.
- Whitehorn, Mark, "The parable of the beer and diapers," 2006년 8월 15일, http://www.theregister.co.uk/2006/08/15/beer_diapers/

CHAPTER 11

빅데이터와 CRM

제1절 | 빅데이터 개요

제2절 | 빅데이터 적용

제3절 | 빅데이터와 CRM

빅데이터(Bigdata)는 'IT 기술의 발달을 통하여 소비자에 대한 감춰져 있는 정보(hidden information)을 발전함으로써 기업의 매출 또는 공공의 이익에 기여할 수 있는 개체 또는 극복의 대상'으로 정의될 수 있다. 이러한 빅데이터는 데이터 발생으로부터 시작하여 수집 및 저장, 분석 그리고 서비스에 이르는 5단계 프레임워크를 구성하고 있으며, 주요 특성은 다음과 같이 기술할 수 있다. 첫째, 데이터의 규모를 의미하는 Volume과, 둘째 다양성을 나타내는 Variety, 셋째 속도의 Velocity, 마지막으로 빅데이터의 분석과 결과 해석의 중요성을 강조하는 Value이다.

빅데이터는 잠재고객 확보와 캠페인 기획 및 성과측정 등과 같은 다양한 CRM 업무에 활용이 가능하다. 잠재고객 확보를 위한 빅데이터의 역할은 과거 설문조사나 인터넷 검색에 한정되어 있던 소비자 트렌드 분석을 소셜미디어상의 다양한 정보들을 대량으로 실시간 수집 및 분석함으로써 훨씬 효과적으로 실행할 수 있게 만드는 것이다. 빅데이터를 통한 CRM 캠페인 기획의 경우 조직 내부에서 보유하고 있는 많은 정보들을 효율적으로 수집하고 정교하게 분석하여 과거보다 훨씬 더 개인화된 맞춤형 서비스를 제공할 수 있게 되었다. CRM 성과측정을 위한 빅데이터 분석은 캠페인 진행 후 실제 소비자들이 기업이 전달하고자 했던 메시지의 인지정도를 소셜미디어상에서 다양한 지표들을 통하여 확인할 수 있다. 이러한 빅데이터는 신규시장 진출, 고객맞춤형 서비스 실시, 위험관리 등의 기대요소가 있지만, 반대로 유행성과 데이터 통합 관리, 신뢰성에 대한 우려사항도 존재한다.

본 장에서는 CRM 관점에서의 빅데이터의 정의와 특성, 활용방안 등을 기술하며, 해당 내용들을 기반으로 빅데이터가 보유하고 있는 기대 및 우려사항에 대하여 논의한다.

제1절 빅데이터 개요

1. 빅데이터의 정의와 특징

빅데이터는 최근들어 소비자 커뮤니케이션 중심의 B2C뿐만 아니라 기술 트렌드 및 시장환경 분석에 의존도가 높은 B2B, 그리고 공공서비스 제공을 위한 기관들까지 필수적으로 사용하고 있는 정보이다. 특히 구글 트렌드(trends.google.com) 검색 결과에 의하면 전 세계적으로 빅데이터는 2009년부터 언급이 되었으며, 2011년부터 관심도가 증가하기 시작하여 2015년도까지 급격한 성장세를 보인다. 국가별로는 인도가 가장 많은 빅데이터 관련 정보를 검색하였으며, 그 다음으로 한국과 싱가포르 등 전형적인 IT 강국들의 활용이 많다. 더불어 빅데이터 출현 초기 많은 학자들이나 기업들이 집중적으로 연구하였던 분야는 엄청난 양의 데이터를 기존의 방식과는 다른 어떠한 기술로 분석해내는가에 대한 부분이었으며, 구글 트렌드에서도 분석(analytics) 관련 키워드가 가장 많이 검색이 되었다.

그림 11-1 빅데이터 현황(trends.google.com)

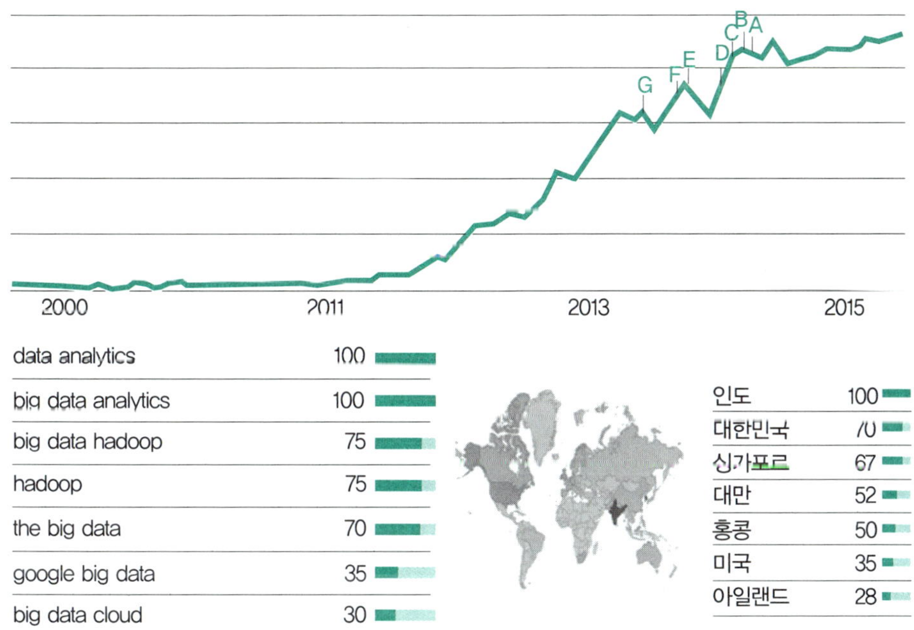

빅데이터는 시간이 갈수록 활용가치와 실무적인 성과에 대한 다양한 사례들이 발표되고 있지만, 정작 명확한 정의를 내리지는 못하고 있는 실정이다. 그 이유는 단지 빅데이터를 하나의 큰 데이터 집단으로 보기에는 너무 추상적이고 그렇다고 적용되는 사업군별로 각각의 정의를 내리자니 너무 많은 차이가 나기 때문이다. 이러한 빅데이터를 일반적인 관점에서 정의내리면 [표 11-1]과 같이 정리할 수 있다.

| 표 11-1 | 빅데이터의 사전적 정의

기관	정의
Naver	과거 아날로그 환경에서 생성되던 데이터에 비하면 그 규모가 방대하고, 생성 주기도 짧고, 형태도 수치 데이터뿐 아니라 문자와 영상 데이터를 포함하는 대규모 데이터를 말한다.
SERI	보통 수십에서 수천 테라바이트 정도의 거대한 크기를 갖고, 여러 가지 다양한 비정형 데이터를 포함하고 있으며, 생성-유통-소비(이용)가 몇 초에서 몇 시간 단위로 일어나 기존의 방식으로는 관리와 분석이 어려운 데이터 집합을 의미한다.
Wikipedia	기존 데이터베이스 관리도구로 데이터를 수집 · 저장 · 관리 · 분석할 수 있는 역량을 넘어서는 대량의 정형 또는 비정형 데이터 집합 및 이러한 데이터로부터 가치를 추출하고 결과를 분석하는 기술을 의미한다.

특히 빅데이터 초기의 정의는 단지 실시간으로 생성되는 데이터의 규모 관점에서 내려졌으나, 최근에는 빅데이터를 분석하는 기술까지 포함을 해야 진정한 가치를 가질 수 있다는 주장에 힘이 실리고 있다. 그 이유는 많은 학자들이나 전문가들의 분석에 의하면 빅데이터의 생성이나 유형이 과거 CRM과 유사하기 때문이다. CRM은 도입 초기 많은 기업들이 관심을 가지고 성공적인 사업의 필수요건으로 인식이 되었지만, 결국 현업에서의 적용 실패와 실질적인 성과 창출 부족으로 인하여 해당 가치가 하락되었다. 이에 대한 원인으로 학자나 전문가들은 하나같이 CRM이 고객데이터 분석을 통한 현업 중심의 인사이트 도출과 적용보다는 시스템 구축과 분석 중심으로 정의되었기 때문이라고 결론지었다. 결국 과거 이러한 쓰라린 경험을 한 데이터 분석 실무자들은 빅데이터를 단지 규모가 큰 하나의 정보 집단으로 한정짓지 않고 실무에 적용가능한 인사이트를 추출할 수 있는 분석기법까지 포함해야 한다는 의견이 지배적이다. 따라서 다양한 빅데이터의 정의를 접목한 실무 중심의 관점에서 정리해보면 다음과 같다.

표 11-2 | 빅데이터의 실무적 정의

IT기술의 발달을 활용하여 소비자에 대한 감춰져 있는 정보(hidden information)를 발견함으로써 기업의 매출 또는 공공의 이익에 기여할 수 있는 개체 또는 극복의 대상

많은 사람들이 빅데이터가 마치 세상에 전혀 존재하지 않았던 전혀 새로운 것으로 인식하지만 실제로는 데이터가 수집되는 시절에서부터 시작되었다. 빅데이터의 첫 출발은 기업의 재고 및 구매정보를 전사적으로 관리하는 ERP(Enterpride Resource Planing, 전사적 자원관리)시스템 도입에서부터이다. 아주 오래전 기업들은 각각의 부서에서 개별 PC로 거래정보들을 관리해왔지만, ERP가 도입되면서부터 기업관점에서 정보 전체를 수집 및 관리 · 통제할 수 있었다. 이러한 거래 중심의 데이터에서 고객이라는 새로운 가치의 중요성이 각광을 받으면서 CRM이란 좀 더 확장된 개념이 생겨나게 되고, 그 와중에 웹이라는 커뮤니케이션 채널이 생겨나면서 기업이 수집할 수 있는 정보는 기하급수적으로 증가하게 된다. 이러한 상황이 지속되던 중에 모바일 중심의 디지털 환경이 급격히 성장하면서 실시간의 생성되는 데이터가 기존과는 전혀 다른 규모를 나타내면서 빅데이터라는 용어가 등장하게 되었다. 이러한 등장배경에 따라 빅데이터는 내부거래 중심의 관리 데이터(Transaction), 고객 중심

그림 11-2 빅데이터의 등장 배경

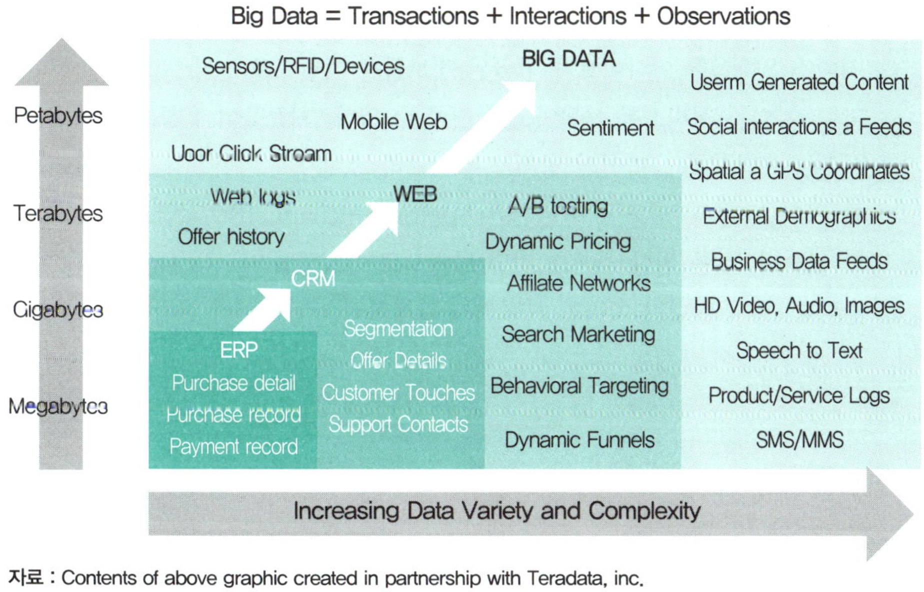

자료 : Contents of above graphic created in partnership with Teradata, inc.

의 커뮤니케이션 데이터(Interaction), 그리고 웹과 모바일 중심의 모니터링 데이터(Observation)로 구성된다.

2. 빅데이터 프레임워크와 특성

빅데이터의 기본적인 프레임은 데이터의 발생부터 시작하여 소비자나 고객에게 서비스를 제공하는 프로세스를 기반하고 있으며, 이러한 일련의 과정들이 지속적으로 반복되는 구조에 기반한다.

① 데이터 발생 : B2C에서는 모바일 SNS가 실시간으로 소비자들의 정보를 생성하고 있으며, B2B에서는 IoT(Internet of Things, 사물인터넷) 기반의 센서 기술을 활용하여 신속하고 정확한 제조 및 관리 데이터가 발행된다. 특히, STT(Speech to Text, 음성인식)와 같은 기능은 과거 녹음 후 별도의 타이핑 작업을 거쳐 문서화되었다면 현재는 소리가 발생되는 즉시 문서로 자동변화됨에 따라 디바이스로부터 생성되는 데이터의 양은 기하급수적으로 증가하고 있다.

② 데이터 수집 · 저장 · 분석 : 디바이스로부터 발생되는 데이터들은 R 등과 같은 다양한 프로그램이나 솔루션 등을 통하여 수집되고, 이러한 빅데이터를 효율적으로 저장할 수 있는 클라우드서비스(Cloud Service) 등이 적용됨으로써 최근 이슈가 되고 있는 AI(Artificial Intelligence, 인공지능) 기반의 데이터 분석 및 가공이 가능하다.

③ 서비스 : 다양한 인사이트가 발굴된 정보들을 기반으로 실제 소비자들에게 전달할 수 있는 서비스를 기획하고 실행할 수 있다. 최근들어 유통(Place) 분야에서는 오프라인과 온라인의 경계를 무너뜨려 소비자가 어떠한 환경에서도 동일한 경험을 할 수 있도록 하는 옴니채널(omni-channel)이 적극적으로 도입되고 있으며, 이를 위한 서비스 전달 방안으로 O2O(Online to Offline) 등이 활용된다. 뿐만 아니라 이러한 서비스가 활성화될수록 다양한 디바이스로부터 많은 데이터들이 생성될 수 있다.

그림 11-3 빅데이터 프레임워크

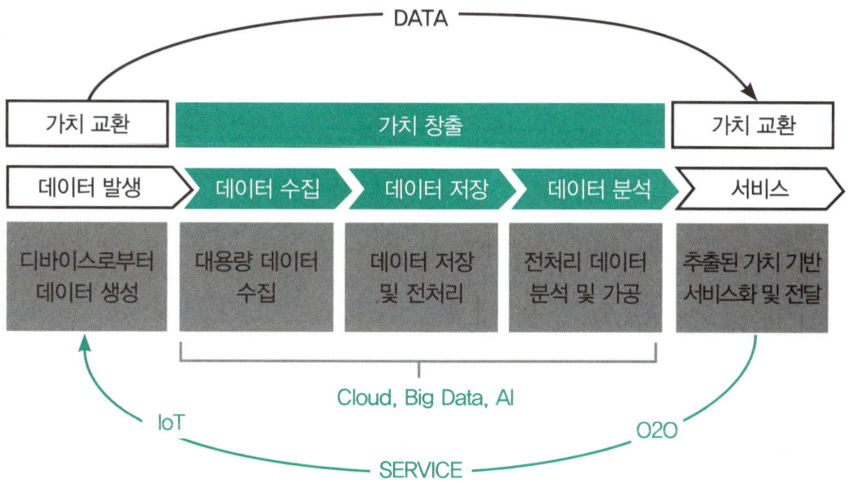

빅데이터의 특징은 학계나 기관마다 여러 가지로 언급이 되지만 일반적으로 4가지 사항으로 정리되며, 이를 4V라 일컫는다. 첫 번째는 규모를 의미하는 Volume으로, ICT가 일상생활화되면서 디지털 정보량이 기하급수적으로 폭증하는 것으로 말한다. 예를 들어, 아마존이 매초 처리하는 주문건수가 평균 73건 정도라고 한다. 물론 실시간으로 발행되는 방대한 양의 거래정보도 빅데이터가 될 수 있지만, 더욱더 중요한 것은 특정 회원이 로그인 이후 로그아웃할 때까지 사이트 내에서 이동하는 경로의 정보 또한 내부적으로 인사이트를 발굴하거나 전략을 수립하는 데 상당히 유의미한 데이터가 될 수 있으며 이 또한 빅데이터로서 정의되어 질 수 있다. 두 번째는 다양성인 Variety이다. 실제 디바이스 및 시스템의 발달로 인하여 로그기록이나 소셜 등의 데이터 종류가 증가함과 동시에 텍스트 외의 영상이나 사운드 등 비정형화된 유형의 정보가 다양해지고 있다. 세 번째는 속도를 나타내는 Velocity이다. IoT 등과 같은 사물정보 및 스트리밍 기술로 인하여 데이터의 실시간성이 증가하며, 이로 인한 데이터 이동이나 분석의 속도 또한 빨라지고 있다. 마지막 네 번째는 가치의 Value이다. 구조화되지 않은 데이터의 저장방식이나 중복성의 문제를 해결하고 관리 및 처리의 복잡성을 해결하는 기법이 빅데이터에서는 필수적으로 요구되는 사항이다. Value의 경우 복잡성(Complexity)이라 불리기도 하는데, 외부 데이터의 활용으로 인한 관리 대상이 증가하는 것 또한 포함한다.

제2절 빅데이터 적용

1. 빅데이터 활용 범위

빅데이터가 가장 많이 활용되는 분야는 주로 정확한 데이터가 대량으로 생성되는 금융업이나 의료 서비스이며, 최근에는 센서 기술을 활용한 제조분야에서도 많이 활용되고 있는 추세이다. 대부업의 경우에는 대출 대상자에 대한 SNS 내 평판 분석을 통하여 대상자의 신용 정도를 파악하고, 자동차보험은 고객의 평소 운전경로 및 습관 데이터를 통해 합리적인 보험료를 산출한다. 의료서비스 분야에서는 환자의 진료 및 치료 이력을 바탕으로 부작용이 적은 치료기술을 추천하고, 유통에서는 고객의 구매 기록을 세부적으로 분석하여 맞춤형 제품 할인 프로모션을 진행하기도 한다. 뿐만 아니라 광고에서는 개별 소비자의 매체 이용 성향을 분석하여 맞춤형 광고를 제공하고, 일반 기업들은 소비자들의 회사나 제품 브랜드 관련 SNS 언급 내용을 분석하여 위험이 될 수 있는 요소들을 사전에 방지한다. 공공 분야에서는 범죄위험지역이나 CCTV 위치, 범죄발생 이력데이터 등을 종합적으로 분석하여 순찰차 이동경로 조성 및 범죄 예방전략 수립에 반영하기도 한다. 이러한 빅데이터의 활용 범위는 [표 11-3]과 같이 분야별로 생산성 향상, 인사이트 발견 및 의사결정 과정 지원, 새로운 가치 제공의 3가지 기준으로 구분된다.

| 표 11-3 | 빅데이터 활용 범위

구분	생산성 향상	인사이트 발견/ 의사결정과정 지원	새로운 가치 제공
제조	데이터분석 기반 탐색 실시간 공급사슬 및 생산라인	클라우드 소싱	주문생산 디지털 테스팅 온디멘드 클라우드
금융	가상지점/셀프서비스 업무 프로세스 디지털화	맞춤화된 상품제공 리스크관리	개인화된 상품추천 디지털 대출
ICT	자동화서비스 콘텐츠관리	맞춤형 콘텐츠 소셜마케팅	사용자 중심 콘텐츠 창출 통합서비스 제공
유통	자동재고관리 트레킹	의사결정의 자동화	가상상품 및 스토어 주문판매

공공	전자정부 교통 및 환경관리	전자민원수집 및 분석 치안에 대한 사전대응	디지털 신원관리 스마트시티
의료	질병관리 효율적 진료관리	개인별 질병 정보관리	온라인 셀프 의료서비스

자료 : Booz & Company(2011), "The Next Wave, 빅데이터 경영을 바꾸다.

2. 빅데이터에 대한 기대와 우려

국내 빅데이터 시장규모는 2020년에는 약 1조 원대 규모가 될 정도로 매년 급격히 성장하고 있다(한국과학기술정보연구원). 이렇게 빅데이터의 시장규모가 커지는 이유는 사업 분야별로 다양한 기대효과가 있기 때문이다. 주요한 기대효과로는 다음과 같은 사항들이 지적될 수 있다.

① 정확하고 신속한 의사결정
② 고객의 숨겨진 욕구와 기회를 빠르게 분석함으로써 고객맞춤형 서비스 실시
③ 생산성 향상을 통한 원가절감
④ 다양한 정보분석을 통한 문제점 개선 및 신규 수익창출 기회 확보
⑤ 불확실한 위험에 대처
⑥ 경쟁사 대비 차별화 전략 수립

그런데 실제 미국의 정보기술 연구 및 자문회사인 가트너(Gatmer)는 기업의 약 80% 이상이 빅데이터를 활용한 경쟁력 강화에 실패할 것으로 예상하였으며, 그 이유는 크게 [표 11-4]와 같이 3가지로 정리될 수 있다. 이러한 점들을 충분히 감안하여 빅데이터 도입 이전에 해당 사항들에 대한 내부적인 점검과 정확한 진단이 선행되어야 관련 투자의 성과를 도출할 수 있는 기본적인 환경이 구성될 수 있다.

| 표 11-4 | 빅데이터에 대한 우려사항

구분	세부 내용
유행	단계상 현재 축적된 데이터와 기구축된 IT 인프라만으로도 충분히 고객에 대한 Insight를 찾을 수 있음에도 불구하고 트렌드에 민감한 반응을 보이는 것은 아닌지?
데이터 통합관리	현재 내부적으로 데이터 수집 및 관리에 대한 프로세스와 채널들이 통합적으로 관리가 되고 있으며, 그에 대한 목적과 목표는 무엇인지?
신뢰성	온라인이나 SNS상에서 수집되는 데이터에 대한 신뢰성을 검증할 수 있는 내부적인 방법론이 구비되어 있는가?

제 3 절 빅데이터와 CRM

1. 잠재고객 확보를 위한 빅데이터 활용

CRM의 가장 첫 번째 단계인 잠재고객의 확보를 위해서 필요한 사항은 기업이 관련 시장의 소비자 트렌드를 지속적으로 파악하는 것이다. 과거에는 소비자 조사나 인터넷 검색을 통하여 해당 정보들을 수집하고 분석하였는데, 이러한 방법들은 신뢰성이나 실시간성에서 많은 한계점이 발견되었다. 하지만 최근에는 빅데이터 분석 솔루션이나 프로그램을 통하여 이전보다 좀더 빠르고 다양하게 소비자들의 의견을 파악하고 이를 기반으로 잠재고객 확보를 위한 다양한 캠페인 전략을 수립할 수 있게 되었다. 가장 대표적인 빅데이터 분석 솔루션으로는 [그림 11-4]와 같이 다음 소프트에서 제공하는 소셜메트릭스(socialmatrix.co.kr)가 있다.

[그림 11-4]의 소셜메트릭스는 실시간으로 트위터와 블로그 그 외 다양한 온라인 커뮤니케이션 채널들의 소비자 데이터를 수집해 분석하는 빅데이터 솔루션이다. 특히 연관 데이터와 감성 데이터 2가지 결과를 대표적으로 제시하고 있는데, 연관 키워드는 특정 기간 동안 소비자들이 조회한 핵심 단어와 함께 가장 많이 언급된 것이 무엇인가를 의미하는 것이다. 이는 데이터마이닝의 연관성 규칙(association rules)과 같은 개념으로 향후 CRM의 잠재고객 확보를 위한 캠페인 기획에 좋은 방향성을 제시해줄 수 있다. 이러한 빅데이터 분석을 통한 고객확보 전략은 많은 기업들이 적극적으로 활용하고 있으며 대표적인 성공사례가 [글 10-1]과 같다.

그림 11-4 소셜메트릭스

자료 : www.socialmatrix.co.kr

글 11-1 빅데이터 분석을 통한 잠재고객 확보 전략

유유제약은 1988년 베노플러스-겔(당시 제품명 '베노플란트-겔')을 처음 내놓았을 때 여러 효능 중 '하지정맥류에 따른 부종 완화'를 주요 기능으로 삼았다. 그런데 시중에 나와 있는 기존 제품 카테고리에 꼭 들어맞는 곳이 없었다. 그나마 가장 근접한 영역이 '바르는 진통소염제'였다. 이에 따라 유유제약 영업사원들은 베노플러스-겔을 '멘소래담류의 진통소염제'라고 소개하며 약국에 공급했다. 다만 피부 자극을 유발하는 성분이 경쟁사 제품에 비해 적으니 아이들한테 사용하면 좋다는 식으로 설명했다. 이후 '아이들을 대상으로 한 바르는 진통소염제'라는 제품 포지셔닝은 20년 넘게 계속 유지돼 내려왔다. 유승필 현 유유제약 회장의 장남이자 유유제약 3세 경영인인 유원상 상무는 이 같은 제품 포지셔닝에 의문을 품었다. 본격적인 경영 승계를 위해 2008년 회사에 입사한 그는 당시 전문의약품 위주로 구성돼 있는 회사의 사업 포트폴리오를 바꾸기 위해 OTC 사업 확장에 관심을 갖고 있었다. 그 일환으로 OTC 품목을 하나씩 검토하던 중 베노플러스-겔에 주목하게 된 것. 그는 "부인의 친구가 젊었을 때 베노플러스-겔을 써봤다는 이야기를 전해들었다"며 "과연 어린이를 타깃으로 한 기존 전략이 맞는 것일까에 대한 의구심이 생겼다"고 설명했다. 이어 "방대한 소셜미디어

데이터를 분석하면 실제 소비자들의 니즈를 파악하고 새로운 시장 기회를 포착할 수 있을 것으로 봤다"고 말했다. 유원상 상무가 처음 빅데이터 분석을 시도해보겠다는 이야기를 꺼냈을 때 대부분의 경영진은 "소프트웨어로 무슨 약을 팔겠다는 소리냐"며 강력하게 반대했다. 다들 "소셜네트워크서비스(SNS)에서 떠도는 댓글 따위를 가지고 뭘 할 수 있겠느냐"는 반응들이었다. 어차피 OTC도 약사들에게 파는 제품인데 일반인의 생각을 왜 알아봐야 하며, 더욱이 그걸 위해 왜 쓸데없이 돈을 써야 하냐며 반발했다.

유원상 상무의 생각은 달랐다. 최소한 OTC는 최종 소비자인 일반 대중의 니즈에 맞춰 제품을 개발하고 마케팅 전략을 수립할 필요가 있다고 봤다. 특히 소비자들의 목소리를 솔직하게 들을 수 있는 창구로는 소셜미디어가 제격이라고 판단했다. 겉으로 드러난 소비자들의 니즈뿐 아니라 숨어있는 욕구까지 파악할 수 있는 정보의 보고(寶庫)라고 생각했기 때문이다. 결국 몇 개월 동안 경영진을 설득한 끝에 유유제약은 빅데이터 분석을 하기로 결정했다. 국내 제약업계 사상 최초의 시도였다. 유유제약은 텍스트마이닝(text-mining, 구조화되지 않은 대규모 텍스트를 통계적으로 분석해 새로운 지식을 도출해내는 기법) 전문업체인 다음소프트와 공식 계약을 하고 2012년 초부터 방대한 데이터 분석에 나섰다. 트위터, 페이스북, 블로그 등을 통해 26억 건의 소셜네트워크 데이터를 분석했다. 그 결과 부기 완화, 타박상, 벌레에 물리거나 멍든 데 등 베노플러스-겔이 가진 여러 효능 중 유독 '멍'에 대해서는 소비자들에게 특별히 인식되는 약이나 연고가 없다는 사실을 발견했다. 대부분의 사람은 멍을 없애기 위해 계란이나 쇠고기를 이용할 생각만 하고 있었던 것이다. 인터넷에 '멍 빨리 없애는 법'을 검색하면 계란이나 쇠고기가 연관 검색어로 떴다. 키워드 조합을 실시해본 결과 '멍-아이' 키워드 조합보다 '멍-여성' 키워드 조합이 월등히 많다는 사실도 드러났다. 멍에 대한 시장 수요는 아이들보다 여성들이 훨씬 크다는 것을 보여주는 증거다. 또 멍이 들었을 때 사람들이 가장 많이 하는 행위는 '가리는 일'로 나타났다. 예를 들어 미니스커트나 민소매 옷을 입고 싶어서 멍을 메이크업으로 가리고 다닌다는 식이었다. 유유제약 관계자는 "베노플러스-겔의 포지셔닝을 단순 OTC를 넘어 미용 시장과도 연결해야겠다는 생각을 갖게 됐다"고 설명했다. 이 같은 분석결과를 바탕으로 유유제약은 2012년 여름부터 전혀 다른 접근을 시도했다. 우선 타깃 고객층을 기존 어린이에서 성인 여성으로 바꿨다. 이를 위해 광고 포스터부터 새로 제작했다. 과거엔 '못난이 인형'을 광고모델로 내세워놓고 '아이들 피부에는 부드럽게 감싸주는 베노플러스-겔을 발라주세요'라는 문구를 달았다. 반면 일러스트 형태의 새 광고에선 치마를 입은 여성이 멍든 무릎을 보면서 '이런 멍 같은 경우엔 베노플러스'라는 메시지를 전달하게 했다. 과거에는 못난이 인형 광고 포스터를 약국에 붙이거나 약업지에 광고를 게재했지만 새로 제작한 광고는 성인 여성들이 많이 보는 패션 · 뷰티 잡지에 집중적으로 게재했다. 패션지에 광고를 낸 건 72년 유유제약 역사상 처음 있는 일이었다.

자료 : [DBR/케이스 스터디] 유유제약, 업계 최초로 빅데이터 분석 도입, 2013. 12.

2. CRM 성과측정을 위한 빅데이터 분석

빅데이터는 CRM 캠페인을 진행한 후에 실제 고객들이 기업이 전달하고자 했던 메시지를 잘 인지하고 있는가에 대한 성과측정을 할 수 있는 지표로도 활용할 수 있다. 연관 키워드는 특정 기간 동안 소셜미디어상에서 기업이나 제품의 브랜드 언급 정보를 분석할 수 있기 때문에 마케팅 관점에서의 브랜드인지도를 측정할 수 있으며, 이를 브랜드점유율, 즉 SOB(Share of Brand) 또는 SOV(Share of Voice)라 일컫는다. 감성 키워드의 경우 연관 단어는 단순하게 소비자들이 언급한 키워드의 빈도만을 측정하는 것이기 때문에 그것들이 긍정인지 부정인지, 또는 추천인지 비추천인지에 대한 감정적인 반응을 확인할 수 있다. 이러한 감성 키워드의 분석은 고객의 로열티 측정 방법인 순추천지수(NPS)의 확장된 방법으로 적용시킬 수 있으며, 소셜순추천지수 또는 SNPS(Social Net Promoter Score)라 일컫는다. SOB와 SNPS와 계산 방법은 다음과 같다.

브랜드점유율(SOB) = 자사 브랜드 또는 제품 키워드 언급수 /
(자사 브랜드 또는 제품 키워드 언급수+경쟁사 브랜드 또는 제품 키워드 언급수)

소셜순추천지수(SNPS) = [(긍정 또는 추천의 언급수) – (부정(중립 포함)
또는 비추천의 언급수)] / 자사 브랜드 또는 제품 키워드 언급수

특히, SNPS의 경우에는 기존 오프라인 채널에서 진행되는 NPS 조사 기법에 비해 상대적으로 직관적이며, 실시간 수집할 수 있는 장점이 있어 CRM 부서에서 주로 활용하고 있는 빅데이터 분석결과 중 하나이다. 이러한 긍정과 부정에 대한 결과는 [그림 11-5]와 같이 빅데이터 솔루션을 통해서도 확인이 가능하다.

그림 11-5 소비자의 긍정과 부정에 대한 빅데이터 반응 분석결과

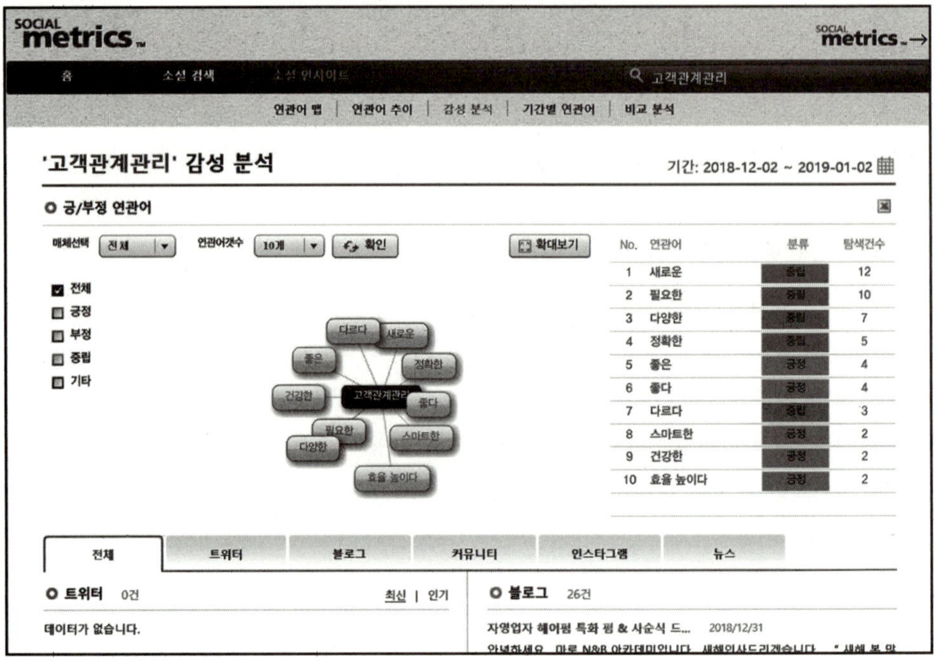

자료 : www.socialmatrix.co.kr

3. CRM 활동을 위한 소셜 빅데이터 활용

잠재고객의 니즈 확인뿐만 아니라 CRM 성과분석을 위하여 빅데이터 툴을 사용하는 방법도 있지만, 인스타그램과 같은 소셜미디어 채널을 활용하는 방안도 있다. Social Listening이라 불리는 이 방법은 인스타그램의 태그 검색 기능을 사용하는 것으로, 주로 타겟 고객이 모바일 환경에 익숙한 집단일 경우 효과적이다.

성공적인 CRM의 핵심 요소 중 하나가 명확한 타깃팅이다. 기업이 집중해야 할 목표고객군에 대한 정의가 내려져야 해당 집단에 적합한 분석과 전략이 수립되어지고, 이를 위한 실행방안도 마련된다. CRM 부서에서 고객 마케팅을 위하여 타깃이 정해졌다면 그 다음으로 목표 집단의 성향을 분석해야 하는데 가장 빠르고 직관적인 방법 중 하나가 인스타그램의 해시태그를 수집하는 것이다. 인스타그램(Instagram)은 즉석에서 사진을 볼 수 있게 한 방식의 카메라인 '인스턴트(instant)'와 전보를 보낸다는 의미의 '텔레그램(telegram)'을 합쳐 만든 소셜네트워킹서비스로서, 사용자들은 사진

촬영과 동시에 다양한 디지털 필터 효과를 적용하여 온라인으로 공유할 수 있다. 인스타그램 사용자들은 자신들의 공유 사진에 해시태그(hashtag)를 등록하는데, 이는 소셜네트워크서비스 등에서 사용되는 기호로 해시기호(#) 뒤에 특정 단어를 쓰면 그 단어에 대한 글을 모아 분류해서 볼 수 있다. CRM 부서에서 인스타그램의 해시태그를 활용하는 방법은 크게 2가지가 있다. 첫 번째는 기업의 타깃이 정해졌다면 포털사이트에 해당 고객군들이 선호하는 브랜드가 어떤 것들이 있는지 검색한다. 그리고 검색된 브랜드들의 인스타그램을 접속한 후 최근에 가장 많이 언급된 해시태그들을 정리한다. 결과적으로 브랜드별 해시태그들을 종합했을 때 중복적으로 언급되는 키워드가 있다면 해당 단어는 기업이 목표로 하는 고객들의 니즈나 생각을 가장 잘 표현하거나 또는 타깃들과 공감대 형성에 성공한 메시지가 될 수 있다. 두 번째는 인스타그램의 태그 검색란에 기업의 핵심 키워드를 입력하면 소셜미디어상에서 소비자들이 주요 단어와 함께 언급하는 수식어들을 확인할 수 있다. 해당 결과는 기업이 속한 비스니스 카테고리에서 소비사들이 어떠한 생각을 하고 있는지를 추출해볼 수 있는 좋은 자료가 된다.

4. 빅데이터를 활용한 CRM 사례

빅데이터를 도입하였거나 분석결과를 활용하고자 하는 기업들의 기대효과를 조사해보면 주로 언급되는 부분이 고객맞춤형 서비스이다. 그 이유는 많은 투자비용을 들여 빅데이터를 도입하였을 때 가장 빠르게 투자 대비 수익을 창출할 수 있는 방안이 개인화된 서비스를 통하여 고객의 구매의도를 자극하는 것이기 때문이다. 결국, 기업에서의 빅데이터 활용은 CRM 관점에서 접근하게 되며 대부분의 활용 사례들도 그와 관련된 내용들이다. [그 11-2]의 경우에도 기업 내부에 존재하는 다양한 데이터를 수집하여 과거보다 좀 더 다양한 관점에서 분석함으로써 고객들의 구매의도와 로열티를 상승시키는 대표적인 사례로 자주 언급된다.

글 11-2 미국 대평판매점 Target의 빅데이터 분석을 통한 맞춤형 서비스 전략

대량의 자료를 가공해서 필요한 정보를 발굴해내는 기술을 데이터마이닝(data mining)이라고 하는데, 이 기술로 유명한 기업이 미국의 대형판매점 '타겟'(Target)입니다. 2012년 2월 16일 뉴욕타임스(인터넷판)을 보면 부모도 몰랐던 여고생의 임신사실을 타겟이 먼저 알았다고 합니다. 한 여고생의 아버지가 타겟 매장을 찾아와서 항의를 하면서 이야기가 시작됩니다. 타겟이 여고생에게 임산부용 팸플릿을 보냈던 겁니다. 아버지가 기가 막혀 한달음에 달려 왔겠지요. 매장 관리자가 백배사죄해서 문제가 간신히 일단락되었는데, 며칠 후 다시 전화했더니 그 아버지가 한숨을 쉬더니, 딸과 다시 얘기해보니 임신이라면서, 소란을 피워 미안하다고 되레 사과를 해왔답니다. 도대체 타겟은 부모도 모른 여고생의 임신을 어떻게 알았을까요? 긴 말을 줄여 말하자면, 고객자료를 분석해서 수많은 임산부들이 어떤 물품을 구입하는지 파악하고 있었기에, 그 여고생의 최근 구입 물품과 비교한 결과 유사성이 높았던 점이 주목되었기 때문이랍니다.

이제는 회사가 고객의 임신 여부를 미리 아는 정도가 아니고 회사가 알고 있다는 점을 숨기고 슬쩍 고객에게 임산부 필요물품을 판매하는 방법을 찾아 나서는 세상이 되었습니다. 고객 입장에서 가장 사적인 정보를 남이 알고 있다면 감시당하는 기분이 들어 언짢겠지요. 그래서 타겟은 임신한 고객에게 보내는 팸플릿에 잔디 깎는 기계 등 평범한 가정에서 필요로 하는 다른 상품 정보들을 섞어서 함께 우송한답니다. 팸플릿을 받아본 임신 고객은 그 팸플릿에 마침 자기에게 필요한 임산부용 물품이 함께 소개된 것을 보고는 거부감 없이 오히려 흐뭇한 기분이겠지요. 소비자들과 판매회사 간 정보 활용 능력 차이는 이처럼 점점 더 커져 가기만 합니다.

자료 : 기업과 고객 간 간격 줄이기 가능한가?, 한국금융, 2013. 5.

빅데이터를 활용한 CRM을 가장 적극적으로 실행하는 분야 중 하나는 금융이며, 그 중에서도 신용카드와 보험이다. 신용카드 산업의 경우 고객의 결제 데이터를 기반으로 소셜 빅데이터가 가지고 있는 신뢰성에 대한 부분을 극복함과 동시에 끊임없이 생성되는 방대한 양의 정보를 기반으로 실시간 트렌드에 맞는 탄력적인 CRM 전략을 수립할 수 있다. 이러한 CRM은 [표 11–5]와 같이 단지 신용카드를 사용하는 개별 소비자뿐만 아니라 대기업과 달리 초개인화 서비스 실행에 대한 여력이 부족한 소상공인들에게까지 적용될 수 있다.

표 11-5 | 주요 카드사별 초개인화 서비스

구분	카드사	서비스	주요 혜택
소상공인 마케팅지원 서비스	신한카드	마이샵 파트너	가맹점주가 직접 쿠폰 발행, 이벤트 홍보가능, 고객매칭 알고리즘으로 맞춤형 마케팅 지원, 마케팅 효과 분석 서비스 제공
	삼성카드	링크비즈 파트너	이용가능성 높은 고객에게 맞춤형 정보제공, '다이나믹 소비지도' 서비스 제공
	비씨카드	빅데이터 분석보고서 즉시발급 서비스	경제, 정책, 금융 등의 주제로 소비데이터 분석해 1시간 이내로 보고서 완성
개인고객 대상 서비스	하나카드	나만의 픽(Pick)	할인, 캐시백 등 원하는 혜택 선택시 소비패턴에 따른 관련 이벤트 정보 제공
	롯데카드	롯데카드 라이프	고객선호지수에 따른 맞춤형 서비스 제공, 맞춤 혜택 하종 적용하는 '터치' 서비스 제공
	현대카드	피코(PICO)	고객의 카드사용 패턴 분석해 개인 취향에 맞는 해외 패션사이트 추천

자료 : 결제 위치, 시점, 품목 빅데이터화… '개인 비서'가 된 신용카드, MoneyS, 2018. 11. 2.

보험산업의 경우 전통적으로 설계사의 영업력이 중심이 되는 오프라인 채널 기반이지만 빅데이터가 도입됨에 따라 다양한 방식으로 고객들의 관리가 가능하며, 특히 기존고객들의 재구매 의사를 상승시킬 수 있는 공격적인 CRM 전략을 수립할 수 있게 되었다. [글 11-3]과 같이 보험회사들은 빅데이터의 특징인 Volume, Variety, Velocity를 활용하여 좀 더 과학적이고 정교한 CRM활동을 하고 있다.

글 11-3 보험회사의 빅데이터 기반 CRM 전략 수립

최근 금융업에서 자주 거론되고 있는 빅데이터도 기존 데이터 분석방식의 변화를 통해 새롭게 각광받고 있는 신기술 중 하나다. 금융회사들은 음성데이터나 회사 외부의 공공데이터, 방대한 소셜네트워크서비스(SNS) 데이터 등의 빅데이터를 활용해 고객관계관리를 개선하기 위해 관심을 보이고 있다. 고객별 맞춤형 서비스 제공, 최적 상품 제안, 장기 거래를 유도할 수 있는 일련의 활동을 표준화하는 고객관계관리(CRM)는 많은 금융회사가 반들고 싶어 하는 이상향이다.

실제로 최근까지 보험사들은 추가적인 보험 가입 여력이 높은 고객을 추출하는데 회사 내부에 있는 계약정보만을 이용했다. 하지만 빅데이터 기술을 적용하면 기존 계약정보 외에도 콜센터 상담 음성파일에서 획득한 고객의 요구사항이나 특정 연령대 SNS 유저들의 관심사항을 유추할 수 있는 다양하고 정교한 데이터들을 활용할 수 있게 된다. 이렇게 되면 고객들도 본인이 원하는 상품을 원하는 시점에 원하는 채널에 가입할 수 있게 됨으로써 높은 만족도를 느끼게 될 것이다. 가구당 생명보험 가입률이 95%를 넘어선 시점에서 신규고객 확보에 투입되는 노력과 비용이 기존고객의 유지관리에 사용되는 비용 대비 5배 높다는 연구결과에서 보듯이 보유고객 관리 및 거래 유지는 더욱 중요한 과제가 됐다. 그렇기 때문에 업계를 선도하는 기업에서는 빅데이터 등 IT 신기술을 활용해 CRM뿐 아니라 고객경험 관리도 발전시키기 위해 노력하고 있다.

자료 : 빅데이터로 진화하는 생명보험… '고객 맞춤' 더 정교해져, 한국경제, 2018. 12. 16.

참고문헌

- 한국금융, 기업과 고객 간 간격 줄이기 가능한가?, 2013년 5월.
- 한국경제, 빅데이터로 진화하는 생명보험… '고객 맞춤' 더 정교해져, 2018년 12월 16일.
- 한국과학기술정보연구원, 빅데이터 산업의 현황과 전망, 2013년 4월.
- 함유근, 채승병(2012), 빅데이터, 경영을 바꾸다, 삼성경제연구소, 275.
- Booz & Company(2011), "The Next Wave of Digitizatin Setting Your Direction, Building Your Capabilites."
- DBR/케이스 스터디, 유유제약, 업계 최초로 빅데이터 분석 도입, 2013년 12월.
- MoneyS, 결제 위치, 시점, 품목 빅데이터화… '개인 비서'가 된 신용카드, 2018년 11월 2일.
- Hadoop Summit(2012), Hadoop's Opportunity to Power Next-Generation Architectures.
- Socialmatrix.com
- Trends.google.com

CHAPTER 12

마케팅자동화

마케팅자동화(marketing automation)는 '마케터의 마케팅전략을 수립하고 집행하는 업무를 지원하기 위해 정보기술을 적용하는 것'이라고 정의될 수 있다. 본장에서는 먼저 CRM업무와 전통적인 마케팅업무의 특성을 비교하기 위해 CRM과 세분화마케팅의 차이점에 대해 논의하고, 다음으로 CRM을 통해 마케팅믹스변수에 대한 의사결정을 지원하는 마케팅리서치자동화에 대해 기술한다. 이어서 마케팅 커뮤니케이션 부문에 대한 시스템적 지원을 다루고 있는 캠페인자동화 시스템에 대해 기술한 뒤, 캠페인의 일환으로 그 중요성이 부각되고 있는 이벤트기반 캠페인에 대해 기술한다.

제1절 CRM과 세분화마케팅의 비교

시대적으로 보면 마케팅은 매스마케팅, 세분화마케팅을 거쳐 일대일마케팅으로 발전하여 왔으며, CRM은 일대일마케팅을 구현하는 전략적 수단이다. 이러한 의미에서 CRM은 마케팅에 포함되는 개념이다. 그런데 현대의 마케팅에서 가장 대표적인 마케팅전략 수립체계는 STP(세분화, 타깃팅, 포지셔닝)이며, 이는 바로 세분화마케팅의 핵심적인 내용이다. 그래서 일반적으로 마케팅이라고 하면 흔히 세분화마케팅을 일컫는다. 따라서 CRM과 마케팅과의 관계를 논할 때에는 CRM과 세분화마케팅을 비교하는 데 초점을 맞추게 된다. CRM과 세분화마케팅은 활용 매체, 의사결정을 위한 필요정보의 확보방법, 시장세분화의 방법 등 몇 가지 측면에서 그 차이를 분석해볼 수 있다.

1. 활용 매체

대고객 커뮤니케이션 매체의 활용에 있어서 세분화마케팅에서는 주로 매스미디어, 전단지, 홍보책자, 매장설치물 등과 같이 불특정다수를 대상으로 하는 매체가 사용되는 반면, CRM에서는 주로 전화, DM, 인터넷 등과 같은 일대일 커뮤니케이션 매체가 사용된다. 그렇지만 전화번호가 게재된 직접반응광고에서와 같이 매스미디어와 일대일 커뮤니케이션 매체가 결합되어 사용되기도 한다. 이러한 경우에는 매체를 기준으로 세분화마케팅과 CRM의 경계를 명확하게 구분하기는 어렵다.

2. 의사결정을 위한 필요정보의 확보방법

의사결정을 위해 필요한 정보를 확보하는 방법에 있어서 세분화마케팅에서는 주로 설문조사나 FGI와 같은 전통적인 마케팅리서치기법이 사용되는 반면, CRM에서는 주로 인구통계정보, 거래정보, 반응정보 등이 저장되어 있는 고객DB에 대한 분석에 의존한다. 그런데 고객DB를 통해서는 고객들의 심리적인 정보나 태도적인 정보를 알 수 없기 때문에 이를 확보하기 위해서는 전통적인 마케팅리서치기법을 보완적으로 활용하여야 한다.

3. 시장세분화의 방법

CRM과 세분화마케팅은 고객을 세분화하는 방법에 있어 차이가 있다. 세분화마케팅에서는 전체시장을 여러 가지 세분화변수(주로 인구통계변수)를 활용하여 점차 여러 개의 세분시장으로 나누어 가는 작업을 수행한다. 세분시장의 수가 늘어날수록 같은 세분시장에 속한 소비자들의 동질성은 커지지만 반면에 세분시장의 소비자수는 점차 적어지기 때문에 규모의 경제가 작동할 가능성은 줄어든다. 세분화마케팅에서 세분시장의 수가 작을수록 매스마케팅에 접근하고, 많을수록 CRM에 접근한다. CRM에서는 고객과의 커뮤니케이션이 개별매체를 통해 이루어지지만 니즈파악, 가치창조, 마케팅캠페인 기획 등은 통상적으로 세분시장을 단위로 이루어지며, 따라서 CRM에서도 시장세분화는 매우 중요한 개념이다. 그런데 CRM에서의 시장세분화와 세분화마케팅에서의 시장세분화는 다음과 같은 두 가지 점에서 차이가 있다.

① 세분화마케팅에서는 전체시장에서 출발하여 세분화작업이 수행되는 반면, CRM에서는 규모의 경제의 실현을 위해 개별고객들을 분석단위로 출발하여 공통점을 지닌 고객들을 묶어가는 방향으로 세분시장을 만들어나간다. 그래서 CRM에서도 세분시장의 규모가 커지면 커뮤니케이션 매체만 개별매체일 뿐 구체적인 활동은 매스마케팅적인 방향으로 전개될 수 있다.

② 세분화마케팅에서는 시장세분화를 위해 주로 인구통계변수에 의존하는 반면, CRM에서는 인구통계변수보다는 거래정보에 의존하는 경향이 있다. 예를 들어 CRM에서는 RFM이나 구매잠재력 등 고객들의 구매정보에 바탕을 둔 기준들에 의한 시장세분화가 많이 사용된다. 그렇지만 이러한 점도 완벽한 차이점은 아니며, 세분화마케팅에서도 구매액과 같은 행위적 변수를 사용하기도 하고, CRM에서도 인구통계변수를 많이 활용한다.

이런 측면에서 보면 매스마케팅과 세분화마케팅의 구분이나 세분화마케팅과 CRM과의 구분은 절대적인 구분이라기보다는 [그림 12-1]에 표현된 바와 같이 어떻게 운용하느냐에 따라 공통부분이 크게 차이가 날 수 있다.

그림 12-1 매스마케팅, 세분화마케팅, CRM의 비교

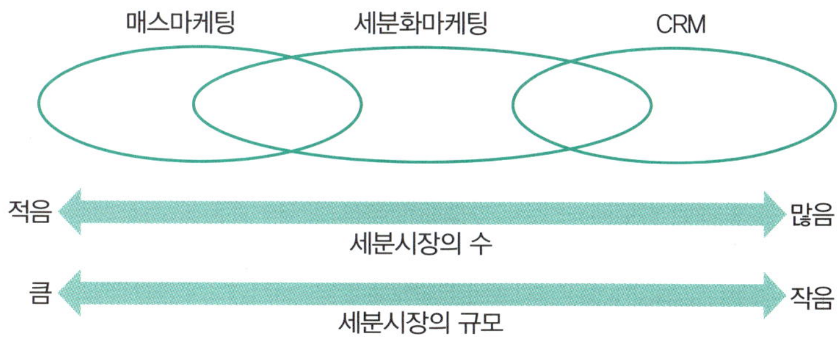

제 2 절 마케팅리서치자동화

CRM은 마케팅과 관련한 의사결정에 필요한 정보를 제공할 수 있는 유용한 수단으로도 사용될 수 있다. 이러한 의미에서 CRM은 마케팅리서치를 자동화하는 기능을 수행할 수 있다. 본절에서는 통상적인 마케팅리서치에 대해 기술한 후 마케팅리서치 자동화의 개념에 대해 논의한다.

1. 마케팅리서치의 개요

'마케팅리서치(marketing research)'는 '마케팅에 관련한 의사결정에 필요한 정보를 확보하기 위해 관련 자료를 수집하고 분석하는 일련의 과정'을 의미한다. 그런데 이 정의에서 마케팅에 관련한 의사결정이라 함은 주로 마케팅활동의 수단이 되는 마케팅믹스변수(혹은 4P변수 : 제품, 가격, 유통, 촉진)에 관련된 의사결정을 의미한다. 예를 들어 신제품 출시 여부, 가격조정의 수준, 유통망 확장 여부, 판매촉진의 방향 설정 등이 마케팅에 관련된 의사결정의 예라고 할 수 있다. 마케팅리서치는 어떠한 자료를 수집하느냐에 따라 양적조사와 질적조사로 나누어진다. 양적조사는 설문조사 자료와 같이 컴퓨터에 의한 통계분석이 요구되는 자료를 기반으로 하는 조사를 의미하고, 질적조사는 FGI(집단심층면접), 개별심층인터뷰, 2차자료 등과 같이 양적분석이 요구되지 않는 자료를 기반으로 하는 조사를 의미한다. 이러한 논의를 바탕으

로 일반적인 마케팅리서치 프로세스는 [그림 12-2]와 같이 표현될 수 있다. 마케팅 의사결정에 필요한 정보가 정의되면 이러한 정보를 확보하기 위해 필요한 자료가 수집되고 분석되며, 이러한 과정을 통해 확보된 정보를 바탕으로 마케팅 의사결정이 이루어지게 된다.

그림 12-2 일반적인 마케팅리서치 프로세스

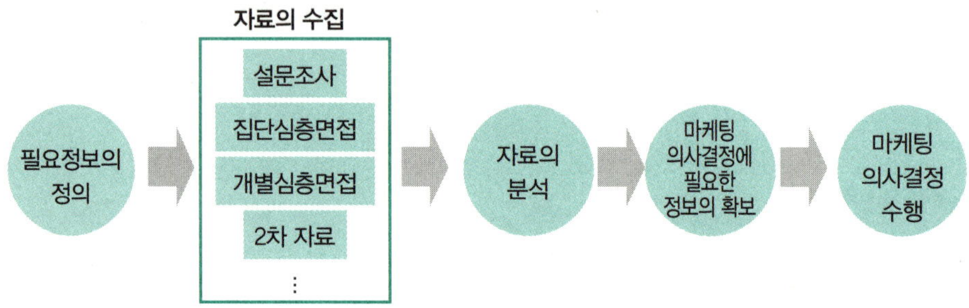

2. 마케팅리서치자동화

2.1 마케팅리서치자동화의 개념

마케팅리서치자동화(marketing research automation : 이하 MRA)는 '고객DB에 대한 분석을 통해 마케팅에 관련한 의사결정에 필요한 정보를 원활하게 공급하는 것'을 의미한다. 즉, 고객DB에 대한 분석을 통해 제품, 가격, 유통, 촉진 등과 같은 마케팅믹스변수에 대한 의사결정에 필요한 정보를 제공해주는 것을 의미한다. MRA 프로세스는 [그림 12-3]과 같이 표현될 수 있다. 일반적인 마케팅리서치 프로세스와 비교하면 자료수집과정이 생략되는 대신, OLAP 등과 같은 분석도구를 활용하여 고객DB에 대한 즉각적인 분석이 이루어짐으로써 필요한 정보가 훨씬 더 신속하게 확보될 수 있다는 것을 알 수 있다. 더욱이 필요정보가 명확하게 정의되고 또한 그 정보가 주기적으로 확보될 필요가 있는 경우에는 필요정보를 자동으로 필요시기에 맞추어 추출될 수 있도록 시스템화함으로써 의사결정이 신속하게 이루어질 수 있도록 도모할 수 있다.

어느 기업에서든 정보계 DB인 데이터웨어하우스(DW)를 처음 구축했을 때 조직구성원들의 1차적인 반응은 마케팅 및 영업과 관련한 각종 정보가 신속하게 추출될 수 있어서 매우 편리하다는 것이다. DW 구축 이전에는 전산부서에 요청하여 운영시스템으로부터 정보를 추출하여야 했기 때문에 번거롭고 시간도 많이 걸렸다. DW의 구축으로 마케터들은 전산부서의 도움 없이 직접 혹은 분석 전문인력이 근무하는 CRM 부서의 도움을 받아 필요한 정보를 추출하게 되면서 보다 신속하고 과학적인 마케팅 의사결정을 할 수 있게 되었다. 또한 앞에서 언급한 바와 같이 주기적으로 확보될 필요가 있는 정보에 대해서는 정형화 장표를 자동으로 생성하여 시스템에 올려놓음으로써 마케터가 해당 정보의 확보를 위해 별도의 노력을 기울일 필요가 없도록 하고 있다.

그림 12-3 마케팅리서치자동화 프로세스

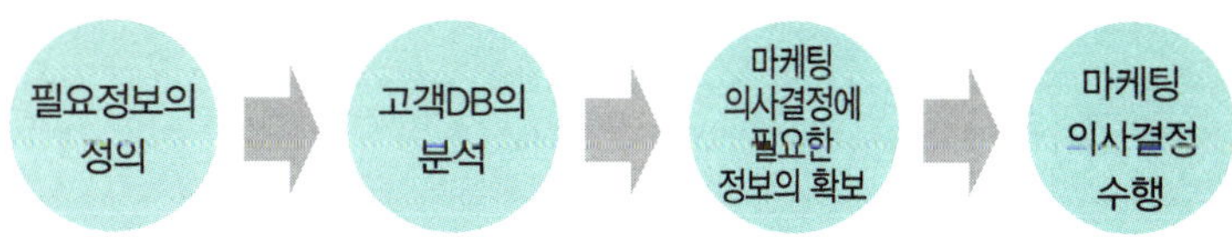

그림 12-4 스타스키마에 의한 다차원모델링

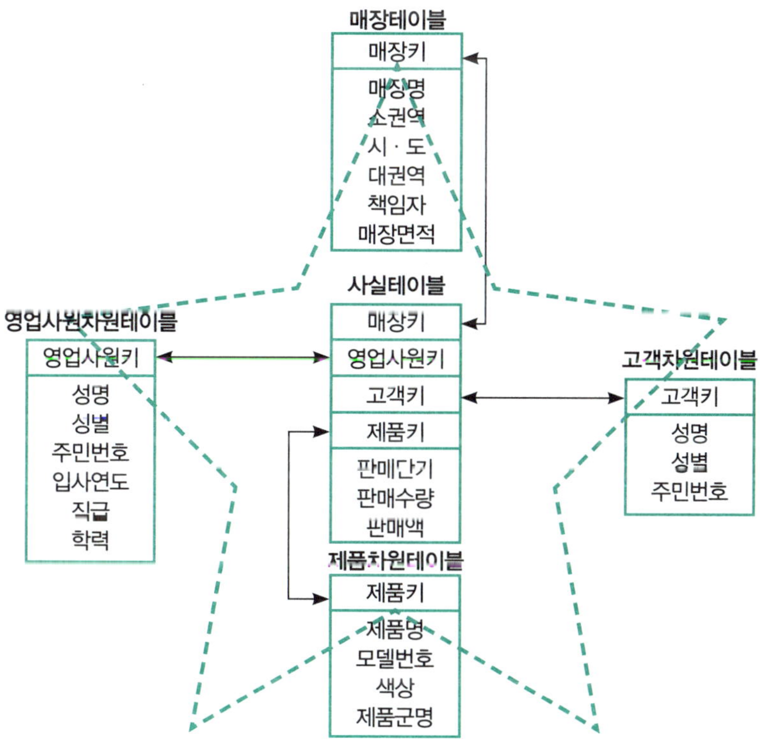

제9장 제2절 '분석 CRM시스템'에서 기술한 바와 같이 데이터웨어하우스(DW)와 같은 정보계 데이터베이스는 원하는 정보를 원활하게 추출할 수 있도록 설계된다. 일반적으로 데이터베이스의 설계는 다차원모델링방식으로 이루어지고 있는데, 이는 분석에 사용되는 여러 가지 정보를 차원들로 구분하고, 이들을 사실(주로 매출정보)을 매개로 결합시키는 방식이다. [그림 12-4]의 스타스키마(star scheme)는 다차원 설계기법 중의 하나이다. 그림에서 사실테이블은 매장키, 영업사원키, 고객키, 제품키, 판매단가, 판매수량, 판매액 등을 포함하고 있다. 이 가운데 매장키, 영업사원키, 고객키, 제품키는 해당되는 각 차원테이블과의 연결을 위한 외래키(foreign key)이다. 차원으로는 여기에서 제시된 매장, 고객, 제품, 영업사원 이외에도 프로모션 유형, 기간 등도 포함될 수 있다. 이러한 다차원모델링환경에서의 분석은 외래키를 매개로 테이블들을 결합시킴으로써 이루어진다. 따라서 그림의 예에서는 매출, 매장, 고객, 제품, 영업사원, 기간, 프로모션 유형 등의 모든 변수를 다각적으로 결합시켜 분석할 수 있다.

CRM 수행과정에서 대부분의 분석은 고객을 중심으로 이루어진다. 왜냐하면 CRM에서의 주요 이슈들은 기존고객의 유지, 기존고객의 활성화, 이탈고객의 재활성화 등과 같이 개별고객과 관련되어 있기 때문이다. 하지만 고객DB는 매우 다양한 각도에서 분석될 수 있으며, 이러한 분석을 통해 산출된 정보는 마케팅 의사결정을 위해 유용하게 사용될 수 있다. [표 12-1]은 DW에 대한 분석을 통해 추출될 수 있는 마케팅 정보의 예를 기술하고 있다. 즉, DW의 분석을 통해 산출된 정보는 제품, 가격, 매장,

| 표 12-1 | DW분석을 통한 마케팅정보의 예

구분	분석정보의 예
제품	• 제품의 색상별, 디자인 유형별 구매고객들의 인구통계적 특성 • 지역별로 잘 팔리는 제품의 특성 • 제품별 시간에 따른 판매추이
가격	• 가격 변화에 따른 수요 변화
매장	• 우수매장의 특성(점주의 연령/성, 면적, 위치 등) • 매장별 가장 잘 팔리는 상품 Best 5 • 매장별 고객이탈률(전기 구매고객의 비구매 비율)
영업사원	• 영업사원의 연령별/성별/근무연수별 판매실적, 주력 판매상품 등
판매촉진	• 판매촉진 대상별/유형별/시기별 반응률

영업사원, 판매촉진 등 다양한 마케팅 분야의 의사결정을 위해 사용될 수 있다. 예를 들어 특정 제품에 대해 구매고객들의 주요 특성, 선호 디자인 및 색상, 지역별 매출 분포, 시기별 판매추이 등을 분석하여 이러한 정보들을 해당 제품의 제품전략을 수립하는 데 유용하게 사용할 수 있다.

2.2 마케팅리서치자동화의 장 · 단점

1) MRA의 장점

MRA의 가장 큰 장점은 전통적인 마케팅리서치에 비해 필요정보의 확보가 매우 신속하고 비용효율적으로 이루어질 수 있다는 것이다. 예를 들어 설문조사를 하기 위해서는 동상적으로 외부의 조사회사에 의뢰하여야 하기 때문에 시간과 비용이 많이 소요되지만, 고객DB에 대한 분석은 자체적으로 이루어지기 때문에 별도의 비용이 발생하지 않고, 또한 거의 대부분 몇 시간 내에 이루어질 수 있다. MRA의 또 하나의 장점은 시계열적인 분석이 가능하다는 점이다. 예를 들어 특정 고객군의 구매행동이 시간의 흐름에 따라 어떠한 추이를 보이는지를 과거 몇 년간의 데이터를 통해 분석할 수 있다. 전통적인 마케팅리서치를 통해 이러한 분석을 하는 것은 거의 불가능하다.

2) MRA의 단점

MRA의 가장 큰 단점으로 목적적합성이 떨어진다는 점을 들 수 있다. 설문조사 등에서는 설문을 통해 필요한 정보를 차질 없이 얻을 수 있지만, 고객DB는 특정한 문제를 해결하기 위해 구축된 것이 아니기 때문에 마케터가 원하는 정보를 얻지 못하는 경우도 많다. 예를 들어 마케터가 가격을 인상하면 고객의 반응이 어떻게 예측되는지를 알고 싶을 경우에 과거에 가격을 인상한 경험이 전혀 없고 지역별로 가격의 차이가 전혀 없다면 고객DB를 통해 도움을 받을 수 없다.

MRA의 또 하나의 단점은 고객DB는 고객의 구매활동이나 인구통계적인 변수 등에 대해서는 풍부한 정보를 제공해주는 반면 구매 이유, 중요시하는 제품 특성, 제품에 대한 태도 등 인지적(認知的, cognitive) 및 감성적(感性的, affective) 정보는 전혀 제공해주지 못한다는 점이다. 이러한 단점을 보완하기 위해서는 MRA를 전통적인 마케팅리서치와 결합하여 사용하여야 한다. 예를 들어 의류회사가 매출이 감소하고 있는 특정 브랜드의 개선을 고려하고 있다면 먼저 고객DB에 대한 분석을 통해 매출이 특히 부진한 디자인, 색상 등을 파악한 후 해당 브랜드의 구매고객들을 대상으로 하는 설문조사를 통해 특정 디자인이나 색상의 옷을 구매한 이유 혹은 구매하지 않은 이유 등을 파악함으로써 브랜드의 개선 방향을 결정할 수 있다. 또한 와인유통회사가 고객들을 대상으로 맞춤 카탈로그를 제작하여 배송하고자 하는 경우에 우선 고객DB에 대한 분석을 통해 고객들을 구매패턴에 차이를 보이는 몇 개의 유형으로 구분한 뒤 설문조사를 실시하여 각 유형 고객들의 취미, 여가활동, 관심 분야 등을 파악함으로써 최종적으로 고객들을 몇 개의 유형으로 구분할 것인지와 각 유형별 고객군에 적합한 카탈로그의 편집 방향을 결정할 수 있다.

제 3 절 캠페인관리시스템

1. 캠페인관리시스템의 개요

1.1 CMS의 개념

CRM에서의 '캠페인(campaign)'은 교차판매, 상승판매, 이탈방지, 정보제공 등과 같이 특정한 목적을 달성하기 위해 특정 고객들을 대상으로 정해진 기간에 정해진 매체를 통해 이루어지는 대고객 커뮤니케이션활동을 의미한다. 기업을 이러한 활동을 통해 고객들의 자사의 제품에 대한 인지도를 향상시키고, 호감도를 높이며, 구매 등과 같은 행동을 유도해 내기 위해 노력한다. '캠페인관리시스템(campaign management system : 이하 CMS)'은 'CRM 캠페인활동의 기획, 실행, 평가, 피드백 등의 전 과정을 지원하는 전산시스템'이라고 정의될 수 있다. 마케터는 CMS의 도입을 통해 보다 정교한 형태로 보다 많은 수의 캠페인을 수행할 수 있게 된다.

1.2 CMS 도입의 목적

CMS 도입의 목적은 단기적인 목적과 중 · 장기적인 목적으로 나누어질 수 있다. 단기적인 목적은 단기적인 관점에서의 판매를 촉진시킴으로써 수익을 향상시키는 데 있다. 기존고객을 대상으로 하는 교차판매, 상승판매 등이 이러한 유형에 해당된다. 이러한 유형의 캠페인에서는 캠페인 대상고객의 구매 여부를 기반으로 캠페인의 성과를 평가하기 때문에 ROI를 측정하는 데 소요되는 기간이 매우 짧다. 중 · 장기적인 목적은 단기적인 관점에서의 수익 창출보다는 고객유지율의 향상 등을 통해 보다 긴 안목에서의 수익 창출을 도모하는 것이다. 이탈방지캠페인, 이탈고객 재활성화캠페인, 신규고객 창출캠페인 등이 이러한 유형에 해당한다. 이러한 캠페인에서의 ROI를 측정하는 기간은 상대적으로 길다. 그렇지만 특정한 캠페인의 목적이 항상 단기적인 목적 혹은 중 · 장기적인 목적으로 엄밀하게 구분될 수 있는 것은 아니다. 예를 들어 교차판매캠페인을 통해 고객들의 구매 상품수가 늘어나면 고객유지율도 증가하기 때문에 교차판매는 단기적인 수익 창출에도 도움이 되지만, 중 · 장기적인 수익 창출에도 기여할 수 있다.

1.3 CMS 도입의 기대 효과

1) 개별캠페인의 반응률 제고

CMS는 고객정보에 대한 다양한 분석을 바탕으로 하고 있기 때문에 캠페인 대상고객의 선정, 고객 제안(offer)의 설계, 채널의 선택 등의 업무를 보다 과학적으로 수행할 수 있으며, 이를 통해 캠페인의 반응률을 제고시킬 수 있다. 또한 CMS를 활용하면 실행하고자 하는 캠페인의 반응률에 대한 모의실험(simulation)이 가능하기 때문에 직관에 의한 판단에 의존하는 것에 비해 실패확률을 낮출 수 있다. CMS를 활용하면 앞서 수행된 캠페인의 효과분석 결과를 활용하여 캠페인을 매우 용이하게 설계할 수 있다는 점도 캠페인의 성공률을 증대시킬 수 있는 요인이 된다.

2) 캠페인 반응률의 지속적인 제고

CMS는 고객의 반응정보에 대한 체계적인 관리와 분석을 가능하게 함으로써 향후 캠페인의 성공률을 증대시킬 수 있는 방안을 신속하고 정확하게 제시할 수 있다. 이러한 과정을 반복하는 과정에서 캠페인 반응률은 지속적으로 향상될 수 있다.

3) 캠페인수의 획기적 증대

CMS를 도입하면 수작업(手作業)으로 캠페인을 실행하는 것에 비해 실행할 수 있는 캠페인의 숫자가 획기적으로 증대될 수 있다. 이는 캠페인의 기획은 물론, 실행과정에 대한 통제와 반응에 대한 분석 등이 매우 원활하게 이루어질 수 있기 때문이다. CMS을 활용하면 고객센터, 영업부서 등의 관련 부서에 캠페인의 실행과 관련된 정보들이 자동으로 전달되고 캠페인의 실행과 반응 수집이 정해진 일정에 따라 자동으로 이루어지기 때문에 관련 부서 간의 정보전달이나 고객반응의 수집/분석에 소요되는 시간을 단축시킬 수 있다. 이에 따라 캠페인을 담당하는 실무자는 실행에 대한 큰 부담 없이 시장환경의 변화에 신속하게 대응할 수 있는 다양한 캠페인들을 동시다발적으로 실행에 옮길 수 있다.

4) 고객만족도의 제고

CMS의 활용을 통해 대상고객의 니즈에 부합하는 제안이나 선호하는 채널을 채택할 가능성을 높일 수 있기 때문에 고객만족도를 제고시킬 수 있다. 또한 특정 고객에 대해 일정기간 동안에 접촉할 수 있는 최대 횟수를 설정해 놓음으로써 고객이 불쾌감이나 부담을 느낄 정도의 접촉을 피할 수 있다는 것도 고객만족도를 높일 수 있는 요인이 된다. 우리나라 소비자들의 CRM 캠페인에 대한 인식은 매우 부정적이라고 할 수 있다([글 12-1] 참조). 따라서 CRM을 수행하고 있는 우리나라 기업들로서는 고객들의 CRM 캠페인에 대한 부정적인 태도를 불식하고 고객들에게 만족을 줄 수 있는 CRM 캠페인을 실행한 것이 매우 중요한 과제가 되고 있다. CMS는 기업들이 이러한 과제를 수행하는 데 큰 도움이 될 수 있다.

글 12-1 우리나라 소비자들의 CRM 캠페인에 대한 인식

서울 중심지에 위치한 대기업에서 근무하는 직장인들 위주로 구성된 152명을 대상으로 실시된 한 설문조사 결과는 우리나라 기업들이 실시하고 있는 CRM 캠페인의 단면을 보여주고 있다.

이 조사에 따르면 응답자들은 월평균 50~60개 정도의 기업 판촉정보를 받고 있는데, 대부분의 응답자는 판촉정보를 원치 않거나(27.0%), 하루 한 건 이하의 판촉정보 수신을 원하는(61.2%) 것으로 나타났다. CRM 캠페인활동에 대한 인식에 있어서도 기업의 CRM 캠페인활동이 고객만족을 위한 것(36%)이라는 의견보다는 기업의 수익성을 개선하기 위한 것(57%)이라는 의견이 많았으며, 제공정보에 대해서도 유용하다(13%)는 의견보다는 유용하지 않다(37%)는 의견이 많았다. 또한 동일한 판촉정보를 반복적으로 수신하고 있고(72%), CRM정보가 차별적이지 못해 불만스러우며(62%), 너무 많은 기업들이 접촉을 해오고 있을 뿐만 아니라(81%), 자신과는 관련이 없는 기업까지 접근해서 불쾌함을 느낀다(69%)고 응답하였다. 그 결과, CRM활동에 대해 전반적으로 만족한다는 응답자는 10%에도 미치지 못했다(9%). 또한 응답자들은 CRM 캠페인활동으로 인해 자신의 프라이버시가 침해되고 있다는 인식을 가지고 있는 것으로 나타났다. 즉, 향후에 자신의 개인정보를 기업에 제공할 의사가 있다는 응답자는 10%에 불과한 반면, 제공의사가 없다는 응답자의 비율은 60%에 달했다. 또한 기업의 일대일 접촉을 희망하는 응답자의 비율은 10%에 머무른 반면, 원치 않는다는 응답자는

59%에 달했다. 그러나 조사 결과는 응답자들이 CRM 캠페인활동의 본질에 대해 부정하고 있다기보다는 우리나라 기업들의 CRM 캠페인활동이 CRM 캠페인의 원래 취지에 부응하지 못하고 있다는 점을 시사해주고 있다. 즉, 우리나라 기업들의 CRM활동에 대한 부정적인 견해에도 불구하고 응답자의 47%가 CRM활동은 고객만족 차원에서 필요하다고 응답했고, 30%가 실제로 구매한 경험을 가지고 있으며, 29%가 현재의 CRM활동이 개선되면 자신의 개인정보를 공개할 의사가 있다고 응답하였다.

수집된 설문자료를 바탕으로 실시된 연구모형의 분석결과가 보여주고 있는 바와 같이 기업의 비차별적이고 반복적인 CRM 캠페인은 고객을 불편하게 만들고, 이는 제품과 기업의 이미지 실추와 고객이탈로 이어지기 때문에 CRM 캠페인은 고객에게 차별적인 가치를 제공하며, 고객이 불쾌함을 느끼지 않도록 절제된 방향으로 전개되어야 한다.

자료 : 서창적, 방혜경(2005), "고객관점에서의 CRM 평가와 개선방안에 관한 실증연구," 경영학연구, 34(2), 423-444.

2. 캠페인 프로세스

캠페인 프로세스는 [그림 12-5]와 같이 캠페인전략 가설의 도출, 캠페인전략 가설의 정교화, 파일로트 캠페인(pilot campaign)의 실행, 캠페인의 승인 및 예산 설정, 전사(全社) 캠페인(roll-out campaign)의 실행 등의 과정을 거쳐 이루어진다. 각 단계별 내용은 [표 12-2]에 기술하였다.

그림 12-5 캠페인 프로세스

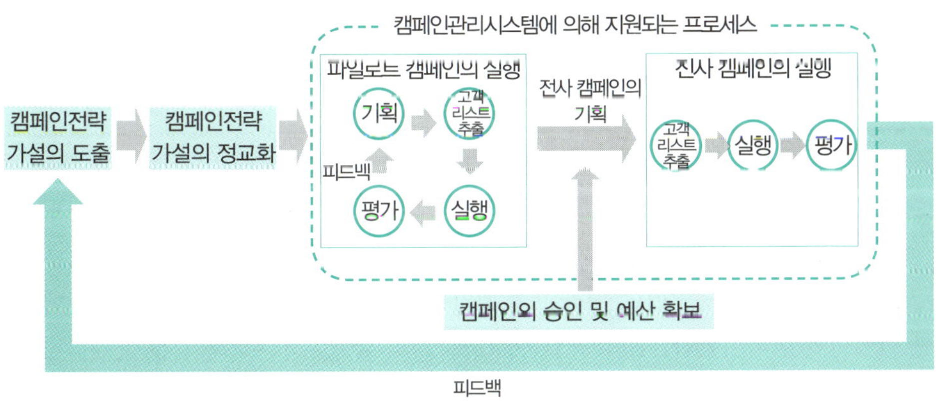

| 표 12-2 | 캠페인 프로세스의 각 과정별 내용

과정	캠페인전략 가설의 도출	캠페인전략 가설의 정교화	파일로트 캠페인의 실행	캠페인의 승인 및 예산 확보	전사 캠페인의 기획, 실행 및 성과평가
내용	• 회사 주도적 전략 가설 원천 –회사의 새로운 전략 –회사의 당면한 문제 –실무자의 업무수행 과정에서의 직관 –타사의 성공 사례에 대한 벤치마킹 –OLAP/데이터 마이닝 등의 분석도구를 이용한 분석 • 이벤트기반적 전략 가설 원천 –고객의 신상 변화 –고객의 구매패턴의 변화 –VOC 등 고객의 비구매 커뮤니케이션	• 데이터분석을 실시하고, 분석 결과가 전략가설을 지지하는지의 여부에 대한 검토 • 캠페인 대상 고객의 규모, 캠페인 진행을 위한 소요비용, 캠페인 소요기간 등을 고려한 캠페인의 실현 가능성에 대한 검토 • 캠페인의 성공 가능성에 대한 검토	• 파일로트 캠페인의 기획 –캠페인 목표 고객의 설정 –고객 제안의 결정 –캠페인 실행 일정의 결정 –접촉 채널의 결정 –워크플로우 및 부서 간 커뮤니케이션 방안의 결정 –실행주체의 결정 • 대상고객 리스트의 추출 • 파일로트 캠페인의 실행 • 파일로트 캠페인의 평가 및 피드백 –성과분석 –레포팅 –피드백	• 전사 캠페인의 승인 • 전사 캠페인의 실행을 위한 예산 확보	• 전사 캠페인의 기획 –캠페인 목표의 설정 –대상고객의 결정 –고객 제안의 결정 –캠페인 실행 일정의 결정 –접촉 채널의 결정 –워크플로우 및 부서 간 커뮤니케이션 방안의 설정 –실행주체의 결정 • 전사 캠페인의 실행 • 전사 캠페인의 성과평가 및 피드백 –성과분석 –레포팅 –피드백

2.1 캠페인전략 가설의 도출

캠페인전략 가설은 어떠한 내용의 캠페인을 실행하는 것이 바람직할 것인가에 대한 아이디어를 의미한다. 전략 가설은 신규고객의 확보, 기존고객의 유지, 기존고객의 활성화 등 3개 CRM활동 유형 중의 하나를 목표로 설정된다. 캠페인전략 가설은 매우 다양한 원천으로부터 도출될 수 있으며, 그 원천이 어디에 있는가에 따라 크게

'회사주도적 전략 가설(company-initiated strategic hypothesis)'과 '이벤트기반적 전략가설(event-based strategic hypothesis)'로 나누어질 수 있다. '회사주도적 전략 가설'은 예를 들어 고객이탈률의 증가와 같은 회사의 문제점의 해결을 중심으로 하는 전략 가설을 의미하며, '이벤트기반적 전략 가설'은 고객의 신상 변화(예 : 결혼, 이사 등)나 고객의 구체적인 행위(예 : 구매의 정지, 이용 채널의 변화, 상품에 대한 문의 등)로부터 도출되는 전략 가설을 의미한다. 특히 이벤트기반적 전략 가설에 기반을 둔 캠페인을 '이벤트기반 캠페인(event-based campaign : 이하 EBC)'이라고 하는데, 회사주도적 전략 가설에 근거한 캠페인에 비해 반응률이 훨씬 더 높은 것으로 알려져 있으며, 이를 위한 별도의 시스템을 구축하기도 한다. 본장에서는 EBC의 중요성을 감안하여 제4절에서 별도로 기술하였다.

1) 회사주도적 전략 가설의 원천

① 회사의 새로운 전략 : 회사가 새로운 경영전략이나 마케팅전략을 전개하고자 할 때 캠페인은 이를 지원하기 위한 수단으로 유용하게 사용될 수 있다. 예를 들어 회사가 신제품을 개발하였다거나 다른 업종의 회사를 설립 혹은 인수하였을 때 캠페인은 신제품에 대한 홍보나 판매를 위한 유용한 수단으로 사용될 수 있다.

② 회사의 당면한 문제 : 캠페인은 현재 회사가 당면하고 있는 문제를 해결하는 유용한 수단이 될 수 있다. 예를 들어 경쟁사의 신제품 출시나 점포의 설립으로 고객의 이탈이 예상될 때 이탈방지캠페인은 이에 대응하는 적절한 수단이 될 수 있으며, 특정 세분시장에서의 점유율이 하락하고 있을 때 해당 세분시장의 니즈에 부합하는 인센티브를 제공하는 TM이나 DM 캠페인은 점유율의 하락을 막는 유용한 수단이 될 수 있다.

③ 실무자의 업무 수행과정에서의 직관 : 실무자가 현업에서의 경험을 통해 얻게 되는 직관(直觀, intuition)도 매우 중요한 캠페인전략 가설의 원천이 된다. 이 경우의 캠페인전략 가설은 예를 들어 "특정한 연령대의 고객들은 특정한 상품조합에 대한 선호도가 높을 것 같다"거나, "A라는 상품을 보유하고 있는 고객들은 B라는 상품을 추가적으로 구매할 가능성이 높을 것 같다"거나 하는 형태로 표현된다. 이러한 가설들을 도출하기 위해서는 현업에서의 경험이 기반이 되기 때문에 현업 경험이 많은 실무자일수록 캠페인전략 가설을 도출해내기가 훨씬 용이하다.

④ 타사의 성공 사례에 대한 벤치마킹 : 타사의 성공 사례도 훌륭한 전략 가설의 원천이 될 수 있다. 따라서 CRM 실무자는 타사의 사례를 지속적으로 수집하고 분석하여야 한다. 다만 타사의 여건과 자사의 여건은 다르기 때문에 타사의 성공 사례를 그대로 답습하여서는 안 되고 자사의 실정에 맞게 변형하여 적용하여야 한다.

⑤ OLAP/데이터마이닝 등의 분석도구를 이용한 분석과정에서의 발견 : 캠페인전략 가설은 고객DB에 대한 탐색적인 분석을 통해서도 만들어질 수 있다. 탐색적인 분석이란 분석자가 캠페인에 대한 아이디어를 가지고 있지 않은 상태에서 흥미로운 사실을 발견할 수도 있다는 기대를 가지고 분석하는 것을 의미한다. 하지만 이러한 발견을 위해서는 너무 많은 시간이 소요되기 때문에 매우 비효율적일 수 있고, 또한 흥미로운 사실이 나타났다고 하더라도 분석자가 이의 중요성을 인식할 수 있는 지식이나 경험이 없으면 그냥 지나쳐 버리기가 쉽다. 그래서 탐색적 분석에 의한 캠페인전략 가설의 도출은 기대만큼 잘 이루어지지 않는 것이 일반적이다.

2.2 캠페인전략 가설의 정교화

캠페인의 전략 가설이 도출되면 이를 그대로 실행에 옮기는 것이 아니라 이를 정교하게 다듬는 작업이 필요하며, 이를 위해서는 다음과 같은 방법들이 사용될 수 있다.

① 데이터에 대한 분석결과가 전략 가설을 지지하는지의 여부에 대한 검토 : 특히 직관에 의한 캠페인전략 가설을 도출하였을 경우에는 분석을 통해서 그 전략 가설이 데이터에 의해 입증되고 있는지의 여부를 확인하는 것이 매우 중요하다.

② 캠페인 실행가능성에 대한 검토 : 캠페인 대상고객의 규모, 캠페인 진행을 위한 소요비용, 캠페인 소요기간 등의 현실적인 측면에 대한 검토를 통해 캠페인의 실현가능성을 점검하여야 한다. 대상고객의 숫자가 너무 작아서 캠페인으로서의 의미를 갖기 힘들거나, 비용이 너무 많이 소요되거나, 시간이 너무 많이 소요되어 시의성이 떨어지거나 하는 경우에는 캠페인전략 가설을 포기하거나 수정하여야 한다.

③ 캠페인의 성공가능성에 대한 검토 : 캠페인에 대한 성공가능성은 뒤에서 기술할 파일로트 캠페인에서도 검토가 되지만, 그 이전에 마케팅, 영업, 고객센터

등 여러 부문의 임직원들과의 논의를 통해 성공가능성을 논의해보는 과정이 필요하다. 이러한 과정을 통해 성공가능성이 낮은 전략 가설을 사전에 걸러내는 효과를 거둘 수 있고, 또한 채택되는 전략 가설에 대한 전사적인 공감대를 형성하는 데도 도움이 될 수 있다.

2.3 파일로트 캠페인

앞에서 기술한 '캠페인전략 가설의 도출'과 '캠페인전략 가설의 정교화'는 캠페인관리시스템에 의해 지원되는 부분이 아니라 캠페인 담당자가 캠페인관리시스템을 사용하기에 앞서 수행하여야 하는 업무이다. 캠페인관리시스템에 의해 지원되는 업무는 '파일로트 캠페인의 실행'과 '전사 캠페인의 실행'이다. 파일로트 캠페인(pilot campaign)은 전사 캠페인의 실행에 앞서서 정해진 캠페인전략 가설을 목표고객의 일부만을 대상으로 실행하는 소규모 캠페인을 의미한다.

1) 파일로트 캠페인의 목적

파일로트 캠페인의 목적은 캠페인의 정교화 및 실패에 따른 손실 방지로 요약될 수 있다.

① 캠페인의 정교화 : 파일로트 캠페인의 실행과정에서 발견되는 미비점을 보완함으로써 전사 캠페인의 성공가능성을 높일 수 있다. 파일로트 캠페인은 비용과 시간이 적게 들기 때문에 캠페인의 내용(대상고객, 제안, 채널 등)을 변경하면서 가장 우수한 성과를 가져올 수 있는 대상고객-제안-채널-접촉시기 등의 최적 조합을 추출해낼 때까지 반복적으로 수행될 수 있다. 이러한 과정을 통해서 수익성이 검증된 캠페인을 전사 캠페인으로 채택하기 때문에 전사 캠페인의 성공가능성을 높일 수 있다.

② 실패에 따른 손실 방지 : 전사적인 캠페인의 실행에는 많은 비용이 소요되었기 때문에 실패하면 많은 손실이 발생한다. 파일로트 캠페인을 통해 성공가능성이 낮은 캠페인을 사전에 걸러줌으로써 막대한 손실이 발생하는 일을 사전에 방지할 수 있다. 이는 신제품을 전면적으로 출시하기 이전에 일부 시장만을 대상으로 시장 테스트를 하는 것과 같은 논리이다.

2) 파일로트 캠페인의 기획

파일로트 캠페인은 기획, 고객 리스트의 추출, 실행, 평가, 피드백의 순환과정을 통해 이루어진다. 파일로트 캠페인의 기획은 대상고객, 제안, 캠페인 실행일정, 접촉채널, 워크 플로우 및 부서 간 커뮤니케이션 방안, 실행주체 등을 구체화하는 것을 의미한다.

① 대상고객 : 대상이 되는 고객은 캠페인전략 가설의 내용에 따라 결정된다. 예를 들어 전략 가설의 내용이 "상품 A를 보유하고 있는 고객들은 상품 B를 추가적으로 구매할 가능성이 높다"라고 하면 상품 A를 보유하고 있으면서 상품 B를 보유하고 있지 않은 고객들이 캠페인의 대상고객이 된다. 또한 유통업체가 경쟁업체의 신규점포 개설로 인해 신규점포까지의 이동거리가 10분 이내인 자사고객들의 이탈가능성이 높을 것으로 판단하는 경우에는 고객가치가 높은 고객들의 이탈을 방지하기 위해, 예를 들어 '경쟁업체의 신규점포에서 반경 2km 이내에 거주하면서 RFM 점수가 80점 이상인 고객'이 캠페인의 대상고객이 될 수 있다.

② 제안의 내용 : 제안(offer)은 캠페인의 대상고객에게 제공하고자 하는 것을 의미한다. 제공하고자 하는 것이 제품이든 서비스이든 고객이 가치가 있다고 판단하는 것을 제공하여야 한다. 따라서 제안을 한다는 것은 고객가치를 제안하는 것이라고 할 수 있다. 제안은 사은품이나 할인 등과 같은 금전적인 혜택이 될 수도 있고, 유용한 정보나 카운슬링서비스의 제공, 문화행사 초청 등과 같은 비금전적 혜택이 될 수도 있다. 중요한 것은 고객의 개별적인 니즈에 부합하도록 제안의 내용을 구성하는 것이다. 캠페인에서 대상고객에게 맞춤(customization)의 정도가 낮은 제안을 제시하게 되면 TM, DM, 인터넷, 영업사원 등과 같은 개별적인 커뮤니케이션 수단이 사용될 뿐 매스마케팅(mass marketing)과 큰 차이가 없으며, 따라서 좋은 성과를 기대할 수 없다. 성공적인 캠페인을 위해서는 비용효율적인 맞춤제안에 대한 많은 조사와 논의가 이루어져야 한다. 제안의 내용에 대해서는 제3장에서 상술하였다.

③ 접촉 채널 : TM, DM, 인터넷, 휴대폰, 영업사원 등 고객과 접촉할 수 있는 다양한 채널이 존재하기 때문에 어떤 채널을 활용할 것인가에 대한 결정이 이루어져야 한다. 하나의 채널만 활용되는 경우도 있지만, 많은 경우에 복수의 채널이 동시에 혹은 연속하여 사용된다. 어떠한 채널(들)을 사용할 것인가는 채널별 수익성과 고객의 채널 선호도에 의해 결정된다. 고객이 선호하지 않는 채널은

우선적으로 배제되어야 하고, 그렇지 않은 채널들을 대상으로 수익성을 검토하게 된다. 교차판매와 같이 단기적인 판매를 목적으로 이루어지는 캠페인의 경우 각 채널별로 동일한 매출을 올리는 데 소요되는 비용을 산정하면 채널 간의 수익성을 비교할 수 있다. [표 12-3]의 가상 예에서와 같이 TM의 접촉성공률과 캠페인성공률이 각각 50%, 10%이고 이메일의 접촉성공률과 캠페인성공률은 각각 5%, 1%라고 하면 100건의 매출을 성사시키기 위해서 TM을 이용할 경우에는 2,000명을 접촉하여야 하고, 이메일을 이용할 경우에는 20만 명을 접촉하여야 한다. 따라서 이 경우에서의 채널 결정은 TM을 통한 2,000명 접촉에 소요되는 비용과 이메일을 통해 20만 명을 접촉하는 데 소요되는 비용의 비교에 의해 이루어진다.

| 표 12-3 | 캠페인 채널의 선정을 위한 채널 비교 가상 예

구분	TM	이메일
접촉성공률(접촉을 시도하였을 때 성공적으로 접촉이 이루어질 확률)	50%	5%
캠페인성공률(접촉이 이루어졌을 때 판매 등의 캠페인 목적이 달성될 확률)	10%	1%
100건의 판매를 성사시키기 위해 필요한 접촉시도 대상고객수	2,000명	20만 명

④ 캠페인 실행시기 : 캠페인 실행시기는 계절, 요일, 시간대 등 다양한 단위를 기준으로 정해질 수 있다. 고객과의 접촉시기에 따라 반응률이 크게 차이가 날 수 있기 때문에 캠페인의 대상이 되는 상품이나 고객의 특성을 충분히 고려하여 캠페인 실행시기를 정하여야 한다. 특히 냉 · 난방기, 의류, 레저용품, 선상식품 등과 같이 계절성을 가지고 있는 경우에는 캠페인 실행시기가 매우 중요하다. 또한 고객의 니즈가 많은 시기(예 : 건강식품의 경우 명절 1~3주일 전), 고객의 구매력이 확보되어 있는 시기(예 : 급여생활자의 경우 월초), 고객접촉이 용이한 시간대 등 고객의 입장을 충분히 고려하여 캠페인의 실행시기를 정하여야 한다.

⑤ 워크 플로우 및 부서 간 커뮤니케이션 방안 : 캠페인은 하나의 부서에 의해 이루어지는 경우도 있지만 대부분은 마케팅부서, 영업지원부서, 영업지점, 고객센터 등 여러 부문의 직원들의 협업에 의해 이루어진다. 따라서 캠페인을 시간

의 흐름에 따라 어떻게 진행할 것인가를 결정하고, 이를 기반으로 부서 간의 커뮤니케이션을 어떻게 수행해 나갈 것인지를 정하여야 한다. 부서 간의 커뮤니케이션은 성공적인 캠페인의 수행을 위해 매우 중요하기 때문에 꼼꼼하게 워크플로우를 작성하여 부서 간 커뮤니케이션에서 불협화음이 나지 않도록 신중을 기하여야 한다.

⑥ 준비작업 : 캠페인의 진행을 위해서는 DM, 쿠폰, TM 실행을 위한 스크립트(script), 이메일캠페인을 위한 콘텐츠, 캠페인 관련 홈페이지 콘텐츠 등의 제작이 사전에 이루어져야 한다. 또한 사은품을 주는 경우에는 적정량의 사은품도 확보되어야 하고, 마일리지 제공 등의 경우에는 전산시스템의 조정이 필요하다. 여러 부서가 관련되어 있는 경우에는 캠페인의 내용에 대한 공지와 교육(예 : 텔레마케터나 영업사원 대상의 교육)도 이루어져야 한다.

⑦ 실행주체 : 성공적 파일로트 캠페인의 수행을 위해서는 캠페인을 실제로 실행하는 주체를 잘 선정하는 것이 대단히 중요하다. 예를 들어 일선 영업점에서 실행되는 캠페인을 기획하고 있는 경우에 CRM부서가 제안하는 캠페인에 대해 긍정적이고 적극적인 마인드를 가지고 있는 영업점을 파일로트 캠페인에 참여시키는 것이 무엇보다 중요하다([글 12-2] 참조). 은행이나 보험사와 같이 많은 영업점이 있는 경우에 같은 내용의 캠페인의 성과가 영업점별로 크게 차이가 나는 것은 각 영업점의 점장과 직원들의 캠페인에 대한 확신과 의지의 정도가 다르기 때문이다. 파일로트 캠페인이 성공적으로 이루어지지 못하면 캠페인을 전사적으로 확산시킬 수 없기 때문에 적극적인 마인드를 가지고 있는 구성원들의 참여를 통해서 성공 케이스를 만들어 나가는 것이 매우 중요하다.

글 12-2 파일로트 캠페인에서의 대상고객 선별의 필요성

우리나라의 한 생명보험사의 CRM부서는 기존고객을 대상으로 하는 상승판매(up-selling) 캠페인을 전개하기 위해 다각적인 분석을 통해 판매하고자 하는 보험상품을 구매할 가능성이 높은 고객들의 리스트를 추출하였다. 또한 이 캠페인은 지점 소속의 설계사들이 직접 고객들과 접촉하는 것으로 기획되었기 때문에 CRM부서는 추출된 리스트를 지점별로 분류하여 각 지점에 송부하였다. 물론 리스트를 송부하기 이전에 전화와 이메일을 통해 각 지점에 이 캠페인의 취지를 설명하고 적극적으로 협조해 줄 것을 부탁하였다. 이 캠페인을 실행한 후 2~3개월이 지나서 그 실적을 분석하였는데, 실적이 전혀 없거나 매우 부진한 지점도 많았지만, 몇몇 지점들은 평균 실적에 비해 10배 이상의 실적을 올린 것으로 나타났다. 그 원인이 궁금하여 실적이 우수한 지점의 지점장을 대상으로 그 원인을 조사하였는데, 실적이 좋은 한 지점의 지점장은 보험설계사들에게 이렇게 말하였다고 한다. "이 리스트는 어디에서도 구할 수 없는 매우 소중한 자산이다. 매일 일정한 분량의 리스트를 공급할 계획이니 이 리스트를 활용하여 적극적으로 영업활동을 전개하기 바란다." 그리고 그 지점장은 보험설계사 가운데에서도 커뮤니케이션 능력이 뛰어나고 성실한 설계사들을 중심으로 리스트를 분배하였다고 한다. 실적이 없는 지점은 활동을 하였음에도 불구하고 실적이 없었을 수도 있지만, 대부분 리스트를 사용하지 않고 방치하여 두었을 가능성이 크다. 이 사례에서 보더라도 전국적인 규모의 CRM 캠페인을 실행하려고 하는 경우에 처음부터 확산시킬 것이 아니라 처음에는 협조적이고 실험정신이 강한 능력 있는 지점장이 근무하는 몇몇 지점들을 선정하여 실행함으로써 실적을 가시화시키고, 이를 바탕으로 동참하겠다는 지점들의 신청을 받아 점차 확산시켜 나가는 방법을 사용하는 것이 바람직하다. 처음부터 대규모로 실행하면 시간이나 비용이 많이 들 뿐더러 성과가 부진한 경우에는 성공가능성이 있음에도 불구하고 더 이상 캠페인이 추진되지 못하는 결과가 초래될 수도 있다.

자료 : 박찬욱(2005), 한국적 CRM 실천방안, 시그마인사이트, 164-165.

2.4 전사적 캠페인의 기획, 승인과 예산 확보, 그리고 전사적 캠페인의 실행

파일로트 캠페인의 실행을 통해 나타난 미비점 등을 보완하는 방향으로 전사 캠페인에 대한 기획이 이루어진다. 전사적 캠페인에 대한 기획은 파일로트 캠페인에 대한 기획에서와 마찬가지로 대상고객, 제안, 캠페인 실행일정, 접촉 채널, 워크 플로우 및 부서 간 커뮤니케이션 방안, 실행주체 등을 구체화하는 것을 의미한다. 기획의 내용은 파일로트 캠페인의 경우와 거의 같지만 대상고객과 실행주체가 확장되고, 실행일정 등도 조정된다. 전사 캠페인의 내용이 확정되면 이제 이의 실행을 위한 승인 및 예산 확보 절차가 진행된다. 소규모의 캠페인에 대한 승인과 예산 확보는 팀장이나 부서장의 전결로 이루어지지만 큰 규모의 캠페인의 경우에는 경영진의 검토를 거쳐 승인과 예산의 확보가 이루어진다. 승인과 예산 확보 절차가 완료되면 전사적 캠페인이 진행된다. 대상고객의 리스트가 추출되어서 실행주체에게 전달되고, 실행주체에 의해 고객과의 커뮤니케이션을 위한 활동이 전개된다.

2.5 캠페인의 성과평가

1) 캠페인 성과평가의 의미

캠페인이 실행되고 나면 이에 대한 성과평가가 이루어진다. 캠페인에 대한 성과평가는 두 가지 의미를 지닌다.

첫째, 성과평가의 결과는 캠페인의 성패를 결정하는 기준이 된다. 예를 들어 교차판매의 경우, ROI의 산출을 통해 수익성을 평가함으로써 교차판매캠페인이 성공적이었는지의 여부를 판단하게 된다. 그런데 ROI로 성공 여부를 판단할 때 두 가지 사항에 대해 유의할 필요가 있다. 첫째는 성공 여부를 판단하는 ROI의 수준에 대한 것이다. ROI가 10%이었다면 캠페인이 성공적이었는지, 평범하였는지, 혹은 실패라고 하여야 하는지에 대한 기준이 있어야 한다. 이러한 기준으로는 과거의 비슷한 캠페인의 ROI, 혹은 동종업계에서의 비슷한 캠페인의 평균적인 ROI 등이 사용될 수 있다. 둘째는 평가기간에 대한 것이다. 교차판매의 경우 단기적인 수익 창출이 주목적이지만, 이로 인해 고객들의 유지율이 제고될 수 있다. 따라서 캠페인을 통해 추가적인 구매를 한 고객들의 유지율이 어떠한 추이를 보이는가도 중요한 평가기준이 될 수 있다. 이를 평가하기 위해서는 캠페인이 종료된 후 적어도 3개월 혹은 6개월 이상의 시간이 경과한 후에 평가가 이루어져야 한다. 따라서 이러한 경우에는 캠페인이 종료된 후에 단기적인 평가와 함께 예를 들어 6개월 이후에 유지율을 감안한 중 · 장기적인 관점에서의 평가를 다시 실시함으로써 정확한 평가가 이루어질 수 있도록 하는 것이 바람직하다.

둘째, 성과평가는 캠페인의 성패를 결정하는 데 사용될 뿐만 아니라, 향후에 보다 높은 ROI를 시현할 수 있는 캠페인이 기획되어 실행될 수 있도록 하는 데 기여한다. 즉, 성과평가의 과정에서 발견된 여러 가지 사항들은 캠페인 프로세스의 가장 초기 단계인 '캠페인전략 가설의 도출'과정에 반영되어 보다 세련된 아이디어가 창출될 수 있도록 하는 기능을 수행한다. 예를 들어 분석을 통해 특정 세분시장 고객들의 반응률이 유독 높았다거나, 특정 채널이나 특정 제안이 특정 세분시장 고객들로부터 보다 좋은 반응을 얻었다거나 하는 사항들이 발견되면 이러한 사항들은 향후의 캠페인에 반영되어 보다 높은 ROI를 달성하는 데 기여하게 된다. 이러한 과정을 통해서 조직은 점차 학습조직(learning organization)으로서의 면모를 갖추어 가게 된다.

2) 캠페인의 설계

캠페인의 실행 결과에 대한 성과평가가 객관적으로 이루어지게 하기 위해서는 사전에 캠페인에 대한 설계(design)가 정교하게 이루어져야 한다. 캠페인의 설계는 '캠페인 대상고객을 어떻게 추출할 것인가와 캠페인의 실행 결과를 어느 시점에 어떻게 측정할 것인가를 결정하는 것'을 의미한다. 캠페인의 설계에서 가장 중요한 것은 커뮤니케이션의 대상이 되는 고객들의 리스트를 추출할 때 커뮤니케이션이 이루어지는 고객들과 동질적이면서도 커뮤니케이션을 하지 않을 고객들의 리스트도 동시에 추출하여야 한다는 점이다. 커뮤니케이션의 대상이 되는 고객들을 실험집단(experiment group)이라고 하고, 실험집단과의 비교를 위해 추출되는 고객들을 통제집단(control group)이라고 한다. CRM 캠페인에 가장 적합한 설계방법은 '통제집단 사전사후측정 설계(pretest-posttest control group design)'이며 이는 다음과 같이 표현된다.

실험집단(experiment group) : (R) $O_1 \times O_2$
통제집단(control group) : (R) $O_3 \quad O_4$

위에서 (R)은 전체 고객의 리스트에서 일정수의 고객들을 단순무작위 임의추출(simple random sampling)한다는 것을 의미한다. ×는 실험집단 고객과의 커뮤니케이션이 일어나는 것을 의미하는데, 예를 들어 구매실적이 저조한 고객들을 대상으로 일정액수 이상의 구매를 하면 사은품을 제공한다는 내용의 캠페인을 전개하는 경우에 실험집단의 고객들에게 DM, TM, 이메일, 문자메시지 등을 이용하여 이를 알리는 것을 의미한다. O_1, O_2, O_3, O_4는 구매액 등과 같은 결과변수에 대한 측정치를 의미한다. 이 가운데 O_1과 O_3은 실험집단 고객들과의 커뮤니케이션이 일어나기 이전에 측정된 값이고, O_2와 O_4는 실험집단 고객들과의 커뮤니케이션이 일어난 이후에 측정된 값이다. 구매실적이 저조한 고객들을 대상으로 일정기간 이내에 일정액수 이상의 구매를 하면 사은품을 제공한다는 내용의 캠페인을 전개하는 경우에 캠페인의 설계와 이에 따른 캠페인 결과에 대한 측정은 다음과 같은 단계를 거쳐 이루어진다.

첫째, 전체 고객리스트에서 실험집단과 통제집단 고객으로, 예를 들어 각각 3,000명을 임의추출한다.

둘째, 두 집단 고객들의 캠페인 이전 일정기간(예 : 3개월) 동안의 월평균 구매액(O_1과 O_3)을 계산한다.

셋째, 실험집단 3,000명에게 일정기간(예 : 1개월) 이내에 일정액수 이상의 구매를 하면 사은품을 제공한다는 내용의 문자메시지를 발송한다.

넷째, 캠페인 기간(1개월)이 경과한 뒤 실험집단의 월평균 구매액(O_2)과 통제집단의 월평균 구매액(O_4)을 계산한다. 이를 바탕으로 다음과 같은 공식을 활용하여 캠페인의 효과를 측정한다 : $(O_2-O_1)-(O_4-O_3)$.

이러한 방식의 캠페인 설계는 비단 캠페인의 효과 측정뿐만 아니라 매우 다양한 용도로 활용될 수 있다. 예를 들어 2개의 서로 다른 제안(offer)의 효과를 비교하고 싶다거나, 최적의 고객 커뮤니케이션 채널을 찾고자 한다거나, 고객의 특성에 따라 동일한 제안에 대한 반응에 차이가 있는지를 알고 싶다거나 하는 경우에도 '통제집단 사전사후측정설계'는 매우 유용하게 사용될 수 있다. 예를 들어 고객과의 커뮤니케이션 채널로 DM, TM, DM+TM(DM을 보내고 일정기간이 경과한 후 TM을 실시하는 것) 등의 3개 채널 간에 반응률에서 얼마나 차이가 있는지를 알고 싶다면 다음과 같이 캠페인을 설계할 수 있다.

실험집단 1 : (R) O_1 (DM) O_2
실험집단 2 : (R) O_3 (TM) O_4
실험집단 3 : (R) O_5 (DM+TM) O_6
통제집단 : (R) O_7 O_8

이 경우 각 채널의 효과와 채널 간의 상대적 효과는 다음과 같이 계산될 수 있다.

DM을 사용하였을 때의 캠페인의 효과 : $(O_2-O_1)-(O_8-O_7)$
TM을 사용하였을 때의 캠페인의 효과 : $(O_4-O_3)-(O_8-O_7)$
DM+TM을 사용하였을 때의 캠페인의 효과 : $(O_6-O_5)-(O_8-O_7)$
DM과 TM의 효과의 비교 : $(O_2-O_1)-(O_4-O_3)$
DM과 DM+TM의 효과의 비교 : $(O_2-O_1)-(O_6-O_5)$
TM과 DM+TM의 효과의 비교 : $(O_4-O_3)-(O_6-O_5)$

이러한 캠페인에 대한 설계는 특히 파이로트 캠페인에서 유용하게 사용될 수 있다. 전사 캠페인의 내용을 확정 짓기 전에 파일로트 캠페인에 대한 설계를 통해 대상 고객, 제안, 접촉 채널 등 다양한 변수들에 대해 어떠한 고객, 어떠한 제안, 어떠한 채널이 가장 적합한지를 용이하게 결정할 수 있다.

제 4 절 이벤트기반 캠페인

1. 이벤트기반 캠페인의 정의와 특징

1.1 이벤트기반 캠페인의 정의

캠페인의 한 형태로 '이벤트기반 캠페인(event-based campaign : 이하 EBC)'이 금융, 통신, 유통 등의 업종을 중심으로 크게 각광을 받고 있다. 일반적으로 이벤트(event)는 '불특정다수의 사람들을 모아놓고 개최하는 행사'를 의미하지만, EBC에서의 이벤트는 이러한 사전적인 의미와는 사뭇 다르다. EBC에서의 이벤트는 '효과적인 CRM활동의 전개를 가능하게 해줄 수 있는 고객의 행동이나 고객과 밀접하게 관련된 사건'을 의미한다. 즉, EBC에서의 이벤트는 CRM의 핵심적인 활동(신규고객의 확보, 기존고객의 유지, 기존고객의 활성화)의 전개를 위한 계기를 마련해 줄 수 있는 고객의 신상 변화, 구매패턴의 변화, 특정 제품의 구매, 상품에 대한 문의 등을 의미한다.

EBC은 '이벤트의 발생을 감지하고, 사전에 설정된 이벤트 대응규칙에 따라 해당 고객을 대상으로 자동적으로 진행되는 커뮤니케이션활동'이라고 정의될 수 있다. 예를 들어 A은행과 거래하고 있는 어떤 고객이 거래 이후 처음으로 상당한 액수의 금액을 인출하였다면, 이는 A은행에게는 CRM활동의 전개를 위한 하나의 계기가 될 수 있다. 사전에 정해진 바에 따라 이 거래는 자동적으로 '이벤트'로 감지되고, 역시 정해진 이벤트 대응규칙에 따라 고객센터에 해당 고객과 거래내용에 대한 정보가 전달된다. 고객센터에서는 해당 고객에게 전화를 걸어 거액 인출에 대한 이유를 파악하게 된다. 만일 거액 인출이 아파트 구매를 위한 자금을 마련하기 위한 것이었다고 하면, 고객센터 상담원은 그 고객에게 적합한 주택대출 상품을 선별하여 권유할 수 있으며, 그 고객의 거래실적이 우수하다면 우대금리를 제시할 수도 있다.

1.2 이벤트기반 캠페인의 특징

이벤트기반 캠페인은 통상적인 캠페인에 비해 다음과 같은 특성을 갖는다.

① EBC는 일반적인 캠페인 프로세스에서의 '캠페인전략 가설의 도출'과 '캠페인전략 가설의 정교화'과정을 시스템화시켜 놓은 것이라고 할 수 있다. 즉, 일반적인 캠페인에서 '캠페인전략 가설의 도출'과 '캠페인전략 가설의 정교화'과정은 시스

템의 도움 없이 캠페인 기획자에 의해 수행되지만 EBC에서는 이 과정이 시스템화되어 있다는 특징이 있다. 따라서 EBC에서는 캠페인을 실행할 때마다 전략가설의 도출과 정교화과정을 되풀이할 필요가 없기 때문에 캠페인의 전개에 소요되는 시간이 훨씬 짧다.

② 통상적인 캠페인에서는 캠페인의 실행시기를 캠페인 기획자가 정하지만 EBC에서는 고객의 행동이 이루어지는 시점에서 캠페인이 시작된다.

③ 통상적인 캠페인에서는 다수의 고객을 대상으로 캠페인이 전개되는 것이 일반적이지만 EBC에서는 단 한 사람의 고객만을 대상으로 캠페인이 이루어질 수 있다.

2. 이벤트기반 캠페인의 장점

위에서 기술한 바와 같은 특징을 지니고 있는 이벤트기반 캠페인은 통상적인 캠페인에 비해 다음과 같은 장점을 지닌다.

2.1 고객의 니즈에 충실한 캠페인의 전개

EBC은 고객의 구매행동의 변화나 신상 변화 등과 같은 고객의 니즈를 즉각적으로 파악할 수 있는 정보에 기반을 두고 있기 때문에 고객의 개별적인 니즈에 보다 더 충실하게 부응할 수 있다. 이러한 장점은 신제품의 판매를 위해 전개되는 캠페인과의 비교를 통해 잘 설명될 수 있다. 신제품 판매를 위해서는 고객DB에 대한 분석을 통해 신제품을 구매할 확률이 높은 고객을 찾아서 캠페인을 전개한다. 그런데 대상으로 선정된 고객들은 그렇지 않은 고객들에 비해 신상품에 대해 관심이 있을 확률이 높다고는 할 수 있지만 신상품에 대해 니즈를 가지고 있다고 확인된 것은 아니다. 그러나 예를 들어, 특정한 기능의 제품에 대해 문의한 고객은 해당 제품에 대한 니즈를 가지고 있는 것으로 확인된 고객이기 때문에 이러한 고객에 대응하는 캠페인은 보다 더 적극적으로 고객의 니즈에 부응할 수 있다.

2.2 시의적절한 캠페인의 전개

표출된 고객의 행동에 기반을 둔 캠페인의 경우 고객의 니즈가 확인되는 순간을 놓치지 않고 바로 캠페인을 전개할 수 있다. 즉, 고객의 행동으로 표출된 고객 니즈에 대한 감지와 이에 대응하기 위한 캠페인의 실행이 사전에 정해진 이벤트 대응규칙에 따라 자동으로 이루어지기 때문에 시의적절한 캠페인의 전개가 가능하다.

2.3 빈번한 접촉으로 인한 고객관계 악화의 방지

EBC은 주로 고객의 행동에 기반을 두고 있기 때문에 고객의 구체적인 행동이나 특별한 사건이 없으면 캠페인도 진행되지 않는다. 따라서 너무 잦은 접촉으로 인해서 고객들이 불쾌감을 갖는 일이 발생할 가능성은 거의 없다.

3. 이벤트의 유형

EBC에서의 이벤트는 이벤트의 원천 및 복잡성 정도의 두 가지 기준에 의해 그 유형을 분류할 수 있다. 먼저 이벤트는 그 원천이 어디인가에 따라 [표 12-4]와 같이 신상 관련 이벤트, 구매 관련 이벤트, 비구매 접촉 관련 이벤트 등으로 구분될 수 있

| 표 12-4 | 이벤트의 원천에 따른 이벤트 유형의 구분

이벤트의 원천		이벤트의 예
신상 관련 이벤트	기념일	생일, 환갑/진갑, 결혼기념일, 명절 등
	라이프 이벤트	취업, 결혼, 임신 및 출산, 이사, 퇴직 등
구매 관련 이벤트	거래의 시작	최초 구매, 계좌 개설, 카드 발급 등
	구매패턴의 변화	구매의 규모/빈도/품목 관련 두드러진 변화
	특정 상품의 구매	교차/상승판매의 기회를 제공하는 특정 상품의 구매
	구매의 정지	일정기간 이상 동안 정지된 구매
	사용채널의 변화	주거래 채널의 변화, 채널별 사용빈도수의 변화
	지불대금의 연체	최초 연체의 발생, 연체 지속기간, 연체금액 등
	만기일의 도래	만기상품의 경우 만기일의 도래
	스코어링모델의 점수에 따른 변화	우수고객등급, 신용등급, 이탈가능성등급 등의 변화
비구매 접촉 관련 이벤트	VOC(고객의 소리)	제품/서비스 관련 문의 및 상담, 서비스 해지 신청, 멤버십 카드 신청, 불만, 칭찬, 아이디어 제공 등
	경쟁사의 활동	경쟁사와 고객과의 통화(통신사)

다. 신상 관련 이벤트는 생일이나 결혼기념일과 같은 정기적인 기념일, 이사나 결혼 등과 같은 라이프 이벤트 등을 의미한다. 구매 관련 이벤트는 가장 대표적인 이벤트라고 할 수 있으며, 첫 거래, 구매패턴의 변화, 지불대금의 연체 등과 같이 구매활동을 기반으로 하는 이벤트를 의미한다. 비구매 접촉 관련 이벤트는 문의, 상담, 불만, 제언, 칭찬 등과 같이 구매활동은 아니지만 고객관계의 증진을 위해 추가적인 활동이 필요할 것으로 판단되는 이벤트를 의미한다.

이벤트는 이벤트를 도출해내는 과정이 얼마나 복잡한가를 기준으로 [표 12-5]와 같이 단순 이벤트, 발견 이벤트, 예측 이벤트 등으로 구분될 수 있다. 단순 이벤트는 단발적인 라이프스타일의 변화나 구매행동을 통해 파악되는 이벤트를 의미한다. 앞에서 살펴본 원천에 따른 이벤트 유형에서 고객의 신상 관련 이벤트나 비구매 접촉 관련 이벤트의 대부분이 이에 해당하며, 구매 관련 이벤트 중에서도 구매의 개시, 연체의 발생, 만기일의 도래 등과 같이 즉각적으로 파악될 수 있는 사안들이 이에 해당한다. 발견 이벤트나 예측 이벤트는 고객의 구매와 관련된 데이터에 대한 상당한 수준의 분석을 통해 파악되는 이벤트를 의미하는데, 발견 이벤트는 구매량/구매빈도의 변화, 사용 채널의 변화 등과 같이 이미 발생된 행동의 변화를 파악하고자 하는 데 초점이 있는 반면, 예측 이벤트는 높은 이탈가능성, 높은 추가 구매가능성 등과 같이 아직 일어나지는 않았지만 앞으로 일어날 가능성이 높은 행동의 변화를 예측하고자 한다는 데 그 차이가 있다. 이 두 개 유형의 이벤트는 복잡성에는 차이가 있지만 항상 명확하게 구분될 수 있는 것은 아니다. 단순 이벤트는 파악하기가 매우 용이하지만, 반면에 특히 예측 이벤트의 경우에는 고객의 구매행동에 대한 상당한 정도의 연구 없이는 도출해 내기가 쉽지 않다. 그런데 통상적으로 EBC에서의 이벤트는 단순

| 표 12-5 | 이벤트의 복잡성 정도에 따른 이벤트 유형의 구분

유형	특성	이벤트의 예
단순 이벤트	고객의 신상, 구매활동, 비구매 접촉활동 등과 관련한 단발적인 사건이나 행동	생일, 출산, 입학, 이사, 취업, 거래의 개시, 제품 문의, 해지 신청, 불만의 제기, 만기일의 도래 등
발견 이벤트	고객DB에 대한 분석을 통해 발견되는 고객의 구매 관련 행동의 변화	구매량/구매빈도의 변화, 사용채널의 변화 등
예측 이벤트	고객DB에 대한 분석을 통해 예측되는 고객의 구매 관련 행동의 변화	높은 이탈가능성, 높은 추가 구매가능성, 높은 고객등급 변화가능성 등

이벤트를 의미하고, 발견 이벤트나 예측 이벤트와 같은 경우에는 EBC보다는 통상적인 캠페인에서 활용되는 것이 일반적이다.

4. 이벤트기반 캠페인 프로세스

EBC 프로세스는 [그림 12-6]에서와 같이 EBC의 기획, 이벤트 및 대응규칙 저장소 구축, 이벤트 감지, EBC 실행, EBC 성과평가 등의 과정을 거쳐 진행된다.

그림 12-6 EBC(이벤트기반 캠페인) 프로세스

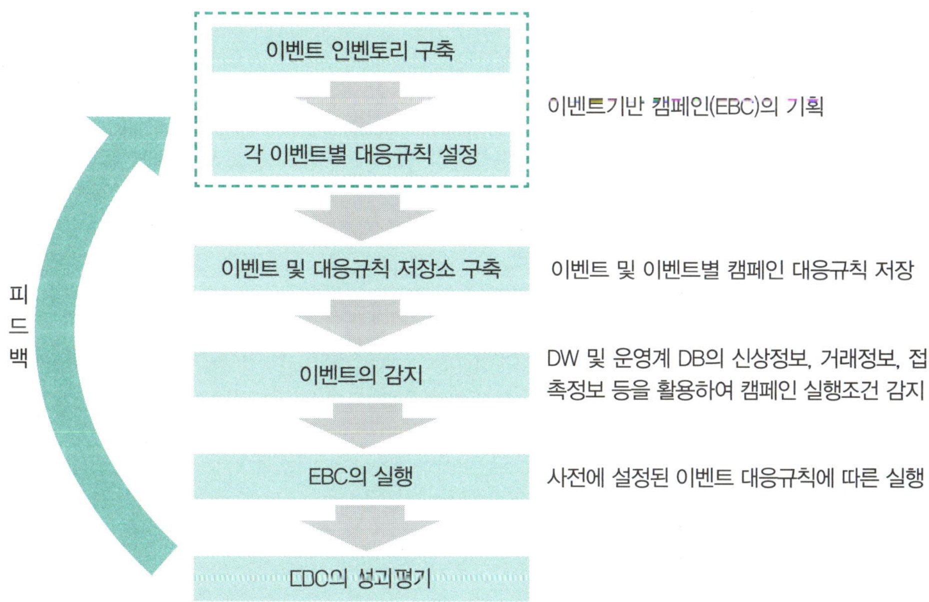

4.1 이벤트기반 캠페인의 기획

이벤트기반 캠페인(EBC)의 기획은 '이벤트 인벤토리(inventory)'를 구축하고 각 이벤트에 대한 대응규칙을 설정하는 단계로 EBC에서 가장 핵심적인 부분이라고 할 수 있다. 이벤트 인벤토리는 자사에서 실행하고자 하는 이벤트의 목록으로, 해당기업이 속해 있는 업종의 특성과 해당 기업의 전략적 목표를 감안하여 신중하게 선택되어야 한다. 이벤트 대응규칙은 감지된 이벤트에 대응하는 활동을 규정해 놓은 것으로 "이벤트 A가 감지되면 B라는 채널을 활용하여 C시점에 D를 제안한다"라는 형식의 규칙을 의미한다. [표 12-6]은 각 유형의 이벤트별로 이벤트 대응규칙의 예를 제시하고 있다. 이벤트 인벤토리와 이벤트 대응규칙은 고정되어 있는 것이 아니라 각 이벤트별 캠페인에 대한 성과평가를 반영하여 끊임없이 수정되고 보완되는 순환적인 과정을 통해 점차 개선시켜 나가야 한다.

| 표 12-6 | 이벤트 유형별 대응규칙의 예

구분	이벤트의 예	이벤트 대응규칙의 예
신상 관련 이벤트	가전회사 : 이사/결혼	• SMS를 이용한 축하 메시지 전달 • 관련 가전제품 카탈로그 배송 • 매장 내방 유도를 위한 O/B TM 실시
구매 관련 이벤트	카드사 : 한도금액을 초과하는 거래승인 신청	• 이벤트 감지 즉시 O/B TM을 통한 원인 파악 • 지불능력이 있는 것으로 확인되면 한도 증액
	보험사 : 보험상품의 만기일 도래	• 만기일 도래 2개월 전에 만기일 도래 사실을 알리고 고객으로부터 방문 허락을 획득하기 위한 O/B TM 실시 • 방문 상담을 통해 고객의 니즈를 파악하고 이의 충족을 위한 해결방안 제시
비구매 접촉 관련 이벤트	통신사 : 고객과 경쟁사와의 빈번한 통화	• 1주일 이내에 O/B TM을 통해 불만이나 문제를 파악하고, 고객과의 대화를 통해 이의 해결을 위한 방안 모색 • 고객과 합의한 내용의 방안을 실행하고 실행사항을 해당 고객에게 통지
	항공사 : 마일리지 서비스에 대한 문의	• 멤버십 카드 미발급 고객 대상의 발급 신청 유도 • 마일리지서비스에 대한 상세한 정보의 이메일 발송 • 문의에 대한 감사의 SMS 발송

4.2 이벤트 및 대응규칙 저장소의 구축

이벤트 인벤토리와 각 이벤트별 대응규칙은 캠페인관리시스템에 저장되어서 이벤트가 감지되면 이벤트의 실행이 자동적으로 이루어질 수 있도록 한다.

4.3 이벤트의 감지

이벤트에 대한 감지는 이벤트에 따라서 운영계 DB에서 정보계 DB인 데이터웨어하우스(DW)로 데이터가 이전되는 ETL단계에서 이루어질 수도 있고, DW에 저장된 정보를 통해 감지가 될 수도 있다.

① ETL단계에서의 이벤트 감지 : 예를 들어 거래 개시, 해지 신청, 거액 인출, 제품에 대한 문의 등과 같은 구매 관련 단발성 이벤트는 운영계 DB에서 DW로 데이터가 이전되는 ETL과정에서 자동적으로 이벤트가 감지될 있도록 할 수 있다.

② DB 저장정보를 통한 이벤트 감지 : 예를 들어 고객등급의 변화, 거래패턴의 변화, 거래 채널의 변화 등과 같이 일정한 기간 동안의 거래정보에 대한 분석을 필요로 하는 경우나 결혼기념일 등과 같은 신상정보를 기반으로 하는 경우에는 DW에 저장된 정보를 기반으로 이벤트를 감지할 수 있다.

4.4 EBC의 실행

이벤트가 감지되면 정해진 이벤트 대응규칙에 따라 캠페인이 실행된다. 그런데 실행되기 이전에 해당 고객이 캠페인의 대상으로 적합한지에 대해 검증이 이루어진다. 이러한 과정은 캠페인의 성공률을 제고시키기 위해 매우 중요한 단계이며, 다음과 같은 기준들에 의해 대상고객이 걸러질 수 있다.

① 과거 몇 개월(예 : 3개월) 내에 캠페인 대상이 되었던 고객

② 나이가 너무 많거나 적어서 커뮤니케이션에 문제가 있을 것으로 판단되는 고객

③ 거래실적이 매우 부진한 고객

④ 신용도가 매우 낮은 고객

⑤ 자사의 임직원

4.5 EBC의 성과평가

EBC에서는 통제집단과 실험집단을 인위적으로 설정할 수도 없고 캠페인의 대상이 되는 고객의 수나 캠페인의 시기 등도 사전에 정할 수 없기 때문에 통상적인 캠페인에서의 성과평가방법을 활용할 수 없다. EBC의 성과평가는 비슷한 유형의 캠페인(예 : 교차판매캠페인)이 통상적인 캠페인을 통해 이루어졌을 때와 EBC를 통해 이루어졌을 때의 성공률에 대한 비교를 통해 이루어질 수 있다. 예를 들어 통상적인 교차판매 캠페인의 평균적인 성공률이 10%였던 데 비해, 고객센터에 문의를 해오는 고객을 대상으로 하는 EBC의 성공확률이 30%였다면 EBC의 성과가 3배만큼 더 우수한 것으로 평가할 수 있다.

[글 12-3]은 EBC의 선구적인 역할을 하였다고 할 수 있는 국립호주은행의 사례로

지금까지 기술한 EBC 프로세스의 대표적인 사례를 보여주고 있다.

글 12-3 이벤트기반 캠페인 사례 : 국립호주은행

주가총액기준으로 세계에서 17번째로 큰 은행인 국립호주은행(National Australia Bank)은 CRM 활동을 적극적으로 전개하고 있으며, 특히 이벤트기반마케팅 분야에서 선구적인 사례를 보여주고 있다.

이 은행은 1989년에 데이터웨어하우스를 구축하였으며, 이를 계기로 본격적인 캠페인을 전개하기 시작하였다. 상품의 판매를 위한 캠페인을 전개하는 과정에서 시장세분화나 목표고객의 선정에는 큰 문제가 없었지만, 고객이 원하는 시점에 캠페인을 전개하는 것은 아니었기 때문에 캠페인의 성공률은 매우 낮았다. 즉, 고객의 니즈와 캠페인의 타이밍이 고려되지 않은 채 단지 판매하고자 하는 상품의 구매확률이 높다고 판단되는 고객들에게 무조건 DM을 발송하는 것이 성공률을 저하시키는 원인으로 지적되었다. 뿐만 아니라 잦은 접촉이 고객들의 짜증을 불러일으켜서 충성도를 저하시키는 부작용까지 발생하고 있었다.

이러한 문제점을 해결하기 위해 이 은행은 고객의 니즈와 캠페인의 타이밍의 관계에 대해 연구하기 시작하였으며, 그 결과 거래상의 변화를 통해 고객이 현재 어떠한 니즈를 가지고 있는가를 파악할 수 있고, 바로 이 시점이 캠페인의 전개를 위한 적기라는 것을 발견하였다. 이 은행은 이러한 고객의 변화를 이벤트라고 정의하였으며, 약 600개의 이벤트를 설정하였다. 이러한 이벤트 인벤토리에는 2만 달러가 넘는 거래, 연간 거래금액의 180% 이상 출금, 급여이체의 개설 혹은 중단, 갑작스런 거래액의 증가, 계좌의 개설 및 해지, 적금 및 정기예금의 만기 등이 포함되었으며, 전화 혹은 방문에 의한 대출 및 수신 상품의 상담 등과 같은 비거래 접촉활동도 포함되었다. 이러한 방식으로 수행된 대표적인 사례는 다음과 같다. 이 은행은 30년 동안 거래를 해온 72세의 여성노인이 어느 날 1만 5천 달러를 출금한 사실을 알게 되었다. 평소에 거액 거래가 없었던 이 여성노인의 거래는 이벤트로 파악되었고 다음 날 콜센터에서 전화를 걸어 확인한 결과 손녀가 2개월 후 결혼을 하는데, 결혼 선물로 임대한 주택의 6개월치 월세를 대납해주기로 하였다는 사실을 확인하였다. 해당 영업점에서는 그 손녀와 약혼자를 접촉하여 주택대출, 주택저당대출, 당좌예금, 신용카드, 자동차론 등을 판매할 수 있었다. 결국 이 여성노인의 1만 5천 달러의 인출이라는 이벤트를 기반으로 상당한 판매 실적을 올릴 수 있었다.

이 은행에서 이벤트에 대한 감지는 매일 저녁 7시에 실시된다. 즉, 하루 동안의 거래내용이 데이터웨어하우스에 보내지는 과정에서 이벤트를 감지하도록 하고 있다. 이벤트가 감지된 고객들의 리스트는 자동으로 출력된다. 다음 날 아침 7시가 되면 이벤트별 대응규칙에 따라 리스트를 각 채널에 배분하여 대응하도록 하였다. 가용할 수 있는 채널에 한계가 있기 때문에 각 유형의 이벤트에 중요도를 부여하고 중요도 순서대로 채널을 배정하였으며, 채널을 배정받지 못한 이벤트는 캠페인 데이터마트에 이동되어 다음 날 실행되기를 기다리게 된다. 예를 들어 5천 건의 이벤트가 감지되었고, 이벤트의 중요도와 유형, 그리고 채널의 처리용량을 고려하여 콜센터에서 1천 건, DM센터에서 2천 건, 영업점에서 1천 건, 본부 마케팅부서에서 200건을 처리하기로 하였다면, 나머지 800건은 자동으로 데이터마트에 저장되어 다음 날 처리될 수 있도록 한다. 콜센터에 피드백된 1천 건에 대해서는 CTI 기능을 갖춘 아웃바운드 TM을 통해 적절한 상담이 이루어지게 되며, DM센터에 피드백된 2천 건에 대해서는 해당 이벤트에 알맞은 상품안내서와 DM이 자동으로 인쇄되어 고객에게 송부된다. 또한 영업점에 피드백된 1천 건에 대해서는 해당 영업점의 영업사원에게 고객접촉을 위한 사전 정보와 접촉전략을 제공하게 되며, 본부 마케팅 스태프에게도 마찬가지로 고객정보와 접촉전략이 제공된다. 캠페인을 전개하는 과정에서 캠페인의 대상이 되는 고객은 모든 채널에서 파악이 가능하도록 함으로써 중복 접촉하거나 일정기간 동안 반복적으로 접촉하는 것을 방지하고 있다.

이 은행은 이벤트기반 캠페인의 ROI를 측정하기 위해 시드니에 거주하는 100만 명의 고객을 대상으로 조사를 실시하였다. 100만 명을 두 집단으로 나누어서 50만 명은 이전의 방법대로 캠페인을 전개하였고, 나머지 50만 명은 이벤트기반 캠페인을 전개하였는데, 그 성공률을 비교한 결과 이벤트기반캠페인의 성공률이 수 배 이상의 높음을 확인하였다. 이 은행은 여기에 확신을 얻어 호주 국내 전 고객인 350만 명을 대상으로 확대적용하고 있으며, 1998년의 경우 120만 건의 이벤트를 감지하여 총 40만 명을 대상으로 캠페인을 실시한 결과 당초 예상이익인 20만 달러의 6배에 달하는 약 120만 달러의 순이익 증가를 가져왔다.

자료 : Khirallah, Kathleen(2001), "CRM case study : Optimizing relationships at National Australia Bank, Ltd," TowerGroup.

참고문헌

- 박찬욱(2005), 한국적 CRM 실천방안, 시그마인사이트, 164-165.
- 서창적, 방혜경(2005), "고객관점에서의 CRM 평가와 개선방안에 관한 실증연구," 경영학연구, 34(2), 423-444.
- Baran, Roger J., Robert J. Galka and Daniel P. Strunk(2007), *Principles of Customer Relationship Management*, Thomson South-Western, 376-385.
- Buttle, Francis(2009), *Customer Relationship Management : Concepts and Technologies*, 2nd ed., Butterworth-Heinemann, Chapter 15.
- Khirallah, Kathleen(2001), "CRM case study : Optimizing relationships at National Australia Bank, Ltd," TowerGroup.
- Peelen, Ed(2005), *Customer Relationship Management*, FT Prentice-Hall, 379-382.

CHAPTER 13

영업자동화

영업자동화(SFA : Sales Force Automation)는 운영 CRM시스템을 구성하는 주요 요소 중의 하나로 영업사원의 생산성 향상을 목적으로 구축된다. 영업사원의 생산성 향상은 매출과 수익의 증진으로 직결되기 때문에 SFA는 가장 빠른 속도로 도입된 CRM시스템이라고 할 수 있다. SFA는 영업사원이 보다 많은 시간을 고객과의 접촉에 할애할 수 있도록 지원하고, 또한 영업 성공 확률을 높이는 데 기여한다. 이를 위해 SFA는 기회관리, 접촉관리, 계정관리, 활동관리, 지식관리, 커뮤니케이션관리 등의 다양한 기능을 제공한다. 최근에는 제약업계, 보험업계 등을 중심으로 모바일 SFA를 도입하는 사례도 증가하고 있다. 그러나 SFA가 도입의 효과를 충분히 발휘하기 위해서는 SFA에 대한 영업사원들의 저항을 극복하는 것이 매우 중요한 과제가 되고 있다. 영업사원들은 SFA의 도입으로 인한 고객정보 입력요구의 심화, 관리자의 지시나 간섭의 증가에 대해 반발할 수 있으며 이러한 저항이 심해지면 아무리 훌륭한 기능을 지니고 있는 SFA라고 하더라도 성공적으로 도입 목적을 달성할 수 없다. 본장에서는 SFA의 개념, SFA 도입의 목적, 모바일 SFA, SFA 도입의 저항요인과 극복방안 등에 대해 기술한다.

제1절 SFA의 개념

영업자동화를 의미하는 SFA(Sales Force Automation)는 마케팅자동화 및 서비스자동화와 함께 운영 CRM시스템을 구성하고 있다. 즉, SFA는 CRM 중심의 영업전략이 효과적으로 수행될 수 있도록 지원하는 운영 CRM시스템이다. SFA가 등장한 이유는 시장의 성장이 둔화되고 기업 간의 경쟁이 심해지면서 매출을 지속적으로 향상시키기 위해서는 영업사원 개인의 능력에만 의존하는 것에서 벗어나 회사 차원에서 영업과정을 보다 과학적이고 체계적으로 관리함으로써 전체 영업사원의 생산성을 향상시켜야 할 필요성이 커졌기 때문이다. 이러한 의미에서 SFA는 '영업사원과 영업관리자가 업무와 관련된 목적을 달성할 수 있도록 지원하기 위해 정보기술을 적용시키는 것', '영업과 관련된 각종 하드웨어와 소프트웨어 애플리케이션들을 다양하게 결합하여 사용함으로써 수작업으로 진행되어 왔던 영업활동을 전자적인 과정으로 전환시키는 것', '업업사원의 생산성을 향상시킬 목적으로 정보를 수집하고, 저장하고, 분석하고, 배분하는 데 사용되는 하드웨어와 소프트웨어를 활용하는 것', '영업의 기능을 지원하기 위해 정보기술을 적용하는 것' 등으로 정의될 수 있다.

SFA의 도입을 위해서는 상당한 규모의 투자가 이루어져야 하기 때문에 SFA의 도입은 영업사원의 규모가 상당히 큰 기업들을 중심으로 이루어지고 있다. 영업사원의 규모가 가장 큰 것으로 알려지고 있는 보험, 제약, 자동차 등의 업종에서는 물론, 건축자재, 레미콘 등 산업재를 생산하는 업종에서도 활발하게 도입되고 있다. 또한 생활용품, 식품, 주류, 가전제품 등 소비재를 생산하는 기업의 경우에도 대리점이나 도매상을 대상으로 영업활동을 전개하는 루트 영업사원들의 생산성 향상을 위해 SFA를 도입하고 있다.

제2절 SFA 도입의 목적

운영 CRM시스템을 구성하는 3개의 시스템 가운데에서도 가장 신속하게 도입된 것은 SFA라고 할 수 있는데, 그 이유는 기업들이 마케팅자동화시스템이나 서비스자동화시스템보다는 판매 그 자체를 다루고 있는 SFA가 가장 신속하게 가시적인 효과를 가져다줄 수 있다고 판단하였기 때문이다. SFA 도입의 목적으로 [그림 13-1]에서와 같이 영업사원 생산성의 향상, 영업관리 효율성의 향상, 그리고 학습조직 구축을 위한 기반의 조성 등 3가지를 들 수 있다.

그림 13-1 SFA 도입의 목적

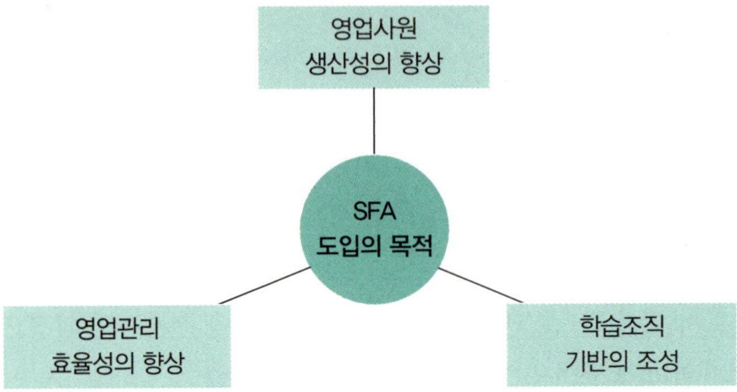

1. 영업사원 생산성의 향상

SFA를 도입하는 가장 주된 목적은 영업사원들이 영업활동을 전개하는 과정에서 수행하는 여러 가지 업무들(예 : 잠재고객의 확보, 고객 니즈의 파악, 상담, 프레젠테이션, 시간관리, 주문 접수 등)을 시스템을 통해 지원함으로써 이들의 생산성을 향상시키는 데 있다. 영업사원의 생산성은 영업의 효율성(efficiency)과 효과성(effectiveness)을 향상시킴으로써 얻어질 수 있다. 영업생산성, 영업효율성, 영업효과성의 관계는 다음과 같이 표현된다.

영업생산성 = 영업성과 ÷ 총업무시간
= (영업활동시간 ÷ 총업무시간) × (영업성과 ÷ 영업활동시간)
= 영업의 효율성 × 영업의 효과성

영업생산성은 업무시간을 투입하여 얼마나 많은 영업성과를 거두었느냐를 의미하고, 영업효율성은 업무시간 중에서 얼마나 많은 시간을 실제로 영업활동에 사용하였는가를 의미하며, 영업효과성은 영업활동을 통해 얼마나 많은 영업성과를 거두었는가를 의미한다. 위의 공식에서와 같이 영업생산성은 영업효율성과 영업효과성을 곱한 것이기 때문에 영업생산성을 향상시키기 위해서는 영업효율성과 영업효과성을 향상시킬 수 있어야 한다. 따라서 SFA가 영업생산성의 향상에 기여하기 위해서는 영업효율성과 영업효과성의 향상에 도움을 줄 수 있어야 한다([글 13-1] 참조).

글 13-1 우리나라 제약회사 A사의 SFA 도입

우리나라의 제약회사인 A사는 개방화로 인한 외국계 거대 제약업체의 국내 진출, 의약분업으로 인한 사업환경의 변화, 그리고 점차 치열해져 가는 제약회사 간의 경쟁 등으로 인하여 영업 경쟁력을 강화해야 할 필요성을 인식하고 있었다. 당시 A사는 영업사원의 이동시간, 업무보고, 영업 준비 등 영업외 활동에 소요되는 시간을 최소화하여야 하는 과제를 가지고 있었다. 또한 영업관리의 측면에서는 영업사원들이 고객 및 영업정보를 개인적으로 관리하고 있었기 때문에 본사에서는 영업사원의 영업활동 진행 현황을 파악할 수 없었다. 이 회사는 이러한 문제점들을 해결하기 위해 자사의 영업업무의 특성 및 문제점에 대한 분석을 바탕으로, 고객만족의 극대화 및 영업 생산성의 향상을 목표로 SFA시스템을 구축하였다. 이 회사는 SFA시스템을 기존의 ERP시스템 및 기간계 시스템과 연동시켜 전사적으로 고객정보를 통합시켰으며, 각 시스템 간에 정보가 상호 교류될 수 있도록 하였다.

구축 초기에는 영업사원의 SFA 활용도를 높이기 위해 영업사원들을 대상으로 SFA시스템에 대한 집중적인 교육을 실시하는 한편, 영업과 관련한 각종 보고업무를 SFA시스템을 이용하여 통합적으로 관리하도록 하였다. 구축 6개월이 지난 시점에서 A사는 고객 및 영업정보의 입력을 70% 수준으로 끌어올릴 수 있었으며, 이에 따라 가시적인 효과도 얻을 수 있었다. 즉, 영업외활동의 시간 비중을 줄임으로써 업무시간 활용의 효율성을 높여가고 있으며, 영업기회의 발굴 측면에서도 많은 향상을 보이고 있다. 그 결과 영업사원 1인당 매출액에서 괄목한 만한 성장을 이루었다. A사는 기존고객 및 영업활동에 대한 정보의 입력이 완료되고 SFA가 영업조직에 완전히 정착되는 시점이 되면 영업사원별로 매출액이 2배로 신장하는 등 영업생산성 측면에서 혁신적인 향상이 이루어질 것으로 예상하고 있다.

자료 : Gilbert 블로그, gilbert.blog.me/100009526766, 2012년 1월 22일.

1.1 영업효율성의 향상

영업의 효율성이 향상되기 위해서는 영업사원의 총 업무시간에서 차지하는 영업활동시간의 비중을 높여주어야 한다. 그런데 영업사원들은 실제로 많은 시간을 고객과의 접촉이 아닌 다른 업무에 사용하고 있다. 즉, 영업성과의 극대화를 위해서는 고객의 유지나 활성화, 신규고객의 확보 등 영업성과와 직접 연관된 업무에 대부분의 시간을 사용해야 함에도 불구하고, 실제로는 회사 내에서의 보고서 작성, 회의, 자료검색 등의 업무나 고객을 만나기 위한 이동이나 대기 등에 전체 업무시간의 상당부분을 사용하고 있는 것으로 조사되고 있다. [표 13-1]은 미국의 AMA(American Management Association)에서 한국, 미국, 일본을 대상으로 영업사원들의 영업활동시간의 비중을 조사한 자료를 보여주고 있다. 한국의 경우 국토가 좁은 관계로 미국이나 일본에 비해 이동이나 대기에 소요되는 시간의 비중은 상대적으로 적지만, 영업활동(상담준비 및 상담)을 위해 사용되는 시간의 비중은 가장 적고, 내부 업무처리에 사용되는 시간의 비중은 가장 큰 것으로 나타나고 있다. 이는 우리나라 영업사원들의 영업효율성이 3개국 가운데 가장 낮다는 것을 의미한다.

| 표 13-1 | 영업사원들의 영업활동시간 비중의 국가 간 비교

	상담준비 및 상담(%)	이동 및 대기(%)	내부 업무처리(%)	기타(%)*
한국	21	7	45	27
미국	51	20	17	12
일본	29	21	38	12

* 기타는 고객들의 요구에 의한 사후 서비스 등을 위한 업무를 의미함.

SFA를 통한 영업효율성의 향상은 신속한 업무처리, 이동시간의 단축, 효율적 조직 내부 커뮤니케이션 등 다양한 방법을 통해 이루어질 수 있다.

1) 신속한 업무처리

영업사원은 SFA를 활용하여 필요 문서(제안서, 견적서, 프레젠테이션 자료, 보고서)의 작성, 고객정보의 검색, 고객접촉 내용이나 주문내용의 입력 등의 업무를 신속하게 처리함으로써 본연의 업무인 고객접촉에 최대한 많은 시간을 할애할 수 있다. 또한 고객접촉과정에서의 신속한 업무처리는 고객의 만족도를 높이는 데도 기여한다.

2) 이동시간의 단축

SFA의 접촉관리기능은 영업사원의 고객방문 동선을 체계적으로 관리해줌으로써 고객이 있는 장소로의 이동에 걸리는 시간이 단축될 수 있다. 또한 현장에서의 업무처리가 가능해짐으로써 본사로의 이동 필요성을 줄이게 된 것도 이동시간의 단축에 기여하고 있다. 이러한 SFA의 목적이 의도대로 실현되지 못하는 경우도 보고되고 있지만(예 : 미국에서 실시된 한 조사에서 조사 대상 영업사원의 75%가 SFA를 이용하였음에도 불구하고 고객접촉시간이 증가하지 않았다고 응답) 시행착오를 거치면서 이러한 상황은 지속적으로 개선되고 있다. 예를 들어 우리나라의 현대자동차는 2만여 명의 영업사원에게 더욱 신속하고 편리한 업무환경을 제공하기 위해 SFA시스템 구축에 200억 원가량을 투자하였는데, 이 시스템을 통해 영업사원이 영업업무를 현장에서 처리할 수 있게 됨으로써 불필요한 이동시간이 최소화돼 판매 건당 평균 영업시간이 절반으로 단축되었다.

3) 효율적 조직 내부 커뮤니케이션

SFA는 조직 내부의 커뮤니케이션을 활성화시킴으로써 영업효율성의 향상에 기여할 수 있다. 영업사원의 영업활동에 대한 정보는 SFA를 통해 자동으로 기록되기 때문에 영업관리자는 이를 확인한 후 바로 시스템상에서 영업사원을 대상으로 코칭활동을 할 수 있다. 또한 영업사원 간의 영업정보의 교환도 시스템을 통해 원활하게 이루어질 수 있다. 즉, SFA를 활용하면 영업사원과 영업관리자, 영업사원과 영업사원이 오프라인에서 만나서 미팅을 하거나 대화를 나눌 필요가 적어진다. 따라서 이러한 자동보고기능과 정보교환기능은 영업의 효율성 향상에 크게 기여할 수 있다.

1.2 영업효과성의 향상

영업생산성을 올리기 위해서는 효율성의 향상과 함께 효과성의 향상이 동반되어야 한다. [글 13-2]는 효과성이 동반되지 않는 영업시간의 확대가 생산성의 향상으로 이어지지 않을 수 있음을 지적하고 있다.

글 13-2 **효율성의 함정**

오늘날처럼 비용 압박이 심한 시장환경에서는 많은 기업들이 철저한 영업활동 감사를 통한 영업인력 감축과 영업의 효율성 향상에 혈안이 될 수밖에 없다. 일부 기업들의 경우 영업 인력이 행정업무에 쏟는 시간을 대폭 줄이고 실제 판매활동에 더욱 많은 시간을 할애하도록 하기 위해 시스템을 구축한다. 물론 이러한 방법이 중요하고 유용하긴 하지만 늘어난 실제 '판매활동'시간에 구체적으로 어떤 일을 해야 할지에 대해서는 정의하지 못하는 경우가 대부분이다. 영업담당 임원들의 말을 들어보면 "대부분의 영업사원들은 고객과 만나는 시간을 내는 게 문제가 아니라 진정으로 필요한 미팅 자리를 마련하거나 판매계약을 체결하기 위해 어떤 말과 어떤 행동을 해야 하는지에 대해 잘 모른다"고 한다. 다시 말해 매출신장을 위해서는 비판매활동에 할애하는 시간을 판매활동시간으로 전환해야 할 뿐 아니라, 판매활동 자체를 좀 더 생산적으로 바꿔야 한다는 것이다. 요컨대 주어진 판매시간 동안 목표고객에 대해 적정한 영업활동을 수행하는 것이 중요하다.

자료 : 메리 라슨, 롬니 레스니(2008), "영업효율 투자의 덫," 동아비즈니스리뷰, 10월, 18호, 94–96.
원문 : Larson, Mary and Romney Resney(2004), "Why "sales force effectiveness" isn't", *Handbook of Business Strategy*, 5(1), 233–238.

영업효과성의 향상은 고객방문당 수주확률을 높인다는 것을 의미한다. SFA를 통한 영업효과성의 향상은 유용한 정보의 신속한 검색, 정보의 공유를 통한 팀영업 활성화, 신속한 분석과 피드백 등 다양한 방법을 통해 이루어질 수 있다.

1) 유용한 정보의 신속한 검색

영업사원이 SFA를 통해 주문가능성이 높은 잠재고객 리스트, 모범 사례, 각종 분석자료, 고객 니즈에 부합하는 제품구성 등에 대한 정보를 신속하게 검색할 수 있게 됨으로써 영업효과성이 향상될 수 있다. 신입 영업사원이나 영업사원의 이탈로 고객을 새로 인수받은 영업사원도 유용한 정보에 대한 신속한 검색을 통해 많은 시간이 걸리지 않고도 고객에게 높은 수준의 서비스를 제공함으로써 수주의 확률을 높여갈 수 있다. 또한 SFA의 온라인 검색기능은 PC 등 장비구입이나 각종 인쇄물의 인쇄비용을 절감시켜 준다.

2) 정보의 공유를 통한 팀영업 활성화

SFA를 통해 고객 현황과 영업활동에 대한 정보들이 체계적으로 관리되고 공유됨으로써 팀영업이 보다 활성화될 수 있다는 점도 영업효과성 증진에 기여한다. 즉, 영업사원 개인의 역량에 의존하던 영업활동에서 고객정보 등 영업정보가 통합되고 공유됨으로써 개인 영업사원의 차원을 뛰어넘는 팀 차원에서 보다 효과적인 영업전략 수립이 용이해지며, 이를 바탕으로 영업활동이 보다 과학적으로 이루어질 수 있게 된다.

3) 신속한 분석과 피드백

영업효과성의 향상은 SFA를 활용한 신속한 영업활동과 영업성과에 대한 분석과 피드백을 통해서도 이루어질 수 있다. 즉, 영업관리자는 영업사원별, 영업팀별로 영업의 진행상황을 적시에 모니터링함으로써 활동상의 문제점을 발견하고 이에 대한 대처방안을 신속하게 제시해줄 수 있다.

2. 영업관리 효율성의 향상

SFA의 또 하나의 주된 목적은 영업관리를 보다 효율적으로 수행하는 데 있다. SFA를 이용하면 영업사원들의 동선 및 외부활동에 대한 관리와 다양한 기준에 의한 영업사원 평가가 보다 용이하게 수행될 수 있기 때문에 영업사원에 대한 관리가 효율적으로 이루어진다. 즉, 영업관리자는 SFA를 활용하여 영업사원별, 영업팀별로 활동이 어떻게 진행되어 가고 있는지를 파악할 수 있음은 물론, 각 영업사원이 어느 분야에 강점과 단점을 가지고 있는지, 영업사원 간에 영업생산성의 차이가 발생하는 이유는 무엇인지 등을 파악하고 이를 교육훈련, 코칭, 성과평가, 보상 등에 반영함으로써 종합적이고 효율적으로 영업사원에 대한 관리를 수행해 나갈 수 있다.

그런데 바로 이러한 SFA의 영업관리기능이 뒤에서 기술할 영업사원들의 SFA에 대한 저항의 주요 원인이 될 수 있다. 즉, 영업사원의 입장에서는 자신들의 생산성 향상을 위한 SFA의 기능은 기꺼이 받아들일 수 있지만, 자신의 행동을 관리하고 통제하는 기능에 대해서는 거부감을 가질 수 있다. 영업사원들의 입장과는 달리 관리자의 입장에서는 영업사원의 생산성 향상을 지원하는 것도 중요하지만 사무직원에 비해 관리가 어려운 영업사원을 효율적으로 관리하는 것도 매우 중요하다. 결론적으로 SFA가 영업지원기능과 영업관리의 기능을 동시에 가지고 있다는 점이 SFA의 도입을 복잡하게 만드는 원인이 되고 있다. 그런데 SFA의 근본적인 취지는 영업사원의 생산성 향상에 있고 또한 영업사원이 적극적으로 SFA를 활용하지 않으면 영업생산성의 향상이 이루어질 수 없기 때문에 SFA의 영업관리기능을 최대한 줄이는 한편, SFA의 영업관리기능에 대한 영업사원들의 공감대를 충분히 형성시킴으로써 SFA의 수용이 극대화될 수 있도록 도모하는 것이 무엇보다 중요하다.

3. 학습조직기반의 조성

SFA는 영업조직을 학습조직(learning organization)화시키는 데도 중요한 역할을 담당한다. 학습조직은 '모든 조직구성원의 학습을 촉진시키고 이를 통해 끊임없이 변신을 시도하는 조직' 또는 '지식을 창조하고, 획득하고, 전파하는 기술을 가지고 있을 뿐만 아니라 새로운 지식과 통찰을 통해 스스로의 행동을 변화시키는 데 능숙한 조직'이라고 정의될 수 있다. 즉, 학습조직에서는 업무 수행과정 자체가 학습의 과정이며, 이러한 과정에서 생산되는 정보와 지식은 전 조직에 걸쳐 공유되어 향후의 활동을 보다 생산적으로 만들어 가는 데 활용된다.

학습조직에 대한 정의에도 반영되어 있는 바와 같이 학습조직은 정보와 지식을 중심으로 하는 개념이다. 학습조직은 정보의 획득, 정보의 배분, 그리고 정보에 대한 해석의 공유 등의 3단계가 지속적으로 반복되는 과정에서 형성된다. 즉, 학습조직을 구축한다는 것은 "여러 정보원천으로부터 정보가 획득되면 이 정보는 조직의 모든 부문에 공유되어 모두가 공감할 수 있는 해석이 내려지며, 이러한 과정에서 생산되는 지식은 향후의 이용을 위해 저장된다"는 정보중심의 과정으로 파악될 수 있다.

과거의 경험을 기억하지 못하는 조직은 실수를 반복할 수밖에 없으며, 따라서 어떻게 조직기억(organizational memory)이 유지될 수 있도록 할 것인가는 학습조직의 형성에 있어서 매우 중요하다. 즉, 사람이 과거의 경험을 기억하듯이 조직도 과거의 경험을 기억할 수 있어야 한다. 경험에 대한 기록이 조직에 남아 있지 않으면 해당 경험은 구성원의 이탈과 함께 조직에서 영원히 사라져버린다. 따라서 조직기억의 활성화를 위해서는 어떠한 형태로든 경험에 대한 기록이 조직 내에 남아 있어야 한다. 조직구성원들이 시간적 · 공간적으로 구애를 받지 않고 조직이 경험한 정보에 접근할 수 있도록 하기 위해서는 정보시스템을 이용하여 조직기억을 구축하여야 한다. 고객, 제품 등에 대한 다양한 정보를 제공하는 SFA는 영업부문에서 조직기억의 역할을 수행함으로써 조직이 학습조직화되는 데 기여할 수 있다.

영업직은 사무직에 비해 이직률이 상대적으로 높기 때문에 고객에 대한 정보가 시스템화되어 있지 않으면 빈번한 이직으로 인해 정보의 공유, 지식의 축적 등 학습조직을 위한 전제조건이 충족되지 않는다. 조직기억이 축적되지 않으면 학습조직의 형성은 물론, 영업사원의 이탈에 따른 업무 인수인계가 원활하게 수행되지 않아 업무의 지속성을 확보하기조차 어려워질 수도 있다. 특히 우리나라 중소기업의 경우에는 영업사원의 재직기간이 평균 2~3년에 불과한 경우가 많기 때문에 이러한 현상이 더 심하게 나타날 수 있다. 업무 인수인계는 현재 진행되고 있는 업무를 중심으로 이루어지는 것이 보통이고, 따라서 3~4년 이전에 일어난 일에 대해서는 조직기억에 남아 있지 않으면 조직 내에서 아는 사람이 거의 없는 상황에 처할 수 있다. 그래서 중소기업의 경우에 고참 영업사원 1~2명의 퇴사로 인해 회사 전체가 영향을 받는 현상도 발생할 수 있다. 결론적으로 SFA는 학습조직 형성의 기반을 제공해줌은 물론, 업무의 지속성을 확보해주는 데도 기여할 수 있다.

제 3 절 SFA의 기능

SFA는 기본적으로 영업사원과 영업관리자를 대상으로 그들에게 유용한 정보를 제공하기 위해 정보를 수집하고, 저장하고, 분석하고, 배분하는 메커니즘이다. SFA를 통해 어떠한 정보가 제공되는가는 그 회사의 SFA 구축목적 혹은 제품이나 회사가 속한 산업의 특성에 따라 달라진다. 즉, SFA시스템의 구체적인 형태는 회사의 크기, 영업활동의 특성, 고객접촉의 강도, 영업의 복잡성 정도 등 다양한 변수에 따라 달라진다. 예를 들어 단순한 형태의 거래가 영업의 중심을 이루는 환경에서는 영업의 창출을 위한 기회관리가 가장 중요한 부분을 차지하는 반면, 보다 복잡하고 장기적인 영업이 이루어져야 하는 환경에서는 장기적인 관점에서의 고객관리를 위한 접촉관리나 상세한 통계분석 자료의 중요성이 증가한다. [그림 13-2]는 어느 제약회사의 SFA 메인 화면에 나타난 다양한 기능 모듈(modele)과 기능 모듈 가운데 고객정보 모듈의 내용을 보여주고 있다. 즉, 이 회사의 SFA시스템은 고객정보, 영업관리, 일정관리, 커뮤니케이션, 지식정보, 통계정보(영업관리 현황 및 고객관리 현황) 등에 대한 기능을 제공하고 있으며, 이 가운데 고객정보기능을 통해서는 고객유형, 고객상태, 미접촉기간, 연락처 등의 정보를 제공해주고 있음을 보여주고 있다.

그림 13-2 SFA시스템의 예

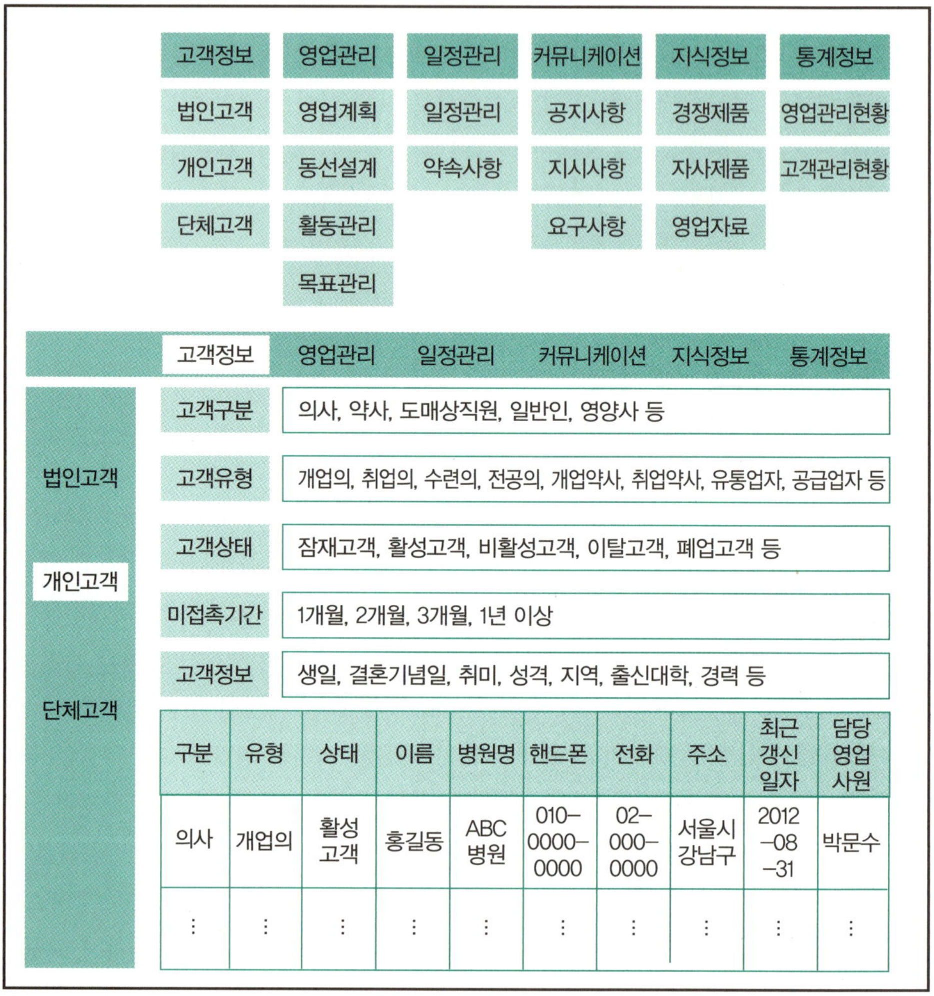

SFA의 주요 기능으로는 기회관리, 접촉관리, 계정관리, 활동관리, 지식관리, 커뮤니케이션관리, 성과관리 등을 들 수 있다.

1. 기회관리

영업사원이 지속적인 영업활동을 전개하기 위해서는 현재의 고객을 유지하는 것에 그쳐서는 안 되고 신규고객이나 기존고객을 대상으로 새로운 영업의 기회를 지속적으로 탐색하여야 한다. SFA의 기회관리(opportunity management) 모듈은 영업사원에게 새로운 영업의 기회를 제공하기 위해 구매가능성이 높은 고객에 대한 정보를 제공해주는 기능을 수행한다. 리드관리(lead management) 혹은 파이프라인관리(pipeline management)라고도 불리는 이 기능은 단순히 잠재고객의 리스트를 제공하는 것이 아니라 교차판매가능성 혹은 상승판매가능성 등과 같은 분석을 통해 고객의 구매패턴을 예측하여 함께 제공해준다.

2. 접촉관리

접촉관리(contact management) 모듈은 영업사원의 고객접촉업무를 지원하기 위한 기능을 수행한다. 즉, 방문하려는 고객의 기본정보, 고객의 거래지점 및 담당직원, 구매이력, 프로모션 반응이력, 접촉이력 등에 대한 정보를 영업사원에게 제공하고, 고객접촉일정의 지정과 조정을 자동화시켜 줌으로써 영업사원의 고객방문 스케줄을 최적화시켜 주는 기능을 수행한다. 또한 고객과의 접촉과정에서 확보되는 다양한 정보, 예를 들어 고객의 요구, 불만, 제안, 고객사의 내부조직 구성, 핵심 인물 동향 등의 최신정보를 입력하고 관리할 수 있는 기능을 지원함으로써 고객의 요구가 시간의 흐름에 따라 어떻게 변화하고 있는지를 파악하고 이를 바탕으로 보다 효과적인 영업전략을 수립할 수 있도록 지원한다. 이러한 기능은 특히 영업사원이 회사를 떠났을 경우에 그 영업사원이 담당하였던 고객들을 적절하게 관리하는 데 매우 중요하다.

3. 계정관리

계정(account)은 고객과 비슷한 의미로 쓰이지만, 한 고객사 내에 거래하는 사업부가 여러 개 있으면 각각의 사업부가 별도의 계정이 된다. 계정관리(account management) 모듈은 SFA가 제공하는 대부분의 기능을 계정의 관점에서 통합적으로 활용할 수 있도록 하는 기능을 제공한다. 즉, 이를 활용하면 각 계정의 구매상품, 주문현황, 서비스이력, 접촉이력, 조직구조 및 핵심인물 등을 파악할 수 있으며, 더 나아가 각 계정별 영업기회의 관리, 각 영업기회별 주요 성공요인 및 영업전략의 정의, 영업목표의 관리, 다양한 분석보고서 생성 등이 가능해진다.

4. 활동관리

활동관리(activity management) 모듈은 영업사원에게 영업 프로세스의 각 단계에서 필요한 업무들을 자동으로 할당해줌으로써 영업사원이 보다 효율적이고 일관성 있는 영업활동을 전개할 수 있도록 지원하는 역할을 수행한다. 즉, 이 모듈은 각 계정별 혹은 영업기회별로 영업사원에게 각 영업 단계에서 수행되어야 할 과제들을 최적화된 일정과 함께 제공함으로써 생산적인 영업활동이 수행될 수 있도록 지원한다. 이 모듈은 영업 프로세스의 각 단계별로 관련된 활동내용을 각 영업사원에게 이메일 등을 통해 알려주는 알림기능도 수행한다.

5. 지식관리

지식관리(knowledge management) 모듈은 영업사원이 자신이 필요로 하는 모든 정보와 지식을 적시에 효과적으로 활용할 수 있도록 하는 기반을 제공한다. 이 모듈은 영업 관련 지식의 등록과 공유, 문서의 수정이력관리, 다양한 조건에 의한 지식검색, 개별지식의 통합 제공 등의 기능을 제공한다. 이러한 일반적인 지식경영 관련 기능 이외에도 이 모듈은 개별고객들의 니즈에 부합하도록 제품이나 서비스를 구성하는 제품 구성기능이나 고객중심적인 가치제안을 위해 개별고객에 적합한 제안서나 프레젠테이션 자료를 구축할 수 있는 기능도 제공한다.

6. 커뮤니케이션관리

커뮤니케이션관리(communication management) 모듈은 회사와 영업사원 간의 원활한 커뮤니케이션을 지원하는 기능을 제공한다. 이 기능을 활용하여 회사의 영업사원에 대한 공지사항이나 지시사항은 물론, 영업사원의 회사에 대한 요청사항, 문의사항 등이 원활하게 처리될 수 있다. 이 기능은 대면접촉이나 전화통화 등의 필요성을 감소시켜 줌으로써 비용을 절감할 수 있음은 물론, 영업사원의 시간을 절약시켜 줌으로써 생산성 향상에 기여한다.

7. 성과관리

성과관리(performance management) 모듈은 회사 전체의 판매실적, 고객유형별 판매실적, 영업 파이프라인상의 예상매출액, 잠재고객의 수 등과 같은 영업성과와 관련된 자료를 지원하는 기능을 제공한다. 영업관리자는 여기에서 제공되는 수치를 바탕으로 제품, 영업지역, 영업팀, 영업사원 등 다양한 기준으로 영업실적을 평가할 수 있으며, 또한 드릴다운(drill-down)기능을 이용하여 고객접촉 자료, 영업기회 자료, 예상판매 자료 등 보다 상세한 자료에 대한 접근이 가능하기 때문에 나타난 문제점들의 원인을 진단할 수도 있다. 또한 영업실적을 분석하여 실적보고서를 자동으로 생성할 수 있는 기능도 제공한다.

제 4 절 모바일 SFA

최근 들어서 모바일 컴퓨팅 관련 기술이 급속히 발전하면서 데스크톱 컴퓨터용으로 개발된 SFA 애플리케이션들이 스마트폰, 태블릿 PC, 넷북 등과 같은 모바일기기에 적용되어 활용되고 있다. 이렇게 모바일기술을 바탕으로 하는 SFA를 모바일 SFA(mSFA)라고 한다. 모바일 SFA는 기존의 데스크용 애플리케이션이 가지고 있는 '장소와 시간의 제약'이라는 한계를 극복하여야 한다는 영업 분야의 요구와 모바일 단말기의 급속한 보급, 인터넷과 이동통신의 융합 등과 같은 정보기술의 환경 변화가 맞물리면서 급속하게 확산되고 있다. 영업사원은 이동 중에도 모바일 SFA를 활용하여 고객, 상품, 재고 등에 대한 정보를 검색함으로써 고객과의 상담에 대비할 수 있다.

모바일 SFA는 고객과의 접점에서도 매우 유용하게 사용될 수 있다. 즉, 모바일 SFA를 사용하면 상품재고상황, 제품별 단가 등에 대한 정보의 검색, 고객의 요구에 맞는 상품설계, 견적서 현장 출력 및 제시 등의 업무가 가능하기 때문에 보다 효율적으로 고객상담을 진행할 수 있다. 또한 수주, 주문, 수금 등의 업무를 현장에서 실시간으로 처리함으로써 업무의 효율을 높일 수 있다. 영업관리자의 입장에서도 영업과 관련된 정보를 모바일기기를 통해 매우 신속하게 공지할 수 있으며, 영업사원이 영업과 관련된 업무를 현장에서 스스로 처리하기 때문에 본사 스태프 인력의 부담을 줄일 수 있다. 또한 영업사원의 위치정보를 바탕으로 영업사원의 동선을 관리할 수 있음은 물론 이러한 정보를 구역설계, 성과분석 등을 보다 효율적으로 수행하는 데 활용할 수 있다. [글 13-3]은 다양한 업종(제약, 보험, 건축자재, 주류)에서의 모바일 SFA 도입 사례를 기술하고 있다.

글 13-3 모바일 SFA 구축 사례

〈사례 1 : 제약회사〉

JW 중외제약은 지난주 영업력 강화 차원에서 영업사원 560명 전원에게 태블릿 PC '갤럭시 탭'을 지급했다. 브로슈어 등 인쇄물을 통한 기존 정보전달방식에서 벗어나 사진, 동영상 등 멀티미디어 콘텐츠를 활용하여 병원을 비롯한 고객에게 제품 및 최신 의약정보를 빠르고 정확하게 설명하는 이른바 '학술마케팅'을 강화하기 위한 것이다. 아울러 이 제약회사는 영업사원이 태블릿 PC로 의약품 재고 및 주문 현황 등을 실시간으로 파악하고 처리할 수 있도록 하는 '모바일 영업자동화 솔루션'의 구축도 마쳤다. 보령제약도 지난 2일 고혈압 신약 '카나브' 발매와 함께 영업사원에게 태블릿 PC 아이패드(i-Pad)를 나눠줬다. 1차로 115명에게 지급됐고 조만간 530명 영업사원 전원에게 지급할 계획이다. 보령제약은 카나브 등 주요 제품의 효능과 관련된 데이터를 고객들에게 정확하게 설명하고 전달하는 데 태블릿 PC를 적극 활용할 방침이다. 지난해 4월 사원들에게 스마트폰을 지급하며 업계의 모바일 트렌드를 선도한 녹십자 역시 향후 태블릿 PC 등을 이용하여 한 단계 업그레이드된 '스마트 워크' 영업을 준비하고 있다. 녹십자 관계자는 "학술마케팅을 위한 스마트폰 · 태블릿 PC용 어플리케이션, 모바일 그룹웨어, SNS(소셜네트워크서비스) 애플리케이션 등을 개발하고 있고, 이를 통해 보다 효율적이고 전문적인 영업에 나설 것"이라고 설명했다. 광동제약은 지난달 OTC(일반의약품) 및 ETC(전문의약품) 유통사업부의 영업사원 300여 명에게 스마트폰을 지급하고 모바일 영업시스템을 업그레이드했다. 기존의 PDA 기반 영업시스템을 스마트폰환경에서 새로 개발한 것이다. 이 프로그램을 통해 각종 분석 · 통계, 거래처 등록 · 조회, 주문 및 수금관리, 품목 조회 등 영업에 필수적인 모든 업무를 실시간으로 처리할 수 있다.

자료 : 연합뉴스, "제약영업도 이제 '스마트시대'," 2011년 3월 6일.

〈사례 2 : 생명보험회사〉

SK C&C가 국내 생보업계 최초로 메트라이프생명에 태블릿 PC 기반 모바일 영업지원시스템을 구축했다. SK C&C는 메트라이프생명의 태블릿 기반 모바일 영업지원시스템(Mobile Office System) 구축사업을 성공리에 완료했다고 20일 밝혔다. 메트라이프생명의 MOS 프로젝트는 고객 만족도 및 영업 경쟁력 극대화를 위해 고객, 영업, IT인프라, IT애플리케이션 등 분야별로 최적화된 모바일환경을 구축하는 것이 핵심이다. 종전의 모바일 영업지원시스템에서는 상품설계, 고객관리 등을 위한 영업지원시스템이 스마트폰의 제한적 범위에만 한정되어 운영되었다면, MOS 프로젝트는 PC에서만 가능했던 대다수 서비스를 대체할 수 있는 것이 특징이다. 이 시스템에서는 하나의 플랫폼에서 현재 출시된 모든 기종의 스마트폰 운영체제를 지원하는 모바일 업무환경을 제공한다. 또 단 한 번의 애플리케이션 개발로 스마트폰, 태블릿 PC 등 다수의 이기종 모바일기기에 대응할 수 있다는 점에서 완성도가 높다. 이 회사의 영업총괄 상무(CMO)는 "지금까지 부분적인 상품설계만 가능했던 기존 타사 시스템과 달리 메트라이프생명은 생보업계 최초로 태블릿을 통해 현재 판매 중인 모든 상품의 설계 및 가입이 가능해져서 사업 경쟁력이 배가될 것으로 기대된다"며 "이번 모바일 영업지원 시스템 구축으로 현장에서 살아 숨쉬는 영업이 가능해졌다"고 말했다.

자료 : 이투데이, "SK C&C, 메트라이프생명 모바일 영업지원시스템 구축," 2011년 12월 20일.

〈사례 3 : 건축자재회사〉

KCC가 스마트영업을 도입했다. KCC는 실무 영업담당자들을 대상으로 태블릿 PC를 일괄 지급하고 이를 기반으로 영업자동화(Sales Force Automation : 이하 SFA)시스템을 적용하면서 스마트기기를 활용한 고객응대 강화에 나선다고 2일 밝혔다. 이번에 지급된 태블릿 PC에 담긴 SFA는 시장동향, 제품, 가격, 판촉 등의 영업정보와 고객정보관리, 그리고 재고현황, 판매와 매출 조회 등을 현장에서 실시간으로 처리할 수 있다. 뿐만 아니라 영업사원들은 기존의 인쇄물을 통한 정보전달방식에서 벗어나 멀티미디어를 활용한 최신 건축자재정보를 신속하게 설명할 수 있게 돼 B2B는 물론 개인 고객의 이해를 높일 수 있게 됐다. KCC 관계자는 "KCC는 경기불황을 극복하기 위해 영업력 강화에 집중하고 있으며, 태블릿 PC 지급으로 영업사원들이 보다 효과적으로 제품정보를 제공할 수 있을 것"이라며 "영업 현장에서 바로 활용할 수 있는 모바일용 자료와 다양한 홍보물과 영업지원 자료를 제작해 다각적인 영업활동을 펼쳐나갈 계획"이라고 밝혔다. 한편, 영업사원들은 태블릿 PC와 SFA를 바탕으로 전산자료에 의한 업무서비스 이외에도 다양한 거래선과 일반 소비자들을 대상으로 제품 브로슈어 및 제품이미지를 탑재하여 더욱 효과적으로 제품정보를 전달할 수 있게 된다. 또한 모바일기술을 활용하여 현장에서 직접 영업활동에 필요한 가치정보를 취득하고 고객에게 각종 분석정보를 제공한다는 방침이다.

자료 : 파이낸셜뉴스, "KCC '건축자재 영업도 스마트하게'," 2013년 5월 2일.

〈사례 4 : 주류회사〉

하이트진로에서 영업을 담당하고 있는 문자설 대리(37)는 최근 걱정거리 하나를 줄였다. 연말을 앞두고 맥주 소비가 빠르게 늘어나면서 영업사원으로 손발이 바쁠 때지만 스마트폰을 통해 매장관리를 현장에서 바로바로 소화할 수 있게 됐기 때문이다. 문 대리는 오늘 자신이 관리하는 거래처로 스마트폰 하나만 챙겨 들고 바로 출근한다. 스마트폰의 스마트오피스 솔루션으로 사내 인트라넷과 연결하면 간단한 아침 보고를 메일로 팀장에게 할 수 있는 것은 기본이고 스케줄기능을 통해 매일매일의 일정을 확인하고 거래 고객 연락처와 위치 조회를 통해 필요한 일을 처리할 수 있다. 문 대리의 수 거래처는 맥주와 소주 등 주류를 식당과 호프집으로 공급하는 도매업소다. 현장에 도착한 문 대리는 거래처에서 요청하는 주문 내역을 확인 후 바로 스마트폰으로 주문입력을 한다. 물류창고의 재고파악이 가능하기 때문에 본사에서 따로 주문을 다시 넣는 번거로움이 사라졌다. 또한 거래처의 미수금을 스마트폰을 통해 확인해 현장에서 거래처에 통보해준다.

자료 : 한국경제, "100여사 비즈니스맨에 모바일 오피스," 2011년 11월 21일.

제5절 SFA 도입의 저항요인과 극복방안

SFA가 영업사원의 생산성 향상이라는 가시적인 효과를 매우 신속하게 보여줄 수 있다는 장점 때문에 SFA는 세 분야(영업, 마케팅, 서비스)의 CRM 운영시스템 중에서 가장 많이 도입된 시스템이다. 그런데 SFA의 도입이 아직 성공적이라고 평가하기는 어려울 것으로 보인다. 한 조사에 따르면 미국의 경우 25~60%의 기업이 SFA의 도입이 성공적이지 못하다고 평가하고 있는 것으로 나타났다. 또한 미국의 한 대기업이 2000년대 말에 실시한 조사에서는 SFA를 도입한 후 6개월이 경과한 후에도 이 시스템을 지속적으로 사용하고 있는 영업사원은 전체의 50%에도 미치지 못하는 것으로 나타났다. 이러한 조사 결과는 SFA의 도입이 의도한 대로 진행되고 있지 않음을 보여준다.

우리나라에서는 SFA 도입의 성공 여부에 대한 설문조사가 실시된 바는 없는 것으로 보이지만 미국의 경우와 상황은 크게 다르지 않을 것으로 판단된다. 우리나라의 한 컨설턴트가 쓴 [글 13-4]도 우리나라에서의 SFA의 도입이 그다지 순탄치 않음을 보여주고 있다. 이 글에서는 우리나라에서 SFA 도입이 실패하는 이유로 기업의 고유한 영업 프로세스에 부합하지 않는 시스템의 도입, 영업사원의 형식적인 데이터 입력 등을 꼽고 있다.

글 13-4 SFA의 도입이 실패하는 이유

SFA 도입이 실패하는 이유는 무엇일까? 2000년대 초반부터 우리나라 기업의 영업조직에 SFA가 활발히 도입되었다. 이러한 붐은 IMF를 경험하면서 불황기에도 영업을 잘 헤쳐나가야 한다는 의식과 함께 더욱 퍼져나갔다. 항상 성장만을 지속해 오던 기업이 경기불황으로 갈 길을 잡지 못하고 있을 때 SFA는 업력 강화를 위한 바이블로 여겨졌다. 그렇지만 너무 성급히 도입이 되었던 탓인지 기업의 구체적 실정에 적합한 형태보다는 기존의 SFA 틀에 기업의 영업 형태를 맞추어야 했다. 단 3개월, 6개월 만에 도입된 SFA는 기업의 영업 프로세스를 충분히 반영하지 못했고, 영업담당자들의 반발과 형식적인 데이터 입력으로 인해 실패하게 되었다. 하지만 이러한 실패에도 불구하고 영업조직의 체계를 잡아서 효율성을 높이고 실행력을 강화하겠다는 기업의 니즈는 지속되었고, 최근 들어 PDA 대신 넷북과 태블릿 PC를 이용한 SFA의 도입이 증가하고 있다.

SFA 도입의 실패는 기기의 실패가 아닌 SFA가 기업문화 속으로 침투하지 못했다는 데 그 근본적인 원인이 있다. 이를 무시하고 단순히 PDA에서 태블릿 PC로 모바일 디바이스를 바꾼다고 실패했던 정책이 살아날 수 있을까? 아니다. 결국 영업의 답은 영업에서 찾아야 한다. 영업사원들이 SFA의 도입에 반발했던 것은 단순히 새로운 기계에 대한 두려움 때문이 아니다. 영업사원들이 거부하는 진짜 이유는 그들의 영업 프로세스에 기반한 프로그램이 아니기 때문이다. 영업사원들의 니즈를 충분히 반영한 SFA 프로그램은 단 3개월, 6개월 만에 나오지 않는다. 그들의 활동을 분석하고, 그동안 관리되던 수많은 KPI를 단순화해서 핵심 KPI를 도출하는 등의 제도 개선이 수반되어야 한다.

한 통계자료에 따르면 미국의 영업사원은 평균 51%의 시간을 영업활동에 사용하고, 나머지는 이동, 보고자료 작성, 회의, 부대업무 등에 사용한다고 한다. 그럼 우리나라는 어떨까? 우리나라는 평균 21%만을 영업활동에 사용한다. 이는 이웃나라 일본의 29%와 비교해도 크게 뒤처지는 수치이다. 영업사원들의 행동을 분석해서 영업의 양을 늘리고, 영업의 질을 높여 실행력이 강한 영업 프로세스로의 변화를 진행해야 한다. 또한 조금씩 개선 컨설팅을 진행함으로써 업무습관 속에 SFA가 깊숙이 파고들도록 하여야 한다. 실제 컨설팅을 진행해 본 결과 성공적으로 SFA를 도입하는 데 A사는 3년, L사는 2년 6개월, D사는 3년이 걸렸다. 평균적으로 3년이 가까운 기간이 소요되는 것이다. 성공적인 SFA 도입은 앞서 언급한 KPI의 단순화, 기업 고유의 영업 프로세스에 기반을 둔 SFA 프로그램의 개발, 그리고 장기간에 걸친 습관화과정이 선행되어야만 가능한 것이다.

자료 : KMAC Sales Leaders 블로그, blog.naver.com/kmacsales, 2011년 11월 1일.

1. 영업사원의 내재적 특성

SFA시스템의 성공 여부는 영업사원에게 달려 있다. 이는 SFA의 도입이 최고경영진의 강력한 의지에 의해 도입되었다고 하더라도 실제로 SFA를 수용하고 사용하는 사람은 다름 아닌 현장의 영업사원이기 때문이다. 따라서 SFA의 수용과정에서 발생하는 문제점을 이해하기 위해서는 영업사원이 다른 직종의 직장인들과 비교할 때 어떠한 특성을 지니고 있는가에 대한 이해가 선행되어야 한다.

영업사원의 가장 큰 특성은 영업이라는 업무가 다른 직종의 업무에 비해 독립적으로 이루어진다는 데 있다. 영업사원의 업무는 고객과의 접점을 통해 이루어지는데 고객과의 접촉이 주로 외부에서 이루어지기 때문에 외부에서 보내는 시간이 많을 수밖에 없고, 따라서 영업관리자 이외에는 회사 내부에 업무상 접촉해야 하는 사람도 별로 없다. 특히 보상체계가 성과에 따른 커미션을 중심으로 구성되어 있는 경우에는 이러한 경향이 더욱 심하게 나타난다. 우리나라의 어느 다국적 IT기업의 경우 사무실에 영업사원들을 위한 별도의 사무공간이나 개인용 집기를 두지 않고 개인 사물함과 공동으로 쓸 수 있는 책상 정도만 구비해 놓고 있다. 영업사원들은 고객사로 출근하고 고객사에서 바로 퇴근하는 것이 일반적이며, 본사와의 커뮤니케이션은 이메일이나 스마트폰 등 통신장비를 통해 이루어진다. 정례회의를 제외하고는 본사를 특별히 방문할 일이 별로 없다. 이러한 경향은 앞으로 SFA시스템의 도입과 비용절감의 필요성 등으로 인해 더욱 심화될 것으로 예상된다.

영업사원은 일반적으로 자신이 두 가지의 역할을 가지고 있다고 생각한다. 하나는 영업 분야의 전문인으로서의 역할이고, 또 하나는 특정 기업에 소속되어 있는 조직구성원으로서의 역할이다. 다른 직종에 종사하는 직장인들도 어느 정도 이러한 인식을 가지고 있는 것이 사실이지만, 두 개의 역할에 부여하는 상대적인 중요성에 있어서는 큰 차이를 보인다. 즉, 영업사원은 조직구성원으로서의 역할보다는 영업 분야의 전문인으로서의 역할에 더 큰 의미를 부여한다. 판매실적이 우수한 베테랑 영업사원 중에는 영업관리자로의 승진을 원하지 않고 그대로 영업사원으로 남아 있기를 원하는 경우도 드물지 않게 볼 수 있다. 성공한 영업사원으로서의 수입이 영업관리자의 수입보다 많다는 것도 승진을 하지 않는 이유가 될 수 있겠지만, 그보다 더 중요한 이유는 영업관리자로서의 경력이 혹시 있을 수도 있는 다른 회사로의 이동에 별다른 도움이 되지 않기 때문이다. 그래서 회사의 입장에서는 영업실적이 우수한 사람을 영업관리자로 양성하는 것이 필요하다고 판단했더라도 이를 관철하기는 쉽지 않다. 일반적으로 승진은 대부분의 직장인들이 원하는 것이지만 영업사원의 경우에는 꼭 그렇지는 않은 것이다. 결론적으로 영업사원의 경우 두 개의 역할 사이에 갈등이 발생하고 이러한 갈등이 해소될 수 있는 것이 아니라고 판단되면 특정 회사의 구성원으로서의 역할보다는 보다 자유롭고, 보다 오랜 기간 동안 일할 수 있고, 보다 높은 수입을 올릴 수 있는 영업사원을 선택한다.

이러한 영업사원의 특성이 SFA의 도입에 상당한 어려움을 주고 있다. 이와 관련하여 매우 재미있는 한 실험의 결과가 보고되고 있다. 미국에서 통신 및 부동산 분야의 영업사원을 대상으로 실시된 한 실험에서 연구자들은 SFA 도입 초기에 영업사원을 대상으로 SFA에 대한 교육훈련을 집중적으로 실시한 뒤, SFA 도입 초기 시점과 도입 후 6개월이 지난 시점의 2개의 시점에서 SFA에 대한 태도 등에 관한 설문조사를 실시하였다. 자료분석 결과 SFA에 대한 교육훈련이 집중적으로 이루어진 도입 초기에는 영업사원들이 SFA에 대해 긍정적인 생각을 갖고 있었지만, SFA를 도입한 후 6개월이 지난 시점에서는 SFA에 대해 거부감을 가질 뿐만 아니라 결근이나 자발적인 이직이 증가하고 있다고 보고하였다. 이러한 현상에 대해 연구자들은 다음과 같이 설명한다. "영업사원은 업종의 특성상 상대적으로 자율성이 많이 보장되어 있고, 또한 외부와의 접촉이 빈번하다. 이러한 특성을 지닌 영업사원은 SFA를 사용하면서 직관적으로 SFA가 영업사원으로서의 경력관리에 도움이 되지 않는다는 것을 발견하게 되고, 이로 인해 SFA의 사용을 거부하게 되며, 더 나아가 결근을 하거나 회사를 떠나는 결과가 초래된다." 결론적으로 영업사원이 지니고 있는 고유의 특성을 잘 이해하지 않으면 자체적으로 아무리 우수한 SFA시스템이라고 하더라도 성공적인 도입을 보장받을 수 없다.

2. SFA 도입의 저항요인

영업사원의 특성에 대한 논의는 SFA에 대한 영업사원의 저항은 단순히 설득이나 교육 등을 통해 해결될 수 있는 문제가 아니라 상당히 근원적인 치유책이 찾아져야 한다는 점을 시사하고 있다. 이를 위해서는 영업사원이 SFA에 저항하는 이유가 무엇인지에 대한 면밀한 검토가 필요하다. 변화에 대한 저항(resistance)이란 "현재의 상태를 변화시키려는 압력에 대항하여 현재의 상태를 유지하려고 하는 행위"라고 정의될 수 있다. 이에 따라 SFA에 대한 저항은 "SFA의 도입에 의해 초래되는 변화에 대항하여 지금까지 해왔던 영업의 관행을 그대로 유지하려는 행위"라고 할 수 있다.

SFA의 성공적인 도입에 대한 논의는 대부분 영업사원의 SFA에 대한 저항의 관점보다는 영업사원의 SFA 수용에 영향을 미치는 요인의 관점에서 논의되어 왔다. 이러한 예로 어떤 연구는 영업사원이 SFA를 사용하는 주된 이유는 '영업생산성 및 효율성의 향상'이며, 사용에 있어서의 주된 장애요인은 '관리적 · 기술적 지원'의 부족이고, '교육훈련'이 SFA의 사용을 증진시키는 가장 중요한 요인이라고 결론짓고 있다. 또 다른 연구는 기술수용모델(TAM : Technology Acceptance Model)에 기반하여 SFA의 수용에 가장 큰 영향을 미치는 요인은 'SFA시스템의 지각된 유용성'이며 이외에도 '시스템 사용에 대한 정확한 기대', '영업사원의 신기술에 대한 혁신성', 'SFA시스템의 지각된 용이성', '상사의 격려와 지원' 등의 요인들이 영향을 미치는 것으로 보고 있다. 우리나라의 보험사 영업사원을 대상으로 실시된 한 연구는 '영업사원 자신의 컴퓨터 사용능력에 대한 평가', 'SFA에 대한 관심도', 'SFA에 대한 자발적 사용 의도' 등의 요인이 SFA에 대해 긍정적인 지각을 갖게 하고, 이러한 긍정적인 지각이 다시 SFA의 사용에 영향을 미친다는 실증분석 결과를 보고하고 있다. 이 외에도 많은 연구들이 SFA의 수용에 영향을 미치는 다양한 요인들을 제시하고 있다.

그러나 SFA와 같은 혁신을 수용하는 요인이 혁신에 대해 저항하는 요인과 일치하지 않는다. 따라서 SFA의 수용을 촉진하는 요인이 아무리 활성화되어도 SFA에 대한 저항요인이 자연스럽게 해소되는 것이 아니다. 혁신을 수용하는 요인을 파악하는 것도 중요하지만, 보다 현실적으로는 SFA의 수용에 대한 저항요인을 파악하고 이를 해소하기 위한 조치를 취하는 것이 훨씬 더 중요하다. 이는 SFA가 아무리 유용하고 사용하기가 편하다고 하더라도 영업사원이 SFA에 저항하는 근본적인 원인이 해소되지 않으면 SFA의 수용이 원활하게 이루어질 수 없기 때문이다. 즉, 경영자 혹은 영업관리자의 입장에서 최선의 환경을 갖춘다고 해도 영업사원이 SFA를 수용하지 않는 근본적인 원인을 심도 있게 파악하고 이에 대한 해결책을 제시하지 못하면 SFA의 원활한 활용은 이루어질 수 없다. 결론적으로 SFA에 대한 수용은 SFA에 대한 저항이 해소되었을 때 비로소 시작되는 것이기 때문에 수용에 영향을 미치는 요인에 대한 논의 이전에 영업사원들이 SFA에 왜 저항하는가에 대한 논의가 이루어져야 한다.

SFA가 활성화되기 위해서는 많은 변화가 요구된다. 그런데 그 변화를 수용하여야 하는 주체는 영업사원이기 때문에 SFA의 활성화를 위해서는 SFA로 인하여 영업사원에게 어떠한 변화가 요구되며, 영업사원들이 이러한 변화에 왜 저항하는가에 대한 이해가 선행되어야 한다. 변화에 대한 저항의 강도는 변화로부터 초래된 위협의 정도와 비례한다. 즉, 위협이 크다고 생각할수록 저항은 심해진다. SFA의 도입이라는 변화로 초래되는 영업사원에 대한 위협요인으로 권력의 상실, 간섭에 대한 두려움, 시간과 노력의 낭비 등을 들 수 있다.

2.1 권력의 상실

영업사원이 SFA의 도입으로 인해 느끼는 가장 큰 위협은 '권력의 상실(loss of power)'이다. 따라서 권력의 상실은 영업사원이 SFA의 도입에 저항하는 가장 주된 이유이다. 영업사원들의 입장에서는 자신들이 보유하고 있는 고객정보가 바로 권력의 원천이 된다. 즉, 자신이 보유하고 있는 고객정보는 회사나 영업관리자를 상대로 자신을 내세울 수 있는 기반이고, 자신을 다른 영업사원들과 차별화시킬 수 있는 원천이며, 더 나아가 자신이 회사를 떠났을 때에도 자신을 지켜줄 수 있는 자산이 된다. 따라서 이를 시스템에 입력하여 회사와 공유하는 순간, 자신의 권력은 대폭 줄어들 수밖에 없다고 생각하기 때문에 영업사원들은 SFA의 도입에 저항하게 된다. 즉, 영업사원들은 SFA가 아무리 유용하고, 아무리 사용하기에 편하다고 할지라도 자신이 가지고 있는 고객정보를 회사와 공유하게 되면 자신의 가치는 급격히 떨어질 수 있다는 두려움을 갖고 있기 때문에 SFA의 도입에 저항하게 된다. 그래서 소수의 스타급 영업사원에 대한 의존도가 큰 업종에서는 성공적인 SFA의 도입은 거의 기대하기 힘들다. 이들 스타급 영업사원은 자신이 관리하는 고객들의 정보를 회사와 공유하지 않으며, 다른 회사로 자리를 옮길 때는 자신이 관리하던 고객들도 같이 가져간다. 회사는 SFA의 도입으로 인해 이러한 현상이 발생하는 것을 원치 않기 때문에 SFA의 도입을 꺼리게 된다.

2.2 간섭에 대한 두려움

SFA는 영업사원의 생산성 향상에 기여하는 기능과 함께 영업사원에 대한 관리를 효율적으로 수행하는 데 필요한 기능을 동시에 가지고 있다. 영업관리자는 SFA를 활용하여 예를 들어 영업사원이 시간을 어떻게 활용하고 있는지를 정확하게 파악할 수 있고, 이 정보를 바탕으로 영업사원의 시간이라는 자원을 보다 효율적으로 배분할 수 있게 된다. 이러한 SFA의 관리기능 때문에 영업사원들은 SFA의 도입으로 인하여 영업관리자가 자신의 영업활동의 세세한 부분들을 매우 신속하게 또한 매우 쉽게 파악할 수 있게 된다는 두려움을 갖게 된다. 즉, 영업사원은 SFA가 가지고 있는 이른바 'Big Brother(독재자)' 효과를 두려워하는 것이다. SFA 도입 이전까지는 비교적 독립적이고 자유롭게 영업활동을 하여 왔는데, SFA의 도입으로 인하여 회사나 영업관리자의 간섭이 심해질 것이라는 우려를 가지고 있다. 영업현장에서 일어나는 문제에 대해서 SFA의 도입 이전까지는 영업사원 스스로가 주도적으로 그러한 문제의 본질을 파악하고 해결책을 만들어 나갔는데, SFA가 도입됨으로 인하여 업무 수행과정에서 발생하는 모든 문제에 대해서 영업관리자가 일일이 간섭하고 지시하는 상황으로 바뀌는 것을 원하지 않는 것이다.

2.3 시간과 노력의 낭비

영업사원이 SFA의 도입에 저항하는 또 다른 요인으로 SFA의 도입으로 인해서 자신들의 시간과 노력이 낭비된다는 인식을 가지고 있다는 점을 들 수 있다. SFA를 활용하기 위해서는 이를 학습하기 위한 시간과 노력을 기울여야 하고, 또한 고객접촉정보를 비롯한 다양한 정보를 입력하는 데도 시간과 노력이 소요된다. 영업사원들은 SFA의 도입으로 인하여 영업활동시간이 증가하는 것이 아니라 SFA가 요구하는 업무가 증가하여 영업활동에 오히려 방해가 될 수 있다는 인식을 가질 수 있다.

SFA에 대한 저항은 영업사원의 경력 및 연령이 높아질수록 심한 것으로 알려져 있다. 경력이 많은 영업사원, 그 중에서도 특히 영업실적이 우수한 베테랑 영업사원은 SFA에 대한 가치를 상대적으로 덜 느낀다. 이들은 나름대로 체득한 영업기술을 활용하여 성공적인 영업성과를 올려왔고, 또한 자신의 노하우에 대해 상당한 자부심을 가지고 있기 때문에 자신이 가지고 있는 정보를 회사와 공유하면서까지 시스템이 요구하는 방식대로 자신의 영업 형태를 바꿀 필요는 없다고 생각한다. 또한 나이가 많은 영업사원의 경우 SFA에 대해 익숙해지기 위해서는 많은 노력이 필요한데 영업사원으로서의 경력이 많이 남아 있지 않기 때문에 구태여 그렇게 하여야 할 필요를 상대적으로 덜 느낀다. 따라서 연령이 많은 베테랑 영업사원일수록 SFA에 대한 저항은 심해질 수 있다.

지금까지의 논의는 [그림 13-3]과 같이 정리될 수 있다. 먼저 그림에서 화살표 1은 여러 가지 요인들이 SFA의 수용에 영향을 미치고 있음을 의미한다. 예를 들어 'SFA시스템의 유용성'이 높아질수록 영업사원들이 SFA를 보다 적극적으로 수용한다. 화살표 2는 SFA에 대한 저항도 여러 요인들에 의해 영향을 받는다는 것을 의미한다. 예를 들어 '권력의 상실'이나 '간섭에 대한 두려움'이 클수록 영업사원들은 SFA의 도

그림 13-3 SFA의 수용과 SFA에 대한 저항의 관계

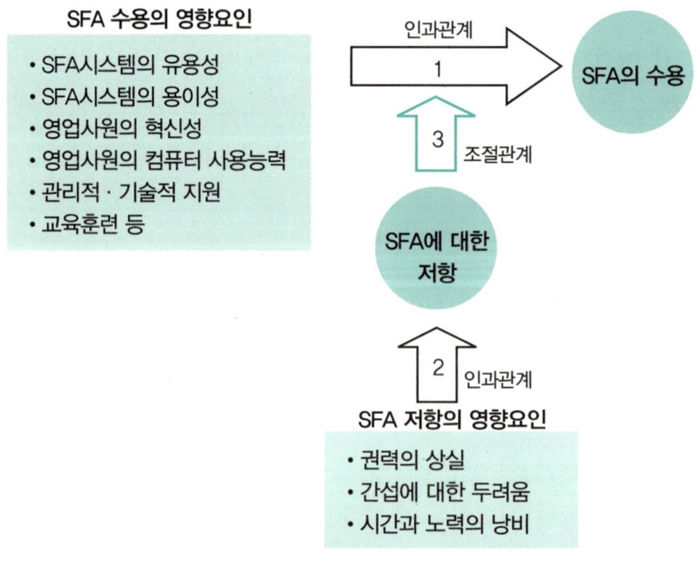

입에 더 강하게 저항한다. 화살표 3은 SFA에 대한 저항이 SFA 수용의 영향요인들이 SFA의 수용에 영향을 미치는 데 있어서 조절적인 역할(moderating role)을 한다는 것을 의미한다. 이는 SFA에 대한 저항이 심하지 않은 경우에는 SFA 수용의 영향요인들이 SFA의 수용에 영향을 미칠 수 있지만, SFA에 대한 저항이 심한 경우에는 SFA 수용의 영향요인들이 SFA의 수용에 영향을 미칠 수 없다는 것을 의미한다. 즉, SFA에 대한 저항이 심한 경우에는 SFA시스템이 매우 유용하고 사용하기도 편하다고 하더라도 SFA의 수용에는 영향을 미칠 수 없다는 것을 의미한다. 따라서 SFA의 수용을 높이기 위한 노력이 효과를 보기 위해서는 영업사원들의 SFA에 대한 저항을 최소화시키는 작업이 선행되어야 한다.

3. SFA 도입의 저항에 대한 해결방안

SFA 도입에 대한 저항을 최소화하기 위해서 쉽고 단순한 시스템의 구축, 영업지원 중심 시스템의 구축, 영업사원의 참여에 의한 시스템의 구축 등 다양한 방안이 검토될 수 있다.

3.1 쉽고 단순한 시스템

먼저 SFA시스템은 사용하기 쉽고 단순하게 만들어져야 한다. 과다한 기능을 가진 SFA를 만들어 놓으면 이를 정상적으로 유지하기 위해서는 영업사원이 입력하여야 하는 데이터가 증가하게 되고 이는 곧 영업사원의 부담증가로 이어진다. 쉽고 단순한 시스템을 만들기 위해서는 무엇보다 선택과 집중의 원칙에 입각하여 가장 필요한 기능을 선별하고 이를 중심으로 시스템을 구현하는 것이 중요하다. 즉, 용도가 불확실하거나 반드시 필요하지는 않은 정보를 산출하는 데 사용되는 기능은 과감히 포기하고, 꼭 필요한 기능만을 포함시키는 것이 바람직하다. 또한 회사의 규모가 큰 경우에는 제품 분야별로 여러 개의 사업부가 존재하게 되는데, 이러한 경우에 여러 사업부에 공통적으로 적용되는 시스템을 구축하는 것은 바람직하지 않다. 왜냐하면 모든 사업부에 적용되는 시스템을 구현하려면 여러 부서의 다양한 요구사항을 반영하여야 하기 때문에 시스템은 자연히 복잡해지는데, 영업사원의 입장에서는 이러한 시스템이 사용하기도 힘들 뿐만 아니라, 자신의 영업활동이 타 부서의 구성원에게 그대로 노출되는 데 대해 부담을 가질 수 있기 때문이다.

3.2 영업지원중심의 시스템

SFA는 영업지원의 기능과 영업관리의 기능을 동시에 가지고 있다. 영업관리자와 영업사원 간에는 SFA에 대한 기대에 있어서 상당한 차이가 있다. 영업관리자는 SFA가 영업지원기능과 함께 관리기능도 활발하게 수행해주기를 기대하는 반면, 영업사원은 SFA가 영업지원기능을 극대화하고 관리기능은 하지 않거나 최소화시켜 주기를 원한다. 그런데 시스템의 도입을 결정하고 이를 추진하는 주체는 영업사원이 아니라 관리자의 입장에 있는 경영층이기 때문에 의식적인 노력을 하지 않으면 관리기능이 강한 시스템이 만들어지기가 쉽다. 이렇게 되면 영업사원은 시스템에 대해 많은 거부감을 갖게 되고, 따라서 활용도도 당연히 떨어지게 된다. 이러한 일이 발생하지 않게 하기 위해서는 시스템을 통해 관리를 해야 할 부분을 최소화하고 영업지원에 초점을 맞춘 시스템을 구축하여야 한다. 예를 들어 영업사원의 활동을 일별로 관리하는 것을 지양하고, 영업사원의 활동(예 : 고객방문횟수 등)이 정상적인 범위 내에 있으면, 이를 주단위 혹은 월단위로 모니터링하는 정도의 관리만을 하는 방향으로 시스템을 운영하는 것이 바람직하다. 이왕 시스템을 구축하는 데 이런저런 관리기능을 모두 포함시키는 것이 바람직하지 않느냐는 반론도 있을 수 있지만, SFA의 주목적은 영업지원에 있고, 또한 영업사원이 사용하지 않는 시스템은 무용지물일 수밖에 없다는 생각을 기반으로 SFA시스템을 구축하여야 한다.

3.3 영업사원의 참여에 의한 시스템 구축

영업사원들의 SFA에 대한 저항을 줄이기 위해서는 SFA의 구축 초기단계부터 영업사원들을 적극적으로 참여시키는 것이 중요하다. 특히 영업사원들 가운데에서도 리더격인 베테랑 영업사원을 참여시키는 것이 대단히 중요하다. 영업사원들을 SFA 구축에 적극적으로 참여시켜야 하는 이유는 두 가지로 요약될 수 있다. 첫째는 영업사원들의 적극적인 참여를 통해서 영업사원들의 니즈에 부응하는 현실적인 SFA가 구축될 수 있다는 점이다. 일반적으로 SFA의 구축과정에서 SFA의 구축을 의뢰받은 외부업체 소속의 컨설턴트가 1~2주일에 걸쳐 요구사항분석을 위해 인터뷰 형식으로 영업사원들로부터 SFA에 어떠한 기능들이 포함되기를 원하는지에 대한 정보를 수집하지만, 이것으로 충분한 것은 아니다. 왜냐하면 인터뷰 과정에서 영업사원이 충분한 정보를 전달하지 못할 가능성이 높기 때문이다. 이는 영업사원이 막연한 거부감을 가지고 있는 SFA의 구축에 대해 이런저런 얘기를 하고 싶지 않기 때문일 수도 있지만,

자신이 무엇을 원하는지를 잘 알지 못하거나 혹은 알고 있다고 하더라도 잘 표현하지 못할 수도 있기 때문이다. 따라서 외부업체에 SFA시스템 구축을 의뢰하기 이전에 적어도 몇 개월 동안 영업조직으로 하여금 자체적으로 어떠한 시스템이 바람직한 것인가에 대한 의견을 수렴하도록 할 필요가 있다. 물론 영업사원들의 의견을 100% 수용하는 것을 불가능하지만 이러한 과정을 거쳐야 해당 조직의 체질에 맞는 시스템이 구축될 수 있다. 흔히 SFA가 패키지의 형태로 들어오는 경우도 있지만 이러한 경우 실패할 가능성이 매우 높다. 왜냐하면 대부분 외국산인 이 패키지들은 외국기업의 모범사례를 바탕으로 만들어진 것으로 우리나라 기업의 체질에는 맞지 않을 가능성이 높기 때문이다. 패키지의 도입은 옷을 체형에 맞추는 것이 아니라 체형을 옷에 맞추어야 하는 것과 같은 결과를 초래할 수 있고, 이러한 급격한 변화에 대해 영업사원들이 심하게 저항할 가능성이 높다.

SFA의 구축과정에 영업사원들을 적극적으로 참여시켜야 하는 두 번째 이유는 SFA가 영업사원의 주도적인 역할을 통해서 만들어진 것인지 혹은 회사에서 일방적으로 만든 것인지는 영업사원이 만들어진 시스템을 바라보는 시각과 태도에 상당한 차이를 가져오기 때문이다. 즉, 자신 혹은 자신이 속한 영업조직의 작품이라고 생각하는 경우에는 그렇지 않은 경우에 비해 만들어진 SFA에 대한 저항이 훨씬 줄어든다.

3.4 고객정보의 오너십에 대한 교육

SFA 사용이 활성화되기 위해서는 SFA가 영업사원에게 양질의 다양한 정보를 제공할 수 있어야 하고, 이를 위해서는 영업사원이 고객에 대한 다양한 정보를 정확하게 입력하여야 한다. 이를 위해서는 영업사원이 앞에서 언급한 '권력의 상실'이라는 인식을 갖지 않도록 하는 것이 중요하다. 이 문제의 해결을 위해서는 고객정보의 오너십(ownership)에 대한 회사의 명확한 입장 정리가 선행되어야 한다. 즉, 영업사원의 고객정보에 대한 오너십을 인정할 것인가 혹은 인정하지 않을 것인가에 대한 입장을 정하는 것이 우선되어야 하고, 이에 따라 영업사원의 공감대를 형성할 수 있는 교육이 이루어져야 한다.

먼저 영업사원의 고객정보에 대한 오너십을 인정하지 않는 경우에는 고객정보는 회사의 소유라는 입장을 명확히 하고, 이의 근거와 타당성에 대한 교육이 이루어져야 한다. 그런데 영업사원은 고객정보 오너십에 대한 뿌리 깊은 애착을 가지고 있기 때문에 이러한 인식을 단기간에 불식시키기는 매우 어렵다. 어떤 기업의 경우에는 이 문제를 해결하기 위해 영업사원을 선발할 때 영업사원으로서의 경력을 전혀 갖고 있지 않은 사람들을 선발하고, 이들을 대상으로 입사 시부터 고객정보는 회사의 소유라는 것을 교육과 시스템을 통해 명확히 하는 예도 있다. 영업사원의 고객정보 오너십을 인정하지 않는 입장을 취할 수 있는 기업은 신생기업이거나 규모가 크지 않아서 영업사원에 대한 교육이 상대적으로 용이하거나, 혹은 기업의 명성과 능력이 출중해서 회사가 영업사원에게 주는 혜택이 다른 경쟁사에 비해 매우 큰 경우에 국한된다. 그렇지 않은 기업의 경우 단기간에 고객정보의 오너십에 대한 인식을 바꾸는 것은 거의 불가능하다.

두 번째로 영업사원의 고객정보에 대한 오너십을 인정하는 경우에는 회사는 시스템과 제도를 통해 최대한 이를 보호해 주는 방안을 검토하여야 한다. 영업사원은 자신이 담당하고 있는 고객의 정보가 다른 영업사원에게 노출될 수 있다는 점을 우려한다. 따라서 회사는 다른 영업사원에게 해당 영업사원의 고객정보가 노출되지 않도록 세심하게 배려하여야 한다. 즉, 해당 영업사원이 담당하는 고객정보에는 다른 영업사원이 접근하지 못하도록 하는 시스템적인 조치가 필요하다. 또한 영업관리자에 의한 고객정보의 활용도 명시되어 있는 제한된 목적으로만 사용하도록 할 필요가 있다. 예를 들어 통계분석자료의 산출, 전략의 수립 등 제한된 목적으로만 고객정보가 사용되게 함으로써 영업사원이 덜 불안한 마음으로 고객정보를 입력할 수 있도록 하는 것이 중요하다. 회사의 방침이 정해지면 영업사원과 영업관리자를 대상으로 이에 대한 교육이 이루어지고, 이를 통해 고객정보의 오너십에 대한 전사적인 공감대를 형성시켜 나가야 한다.

3.5 영업활동과정이 중시되는 보상체계

판매액과 같은 영업의 최종적인 결과만을 중시하는 보상체계하에서는 SFA시스템의 활용이 활성화되기 어렵다. 왜냐하면 SFA의 기본적인 취지는 영업의 각 단계에서 이루어져야 하는 영업사원의 활동을 보다 효율적이고 효과적으로 지원하는 것인데, 평가기준이 판매액과 같은 최종결과만으로 구성되어 있으면 영업사원의 입장에서는 SFA를 활용하여 각 영업 프로세스상에서의 활동을 보다 충실하게 수행하기보다는 자신이 가장 잘할 수 있는 익숙한 방법으로 판매액을 올리는 데 매진하려 할 것이기 때문이다. 즉, 지금 당장의 매출도 중요하지만 동시에 미래의 매출에 기여할 수 있는 활동을 중시하는 보상체계가 만들어져야 SFA 사용의 활성화가 이루어질 수 있다. 이와 함께 평가기준에 시스템 활용도에 대한 지표(주요 기능 사용횟수, 정보 입력횟수 및 입력정보 정확도 등)를 포함시킴으로써 영업사원에게 시스템의 활용이 영업활동의 일부이며, 회사가 SFA의 활용에 대한 강한 의지를 가지고 있다는 인식을 지속적으로 심어줄 필요가 있다. [글 13-5]는 정보입력과 보상체계의 관계에 대한 한 사례를 기술하고 있다.

글 13-5 정보입력과 보상체계

모든 시스템이 마찬가지이지만 SFA시스템도 성공적으로 도입되기 위해서는 필요한 정보가 적시에 정확하게 입력되어야 한다. SFA의 경우에는 필요한 정보가 대부분 고객에 대한 정보이다. 고객의 정보는 크게 세 가지로 분류될 수 있다. 첫째는 기본정보로 여기에는 인구통계적 신상정보와 전화번호와 같은 접촉정보가 포함된다. 둘째는 거래와 관련된 정보이며, 셋째는 고객과의 접촉이력에 관련된 정보이다. 이 가운데 거래정보는 매우 정확하고 정형화된 형태로 저장이 되지만, 기본정보와 특히 접촉이력정보는 정형화되어 있지 않은 것이 보통이다. SFA는 기본정보와 접촉이력정보에 대한 최신화와 정형화를 촉진하여 고객정보의 활용을 극대화하는 데 기여할 수 있다. 고객에 대한 접촉정보 갱신은 물론 접촉이력이나 고객의 니즈 등에 대한 정보가 입력되어야 적절한 예측이 가능해지고 적절한 전략의 수립이 가능해진다. 그런데 이를 가장 잘 수행할 수 있는 사람은 영업사원이고, 따라서 영업사원이 정확한 정보를 적시에 입력하지 않으면 SFA는 제 기능을 수행할 수 없다. 영업사원의 입장에서는 고객정보의 입력은 시간이 소요될 뿐만 아니라 자신만의 자산으로 생각하고 있는 고객정보를 회사와 공유하는 것이기 때문에 자발적인 노력을 기대하기 어렵다. 따라서 이에 대한 적절한 보상을 하는 것이 정보입력을 활성화시킬 수 있는 좋은 방법이 될 수 있다. 다음은 보상체계가 영업사원의 고객정보 입력에 미치게 되는 긍정적인 효과의 사례를 보여주고 있다.

방문판매를 하고 있는 우리나라의 어느 소비재기업에서 새로 출시된 제품의 판매를 촉진하는 데 사용할 목적으로 지난 수십 년간 축적되어 온 고객데이터를 점검하게 되었는데, 그 결과 고객정보의 품질이 마케팅목적으로 활용하기 곤란할 정도로 엉망인 것으로 파악되었다. 고객의 이름도 실명보다는 '철수 엄마'처럼 일상생활에서 부르는 이름으로 입력된 경우가 많았고, 주소도 정확한 행정주소보다는 '소방소 옆 파란 대문 집'처럼 본인이 기억하기 쉬운 형태로 입력된 경우가 많았다. 또한 2~3년마다 이사를 하는 고객들도 많아서 중복으로 입력된 고객들도 상당히 많았다. 이러한 상황을 파악한 회사가 영업사원들에게 이름과 주소 등의 고객정보를 정확하게 입력할 것을 지시했지만 결과는 신통치 않았다. 즉, 영업사원들은 회사의 지시에 따라 할 수 없이 고객정보를 더 많이 입력하기는 했지만 여전히 사용이 불가능한 엉터리 정보를 입력하였다. 그래서 회사는 영업사원들을 대상으로 고객정보 입력 캠페인을 전개하게 되었다. 반기별로 고객정보를 가장 많이, 그리고 가장 정확하게 입력한 영업사원을 홈페이지에 순위대로 공개하고, 이들 가운데 최상위 2~5명을 선정하여 국내 여행 항공권을 제공하는 사내 캠페인을 전개하였다. 이를 계기로 영업사원들은 비로소 고객주소와 이름은 물론 가족의 정보까지 입력하는 적극성을 보이기 시작하였다.

참고문헌

- 박찬욱(2004), "CRM 활성화를 위한 조직관련 요인에 대한 연구 : 학습조직 이론을 바탕으로," 한국마케팅저널, 6(3), 1–26.
- 이선로, 김동현(2007), "모바일 SFA(mSFA) 시스템의 수용 요인 및 도입 성과에 관한 연구," 經營科學, 24(1), 127–145.
- 한국소프트웨어진흥원(2002), 모바일 비즈니스를 위한 애플리케이션 사업자 전략.
- 함유근, 조치선(2004), "SFA 시스템의 도입과 활용에 영향을 미치는 요인에 관한 연구 : 보험회사의 영업사원을 중심으로," *Journal of Information Technology Application & Management*, 11(3), 89–116.
- 연합뉴스, "제약영업도 이제 '스마트시대'," 2011년 3월 6일.
- 이투데이, "SK C&C, 메트라이프생명 모바일 영업지원시스템 구축," 2011년 12월 20일.
- 파이낸셜뉴스, "유진기업, 모바일 수주영업시스템 오픈," 2011년 12월 21일.
- 메리 라슨, 롬니 레스니(2008), "영업효율 투자의 덫," 동아비즈니스리뷰, 10월, 18호, 94–96; 원문 : Larson, Mary and Romney Resney(2004), "Why 'sales force effectiveness' isn't," *Handbook of Business Strategy*, 5(1), 233–238.
- Avlonitis, George J. and Nikolaos G. Panagopoulos(2005), "Antecedents and consequence of CRM technology acceptance in the sales force," *Industrial Marketing Management*, 34(4), 355–368.
- Baran, Roger J., Robert J. Galka, and Daniel P. Strunk(2008), *Principles of Customer Relationship Management*, Thomson South–Western, 304–314.
- Barker, Robert M., Stephan F. Gohmann, Jian Guan, and David J. Faulds(2009), "Why is my sales force automation system failing?," *Business Horizon*, 52(3), 233–241.
- Buehrer, Richard E., Sylvain Senecal, and Ellen Bolman Puulins(2005), "Sales force technology usage – reasons, barriers, and support : An exploratory investigation," *Industrial Marketing Management*, 34(4), 389–398.
- Buttle, Francis(2009), *Customer Relationship Management : Concepts and Technologies*, Butterworth–Heinemann, 395–409.
- Buttle, Francis, Lawrence Ang, and Reiny Iriana(2006), "Sales force automation:

review, critique, research agenda," *International Journal of Management Reviews*, 8(4), 213–231.

- Garvin, David A.(1993), "Building a learning organization," *Harvard Business Review*, 71(4), 78–91.
- Huber, George P.(1991), "Organizational Learning: The contributing processes and the literatures," *Organization Science*, 2(1), 88–115.
- Morgan, Amy J. and Scott A. Inks(2001), "Technology and the sales force," *Industrial Marketing Management*, 30(5), 463–472.
- O'Connor John and Eamonn Galvin(1997), Marketing & Information Technology, *Financial Times*, 236–242.
- Speier, Cheri and Viswanath Venkatesh(2002), "The hidden minefield in the adoption of sales force automation technologies," *Journal of Marketing*, 66(3), 98–111.
- Gilbert 블로그, gilbert.blog.me/100009526766, 2012년 1월 22일.
- KMAC Sales Leaders 블로그, blog.naver.com/kmacsales, 2011년 11월 1일.

CHAPTER 14

고객센터

고객센터는 콜센터(Call Center), 컨택센터(contact center), 고객지원센터, 고객관리센터, 고객지식센터, 고객경험관리센터, 고객상호작용센터(customer interaction center), CRM센터 등 다양한 이름으로 불리고 있다. 고객센터에서 근무하는 고객상담원도 전화상담원, 상담사, TMR(Telemarketing Representative), CSR(Customer Service Representative) 등의 다양한 명칭으로 불리고 있다. 고객센터는 '비대면(非對面) 커뮤니케이션 수단을 통해 이루어지는 모든 일대일(one-to-one) 고객접촉을 총괄하여 관리하는 조직'이라고 정의될 수 있다. 여기에서 일대일 비대면 커뮤니케이션 수단이라고 하면 전화는 물론 웹사이트, 이메일, 팩스, 우편, SMS, SM(Social Media) 등 영업사원과 같은 대면 커뮤니케이션 수단을 제외한 모든 대고객 커뮤니케이션 수단을 포괄한다. 물론 광고나 홍보와 같이 불특정다수를 대상으로 하는 대중매체를 통한 커뮤니케이션 수단은 제외된다. 과거에는 물론 현재도 콜센터라는 이름이 많이 사용되고 있지만, 대고객 접촉 매체의 확대 추세를 반영하여 고객센터나 컨택센터라는 명칭이 점점 더 많이 사용되는 추세에 있다. 본장에서는 고객센터의 중요성, 고객센터의 역할, 고객센터의 변천, 인바운드콜과 아웃바운드콜, 고객상담원의 관리, 고객센터의 기술적 진화, VOC 등에 대해 기술한다.

제1절 고객센터의 중요성

1. 고객센터의 중요성

고객센터의 중요성이 부각되고 있는 근본적인 원인으로 두 가지 사항을 지적할 수 있다([그림 14-1] 참조). 첫째, 양적인 측면에서 고객센터는 영업조직과 더불어서 고객과의 접촉이 가장 빈번하게 이루어지는 조직이기 때문이다. 특히 최종소비재를 생산하여 유통업체에 납품하는 B2B2C 영업을 하는 제조업체와 같이 최종소비자의 니즈파악이 매우 중요함에도 불구하고 최종소비자와의 직접적인 접촉이 적은 기업의 경우에는 최종소비자와의 접촉은 거의 고객센터에 의존하고 있다. 보험사나 자동차 회사 등과 같이 고객과 영업사원과의 접촉이 빈번하게 이루어지는 B2C 영업의 경우에도 고객센터는 여전히 정보 제공이나 사후 서비스를 위한 주력 수단이다. 둘째, 질적인 측면에서 고객센터의 전략적 역할이 중요해지고 있기 때문이다. 기업들이 과거에는 고객과의 빈번한 비인적 접촉을 어떻게 하면 비용효율적으로 처리할 것인가에만 관심을 가졌지만, 고객과의 접촉이 고객충성도의 증진이나 고객정보의 확보와 같은 고객관계관리활동을 위한 매우 중요한 순간임을 자각하게 되면서 고객센터의 전략적 중요성이 부각되고 있다([글 14-1] 참조).

그림 14-1 고객센터 중요성의 원인

글 14-1 고객센터의 중요성

인제부터인가 우리들의 일상은 콜센터와 자연스럽게 밀접한 관계를 맺으며 살아가고 있다. 일상생활에 필요한 핸드폰이 고장나거나 TV가 나오지 않아도 콜센터를 찾고, 전화번호를 문의하거나 홈쇼핑에서 물건을 주문하더라도 콜센터의 힘을 빌어야만 하며 심지어는 도둑이나 강도가 침입하거나 어떤 물건을 택배로 보낼 때도 콜센터를 찾게 된다. 콜센터는 이제 기업의 귀가 되고 입이 되어 다양한 편의와 서비스를 제공하면서 우리 생활에 깊숙이 자리 잡고 있다. 이렇게 우리 생활과 밀접하게 관련되어 있는 콜센터는 기업의 아이콘이자 서비스 품질의 상징이 되어 가고 있으며, 고객에게 기업의 핵심가치를 전달하고 좋은 경험을 제공함으로써 기업의 가치를 향상시키는 고객경험관리센터로 전환할 준비를 하고 있다. 고객접점에 대해 체계적이고 효율적인 서비스전략을 갖추는 것이 곧 기업의 경쟁력이 된 시점에서 콜센터의 역할을 아무리 강조해도 지나치지 않을 만큼 기업의 핵심적인 전략실행부서로서 자리매김하고 있다. 과거와는 비교도 되지 않는 기업경영환경과 라이프스타일의 변화에 따라 점점 현명하고 까다로워지는 고객들의 요구에 유연하게 대처하기 위해서는 몇몇 경영층의 의지와 노력만으로는 한계가 있으며, 전사적 차원의 자발적인 혁신 및 개선을 통해 이러한 환경의 변화에 능동적으로 대처할 수 있어야 한다. 따라서 기업은 전사적인 차원의 혁신은 물론 기업의 고객활동 개선의 동인(driver)으로서 접점(MOT)의 역할 및 비중을 확대해 나갈 수밖에 없고, 이러한 변화를 반증이라도 하듯 고객접점의 최전방에 위치해 있는 콜센터는 기업경쟁력의 중심이자 고객가치를 창출해내는 핵심부서로서 다양한 업무를 수행하고 있다.

자료 : 박종태(2007), 한국형 콜센터 경영, 도서출판 물푸레, 5–6.

2. 영업의 유형에 따른 고객센터의 중요도

고객센터의 중요도는 기업이 어떠한 유형의 영업활동을 전개하는가에 따라 크게 차이가 난다. 영업활동의 유형은 [표 14–1]에서와 같이 영업활동의 대상이 누구인가에 따라 B2B 영업, B2C 영업, B2B2C 영업 등으로 나누어질 수 있다. 그런데 기업이 하나의 유형의 영업활동만을 전개하는 경우도 있지만 여러 가지 유형의 영업활동을 동시에 전개하는 경우가 오히려 더 보편적이다. 예를 들어 보험회사, 카드사, 은행, 증권사, 통신사 등과 같은 경우에 최종소비자를 대상으로 하는 B2C 영업도 하지만 법인고객을 대상으로 하는 B2B 영업도 전개한다. 따라서 고객센터의 중요도는 기업 차원보다는 영업의 유형 차원에서 논의되는 것이 더 정확하다고 할 수 있다.

B2B 영업의 경우에는 고객과의 접촉은 거의 대부분 영업사원들에 의해 이루어진다. 예를 들어 화학, 철강, 건축자재 등의 부문에서는 대부분 영업사원에 의해 고객들과의 대면접촉이 이루어진다. 영업사원은 판매와 직결된 활동뿐만 아니라 사후 서비스를 제공하는 데도 주체적인 역할을 수행하는 것이 일반적이다. 따라서 전화 등 비대면 채널에 의존하는 고객센터는 상대적으로 그 중요성이 크지 않다. 또한 최종소비재를 생산하는 기업에 비해 고객의 수가 훨씬 작기 때문에 고객센터의 규모도 상대적으로 작다.

B2C 영업에서는 영업사원이 최종소비자를 대상으로 직접적인 영업활동을 수행한

| 표 14-1 | 영업활동의 유형

유형구분	설명	영업대상	대표적 업종
B2B 영업	• 중간재, 원료, 부품 등을 생산하여 주로 제조업체에 납품하는 활동	제조업체	화학, 철강, 기계, 건축자재, 반도체 등
	• 제조업체, 유통업체, 공공기관 등이 자체적으로 사용하는 완성재를 생산하여 공급하는 활동	제조업체, 유통업체, 기관	선박, 플랜트, 건설, 사무용품, 집기 등
B2C 영업	• 최종소비재를 생산하여 일반소비자에게 직접 판매하는 활동	최종소비자	카드, 은행, 보험, 방문판매(정수기, 화장품, 건강식품 등) 등
B2B2C 영업	• 최종소비재를 생산하여 할인점, 슈퍼마켓, 대리점, 도매상, 백화점 등의 유통업체를 통해 판매하는 활동	유통업체	전자제품, 의류, 주류, 생활용품, 식품 등

다. 건강식품, 정수기, 화장품, 보험상품, 학습지 등의 상품을 대상으로 하는 방문판매가 그 대표적인 예라고 할 수 있다. 그런데 고객센터의 역할과 관련하여 B2C 영업은 B2B 영업과는 두 가지 측면에서 차이가 있다. 첫째, B2B 영업의 경우에는 사후 서비스의 제공에 있어서도 영업사원이 주체적인 역할을 수행하는 경우가 많지만, B2C 영업의 경우에는 사후 서비스의 제공이 영업사원이 아니라 고객센터와 같은 본사 조직에 의해 수행되는 경우가 많다. 둘째, 영업활동의 수행과정에서 B2B 영업에서는 영업이 거의 대부분 영업사원과 고객과의 대면접촉에 의해 이루어지지만, B2C 영업의 경우에는 카드사 등의 경우와 같이 전화를 활용하여 영업활동을 전개하는 경우도 있다. 따라서 이러한 경우에는 판매활동을 위한 고객센터의 역할이 강화된다. 따라서 B2C 영업의 경우에는 서비스의 제공은 물론, 수익 창출을 위한 수단으로서의 고객센터의 역할이 강조된다.

B2B2C 영업의 경우에는 대리점, 할인점, 슈퍼마켓, 도매상, 백화점 등과 같은 유통업체를 대상으로 영업활동을 전개한다. 보다 정확하게는 할인점, 슈퍼마켓, 백화점 등을 대상으로 하는 영업은 B2B2C 영업, 그리고 소매점을 대상으로 영업활동을 전개하는 대리점이나 도매상 등을 관리하는 영업은 B2B2B2C 영업으로 구분될 수 있다. 이러한 유형의 영업에서는 영업사원과 최종소비자와의 직접적인 접촉이 그다지 활발하게 일어나지 않는다. 하지만 최종소비자가 어떠한 니즈나 불만 등을 가지고 있는지를 파악하는 것은 여전히 매우 중요하다. 따라서 이 유형의 영업에서는 최종소

비자와의 커뮤니케이션을 강화할 수 있는 별도의 수단을 확보하여야 하는데, 바로 고객센터가 이를 위한 가장 강력한 수단이 된다. 즉, 이 경우에 제조업체의 입장에서 고객센터는 고객으로부터 정보를 수집하고, 고객의 불만을 해소하며, 사후 서비스를 제공하는 거의 유일한 통로가 된다. 그렇지만 B2B2C 영업의 고객센터는 B2C 영업의 고객센터와는 달리 직접적인 수익 창출활동을 하는 경우는 거의 없다. 왜냐하면 고객센터의 직접적인 판매활동은 유통업체와의 첨예한 갈등을 불러올 수 있기 때문이다.

제 2 절 고객센터의 역할

고객센터는 [그림 14-2]에서와 같이 불만처리, 문의응답, AS요청처리 등과 같은 기본적인 업무 이외에도 기업 및 브랜드이미지의 구축, 고객정보의 최신화, VOC의 축적 및 분석, CRM활동의 수행 등의 다양한 역할을 수행한다.

그림 14-2 고객센터의 역할

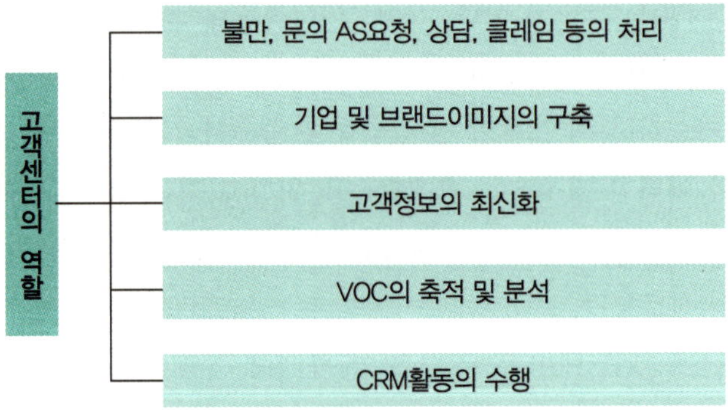

1. 불만, 문의, AS요청, 상담, 클레임 등의 처리

고객센터의 가장 기본적인 기능은 고객으로부터의 불만, 문의, AS요청, 상담, 클레임 등을 처리하는 것이다. 고객의 입장에서 고객센터는 회사와 대화를 나누고 필요한 사항을 요청할 수 있는 매우 중요한 창구이다. 고객센터는 고객들의 불만, 문의, AS요청, 상담, 클레임 등을 신속하고 정확하게 처리함으로써 고객의 이탈이나 부정적 구전의 확산을 방지하고 더 나아가 고객들의 만족도를 증가시켜 회사와 제품에 대한 충성도의 증진은 물론 추가적인 판매에도 기여할 수 있다. 이러한 기능에 대해서는 그 중요성을 감안하여 제7절에서 상술하였다.

2. 기업 및 브랜드의 이미지 구축

고객센터는 고객과의 접촉이 가장 빈번하게 일어나는 장소이며, 여기에서 근무하는 고객상담원은 고객과의 접점에서 기업이나 그 기업에서 생산한 제품을 대변하는 입장에 서게 된다. 따라서 고객의 기업이나 브랜드에 대한 이미지는 고객상담원의 응대가 신속성, 친절성, 적극성, 전문성 등의 측면에서 어떠했는가에 대한 평가에 따라서 크게 달라진다. 이러한 의미에서 고객센터는 기업이미지와 브랜드이미지를 구축하는 역할을 수행하고 있다고 할 수 있다.

3. 고객정보의 최신화

고객센터는 고객정보를 최신화(update)하는 역할을 수행한다. 우리나라의 경우에는 '개인정보보호법'으로 인하여 외부업체를 활용하여 고객정보를 최신화하는 것이 거의 불가능하기 때문에 이를 자체적으로 해결하여야 하는데, 고객과의 접점을 이루는 고객센터는 영업조직과 함께 이러한 역할을 해줄 수 있는 가장 중요한 부서이다. 특히 전화번호, 집주소, 이메일주소 등과 같은 접촉정보는 고객과의 접촉을 위해서는 반드시 필요한 정보이기 때문에 고객들의 인바운드콜을 활용한 접촉정보의 최신화 업무를 고객센터의 기본업무로 정착시키는 것이 바람직하다. 이를 원활하게 수행하기 위해서는 최신화 건수와 정확도를 고객상담원의 성과평가기준에 포함시켜야 하며, 또한 고객들이 정보 제공 요청에 대해 거부감을 가질 수도 있기 때문에 이에 대한 대비책도 필요하다.

4. VOC의 축적 및 분석

VOC(Voice of Customer)는 '다양한 채널을 통해 들어오는 고객들로부터의 모든 정보'를 의미하며 고객센터는 VOC를 축적하여 분석하는 업무를 수행한다. VOC는 마케팅조사 등 다른 방법을 통해 수집되는 정보에 비해 매우 신속하고, 내용도 풍부하며, 고객들의 감정까지 감지할 수 있을 정도로 현장성이 뛰어나다. 고객센터에서는 VOC를 통해 자사의 신제품에 대한 반응, 프로모션활동에 대한 반응, 제품 사용상의 문제점이나 개선점, 신제품 아이디어, 유통과정에서의 문제점 등에 대한 풍부한 정보를 확보할 수 있다. 고객센터에서는 이러한 정보를 분석하여 마케팅, 영업, 생산, R&D 등의 부서에 제공함으로써 제품, 가격, 프로모션, 유통, 서비스 등 모든 기업활동에서 개선이 이루어지도록 도모할 수 있다. VOC의 축적과 분석에 대해서는 그 중요성을 감안하여 제7절에서 상술하였다.

5. CRM활동의 수행

고객과의 끊임없는 커뮤니케이션활동이 CRM의 가장 기본적인 부분이라고 할 때 이러한 기본적인 활동을 가장 잘 수행할 수 있는 조직이 바로 고객센터이며, 이러한 이유로 고객센터는 'CRM센터'로 불리기도 한다. 고객센터를 통해 이루어지는 고객과의 모든 접촉이 CRM의 핵심적인 요소이며, 이를 통해 모든 CRM활동(신규고객의 획득, 기존고객의 유지, 기존고객의 활성화)이 수행될 수 있어야 한다는 인식이 확산되고 있다. 즉, 고객센터가 단순히 불만처리나 문의응답 정도의 업무를 수행하는 부서가 아니라 전사적인 전략 차원에서 전개되는 CRM업무를 수행하는 핵심부서로서의 역할을 담당하여야 한다.

제 3 절 고객센터의 변천

고객센터는 과거의 콜센터와는 상당히 다른 모습으로 변화하고 있다. 여기에서는 고객센터가 시간의 흐름에 따라 어떻게 변화하여 왔는지에 대해 살펴본다. 과거의 콜센터와 현재의 고객센터의 차이점은 [표 14-2]에서와 같이 요약될 수 있다.

| 표 14-2 | 콜센터와 고객센터의 비교

구분	콜센터	고객센터
명칭	콜센터	고객센터, 컨택센터, 고객상호작용센터
기능	문의응답중심의 단순기능	서비스, 영업, 마케팅 등의 복합기능
회사의 시각	비용센터	수익센터
타 부서 연계성	타 부서와의 업무관계가 없는 고립된 조직	영업, 마케팅, 생산, R&D, 재무 등 타 부서와의 강한 연계성
고객접촉 채널	전화 위주의 운영	전화, 인터넷, DM 등 다양한 접촉채널 활용
전산시스템	독립형 전산시스템	외부와 연결된 통합형 전산시스템

1. 명칭

우리나라의 기업에서 '콜센터'라는 명칭의 부서가 설립되기 시작한 것은 1980년대부터이다. 1960~70년대에는 우리나라의 대부분의 산업이 도입기나 성장기에 있었기 때문에 수요가 공급을 초과하는 공급자 주도의 시장이 형성되어 있었다. 따라서 기업은 고객 위주의 마케팅활동을 전개할 필요가 적었고, AS와 같은 서비스를 제공할 필요성도 그만큼 적었다. 그래서 예를 들어 흑백 TV와 같은 가전제품의 경우에 고장이 나면 지금처럼 고객센터에 전화를 걸어 AS를 요청하는 것이 아니라 집 근처의 전파사에 들고 가서 수리를 했다. 1980년대 들면서 시장이 공급자 주도의 시장에서 소비자 주도의 시장으로 전환되면서 기업 간의 경쟁이 격화되었고 이는 서비스 경쟁으로 이어졌다. 이러한 환경에서 기업들은 경쟁력 강화의 일환으로 고객들의 불만, 문의, 상담, AS요청 등에 대응하기 위한 목적으로 콜센터를 설립하기 시작하였다. 지금도 콜센터라는 명칭이 많이 쓰이고는 있지만 콜센터의 기능이 고도화되고, 더욱이 전화만이 고객접촉 채널이었던 것에서 인터넷, DM, 지점, SNS 등의 다양한 접촉채널을 동시에 관할하게 되면서 전화를 연상하게 되는 '콜센터'라는 이름은 더 이상 적합하지 않게 되었다. 그 결과 콜센터보다는 역할과 기능을 강조하는 고객센터, 컨택센터, 고객상호작용센터 등과 같은 이름들이 보다 보편적으로 사용되고 있다.

2. 기능

초기의 콜센터는 고객의 불만을 처리해주고 AS요청을 처리하는 등의 단순한 기능을 수행하였으며, 이러한 활동을 통해 고객의 불만을 억제시키는 방어적인 역할을 수행하였다고 할 수 있다. 그러나 1990년대 들어 기업 간의 경쟁이 더욱 격화되면서 고객관계의 중요성이 부각되고, 고객관계관리를 위한 고객접점관리의 중요성이 강조되면서 콜센터는 단순히 수동적으로 불만이나 AS요청을 처리해주거나 문의에 응답하는 수준에서 벗어나 고객관계관리의 관점에서 다양한 기능들을 수행하게 되었다. 즉, 고객센터는 불만처리나 문의응답 등과 같은 기본적인 업무들도 고객만족 증진을 목적으로 훨씬 고도화된 방식으로 수행하고 있을 뿐만 아니라, 다양한 채널을 통해 들어오는 VOC에 대한 분석을 바탕으로 제품이나 서비스의 품질 개선에도 기여하고 있으며, CRM 캠페인의 전개와 같이 수익 창출에 직접적으로 기여하는 활동도 활발히 전개하고 있다. 이러한 활동을 통해 고객센터는 기업의 CRM전략을 실행하는 '커뮤니케이션 허브(communication hub)'로서의 역할을 수행하는 핵심적인 부서로서의 위상을 갖추어 가고 있다.

3. 회사의 시각

고객센터의 기능적 변화와 함께 고객센터를 보는 기업의 시각도 달라지고 있다. 콜센터 초기에 기업들은 콜센터가 이미 판매된 제품에 대해 무료로 사후 서비스를 제공하는 역할을 수행한다는 생각을 가지고 있었다. 즉, 기업은 콜센터가 제공하는 사후 서비스로 인해 들어가지 않아도 되는 비용이 추가적으로 지출되고 있다고 생각하였고, 따라서 인건비나 시설투자 등을 최대한 줄여서 운영하는 것이 최선이라는 인식을 가지고 있었다. 즉, 콜센터가 비용센터(cost center)라는 인식에서 출발하여 모든 운영방식이 결정되었다. 그래서 초기의 콜센터는 다른 특별한 조건 없이 타이핑 능력 정도만을 보고 채용된 사람들로 채워지기도 하였다. 그러나 고객만족도의 향상이나 캠페인의 전개 등을 통해 직·간접적으로 수익 창출에 기여하는 고객센터를 비용센터가 아니라 수익센터(profit center)로 인식하는 경향이 점차 증가하고 있다. 이에 따라 고객센터는 비용을 줄이는 것이 능사가 아니라 더 많은 수익이 창출될 수 있도록 투자를 하여야 하는 대상으로 바뀌고 있다. 즉, ROI가 충분하다면 고객센터는 인력이나 설비 등의 측면에서 충분히 투자를 할 가치가 있는 대상이라는 인식이 확산되고 있다.

4. 타 부서 연계성

불만처리나 AS요청처리와 같은 특정한 업무를 반복적이고 자기완결적으로 수행하는 콜센터의 경우에는 다른 부서와 협력관계를 가질 필요가 거의 없다. 그래서 콜센터를 사내에 만들지 않고 외부기업으로부터 아웃소싱하는 기업들도 많았다. 그러나 불만처리나 AS요청 등의 기본적인 업무뿐만 아니라 제품이나 서비스의 품질 개선, 캠페인의 전개 등과 같은 복합적인 업무를 수행하기 위해서는 마케팅부서나 영업부서는 물론, R&D, 생산, 재무 등의 부문과도 연계성을 가져야 한다. 따라서 고객센터는 타 부서와의 커뮤니케이션을 위한 제도적인 장치를 갖추고 인력을 배치하여야 함은 물론, 여러 부서와 정보를 공유할 수 있는 전산시스템도 갖추어야 한다.

5. 고객접촉 채널

콜센터의 고객접촉 채널은 전화에 한정되어 있지만, 고객센터의 고객접촉 채널은 전화는 물론 DM, 이메일, 홈페이지, DM, SNS 등 비인적 일대일 커뮤니케이션 수단을 모두 포괄하고 있다. 고객에 따라 선호하는 접촉 채널이 다르기 때문에 기업은 고객들에게 다양한 접촉 채널을 제공함으로써 고객들의 만족도를 향상시킬 수 있다. 예를 들어 기업은 고객이 자사의 홈페이지에 기재된 이메일을 이용하여 불만사항이나 문의사항을 적어 보내도록 할 수도 있고, 전화신청 버튼을 눌러서 고객상담원과 바로 통화를 하도록 할 수도 있으며, 인터넷상에서 고객상담원과 실시간 채팅을 하도록 할 수도 있다. 또한 트위터나 페이스북과 같은 소셜미디어를 커뮤니케이션 수단으로 제공할 수도 있다. 고객센터는 이러한 모든 채널을 통합적으로 관리하는 업무를 수행한다. 따라서 고객센터는 텔레마케터뿐만 아니라 인터넷, DM, 소셜미디어 등 다양한 매체의 운용을 위한 인력도 확보하여야 한다.

6. 전산시스템

콜센터는 타 부서와의 연계 없이 독립적으로 업무를 수행하고 전화만을 커뮤니케이션 수단으로 사용하는 경우가 많기 때문에 사용하는 전산시스템도 콜센터 전용의 독립형(stand-alone)으로 구축되는 것이 타당하다. 이에 반해 고객센터는 다양한 매체를 수용하여야 하기 때문에 데이터베이스도 여러 매체들로 들어오는 데이터를 통합하는 형태로 이루어진다. 또한 고객센터는 타 부서와의 연계를 위해 타 부서와 정보를 공유할 수 있어야 하기 때문에 전산시스템도 독립형으로 구축되는 것이 아니라 전사적인 차원에서 구축된 CRM시스템에 연계되어 있으면서 동시에 고객센터 고유의 업무도 수행할 수 있는 형태로 구축되는 것이 일반적이다.

글 14-2 콜센터기능의 변화

고객과의 커뮤니케이션을 더욱 정확하고 신속히 처리하기 위한 방법으로 콜센터에 대한 관심과 투자가 고조되고 있는 추세다. 더 나아가 기존에는 콜센터가 고객관리를 위해 비용을 지출해야 하는 부문으로 인식되어 왔지만 이제는 콜센터를 통해 고객관리를 하는 것이 바로 매출과 직결된다는 측면에서 콜센터를 회사 내의 또 다른 영업부서로 인식하는 기업이 늘고 있다. 콜센터가 기업경영에 전략적으로 중요해지면서 콜센터의 운영형태도 변화해가고 있다. 특히 2000년 이후부터 미국 내 다국적기업들은 콜센터를 인도나 필리핀 등 제3세계 영어권 국가에 설치하고 있다. 인건비가 저렴한 이들 국가의 인력을 콜센터 운용인력으로 활용함으로써 운영비를 파격적으로 절감하고 해외 각국에 분산된 콜센터 조직을 통합관리하고 있다. 이렇게 시공을 뛰어넘어 통합적인 콜센터 운영이 가능한 것은 인터넷망으로 음성전화가 가능한 음성데이터통합(VoIP) 통신이 가능해졌고, CRM시스템과의 연계를 통해 콜센터가 단순히 고객응대를 하는 장소에서 적극적인 의미의 텔레마케팅이 가능한 공간으로 탈바꿈하였기 때문이다. 콜센터의 기능은 기업의 고객에 대한 정보량과 데이터베이스, 고객의 소리(VOC), 정보기술수준 등에 따라서 지원기능에서 세일즈기능으로 변화해가고 있다. 따라서 그동안 수동적이던 고객과의 커뮤니케이션 방식도 적극적으로 고객에게 접근하는 능동적 커뮤니케이션 형태로 변화해나가고 있다. 이로 인해 고객과의 접촉이 많아지게 되고 고객이 느끼게 되는 서비스 품질이 중요해지고 있다.

이렇게 기술개발 진척 속도가 빨라지면서 단순히 고객응대 차원에 그쳤던 콜센터가 고객과 기업, 기업과 기업, 부서와 부서 간 비즈니스 커뮤니케이션의 주요 통로역할을 하는 '컨택센터(Contact Center)'로 진보하고 있는 추세다. 고객컨택센터란 고객(외부고객+내부고객)을 대상으로 정보안내, 문의응대, 불만접수 및 처리 등 고객과의 총체적인 커뮤니케이션을 위해 마련된 기업의 온·오프라인 채널을 말한다. 국내 콜센터들이 추구하고 있는 최신 트렌드다. 국내에서는 금융기관을 중심으로 콜센터를 매개체로 하는 CRM 관련 부서를 회사 내 전략마케팅부서로 승격시켜 권한과 역할을 확대하는 경향이 나타나고 있다. 기존 콜센터에 단순한 전화응대기능뿐만 아니라 콜센터에서 직접 고객을 접촉하여 마케팅활동을 하는 '아웃바운드 솔루션(out-bound solution)'을 추가로 도입하기도 한다. 콜센터를 텔레마케팅 조직으로 전환하고 있는 것이다.

자료 : 한국경제, "기업 콜센터는 '컨택트 센터'," 2007년 6월 13일.

제 4 절 인바운드콜과 아웃바운드콜

고객센터에서 수행하는 업무는 여러 가지 기준에 의해 분류될 수 있지만 가장 대표적인 분류방법은 연락을 누가 하느냐에 따른 인바운드(inbound)업무와 아웃바운드(outbound)업무이다. 인바운드는 기존고객이나 잠재고객이 고객센터에 연락을 해오는 것을 의미하고, 아웃바운드는 반대로 고객센터에서 기존고객이나 잠재고객을 대상으로 연락을 취하는 것을 의미한다. 인바운드와 아웃바운드의 개념은 주로 전화업무에 적용되어 인바운드콜, 아웃바운드콜이라는 용어가 빈번하게 사용되지만 이 개념은 전화뿐만 아니라 이메일, DM, SNS 등에서도 똑같이 적용될 수 있다. 여기에서는 고객센터에서 가장 빈번하게 사용되는 매체인 전화를 중심으로 기술한다. 인바운드콜과 아웃바운드콜의 특성을 비교하면 [표 14-3]과 같이 기술될 수 있다.

| 표 14-3 | 인바운드콜과 아웃바운드콜의 비교

	인바운드콜	아웃바운드콜
개념	• 전화의 수신을 통한 업무 수행 • 고객 주도의 활동	• 전화의 발신을 통한 업무 수행 • 기업 주도의 활동
적용 분야	고객불만 및 클레임, 문의, 상담, AS요청 등	상품정보 제공, 판촉정보 제공, 상품의 판매, 마케팅조사, 해피콜 등
도구	상품DB, 고객DB, Q&A, FAQ 등	스크립트(script)

1. 인바운드콜

초기의 콜센터는 애초에 고객으로부터 걸려오는 문의, AS요청, 불만 등의 전화를 처리하기 위한 목적으로 설립되었으며, 고객센터에서도 인바운드콜업무는 여전히 주된 업무가 되고 있다. 그러나 최근에는 많은 업종에서 인바운드콜의 절대적인 숫자가 감소하는 추세에 있다. 그 주요한 원인은 인터넷, 스마트폰 등의 다양한 커뮤니케이션 수단들이 보편화되면서 20~30대를 중심으로 인터넷이나 스마트폰을 이용한 커뮤니케이션을 선호하는 고객들이 증가하고 있기 때문이다. 따라서 기업들은 이러한 매체의 추세에 부응하여 다양한 매체를 통해 들어오는 인바운드업무를 원활하게 처리할 수 있는 업무체계를 갖추는 노력을 기울여야 한다. 최근에는 스마트폰의 카카오톡을 통해 질문을 해오는 고객들에게 카카오톡 상담서비스를 제공하는 기업들이 늘어나고 있다([글 14-3] 참조).

글 14-3 카카오톡 상담 사례

풀무원은 소비자와의 소통 창구로 모바일 메신저 '카카오톡'을 활용해 실시간 상담서비스 '풀마미'를 운영한다고 15일 밝혔다. 이번에 운영하는 '풀마미'는 기업이 공식적으로 운영하는 쌍방향 커뮤니케이션 상담서비스로 '카카오톡' 플러스 친구서비스를 통해 이용할 수 있다. 풀무원 측은 이를 통해 바른 먹거리정보, 자사제품, 올바른 식습관, 요리 레시피 등 평소 소비자들이 궁금해했던 먹거리에 대한 고민을 1대1 상담을 통해 알려준다는 계획이다. 또, 풀무원의 다양한 신제품 소식과 이벤트정보도 함께 제공한다. 곽종삼 풀무원홀딩스 CS센터(고객센터) 팀장은 "풀무원은 자사 홈페이지, 고객센터는 물론 블로그와 트위터, 페이스북을 통해 소비자 커뮤니케이션의 많은 노하우가 축적됐다"며 "'풀마미' 역시 그 노하우를 바탕으로 고객과 더 가깝게 소통하며 바른 먹거리 문화를 전파할 수 있는 또 하나의 공간으로 만들어 나갈 것"이라고 말했다. 한편, 풀무원은 서비스 오픈을 기념해 '풀마미'를 플러스 친구로 등록하는 소비자들을 대상으로 온라인 쇼핑몰 '풀무원이샵' 5,000원 쿠폰을 증정하는 이벤트를 이달 31일까지 진행한다.

자료 : 데일리안, "풀무원, '카카오톡' 상담 서비스 시작," 2013년 7월 15일, http://www.dailian.co.kr/news/view/356973/?sc=naver.

아웃바운드업무에 비해 인바운드업무를 수행하기 위해서는 보다 더 많은 준비작업이 필요한데, 그 이유는 고객들이 매우 다양한 요구나 질문을 해오기 때문이다. 이러한 준비작업은 크게 시스템적인 준비와 고객상담원 대상의 준비로 나누어질 수 있다.

첫째, 시스템적으로는 고객들의 질문이나 요청에 최대한 신속하고 효율적으로 대응하기 위해 다양한 DB를 구축하여야 한다. 여기에는 상품DB는 물론 고객DB, Q&A, FAQ 등이 해당한다. 세계적으로 유명한 GE의 고객센터인 'Answer Center'는 고객의 어떠한 질문에 대해서도 '대답(answer)'을 할 수 있다는 의미를 가지고 있으며, 이를 실천하기 위해 상품DB, 고객DB, 유통관련DB, GE임직원DB, GE광고DB 등의 각종 DB를 철저하게 갖추어 놓고 있는 것으로 유명하다. 둘째, 인바운드 고객상담원이 고객의 여러 가지 질문에 원활하게 응대하기 위해서는 제품 등에 대해 잘 알고 있어야 하기 때문에 회사는 이들에 대해 많은 교육훈련을 실시하여야 한다.

인바운드콜은 회사의 프로모션 노력에 의해서 창출되는 경우도 많다. 가장 대표적인 예가 직접반응광고라고 할 수 있다. 직접반응광고는 고객의 반응을 유도하는 광고로 가장 대표적인 반응 수단은 전화이며, 이를 위해 직접반응광고에는 반드시 수신자부담 전화번호가 게재된다. 주로 케이블 TV에서 반영되는 60초짜리 광고는 물론 40~50분씩 진행되는 홈쇼핑 방송도 광범위한 의미에서 직접반응광고에 포함시킬 수 있다. 이러한 직접반응광고는 비단 TV뿐만 아니라 신문, 잡지, 라디오 등 모든 대중매체를 통해 활용될 수 있으며, 인터넷이나 모바일폰을 통해서도 활용될 수 있다.

인바운드콜과 관련하여 최근 주목받고 있는 이슈 중의 하나는 인바운드콜을 판매를 위한 기회로 활용하는 것이다. 전화를 걸어온 고객은 적어도 회사나 제품에 대해 관심이 있는 고객이기 때문에 고객이 전화를 걸어온 목적이 잘 해결되었을 때가 교차판매 등을 위한 좋은 기회가 된다. 이러한 인바운드 교차판매는 아웃바운드에 의한 교차판매에 비해 그 성공률이 훨씬 높은 것으로 알려져 있다([글 14-4] 참조).

글 14-4 인바운드 교차판매의 중요성

우리나라 한 무선통신회사의 CRM 팀장은 인바운드콜을 활용한 영업활동에 대해 다음과 같은 의견을 제시하고 있다.

"우리 회사에서는 마케팅, 영업, 서비스 등의 3가지 업무가 기능적으로 분리되어 있다. 이 중에서 영업에서는 고객접촉이 그다지 빈번하게 이루어지지 않는다. 즉, 영업부문에서 이루어지는 고객접촉 시점은 고객을 신규로 유치할 때, 고객이 단말기를 교체할 때, 그리고 고객이 해지하려 할 때 정도라고 할 수 있다. 반면에 서비스영역에서는 콜센터 등에서 고객접촉이 매우 빈번하게 이루어진다. 그런데 영업과 서비스가 기능적으로 나누어져 있어서 서비스부문에서의 영업기회가 영업으로 이어지지 못하고 있다. 이를 극복하기 위해서는 서비스와 영업이 하나로 갈 수 있어야 한다. CRM 캠페인은 주로 아웃바운드 TM을 통해 이루어지지만 이는 매우 어렵기도 하고 효과도 소규모적이다. 반면에 인바운드 TM은 고객이 자신의 필요에 의해 전화를 해오는 것이기 때문에 거부감도 적고, 오퍼(offer)에 대한 반응률도 높다. 서비스영역이라고 할 수 있는 인바운드 TM을 영업과 연계시키면 큰 효과를 거둘 수 있다. 즉, 서비스부문에서 전형적인 서비스업무만을 하도록 할 것이 아니라 서비스의 업무와 영업의 업무를 섞어서 서비스가 영업일선으로 나오게 만들어야 한다. 이렇게 해야 CRM을 전사적으로 확산시킬 수 있으며 고객의 만족수준도 높일 수 있고, 궁극적으로는 회사도 잘 될 수 있다. 이러한 의미에서 CRM은 '서비스를 통해서 고객관계를 증진시키고 영업을 활성화시키는 것'이라고 할 수 있다. 즉, '서비스를 통한 영업증진'이 CRM의 핵심이다."

자료 : 박찬욱(2005), 한국적 CRM 실천방안, 시그마인사이트, 176.

2. 아웃바운드콜

아웃바운드콜은 고객상담원이 기존고객이나 잠재고객에게 전화를 걸어 업무를 수행하는 것을 의미한다. 전화를 거는 목적은 매우 다양하다. 제품, 판촉행사, 만기도래 등에 대한 정보의 제공을 목적으로 하는 경우도 있고, 해피콜이나 설문조사를 목적으로 하는 경우도 있으며, 판매를 목적으로 하는 경우도 있다. 판매를 목적으로 하는 경우의 아웃바운드콜은 예를 들어 DB에 대한 분석을 통해 특정한 제품을 구매할 가능성이 높은 고객들에게 전화를 거는 것을 의미한다. 이러한 활동을 통해 고객센터에서 직접 판매까지 종결지을 수도 있고, 관심이 있는 것으로 확인된 잠재고객들의 명단을 영업부서에 전달하여 판매를 종결하게 할 수도 있다. 판매활동 혹은 판매지원을 위한 아웃바운드콜의 비용을 절감하기 위한 방법으로 새로운 IT서비스 중의 하나인 푸시알림서비스(push notification service)를 활용할 수 있다. 즉, 핸드폰 번호가 있는 고객들을 대상으로 이미지와 텍스트가 함께 포함되어 있는 메시지를 발송하고 반응이 있는 고객에 대해서만 아웃바운드콜을 실행함으로써 아웃바운드콜에 소요되는 비용을 절감할 수 있다.

아웃바운드콜을 위해서는 고객에게 전달하는 메시지를 담은 스크립트(script)를 준비하여야 한다. 여기에는 고객에게 전달할 핵심적인 메시지는 물론, 상품의 판매를 목적으로 하는 경우에는 고객들의 반론을 극복하기 위한 모범답안도 포함되어야 한다. 그렇지만 아웃바운드콜에서는 고객의 질문을 예상하는 것이 그다지 어렵지 않기 때문에 인바운드콜에서와 같은 심도 있는 DB를 갖추어야 하는 것은 아니다. 아웃바운드콜과 관련하여 주의해야 할 것은 아웃바운드콜이 고객들의 반감을 불러일으킬 수 있다는 점과 개인정보보호법과 같은 법규를 위반할 소지가 있다는 점이다. 기존고객을 대상으로 하더라도 빈번한 아웃바운드콜은 효과도 신통치 않으면서 고객으로 하여금 불쾌감을 갖도록 하는 역효과를 낼 수 있기 때문에 주의하여야 한다. 또한 우리나라의 현행법은 개인정보를 이용하여 마케팅활동을 하기 위해서는 고객정보의 주체로부터 동의를 받아야 하는 것을 원칙으로 하고 있기 때문에 외부업체로부터 구입한 리스트를 대상으로 하는 아웃바운드콜 등은 법률의 제재를 받을 수 있다는 점에 유의하여야 한다.

제 5 절 고객상담원의 관리

많은 전문가들은 고객상담원의 태도, 전문성, 문제해결능력, 고객관계능력 등이 고객들의 만족도에 영향을 미치고 이는 회사에 대한 충성심으로 이어진다는 점을 지적하고 있다. 따라서 고객상담원에 대한 합리적이고 효율적인 관리는 성공적인 고객센터의 운영을 위한 초석이 된다. 고객상담원에 대한 성공적인 관리를 위해서는 채용, 교육훈련, 동기부여, 성과평가, 보상체계 등 인적관리의 모든 수단에 대한 계획과 실천이 원활하게 이루어져야 한다. 우리나라에서 고객상담원 관리와 관련한 가장 큰 문제점은 고객상담원의 상당수가 정규직이 아닌 비정규직으로 고용되고 있으며, 이들에 대한 성과평가나 보상도 시간당 평균 처리콜수 등과 같은 단기적인 실적에 근거해서 이루어지고 있다는 점이다.

이러한 환경하에서 고객에 대한 응대는 빠르고 신속하게 이루어질 수 있지만, 고객을 위한 따스함이나 배려와 같은 미덕은 좀처럼 발휘되기 힘들며, 회사에 대한 충성심도 형성되지 않는다. 이로 인해 고객상담원들이 보상이나 근무조건이 조금이라도 더 좋은 곳으로 빈번하게 이직하는 현상이 나타나고 있다([그림 14-5] 참조). 이러한 현상은 회사가 고객센터를 고객관계관리를 통해 수익을 창출해낼 수 있는 핵심적인 전략부서로 인식하지 않고 초기 콜센터에서와 마찬가지로 최대한 비용을 줄여서 운영하는 것이 최선인 비용센터라는 인식을 가지고 있기 때문이다. 이러한 생각을 가지고 있는 회사들은 양질의 인력 채용, 전문인 양성을 위한 교육훈련 등에 힘을 쏟기보다는 주어진 반복적인 업무를 수행할 수 있는 최소한의 자격조건을 갖춘 인력을 비정규직으로 채용하여 단기적인 실적 위주의 평가와 보상을 통해 고객센터를 운영하는 방식을 택하게 된다.

글 14-5 고객센터 고객상담원의 이직

콜센터의 문화를 특징짓는 요소 중의 하나가 바로 '뜨네기' 문화이다. '호모 노마드(Homo Nomad, 유목하는 인간)'로 유명한 사회학자인 자크 아탈리의 말처럼 현대를 살아가는 사람들은 모두 유목민처럼 한곳에 정착하지 못하고 끊임없이 다른 장소로 이동하는데 이처럼 노마드 생활이 활발하게 진행되고 있는 곳이 콜센터이다.

상담원들은 언제든지 떠날 준비가 되어 있다. 자크 아탈리가 말한 '디지털 노마드'처럼 상담원들도 인터넷 및 모바일 등 다양한 디지털 매체를 통해 끊임없이 떠날 준비를 하고 있다. 과도한 업무와 스트레스, 그리고 비정규직이라는 신분에서 오는 상대적인 박탈감 및 피해의식이 이들의 노마드 생활을 부채질한다. 콜센터 근속연수가 4년이면 고참 대접을 받는 곳이 콜센터라는 통계에서 알 수 있듯이 콜센터에 정(情)을 붙이고 일하는 사람이 많지 않은 것이 현실이다. 상담원 이직시기에 대한 한 설문조사 결과를 보면 수습 3개월 이내에 대부분이 퇴사하는 것으로 나타났는데, 이직 원인은 대부분 과도한 업무와 기대에 못 미치는 급여수준이 가장 큰 비중을 차지한다. 하루 8시간을 근무하면서 목병이 생길 정도로 상황이 시급해도 근무시간에 자리 비우기가 쉽지 않다.

소속감이 없는 이들이 계속해서 노마드 생활을 할 것인지 아니면 한곳에서 정착해서 생활할 것인지는 전적으로 콜센터 조직 및 회사의 태도에 달렸다. 다행히 근래에 몇몇 업체는 외주가 아닌 직접 인하우스 형태로 콜센터를 전환하고, 비정규직을 단계적으로 정규직화하고 있는데, 이러한 변화는 상담원으로 하여금 노마드 생활을 청산하게 하고, 소속감이 충만한 조직구성원으로서 조직에 정착할 수 있게 도와주는 효과가 있다.

자료 : 박종태(2007), 한국형 콜센터 경영, 물푸레, 315-317.

최근에는 우리나라에서도 경제민주화, 법규에 의한 비정규직 고객센터 직원의 업무 제한, 고객센터의 전략부서로서의 위상 강화 등의 영향으로 고객상담원을 비정규직에서 정규직으로 전환하는 기업들이 증가하는 추세에 있다([글 14-6] 참조).

글 14-6 고객센터 고객상담원의 정규직화 사례

최근 대기업이 잇따라 풀고 있는 '정규직 선물 보따리'에 여성 근로자들의 '행복지수'가 높아지고 있다. 24일 관련업계에 따르면 올 초 한화를 시작으로 SK, GS 등 기업의 사회적 책임 준행 및 고용 안정을 위한 대기업들의 정규직 전환 바람이 거세게 불고 있다. 특히 '정규직 릴레이'의 최대 수혜자는 여성 근로자다. 이는 전환 대상 직종이 여성들이 주로 근무하는 고객상담사나 판매 및 서비스부문에 집중돼 있기 때문인 것으로 분석된다.

지난 3월 1일부로 1,900여 명을 정규직으로 돌린 한화의 경우 여성 근로자는 1,300여 명으로 약 70%를 차지했다. 이들은 대부분 한화호텔앤드리조트와 한화63시티의 서비스 인력이거나 한화손해보험의 고객상담사로 근무 중이다. SK는 5,800명의 정규직 전환 대상자 중 4,300명이 SK텔레콤과 SK플래닛의 '콜센터' 직원들이다. 이 가운데 80%(약 3,500명)는 20대 중 · 후반 여성들이다. 나머지 1,500명은 SK네트웍스, SK건설 등에서 네트워크 유지보수와 영업 마케팅업무를 담당하고 있다. 하반기부터 정규직 전환에 돌입하는 GS는 대상자 2,500명 중 89%인 2,225명이 여성 근로자다. 해당 여성 직원들은 GS리테일과 GS샵의 자회사인 GS텔레서비스에서 상품진열, 계산원, 고객상담사로 근무 중이다. 재계 한 관계자는 "고객상담업무가 감정 노동자로 분류되는 힘든 직종인데도 여성들의 근무 비중이 높아 해당 기업들이 이들을 우선 배려한 게 아니겠느냐"며 "정규직 전환으로 여성 고용불평등이라는 사회적 문제해결에도 도움이 될 것"이라고 평가했다. 이어 그는 "정규직 전환에 따라 인건비, 복리후생비 등 비용부담이 다소 증가하겠지만, 장기적으로 근로의욕과 소속감이 높아지면서 생산성이 좋아지는 효과가 예상된다"고 덧붙였다.

자료 : 이투데이, "한화 · SK · GS 잇따른 정규직 전환… 여성 근로자 '신바람'," 2013년 5월 24일, http://www.etoday.co.kr/news/section/newsview.php?idxno=737297.

어떠한 조직이든 조직구성원의 행동은 어떠한 기준에 의해 평가를 받는가에 따라 결정되기 때문에 고객센터의 경우에도 어떠한 변수들이 성과지표로 사용되는가를 살펴보는 것이 매우 중요하다. [표 14-4]에서와 같이 고객센터의 중요한 성과측정지표로 운영성과지표와 서비스품질성과지표를 들 수 있다. 앞에서 지적한 바와 같이 우리나라 고객센터의 가장 주된 문제점은 고객상담원에 대한 성과평가가 평균통화시간, 평균처리시간, 시간당 평균처리콜수 등과 같은 운영성과지표를 중심으로 구성되어 있다는 점에서 찾을 수 있다. 생산성의 향상을 위한 단기적인 운영성과지표도 중요하지만 고객과 고객상담원 관점의 성과지표를 포함시킴으로써 고객지향적인 서비스가 이루어질 수 있도록 하여야 하며, 더 나아가 고객유지, 고객LTV, 고객정보획득, 교차판매 등과 같은 CRM 차원에서의 지표들도 함께 포함시키는 것이 바람직하다. 성과평가와 보상부문에서뿐만 아니라 고객상담원이 전문인으로서 성장하면서 자신의 직업에 대한 자부심을 가질 수 있도록 교육훈련, 동기부여 등 인력관리의 모든 측면에서의 개선이 이루어져야 한다([글 14-7] 참조).

| 표 14-4 | 고객센터 성과평가기준

운영성과지표	서비스품질성과지표
평균응답속도, 평균통화시간, 평균처리시간, 시간당 평균 인입 통화량, 시간당 평균처리콜수, 평균불통률 등	상담원 평균근속기간, 전반적 통화 고객만족도, 불만통화수, 상담원만족도 등

자료 : Anton, Jon(1997), *Call Center Management By the Numbers*, Ichor Business Books, Purdue University Press.

글 14-7 고객상담원관리의 우수 사례

당사 고객만족센터의 관리운영목표는 최고의 업무지식과 상담기술을 겸비한 프로컨설턴트를 양성하고, 최적의 선진콜센터시스템과 결합하여 신속하고 정확하며 친절한 상담서비스를 제공하는 것입니다. 교육 프로그램으로는 전문상담행원 양성제도, 텔레마케터스킬업시스템, 소팀장제 등을 갖추고 있습니다. 전문상담행원 양성제도는 단계별로 직급을 부여하고 평가를 통해 승급의 기회를 부여하는 제도로 직급명칭은 JRM(Junior Relationship Manager), SRM(Senior Relationship Manager), FC(Financial Consultant), FS(Financial Specialist), 수퍼바이저(supervisor)이며 직급별로 기초업무에서 출발하여 단계적으로 PB고객상담, 종합상담 등의 순으로 역할을 구분하고 있습니다. 또한 직급별 수당을 지급함으로써 차별화된 성과보상을 하고 있습니다. 텔레마케팅스킬업시스템은 우수상담원에게 베스트 텔레마케터라는 명칭을 부여하고 횟수별로 트로피 및 명예의 전당 헌액을 실시하는 성과보상시스템입니다. 또한 캐롯마일리지제도를 통한 성과급 상향, 포상금 지급, 해외연수, 정기 및 스팟 시상을 실시하고 있으며, 직원만족도조사, 면담 등을 통해 직원 고충사항을 접수하여 즉시 해결하고, 각종 이벤트를 끊임없이 실시함으로써 Fun 경영을 통한 직원만족으로 고객감동의 실현을 추구하고 있습니다. 캐롯마일리지제도란 상담원이 시상건 발생 시 즉시 포상을 받는 방식과 마일리지를 적립하여 포상을 받는 방식 중에서 선택할 수 있도록 만들어 놓은 포상제도입니다. 이외에도 서비스 우수, 세일즈 우수, 캠페인 우수자들을 대상으로 해외여행이나 선진문화체험기회를 매년 확대하고 있습니다. 또한 당 센터에서는 관리자의 상향평가를 정기적으로 실시함으로써 바람직한 리더상의 구현을 위해 노력하고 있으며, 직원만족팀에서 자체 홈페이지를 전담관리함으로써 다양한 채널로 직원의 소리를 접수하는 한편, 각종 정보의 실시간 공유, 제안, 동호회 활동 등의 채널로도 활용하고 있습니다.

자료 : 김진석(2007), "선진 콜센터의 고객감동! 운영사례," 콜센터기술경영저널, 제14호, 10–18.

제 6 절 VOC

'고객의 목소리'를 의미하는 VOC(Voice of Customer)의 관리는 고객센터의 가장 기본적이면서도 중요한 기능이다. VOC는 고객으로부터의 가장 생생하고 가치 있는 정보이기 때문에 이에 대한 체계적인 관리는 기업의 경쟁력 강화에도 크게 기여할 수 있다.

1. VOC의 개념

VOC는 '각종 커뮤니케이션 수단들을 통해 수집되는 고객들의 자발적인 의사표현'이라고 정의될 수 있으며, VOC관리는 '고객으로부터의 다양한 목소리를 고객만족의 제고를 위해 효과적으로 활용하기 위한 일련의 활동'이라고 정의될 수 있다. VOC관리는 고객만족경영이나 고객불만관리 등의 개념과 밀접하게 연관되어 있다. 여기에서는 이 세 개 개념의 관련성에 대해 기술한다.

먼저 '기업의 모든 부문의 운영을 고객만족에 초점을 맞추어서 실행하고자 하는 경영기법'을 의미하는 고객만족경영은 특정 대상에 대한 관리를 의미하기보다는 기업의 경영철학이라고 할 수 있으며, 따라서 고객지향적인 모든 활동을 포괄하는 개념으로 사용된다. 이의 실행을 위해서는 VOC는 물론, 기존고객 및 잠재고객 대상의 설문조사와 인터뷰, 유통점 관찰, 모니터 요원을 활용한 정보수집, 경쟁사의 제품이나 서비스에 대한 분석, 우수기업 벤치마킹, 서적 · 기사 · 논문 등의 2차 자료 등 매우 다양한 정보가 활용된다. 따라서 VOC관리는 고객만족경영을 위한 하나의 수단이라고 할 수 있다.

VOC관리는 고객의 불만을 원활하게 처리하는 데 초점을 두는 경우가 많지만 VOC에는 불만뿐만 아니라 문의, 칭찬, 상담 등의 내용도 포함되어 있고, 또한 VOC관리는 VOC정보를 기반으로 중 · 장기적인 관점에서 제품이나 서비스 등의 개선을 도모하려는 목적도 동시에 지니고 있다. 따라서 고객불만관리는 VOC관리의 일부분을 구성하고 있다고 할 수 있다. 이러한 논의에 따라 고객만족경영, VOC관리, 고객불만관리의 관계는 [그림 14-3]과 같이 나타낼 수 있다.

그림 14-3 고객경영, VOC관리, 고객불만관리의 관계

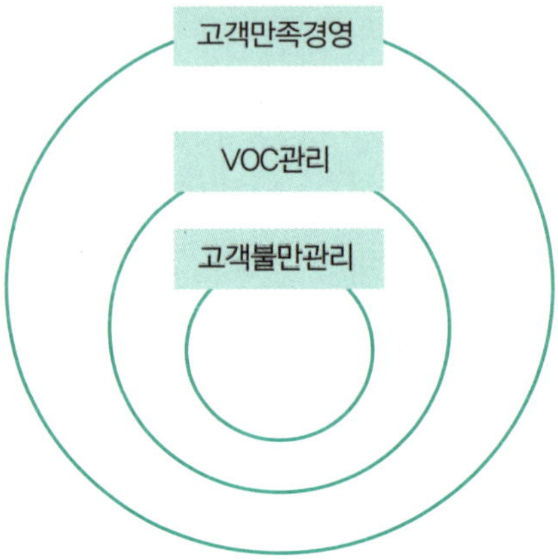

2. VOC관리의 중요성

VOC관리가 중요해지는 이유로는 이를 통해 고객만족도의 향상을 도모할 수 있고, 이와 더불어 고객 인사이트(insight)를 확보할 수 있다는 두 가지 점을 들 수 있다.

2.1 고객만족도의 향상

기업은 VOC를 제기한 고객들의 문제나 관심사항에 대해 적극적으로 대응함으로써 만족도를 향상시키고 이를 통해 고객의 충성도를 확보해 나갈 수 있다. 고객만족경영이 성공적으로 이루어지기 위해서는 고객이 원하는 것은 무엇인지, 불만스러운 점은 무엇인지, 아쉬운 점은 무엇인지 등에 대한 정보를 원활하게 확보하여 활용할 수 있어야 한다. 이러한 점에서 VOC관리는 고객만족경영의 핵심적인 수단이 된다. 이를 통해 기업은 다양한 혜택을 누릴 수 있다. 먼저 방어적인 측면에서는 불만이나 클레임을 제기한 고객들의 문제를 적극적으로 해결함으로써 부정적인 구전이 확산되어 기업에 타격을 주는 상황을 미연에 방지할 수 있다. 공세적인 측면에서는 고객의 충성도를 확보함으로써 긍정적인 구전의 확산이 촉진되도록 할 수 있을 뿐만 아니라 고객유지율의 제고나 교차판매나 상승판매와 같은 추가적인 판매활동도 활성화시킬 수 있다([글 14-8] 및 [글 14-9] 참조).

글 14-8 외식업체의 고객의 소리 관리

갈비전문음식점인 송추가마골에서는 1990년대 후반부터 각 매장 점주들의 자발적인 참여로 고객관리를 시작하였다. 송추가마골에서는 예약하여 방문했던 고객에게 해피콜서비스를 진행한다. 방문 당일 매장의 서비스와 메뉴에 대한 고객의견을 묻고 불만사항이 있었을 경우 접수 후 개선하고 그 진행상황을 빠르게 고객에게 피드백하고 있다. 불만사항으로는 메뉴와 음식맛에 관한 것에서부터 '화장실이 협소하다'라든지 '따뜻한 물이 나오지 않는다' 등의 의견, 서비스에 대한 점까지 다양한 의견이 접수된다. 해피콜서비스 외에도 엽서와 설문 등을 통해 들어오는 고객의견은 칭찬과 불만에 상관없이 모두 대표이사에게까지 직통으로 보고가 되고 매 2주마다 전략회의를 통하여 매장 운영에 반영하고 있다. 그리고 의견을 제시한 고객에게도 어떻게 해결하였는지, 혹은 이런 점 때문에 개선이 어렵다라는 답까지 전달하였다. 불만을 토로했던 고객이 이런 과정을 통해서 오히려 충성고객이 되는 경우가 많다. 불만사항 개선과 함께 의견을 준 고객 중 선정하여 식사권을 제공함으로써 재방문을 한 번 더 유도한다. 고객은 매장에서 의견을 수렴한 것을 보게 되고 자신의 의견이 반영된 매장에 만족하고 자연스레 애착을 느끼게 된다. 실제 단골 및 충성고객들은 비수기에 많은 도움을 주었다. 고객에게 감사 메일을 발송하고 해피콜서비스를 진행하였을 때 재방문이나 단체예약이 자주 이루어진다.

자료 : 이데일리, "어떻게 고객정보를 획득할 것인가?," 2008년 10월 28일.

글 14-9 병원의 고객유지율 증가를 위한 고객센터의 구축

병원 콜센터는 진료상담부터 예약, 변경, 전화안내, 아웃바운드업무 등 고객과 1대1 커뮤니케이션을 위해 전문 상담원을 활용하는 것으로 국내에서는 KT가 가장 큰 규모를 자랑하고 있다. KT는 국내 최초로 2003년부터 약 2,000석 규모의 IP 콜센터시스템을 구축해 저렴한 비용과 질 좋은 서비스로 콜센터를 임대해주고 ASP서비스를 제공하고 있다. … 또한 KT는 병원 내에 콜센터를 구축해주기도 한다. 자체 콜센터 구축은 해당 병원 내에 시스템 장비와 상담원을 구축해 운용 및 관리하는 시스템으로 중앙집중형 콜센터 구축이라고 표현된다. 이러한 자체 구축형은 ASP시스템보다는 구축기간이 길고, 설치공간이 필요하며, 전화요금이 많이 나오지만, 보안성과 안정성이 뛰어난 장점으로 인해 일부 병원에서 시행하고 있다.

이러한 콜센터가 병원에 도입되면 예약 부도율 하락과 고객유지율 증가가 이루어져 수익증대를 이룰 수 있다. 이 외에도 전화업무의 전문화를 통하여 효율적인 내무 업무 수행이 가능하며, 친절한 서비스 및 신속한 전화연결, 엔젤 콜 등을 통해 고객만족도를 높일 수 있는 장점이 있다. 이러한 장점들은 곧 고객유지율 증가로 이어져 병원의 매출증대 효과를 기대할 수 있다. 해외 연구결과에 따르면 일반 병원의 고객유지율은 46%이지만, 병원 콜센터를 통한 관리가 이루어졌을 때 고객유지율이 70% 정도로 나타나 그 효과를 입증했다.

자료 : 아웃소싱타임스, "병원 콜센터, 고객유지율 증가시킨다," 2007년 7월 30일, http://www.outsourcing21.com/new/news/news_view.asp?idx=45311&nk=3.

2.2 고객 인사이트의 확보

최근 들어서는 점점 더 많은 기업들이 고객의 문의에 응답하고 고객의 불만을 처리하는 등의 수동적인 입장에서 벗어나서 VOC를 고객에게 혁신적인 가치를 제공하는데 필요한 '고객에 대한 통찰력(customer insight)'을 확보하기 위한 적극적인 수단으로 활용하고 있다. 다만 VOC를 제공하는 고객들이 모든 고객들을 대변할 수 있는 대표성을 지닌 것은 아니기 때문에 VOC에만 의존하여 전략을 수립하는 것에는 리스크가 따를 수 있다. 따라서 중요한 마케팅전략을 수립하고자 할 때는 VOC를 통한 정보를 기반으로 설문조사를 통해 확인하는 작업이 필요하다. VOC관리를 통해 확보되는 정보는 설문조사 등의 마케팅리서치를 통해 확보될 수 있는 정보에 비해 다음과 같은 특징을 지니고 있다.

첫째, 정보제공자의 관여도가 높다. 정보제공자인 고객이 고객센터와 접촉하기 위해서는 일정한 시간과 에너지를 사용하여야 하기 때문에 VOC는 대부분 해당 회사와 제품에 대해 상당히 높은 수준의 관심을 가지고 있는 고객들로부터 확보된다. 뿐만 아니라 이들 고객은 상대적으로 해당 회사와 제품에 대해 많은 것을 알고 있을 가능성이 높기 때문에 이들로부터의 정보는 상당히 정확하고 상세하다.

둘째, 기업의 다양한 활동에 대한 고객의 반응을 매우 신속하게 파악할 수 있다. 설문조사를 하기 위해서는 설문지 작성, 자료의 수집 및 분석 등에 짧게는 몇 주에서 길게는 몇 달의 기간이 소요되지만 기업은 VOC를 통해 고객들의 반응을 매우 신속하게 파악할 수 있다. 예를 들어 신제품을 출시하였거나 새로운 형태의 프로모션을 전개하였을 때 고객들의 관심수준, 관심부문, 불만사항 등에 대한 정보를 매우 짧은 시간 내에 얻을 수 있으며, 문제가 있을 때에는 이를 신속하게 파악하여 대응해 나갈 수 있다

셋째, VOC를 체계적으로 확보하기 위해서는 VOC관리시스템을 도입하기 위한 투자가 이루어져야 하지만 일단 이러한 시스템이 도입되면 설문조사 등에 비해 매우 비용효율적으로 고객에 대한 정보를 확보할 수 있다. 고객은 VOC를 통해 아무런 대가도 받지 않고 가치 있는 정보를 제공해주기 때문에 기업으로서는 설문조사를 대체할 수 있는 유력한 수단으로 VOC를 활용할 수 있다.

넷째, 기업은 VOC를 통해 매우 생생하고 현장지향적인 정보를 확보할 수 있다. 설문조사는 회사가 가지고 있는 특정한 문제에 대한 해답을 얻기 위해 이루어지는 것이기 때문에 설문지도 기업의 입장에서 작성될 수밖에 없으며, 따라서 고객에게는 정말 절실하지만 기업이 미처 생각하지 못하고 있는 정보를 확보하기는 불가능하다. 그렇

지만 VOC는 100% 고객 입장에서의 정보이기 때문에 기업이 미처 생각하지 못하고 있는 현장감 있는 정보를 제공해줄 수 있다.

다섯째, 내용이 매우 다양하며 풍부하다. 특정한 주제를 정해 놓고 실시되는 설문조사와는 달리 VOC정보는 그 내용이 매우 다양하다. 제품, 유통, 가격, 광고, 사회봉사 등 기업의 활동과 관련된 모든 것들이 VOC의 내용이 될 수 있다. 또한 설문조사는 비용상의 문제 때문에 그 양이 수백에서 수천 정도로 제한되는 것이 일반적이지만 VOC에서의 정보의 양은 수만 건, 수십만 건, 수백만 건이 될 수도 있다.

여섯째, VOC는 시계열적인 데이터이다. 대부분의 설문조사가 일정 시점에 실시되는 데 반하여 VOC는 시간에 관계없이 끊임없이 들어오기 때문에 특정한 이슈에 대한 고객들의 반응이 시간의 흐름에 따라 어떻게 변화하는지를 파악할 수 있다.

일곱째, VOC정보는 그 내용이 정해져 있는 설문조사와는 달리 고객과의 대화내용이 사전적으로 정해지는 것이 아니기 때문에 비정형이다. 따라서 VOC를 통해 고객 인사이트를 확보하기 위해서는 VOC 분류체계를 잘 갖추는 것이 중요하다. 즉, 코딩(coding)작업이 이루어져야 비로소 양적인 분석으로 이어질 수 있다.

3. VOC관리 프로세스

VOC관리 프로세스는 VOC를 관리하기 위한 업무 프로세스를 의미한다. VOC관리 프로세스는 VOC의 수집 및 축적, 수동적 활용 프로세스, 능동적 활용 프로세스 등의 3부분으로 나누어질 수 있다([그림 14-4], [그림 14-5], [표 14-5] 참조).

그림 14-4 VOC관리 프로세스 개요도

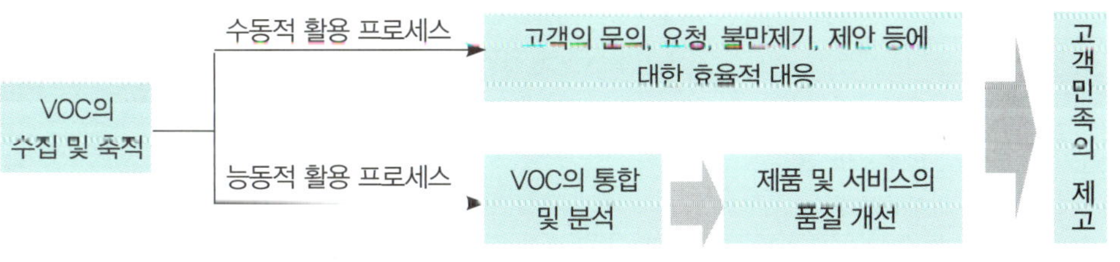

그림 14-5 VOC관리 프로세스 상세도

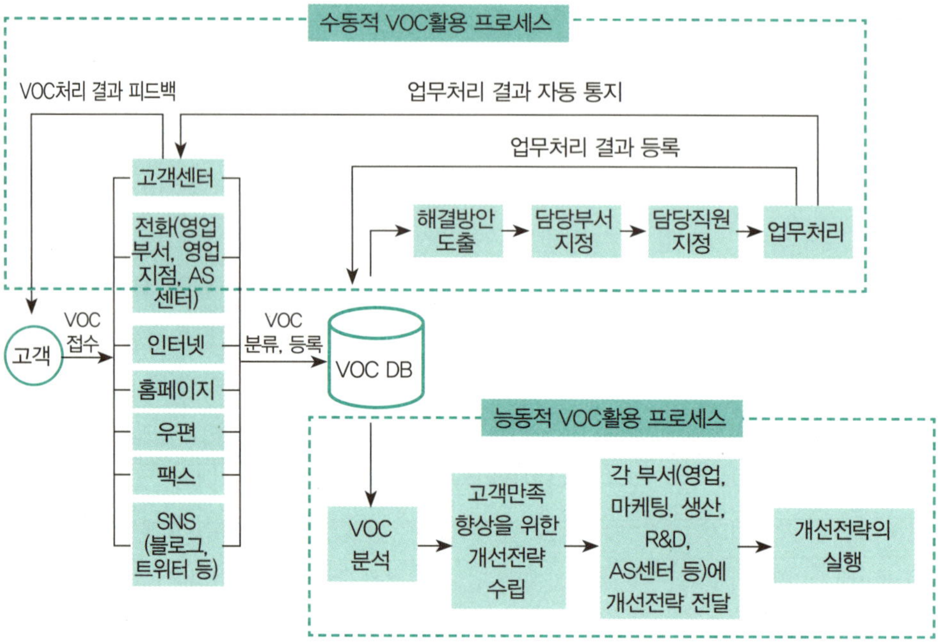

| 표 14-5 | VOC관리 프로세스의 절차 및 내용

구분	절차	내용
공통	VOC 접수	다양한 채널을 통해 들어오는 VOC를 접수
	VOC의 분류 및 등록	접수된 VOC를 정해진 분류체계에 따라 분류하고 VOC DB에 등록
수동적 VOC 활용 프로세스	해결방안의 도출	접수된 VOC를 해결할 수 있는 방안 도출
	당당부서의 지정	접수된 VOC를 해결할 담당부서 지정
	담당직원의 지정	접수된 VOC를 해결할 담당직원 지정
	업무처리	담당직원에 의한 접수된 VOC의 처리
	업무처리 결과의 등록	VOC의 처리결과를 담당직원이 VOC DB에 등록
	업무처리 결과 자동통지	VOC의 처리결과를 고객센터에 자동으로 통지
	VOC처리 결과 피드백	고객센터에서 고객에게 VOC의 처리 결과 피드백

능동적 VOC 활용 프로세스	VOC분석	주기적으로 VOC DB에 대한 분석
	개선전략 수립	분석결과를 바탕으로 고객만족도의 제고를 위한 개선전략 수립
	각 부서에 개선전략 전달	개선전략을 실행할 부서에 개선전략 전달
	개선전략 실행	각 부서에서 개선전략 실행

3.1 VOC의 수집 및 축적

VOC의 수집 및 축적은 전화, 영업부서, 인터넷 등의 여러 경로로 들어오는 VOC를 접수한 뒤 이를 분류하여 VOC 데이터베이스에 등록시키는 과정을 의미한다. VOC는 고객센터, 접점부서, 이메일 등 매우 다양한 경로를 통해 들어오기 때문에 각 경로에서 수집된 정보가 고객센터에 집결될 수 있도록 하는 시스템을 구축하는 것이 매우 중요하다. 또한 수집된 정보는 통합적으로 관리되어야 하기 때문에 VOC의 분류체계를 갖추어야 하고, 전 경로에서 동일한 양식을 사용하여 VOC 정보를 입력하도록 하는 것도 매우 중요하다.

3.2 수동적 활용 프로세스

수동적 활용 프로세스는 고객의 문의, 요청, 불만, 제언 등을 처리하고 그 결과를 고객에게 피드백하는 과정을 의미한다. 이러한 과정은 산출되는 피드백의 내용이 고객의 행동에 반응하여 이루어진다는 의미에서 수동적이라고 할 수 있다. 이 프로세스에서는 해결방안의 도출, 담당부서의 지정, 담당직원의 지정, 업무처리, 업무처리결과의 등록, 업무처리결과의 고객센터 자동통지, VOC 처리결과의 고객 피드백 등의 과정이 이루어진다. 이 프로세스에서는 고객의 문의, 요청, 불만 등뿐만 아니라 고객의 제언에 대한 업무처리 및 피드백도 이루어져야 한다.

고객의 제언에 대한 피드백이 잘 이루어지면 고객은 자신이 기업의 제품 및 서비스 개선에 참여한다는 의식을 갖게 되고, 이에 따라 기업에 대한 애호도가 증가할 수 있다. 최근 들어 기업들이 고객참여(customer participation)에 대해 많은 관심을 기울이고 있는데, 제언에 대한 피드백도 이러한 고객참여의 일환으로 이해될 수 있다. 수동적 활용 프로세스에서는 고객의 기대수준에 부합하는 내용을 피드백하는 것도 중요하지만 피드백의 속도도 매우 중요하다([글 14-20] 참조). 그 이유는 불만을 제기한 고객의 경우에 피드백까지 걸린 시간에 따라 고객유지율이 크게 달라지기 때문이다([그림 14-6] 참조).

그림 14-6 반응시간에 따른 고객이탈률

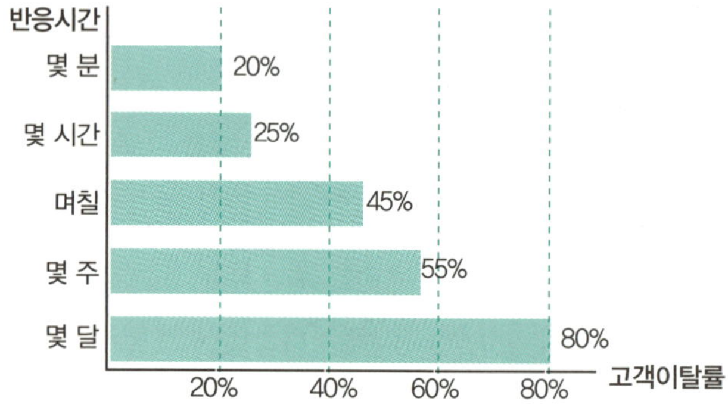

자료 : LaMalfa, Kyle and Bob Caruso(2009), "The top 10 voice of the customer(VOC) best practices," http://loyalty360.org/images/uploads/allegiance.pdf.

글 14-20 홈쇼핑회사의 신속한 불만처리 사례

지난해 TV홈쇼핑은 불황기 소비자들의 알뜰쇼핑욕구에 맞춘 다양한 상품개발 노력과 런던올림픽 등의 호재가 겹치면서 성장했지만 서비스 품질은 이와 반대로 전년보다 하락했다. 가장 근본적인 원인은 홈앤쇼핑을 뺀 4개 기업의 수신여건(20초 이내에 전화연결 성공비율)이 평균 43%에 그치는 등 업체들이 콜센터를 통한 대인서비스에 별다른 투자를 하지 않은 데 있다. 이 중 홈앤쇼핑은 서비스품질지수 91점을 획득해 5대 홈쇼핑 중 유일하게 우수 콜센터에 선정됐다. 이는 콜센터 이용고객이 원하는 것이 무엇인지 회사 차원에서 정확히 파악하고 있기 때문이다. 고객은 콜센터에 상담 연결의 용이성, 신속한 주문 및 불만처리와 상담직원의 책임감 있는 대응을 요구한다. 이에 맞춰 홈앤쇼핑은 상담원 응대율 93%, 평일 24시간 이내 불만처리율 90%, 약속이행률 90% 이상을 목표로 삼고 콜센터시스템을 중점관리하고 있다. 특히 전화와 인터넷 등 다양한 채널을 통해 발생하는 고객상담업무를 처리하기 위해 360석의 대형 IT 기반 콜센터를 구축해 안정적이고 고객지향적인 서비스를 제공하고 있다.

자료 : 매일경제, "각종 불만 대부분 하루내 처리," 2013년 4월 18일.

3.3 능동적 활용 프로세스

능동적 활용 프로세스는 구축된 VOC 데이터베이스에 대한 분석을 통해 제품이나

서비스의 품질을 개선함으로써 고객의 만족을 증가시킬 수 있도록 하는 업무 프로세스를 의미한다. 즉, 이 과정에서는 VOC분석, 개선전략 수립, 각 부서에 개선전략 전달, 개선전략 실행 등이 이루어진다. 이러한 과정은 산출되는 전략의 내용이 기업의 판단과 노력에 의해 결정된다는 의미에서 능동적이라고 할 수 있다. 최근에는 소셜미디어의 확산에 따라 이를 통한 VOC를 제품개발, 서비스 개선 등에 활용하려는 움직임이 활발해지고 있다([글 14-21] 참조).

글 14-21 소셜미디어 VOC의 능동적 활용

소셜미디어는 고객의 소리(voice of customer)를 새로운 차원으로 끌어올렸다. 고객의 반응을 새로운 방식으로 전달, 고객의 행동을 이해할 수 있는 통찰력을 제공하기 때문이다. 소셜미디어는 기업이 콜센터, 설문조사 등 전통적 방법으로 얻을 수 있는 것보다 훨씬 더 풍부한 정보를 제공한다. 기업은 소셜미디어에서 구한 통찰력을 통해 서비스 품질 개선뿐만 아니라 제품개발, 판매 프로세스 혁신까지 이룰 수 있다.

소셜미디어는 고객서비스뿐만 아니라 상품개발에도 영향을 미치고 있다. 풍부한 고객정보는 물론, 그 요구와 취향까지 알려주면서 고객지향적인 기업들은 소셜미디어에서 얻은 고객의 특성을 제품에 반영할 수 있다. 소셜미디어에서 구한 고객의 아이디어나 정보는 완전히 새로운 시장을 개척하는 발판이 되기도 한다. 일부 기업은 소셜미디어를 통해 고객이 직접 제품이나 서비스 개발에 참여하도록 유도하기도 한다. 오스트리아의 크리스털 제조 판매회사인 스와로브스키는 고객들이 원하는 디자인을 만드는 데 사용할 수 있는 소프트웨어를 개발, 소셜미디어를 통해 제공했다. 그 결과 당장 제품으로 내놓아도 손색없는 디자인 아이디어 수백 개를 얻을 수 있었다. 미국에 본사를 둔 대형 은행 웰스파고는 충성고객 확보방안을 도출하기 위해 '혁신 네트워크'를 만들고, 고객경험을 향상시킬 아이디어나 특별 제품 등에 대한 직원 아이디어를 50개 이상 수집했다. 그 중 뛰어난 혁신으로 이어진 사례만 7개가 보고됐다. 소셜미디어를 활용해 공개 개발을 진행하면 다양한 경로로 아이디어를 수집하고 공유할 수 있다. 또 신제품에 관한 피드백을 신속하게 받을 수 있다. 가격과 제품의 특성, 미처 발견하지 못한 결함 등 여러 측면에서 값비싼 실수를 막아주는 이런 피드백의 중요성은 날로 커지고 있다. 오늘날 기업들이 신제품에 필요한 모든 전문지식을 갖추기 어렵다는 점에서도 외부로부터 아이디어를 끌어올 필요성은 더욱 커졌다 .

자료 : 한국경제, "고객반응 조사 · 신제품 아이디어 수집 SNS가 '효자'," 2012년 2월 10일.

많은 기업들이 VOC관리의 효율적인 수행을 위해 VOC관리시스템(VOC management system)을 도입하고 있다. 이 시스템은 VOC 분류, VOC 축적, VOC 분석, 부서 간 커뮤니케이션, 대고객 커뮤니케이션 등의 업무를 자동화함으로써 VOC관리업무를 보다 효율적으로 수행할 수 있도록 해주는 기능을 제공한다. 하루에도 수백 건의 전화가 걸려오는 경우 이러한 시스템의 도움 없이는 업무를 수행하기가 거의 불가능하며, 여러 부서의 직원들이 VOC관리업무와 연관되어 있기 때문에 효율적인 커뮤니케이션을 위해서도 VOC관리시스템의 도입은 매우 중요하다.

4. VOC의 분류

VOC가 효과적으로 관리되기 위해서는 VOC의 체계적인 분류가 전제되어야 한다. VOC는 다양한 기준에 의해 분류될 수 있다. VOC의 내용, VOC의 목적, VOC 채널 등 다양한 변수가 사용될 수 있다. VOC의 내용은 VOC가 구체적으로 무엇에 대한 것인가를 의미하는 것으로 주로 제품, 서비스, 매장, 가격, 마케팅, 영업사원 등으로 나누어질 수 있다. VOC의 목적은 고객이 VOC를 제기한 목적이 단순히 문의를 하기 위한 것인지, 불만을 토로하기 위한 것인지, 제안을 하기 위한 것인지 등을 의미한다. 우리나라의 어느 항공사의 경우 VOC를 그 목적에 따라 불만사항, 칭송사항, 문의사항, 제언사항 등의 4가지 유형으로 구분하고 있다. VOC 채널은 VOC가 어느 경로를 통해 들어왔는지를 의미하는 것으로 고객센터, 홈페이지, 영업점 등으로 나누어질 수 있다. 이러한 기준들을 별도로 사용하기보다는 하나의 기준을 대분류로 사용하고 다른 기준을 활용하여 대분류에서 나누어진 변수들을 다시 세분화하는 것이 일반적이다. 예를 들어 인터넷 교육사업을 하는 업체의 경우에 VOC의 목적에 따라 문의, 불만, 제안 등으로 구분하고 '문의'라는 카테고리를 다시 회원가입, 행사 및 이벤트, 교육 프로그램, 강사진, 마일리지 등으로 세분하여 관리할 수 있다. [표 14-6]은 우리나라의 몇몇 화장품업체에서 사용하고 있는 VOC 분류체계를 보여주고 있다. 예를 들어 기업 A는 VOC의 내용을 대분류 기준으로 하고 VOC의 목적을 중분류 기준으로 하는 분류체계를 가지고 있고, 기업 C와 기업 E는 VOC의 목적을 대분류 기준으로 하고 VOC의 내용을 중분류 기준으로 하는 분류체계를 가지고 있음을 알 수 있다.

| 표 14-6 | 우리나라 화장품업체의 VOC 분류체계

조사 대상기업	대분류	중분류
A	미용상담	일반상담, 클레임상담
	가격문의	
	구입문의	
	기타문의	
B	불만	리포트 작성 시 필요에 따라 세분화
	문의	
	상담	
C	일반상담	제품, 프로모션, VIP 프로그램, 고객정보, 구입처문의
	불만상담	제품, 회사, 마케팅, 영업사원
D	온라인	제품, 취소, 반품
	오프라인	제품문의, 매장문의, 매장 불편신고, 피부 트러블
E	일반	제품, 서비스, 영업, 기타
	불만족	제품, 서비스
	클레임	피부 트러블, 부자재 이상, 내용물 이상

자료 : 안수아(2010), "화장품 업체 고객 상담 부서의 VOC 활용에 대한 인식과 수집 및 분석 체계에 관한 연구," 석사학위논문, 가톨릭대학교.

어떠한 분류체계를 채택할 것인가를 정함에 있어 가장 중요한 것은 VOC 활용의 중점을 어디에 둘 것인가 고려하는 것이다. 예를 들어 고객의 불만이나 클레임에 대한 추세분석과 신속한 처리가 가장 중요한 이슈가 되고 있는 경우라면 VOC의 목적을 가장 중요한 분류기준으로 채택하는 것이 타당하고, 그렇지 않고 제품이나 서비스 등의 문제점을 파악하여 개선사항을 도출하는 데 중점을 두고 있다면 VOC의 내용을 가장 중요한 분류기준으로 채택하는 것이 타당하다. 그러나 각각의 VOC에 대해 어떠한 목적으로 들어온 것이며 어떠한 내용인가를 분류하여 놓으면 분석단계에서는 OLAP 등을 사용하여 자유자재로 분석할 수 있기 때문에 어떠한 변수를 대분류 기준으로 하고 어떠한 변수를 중분류 변수로 할 것인가는 크게 중요하지 않다.

참고문헌

- 김승욱, 강기두(2012), 고객관계관리(CRM)원론, 법문사, 203-217.
- 김진석(2007), "선진 콜센터의 고객감동! 운영사례," 콜센터기술경영저널, 제14호, 10-18.
- 김형수(2007), "콜센터 서비스품질이 고객충성도에 미치는 영향(1)," 콜센터기술경영저널, 제12호, 19-30.
- 김형수(2007), "콜센터 서비스품질이 고객충성도에 미치는 영향(2)," 콜센터기술경영저널, 제13호, 31-42.
- 박종태(2007), 한국형 콜센터 경영, 도서출판 물푸레, 5-6.
- 박찬욱(2005), 한국적 CRM 실천방안, 시그마인사이트, 176.
- 스탠리 브라운(2001), "신용카드사의 CRM 전략 : 신용카드사 캐피털 원의 대량 맞춤형 서비스 성공 비결," in 프라이스워터하우스쿠퍼스, 세계 최고 기업들의 CRM 전략, 번역서, 북21, 75-84.
- 안수아(2010), "화장품 업체 고객 상담 부서의 VOC 활용에 대한 인식과 수집 및 분석 체계에 관한 연구," 석사학위논문, 가톨릭대학교.
- 조재현(2009), "전사적인 고객접점으로 진화하는 금융권 고객센터," 콜센터기술경영저널, 제18호, 50-65.
- 데일리안, "풀무원, '카카오톡' 상담 서비스 시작," 2013년 7월 15일, http://www.dailian.co.kr/news/view/356973/?sc=naver.
- 디지털타임스, "삼성생명 IP컨택센터 본격가동," 2003년 8월 7일.
- 매일경제, "각종 불만 대부분 하루내 처리," 2013년 4월 18일.
- 아웃소싱타임스, "병원 콜센터, 고객유지율 증가시킨다," 2007년 7월 30일, http://www.outsourcing21.com/new/news/news_view.asp?idx=45311&nk=3
- 이데일리, "어떻게 고객정보를 획득할 것인가?," 2008년 10월 28일.
- 이투데이, "한화 · SK · GS 잇따른 정규직 전환 … 여성 근로자 '신바람'," 2013년 5월 24일, http://www.etoday.co.kr/news/section/newsview.php?idxno=737297
- 한국경제, "기업 콜센터는 '컨택트 센터'," 2007년 6월 13일.
- 한국경제, "고객반응 조사 · 신제품 아이디어 수집 SNS가 '효자'," 2012년 2월 10일.
- 캐피털원 홈페이지, www.capitalone.com

- Anton, Jon(1997), *Call Center Management By the Numbers*, Ichor Business Books, Purdue University Press.
- Baran, Roger J., Robert J. Galka, and Daniel P. Strunk(2008), *Principles of Customer Relationship Management*, Thomson South–Western, 26, 75–76, 119.
- LaMalfa, Kyle and Bob Caruso(2009), "The top 10 voice of the customer(VOC) best practices," http://loyalty360.org/images/uploads/allegiance.pdf
- http://www.geomant.com/avaya–solutions/contact–center–productivity/intelligent–call–routing–2/

PART 04

CRM 인프라

CHAPTER 15

CRM 지향적 조직기반의 조성

성공적인 CRM 실행을 위해서는 CRM 지향적인 조직기반을 조성하는 것이 무엇보다 중요하다. 즉, 훌륭한 시스템을 갖추는 것도 중요하고, 고객정보에 대한 정교한 분석도 중요하며, 적합한 CRM전략을 만들에내는 것도 중요하지만 이러한 모든 활동들이 지속적이고 발전적으로 추진되기 위해서는 CRM 지향적 조직기반이 갖추어져야 한다. 이는 결국 CRM의 실행도 사람으로 구성되어 있는 조직에 의해 이루어져야 하기 때문이다. CRM이 지향하는 목표에 대한 구성원들 간의 공감대가 형성되어 있지 않거나, 부서 간의 협업이 이루어지지 않거나, 최고경영진의 CRM에 대한 깊은 관심과 이해가 없는 환경에서는 훌륭한 시스템, 정교한 분석, 적합한 CRM전략 등이 제 가치를 발휘할 수 없다. 본장에서는 CRM 지향적 조직기반 조성의 필요성, CRM의 실행주체, CRM부서의 역할과 위상, 최고경영자의 역할 등에 대해 기술한다.

제1절 CRM 지향적 조직기반 조성의 필요성

1. CRM의 성과에 대한 부정적 평가

미국 등 서구에서는 1980년대 중반에 CRM이 등장한 이래 15~20년이 지난 2000년대 초·중반부터 CRM의 성과에 대한 평가가 서서히 나오기 시작했는데, 많은 연구기관들과 학자들은 대체로 "CRM의 성과가 기대에 부응하지 못하고 있다"는 데 의견을 모으고 있다. 즉, 마케팅의 새로운 패러다임으로 혜성처럼 등장한 CRM은 세간에 상당한 주목을 끌었고, 기업들은 실제로 이의 실행을 위해 많은 투자를 하였으며, 또한 일부 성공 사례가 나타났음에도 불구하고, 그 성과에 대한 대체적인 평가는 부정적이라고 할 수 있다. [글 15-1]은 이러한 부정적 평가의 몇 개의 예를 기술하고 있다.

글 15-1 CRM의 성과에 대한 부정적 평가의 예

- 그동안 이루어진 많은 연구들을 보면 CRM시스템을 도입한 기업들 가운데 55~75%에 이르는 기업들이 고객들과의 관계 강화나 수익성 제고 같은 효과를 제대로 누리지 못한 것으로 드러났다.

자료 : 서닐 굽타, 도널드 레흐만(2006), 당신의 고객을 업그레이드 하라, 번역서, 럭스미디어, 28-29.

- 국가소매연합(National Retail Federation)이 북미 유통기업들을 대상으로 벌인 조사에 따르면 69%가 CRM 투자를 통해 얻은 것이 없는 것으로 밝혀졌다.
- 가트너그룹(Gartner Group)에 의하면 미국 CRM 프로젝트의 약 50%, 유럽 CRM 프로젝트의 80% 이상이 실패로 돌아갔다고 한다.
- 버틀러그룹(Butler Group)은 CRM 프로젝트의 약 70%가 실패라고 예상하고 있다.

자료 : 티모시 L. 케이닝햄, 테리 G. 바브라, 러잔 액소이, 헨리 왈라드(2006), 고객충성의 신화 : 고객충성도에 관한 오해와 진실, 번역서, 비즈니스맵, 29.

- 가트너그룹에 따르면 영업인력 관련 CRM에 대한 투자 가운데 55%는 투자성과가 기대에 미치지 못한 것으로 나타났다. 또 포레스트리서치(Forrester Research)에 따르면 CRM 결과에 대해 '아주 만족스럽다'고 응답한 대기업 최고경영자(CEO)는 8%에 불과한 것으로 나타났다. AMR 리서치의 조사를 보면 CRM을 실시한 기업 가운데 CRM 덕분에 경영성과가 일부 나아진 곳은 16%에 불과했다.

자료 : 메리 라슨, 롬니 레스니(2008), "영업효율 투자의 덫," 동아비즈니스리뷰, 10월, 18호, 94-96,
원문 : Larson, Mary and Romney Resney(2004), "Why "sales force effectiveness" isn't," *Handbook of Business Strategy*, 5(1), 233-238.

우리나라의 경우도 이러한 세계적인 추세의 예외는 아니다. 1990년대 중반에 시작된 한국의 CRM이 기대했던 만큼의 성과를 내지 못하면서 2000년대 중반부터는 CRM에 대한 접근방식에 대해 의문이 강하게 제기되기 시작하였다. CRM 도입의 초기와는 달리 IT중심적인 사고방식을 가지고 CRM에 접근하는 기업들은 거의 없어졌음에도 불구하고 CRM은 여전히 조직의 핵심적인 역량으로 자리 잡지 못하고 있다.

2. CRM 지향적 조직기반 조성의 필요성

CRM의 활로를 모색하는 과정에서 CRM이 활성화되기 위해서는 CRM의 실행에 적합한 조직기반의 조성이 선행되어야 한다는 견해가 설득력을 얻게 되었다. 즉, CRM이 조직에 안착하지 못하고 있는 것은 CRM시스템의 부실이나 전략적 노하우의 부족에 기인하는 것이 아니라 기업이 CRM을 수용할 수 있는 태세를 갖추지 못하고 있기 때문이라는 인식이 보편화되고 있다. 그래서 아무리 좋은 시스템이 도입되고 아무리 우수한 CRM 전문가가 영입되어 CRM을 실천하려고 하여도 이것이 조직에 스며들지 못하고 겉돌다 결국은 뚜렷한 성과 없이 끝나버리는 결과가 초래된다는 것이다. 여기에서 CRM의 실행에 적합한 조직기반이라고 함은 시스템이나 전문인력과 같이 단기적으로 갖추어질 수 있는 부분도 포함되지만, 그보다는 CRM에 대한 전사적 공감대 형성, CRM 관련 부서들 간의 원활한 커뮤니케이션, CRM에 적합한 조직구조, CEO의 CRM 지향적 리더십, CRM에 친화적인 성과평가 및 보상체계, CRM 인재양성시스템 등을 의미한다.

CRM의 성공적인 수행을 위해서 이를 위한 조직기반이 전제되어야 한다는 논리는 그다지 어렵거나 새로운 것이 아님에도 불구하고 이에 대한 본격적인 논의와 실행이 이루어지지 않는 이유는 무엇일까? 이에 대한 원인으로 다음과 같은 점들을 들 수 있다.

첫째, CRM 도입의 초기부터 CRM에 대한 개념이 잘못 형성되면서 이를 극복하는 데 많은 시간이 소요되었다. 우리나라의 CRM 도입은 다국적 벤더사나 컨설팅사에 의해 주도되었고, 이 회사들은 비즈니스의 확대를 위해 CRM에 적합한 조직기반의 조성을 강조하기보다는 잠재적인 고객사를 대상으로 시스템의 도입을 통해 CRM을 활성화시킬 수 있다는 시스템중심적인 사고방식을 보급하는 데 주력하였다. 우리나라 기업들은 많은 시행착오를 거치면서 2000년 초반부터는 시스템적인 시각에서 벗어나서 실행중심적인 CRM을 구현하기 위해 노력하고 있지만, 아직도 CRM의 성공 요인을 시스템이나 전략이 아닌 고객관계지향적인 조직기반의 구축에서 찾고자 하는 노력이 적극적으로 이루어지지는 못하고 있다.

둘째, CRM에 적합한 조직기반의 조성은 IT시스템이나 전략 문제에 비해 훨씬 더 복잡하고 어려운 문제이다. 즉, IT시스템의 구축이나 CRM전략의 수립에 관한 문제는 예산과 인력의 확보를 통해서 어느 정도 해결할 수 있는 문제이지만, 조직구조의 개편, 부서기능의 변화, 부서 간 협력관계의 변화, 부서의 통폐합, CEO 역할의 변화 등과 같은 조직 관련 문제들은 예산증액이나 인력충원으로 해결될 수 있는 문제가 아니라, 구성원들의 마인드 변화와 조직의 기능/구조의 변화가 요구되는 문제들이다. 따라서 이러한 문제의 해결에는 보다 많은 시간이 소요되는 것은 물론, 구성원들의 희생과 인내가 요구된다. 그런데 대부분의 조직구성원들은 불편하거나 희생을 요구하는 변화를 싫어하고, 더 나아가 이에 저항한다. 따라서 조직의 수장인 CEO라고 하더라도 CRM에 대한 투철한 신념 없이는 CRM의 활성화를 위한 변화를 주도해나가기는 힘들다.

셋째, 시스템 구축이나 전략 수립과 같은 경우에는 예산만 확보되면 외부 전문업체의 도움을 쉽게 받을 수 있지만 조직기반의 구축에 대한 문제는 그렇지 않다. 예를 들어, CRM 컨설팅회사가 CRM의 원활한 수행을 위해서 부서 간 업무조정이 필요하다는 것을 잘 알고 있다고 하더라도 이는 매우 민감한 문제이기 때문에 컨설턴트들은 적극적으로 개선방향을 제안하려 하지 않는다. 왜냐하면 기존의 조직에 변화가 필요하다는 제안은 회사 전체의 입장에서는 바람직하다고 하더라도 조직 내의 일부 구성원이나 부서는 이에 대해 반감을 가질 가능성이 있고, 그 기업과 지속적인 거래를 하고자 하는 외부기업의 입장에서는 이러한 상황을 최대한 피하기를 원하기 때문이다.

지속적이고 성공적인 CRM의 수행을 위해서는 조직기반 조성의 중요성을 아무리 강조해도 지나치지 않다. CRM의 성공요인은 다양한 형태로 분류될 수 있지만 앞에서 기술한 CRM의 시대적 흐름의 관점에서 보면 크게 '시스템', '전략', 그리고 '조직기반' 등의 세 가지 요인으로 구분될 수 있다. 이 세 요인의 상대적인 중요성을 살펴보면, 대체로 조직기반의 중요성이 60% 이상이고, 20~30%가 전략의 중요성이며, 시스템의 중요성은 20% 미만이라고 할 수 있다. 따라서 기업들은 성공적인 CRM의 수행을 위해 조직기반 조성 관점에서의 변화관리에 가장 많은 노력을 기울여야 하고, 그 다음으로 합리적인 CRM전략 수립, 마지막으로 시스템 측면에 노력을 기울이는 것이 바람직하다. 이와 같은 논의는 [그림 15-1]과 같이 표현될 수 있다. CRM의 성과는 CRM전략의 수립과 실행을 통해 구현된다. 즉, 적절한 CRM전략이 채택되고, 이에 대한 실행이 잘 이루어지면 좋은 성과를 얻을 수 있다. 그런데 적절한 CRM전략이 수립되고 이에 대한 실행이 잘 이루어지기 위해서는 시스템적인 지원도 필요하지만, 그보다는 CRM에 적합한 조직기반을 조성하는 것이 훨씬 더 중요하다.

그림 15-1 시스템, 전략 및 조직기반 조성의 관계

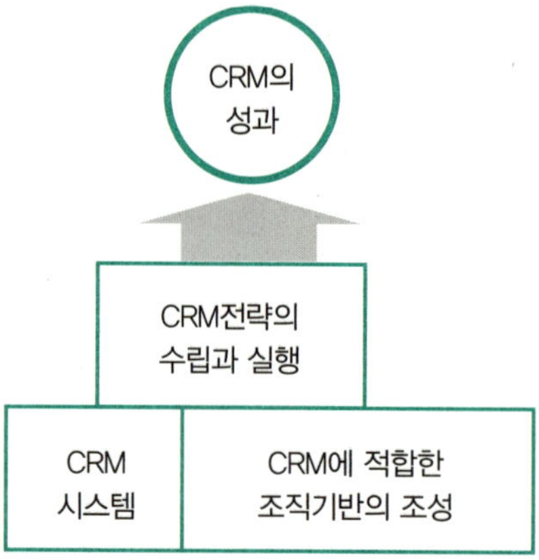

본장에서는 CRM의 조직기반 조성과 관련하여 조직 내에서 CRM을 누가 주도하여야 하며, CRM부서는 어떠한 역할을 수행하여야 하고, CEO는 CRM의 발전을 위해 어떻게 기여하여야 할 것인가를 중심으로 논의한다.

제 2 절 CRM의 실행주체

1. CRM 실행주체의 변화

기업에서 CRM의 실행주체는 누구일까? CRM의 실행주체라고 하면 'CRM의 실행을 주도하면서 이에 걸맞은 책임과 권한을 부여받고 있는 부서'를 의미한다. CRM 실행주체는 당연히 CRM의 수행과 관련된 예산과 인력을 배정받으며, 평가지표(KPI)에도 CRM과 관련된 지표가 포함된다. CRM의 실행이 제대로 이루어지기 위해서는 CRM 실행주체가 실행을 할 수 있는 역량을 갖추고 있어야 하고, 또한 기업은 이들이 원활하게 업무를 수행할 수 있도록 지원하여야 한다. 따라서 CRM의 실행주체를 분명히 하는 것은 CRM의 성패를 결정하는 데 있어서 매우 중요하다. 우리나라에서의 CRM 실행주체는 [그림 15-2]에서와 같이 CRM의 성장주기에 따라 전산부서에서 CRM부서로, CRM부서에서 다시 현업(고객접점)부서로 이전하여 왔다. 즉, 도입기에는 전산부서, 성장기에는 CRM부서, 그리고 성숙기에는 현업부서가 CRM의 실행주체가 되었다고 할 수 있으며, 현재는 성장기에서 성숙기로 전이해가는 단계에 있다고 볼 수 있다.

그림 15-2 CRM의 성장주기에 따른 CRM 실행주체의 변화

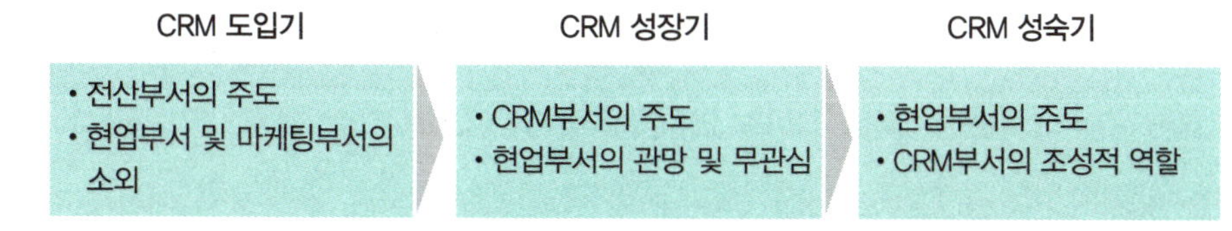

2. CRM 도입기 : 전산부서

CRM의 핵심이 CRM시스템의 구축에 있다는 인식을 가지고 있었던 CRM 도입기(1990년대 중반~1990년대 말)에는 전산부서가 CRM의 실천에 있어서 핵심적인 역할을 담당했다. 이 시기에는 회사에서 CRM을 도입한다는 의사결정이 이루어지면 바로 CRM시스템의 도입을 위한 프로젝트가 기안(起案)되었다. 기안이 이루어지면 시스템 구축 프로젝트를 수행할 수 있는 몇몇 업체들에게 제안요청서(RFP : Request For Proposal)를 발송하고, 이에 응하는 업체들의 프레젠테이션과 이에 대한 평가 과정을 거쳐 업체를 선정하였다. 선정된 업체는 일정수의 직원을 해당 기업에 파견하여 CRM시스템 구축 및 기존 시스템과의 통합작업을 수행하였다. 전산부서는 프로젝트 기안에서 시스템 구축에 이르기까지의 모든 과정에서 주도적인 역할을 수행하였다. 이렇게 전산부서가 CRM 프로젝트를 주도할 수 있었던 이유로는 다음과 같은 사항들을 들 수 있다.

① 전산부서는 CRM시스템이 전산부서가 관리하고 있는 레거시시스템(legacy

system)이라고 불리는 기존의 시스템과 연동되어야 하고, 또한 구축된 후에 이를 사용하기 위해서는 전산부서가 상당한 지원을 하여야 한다는 논리를 앞세워 CRM시스템 구현에 막강한 영향력을 행사할 수 있었다.

② 현업부서나 마케팅부서는 당시만 해도 CRM시스템에 대한 기술적인 지식은 물론, CRM전략에 대해서도 뚜렷한 아이디어를 가지고 있지 못하였고, 이로 인해 CRM시스템의 구축과정에서 자신들의 주장을 소신 있게 펼치지 못하였다.

③ 최고경영자도 CRM이 중요하다는 것은 인식하고 있었지만, 이의 실천을 위해 무엇을 어떻게 해야 하는지에 대한 개념을 가지고 있지는 못하였다. 그저 CRM시스템의 구축이 원만하게 이루어지면 CRM이 자연스럽게 조직에 파급될 수 있을 것이라는 막연한 기대를 가지고 있었다.

CRM시스템을 실제로 사용할 부서는 현업부서와 마케팅부서임에도 불구하고 이들 부서는 CRM시스템 구축과정에서 소외되었다. 이들 부서의 입장에서는 자신들의 의견이 제대로 반영되지 않았기 때문에 만들어진 시스템이 실제로 사용하기에 불편한 점도 있었고, 자신들이 주도하여 만든 것이 아니었기 때문에 감정적인 애착도 갖기 힘들었다. 그 결과 구축된 CRM시스템을 가장 많이 사용하여야 할 현업부서와 마케팅부서가 이를 사용하지 않는 매우 좋지 않은 결과가 초래되었다. 이 시기에 금융회사의 전산부서 팀장으로서 CRM시스템을 도입한 한 CRM 전문가는 당시의 상황을 다음과 같이 설명하고 있다.

> "당시 CRM 도입에 있어서의 문제점은 현업도, 경영층도, IT부서도 CRM을 도입할 수 있는 준비가 되어 있지 않았다는 사실이다. 당시에 현업에서는 필요한 자료를 IT부서에 요구하여 사용하고 있는 수준이었다. 현업에서도 CRM을 왜 도입하는지에 대한 인식이 전혀 없었고, IT부서의 경우도 현업의 마케팅 프로세스에 대한 이해가 없었다. 가장 중요한 것은 기업 자체에 고객에 대한 비즈니스 프로세스가 전혀 없었다는 점이다. 그럼에도 불구하고 회사에서는 'CRM시스템을 구축해서 고객정보를 제공할 터이니 이것을 가지고 고객에게 무엇인가를 해보라'는 밀어붙이기 식의 시스템개발을 하였다. 컴퓨터 자판을 두드리는 수준의 사람들에게 데이터베이스를 활용하라고 하니까 될 수가 없었다. 지금 생각해보면 상당히 무모한 시도를 한 것이었다."

3. CRM 성장기 : CRM부서

CRM시스템 구축에 주력하였던 기업들은 시행착오를 거치면서 점차 'CRM=CRM 시스템 구축'이라는 인식에서 벗어나게 되었다. 즉, 시스템의 구축보다는 실제로 어떻게 고객정보를 활용하여 경쟁력을 강화시킬 것인가에 더 많은 관심을 누게 되었고, "CRM시스템의 구축은 시간을 두고 충분한 검토를 거쳐 실행에 옮기더라도 전혀 늦지 않다"는 인식이 보편화되었다. 이러한 인식하에 기업들은 현재 있는 고객정보시스템을 그대로 혹은 약간 보완해서 이용하거나 시스템을 도입하더라도 부분적으로 당장 필요한 부분만을 도입하면서 시스템보다는 CRM전략의 수립과 실행에 초점을 두기 시작하였다.

또한 많은 기업들이 CRM의 추진을 보다 강화하기 위해 CRM부서를 설립하였다. 도입기에는 주로 임시적으로 TF(Task Force)가 구성되어 CRM시스템 구축작업을 수행하였지만, 성장기에 들어서는 지속적인 추진을 위해 CRM부서가 설립되었다고 할 수 있다. 그런데 CRM부서는 전사적인 차원에서의 CRM 실행을 위한 컨트롤 타워(control tower)로서의 역할을 하지 못하고, 다른 조직과 유리된 채 주로 마케팅캠페인과 같이 단기적인 성과를 낼 수 있는 업무에 치중하는 경향을 보였다. 이 시기의 분위기는 한 CRM 컨설턴트의 언급을 통해서도 알 수 있다.

> "CRM에 대한 고객사의 눈높이는 상당히 높아졌고, CRM을 어느 정도 이해하는 수준은 되었지만, 아직 CRM이 정착되고 있는 단계는 아니다. CRM의 수행 자체가 회사의 여러 기능들을 다 건드려야 하는데 회사에서는 CRM 업무를 특정한 기능으로만 인식하고 개별 부서들도 CRM을 자신의 업무와는 관련이 없는 것으로 생각하고 있어서 CRM이 인력, 예산, 위상(권한) 등의 측면에서 충분한 지원을 받지 못하고 있다. 이러한 현상이 발생하고 있는 중요한 원인 중의 하나는 CRM부서를 시스템 구축 시에 구성된 TF의 연장선상에서 생각하는 경향이 있기 때문이다."

4. CRM 성숙기 : 현업부서

CRM은 고객과의 접점을 잘 관리함으로써 고객과의 관계를 강화하려는 활동이기 때문에 CRM의 실행주체는 고객과의 접점을 이루는 현업부서가 된다. 이렇게 보면 업종마다 차이는 있지만 영업부서, 고객센터, 고객서비스부서 등이 가장 핵심적인 CRM의 실행주체가 되어야 한다. 이러한 부서들은 대부분의 기업에서 직원수나 중요도 등의 측면에서 상당한 비중을 차지하고 있으며, 특히 생산과 소비가 동시에 이루어지는 서비스업의 경우에는 대부분의 직원이 고객접점 현업부서에서 근무하고 있다.

CRM이 성숙기에 접어들면서 기업들은 CRM은 일개 부서가 수행하는 특정한 업무가 아니라 전체 조직이 고객중심의 마인드를 가지고 수행하지 않으면 안 되는 전사적인 업무라는 생각을 갖게 되었으며, 이에 따라 이 시기에는 CRM이 현업부서의 주도로 이루어지게 되었다.

제 3 절 CRM부서의 역할과 위상

1. CRM부서의 필요성

CRM이 고객접점부서를 중심으로 전사적인 차원에서 수행되어야 하는 업무라면 CRM이 추진되는 가장 이상적인 모습은 CRM이 조직 전체에 스며들어서 모든 임직원들이 고객관계중심적인 생각을 가지고 업무를 수행해나가는 것이라고 할 수 있다. 이러한 관점에서 보면 CRM부서를 별도로 두지 않고 각 부서에서 부서에 맞는 CRM을 수행하도록 하는 것이 더 바람직하다고 생각할 수 있다. 그렇지만 실제로 많은 기업들이 CRM 수행을 위한 별도의 부서를 가지고 있다. 이는 현실적으로 CRM부서가 CRM의 활성화를 위해 일정한 기여를 하고 있음을 의미한다. 따라서 CRM 추진의 올바른 방향을 모색하기 위해서는 CRM부서의 역할과 필요성에 대해 심도 있게 살펴볼 필요가 있다.

CRM의 도입기와 성장기에 CRM부서는 CRM의 방향을 설정하고 현업에서 필요로 하는 CRM전략이나 정보를 제공하는 데 있어서 매우 중요한 역할을 한다. 또한 이 시기에는 CRM부서가 존재한다는 사실 자체가 회사가 CRM을 중시한다는 것을 전 조직 구성원들에게 인식시켜주는 기능을 한다. CRM부서의 직원들은 CRM을 최대한 조속히 조직에 확산시켜야 하는 책무를 가지고 있으며, 이들의 집중된 노력이 회사의 지원과 잘 조화되면 CRM을 단시일에 조직 전체로 파급시키는 결과를 얻을 수도 있다.

그런데 CRM이 도입기와 성장기를 지나 성숙기에 도달하였을 때에는 사정이 다르다. 즉, 전사적인 차원에서 현업부서를 중심으로 CRM이 추진되는 CRM 성숙기에는 모든 임직원들이 고객중심적인 사고방식으로 무장된 'CRM의 주체'가 되는 것이기 때문에 별도의 CRM부서가 꼭 필요한 것은 아니다.

미국과 같은 CRM 선진국의 기업들은 CRM부서를 별도로 가지고 있지 않으며 영업부서, 마케팅부서, 유통관리부서, R&D부서 등의 각 부서에서 CRM적인 관점에서 업무를 수행하는 것이 일상화되어 있다. 우리나라에서도 극히 일부이기는 하지만 몇몇 기업들은 이러한 논리에 따라 CRM부서를 해체하고 각 부서가 주도가 되어 CRM 관련 업무를 추진하도록 하고 있다. 한 다국적 벤더사의 임원은 이러한 현상에 대해 다음과 같이 설명하고 있다.

"CRM이 도입기, 성장기, 성숙기의 어느 시기에 있는가에 따라 CRM부서의 역할은 달라져야 한다. 성숙기에도 도입기나 성장기의 역할을 끝까지 고수하려고 하는 것은 위험하다. CRM의 초기나 확산되기 이전까지는 CRM부서의 적극적인 역할이 필요하지만, CRM이 안정기에 들어서면 CRM부서가 할 일은 고객접점부서들의 CRM활동을 조정해주는 역할 이외에는 별로 없다. 따라서 CRM이 고도화되면 별도의 CRM부서는 필요 없으며, 기존의 마케팅부서에서 고객접점부서들에 대한 조정기능을 수행하는 것이 바람직하다."

그렇다면 중요한 것은 현재 우리나라의 CRM수준이라고 할 수 있다. 우리나라에 CRM이 도입된 것도 20년 가까이 되었기 때문에 도입기를 지나 성장기에 있는 것은 확실하지만, 현업부서에 충분히 스며들어 고객관계지향적인 업무추진이 일상화되어 있다고 보기는 힘들다. 현업부서의 많은 임직원들은 여전히 CRM이 필요하기는 하지만 판매촉진, 유통점관리, 광고 등과 같은 전통적인 마케팅 수단을 보완하는 보조적인 역할을 수행하는 것으로 생각하고 있다. 이렇게 고객관계중심적인 조직문화가 정착되지 않은 상태에서 CRM부서가 없어지면 CRM활동이 현업부서에 의해 충실히 수행되는 것이 아니라 CRM활동의 대부분이 없어지는 결과가 초래될 수 있다. 즉, CRM활동이 어느 정도 활성화되어 있다고 하더라도 현업부서의 마인드가 CRM이 요구하는 마인드의 수준에 올라와 있지 않으면 CRM부서의 업무를 현업부서에 이양했을 때 CRM활동을 현업화하려던 본래의 의도와는 달리 CRM활동의 대부분이 없어지게 될 가능성이 높다. 우리나라 몇몇 기업들의 사례도 이러한 현상을 증명해주고 있다. 즉, CRM부서가 없어지면서 현업부서들이 CRM을 주도적으로 추진하도록 만들겠다는 본래의 의도와는 달리, CRM의 수준이 CRM시스템을 통해 필요한 분석 장표를 출력해내는 데 그치는 수준으로 저하되는 현상을 보였다.

2. CRM부서의 역할

그렇다면 CRM부서가 어떠한 역할을 담당하는 것이 바람직한지에 대한 논의가 필요하다. 구체적으로 이에 대해 기술하기에 앞서 전제되어야 하는 사항은 CRM부서가 CRM을 주도적으로 '추진'하는 부서가 아니라 현업부서의 CRM 실행을 '지원'하는 역할을 수행하여야 한다는 점이다. 따라서 CRM부서의 역할도 현업부서의 CRM 실행을 어떻게 지원할 것인가에 초점이 맞추어진다. 이러한 CRM부서의 역할로는 [그림 15-3]에서와 같이, 첫째 현업부서 CRM업무의 대행, 둘째 현업부서에서 소홀히 하는 CRM업무의 수행, 셋째 전사적 차원에서의 일관성이 요구되는 CRM업무의 수행, 넷째 위험부담이 큰 실험적인 CRM업무의 수행 등을 들 수 있다. 각각에 대해 간략히 기술하면 다음과 같다.

그림 15-3 CRM부서의 역할

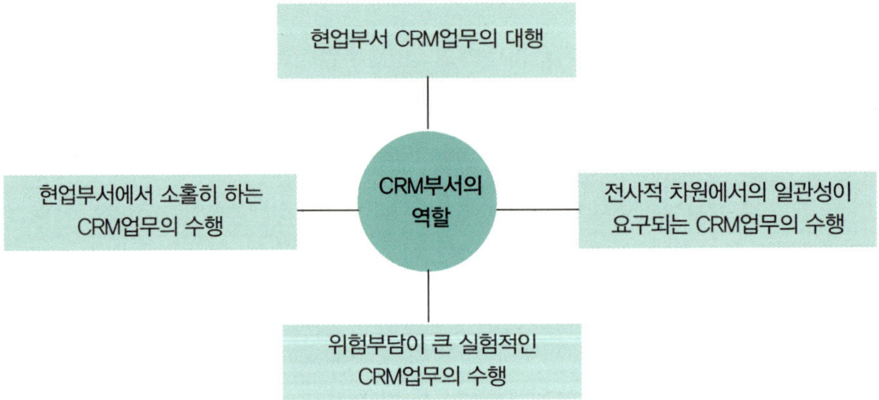

2.1 현업부서 CRM업무의 대행

현업부서에서의 CRM 수행이 원활하게 이루어지고 있는 환경에서도 업무의 효율적인 수행을 위해서는 CRM부서가 현업부서의 CRM업무의 일부를 대행하는 것이 바람직할 수 있다. 즉, 규모의 경제의 관점에서 CRM부서가 CRM업무 가운데 전문성을 띤 업무를 대행해주고, 현업부서는 그 실행에 집중하도록 하는 것이 훨씬 효율적일 수 있다. 그러한 업무 중의 하나로 고객정보분석업무를 들 수 있다. 서로 다른 고객군을 담당하는 여러 영업팀이 있다고 할 때 분석업무를 위해 각 영업팀마다 별도로 분석 전문가를 채용하는 것보다는 CRM부서에서 분석 전문가를 채용하여 각 영업팀의 분석업무에 대응하도록 하는 것이 규모의 경제 측면에서는 물론, 분석 노하우의 축적이라는 측면에서도 훨씬 더 효율적일 수 있다. 이러한 유형의 업무로는 고객정보분석업무 이외에도 고객DB의 유지 · 보수, CRM전략의 수립, CRM전략의 실행을 위한 방법론의 개발 등을 들 수 있다.

2.2 현업부서에서 소홀히 하는 CRM업무의 수행

회사 차원에서는 매우 중요하지만 현업부서가 소홀히 하고 있는 CRM 관련 업무도 CRM부서가 수행하는 것이 바람직하다. 이러한 업무로 기존고객에 대한 관리업무를 들 수 있다. 영업사원들에 대한 보상이 주로 신규고객 창출을 기준으로 이루어지는 경우에 영업사원들은 자연히 기존고객 관리에 소홀해질 수밖에 없다. 예를 들어 보험설계사의 수입은 대부분 신규계약에 의한 수입 보험료에 의해 결정되기 때문에 설계사는 기존고객의 유지보다는 신규고객 대상의 판매활동에 주력하게 된다. 이러한 경우에 기존고객 유지업무를 본사의 CRM부서에서 수행하게 할 필요가 있다. 우리나라의 몇몇 보험사들은 CRM부서로 하여금 자신을 유치한 설계사가 회사를 떠나버린 이른바 '고아고객(orphan customer)'의 이탈을 방지하는 활동을 수행하도록 하고 있다([글 15-2] 참조). 왜냐하면 고아고객이 발생하면 회사는 이 고객을 남아 있는 설계사에게 이관하게 되는데, 고아고객을 이관받은 설계사는 자신이 유치한 고객들에 비해 고아고객들의 관리에 소홀할 수밖에 없고, 이에 따라 이 고객들의 이탈률이 높아질 수 있기 때문이다.

글 15-2 생명보험사 CRM부서의 고아고객관리

ING생명은 작년 7월에 설립한 CRM부서를 통해 지난 4월까지 총 2,404건의 계약을 부활시켰고 4,185건에 대한 계약실효를 예방했다. 해당 CRM부서는 담당설계사의 퇴사 시 발행하는 일명 '고아고객' 전담부서로, 자본시장법 시행으로 설계사들의 이동이 빈번해짐에 따라 홀로 남은 고객이 증가한 데 따른 선택이었다. 통상 담당설계사가 해당 보험사를 떠나 고객이 고아가 되면 뜻하지 못한 갖

가지 불이익이 수반되지만 ING생명은 전담직원 33명을 두고 실효 및 연체 등 고객의 불이익을 최소화하고 제때 제대로 된 정보를 제공하여 호응을 얻고 있다.

자료 : 헤럴드경제, "ING생명 '설계사 잃은 고아고객 챙겨라'," 2009년 6월 29일.

2.3 전사적 차원에서의 일관성이 요구되는 CRM업무의 수행

전사적인 차원에서 일관성 있게 추진되어야 하는 CRM 관련 업무도 CRM부서에서 추진하는 것이 바람직하다. 대표적으로 우수고객 관리업무가 이러한 범주에 속한다. 예를 들어 은행, 의류체인, 할인점 등 많은 수의 지점으로 구성되어 있는 기업의 경우에, 우수고객의 선정기준이나 제공 혜택이 각 지점마다 다르게 운영되면 고객들의 입장에서는 우수고객우대 프로그램이 오히려 불만의 원인이 될 수 있다. 따라서 우수고객우대 프로그램의 전략적 가치의 제고를 위해서는 본사의 CRM부서에서 일관성 있게 이 업무를 수행하는 것이 바람직하다.

전사적 차원에서 일관성 있게 수행되어야 하는 또 다른 CRM 관련 업무로 변화관리와 관련된 업무들을 들 수 있다. 예를 들어 고객정보 관리양식의 통일, 서비스부서의 고객응대 프로세스의 변경, 고객접점부서의 KPI의 변경 등과 같은 변화관리업무는 각 일선 현업부서에서 자발적으로 수행되기는 어려우며, 따라서 CRM부서에서 이에 대한 방안을 수립하여 회사 차원에서 합리적인 의사결정이 이루어질 수 있도록 하는 것이 바람직하다.

2.4 위험부담이 큰 실험적인 CRM업무의 수행

CRM부서가 수행하는 것이 바람직한 또 다른 업무는 위험부담이 있는 실험적 성격의 CRM업무이다. 이 유형의 업무는 대부분 새로운 캠페인의 개발이라는 형태를 띠게 된다. 대부분의 시간을 영업활동에 할애하여야 하는 영업사원들은 고객DB를 면밀히 분석할 수 있는 시간과 능력이 부족하고, 또한 단기 실적을 위주로 평가를 받기 때문에 새로운 캠페인 모델을 개발하기보다는 수익성이 검증된 기존의 방법을 활용하여 영업활동을 전개하는 것을 선호한다. 그렇지만 지속적인 사업 활성화를 위해서는 수익성 있는 다양한 유형의 캠페인이 지속적으로 개발되어야 하고, 이 업무는 전사적 차원의 CRM 활성화를 목표로 하고 있는 CRM부서에 의해서 수행되도록 하는 것이 바람직하다.

CRM부서에 의해 찾아진 새로운 캠페인 모델은 파일로트 캠페인을 거쳐 그 효과가 확인되면 현업부서에 이전되어 현업부서의 매출증대에 기여하게 된다. 그런데 CRM 부서에서 개발된 캠페인이 성공적으로 이루어지기 위해서는 무엇보다 캠페인 실행부서인 영업부서에 의해 적극적으로 수용되어야 한다. 그렇지만 영업사원들은 새로운 캠페인을 수용하는 것이 위험부담도 있고 또한 익숙하지 않기 때문에 캠페인의 수용에 그다지 큰 열의를 보이지 않는 경우가 많다. 그래서 좋은 캠페인을 개발하는 것도 힘들지만 이를 실행시키고 확산시키기는 더욱 어렵다. [글 15-3]은 이에 대한 사례를 기술하고 있다.

글 15-3 전사적 캠페인 개발의 어려움

어느 보험사의 CRM부서가 약 1년에 걸쳐 준비하고 실행했던 캠페인 개발 프로세스 사례는 새로운 CRM 캠페인의 개발과 전사적 확산이 얼마나 어려운 과정인지를 보여주고 있다. 이 보험사의 CRM부서는 주력 상품의 판매증진을 위해 이를 추가적으로 구입할 가능성이 높은 고객들을 대상으로 교차판매캠페인을 전개하는 프로세스를 개발하고 확산시키는 활동을 전개하였다. 먼저 추가적 구입가능성이 높은 고객들을 선별하기 위해 추가 구입가능성을 예측할 수 있는 모델링작업을 수 개월에 걸쳐 진행하였다. 그 후 약 3개월 동안 계획된 캠페인 프로세스를 일부 영업소와 함께 운영하는 파일로트 캠페인을 전개하였다. 이 파일로트 캠페인은 각 주력상품별로 추가 구입가능성 점수가 상위 15% 이내인 고객들을 대상으로 실시되었다. 그런 후 파일로트 캠페인의 성공을 발판으로 이 캠페인을 전사적으로 확산시키는 활동을 전개하였다. 통상적으로 전사적 확산 이전에 파일로트 캠페인을 실시하는 이유는 캠페인의 효과를 사전에 검증함으로써 최종목적인 '캠페인의 전사적인 확산'을 위한 근거를 마련하기 위함이다. 따라서 공동으로 파일로트 캠페인을 수행할 영업조직을 선별함에 있어서도 의욕 있고 능력 있는 영업조직을 선발하는 것이 매우 중요하다. 그래서 이 보험사는 참여 영업조직을 일방적으로 지명하는 대신, 자발적으로 참여하기를 원하는 영업조직을 선발하였다. 즉, 전국의 모든 영업소를 대상으로 공모하였으며, 참여를 신청한 영업소 가운데 지역 및 채널의 특성을 고려하여 서울 및 지방 각각 5개씩 모두 10개의 영업소를 선정하였다. 캠페인을 직접 실행할 설계사도 자발적으로 참여를 원하는 사람 가운데 150여 명을 선발하였다.

그런데 이 캠페인을 진행했던 한 간부 직원에 따르면 파일로트 캠페인의 진행과정에서 가장 중요했던 것 중의 하나는 영업조직을 대상으로 캠페인의 목적, 진행과정, 예측효과 등을 설명하고 이에 대한 동의를 구하는 일이었다. 특히 설계사나 영업소장, 혹은 지역 책임자인 지점장보다는 특정 채널을 책임지고 있는 사업장을 설득하는 것이 가장 중요하다고 강조하였다. 왜냐하면 사업장이 캠페인을 이해하지 못하면 아무리 좋은 캠페인이라도 실행이 되지 않기 때문이다. 이 CRM부서는 파일로트 캠페인의 효율적인 진행을 위해 사전에 매뉴얼을 만들었으며, 이를 기반으로 설계사들과 공동으로 3개월 동안 파일로트 캠페인을 실행하였다. 이 과정에서 CRM부서의 직원들은 2인 1조로 10개의 영업소 모두를 정기적으로 방문하였다. 또한 캠페인을 개시하는 날에는 각 영업소에 현수막도 걸고 이벤트도 진행하여 많은 사람에게 알리는 등 캠페인에 대한 기대감을 불러일으키기 위한 의식적인 노력도 병행하였다. 파일로트의 실행 후에는 파일로트 직전 3개월 동안의 실적과 파일로트 기간 3개월 동안의 실적을 비교하는 방법을 통해 효과를 분석하였다. 파일로트 캠페인 기간은 보험영업이 점차 어려워지고 있던 시기였기 때문에 회사 전체의 파일로트 기간 동안의 영업실적은 파일로트 직전 3개월 동안의 영업실적에 비해 감소하였다. 반면에 참여 설계사의 경우는 오히려 영업실적이 증가하였으며, 결론적으로 캠페인을 통해 15~16%의 생산성 향상이 있었던 것으로 분석되었다.

파일로트 캠페인의 성공적인 결과를 바탕으로 캠페인을 전사적으로 확산시켜야 하는데 이를 위해서도 상당한 노력이 기울여져야 했다. 위에서 언급한 간부 직원은 전사적 확산을 위한 사전 과정을 다음과 같이 설명하고 있다. "파일로트의 결과를 단순히 발표하는 것만으로는 불충분하다. 가장 먼저 해야 할 일은 사장님을 대상으로 이 캠페인이 왜 좋은지를 홍보하고 설득하여야 한다. 또한 이 사업을 총괄하고 있는 사업장도 설득하여야 한다. 사업장은 증명되지 않은 것은 선뜻 하려고 하지 않기 때문에 강력하게 그 효과를 설득하지 않으면 안 된다." 전사적인 확산을 위해 설계사들의 캠페인활동을 지원할 수 있는 시스템을 구축하였으며, 설계사들은 이를 통해 고객 리스트와 관리방법에 대한 지원을 받았다. 전사적 확산을 위한 활동과정에서 설계사들에게 5~6개월 동안 대상고객 리스트를 지속적으로 제공하였는데, 리스트를 제공한 조직은 2.6%의 실적 개선 성과가 있는 반면에 그렇지 않은 채널은 평균적으로 7.0%의 실적 감소가 있었던 것으로 나타났다.

결론적으로 이 사례는 새로운 캠페인의 개발을 위해서는 모델의 개발, 매뉴얼의 개발, 영업조직과 공동 프로젝트의 수행 등의 작업도 수행되어야 하지만, 이와 더불어 대표이사나 해당 업무의 담당 임원을 설득하는 업무가 원활하게 이루어지지 않으면 캠페인이 아무리 잘 기획되고 CRM부서원이 아무리 열심히 일을 한다고 해도 캠페인이 조직에 정착되기 힘들다는 점을 시사해주고 있다.

자료 : 박찬욱(2005), 한국적 CRM 실천방안, 시그마인사이트, 134-136.

3. CRM부서의 소속

CRM부서를 어느 부문에 소속시킬 것인가에 대한 문제도 매우 중요하다. CRM부서의 소속과 관련하여서는 세 가지의 대안이 있다. 첫째는 영업부문에 소속시키는 것이고, 둘째는 마케팅부문에 소속시키는 것이며, 셋째는 전사 차원의 독립부서로 두는 것이다. 이렇게 CRM부서가 소속될 수 있는 부문이 여러 개가 나올 수 있는 것은 CRM업무가 다양한 성격을 지니고 있기 때문이다. 즉, CRM은 영업의 수익 창출활동에 기여하여야 하기 때문에 영업부문과도 관련이 깊고, 기본적으로 고객을 대상으로 세분화, 타깃팅, 고객가치의 창출 등의 과정을 다루고 있기 때문에 마케팅부문과도 관련이 깊다. 또한 CRM의 원활한 수행을 위해서는 정보 인프라의 구축, 고객정보의 질적 향상, 고객관계지향적 조직문화의 형성을 위한 변화관리 등과 같은 전사적인 업무도 수행하여야 하기 때문에 현업부서에서 떨어져서 독립부문으로 있는 것이 바람직할 수도 있다. 세 개의 대안이 모두 장 · 단점이 있기 때문에 각 기업은 자사의 구체적인 상황에 적합한 대안을 선택하여야 한다. 여기에서는 이 세 가지 대안에 대해 장 · 단점을 중심으로 간략히 기술하고, 현실적인 대안이 무엇인지에 대해 논의한다.

3.1 영업부문 소속

CRM부서가 영업부문에 소속되면 영업이 원하는 업무를 신속하게 처리해줄 수 있고, 현업에 대한 이해를 보다 심도 있게 할 수 있기 때문에 질적으로도 보다 좋은 제언을 제공할 수 있다는 장점이 있다. 반면에 단기적인 업무에만 치중하게 됨으로써 고객기반의 조성, 고객정보 최신화 프로세스의 확보, 서비스업무 프로세스의 개선 등과 같은 중 · 장기적으로 성과가 나올 수 있는 활동에는 부정적인 영향을 미칠 수 있다. 또한 영업부문의 채널별 혹은 고객군별로 나누어져 여러 팀으로 운영되고 있는 경우에 각 팀마다 CRM부서를 두게 되면 중복투자로 인한 낭비가 발생한다.

3.2 마케팅부문 소속

기업에서 마케팅부문은 기본적으로 영업부문을 지원하는 스태프(staff)로서의 역할을 수행한다. CRM부서가 마케팅부문에 소속되면 마케팅부문으로서는 또 하나의 강력한 마케팅 수단을 갖는 것이기 때문에 마케팅부문의 위상을 강화시킬 수 있다. CRM부서 직원의 입장에서는 고객DB에 대한 분석과 이를 기반으로 하는 전략의 수립뿐만 아니라 고객의 니즈분석, 고객세분화와 목표고객의 설정, 브랜드 컨셉 설정, 소비자조사, 광고, 홍보, 상품개발, 가격설정, 유통망 구축 등 마케팅의 다양한 측면을 접할 수 있기 때문에 보다 종합적인 시각을 갖춘 마케터로서 성장할 수 있는 기회를 가질 수 있다. 이른바 통합적 마케팅 커뮤니케이션(IMC : Integrated Marketing Communication)적인 시각을 갖출 수 있는 환경에서 업무를 수행해 갈 수 있다.

이렇게 되면 영업부문의 입장에서도 마케팅부문으로부터 보다 종합적이고도 심도 있는 지원을 기대할 수 있게 된다. 즉, 전통적인 마케팅과 CRM이 서로 시너지가 발생할 수 있는 형태로 결합됨으로써 보다 비용효율적이고 성공확률이 높은 전략이 나오는 것을 기대할 수 있다. 그런데 마케팅부서와 영업부서가 갈등관계에 있을 때에는 이러한 효과를 기대하기 힘들다. 특히 다양한 브랜드를 출시하고 있으면서 개별브랜드들의 이미지를 집중적으로 관리할 필요가 있는 업종(예 : 화장품, 생활용품, 자동차 등)에서는 마케팅부서와 영업부서가 명확히 구분되어 있으면서 회사의 경쟁력 확보에 대한 관점과 예산 배정을 둘러싸고 갈등관계가 형성될 수 있다.

3.3 독립적 조직

CRM부서가 독립부서로 되어 있는 경우에는 주로 고객기반의 조성, 고객정보 품질의 개선, 업무 프로세스의 분석과 개선방안 도출, 고객지향적 전략의 수립, 현업부서의 CRM활동에 대한 평가 등과 같이 전사적인 차원에서 CRM의 활성화를 위한 기반을 조성하는 업무를 수행하게 된다. 또한 전략기획실과 같이 최고경영자의 직속으로 되어 있으면 그 위상이 강화되어 업무를 수행하기가 훨씬 더 수월해진다. 그렇지만 현장에서 떨어져 있기 때문에 현장 밀착적인 전략이나 실행방안을 제시하는 데는 명백한 한계를 갖는다. 또한 매출에 대해 책임을 지지 않는 전사적 차원의 CRM부서가 영업부서와 같은 현업부서의 CRM활동을 좌지우지하는 것은 타당하지 않다는 지적도 나올 수 있다. 이러한 지적에 대해서는 CRM부서의 KPI 일정 비율을 매출과 연계시킴으로써 어느 정도 그로 인한 부작용을 완화시킬 수는 있다.

CRM부서는 과연 조직 편재상 어디에 소속시키는 것이 바람직할까? 앞에서 논의된 바와 같이 모든 대안이 장 · 단점을 가지고 있기 때문에 이에 대해 일률적으로 결론을 짓기는 어렵다. 그렇지만 CRM부서가 단기적인 수익 창출활동에 기여하지 못하면 CRM이 조직에서 존립하는 것조차 힘들어질 수 있다는 관점에서 보면, CRM부서를 영업부문에 소속시켜서 영업활동을 적극 지원하도록 하면서, 동시에 이로 인해 발생하는 부작용들을 최소화시킬 수 있는 방안을 마련하는 것이 현실적인 방안이라고 할 수 있다. 즉, CRM부서가 영업부문에 소속되어 있다고 하더라도 하달된 매출목표를 채우는 데만 기여하는 것이 아니라, 고객기반의 강화, 고객정보 인프라의 강화, 업무 프로세스의 개선, 고객 인사이트 추출 등과 같은 중 · 장기적인 관점에서의 업무도 동시에 수행할 수 있는 위상을 확보해주어야 한다. 이를 위해서는 다음과 같은 두 가지 사항이 전제되어야 한다.

첫째, 최고경영자는 CRM부서의 특수성을 인지하고, 영업부문의 소속이지만 매출증진을 위한 지원활동과 더불어 전사적인 차원에서의 중 · 장기적인 업무도 충실히 수행할 수 있도록 독려하여야 한다. 예를 들어 임원회의에서 발표되는 영업이나 마케팅과 관련된 각종 보고서들을 CRM부서로 하여금 사전에 CRM의 관점에서 검토하도록 하는 등 적극적으로 동기부여를 해주어야 한다.

둘째, CRM부서의 KPI에 중 · 장기적인 관점에서의 업무와 관련된 항목들을 포함시키고, 매출목표와 거의 동등한 정도의 중요성을 부여해주어야 한다.

CRM부서가 단기적 매출지원업무와 중 · 장기적인 업무를 어떠한 비중으로 수행하는 것이 바람직할 것인가는 [그림 15-4]에서와 같이 CRM 성장주기에 따라 크게 달라질 수 있다. 즉, 도입기에는 CRM부서의 존립과 CRM의 지속적인 수행을 위해 현업부서의 지지가 절대적으로 필요하기 때문에 80~90% 정도의 비중으로 매출지원업무에 치중하고, 성장기를 거치면서 서서히 중 · 장기적인 업무를 늘려가면서 성숙기에 이르러서는 두 유형의 업무를 반반 정도의 비중으로 수행하는 것이 바람직하다.

그림 15-4 CRM부서의 CRM 성장주기에 따른 단기적 매출지원업무의 비중

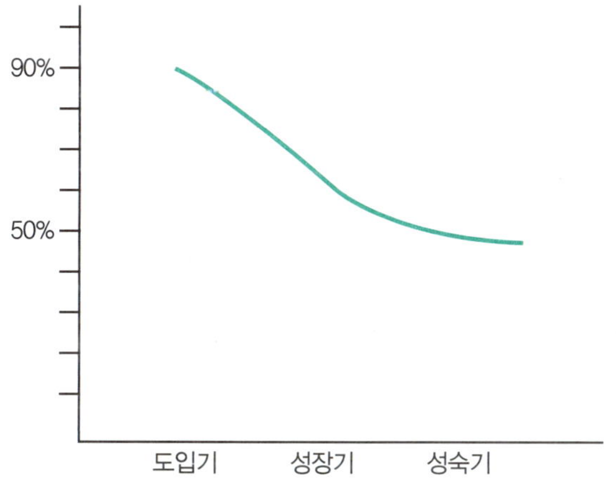

그렇지만 기업의 규모가 커서 영업부문이 여러 개의 영업팀으로 분산되어 있는 경우에는 각 영업팀마다 CRM부서를 별도로 두는 것은 중복투자가 발생할 수 있기 때문에 매우 비현실적인 방안이 된다. 이러한 경우에는 CRM부서를 마케팅부문에 소속시키고 여기에서 여러 영업팀을 동시에 지원하도록 하는 방안을 적극 검토하여야 한다.

4. 타 부서와의 관계

CRM을 추진하는 과정에서 CRM부서와 타 부서와의 원만한 관계는 CRM의 성공적인 수행을 위한 필수조건이다. CRM부서와 가장 밀접하게 관련되어 있는 부서로는 영업부서와 마케팅부서를 들 수 있으며, 따라서 협력관계는 물론 갈등관계도 주로 이

들 부서와 빚어지게 된다. 영업부서, 마케팅부서, 그리고 CRM부서와의 관계는 [그림 15-5]와 같이 표현될 수 있다. CRM은 홍보, 판매촉진 등과 함께 마케팅의 실행을 위한 여러 가지 수단 중의 하나이며, 마케팅은 영업을 지원하는 역할을 수행한다. 따라서 CRM부서의 입장에서는 영업은 지원을 원활하게 제공하여야 하는 대상이 되고, 마케팅부서는 영업에 대한 지원업무를 수행하기 위해 조화를 잘 이루어야 하는 대상이 된다.

그림 15-5 CRM, 마케팅, 영업 간의 관계

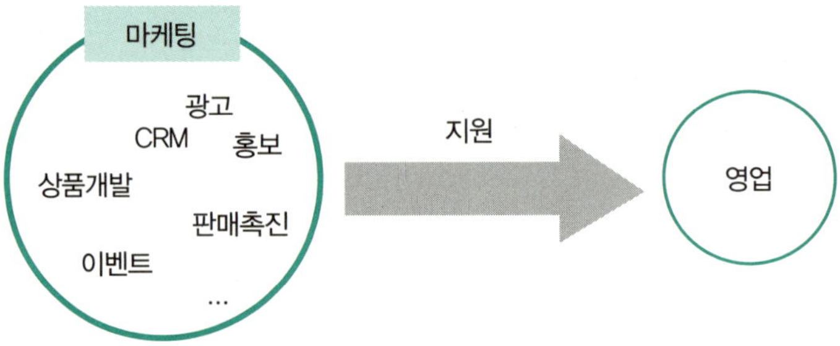

4.1 영업부서와의 관계

CRM부서와 영업부서와의 관계는 CRM 도입기에서의 관계, 경쟁심화에 따른 관계의 변화, 바람직한 관계의 모색 등으로 나누어서 논의될 수 있다.

1) CRM 도입기에서의 관계

CRM부서와 영업부서와의 관계는 CRM 도입의 목적이 무엇인가에 따라 크게 달라진다. CRM이 처음부터 영업을 지원하기 위해 도입된 경우에는 두 부서 간에 갈등이 거의 발생하지 않는다. 이러한 경우에는 대부분 CRM부서가 영업부문에 소속되기 때문에 조직구조상으로도 첨예한 갈등구조가 만들어질 가능성은 없다. 그런데 CRM의 도입이 영업부서의 구체적인 현안에 대한 지원보다는 전사적인 차원에서의 고객관계관리를 추진하기 위해 이루어진 경우에는 통상적으로 CRM부서의 일방적인 구애에 대해 영업부서가 무관심하거나 혹은 거부감을 보이는 관계가 형성된다. 왜냐하면 CRM부서는 교차판매, 상승판매, 이탈고객 재획득 등과 같은 캠페인을 통해 가시적인 성과를 만들어낼 필요가 있고, 이를 위해서는 실행부서인 영업부서가 적극 동참해 주어야 하는데, 영업부서는 성과가 불확실한 CRM 캠페인에 적극적으로 참여하기를 꺼리는 경향이 있기 때문이다.

실행된 캠페인의 결과가 좋지 않으면 CRM부서는 영업부서의 비협조로 인해 결과가 좋지 않았다고 불평한다. 또한 영업은 영업부서대로 CRM부서가 별로 신통치 않은 일을 벌이면서 자신들을 귀찮게 한다고 생각하고, 더 나아가 CRM부서를 자신들이 번 돈을 쓰면서 별 소득도 없는 탁상공론이나 쏟아내는 집단으로 치부하기도 한다. CRM 도입기에 CRM부서와 영업부서 간에 갈등이 발생하는 또 다른 이유는 CRM부서의 주도로 CRM시스템을 구축하는 과정에서 영업부서와 같은 현업부서의 의견이 충분히 반영되지 못하기 때문이다. 시스템을 구축하는 과정에서 현업의 의견을 파악하기는 하지만, 대개는 이러한 과정이 1~2주일 정도의 짧은 기간에 이루어지기 때문에 영업사원들의 의견파악이 피상적일 수밖에 없다. 이러한 현상들이 발생하면서 CRM부서와 영업부서 간에는 긴장관계나 대립관계가 형성되기도 한다.

2) 경쟁심화에 따른 관계의 변화

시장의 포화와 경쟁의 심화는 CRM부서와 영업부서와의 관계에 변화를 가져온다. 기존의 영업방식으로도 충분히 매출을 올릴 수 있는 상황에서는 영업부서가 CRM부서를 적극적으로 인정할 필요성을 느끼지 않았지만, 경쟁의 심화로 영업환경이 열악해지면 '지푸라기라도 잡는 심정'으로 CRM부서로부터 무언가 도움을 받을 수 있지 않을까 하는 생각을 갖게 된다. 즉, 신규고객 확보가 점점 더 어려워지면서 기존고객을 대상으로 영업을 활성화시킬 필요가 높아지면, 고객DB의 분석과 이를 기반으로 하는 전략 수립을 원활하게 수행할 수 있는 능력이 부족한 영업부서로서는 CRM부서의 지원을 기대할 수밖에 없는 상황이 된다.

이러한 변화는 CRM부서로서는 환영할 일이기도 하지만 동시에 큰 부담이 된다. 왜냐하면 영업부서에서 요구하는 바에 대해 시원스러운 해결책을 제시하는 것이 쉽지 않기 때문이다. CRM부서가 현업지향적인 마인드를 가지고 매출증대를 위한 활동을 꾸준히 실행하면서 노하우를 쌓아 온 경우라면 별문제가 없지만, 그렇지 않은 경우에는 영업부서의 기대를 충족시켜 줄 수 있는 능력이 없기 때문에 대단히 부담스러울 수밖에 없다. 결론적으로 이러한 환경에서 두 부서 사이에 우호적인 관계가 형성될 수 있느냐의 여부는 CRM부서가 영업부서의 기대를 얼마나 충족시켜 줄 수 있느냐에 달려 있다.

3) 바람직한 관계의 모색

영업부서의 직원들이 CRM활동에 적극적으로 동참하도록 설득할 수 있는 가장 좋은 방법은 CRM활동이 매출증대에 도움이 된다는 점을 실행을 통해 보여주는 것이다. 예를 들어 교차판매캠페인과 같은 CRM 캠페인을 통해서 실제로 수익이 창출될 있음을 보여줄 수 있으면 영업부서의 적극적인 협조는 자연스럽게 따라오게 된다. 문제는 CRM부서의 직원들이 가시적인 성과를 거둘 수 있는 전략안을 만들어낼 수 있는지의 여부이다. CRM부서의 직원들은 영업사원들과는 달리 눈앞의 매출목표에서 한발 물러서서 보다 포괄적이고 장기적인 관점에서 고객을 바라볼 수 있고, 또한 고객DB에 대한 분석을 통해 고객들의 구체적인 상황을 보다 객관적으로 이해할 수 있다. 하지만 CRM부서의 직원들이 영업을 이해하려는 마인드가 없으면 시장을 바라보는 포괄적이고 객관적인 시각만을 가지고 좋은 안을 만들어내기는 불가능하다. CRM부서 직원들이 현업 밀착적인 마인드를 갖도록 하기 위한 방안으로서 다음과 같은 제도를 검토할 수 있다.

첫째, CRM부서와 영업부서 간의 인력교류를 활성화시키는 방안이다. 영업현장에서의 경험이 많은 직원을 CRM부서에 근무하게 함으로써 영업현장에서 체득한 경험과 직관을 실제 데이터로 확인해보고, 이를 바탕으로 영업지원을 위한 전략을 만들어내도록 하는 것은 매우 훌륭한 방안이 될 수 있다. 또한 CRM 직원을 현장에서 근무하도록 함으로써 CRM부서에서 만들어지는 전략이 보다 현실성을 갖기 위해서는 어떠한 점이 보완되어야 하는지를 체득하게 하고, 다시 CRM부서에서 근무할 때에는 보다 현장감 있는 전략을 만들어낼 수 있도록 하는 것도 매우 바람직하다.

둘째, 영업부문의 주요한 정량적 평가지표인 매출실적을 CRM부서의 KPI에도 상당부분(약 30~50% 정도) 반영시킴으로써 CRM부서가 영업활성화를 위한 최적의 전략을 도출하려는 동기를 강화시키는 방안이다. 또한 CRM부서의 KPI에 영업부서에 의한 정성적 평가를 일부 포함시킴으로써 CRM부서와 영업부서와의 관계가 서비스 제공자와 클라이언트와의 관계임을 명확하게 하는 것도 성공적인 CRM활동을 위해 바람직하다. 영업부서에 의한 정성적 평가의 비중은 5~10% 정도의 수준으로도 충분하다. 왜냐하면 절대적인 비중은 낮지만 다른 지표들에 의한 차이가 크지 않을 때에는 특정 직원에 대한 평가등급의 결정에 크게 영향을 미칠 수 있기 때문이다.

셋째, CRM부서에 주요 영업부서를 담당하는 직원을 두고, 영업부서에도 CRM부서와의 커뮤니케이션을 담당하는 직원을 두는 방안이다. 즉, 이들로 하여금 정기적·비정기적 미팅을 수시로 갖도록 함으로써 두 부서 간에 불필요한 오해가 발생하지 않도록 하고, 더 나아가 원활한 업무 수행을 통해 두 부서 간에 우호적인 관계가 형성될 수 있도록 도모하는 방안이다.

글 15-4 CRM부서와 영업부서와의 협업이 필요한 이유

필자는 현재 올해 6월부터 12월말까지의 일정으로 몇몇 회사의 마케팅과 CRM 컨설팅을 진행하고 있다. 주요 내용은 마케팅 채널 활성화를 통한 신규고객 확보와 기존고객 DB를 활용한 적극적인 프로모션 진행으로 매출 상승을 도모하는 것이다. 컨설팅의 첫 번째 단계로 회사들이 최근에 진행한 여러 가지 캠페인이나 프로모션들을 분석하다 CRM에서 꼭 알고 있어야 하지만 대부분이 간과하는, 그래서 저조한 반응률과 충성고객 이탈이라는 처참한 결과를 받게 되는 전형적인 케이스를 발견하게 되었다. 이러한 경우는 대부분 세일즈부서와 마케팅 또는 CRM부서가 내부적으로 커뮤니케이션이 잘 되지 않을 때 많이 발생하는데, 필자도 현업시절 이와 유사한 쓰린 경험을 해본 적이 있다. 현재 컨설팅이 진행되고 있는 회사의 내부적인 얘기는 보안상의 이슈로 공유가 어려움에 따라 필자가 직접 CRM을 하면서 겪은 사례로 설명을 하고자 한다.

일단 결론부터 말하자면 우리는 CRM을 하면서 VIP와 키맨(keyman)이라는 개념을 명확하게 구분할 줄 알아야 한다. VIP는 구매력을 기준으로 최우수 등급의 고객군을 의미한다면, 키맨은 그 외의 자발적으로 긍정적 평가나 추천을 해줄 수 있는 존재를 나타낸다. 이전 칼럼에서도 언급한 적이 있지만 필자는 VIP 고객군들의 이탈과 구매 패턴의 변화 등에 대해 강박관념이 있을 정도로 예민하고 실시간으로 체크하는 성향이 있다. 물론 충성고객이 중요하다는 부분은 CRM뿐만 아니라 고객과 소통하는 모든 분야에서 공감하겠지만, 필자는 흔히 말하는 핵심고객들이 단지 매출을 넘어서 온라인 또는 모바일에서의 자발적인 입소문을 낼 수 있는 유일한 자산이자 관리의 대상이라 생각하기 때문에 VIP 등급 상승 이후에 더욱더 장기적인 목표를 가지고 관리에 임한다. 그런데, 딱 한번의 실수로 VIP 고객들의 이탈을 자초하여 CRM 업무에 상당한 타격을 입은 적이 있다. 사건의 전말은 다음과 같다.

필자가 근무하던 회사의 VIP 회원들에게 특정 이슈에 대한 기념으로 스페셜 오퍼를 제공한 적이 있다. 실제 VIP 회원들은 할인도 좋아하지만 그보다 좀 더 선호하는 것이 자신들만이 가질 수 있는 전용 제품이다. 따라서, 필자는 RFM(Recency 최근에, Frequency 얼마나 자주, Monetary 얼마나 많이) 기준으로 고객들의 DB를 분석하여 대상 VIP 집단을 선별하고, 그들에게 어떠한 제품을 받고 싶은 지에 대하여 조사하였다. 그 후 가장 많이 선호하는 제품의 스페셜 한정판을 제작하고, 그들이 수령할 수 있는 장소도 가입 매장이 아닌 단골 또는 선호 매장으로 지정할 수 있도록 기획하였다. 물론 VIP 고객인만큼 원하는 곳으로 편안하게 배송해줄 수도 있었겠지만, 캠페인 ROI(Return on Investment 투자 대비 수익) 관리 차원에서 추가 구매유도를 위해 매장으로의 방문 설자는 불가피하였다. 나름 꽤 파격적인 혜택을 제공한 전사적인 캠페인이었는데, 진행 1주일 후부터 VIP 회원들의 탈퇴가 감지되기 시작했다. 처음에는 일상적인 이탈 정도라 생각했는데 캠페인의 기간이 막바지에 다다를수록 VIP 회원들의 탈퇴뿐만 아니라 CS부서에 접수되는 클레임의 빈도도 높아졌다. 결국 필자가 기획한 VIP 전용 캠페인은 실패로 결론 났었고, 기획과 성과관리 차원에서 상당한 비난을 받았다.

대체 VIP 회원들이 이탈한 이유는 무엇 때문이었을까? 바로 필자가 키맨의 존재를 몰랐기 때문이다. 일반적인 키맨의 정의는 세일즈를 할 때 항상 나의 편에서 객관적이지만 긍정적인 소개와 추천을 해줄 수 있는 소중한 존재이다. 이 키맨은 매출이나 구매와는 별도로 입소문 차원에서 상당히 회사에 도움을 줄 수 있는 사람이다. 필자가 근무한 회사에도 매장마다 RFM 분석이 가능한 회원정보는 등록되어 있지 않지만, 현장에서 항상 지인소개 등을 통하여 매출에 직접적인 도움을 주는 키맨들이 존재했던 것이다. 당연히 현장에서는 다른 매장의 VIP 회원보다 자신들의 키맨이 더 중요하고 방문빈도도 훨씬 높다 보니 전용 한정판 제품을 주게 되고, 캠페인 마지막 시점에 온 실제 대상자들은 재고 부족으로 혜택을 못 받게 된 것이다. 그 결과는 당연히 VIP 고객들의 클레임 발생과 회원탈퇴로 이어졌다.

필자가 항상 강조하지만 CRM은 현장과의 공감대가 없이는 절대 성공하기 힘들다. 혹시 지금 VIP 또는 우수고객들의 DB를 분석하거나 그들을 대상으로 캠페인을 기획 중이라면 혹시 우리가 놓치고 있는 키맨은 없는지 다시 한번 현장이나 영업부서와 확인해보기 바란다.

자료 : 이상종, VIP와 키맨을 구분하라, 이코노믹리뷰, 2018. 7.

4.2 마케팅부서와의 관계

1) 갈등의 원인

CRM부서와 영업부서와의 관계증진은 지원을 하고 지원을 받는 과정에서 상대방 부서의 협력과 호의를 어떻게 이끌어낼 것인가에 초점이 맞춰진다. CRM부서와 영업부서는 인력이나 예산 등의 자원을 나누어야 하는 관계는 아니며, 따라서 어떤 경우에도 경쟁관계는 형성되지 않는다. 그런데 CRM부서와 마케팅부서는 영업을 지원함에 있어서 예산이나 인력을 나누어야 한다. 이렇게 두 부서는 공통된 목표를 가지고 공동으로 업무를 수행하면서 자원을 나누어야 하는 관계에 있기 때문에 갈등이 매우 심하게 나타날 수 있다. 두 부서 간의 갈등관계는 자원(예산 및 인력) 및 업무의 두 가지 측면에서 살펴볼 수 있다.

① 자원의 배분을 둘러싼 갈등 : 마케팅부서는 CRM부서와의 관계에 있어서 인력이나 예산 등과 같은 자원 확보의 측면에서 상당한 기득권을 가지고 있으며, 상대적으로 광고나 판매촉진 등과 같은 매스마케팅 수단에 더 많이 의존한다. 마케팅부서는 고객DB의 분석을 통한 기존고객 유지나 활성화 등의 활동이 필요하다고는 생각하지만 단기적으로 강력한 성과를 내기 위해서는 여전히 매스마케팅만 한 수단이 없다고 생각한다. 따라서 기존고객의 유지 및 활성화의 중요

성을 강조하면서 더 많은 인력과 예산의 배분을 요구하는 CRM부서에 대해 요구를 들어줄 마음도 거의 없으며, 오히려 불쾌한 감정을 갖게 될 가능성이 크다. CRM부서도 마찬가지로 '시대적 추세를 외면하고 자원의 합리적인 배분을 거부하는' 마케팅부서에 대해 불만을 갖게 된다.

② 업무의 영역을 둘러싼 갈등 : 마케팅부서는 CRM부서를 자신들의 지시에 따라 자신들이 수립한 마케팅전략의 실행에 일부 조력하는 정도의 기능을 수행하는 부서로 생각할 수 있다. 예를 들어 판촉행사를 실행함에 있어서 마케팅부서가 제공 인센티브, 커뮤니케이션 수단, 실행시기 등과 같은 세부적인 계획을 모두 수립하고 CRM부서에게는 기존고객 가운데 판촉행사의 대상이 될 수 있는 고객들의 리스트만 제공해 달라고 요청할 수 있다. 성과가 나더라도 마케팅부서는 모든 공을 자신으로 돌려버린다. 이러한 경우에 CRM부서는 자신들이 주도가 되어서 실행하여야 하는 업무임에도 불구하고 표시도 나지 않고 아무런 의미도 없는 일만 하고 있다고 불평하게 된다.

2) 업종에 따른 두 부서 간의 관계

CRM부서와 마케팅부서와의 관계는 산업의 유형에 따라서 크게 차이가 난다. 여기에서는 산업을 개별브랜드관리의 중요성을 기준으로 두 개의 부문으로 나누어 살펴보기로 한다.

① 개별브랜드관리가 중요한 업종 : 화장품, 생활용품, 가공식품, 전자제품, 자동차 등의 소비재부문에서는 브랜드를 개발하고 개발된 브랜드의 이미지를 관리해나가는 것이 중요하기 때문에 마케팅부서는 주로 광고나 판매촉진 등과 같은 매스마케팅 수단을 활용하여 브랜드관리업무를 수행해나간다. 일용소비재를 생산하는 많은 기업들이 BM(Brand Manager) 혹은 PM(Product Manager)이라는 직책을 가진 직원들을 두고 브랜드관리업무를 수행하고 있다. 이러한 산업에서는 CRM부서와 마케팅부서와의 관계가 원만하게 이루어지기가 어렵다. 왜냐하면 이들 산업에서는 일정한 액수의 마케팅 예산을 책정해 놓고 이를 광고, 홍보, 판매촉진 등 마케팅과 관련된 여러 가지 활동에 배분하는 시스템을 가지고 있기 때문에 CRM활동을 하기 위해서는 마케팅에 집중되던 예산의 일부가 CRM부서에 할당되어야 하기 때문이다. 예를 들어 광고예산을 줄이고 대신에 수집된 잠재고객정보를 기반으로 이들과의 개별적인 커뮤니케이션을 통해 제품이나 서비스를 판매하는 활동에 예산을 할당한다면 마케팅부서로서는 CRM부

서에 대해 호의적인 감정을 갖기 힘들다.

② 개별브랜드관리가 상대적으로 덜 중요한 업종 : 주로 서비스업종의 산업에서는 마케팅부서가 개별브랜드의 개발이나 관리보다는 판매전략이나 영업전략을 수립하고 이의 실행을 조정하고 지원하는 역할을 수행한다. 적어도 우리나라에서는 이러한 유형의 기업이 브랜드관리를 중심으로 마케팅부서를 운영하는 회사보다 훨씬 더 많다. 특히 금융, 통신, 유통 등 CRM이 상대적으로 활성화되어 있는 산업에서 브랜드의 관리는 회사의 이미지관리 정도의 의미밖에 없다. 우리가 은행, 통신, 보험, 카드, 증권 등의 업종에서 개별브랜드의 이름을 기억해 내지 못하는 것도 그 때문이다. 이러한 업종에서의 마케팅부서는 홍보나 광고 등을 통해 회사의 이미지를 관리하기 위한 업무도 일부 수행하지만, 주로 영업조직을 어떻게 지원하고 관리할 것인가에 초점을 둔다. 따라서 이러한 경우의 CRM부서와 마케팅부서와의 관계는 실제로는 CRM부서와 영업전략을 기획하는 부서와의 관계로 귀결된다.

[표 15-1]은 우리나라의 몇 개의 서비스기업에서 실제로 이루어지고 있는 CRM부서와 마케팅부서와의 관계에 대해 기술하고 있다. 이를 기반으로 CRM부서와 마케팅부서와의 관계는 다음과 같이 정리될 수 있다. 회사 전체 차원에서의 판매전략이나 매출계획은 마케팅부서에서 담당하고 있으며, CRM부서는 마케팅부서에서 수립된 계획을 바탕으로 고객정보를 활용한 캠페인활동에 주력하고 있다. 이를 통해 우리나라 기업들은 CRM을 마케팅의 한 기능으로 보고 있으며, 주로 캠페인을 통해 영업부문을 지원하는 수단으로 활용하고 있음을 알 수 있다.

| 표 15-1 | CRM부서와 마케팅부서 관계의 사례

구분	관계의 내용
A카드사	마케팅부서는 상품개발, 매스마케팅, 이벤트마케팅, 제휴마케팅 등의 업무와 더불어 매출전략을 수립하는 업무도 동시에 수행한다. 이 부서에서 수립된 매출전략과 매출 관련 지수들은 CRM부서와 공유된다. CRM부서에서는 매출증진을 위해 고객DB분석, CRM 캠페인 기획 등의 업무는 물론, 인터넷과 콜센터를 이용한 캠페인의 실행까지 일괄적으로 수행한다.

B통신사	마케팅부서에서 판매전략 수립하며, 여기에서 도출되는 판매목표치나 타깃팅 등에 대한 정보는 CRM부서와 공유된다. CRM부서는 이를 바탕으로 고객정보를 활용한 판매증진방안 및 콜센터 운영방안을 수립한다. 이러한 방안은 지역본부에 전달되고 지역본부에서는 이를 기반으로 캠페인 실행계획을 수립하여 실행에 옮기게 된다.
C보험사	CRM부서와 마케팅부서가 공동으로 매출을 증대시킬 수 있는 고객정보 활용방안을 기획하고, CRM부서는 이를 구체화하기 위해 고객DB의 분석, 고객리스트의 추출 등의 업무를 수행한다. 캠페인 대상 고객리스트는 지역 본부별로 분배되고, 캠페인활동은 각 지역 본부에 소속되어 있는 지점에서 실행된다. 캠페인의 성과는 다시 CRM부서에 의해 분석된다.

3) 바람직한 관계의 모색

CRM부서와 마케팅부서 간에 갈등이 발생하면 전제적인 업무효율이 떨어질 뿐만 아니라, CRM부서의 직원들이 창의력과 실험정신을 가지고 현안을 해결해 나가기를 기대할 수 없다. 그래서 마케팅 관련 부서와의 업무 분배나 협소관계에 있어서 CRM부서가 전문성을 발휘할 수 있는 여건을 조성해 주는 것이 중요하다. 그렇지만 CRM의 역사가 그리 오래지 않아서 CRM업무의 내용이 정형화되어 있는 것이 아니라 회사나 시장의 상황에 따라 변화해 가야 하기 때문에 두 부서 간의 관계는 안정적이라기보다는 끊임없이 변화해 가는 과정을 거치게 된다. 이러한 상황에서 취할 수 있는 가장 현명한 방법은 두 부서 간에 커뮤니케이션을 활발하게 이루어지게 함으로써 CRM부서가 정체성을 찾아갈 수 있도록 해나가는 것이다. 여기서는 이러한 방안을 단기적인 관점과 장기적인 관점에서 논의한다.

① 단기적 관점에서의 관계증진방안 : 단기적으로는 CRM과 매스마케팅이 대립과 대체의 관계가 아니라 보완과 상생의 관계를 가질 수 있는 방안을 적극적으로 모색하는 것 중요하다. CRM과 매스마케팅을 결합시키는 비즈니스모델은 이미 많이 알려져 있다. 예를 들어 TV나 신문 등을 활용한 직접반응광고의 경우 광고 자체는 매스이지만 이를 통해 수집된 고객정보를 바탕으로 이루어지는 개별적인 커뮤니케이션은 CRM의 영역에 속한다. 또한 모집인을 통해 대량으로 수집된 카드발급신청서는 매스의 영역이지만 이를 바탕으로 잠재성 있는 고객을 선별하고 관리해나가는 것은 CRM의 영역이다. 이처럼 매스와 CRM은 서로의 장점을 살리는 방향으로 결합될 수 있다. 따라서 마케팅전략을 수립할 때 항상 매스와 CRM의 결합을 통해 시너지효과를 창출할 수 있는 방안을 찾으려고 하는 자세가 요구된다.

② 장기적 관점에서의 관계증진방안 : 장기적인 관점에서는 CRM을 포함한 마케팅과 관련된 모든 분야를 통합하여 하나의 부서로 만드는 것이다. IMC(통합적 마케팅 커뮤케이션)적인 시각에서 보면 고객과의 커뮤니케이션은 일관성 있고 지속적으로 이루어질 수 있어야 하는데, 마케팅 관련 부서들이 여러 부서에 산재되어 있으면 부서 간의 커뮤니케이션이 원활하게 이루어질 수 없고, 따라서 부서 간의 시너지효과는 발휘하기 힘들어진다. 마케팅 관련 부서들이 통합되어 있으면 영업환경의 변화로 인하여 고객과의 커뮤니케이션방법에 변화를 줄 필요가 발생하였을 때 부서 간의 갈등이 발생할 소지가 없기 때문에 훨씬 더 효율적으로 환경의 변화에 대응할 수 있다.

4.3 타 부서와의 관계의 단계

CRM부서와 영업부서나 마케팅부서 등과 같은 타 부서와의 업무협조관계는 그 수준에 따라 [그림 15-6]에서와 같이 3개의 단계로 나누어질 수 있다.

그림 15-6 CRM부서와 타 부서와의 업무협조관계의 단계

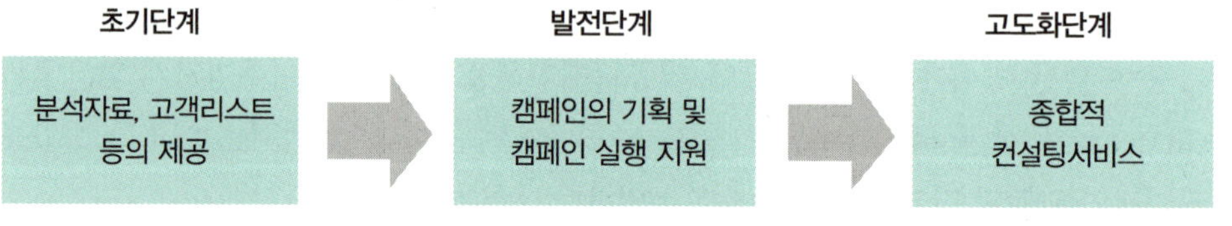

1) 초기단계

가장 초기단계의 업무협조는 CRM부서가 마케팅부서나 영업부서에 분석자료나 고객리스트를 제공하는 단계이다. 이 단계에서는 CRM과 관련된 전략의 수립과 실행이 모두 마케팅부서와 영업부서에서 이루어지기 때문에 CRM부서는 이에 대한 전문성을 확보할 필요는 없고, 다만 분석기술만 가지고 있으면 충분하다. 더욱이 분석자료나 고객리스트의 제공이 타 부서의 요청에 따라 수동적으로 이루어지기 때문에 CRM부서의 직원들은 타 부서가 어떤 목적으로 자료나 리스트를 사용하려 하는지에 대해서도 반드시 알 필요는 없다.

2) 발전단계

두 번째 단계는 CRM부서가 분석자료나 고객리스트의 제공은 물론, 고객DB의 분석과 파일로트 캠페인의 실행 등을 통해 수익성 있는 캠페인에 대한 아이디어를 개발하여 이를 타 부서에 제공하는 단계이다. CRM전략의 수립이 타 부서가 아닌 CRM부서에서 이루어진다는 점에서 첫 번째 단계와는 차이가 있다. CRM부서는 스스로 기획한 캠페인이 성공적으로 실행되어야 한다는 부담이 있기 때문에 캠페인을 기획하는 데서 그치는 것이 아니라 캠페인이 타 부서에서 잘 수행될 수 있도록 지속적으로 지원하려는 자세를 보인다.

3) 고도화단계

세 번째 단계는 CRM부서가 타 부서(특히 영업부서)의 문제점을 CRM의 관점에서 해결할 수 있는 방안을 모색하는 단계이다. 이 단계에서 CRM부서는 지점이나 대리점과 같은 개별영업단위에서 발생하고 있는 구체적인 문제점들을 발견하고, 이들을 대상으로 컨설팅서비스를 통해 문제를 해결할 수 있는 방안을 제시한다. 예를 들어 증권사의 경우에, 수익성 있는 캠페인을 개발하여 이를 전 지점을 대상으로 제공하려는 것이 두 번째 단계라면, 세 번째 단계는 실적이 부진한 지점과의 개별적인 접촉을 통해서 이 지점이 가지고 있는 문제점을 파악하고, 이를 해결할 수 있는 종합적이고도 심도 있는 방안을 제시하는 단계이다. 고도화단계에서는 비단 CRM에 직접적으로 관련된 컨설팅뿐만 아니라 CRM 이외에 영업이나 마케팅, 더 나아가 조직운영 등과 관련된 컨설팅도 실행하여야 하는 상황에 접하게 된다. 따라서 CRM부서가 이 단계의 업무를 원활하게 수행하기 위해서는 CRM 고유의 업무뿐만 아니라 영업이나 마케팅 등 여타 업무에 대해서도 정통할 필요가 있다. 일선 부서의 입장에서도 이러한 서비스에 대한 니즈는 대단히 높다. 왜냐하면 일선 영업조직이 자신이 가지고 있는 문제를 신단하고 해결하기 위해서는 외부의 조력을 받아야 하는데 컨설팅회사와 같은 사외조직의 서비스를 받으려면 비용부담이 만만치 않기 때문이다. 더욱이 사내조직인 CRM부서는 회사의 사정을 잘 알고 있기 때문에 비용부담이 없으면서도 현실성 있는 제언을 해줄 수 있다는 점도 이러한 서비스를 선호하는 이유로 꼽을 수 있다.

5. CRM부서 직원의 자질

CRM부서의 업무가 독특한 특성을 가지고 있기 때문에 이 부서에서 일하는 직원들이 어떠한 자질을 갖추어야 하는가에 대한 논의도 성공적인 CRM의 수행을 위해 매우 중요하다. 그렇지만 CRM업무가 정형화되어 있다기보다는 지속적으로 변화하고 있기 때문에 이 분야에서 일하는 직원의 바람직한 자질을 일목요연하게 정리하여 제시하기는 어렵다. 하지만 CRM 실행과정에 대한 관찰을 바탕으로 CRM부서 직원들에게 요구되는 자질을 기능적인 측면과 인성적인 측면으로 나누어 살펴볼 수 있다.

5.1 기능적 자질

CRM이 기능적으로 잘 수행된다고 하는 것은 CRM에서의 폐쇄고리(closed loop)가 잘 돌아간다는 것을 의미한다. CRM에서의 폐쇄고리란 고객DB의 축적 → 고객DB의 분석 → 전략의 수립 → 전략의 실행 → 결과의 분석 및 피드백의 과정이 끊이지 않고 순환적으로 돌아간다는 것을 뜻한다. 이러한 순환과정이 잘 이루어지면 기업에는 고객과 시장에 대한 노하우가 축적되고 경쟁력이 강화되면서 수익이 증가한다. 따라서 유능한 CRM 직원이라면 이러한 순환적인 과정을 성공적으로 수행해 낼 수 있어야 하고, 보다 구체적으로는 고객DB의 분석, CRM전략의 수립, 전략의 실행 등의 3개 과정을 원활하게 수행해낼 수 있어야 한다.

1) 고객DB 분석능력

고객DB분석의 목적은 고객과 시장에 대한 다양한 정보를 추출해내는 데 있다. 고객DB의 분석은 고객의 연령별, 성별, 지역별 분포나 대리점별 매출추이, 고객의 연령별 선호상품 등과 같은 비교적 단순한 분석에서부터 고객의 이탈가능성 평가, 고객의 매출 및 수익기여도 평가, 상품 연관성분석 등과 같은 복잡한 분석에 이르기까지 매우 다양하며, 그 분석결과를 영업부서나 마케팅부서에 공급하기도 하고 자체적으로 CRM전략 수립에 사용하기도 한다.

고객DB의 분석과 CRM전략 수립을 모두 수행하여야 하는 CRM부서의 입장에서 가장 이상적인 인력구조는 분석능력과 전략 수립능력을 동시에 갖추고 있는 직원들을 다수 보유하는 것이다. 왜냐하면 CRM전략에 대한 구체적인 아이디어를 많이 가지고 있는 직원이 분석능력까지 갖추면 아무런 아이디어 없이 분석하는 것에 비해 분석업무를 훨씬 더 효율적으로 수행할 수 있기 때문이다. 현실적으로 한 직원이 두 개의 기능을 모두 능숙하게 하기는 힘들지만 그렇게 할 수만 있다면 부서의 업무효율을 높일 수 있음은 물론, 직원 개인의 입장에서도 자신의 가치를 크게 상승시킬 수 있다. 현재 CRM과 관련된 가장 중요한 분석도구는 OLAP(On-Line Analytical Processing)과 데이터마이닝(data mining)이다. OLAP은 비교적 짧은 시간에 쉽게 배울 수 있고, 데이터마이닝은 능숙해지는 데 상당한 시간이 소요된다. OLAP에 대해서는 CRM부서의 모든 직원들이 능숙하게 사용할 수 있어야 하고, 데이터마이닝도 다수의 직원들이 사용할 수 있으면 좋겠지만, 그렇지 않다면 분석전문가를 별도로 채용하든지 혹은 데이터마이닝을 활용한 모델개발 건수가 적을 것으로 예상되면 필요할 때마다 외부업체나 전문가에 의뢰하는 것이 바람직하다.

2) 전략 수립능력

CRM 직원이 갖추어야 하는 분석, 전략 수립, 실행 능의 3개 영역에서의 능력 가운데 가장 갖추기 어려운 능력은 CRM전략을 수립하는 능력이다. 왜냐하면 전략의 수립은 가장 종합적이고 창조적이며 논리적인 사고를 필요로 하기 때문이다. CRM전략의 수립에서 가장 큰 비중을 차지하는 것은 CRM 캠페인을 기획하는 일이다. CRM 캠페인은 교차판매, 이탈방지, 이탈고객 재획득, 기존고객의 잠재고객 소개, 접촉 채널의 전환 등 다양한 목적으로 실행된다. CRM 직원은 개별캠페인에 대해 캠페인의 제목 및 목적과 함께 대상고객, 제공 인센티브, 커뮤니케이션방법, 실행주체, 평가방법, 실행시기 및 주기 등을 상세하게 적어 놓은 '캠페인 기술서'를 작성할 수 있어야 하며, 또한 이러한 개별캠페인에 대한 기획서를 바탕으로 1년 동안 실행할 캠페인과 실행시기를 기록한 '연간 CRM 캠페인 스케줄'을 작성할 수 있어야 한다. [표 15-2]는 대리점 형태로 운영되는 의류회사에서 실행할 수 있는 가상적인 캠페인 예를 제시하고 있다.

전략 수립능력은 CRM부서의 직원이 현업 직원을 리드할 수 있는 가장 강력한 수단이다. 현업 직원들은 현장감은 뛰어나지만 단기적인 수익 창출을 위해 바삐 뛰어야 하기 때문에 전체를 심도 있게 볼 수 있는 여유는 부족하다. 반대로 CRM부서 직원은 현장감은 뒤지지만 전체를 바라보면서 심도 있는 전략을 창출할 수 있는 위치에 있다. CRM부서의 직원은 현업 직원이나 고객과의 대화, 유통점 관찰 등을 통해 현장감을 보강함으로써 장기적인 관점에서는 물론 단기적인 관점에서도 훌륭하고, 회사 전체의 차원에서도 바람직한 전략의 창출을 위해 부단히 노력하여야 한다.

| 표 15-2 | 캠페인 기획서 작성의 예

항목	예
캠페인의 제목	• 이탈방지를 위한 고객활성화 캠페인
캠페인의 목적	• 이탈확률이 높은 고객을 대상으로 신상품을 구입하도록 유도함으로써 이탈을 사전에 방지하는 것
대상고객	• 이탈가능성모델을 통해 평가된 이탈확률이 70% 이상인 고객 중에서 과거 6개월 동안 캠페인의 대상이 되지 않았던 고객 • 추출된 고객을 실험집단과 통제집단으로 구분
제공 인센티브	• 2종의 신상품에 대한 20% 할인쿠폰 각 1매
커뮤니케이션 방법	• 안내문과 함께 쿠폰을 DM으로 발송 • 발송 2~3일 후 TM을 통해 쿠폰 수령을 확인하고 매장 방문을 권유
실행주체	• 본사에서 해당 고객의 주거래 대리점 명의로 실행 • 각 대리점에 쿠폰 발송 고객의 리스트 통보
평가방법	• DM 발송수 대비 방문자수 • 방문자수 대비 실제 구매자수 • 실험집단과 통제집단의 구매비율/구매액 차이
실행시기 및 주기	• 신상품 출시시기인 3월과 9월의 연간 2차례

3) CRM전략 실행능력

CRM전략의 실행이라고 하면 주로 고객과의 커뮤니케이션을 어떻게 이루어갈 것인가를 의미한다. 고객과의 커뮤니케이션은 대면접촉, 다이렉트메일(DM), 전화, 인터넷, 핸드폰 등 다양한 수단을 통해 이루어지며, CRM부서는 각각의 수단에 대해 상당한 수준의 노하우를 가지고 있어야 한다. CRM전략의 실행업무가 CRM전략의 수립이나 고객DB의 분석과 다른 점은 CRM전략의 수립과 고객DB의 분석은 대부분 CRM부서의 직원들에 의해 수행되는 반면, CRM전략의 실행은 영업사원에 의해 이루어지는 경우를 제외하고는 외부업체에 의뢰하는 경우가 많다는 점이다. DM의 경우, 컨셉설정에서 제작 및 발송에 이르는 과정을 모두 외부업체에 의뢰하는 것이 일반적이며, TM의 경우에도 많은 대행업체들이 있다. 이메일이나 SMS를 이용하는 경우도 마찬가지다. 따라서 CRM부서 직원의 입장에서는 어떠한 외부업체가 어떠한 업무에 강점이 있고, 더 나아가서는 외부업체의 어느 직원에게 일을 맡기면 업무를 잘 수행해낼 수 있는지를 아는 것이 매우 중요하다. 즉, 노하우(knowhow)뿐만 아니라 노웨어(knowwhere)도 실행능력의 중요한 요소가 된다.

5.2 인성적 자질

CRM업무를 수행하는 직원은 무엇보다 성격이 적극적이고 포용적이어야 한다. 왜냐하면 지원부서인 CRM부서의 직원들은 다른 부서의 직원들과 끊임없이 접촉하면서 업무를 수행하여야 하는데, 업무를 수행하는 과정에서 CRM에 대한 이해수준이 낮은 타 부서의 직원들을 설득하여야 하는 경우가 빈번하게 발생하기 때문이다. 예를 들어 CRM부서의 직원들은 영업부서와 같은 현업부서 직원들과 공동으로 캠페인을 실행하여야 하고, 전산부서의 협조를 얻어 시스템도 보완하여야 하며, 또한 고객센터와 협의하여 캠페인의 실행일정도 조율하여야 한다. 타 부서의 직원들을 설득하여 CRM업무를 자신들의 업무로 받아들이도록 만들기 위해서는 상대방의 입장에서 생각하고 행동하는 습관을 들여야 한다. 최고경영진과의 관계에 있어서도 같은 논리가 적용될 수 있다. 최고경영진의 입장에서는 고객관계의 개선도 중요하지만 정기적으로 실시되는 업적평가에서 좋은 점수를 받기 위해서는 무엇보다 단기적인 성과가 중요하다. 그렇기 때문에 최고경영진은 CRM에 대한 투자나 단기적인 매출에 부정적인 영향을 미칠 수 있다고 생각되는 CRM중심의 업무 추진에 소극적일 수 있다. 이러한 경우에 CRM부서 직원이 적극적인 사고와 행동으로 최고경영진을 설득하지 않으면 CRM의 활성화는 어려워진다.

제 4 절 최고경영자

1. 최고경영자의 역할

조직에서 CRM을 적극적으로 혁신시킬 수 있는 거의 유일한 존재는 최고경영자(CEO)이다. CEO가 아닌 중간관리자가 CRM을 주도하면 전사적인 차원에서의 업무가 추진되는 것이 아니라 특정 기능을 효율화시키는 차원에서의 업무가 추진되기 때문에 부분적인 성공은 거둘 수 있지만 전사적인 차원에서의 성공은 기대할 수 없다. CRM의 활성화를 위한 CEO의 역할로는 [그림 15-7]에서와 같은 세 가지 사항을 들 수 있다.

그림 15-7 CRM 정착을 위한 CEO의 역할

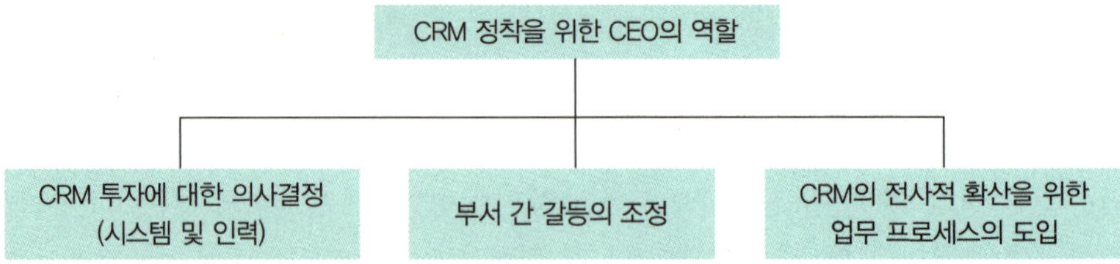

1.1 CRM 투자에 대한 의사결정

CRM은 고객DB에 대한 분석을 기초로 하고 있기 때문에 CRM시스템이 필요하고, 또한 구축된 CRM시스템을 활용하기 위해서는 고객DB의 분석이나 CRM전략의 수립 등의 업무를 수행할 수 있는 인력이 확보되어야 한다. CRM시스템의 구축이나 전문 인력의 확보 등과 같은 투자의 결정에는 CEO의 CRM에 대한 관심과 식견이 결정적인 역할을 한다.

1.2 부서 간 갈등의 조정

CEO는 CRM을 추진하는 과정에서 부서 간의 갈등이 발생할 때 이를 해결하여 줄 수 있는 거의 유일한 존재이다. CRM을 둘러싼 부서 간의 갈등은 각 부서가 조직에서 힘을 더 많이 갖기 위해 혹은 힘을 잃지 않기 위해 노력하는 과정에서 발생하기 때문에 원칙이나 합리성을 내세워 해결될 수 있는 문제가 아니다. 이러한 문제는 부서 간의 이해관계를 초월하여 전사적인 차원에서의 의사결정을 내릴 수 있는 CEO가 해결해주어야 한다.

1.3 CRM의 전사적 확산을 위한 업무 프로세스의 도입

CRM의 성공적인 수행을 위해서는 업무 프로세스의 변화가 필요한데, 이러한 변화에는 조직의 저항이 따르기 마련이다. 조직의 저항을 극복하고 CRM의 전사적 확산을 위한 업무 프로세스를 도입할 수 있는 거의 유일한 존재는 CEO이다. 특히 CEO에 대한 의존도가 높은 우리나라의 기업환경에서는 CEO의 결단 없이는 조직과 관련된 변화가 이루어지기 힘들다. 다음과 같은 CRM부서 직원들의 멘트는 CEO가 전통적인 업무방식을 CRM을 기반으로 하는 업무방식으로 변화시키는 데 결정적인 역할을 할 수 있음을 시사하고 있다.

> "행장님은 CRM을 분기조례 등에서 늘 강조하신다. 회의석상에서 프로모션 보고서나 계획서 등을 CRM-base로 하라고 지시하시고, 다른 부서에서 보고서가 올라왔을 때 CRM 자료를 Evidence로 가져왔느냐고 물으신다. 궁극적으로는 회의 자료를 CRM-base로 바꾸실 생각을 갖고 계신다."(은행 CRM 팀장)
>
> "사장님을 잘 설득하는 것이 새로운 캠페인 프로세스를 현장에 접목시키는 데 있어서 가장 중요한 요인이다. 즉, 모델이나 툴보다는 조직의 장이 여기에 얼마만큼 관심을 갖느냐가 성공 여부의 반을 좌우한다. 만일 사장님이 영업소장들이 모이는 자리에서 새로운 캠페인에 대한 얘기를 몇 분만이라도 해주셔도 그 성과는 달라진다. 또한 임원들이 모이는 자리에서 '새로운 캠페인에 대한 보고를 받았는데 잘 되고 있는가?'라는 말을 단 몇 초만이라고 해주는가에 따라서 이 캠페인 프로세스가 성공적인 것이 될 수도 있고 하다가 흐지부지 없어지는 것이 될 수도 있다."(생명보험사 CRM팀 간부직원)

CEO가 CRM 친화적인 업무 프로세스를 전사적으로 도입할 수 있는 가장 효과적인 방법 중의 하나는 단기성과 일변도의 성과평가제도를 CRM 실행에도 적합한 형태로 변화시킴으로써 간접적이지만 자연스럽게 고객중심적인 조직문화가 스며들 수 있도록 유도하는 것이다.

2. 제한적인 최고경영자 역할의 원인과 해결방안

이렇게 CEO는 CRM의 확산에 주도적인 역할을 해야 하는 위치에 있음에도 불구하고 우리나라의 경우 CEO는 기대만큼의 충분한 역할을 해주지 못하고 있다. 여기에서는 그 원인과 각 원인에 대한 해결방안에 대해 기술한다.

2.1 단기적 수익중심의 사고방식

CRM의 정착을 위해서는 고객중심적인 기업문화의 정착이 필요하고, 또한 이를 위해서는 CEO가 주도적인 역할을 하여야 함에도 불구하고 이것이 잘 이루어지지 않는 가장 주된 이유는 CEO가 CRM은 투자에 비해 단기적인 수익기여도가 낮다는 인식을 가지고 있기 때문이다. CEO도 정기적으로 이루어지는 성과평가에서 자유로울 수 없고, 따라서 CRM활동이 성과평가에서 자신이 좋은 평가를 받는 데 기여하지 못한다면 그 당위성에도 불구하고 적극적인 추진을 꺼리게 된다. 이러한 현상을 극복하기 위한 방안으로 다음과 같은 사항들을 들 수 있다.

먼저 CEO의 인식변화를 들 수 있다. 고객중심적인 조직문화가 정착되지 않은 상태에서는 CRM의 도입을 위해 많은 투자를 하더라도 결실을 거두기 힘들다. 이러한 의미에서 고객중심적인 조직문화의 정착은 성공적인 CRM의 실천을 위한 필요조건이 되는데, 이러한 조직문화는 CEO로부터 계층적으로 전 조직에 파급되어야 한다. 따라서 성공적인 CRM의 실천을 위해서 CEO는 단기 수익 일변도의 사고방식에서 벗어나서 고객중심적인 조직문화의 도입을 위해 적극적인 노력을 기울여야 한다.

두 번째 방안은 단기적인 효과를 거둘 수 있는 CRM업무와 장기적으로 효과가 나올 수 있는 CRM업무를 적절하게 배합하여 병행하는 것이다. 제3절에서 논의하였던 바와 같이 CRM업무는 영업의 지원을 위한 단기적인 업무와 CRM 기반의 구축을 위한 중 · 장기적인 업무로 나뉠 수 있는데, CRM의 도입기에는 영업의 지원을 위한 단기적 업무의 비중을 80~90%로 유지하고, 성숙기에 들어서는 이를 약 50%로 안정적으로 유지하는 것이 바람직하다. 실무자들도 이러한 점을 인식하여 'CRM이 효과를 내기 위해서는 적어도 3년 이상을 기다려야 한다'는 등의 사고방식을 버리고 CRM의 실행을 통해 중 · 장기적으로는 물론 단기적으로도 성과를 낼 수 있다는 청사진을 CEO에게 제시함으로써 CEO가 심적인 갈등 없이 CRM을 적극적으로 추진할 수 있도록 보좌하여야 한다.

2.2 CRM에 대한 식견의 부족

CRM의 필요성을 잘 인식하고 있고, CRM의 정착을 위해 노력하려는 마인드를 가지고 있는 CEO라고 하더라도 CRM의 정착에 결정적인 역할을 하지 못하는 경우가 많다([글 15-5] 참조). 이는 우리나라 CEO가 CRM의 성공을 위해 임직원들에게 무엇을 지시해야 하고, 또한 어떠한 변화를 모색하여야 하는지에 대한 구체적인 아이디어가 부족하기 때문이다. 즉, 우리나라의 CEO는 CRM의 실천을 위해서는 시스템도 필요하고 이를 수행할 수 있는 전문인력도 필요하다는 점은 충분히 이해하고 있지만, CRM의 전사적인 차원에서의 확산을 위해서 구체적으로 어떠한 활동을 전개하여야 하고, 이를 위해 성과평가나 조직체계 등에는 어떠한 변화가 있어야 하는지에 대한 아이디어는 부족하다.

우리나라의 CEO가 CRM에 대해 잘 알고 있지 못하는 가장 큰 이유는 이들이 한창 실무를 수행하고 있었던 시기(1980년대와 1990년대)에는 CRM이 활성화되어 있지 않았고, 따라서 CRM에 대해 실무적으로 익숙해질 기회를 거의 가질 수 없었기 때문이다. 외부 전문가와의 대화나 사내 임직원들의 보고를 통해 CRM의 전반적인 내용에 대해서는 알고 있지만, 이를 몸소 체험하지는 못하였기 때문에 그 실행과정에서 어떠한 어려움이 발생할 수 있고, 또한 이를 극복하기 위해서는 무엇을 어떻게 해야 하는지에 대해 구체적인 아이디어가 없는 경우가 대부분이다. 그래서 CRM을 실행하는 과정에서 조직 내에 갈등이 생기거나 활동이 부진하여도 그 해결방안을 명확하게 제시할 수 없는 경우가 많다. 이러한 이유로 미국의 경우에는 CEO가 CRM과 관련한 프로젝트를 주도하는 비율이 전체의 60%에 이르지만, 우리나라의 경우에는 비교적 젊은 CEO가 운영하는 벤처기업을 제외하면 CEO가 CRM 프로젝트를 주도하는 경우는 거의 없다. 이러한 문제점에 대한 해결방안은 다음과 같이 기술될 수 있다.

이러한 문제점의 상당부분은 시간이 해결해 줄 수 있다. 젊은 시절에 실무적으로 CRM을 주도적으로 수행하였거나 혹은 가까이서 접할 기회가 있었던 임직원들이 시간이 흐르면서 CEO가 되는 시점이 되면 CEO의 경험이나 지식의 부족으로 인해 CRM이 활성화되지 못하는 현상은 자연스럽게 사라질 수 있다.

단기적으로는 CEO가 자신의 역할이 시스템의 구축과 인력의 확보에서 그치는 것이 아니라 CRM의 추진방향을 설정해주고, 추진과정에서 나타나는 여러 가지 문제점들을 능동적으로 해결해주는 데 있다는 점을 인식할 필요가 있다. 이러한 인식을 바탕으로 CRM의 추진과정에서 구체적으로 어떠한 문제가 나타나고 있는지를 지속적으로 모니터링을 해야 하며, 간접경험을 활용해서라도 나타난 문제에 대한 해결책을 제시하려는 노력을 기울여야 한다. 즉, CEO는 임원진뿐만 아니라 특히 실무진과 꾸준한 대화를 나눔으로써 CRM부서가 실제로 어떠한 어려움을 겪고 있고, 또한 마케팅이나 고객접점부서에서는 CRM에 대해 어떠한 인식을 가지고 있는지를 정확히 파악하여야 한다. 더 나아가서는 고객들과 직접 대화를 나누는 것이 바람직하다고 판단되면 이를 실천에 옮길 수 있어야 한다. 이러한 작업을 통해 CEO 스스로가 자사에서의 CRM의 전개 방향에 대해 나름대로의 복안(腹案)을 가지고 있어야 한다.

글 15-5 CRM의 활성화를 위한 CEO 역할의 한계

우리나라 기업의 CEO가 CRM의 필요성에 대해 확신하게 되면 이러한 확신은 CRM시스템의 도입과 CRM부서의 설립(혹은 부서의 설립은 아니더라도 CRM 인력의 배치)으로 연결되는 것이 일반적이다. CRM시스템의 도입과 이를 운영할 CRM부서의 설립에 대한 지원을 실행에 옮긴 CEO는 앞으로 CRM이 잘 실행되고 이를 통해 기업의 경쟁력이 증가될 수 있을 것으로 기대한다. CEO의 이러한 생각은 CRM을 추진하는 실무자들에게는 상당한 부담으로 작용하고 있다. 이에 대해 어느 통신회사의 CRM 팀장은 다음과 같이 언급하고 있다. "사장님은 CRM을 중시하고 계시고, 이러한 맥락에서 과학적 마케팅, 고객을 찾아가는 마케팅, 팩트(fact)중심의 마케팅을 하라고 지시하신다. 또한 CRM은 경쟁력의 한 축이 될 것이니 CRM의 기능을 어떻게 강화해야 하는지에 대해 연구하라는 지시를 내리신다. 그런데 동시에 CRM시스템이 만들어지면 기대수준을 충족시킬 수 있을 것으로 생각하시는 경향이 있다. CRM시스템을 'Magic Box'처럼 생각하시는 것이 부담이다."

이러한 상황에서 CRM시스템 도입 이후 CRM의 성공 여부는 전적으로 CRM부서의 임무로 주어지지만, CRM부서가 독자적으로 할 수 있는 일은 매우 제한적이기 때문에 기대만큼 활발한 활동을 전개하지는 못한다. CRM부서는 일을 하면 할수록 영업부서, 마케팅부서, 전산부서 등 연관부서의 적극적인 참여 없이는 CRM이 활성화될 수 없다는 것을 깨닫게 된다. CRM부서에서는 이러한 상황을 타개하기 위해 예를 들어 CRM부서의 위상 강화나 타 부서의 참여를 강제시킬 수 있는 제도적 장치와 같이 조직이나 제도와 관련된 개선사항을 지속적으로 건의하지만, 이러한 문제에 대한 의사결정은 CEO의 입장에서는 CRM시스템의 도입이나 CRM부서의 설립에 대한 의사결정보다 훨씬 더 어렵다. 왜냐하면 조직이나 제도와 관련된 변화를 모색하는 것은 관련된 부서의 임직원들의 저항도 예상하여야 하지만, 이러한 저항을 무릅쓰고 변화를 실천하였을 때 실제로 효과를 거둘 수 있는가에 대해서도 확신하기가 어렵기 때문이다. 결론적으로 CRM에 대한 CEO의 관심이 지대하다고 하더라도 CEO가 전 임직원의 참여를 유도할 수 있는 구체적인 복안을 가지고 있지 못하면 CRM의 성공적인 실천을 기대하기는 힘들다.

자료 : 박찬욱(2005), 한국적 CRM 실천방안, 203-205.

참고문헌

- 박찬욱(2005), 한국적 CRM 실천방안, 시그마인사이트, 113–210, 134–136, 221–246.
- 박찬욱(2004), "CRM 활성화를 위한 조직관련 요인에 대한 연구 : 학습조직이론을 바탕으로," 한국마케팅저널, 6(3), 1~26.
- 박찬욱, 김형수(2008), "CRM 활동에 영향을 미치는 요인들에 대한 탐색적 연구," 마케팅관리연구, 13(1), 69–92.
- 메리 라슨, 롬니 레스니(2008), "영업효율 투자의 덫," 동아비즈니스리뷰, 10월, 18호, 94–96, 원문 : Larson, Mary and Romney Resney(2004), "Why "sales force effectiveness" isn't," *Handbook of Business Strategy*, 5(1), 233–238.
- 서닐 굽타, 도널드 레흐만(2006), 당신의 고객을 업그레이드 하라, 번역서, 럭스미디어, 28–29.
- 이상종(2018), "VIP와 Keyman을 구분하라," 이코노믹리뷰, 7월 11일.
- 티모시 L. 케이닝햄, 테리 G. 바브라, 러잔 액소이, 헨리 왈라드(2006), 고객충성의 신화 : 고객충성도에 관한 오해와 진실, 번역서, 비즈니스맵, 29.
- 헤럴드경제, "ING생명 '설계사 잃은 고아고객 챙겨라'," 2009년 6월 29일.
- Chen, Injazz J. and Karen Popovich(2003), "Understanding customer relationship management(CRM) : People, process and technology," *Business Process Management Journal*, 9(5), 672–688.
- Hansotia, Behram(2002), "Gearing up for CRM : Antecedents to successful implementation," *Journal of Database Marketing*, 10(2), 121–132.
- Kale, Sudhir H.(2004), "CRM failure and the seven deadly sins," *Marketing Management*, 13(5), 42–46.
- McGovern, Todd and Joseph Panaro(2004), "The human side of customer relationship management," *Business Quarterly*, 20(3), 26–33.
- Ryals, Lynette and Simon Knox(2001), "Cross functional issues in the implementation of relationship marketing through customer relationship management," *European Management Journal*, 19(5), 534–542.
- Sheth, Jagdish N., Rajendra S. Sisodia, and Arun Sharma(2000), "The antecedents and consequences of customer–centric marketing," *Journal of the Academy of*

Marketing Science, 28(1), 56–66.

• Simson, Liz(2002), "The real reason why CRM initiatives fail," *Training*, *may*, 50–56.

CHAPTER 16

개인정보의 보호

CRM은 고객정보를 근간으로 하고 있기 때문에 CRM활동을 위해서는 정확한 고객정보가 원활하게 확보되어야 한다. 그런데 고객들은 기업들에 의해 자신의 정보가 무분별하게 사용되는 것을 원치 않는다. 만일 고객이 기업들에 의해 자신의 정보가 남용되고 있다고 판단하면 자신의 정보를 더 이상 제공하지 않거나 혹은 정확하지 않은 정보를 제공하게 되고, 그렇게 되면 기업의 CRM활동은 그 근간부터 흔들린다. 또한 개인의 정보가 오 · 남용되는 현상이 사회적으로 보편화되면 개인정보의 보호에 대한 문제가 사회적 이슈로 떠오르고, 정부나 의회는 이 문제의 해결을 위해 개인정보의 보호를 위한 법규의 제정을 위해 노력하게 된다. 법률에서 개인정보를 강하게 보호하면 할수록 기업의 입장에서는 고객정보를 수집하고 이용하는 데 소요되는 시간과 비용이 증가하기 때문에 CRM활동은 둔화된다. 이처럼 개인정보보호에 대한 문제는 CRM활동과 매우 밀접하게 관련되어 있다. 기업들이 개인정보보호 관련 법규는 물론, 개인정보의 침해에 대한 소비자들의 인식과 언론보도 내용, 정부의 고객정보 관련 정책 등에 대해 매우 민감한 것도 바로 개인정보보호 문제와 CRM활동이 직결되어 있기 때문이다. 본장에서는 개인정보보호의 개념과 중요성, 개인정보보호법에서의 규제 유형, 각국의 고객정보보호법, 전망 및 대책 등에 대해 기술한다.

제1절 개인정보보호의 개념과 중요성

1. 개인정보보호의 개념

‘개인정보보호’의 개념은 프라이버시(privacy, 사생활)보호의 차원에서 논의되어 왔다. 역사적으로 보면 프라이버시의 개념은 수동적이고 탈사회적 권리의 개념에서 시작되었으며, 1960년대 이후부터는 적극적이고 능동적 권리의 개념으로 발전하였다. 프라이버시에 대한 개념은 하버드대학의 학생이었던 워런(Warren)과 브랜다이스(Brandeis)에 의해 최초로 제창된 것으로 알려져 있다.

1890년 *Harvard Law Review*에 게재된「프라이버시 권리(The Right to Privacy)」라는 제목의 논문에서 그들은 폭로기사 등에 의해 시달리고 있는 사람들의 권리보장에 대해 기술했다. 이 논문에서 이들은 프라이버시를 ‘간섭받지 않고 혼자 있을 수 있는 권리(right to be let alone)’로 보았으며, 이후 이 권리는 판례에 의해 확립되고 법규에 의해 보호받기에 이른다. 1960년대 이후에는 컴퓨터의 발전으로 개인정보의 대량 축적과 유통이 가능해지면서 개인정보의 유출 등으로 인해 개인의 사생활이 침해되는 사례가 빈발하게 되었으며, 이러한 침해에 대응하기 위해 새로운 프라이버시 개념이 등장하였다. 새로운 프라이버시 개념은 프라이버시를 사생활의 비밀권이라는 소극적인 권리로 보는 것에서 벗어나서, ‘언제, 어떻게, 그리고 어느 수준에서 자신에 대한 정보를 타인과 공유할 것인가를 결정할 수 있는 권리’ 혹은 ‘타인이 자신에 대한 정보에 접근하는 것을 통제할 수 있는 능력’ 등 적극적이고 능동적인 권리로 파악한다. 이는 프라이버시를 개인의 자기정보통제권, 자기정보관리권, 자기정보결정권 등으로 보는 견해이며, 미국의 ‘프라이버시법’(1974년), 독일의 ‘연방데이터보호법’(1977년), 영국의 ‘데이터보호법’(1984년), 일본의 ‘개인정보에 관한 법률’(2003년), 우리나라의 ‘개인정보보호법’(2011년) 등 1970년대 이후에 제정된 각국의 프라이버시보호법의 이론적 근간이 되고 있다.

2. 개인정보보호의 중요성

우리나라는 세계에서 정보화의 수준이 가장 높은 국가 중의 하나로 꼽히고 있으며, 그만큼 개인정보의 오 · 남용으로 인한 피해가능성이 크다고 할 수 있다. 실제로 1990년대 이후 개인정보의 오 · 남용으로 인한 피해가 빈발하고 있으며 점차 심해지는 양상을 띠고 있다. 방송통신위원회에서 제시한 자료에 의하면([그림 16-1] 참조), 한국인터넷진흥원의 개인정보침해신고센터에 접수된 건수가 2000년대 중반에는 2만 건 내외였는데, 2010년에는 5만 4천 건, 2011년에는 12만 2천 건, 2012년에는 16만 6천 건으로 급격하게 증가하였다. 이러한 추세는 모바일기기에 의한 커뮤니케이션이 보다 광범위하게 이루어질 것으로 예상되는 만큼 앞으로도 지속될 것으로 예상된다.

그림 16-1 우리나라의 연도별 개인정보침해 신고건수

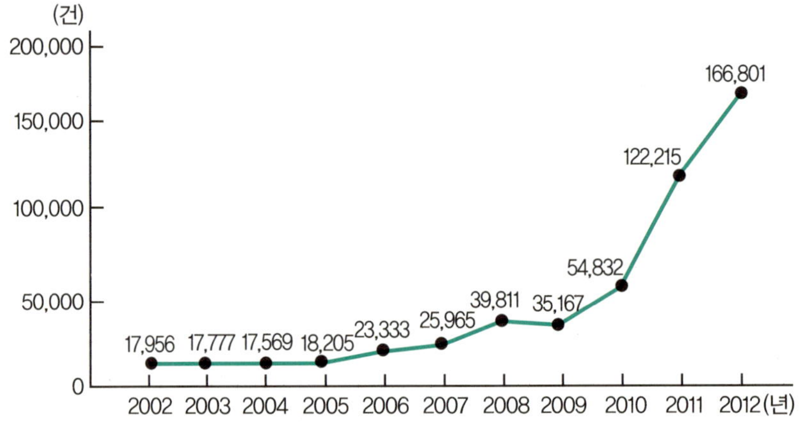

자료 : 방송통신위원회(한국인터넷진흥원 개인정보침해신고센터 접수자료).

개인정보의 오 · 남용이 빈발하는 가장 큰 원인은 개인정보의 경제적 가치가 상승하고 있기 때문이다. 기업의 입장에서 구매가능성이 높은 잠재고객의 리스트를 가장 손쉽게 확보할 수 있는 방법은 외부로부터 양질의 개인정보를 구매하는 것이다. 이러한 수요가 존재하기 때문에 해킹이나 기만적 프로모션 등의 방법으로 개인정보를 확보하여 이를 필요로 하는 기업에 판매하려는 업체들이 나타나게 되고([글 16-1] 및 [그림 16-2] 참조), 자신이 근무하는 회사의 고객 리스트를 돈을 받고 외부에 유출시키는 내부 직원들도 생겨난다. 또한 기업들이 거래관계를 바탕으로 확보된 고객정보를 고객들이 상식수준에서 인정할 수 있는 범위 내에서 사용하지 않고 너무 빈번하게 마케팅캠페인의 대상에 포함시킨다거나, 거래관계가 없었던 계열사 등의 제품이나 서비스를 판매하기 위한 목적으로 사용한다거나, 거래관계가 끊어졌음에도 불구하고

장기간 보유하면서 꾸준히 영리를 위한 목적으로 사용하는 등의 현상도 나타나게 된다. 이렇게 경제적인 이득을 위해 개인정보가 오·남용되는 사례가 빈발하면서 국가가 나서서 개인정보의 보호를 위해 적극적인 노력을 기울여야 한다는 사회적 공감대가 형성되었다고 할 수 있다.

글 16-1 개인정보의 불법유출 사례

최근 경품을 미끼로 개인정보를 유출하는 사태가 발생해 연일 화제다. 지난달 쇼핑몰 개인정보 등 1,175만 건을 불법유출해 판매한 혐의로 쇼핑몰 운영자 서모 씨 등 2명을 불구속 입건했다. 이번 사건이 기존 개인정보 유출 사건과 크게 차이가 나는 것은 개인정보 한 건당 2,900원씩, 총 45만 건이 무려 13억 원에 거래됐다는 점이다. 경찰 수사 결과, 서모 씨 등은 인터넷 경품 이벤트에 응모한 회원 795만 명과 쇼핑몰 회원 380만 명의 성명, 주민번호, 연락처 등 개인정보를 관리하면서 이 정보를 회원들의 동의 없이 텔레마케팅업자에게 불법적으로 유출했다. 이는 정보통신망법 제24조의2 개인정보의 제공 동의를 담고 있는 제2항을 어긴 것으로, 개인정보를 제3자에게 제공하려면 이용자에게 알리고 동의를 받아야 한다. 그러나 쇼핑몰 운영자는 '보험사와 함께하는 이벤트'라 밝히고 응모자의 개인정보를 모집한 후, 텔레마케팅업자들에게 무단 제공해 왔다. 또 텔레마케팅업자들은 불법적으로 넘겨받은 개인정보를 사전에 계약한 2개 보험사의 마케팅에 활용할 수 있도록 개인정보를 제공해 왔다. 무엇보다 개인정보 수집 당시 '개인정보를 제공받는 자'로 사전 고지되지 않은 텔레마케팅업체들에게 무단 제공하거나 '개인정보의 보유·이용기간(1~5년)'이 경과되어서 폐기 대상이 된 개인정보를 텔레마케팅업체들에게 불법제공하고 수수료 명목으로 1억 9,000여만 원을 챙긴 것으로 밝혀져 문제의 심각성이 더하다. 보험사와 텔레마케팅업자와의 공생관계가 우회적으로 드러난 셈이다. 이에 쇼핑몰 운영자 A 씨를 비롯한 관련자 7명 모두를 정보통신망법 위반 혐의로 검거하고, 검찰에 송치했다.

자료 : 프라임경제, "개인정보 보호법 시행 불구…'유출사태' 심각," 2012년 5월 7일.

그림 16-2 우리나라의 연도별 해킹사고 처리건수

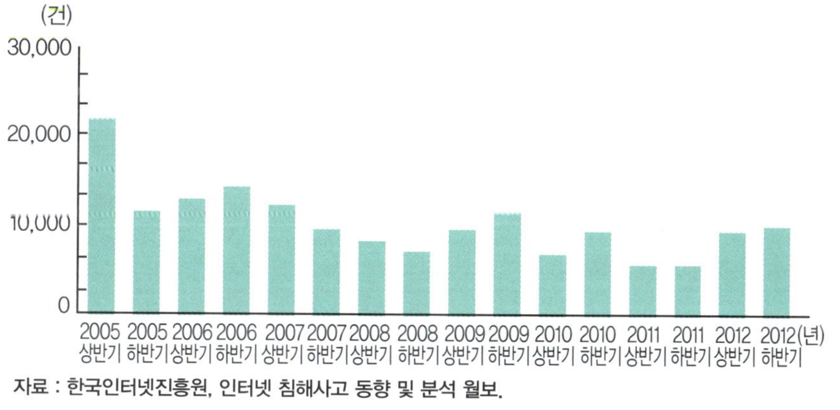

자료 : 한국인터넷진흥원, 인터넷 침해사고 동향 및 분석 월보.

개인정보의 보호는 개인의 프라이버시보호의 차원에서도 중요하지만 기업의 입장에서도 매우 중요한 의미를 지닌다. 왜냐하면 기업이 고객들의 개인정보관리에 소홀할 경우 여러 가지 부정적인 결과가 초래될 수 있기 때문이다. 이러한 부정적인 영향으로는 다음과 같은 점들이 지적될 수 있다.

2.1 이미지의 실추

고객들은 고객정보의 관리를 소홀히 하는 기업을 신뢰하지 않으며, 해당 기업에 대해 부정적인 이미지를 갖게 된다. 즉, 해당기업에 의한 고객정보의 오 · 남용이나 무분별한 제3자 제공은 물론, 부도덕한 직원이나 해킹 등으로 고객정보가 외부로 유출되는 경우에도 고객들은 해당 기업에 대해 부정적인 태도를 갖게 된다.

2.2 수익의 감소

고객들의 기업에 대한 부정적인 이미지는 해당 기업의 수익감소로 이어질 수 있다. 특히 경쟁사 제품 간에 품질의 차이가 적은 경우 기업의 이미지가 구매의사결정에 미치는 영향이 크기 때문에 고객정보의 관리 소홀로 인한 부정적 기업이미지는 매출에 큰 영향을 미치게 된다. 또한 최근 들어서는 개인정보 유출 피해자들이 소송을 제기하고 있고, 실제로 손해배상을 지급하라는 판결이 내려진 예도 있기 때문에 개인정보관리의 소홀은 비용을 크게 증가시켜 수익을 악화시킬 수 있다([글 16-2] 참조).

2.3 데이터 품질의 저하와 CRM활동의 성과 감소

고객들은 신뢰하지 않는 기업에게 자신의 정보를 제공하지 않거나 혹은 거짓정보를 제공할 가능성이 높다. 그렇게 되면 고객정보의 최신성과 정확성을 유지하기 힘들기 때문에 고객DB의 품질이 저하된다. 이렇게 품질이 저하된 고객DB를 바탕으로 하는 예측모델이나 타깃팅 등은 정확도가 떨어지게 되고, 이로 인해 CRM활동의 성과도 감소하게 된다.

글 16-2 해킹으로 인한 개인정보의 유출과 관련된 소송 사례

네이트와 싸이월드 회원의 개인정보 유출 사태와 관련해 피해자에게 위자료를 지급하라는 첫 판결이 나왔다. 대구지법 김천지원 구미시법원은 26일 네이트 · 싸이월드 회원인 유능종 변호사가 SK컴즈를 상대로 "위자료 300만 원을 지급하라"며 낸 손해배상청구소송에서 SK컴즈에 100만 원을 지급하라고 원고 일부승소 판결을 내렸다. 국내에서 이베이옥션 등 여러 건의 인터넷 해킹사고가 발생했지만 법원이 사업자의 손해배상 책임을 인정한 것은 이번이 처음이다. 이로 인해 피해자가 3,500만 명에 달했던 네이트 · 싸이월드 회원의 집단소송이 잇따를 것으로 예상된다. 유 변호사는 "국내에서 발생한 해킹사건에서 처음으로 사업자의 손해배상 책임을 인정한 판결"이라며 "개인정보 보호의 중요성에 대한 인식이 제고되고 사이트 운영자들이 보안시스템을 강화하는 촉매제가 될 것"이라고 말했다. 유 변호사는 지난해 7월 해킹으로 개인정보가 한국 내 외부 경유지 서버를 통해 중국에 할당된 IP로 넘어가자 손해배상소송을 낸 바 있다.

자료 : 머니투데이, "'네이트 해킹' 피해자 승소…해킹관련 첫 사례," 2012년 4월 26일.

제 2 절 고객정보보호법에서의 규제 유형

1. 개요

개인정보의 오 · 남용으로 인한 피해 문제는 정보주체로 하여금 개인정보의 수집에서부터 저장, 가공, 이용, 제3자 제공, 판매 등의 모든 처리과정을 최대한 완벽하게 통제할 수 있도록 함으로써 근본적으로 해결될 수 있다. 그러나 고객정보를 활용하여야 하는 기업의 입장에서는 정보주체의 통제력이 강화될수록 고객정보의 수집과정에서는 물론, 이를 이용하는 과정에서도 더 많은 비용과 시간이 소요된다.

기업들은 CRM활동을 위해 고객정보를 최대한 자유롭게 활용할 수 있기를 원하는 반면, 개인정보의 주체인 소비자들은 자신이 모르는 사이에 혹은 자신이 원치 않음에도 불구하고 자신의 정보가 기업의 수익 창출활동에 사용되는 것을 원하지 않는다. 그래서 어느 국가이든 개인정보를 둘러싸고 '사생활의 보호(privacy protection)'와 '기업활동의 자유(business freedom)'라는 두 개의 가치가 대립하게 된다. 결국 개인정보보호에 대한 문제는 이 두 개의 가치를 어떻게 조화시킬 것인가에 귀착된다고 할 수 있다. 특정 국가가 이 두 개의 가치 중에서 어느 쪽을 보다 중시하고 있는가는 그

국가의 개인정보보호를 위한 법률이 어떻게 규정되어 있는가를 살펴보면 알 수 있다. 각 국가의 개인정보보호법에서의 규제 유형은 [그림 16-3]에서와 같이 규제의 대상과 규제의 방법 두 가지 기준으로 구분될 수 있다.

① 규제의 대상 : 규제의 대상은 개인정보보호법이 규제하는 대상을 의미하며, 크게 공공부문과 민간부문으로 나누어질 수 있다. CRM과 관련이 있는 민간부문에 대한 규제 법률은 다시 몇몇 특정 부문만을 규제 대상에 포함시키는 유형(개별법 체계)과 모든 부문을 규제 대상에 포함시키는 유형(일반법 체계)으로 나누어질 수 있다.

② 규제의 방법 : 규제의 방법을 기준으로 한 규제의 유형은 규제의 정도가 상대적으로 약한 '사후적 조치를 강조하는 규제'와 규제의 정도가 상대적으로 강한 '사전적 동의를 강조하는 규제'로 나누어질 수 있다.

그림 16-3 **개인정보보호를 위한 규제의 유형**

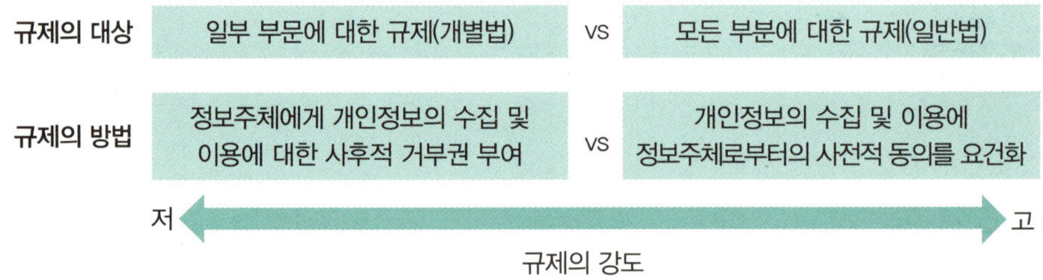

2. 규제의 대상

개인정보보호법의 규제 대상을 정함에 있어서는 두 가지가 중요한 이슈가 될 수 있다. 첫째는 일반적인 원칙을 규정한 법률(일반법)을 둘 것인지 혹은 영역별로 특화된 법률(개별법)을 둘 것인지에 대한 것이며, 둘째는 공공부문과 민간부문에 차이를 둘 것인지 혹은 일률적으로 규정할 것인지에 대한 것이다.

2.1 일반법 대 개별법

개인정보보호법은 규제의 대상을 기준으로 일반법과 개별법으로 나누어진다. 일반법은 어느 영역에서든 예외 없이 적용되는 법률을 의미하고, 개별법은 특정 영역에서만 적용될 수 있도록 만들어진 법률을 의미한다. 일반적으로 '금지되지 않은 것은 허용된 것'이기 때문에 개별법 체계하에서는 규제의 대상에 포함되지 않은 부문에 속한 기업들은 개인정보의 활용에 있어서 거의 무한대의 자유를 누리게 된다. 즉, 개별법 체계는 상대적으로 '기업활동의 자유'에 무게의 중심을 두고, 일반법 체계는 상대적으로 '사생활의 보호'에 무게의 중심을 두고 있다고 할 수 있다. 개별법과 비교하여 일반법은 다음과 같은 장점을 지닌다. 첫째, 여러 분야의 개별적 특성을 일일이 고려하여 별도의 법안을 만들게 되면 법률체계가 복잡해지고, 이로 인해 법규의 적용에 혼란이 발생할 수 있다. 일반법 체제하에서는 이러한 혼란이 발생할 가능성이 매우 적다. 둘째, 산업의 발전과 함께 개인정보보호법을 적용하여야 할 분야가 새롭게 등장하더라도 일반법을 적용할 수 있기 때문에 법규의 부재로 인해 개인정보의 보호가 적절히 이루어지지 못하는 현상을 방지할 수 있다.

유럽국가들이 EU 지침에 따라 일반법을 제정하고 있는 반면, 미국은 그때그때의 사회적 이슈가 되고 있는 사안에 따라 개별법을 제정하고 있다. 이러한 면에서 유럽국가들이 미국에 비해 개인정보의 보호에 더 적극적이라고 할 수 있다. 우리나라에서의 개인정보보호에 대한 법률체계는 2011년 3월에 일반법으로서의 '개인정보보호법'이 제정되기 이전까지는 17개 부처의 38개의 개별법으로 이루어진 법체계를 가지고 있었다. 대표적인 개별법으로는 행정안전부의 '공공기관의 개인정보보호에 관한 법률', 방송통신위원회의 '정보통신망 이용촉진 및 정보보호 등에 관한 법률', 금융위원회의 '신용정보의 이용 및 보호에 관한 법률', 지식경제부의 '전자상거래 등에서의 소비자보호에 관한 법률', 공정거래위원회의 '소비자기본법' 등을 들 수 있다. 개별법 체

| 표 16-1 | 개인정보침해신고 상담건수(단위 : 건)

항목	2008	2009	2010	2011
개인정보 무단수집	1,129	1,075	1,267	1,623
개인정보 무단이용 제공	1,037	1,171	1,202	1,499
주민번호 등 타인정보도용	10,148	6,303	10,137	67,094
회원탈퇴 또는 정정 요구 불응	949	680	826	662
법적용 불가 침해 사례	24,144	23,893	38,414	38,172
기타	2,404	2,045	2,986	13,165
합계	39,811	35,167	54,832	122,215

자료 : 방송통신위원회(한국인터넷진흥원 개인정보침해신고센터 접수자료).

계하에서는 법적용이 불가능한 사각지대(死角地帶, dead zone)가 반드시 발생하게 된다. [표 16-1]에서 보면 우리나라에서 일반법이 시행되지 않았던 2011년까지 개인정보침해신고센터에 접수된 상담건수 가운데 상당이 높은 비중이 '법적용 불가 침해사례'로 분류되고 있었음을 알 수 있다.

2.2 공공부문 대 민간부문

역사적으로 보면 민간부문을 규제하는 개인정보보호법보다는 공공부문을 규제하는 개인정보보호법이 먼저 제정되었다. 이는 정보화의 진전에 따라 국가가 국민에 대한 방대한 개인정보를 보유하게 되면서 개인정보의 오 · 남용으로 인한 폐해가 발생할 가능성이 커졌기 때문이다. 민간부문에서는 기업의 영리목적을 위한 개인정보의 활용이 증가하면서 공공부문보다는 시기적으로 늦게 제정되었다.

독일, 영국, 프랑스, 스웨덴 등의 유럽국가들은 한 법률에서 공공부문과 민간부문을 모두 규제하는 규정을 가지고 있다. 이 국가들 가운데에서도 스웨덴이나 영국은 공공부문과 민간부문의 규정에 차이를 두고 있지 않은 반면에 독일이나 프랑스는 두 부문의 규정에 차이를 두고 있다. 따라서 독일이나 프랑스 등과 같은 국가에서는 실제로는 공공부문과 민간부문을 구분하여 규제하고 있다고 할 수 있다. 유럽국가들에 비해 미국은 공공부문에 대해서는 포괄적인 법안을 가지고 있으나 민간부문에 대한 규제는 미약한 편이다. 즉, 미국의 연방법률은 몇몇 예외를 제외하고는 대부분 정부기관에 의한 프라이버시 침해를 규정하고 있으며, 이로 인해 기업 등 민간부문에 의한 프라이버시 침해를 보다 강력하게 규제하여야 한다는 의견이 많다. 일본의 경우에는 개인정보보호법이 공공부문과 민간부문을 동시에 규율하는 기본법에 해당하는 부분과 민간부문만을 별도로 규율하는 부분으로 이원화되어 있다. 즉, 일본의 경우에는 두 부문을 완전히 분리하여 규율하고 있는 것도 아니지만, 그렇다고 동일하게 규율하고 있는 것도 아닌 중간적인 입장을 취하고 있다. 우리나라에서는 공공기관의 컴퓨터에 의해 처리되는 개인정보를 보호하기 위해 '공공기관의 개인정보보호에 관한 법률'이 1994년 제정되었으나, 2011년 공공부문과 민간부문을 모두 규제하는 '개인정보보호법'이 제정되면서 폐기되었다.

3. 규제의 방법

민간부문에 대한 규제의 방법은 정보주체에게 커뮤니케이션 대상 리스트에서 삭제될 수 있는 권한을 부여하는 방법과 개인정보를 수집하고 이용하기 이전에 정보주체로부터 사전적인 동의를 얻도록 하는 방법으로 나누어실 수 있다. 이에 대한 이해를 위해 먼저 개인정보보호의 원칙에 대해 살펴보고, 이를 바탕으로 규제의 방법과 직접적인 연관성이 있는 정보주체의 '자기정보통제권'에 대해 기술한다.

3.1 개인정보보호의 원칙

개인정보보호의 원칙은 '개인정보보호법의 내용을 정함에 있어서 준수하여야 할 기조(基調)'를 의미한다. OECD(Organization for Economic Cooperation and Development : 경제협력개발기구)나 EU(European Union : 유럽연합)와 같은 국제단체는 지침이나 권고안의 형식으로, 또한 각 국가는 법률조항을 통해서 개인정보보호의 원칙을 제시하고 있다. OECD는 1980년 9월 23일 회원국들의 만장일치로 채택된 이사회의 권고안(Recommendation)의 형식으로 '프라이버시보호 및 개인정보의 국제이전에 관한 지침(Guidelines Governing the Protection of Privacy and Transboard Flows of Personal Data)'을 발표하였으며, 이 권고안은 각국의 입법에 큰 영향력을 행사하고 있다. 이 권고안은 크게 국내적용상의 기본원칙(제7조~제14조)과 국제이전의 기본원칙(제15조~제19조)의 두 부문으로 나누어져 있으며, 국내적용상의 기본원칙으로 제시한 8개 원칙은 [표 16-2]와 같다.

또한 1995년에 제정된 EU의 '개인정보보호지침(Privacy Directive)'은 제6조에서 개인정보보호의 원칙으로 적법처리의 원칙, 목적명확화의 원칙, 이용제한의 원칙, 관련성의 원칙, 정확성의 원칙, 익명성의 원칙 등의 6대 원칙을 제시하고 있다. 각 국가들도 자국의 법률을 통해 이러한 원칙들을 제시하고 있다. 우리나라의 '개인정보보호법'의 제3조에 제시된 개인정보보호의 원칙은 앞에서 기술한 OECD의 프라이버시 8대 원칙 및 EU의 개인정보 보호지침과 주요 국가의 개인정보보호법 등을 참조하여 만들어졌다. 여기에서는 개인정보보호의 원칙으로 처리목적 명확화의 원칙, 최소수집의 원칙, 적법한 수집원칙, 목적 외 이용금지원칙, 정확성의 원칙, 안전성의 원칙, 공개의 원칙, 정보주체 권리존중의 원칙, 사생활 침해 최소화의 원칙, 익명처리의 원칙, 책임의 원칙 등을 제시하고 있다.

| 표 16-2 | OECD 프라이버시 8대 원칙

번호	원칙명	원칙의 내용
제7조	수집제한의 원칙	개인정보의 수집은 합법적이고 공정한 절차에 의하여야 하며, 가능한 한 정보주체에게 알리거나 동의를 얻은 후에 수집하여야 한다.
제8조	데이터품질의 원칙	개인정보는 그 이용목적에 부합하여야 하고, 이용목적에 필요한 범위 내에서 정확하고 완전하여야 하며, 최신의 것이어야 한다.
제9조	목적명확성의 원칙	개인정보는 수집 시 그 수집목적이 정확하게 제시되어야 하고, 수집 이후의 이용은 수집목적의 실현 또는 수집목적과 양립되는 범위 내에서 이루어져야 한다.
제10조	이용제한의 원칙	개인정보는 정보주체의 동의나 법률의 규정에 의하지 않고는 수집목적 이외의 목적을 위해 공개, 이용, 제공될 수 없다.
제11조	안전보호의 원칙	개인정보는 분실 또는 불법적인 접근, 이용, 훼손, 변경, 공개 등의 위험에 대하여 합리적인 안전조치가 취해져야 한다.
제12조	공개의 원칙	개인정보의 존재, 특성, 이용목적, 데이터관리자의 주소 등에 대해 공개정책을 취하여야 한다.
제13조	개인참여의 원칙	정보주체는 자신의 정보의 보유 여부, 보유정보의 내용에 관해 정보보유기관으로부터 통지를 받을 수 있는 권리를 갖는다. 이러한 권리가 거부되는 경우에는 이의를 제기할 수 있는 권리를 가지며, 이의가 받아들여지는 경우에 해당 정보는 삭제, 정정, 완성 또는 수정되어야 한다.
제14조	책임의 원칙	정보처리자는 위의 제 원칙들을 실시하기 위한 조치에 따를 책임이 있다.

3.2 자기정보통제권

개인정보보호의 원칙들은 크게 정보주체가 자신의 정보를 통제할 수 있는 권리를 의미하는 '자기정보통제권'과 이를 보장하기 위한 규정들로 구분할 수 있다([표 16-3] 참조). '자기정보통제권'은 정보주체가 자신에 대한 정보의 수집과 이용에 있어서 자신의 의사를 적극적으로 개진할 수 있는 권리를 의미한다. 자기정보통제권을 보장하기 위한 규정에는 정보열람권, 정정청구권, 이의신청권, 손해배상청구권, 정보보유기관의 공개의무 등이 포함된다. 개인정보보호법의 핵심은 정보의 수집 및 이용을 제한할 수 있는 권리인 '자기정보통제권'이며, 기업에서 CRM활동이 전개되는 양상도 이것이 어떻게 규정되는가에 따라 크게 영향을 받는다. 즉, 개인정보보호법의 중심을 '사생활의 보호'에 둘 것인지 혹은 '기업활동의 자유'에 둘 것인지는 '자기정보통제권'을 어떻게 규정할 것인가에 따라 달라진다.

| 표 16-3 | 개인정보보호원칙의 내용구분

대분류	소분류	내용
자기정보통제권	정보수집제한권	• 자기정보의 수집을 제한할 수 있는 권리
	정보이용제한권	• 자기정보의 수집기관에 의한 내부이용 및 제3자 제공을 제한할 수 있는 권리
자기정보 통제권을 보상하기 위한 규정	정보열람권	• 자기정보를 열람하고 복제할 수 있는 권리
	정정청구권	• 잘못 기록된 자기정보에 대해 수정을 요구할 수 있는 권리
	공개의 의무	• 정보보유기관에 대해 정보보유에 관한 정책, 보유체계 등의 공개 의무 부과
	정보운영체계의 수립	• 정보보유기관에 대해 개인정보의 정확성, 완전성, 최신성 유지 의무 부과 • 분실, 불법적 접근, 누설, 파괴, 사용, 수정 등에 대한 적절한 조치의 의무 부과
	이의청구권	• 정보당사자의 요구가 거부되었을 때 이 거부에 대해 이의를 제기할 수 있는 권리
	손해배상청구권	• 정보의 오 · 남용으로 인한 손해에 대해 보상을 청구할 수 있는 권리

개인정보보호법에서 자기정보통제권의 보호는 '사전동의의 원칙'과 '사후삭제의 원칙' 두 가지 중 하나의 원칙에 의해 이루어진다.

1) 사전동의의 원칙

개인정보의 수집과 이용에 있어서 본인으로부터 사전적인 동의를 얻는 방법으로 주로 OECD나 EU와 같은 국제단체의 권고안이나 지침과 독일, 프랑스 등의 유럽국가 법률에서 채택되고 있다. 이 방법은 사전동의(opt-in)의 원칙이라고 불린다. 예를 들어 OECD의 권고안은 개인정보의 수집에서는 물론(제7조 수집제한의 원칙), 수집목적 이외의 목적으로 정보가 제공되기 위해서는 정보 당사자로부터 사전적인 허락을 얻어야 한다고 규정(제10조 이용제한의 원칙)하고 있다. 유럽국가 중에서도 가장 엄격한 개인정보보호법을 가지고 있는 독일의 연방데이터보호법에 따르면 개인정보의 처리는 법률의 규정에 의한 경우와 개인의 서면동의를 얻은 경우에 한하여 허락된다. 우리나라도 신용정보법, 정보통신망법, 개인정보보호법 등 개인정보의 보호와 관련한 모든 법률에서 사전동의의 원칙을 채택하고 있다.

2) 사후삭제의 원칙

정보주체에게 다른 기관이나 사람에 의해 자신의 정보가 수집되거나 이용되는 것을 거부할 수 있는 권리를 부여하는 것이다. 이는 개인정보를 수집하거나 이용하는 주체가 정보주체로부터 수집이나 이용에 대해 사전적인 동의를 받는 방식이 아니라 정보주체의 적극적인 의사표시가 없는 한 자신의 정보가 마케팅활동에 이용되는 것에 대해 동의하는 것으로 간주한다는 것을 의미한다. 이는 사후삭제(opt-out)원칙, 거부옵션(negative option) 등의 이름으로 불린다. 미국과 일본 등의 국가가 이러한 사후삭제의 원칙을 채택하고 있다.

제 3 절 각국의 개인정보보호법

각 국가에서의 개인정보보호법은 각 국가의 역사적 배경, 사회적 환경 등에 따라 매우 다양한 형태를 취하고 있다. CRM 관점에서의 개인정보보호법의 핵심은 제2절에서 논의한 규제의 대상과 규제의 방법이 어떻게 규정되어 있는가에 있다. 여기에서는 먼저 각 국가의 개인정보보호법이 규제의 대상과 규제의 방법에 따라 어디에 위치하고 있는지를 살펴보고, 다음으로 우리나라를 비롯한 주요 국가들의 개인정보보호법에 대해 기술한다.

1. 개관

각 국가의 개인정보보호법은 규제의 대상과 규제의 방법에 따라 그 유형을 구분할 수 있다. 규제의 대상은 개별법인지 혹은 일반법인지에 따라 나누어지고, 규제의 방법은 사전동의의 원칙을 채택하고 있는지 혹은 사후삭제의 원칙을 채택하고 있는지에 따라 나누어진다. 이 두 개의 기준을 활용하면 각 국가의 개인정보보호법은 모두 4개의 유형으로 구분될 수 있다. [그림 16-4]는 이러한 유형구분에 따른 각 국가의 위치를 나타내고 있다. 우리나라는 독일, 이탈리아 등과 함께 일반법 체계를 가지고 있으면서 사전동의의 원칙을 채택하고 있는 국가로 구분될 수 있고, 일본은 영국, 프랑스, 스페인 등과 함께 일반법 체계를 가지고 있으면서, 사후삭제의 원칙을 채택하고 있는 국가로 구분될 수 있다. 미국은 독특하게 개별법 체계를 가지고 있으면서 사후삭제의 원칙을 채택하고 있는 국가로 분류된다. 사전동의의 원칙을 채택하고 있는 일반법이 가장 개인정보보호의 강도가 강하기 때문에 우리나라는 독일 등과 함께 가장 강력하게 개인정보를 보호하고 있는 국가로 분류될 수 있다. 반면에 미국은 가장 기업활동의 자유에 중점을 두고 있는 국가라고 할 수 있다.

그림 16-4 각 국가의 개인정보보호법의 유형구분

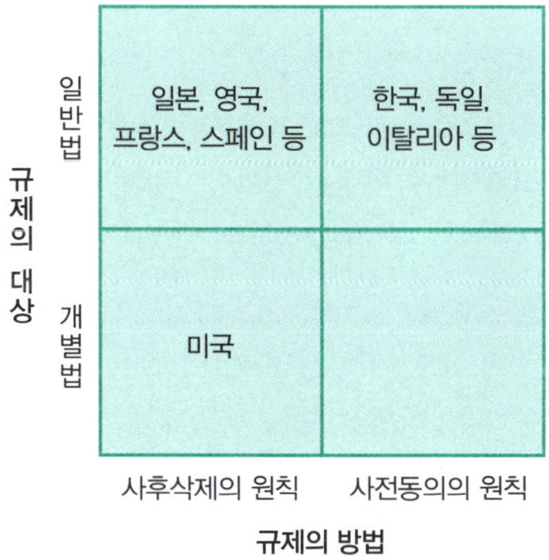

2. 한국의 개인정보보호법

우리나라의 개인정보보호에 관한 법률 가운데 가장 중요한 것들로는 '개인정보보호법', '정보통신망 이용촉진 및 정보보호 등에 관한 법률(이하 정보통신망법)', '신용정보의 이용 및 보호 등에 관한 법률(이하 신용정보법)' 등이 있다. 규제의 범위 측면에서 보면 이 법률들 가운데 개인정보보호법은 일반법이고 정보통신망법과 신용정보법은 개별법이며, 규제의 방법 측면에서 보면 모두 '사전동의의 원칙'을 채택하고 있다.

2.1 개인정보보호법

개인정보보호법은 2011년 3월 29일에 제정되었으며, 2012년 3월 30일부터 시행되고 있다. 이 법률의 목적은 개인정보의 수집 · 유출 · 오용 · 남용으로부터 사생활의 비밀 등을 보호함으로써 국민의 권리와 이익을 증진하고, 나아가 개인의 존엄과 가치를 구현하는 데 있다. 이 법률에서 개인정보는 '살아 있는 개인에 관한 정보로서 성명, 주민등록번호 및 영상 등을 통하여 개인을 알아볼 수 있는 정보(해당 정보만으로는 특정 개인을 알아볼 수 없더라도 다른 정보와 쉽게 결합하여 알아볼 수 있는 것을 포함함)'를 말한다. 한국인터넷진흥원은 개인정보의 유형을 일반정보(이름, 주민등록번호, 주소 등), 가족정보, 교육/훈련정보, 병역정보, 부동산정보, 소득정보, 기타수익정보, 신용정보, 고용정보, 법적 정보, 의료정보, 조직정보, 통신정보, 위치정보, 신체정보, 습관/취미정보 등으로 구분하고 있다.

이 법률의 가장 큰 의의는 공공부문과 민간부문을 포괄하는 일반법으로서의 위상을 지니고 있다는 점이다. 2001년에 제정된 정보통신망법이 기간통신사업자, 인터넷서비스사업자, 텔레마케팅사업자, 인터넷쇼핑몰, 인터넷포털 등은 물론, 대형마트, 백화점 등의 25개 오프라인 업종을 규제하는 준(準)일반법으로서의 기능을 수행하였지만, 개별법이 제정되어 있지 않은 비영리단체, 정유사, 동호회 등과 같은 부문에 대해서는 규제가 불가능하였다. 일반법은 모든 부문에 걸쳐 적용되기 때문에 이 법률의 제정을 계기로 법적용이 불가능한 규제 사각지대는 사라지게 되었다. 이 법률이 제정되면서 공공부문을 규제하고 있던 '공공기관의 개인정보보호에 관한 법'은 폐지되었다. 민간부문에 대해서는 정보통신망법, 신용정보법 등 다른 법률에 특별한 규정이 있는 경우를 제외하고는 이 법에서 정하는 바에 따르도록 하고 있다. CRM활동과 밀접하게 관련된 이 법안의 주요 내용은 [표 16-4]와 같다. 이 법률은 개인정보의 수집과 이용, 그리고 제3자 제공 등에 대한 규제의 방식에 있어서 철저하게 사전동의의 원칙을 채택하고 있으며, 개인정보의 파기나 고유식별정보 등에 대해서도 상세한 규정을 두고 있다.

표 16-4 개인정보보호법의 주요 내용

주제	조항	내용
개인정보의 수집과 이용	제15조	• 개인정보처리자는 정보주체로부터 동의를 받았거나 법률에 특별한 규정이 있는 경우 등에 한하여 개인정보를 수집할 수 있으며, 또한 수집목적의 범위 내에서만 이용하여야 한다. • 개인정보처리자는 정보주체로부터 동의를 받고자 할 때 정보주체에게 개인정보의 수집 · 이용목적, 수집하려는 개인정보의 항목, 개인정보의 보유 및 이용기간, 동의를 거부할 권리가 있다는 사실 및 동의 거부에 따른 불이익이 있는 경우에는 그 불이익의 내용 등을 알려야 한다.
	제16조	• 개인정보를 수집하는 경우에는 그 목적에 필요한 최소한의 개인정보를 수집해야 하며, 정보주체가 필요한 최소한의 정보 외의 개인정보 수집에 동의하지 않는다는 이유로 재화 또는 서비스의 제공을 거부할 수 없다.
	제22조 제3항	• 개인정보처리자는 정보주체에게 재화나 서비스를 홍보하거나 판매를 권유하기 위하여 개인정보의 처리에 대한 동의를 받으려는 때에는 정보주체가 이를 명확하게 인지할 수 있도록 알리고 동의를 받아야 한다.
개인정보의 제3자 제공	제17조	• 정보주체의 사전동의 없이 정보주체의 개인정보를 제3자에게 제공할 수 없으며, 제공할 때에는 정보주체에게 개인정보를 제공받는 자, 개인정보를 제공받는 자의 개인정보 이용목적, 제공하는 개인정보의 항목, 개인정보를 제공받는 자의 개인정보 보유 및 이용기간, 동의를 거부할 권리가 있다는 사실 및 동의 거부에 따른 불이익이 있는 경우에는 그 불이익의 내용 등을 알려야 한다.
개인정보의 파기	제21조 제1항	• 개인정보처리자는 보유기간의 경과, 개인정보의 처리목적 달성 등 그 개인정보가 불필요하게 되었을 때에는 지체 없이 그 개인정보를 파기하여야 한다.
고유식별 정보의 처리	제24조	• 별도의 동의를 받았거나 혹은 법령에 규정되어 있는 경우를 제외하고는 개인을 고유하게 구별하기 위하여 부여된 식별정보를 처리할 수 없다. • 주민등록번호 등을 수집하거나 이용하기 위해서는 정보주체로부터 이에 대한 별도의 동의를 얻어야 한다.

2.2 정보통신망법

정보통신망법은 2001년에 제정되었으며, 2012년 2월 17일에 개정된 안이 2013년 2월 18일부터 시행되고 있다. 이 법률은 제정된 2001년부터 '개인정보보호법'이 시행(2012년 3월 30일)되기 이전까지 10년 남짓의 기간 동안 개인정보보호에 관한 준(準) 일반법으로서의 기능을 수행하였다. 즉, 이 법률은 '정보통신서비스 제공자'의 범주에 전기통신사업자와 더불어 '영리를 목적으로 통신망을 이용하여 정보를 제공하거나 정보의 제공을 매개하는 자'를 포함시킴으로써 개인정보보호의무의 주체에 기간통신사업자는 물론 인터넷서비스사업자, 텔레마케팅사업자, 인터넷쇼핑몰, 인터넷포털 등도 포함되도록 하고 있으며(제2조 제3항), 규제의 대상에 온라인사업자뿐만 아니라 오프라인사업자도 광범위하게 포함시키고 있다.

오프라인사업자에 대해서는 제58조 제1항에서 '정보통신서비스 제공자 외의 자로서 재화 또는 용역을 제공하는 자'로 규정하고 있다. 이 법안의 시행규칙 제6조에서는 '정보통신서비스제공자 외의 자'로 휴양 콘도미니엄, 대형마트, 백화점, 쇼핑센터, 체인사업자, 주택건설사업자, 부동산중개업자, 자동차매매업자, 자동차렌트사업자,

| 표 16-5 | 정보통신망법의 주요 내용

주제	조항	내용
개인정보의 수집과 이용	제22조 제1항	• 정보통신서비스 제공자는 이용자의 개인정보를 수집하는 경우, 이용자에게 개인정보의 수집 · 이용목적, 수집하는 개인정보의 항목, 개인정보의 보유 · 이용기간 등을 모두 알리고 동의를 받아야 한다.
	제23조 제2항	• 서비스의 제공을 위하여 필요한 최소한의 개인정보를 수집하여야 하며, 필요한 최소한의 정보 외의 개인정보를 제공하지 아니한다는 이유로 그 서비스의 제공을 거부하여서는 안 된다.
개인정보의 제3자 제공	제24조의 2	• 개인정보를 제3자에게 제공하기 위해서는 개인정보를 제공받는 자, 개인정보를 제공받는 자의 개인정보 이용목적, 제공하는 개인정보의 항목, 개인정보를 제공받는 자의 개인정보 보유 및 이용기간 등의 모든 사항을 이용자에게 알리고 동의를 받아야 하며, 변경사항이 발생한 경우에도 이에 대해 일일이 동의를 받아야 한다.
민감정보의 수집	제23조 제1항	• 이용자의 동의 없이 사상, 신념, 과거의 병력(病歷) 등 개인의 권리 · 이익이나 사생활을 뚜렷하게 침해할 우려가 있는 개인정보를 수집할 수 없다.
주민등록 번호의 수집 및 이용	제23조의 2	• 본인확인기관으로 지정받거나 영업상 목적을 위하여 불가피한 경우 등을 제외하고는 주민등록번호를 수집 · 이용할 수 없다.
광고성 정보의 전송	제50조	• 자사의 고객을 대상으로 하거나 혹은 통신판매사업자, 전화권유판매자 등의 경우를 제외하고는 수신자의 사전동의 없이 전화나 팩스로 영리목적의 광고성 정보를 전송할 수 없다. • 명시적인 수신거부의사에 반하는 영리목적의 광고성 정보를 전송할 수 없으며, 오후 9시부터 그 다음 날 오전 8시 사이에 전화나 팩스를 이용하여 영리목적의 광고성 정보를 전송하기 위해서는 예외 없이 수신자로부터 별도의 사전동의를 받아야 한다.

결혼중개업자, 병원, 유료직업소개사업자, 체육시설사업자, 비디오물의 대여업자, 서점, 영화관 등의 25개 업종을 지정하고 있다.

이러한 의미에서 이 법률은 아직도 온라인과 오프라인을 포괄하는 민간부문의 일반법에 준하는 기능을 하고 있다고 할 수 있다. CRM활동과 밀접하게 관련된 이 법안의 주요 내용은 [표 16-5]와 같다. 이 법률은 앞에서 기술한 개인정보보호법과 마찬가지로 개인정보의 수집과 이용, 그리고 제3자 제공 등에 대한 규제의 방식에 있어서 철저하게 사전동의의 원칙을 채택하고 있으며, 민간정보나 주민등록번호는 물론 광고성 정보의 전송에 대해서도 규정을 두고 있다.

2.3 신용정보법

신용정보법은 신용정보업을 건전하게 육성하는 한편, 신용정보의 효율적인 이용과 체계적인 관리를 통해 신용정보의 오·남용으로부터 사생활의 비밀 등을 적절하게 보호하기 위한 목적으로 1995년에 제정되었다. 신용정보법에서의 '신용정보'는 상거래에 있어서 거래 상대방의 신용을 판단하기 위해 필요한 정보를 의미하며, 이에는 신용정보주체에 대한 식별정보, 신용정보주체의 거래내용을 판단할 수 있는 정보, 신용정보주체의 신용도를 판단할 수 있는 정보, 신용정보주체의 신용거래능력을 판단할 수 있는 정보 등이 포함된다. CRM활동과 밀접하게 관련된 이 법안의 주요 내용은 [표 16-6]과 같다. 개인신용정보의 이용과 제3자 제공 등에 있어서 사전동의의 원칙을 적용하고 있으며, 민감정보나 개인식별정보의 수집, 이용, 제3자 제공 등에 대해서도 엄격하게 규정하고 있다.

| 표 16-6 | 신용정보법의 주요 내용

주제	조항	
개인신용 정보의 이용	제33조	• 신용정보주체의 사전동의 없이는 개인신용정보를 해당 신용정보주체가 신청한 상거래관계의 설정 및 유지 여부 등을 판단하기 위한 목적으로만 이용할 수 있다.

개인신용 정보의 제3자 제공	제32조	• 은행이나 보험사 등과 같은 신용정보 제공 · 이용자가 대출, 보증 등과 같은 개인신용정보를 타인에게 제공하려는 경우에 해당 정보주체로부터 서면 서명(署名), 공인전자서명이 있는 전자문서 서명, 안정성과 신뢰성이 확보될 수 있는 유무선 통신을 활용한 개인비밀번호의 입력, 유무선 통신으로 동의내용을 해당 정보주체에게 알리고 동의를 받는 방법(음성녹음을 통해 증거자료 확보 필요) 등을 활용하여 사전동의를 받아야 한다.
	제35조	• 신용정보주체는 신용정보회사 등이 본인에 관한 신용정보를 제공하는 경우에는 제공받은 자, 그 이용목적, 제공한 날짜, 제공한 본인정보의 주요 내용 등을 알리도록 요구하거나 인터넷 홈페이지를 통하여 조회할 수 있도록 하여 줄 것을 요구할 수 있으며, 이 경우에 신용정보회사 등은 특별한 사유가 없으면 그 요구에 따라야 한다.
개인식별 정보의 이용 및 제3자 제공	제34조	• 이름, 주소, 이메일주소, 신용카드번호, 주민등록번호, 인터넷주소 등과 같은 개인식별정보는 정보주체가 동의한 목적 또는 해당 정보주체로부터 직접 제공받은 경우에는 그 제공받은 목적의 범위에서만 이용하여야 한다. • 은행이나 보험사와 같은 신용정보 제공 · 이용자가 개인식별정보를 신용정보회사 등에 제공하려는 경우에는 해당 개인의 동의를 받아야 한다.
민감정보의 수집 및 제3자 제공	제16조	• 신용정보회사 등은 개인의 정치적 사상, 종교적 신념, 그 밖에 신용정보와 관계없는 사생활에 관한 정보를 수집할 수 없다. • 개인의 질병에 관한 정보를 수집 · 조사하거나 타인에게 제공하려면 미리 정보주체의 동의를 받아야 한다.

3. 미국의 개인정보보호법

미국의 개인정보보호에 관한 법체계는 공공부문과 민간부문을 구분하여 규제하고 있다. 공공부문에 대해서는 1974년에 제정된 '프라이버시법(Privacy Act)'이 일반법으로서의 역할을 하고 있으며, 민간부문에서는 각 분야에서 필요성이 제기될 때마다 개별법을 제정하여 대응하고 있다. 민간부문의 개별법의 예로는 다음과 같은 법률들을 들 수 있다.

3.1 케이블통신정책법

1984년에 제정된 케이블통신정책법(Cable Communications Policy Act)은 케이

블TV회사가 고객정보를 수집할 경우 당사자에게 이를 알려 동의를 얻어야 하며, 이 정보를 상업적으로 이용하거나 공개할 수 없도록 규정하고 있다.

3.2 비디오프라이버시보호법

비디오프라이버시보호법(Video Privacy Protection Act)은 어느 신문사가 연방대법원판사 후보의 가족이 대여한 비디오테이프의 리스트를 공개한 것을 계기로 1988년에 제정되었으며, 비디오대여업자가 고객의 동의나 법원의 명령 없이는 비디오테이프 대여기록을 공개할 수 없도록 규정하고 있다.

3.3 운전자프라이버시보호법

1994년에 제정된 운전자프라이버시보호법(Driver's Privacy Protection Act)은 운전면허를 취급하는 직원들이 운전자의 운전면허와 관련된 개인정보를 유출하지 못하도록 규정하고 있다.

민간부문을 규율하고 있는 미국의 개별법은 위에서 언급한 케이블통신정책법이나 비디오프라이버시보호법과 같이 예외적으로 사전동의의 원칙을 채택하고 있는 경우도 있지만, 일반적으로는 사후삭제의 원칙을 채택하고 있다. 예를 들어 GLBA(Gramm-Leach-Bliley Act)는 금융부문의 현대화를 위해 1999년에 제정되었으며, 은행을 포함한 금융기관들이 타 회사에게 개인정보를 제공하고자 할 때 정보주체에게 이를 거부할 수 있는 권리를 부여해야 한다고 규정하고 있다. 즉, 제502조(개인정보의 공개와 관련된 의무사항)에서는 금융기관은 '서면이나 이메일 등의 명시적인 형태로 개인정보가 제3자에게 공개될 수도 있음을 알려야 하고, 제3자에게 공개되기 이전에 정보주체에게 공개를 원치 않는다는 의사표시를 할 수 있는 기회를 부여해야 한다'고 규정함으로써 '사전동의의 원칙'이 아닌 '사후삭제의 원칙'이 채택되고 있음을 명기하고 있다. 이 조항은 여기에서 더 나아가 '금융기관의 제품이나 서비스의 마케팅활동과 같이 금융기관을 위해 필요한 경우라면 위에서 규정한 원칙의 규제를 받지 않고 제3자에게 개인정보를 공개할 수 있다'는 예외조항까지 두고 있다. 이러한 법률을 통해 미국은 엄청난 '기업활동의 자유'를 금융기관에 부여하고 있다고 할 수 있다. 금융부문에서 이러한 정도의 규제사항을 두고 있는 것도 오히려 예외적이라고 할 수 있으며, 대부분의 영역에서는 이러한 정도의 법규도 두지 않음으로써 민간기업들이 거의 무한대에 가까운 개인정보 활용상에서의 자유를 누리고 있다고 할 수 있다.

미국의 개인정보에 대한 법규가 '사생활의 보호'보다는 '기업활동의 자유'에 무게의 중심을 두고 있는 가장 중요한 이유로 미국에서는 개인정보를 활용하는 다이렉트마케팅이 매우 일찍부터 보편화되었다는 점을 들 수 있다. 다이렉트마케팅은 '점포와 같은 물리적인 유통망을 거치지 않고 DM이나 TM 등을 활용하여 기업과 고객이 거래관계를 형성하는 유형의 마케팅'을 의미하며, 약 130년 전인 1880년대에 미국에서 가장 먼저 등장하였다. 다이렉트마케팅을 전개하기 위해서는 개인정보의 활용이 필수적이었고, 이에 따라 미국에서는 오래전부터 민간기업에 의한 대규모의 개인정보의 이용이 보편적으로 이루어졌다. 또한 약 130년에 걸쳐 개인정보를 이용한 비즈니스가 이루어져 왔기 때문에 이 부문의 산업규모도 엄청나게 크다. 미국에서 민간기업이 지출하는 마케팅 커뮤니케이션 예산 중 3분의 2 이상을 DM, TM, 인터넷 등과 같은 다이렉트 채널을 이용한 커뮤니케이션이 차지하고 있다. 산업의 규모가 크다는 것은 이 분야에 종사하는 사람들이 매우 많다는 것을 뜻한다. 따라서 미국에서 유럽국가에서와 같이 강력한 개인정보보호에 관한 법률이 제정되면 대량의 실업사태가 발생할 수 있다. 따라서 미국 정부나 연방의회의 입장에서도 강력한 개인정보보호법을 제정하는 것은 정치적으로도 매우 큰 부담이 될 수밖에 없다. 이러한 사회경제적 환경이 미국에서 강력한 개인정보보호에 관한 법률이 등장하기 힘든 원인이 되고 있다. 실제로 미국은 개인정보의 보호에 대해 민간단체에 의한 자율적 규제에 상당부분 의존하고 있다고 할 수 있다([글 16-3] 참조).

글 16-3 미국 다이렉트마케팅협회의 역할

미국에서 강력한 개인정보보호법이 만들어지지 않는 데는 민간단체인 DMA(Direct Marketing Association : 다이렉트마케팅협회)의 역할이 크다. 1920년대에 설립된 이 단체는 개인정보의 활용과 연관된 수천 개의 다양한 업종의 기업들을 회원사로 거느리고 있다. 이 단체는 교육사업, 컨설팅사업, NCDM(National Center for Database Marketing)과 같은 대형 컨퍼런스 개최 등에도 적극적이지만, 가장 역점을 두고 있는 사업은 연방의회나 주의회 의원들을 대상으로 '사전동의의 원칙'에 입각한 강력한 개인정보보호법을 만들지 않고 현행과 같이 '사후삭제의 원칙'을 고수해 나가도록 로비활동을 벌이는 것이다. 미국에서는 다이렉트마케팅산업이 매우 발달되어 있고, 따라서 이 분야에 종사하는 사람들의 수가 매우 많기 때문에 DMA가 갖는 정치적인 파워는 클 수밖에 없으며, 그렇기 때문에 이 단체의 로비활동은 크게 효과를 발휘하고 있다. 또한 이 단체는 1971년부터 MPS(Mail Preference Service), TPS(Telephone Preference Service), EPS(E-mail Preference Service) 등과 같은 '사후삭제의 원칙' 시행을 위한 프로그램을 적극적으로 실행함으로써 개인정보 규제수준의 현상유지를 위한 사회적 분위기 조성에도 노력하고 있다. 이러한 서비스는 DM, 전화, 이메일 등을 통한 마케팅활동의 대상이 되기를 원하지 않는 소비자들의 명단('Robinson List'라고 불린다)을 수집해서 이를 정기적으로 회원사에게 배포함으로써 회원사들이 원치 않는 고객들을 마케팅캠페인 대상리스트에서 삭제하도록 하는 서비스이다. 즉, 이 서비스의 목적은 소비자에게 메일리스트에서 자신의 이름을 제거할 수 있는 선택권을 부여하는 것이다. 또한 소비자는 이 서비스를 이용해서 자신의 이름과 주소를 마케팅캠페인 대상 리스트에 수록해 달라고 요청할 수도 있다. DMA는 Robinson List를 회원사에게 무료로 배포하는 것이 아니라 이를 요청하는 기업에게 돈을 받고 판매한다. 판매가격은 리스트를 1년에 몇 번 공급하는가(1번, 2번, 혹은 4번)와 요청한 기업이 회원사인지의 여부에 따라 달라진다. 기업들은 이러한 자율적인 규제를 통해 원치 않는 메일, 전화, 이메일 등을 받는 소비자들로부터의 불만을 피할 수 있고, 또한 반응하지 않을 것이 거의 확실시되는 소비자는 접촉을 하지 않음으로써 비용도 절약하고 캠페인의 반응률도 높이는 효과를 거둘 수 있다.

4. 유럽의 개인정보보호법

유럽의 개인정보보호 체계는 1998년부터 발효되고 있는 'EU 정보보호지침(EU Data Protection Directive)'을 통해서 살펴볼 수 있다. 모든 회원국은 이 지침에 부합하는 개인정보보호를 위한 일반법 체계를 가지고 있어야 한다. 이 지침에서는 현실적으로 문제가 자주 일어나는 민감한 정보와 다이렉트마케팅 목적으로 사용되는 정보(인구통계정보나 라이프스타일정보)에 대해 별도의 지침을 두고 있다. 즉, 이 지침에서는 '인종, 정치적 견해, 종교적 혹은 철학적 신념, 가입노조, 건강, 성생활' 등과 같은 민감정보에 대해서는 그 수집이나 이용에 있어서 정보주체의 명시적인 동의를 받도록 하고 있다. 그렇지만 민감정보를 제외한 다이렉트마케팅 목적으로 사용되는 개인정보의 수집과 이용에 대해서는 회원국의 판단에 따라 사전동의의 원칙과 사후삭제의 원칙 중에서 선택할 수 있도록 하고 있다. 이에 따라 독일, 이탈리아, 오스트리아 등의 국가는 사전동의의 원칙을 채택하고 있고, 영국, 프랑스, 스페인 등의 국가는 사후삭제의 원칙을 채택하고 있다.

유럽국가 가운데에서도 가장 강력한 개인정보보호법을 가지고 있는 국가로는 독일이 꼽히고 있다. 독일은 모든 정보에 대해 사전동의의 원칙을 채택하고 있다. 독일연방 개인정보보호법률의 제4조(개인정보의 수집, 생산, 이용)의 제1항은 '개인정보의 수집, 생산, 이용은 이 법률이나 다른 관계 법률이 규정하고 있거나 혹은 관련 당자사가 동의하였을 때에만 가능하다'고 규정함으로써 '사전동의의 원칙'을 명문화하고 있다. 또한 제4a조 제1항에서는 '동의는 정보주체의 자유 결정에 의했을 경우에만 효력이 있으며, 정보주체에게 개인정보의 수집목적, 생산 및 이용에 관하여 설명해 주어야 한다. 동의는 특별한 상황에 따른 다른 방법이 적절하지 않다면 서면의 형식을 갖추어야 한다'고 규정함으로써 동의가 자유의사에 의해 이루어져야 하고 또한 원칙적으로 서면의 형태로 이루어져야 함을 규정하고 있다. EU의 정보보호지침은 개인정보의 국제 이전에 대해서도 많은 관심을 가지고 있다. 이에 대해 제25조에서는 'EU 내의 고객정보를 적절한 보호수준을 제공하지 않고 있는 비회원국으로 이동시키는 것을 금한다'고 규정하고 있다.

유럽국가들이 상대적으로 강력한 개인정보보호법을 채택하고 있는 이유로 제2차 세계대전을 일으킨 나치정권의 학정을 들고 있는 견해가 많다. 독일의 나치정권은 개인정보를 유태인과 반대세력에 대한 탄압과 학살에 적극 활용하였고, 이러한 나치정권의 학정을 경험한 유럽국가들은 개인정보의 보호에 매우 민감할 수밖에 없었다는 것이다. 이는 물론 정부에 의한 개인정보의 남용이었지만, 개인정보는 철저히 보호되어야 한다는 인식은 민간부문에 대한 규제에도 영향을 미쳤다고 할 수 있다. 그래서 많은 유럽국가들이 공공부문과 민간부문을 포괄하는 일반법을 정함으로써 개인정보가 사회의 모든 부문에 걸쳐 예외 없이 보호될 수 있도록 하고 있다.

5. 일본의 개인정보보호법

일본에서는 OECD의 이사회가 1980년 9월 23일 채택한 '프라이버시보호 및 개인정보의 국제이전에 관한 지침'을 계기로 개인정보보호에 대한 논의가 본격적으로 시작되었으며, 민간부문의 일반법에 해당하는 '개인정보의 보호에 관한 법률'이 2003년 5월에 제정되어 2년의 유예기간을 두고 2005년에 발효되었다. 이 법률은 공공부문과 민간부문에 공통으로 적용되는 기본법에 해당하는 부분과 민간부문의 개인정보보호의 일반법에 해당하는 부분으로 구성되어 있다. 즉, 전반부인 제1장에서 제3장까지는 공공부문과 민간부문에 대한 일반적인 사항을 규정한 기본법이고, 후반부인 제4장에서 제6장까지는 민간부문을 대상으로 하는 규제사항을 담고 있다. 특히 제4장은 개인정보취급사업자의 각종 의무사항과 민간단체에 의한 개인정보보호 추진에 대해 규정하고 있다.

일본은 전통적으로 민간부문에 대한 법률적인 규제를 최소화하고 있으며, 이러한 전통에 따라 개인정보보호법도 민간부문의 자율적인 활동을 최대한 보장하는 방향으로 제정되었다. 예를 들어 개인정보보호와 관련하여 가장 중요한 사안 중의 하나인 개인정보의 제3자 제공에 대해서도 기업활동의 자유에 무게의 중심을 두고 있는 조항들을 두고 있다. 즉, 개인정보보호법 제23조 제1항에서 '개인정보취급사업자는 정보주체의 사전동의 없이 제3자에게 개인정보를 제공할 수 없다'고 규정하고 있지만, 제2항에서 '정보주체가 요구하면 자신의 개인정보가 제3자에게 제공되는 것을 정지시킬 수 있다는 것을 미리 본인에게 통지하거나 혹은 본인이 용이하게 알 수 있는 상태로 두었을 경우에는 해당 개인의 정보를 제3자에게 제공할 수 있다'고 규정하고 있다. 즉, 정보주체에게 정보제공을 거부할 수 있는 장치를 두고 있으면 사전동의를 받지 않아도 되도록 하고 있다. 이는 일본이 개인정보의 제3자 제공에 대해 사전동의의 원칙이 아니라 사후삭제의 원칙을 채택하고 있다는 것을 의미한다.

일본 개인정보보호법의 또 하나의 특징은 민간단체에 의한 개인정보보호의 추진을 명문화하고 있다는 점이다. 이 법률은 '민간단체에 의한 개인정보보호의 추진'을 별도로 규정하고 있으며, 개인정보의 보호를 추진하는 민간단체를 인정개인정보보호단체(認定個人情報保護團體)로 명명하고 있다. 제42조에 의하면 이 단체는 정보주체로부터 사업자의 개인정보 취급에 대한 고충을 접수받아 상담에 응하고, 고충에 대한 조사를 실시하며, 대상사업자에게 이러한 고충을 통지하여 신속하게 해결할 것을 청구할 수 있다. 또한 고충의 해결을 위해 필요하다고 판단될 때에는 해당 사업자에게 문서 혹은 구두에 의한 설명이나 자료의 제출을 요구할 수 있으며, 해당 사업자는 정당한 이유 없이 이를 거부할 수 없다. 또한 제43조에서 이 단체는 개인정보 이용목적, 안전관리 조치, 고충처리 절차 등에 대한 개인정보보호지침을 작성하여 공표할 수 있고, 개인정보취급사업자들이 이 지침을 준수하도록 하기 위한 지도, 권고 등의 조치를 취하여야 한다고 규정하고 있다.

제 4 절 앞으로의 전망과 기업의 대책

1. 기업의 대응방안

우리나라의 개인정보보호법 체제하에서는 개인정보를 전문적으로 수집한 후, 이를 정제하고 분석하여 다른 기업에 공급하거나 혹은 정제된 대규모 개인정보를 바탕으로 다른 기업의 고객정보를 최신화시켜 주는 서비스를 제공하는 업체가 등장할 수 없다. 따라서 우리나라 기업들은 잠재고객의 확보나 자사 고객정보의 최신화를 스스로 해결하지 않으면 안 된다. 이를 원활하게 수행하기 위해서는 결국 내부 업무 프로세스를 강화시킴으로써 잠재고객정보의 확보 문제와 기존고객정보의 최신화 문제를 해결할 수밖에 없다. 우선 잠재고객정보의 확보를 강화하기 위해서는 직접반응광고 등 잠재고객의 리스트를 확보하기 위한 마케팅 프로모션활동을 강화하고, 고객센터에서 확보할 수 있는 문의고객에 대한 정보를 영업부문으로 전달하는 체계를 자동화하는 등의 방안을 적극적으로 실행하여야 한다. 또한 기존고객의 정보를 최신화하기 위해서는 고객센터나 영업사원의 KPI에 고객정보의 최신화 정도를 포함시킴으로써 특히 접촉정보가 정확해질 수 있도록 하는 의식적인 노력을 기울여야 한다. 또한 우리나라 기업들은 자사 고객들의 정보를 이용함에 있어서도 많은 제약을 받는다. 왜냐하면 고객정보를 이용함에 있어서도 수집목적에 부합하는 방법으로만 사용할 수 있고, 다른 목적으로 사용하기 위해서는 또다시 고객들의 동의를 얻어야 하기 때문이다. 따라서 기업들은 고객정보를 수집하는 과정에서 향후에 어떠한 목적으로 고객정보를 사용할 것인가에 대한 전략을 치밀하게 세우고 이를 구체적으로 나열하여 고객으로부터 동의를 받는 과정에서 한꺼번에 동의를 받음으로써 향후에 다시 동의를 받아야 하는 상황이 발생하지 않도록 하는 방법이 최선이다.

글 16-4 고객의 개인정보 최신화 방안

대표적인 고객정보 갱신 방법으로 꾸준한 캠페인을 통하여 고객이 자발적으로 자신의 정보를 갱신하게 만드는 방법이 있다. 일반적으로 우리가 기업의 홈페이지에 접속해보면 대부분의 팝업화면이 개인정보 수정에 대한 공지이다. 결국 여러분의 정보는 소중함으로 업데이트 시켜 달라는 메시지인데 실제 참여하는 고객은 아주 극소수이며, 실제 필자가 진행하는 CRM 교육과정에 참여하는 많은 실무자들도 이에 대한 어려움을 토로한다.

고객은 자신에게 실질적인 혜택이 돌아와야 자발적으로 행동한다. 특히나 요즘같이 경쟁사의 프로모션이 동시다발적으로 진행되는 경우에는 매력적인 오퍼(offer)를 제공하지 않는 한 고객들은 절대 움직이지 않는다. 따라서, 기업은 우리가 CRM을 하면서 가장 필요한 고객정보가 무엇인지를 파악한 후, 진행되는 캠페인의 오퍼 제공을 해당 데이터가 포함된 채널로 지급하는 것이다. 예를 들면, 우리는 고객 커뮤니케이션 채널 중 이메일이 가장 필요하다면 CRM 캠페인을 진행하고, 관련 경품을 이메일로 지급하는 것이다. 그러면, 고객들은 자신의 경품을 받기 위하여 대부분 정확한 이메일 주소를 입력 또는 수정한다.

앞에서도 언급한 바와 같이 CRM의 여러 가지 목표 중에서 고객정보의 지속적인 업데이트가 가장 달성하기 어렵다. 하지만 그만큼 성공적인 CRM을 위해서 가장 필수적인 요소이므로 우리가 고객과의 커뮤니케이션에서 가장 필요로 하는 정보가 무엇인지를 먼저 정확히 파악하고, 해당 데이터의 확보를 위한 캠페인을 연속성 있게 실행해야 한다.

자료 : 이상종, 관계는 고객정보의 지속적인 업데이트다, 이코노믹리뷰, 2017. 4.

글 16-5 금융지주회사법상에서의 개인정보의 제3자 제공

우리나라 개인정보보호법 제17조는 개인정보를 제3자에게 제공하기 위해서는 정보주체의 동의를 받아야 한다고 규정하고 있지만, 동의를 받지 않고도 개인정보를 제3자에게 제공할 수 있는 예외적인 경우도 있다. 2010년부터 시행되고 있는 우리나라의 금융지주회사법은 제48조의 2의 제1항에서 금융지주회사가 금융거래의 내용에 관한 정보나 자료 및 개인신용정보를 금융지주회사의 자회사에게 영업상 이용하게 할 목적으로 제공할 수 있다고 규정하고 있으며, 제2항에서는 금융지주회사 소속의 증권사 혹은 투자신탁회사 등은 위탁자가 예탁한 금전 또는 증권에 관한 정보 중에서 예탁한 금전의 총액, 예탁한 증권의 총액, 예탁한 증권의 종류별 총액 등을 금융지주회사에 속한 자회사 등에게 영업상 이용하게 할 목적으로 제공할 수 있다고 규정하고 있다. 이러한 규정은 금융지주회사의 설립을 촉진시키기 위한 목적으로 만들어졌다고 볼 수 있으며, 이를 바탕으로 금융지주회사는 계열사 간의 교차판매를 합법적으로 실행할 수 있다.

2. 불법행위의 만연 개연성

개인정보보호법으로 인하여 합법적인 방법에 의한 개인정보의 확보가 매우 어려워졌으며, 이로 인해 양질의 잠재고객 리스트의 가치는 지속적으로 상승하고 있다. 이러한 상황을 틈타서 기만적인 프로모션이나 해킹 등을 통해 불법적으로 개인정보를 확보하고 이를 필요로 하는 기업에게 판매하려는 업자들이 만연할 개연성이 있다([글 16-6] 참조). 이들 업자들은 불법행위를 통해 얻을 수 있는 이득이 크기 때문에 법의 심판을 받더라도 이를 지속적으로 반복하는 악순환이 지속될 수 있다. 개인정보의 보호가 잘 이루어지고 공정한 경쟁환경을 조성하기 위해서는 불법적으로 개인정보를 수집하는 행위를 엄하게 처벌함은 물론, 불법적인 개인정보를 구입하는 기업에 대한 처벌도 강화하여야 한다.

글 16-6 해킹에 의한 고객정보의 유출 사례

"고객님, 약정기간이 두 달밖에 안 남으셨네요. 남은 위약금 대신 내드릴 테니 이번에 최신 LTE 스마트폰으로 갈아타세요." 직장인 박지환 씨(38)는 하루에도 2~3번씩 걸려오는 이동통신사의 마케팅 전화 때문에 노이로제에 걸릴 지경이다. 박 씨는 "'본사 특판팀'이라며 '한 달에 ××원 이상 요금제를 쓰면 휴대폰을 공짜로 드린다'는 전화가 시도 때도 없이 걸려온다"고 불만을 터뜨렸다. 이번 KT 개인정보 유출 사건의 중심에는 '텔레마케팅'업체가 있다. 휴대폰 텔레마케팅사업을 하던 최모 씨가 KT 고객정보 조회시스템에 접속해 정보를 유출시켜 자신의 사업에 활용하고 다른 업체에도 돈을 받고 제공한 것이 사건의 핵심 줄거리다. 통상 이들은 소비자들에게 '본사 특판팀'과 같은 단어로 자신들을 소개한다. 하지만 실제로는 본사와 관계없는 업체가 대부분이란 것이 통신사들의 항변이다. SK텔레콤과 LG유플러스는 본사 차원의 텔레마케팅 조직을 갖고 있지 않다고 밝혔다. KT도 본사 CRM(고객관계관리)팀에서 고객에게 전화를 하지만 주로 안내전화란 설명이다.

텔레마케팅업체들은 판매점이 직접 운영하기도 하지만 전문적으로 조직을 갖춰 판매점으로부터 위탁을 받는 업체가 더 많다고 한다. 이들은 고객 유치 성과에 따라 보상을 받게 된다. 무작위로 아무에게나 전화를 걸어 영업할 수도 있지만 효율이 낮다. 이 때문에 '순도 높은 개인정보'를 얼마나 갖고 있는지가 이들의 실적에 결정적 영향을 미친다. 이번에 KT로부터 유출된 개인정보에는 이름, 주민번호 등은 물론 갖고 있는 휴대폰 종류, 가입일, 기기변경일, 요금제 등 다양한 정보가 포함돼 있다. 업체 입장에선 약정기간이 끝났거나 구형 휴대폰을 갖고 있는 사람에게 집중적으로 전화해 가입을 시킬 수 있는 셈이다. 과거 다른 곳에서 유출된 개인정보들이 이 같은 업체로 흘러들어가기도 한다. 한 보안업체 관계자는 "네이트, 옥션 등 대규모 개인정보 해킹 사건을 통해 빠져나간 정보들이 이런 식으로 활용된다"며 "중국 등 다른 나라의 해커들이 가져간 개인정보를 역으로 들여오기도 한다"고 설명했다.

자료 : 한국경제, "KT 870만 명 개인정보 유출 : '휴대폰 약정 두 달 남으셨죠?' 내 정보 어떻게 알았나 했더니…," 2012년 7월 30일.

3. 개인정보보호법의 운용

우리나라의 개인정보보호법은 '사생활의 보호'와 '기업활동의 자유'라는 두 가지 가치 가운데 '사생활의 보호'를 훨씬 더 중시하고 있다. 즉, 법률이 만들어지는 과정에서 기업의 입장보다는 시민단체나 법률전문가의 의견이 중시되어 '개인정보의 보호는 강력하면 강력할수록 바람직하다'는 정신이 많이 반영되어 있다고 할 수 있다. 이로 인해서 기업의 활동에는 예기치 않았던 부작용들이 발생할 수 있다. 예를 들어 개인정보보호법은 제2조에서 개인정보에 대해 성명, 주민등록번호 등을 통해 개인을 알아볼 수 있는 정보와 더불어 '해당 정보만으로는 특정 개인을 알아볼 수 없더라도 다른 정보와 쉽게 결합해 알아볼 수 있는 정보를 포함한다'고 규정하고 있다. 그렇지만 현실적으로 수 개의 정보를 결합하더라도 개인을 식별할 수 없는 정보는 매우 적으며, 따라서 실질적으로는 거의 대부분의 정보가 개인정보로 취급되어 법규의 적용을 받게 된다. 그렇게 되면 기업이 개인과 관련하여 수집한 정보를 거의 활용할 수 없는 상황에 놓이게 된다([글 16-7] 참조). 따라서 개인정보보호법의 시행과정에서 나타나는 부정적인 영향을 면밀히 관찰하고, 실효성 있는 규제를 위해 미진한 부분들을 법개정 등을 통해 점차 보완해나가는 것이 바람직하다.

글 16-7 과도한 규제에 의한 부작용의 사례

개인정보보호법이 오히려 정보의 생산적인 유통을 가로막고 있어 보다 정교한 법적 판단이 필요할 것으로 전망된다. 3년 전 '증권통'이라는 스마트폰 애플리케이션(앱)이 개인정보를 무단으로 수집했다는 혐의로 기소돼 형사처벌을 받은 사건이 있었다. 증권거래정보를 다루는 이 앱은 국제단말기인증번호(IMEI)와 범용가입자식별모듈(USIM) 번호 8만 2,413건을 수집했다. 이 같은 기기 관련 정보는 사용자를 직접 식별할 수 있는 정보가 아님에도 법원은 개인정보를 침해했다고 판결했다. 이 판결은 개인정보보호법이 발효된 지난 2011년 9월 이후에도 논란의 대상이 되고 있다. 단순히 기기정보수집이 처벌된다는 것은 정보통신산업 생태계의 발전을 해칠 수 있다는 우려 때문이다. 판례대로라면 정부가 의욕적으로 추진하고 있는 빅데이터, 클라우드사업은 아예 시작조차 어려울 수 있다. 정보를 수집하고 분석해야 하는 빅데이터사업의 특성상 로그기록이나 웹브라우저의 방문기록을 남은 쿠키정보까지 모두 수집을 위해 사용자의 동의를 받아야 하기 때문이다. 클라우드서비스의 경우에도 사업자가 개인의 클라우드서비스 이용행태를 분석하기 위해 모든 기록된 정보에 대해 사용자의 허락을 받아야 하는 문제가 생긴다.

현행 개인정보보호법 제2조는 개인정보를 '살아 있는 개인에 관한 정보로서 성명, 주민등록번호 및 영상 등을 통해 개인을 알아볼 수 있는 정보(해당 정보만으로는 특정 개인을 알아볼 수 없더라도 다른 정보와 쉽게 결합해 알아볼 수 있는 것을 포함한다)'라고 규정하고 있다. 문제는 괄호 안 규정이다. 구 변호사는 "너무 광범위하게 개인정보의 범위가 설정되다 보니 아예 정보통신서비스 제공사업자들이 사업을 영위하기 어려운 지경"이라고 밝혔다. 정보통신망법 제2조에서도 개인정보의 범위를 이같이 정의하고 있다. 유럽, 캐나다, 일본, 영국, 프랑스, 독일 등에서는 개인정보를 '개인식별정보'에만 한정해서 보호하고 있다. 우리나라와 같이 괄호 안 규정은 없는 것이다. 우리나라와 법이 가장 비슷한 일본의 경우에도 개인정보보호에 관한 법률 제2조에 "생존하고 있는 개인에 관한 정보로서 당해 정보에 포함된 성명, 생년월일, 기타 설명된 것에 의해 특정한 개인을 식별할 수 있는 것"으로 한정하고 있다.

이에 따라 구 변호사는 개인식별정보와 사람 관련 정보를 구별해 사람 및 기기 관련 정보(이름, 랜카드 MAC주소, IP주소, 쿠키, 로그기록)의 경우는 개인식별정보와 결합돼 실제로 그 사람이 누군지 알 수 있을 정도로 정보를 수집할 때만 사용자의 동의를 받도록 재정비할 필요가 있다고 설명했다. 이와 관련 이인호 중앙대 법학전문대학원 교수는 '현행 개인정보처리의 법적 기준에 대한 타당성 분석' 보고서를 통해 "개인정보보호법의 목적은 개인정보의 안전한 이용과 유통에 있다"며 "무분별한 개인정보처리에 따른 위험을 사전예방하기 위한 것"이라고 밝혔다. 모든 정보수집을 통제하는 법이 아니라는 설명이다.

자료 : ZDNet Korea, "과도한 개인정보 보호법, ICT 생태계 해쳐," 2013년 2월 27일,
http://www.zdnet.co.kr/news/news_view.asp?artice_id=20130226111632

장기적으로는 법의 개정을 통해 엄격한 사전동의의 원칙을 완화하여 예외조항을 통해 사후삭제의 원칙을 일부 도입하는 방안을 검토할 수 있다. 사후삭제의 원칙 강화를 위해서 민간단체를 육성하는 방안을 검토할 수 있다. 이를 위해서는 우선 프라이버시보호협회, 개인정보관리협회 등의 명칭을 가진 민간단체를 설립하고, 여기에 개인정보를 자신의 영업을 위해 혹은 제3자에게 제공할 목적으로 사용하는 모든 기업들이 가입하게 한 뒤, 정보주체의 거부옵션을 이 기관에서 총괄적으로 관리하여 모든 가입 기업들이 이러한 지침을 따르도록 하는 방안을 검토할 수 있다. 여기에는 모든 기업의 의무적 가입과 위반에 대한 적절한 처벌 등이 수반될 수 있는 조치가 포함되어야 실효성을 거둘 수 있다. 우리나라 개인정보보호법의 제13조 '자율규제의 촉진 및 지원'에서도 정부가 자율규제를 지원하고 촉진하기 위해 개인정보보호와 관련된 기관의 육성 및 지원, 자율적인 규약의 제정 · 시행 지원 등에 필요한 시책을 마련하여야 한다고 규정하고 있다.

참고문헌

- 김범수(2006), "개인정보의 적절한 이용과 보호의 균형," CRM연구, 1(1), 71–85.
- 박찬욱(2005), 한국적 CRM 실천방안, 시스마인사이트, 303–332.
- 박찬욱(1996), 데이터베이스마케팅, 연암사, 287–311.
- 윤수영(2010), "개인정보보호법 시행으로 인한 개인정보보호 규제 환경 변화 대응 전략," 정보처리학회지, 17(2), 3–9.
- 이상중(2017), "관계는 고객정보의 지속적인 업데이트이다," 이코노믹리뷰, 4월 11일.
- 이창범(2012), 개인정보보호법, 법문사, 49–61.
- 전은정, 김학범, 염흥렬(2012), "미국의 개인정보보호 법 · 제도 동향," 정보보호학회지, 22(1), 47–57.
- 전은정, 김학범, 염흥렬(2012), "유럽의 개인정보보호 법 · 제도 동향," 정보보호학회지, 22(2), 58–72.
- 전은정, 김학범, 염흥렬(2012), "일본 · 중국의 개인정보보호 법 · 제도 동향," 정보보호학회지, 22(5), 90–105.
- 정대경(2012), "국내외 개인정보보호정책 비교 분석 : 개인정보보호 법률과 전담조직을 중심으로," 정보보호학회논문지, 22(4), 923–939.
- 머니투데이, "'네이트 해킹' 피해자 승소 … 해킹관련 첫 사례," 2012년 4월 26일.
- 아이티투데이, "빅데이터 '공개된 개인정보' 수집, 사진동의 필요 없어진다," 2013년 12월 18일.
- 프라임경제, "개인정보 보호법 시행 불구 … '유출사태' 심각," 2012년 5월 7일.
- 한국경제, "KT 870만 명 개인정보 유출 : '휴대폰 약정 두 달 남으셨죠?' 내 정보 어떻게 알았나 했더니…," 2012년 7월 30일.
- Nowak, Glen J. and Joseph Phelps(1995), "Direct marketing and the use of individual-level consumer information : Determining now and when 'privacy' matters," *Journal of Direct Marketing*, 9(3), 46–60.
- Warren, Samuel D. and Louis Brandeis(1890), "The right to privacy," *Harvard Law Review*, 4, 193, 195n.
- Kumar, V. and Werner Reinartz(2012), *Customer Relationship Management : Concepts, Strategy, and Tools*, 2nd ed., Springer, 279–300.

- e 나라지표, http://www.index.go.kr
- ZDNet Korea, "과도한 개인정보 보호법, ICT 생태계 해쳐," 2013년 2월 27일, http://www.zdnet.co.kr/news/news_view.asp?artice_id=20130226111632

찾아보기

| 저자약력 |

박찬욱

박찬욱 교수는 서울대학교 경제학부에서 학사 및 석사학위를 취득하고, 미국 인디아나대학교(Indiana University)에서 마케팅 전공으로 경영학 박사학위를 취득하였다. 귀국 후 제일기획 마케팅연구소에서 3년간 근무하면서 마케팅전략, 광고전략, 다이렉트마케팅전략 등과 관련한 업무를 수행하였으며, 1995년부터 경희대학교 경영대학에서 교수로 재직하고 있다. 주요 관심분야는 고객관계관리, 영업, 유통, 소비자행동 등이다. 저서로는 우리나라 최초의 CRM 서적인 데이터베이스마케팅(1996)을 비롯하여 금융기관의 데이터베이스마케팅(1999), 모바일마케팅(2002), 한국적 CRM 실천방안(2005), 고객관계 구축을 위한 영업관리(2017), 실천유통론(2017) 등이 있으며, 국내외의 유명 학술지에 CRM, 영업, 유통, 광고, 소비자의사결정 등을 주제로 하는 다수의 학술논문을 발표하였다. 1995년 이래 금융, 제조, 서비스 등 다양한 기업들에서 CRM과 마케팅 분야의 자문교수 및 사외이사를 역임하였다. 또한 한국CRM협회의 초대 회장과 한국CRM학회의 회장, 한국영업관리학회 회장을 지냈다.

이상종

이상종 대표는 아주대학교 경영학부에서 학사학위를 취득하고, 서강대학교 일반대학원 경영학과에서 MIS 전공으로 석사학위를 취득하였다. 현재는 경희대학교 일반대학원 경영학과에서 마케팅 전공으로 박사과정을 수료하였으며, 관심 분야는 CRM과 빅데이터, 디지털마케팅 등이다. 석사학위 취득 후 화장품회사인 스킨푸드에 근무하면서 CRM 솔루션 구축 및 멤버십 프로그램 기획, 캠페인 실행 등의 CRM 업무를 수행하였다. 이후 패션회사인 J.ESTINA에서 CRM 팀장을 역임하며, 고객데이터 관리 및 캠페인 기획, VOC 분석을 담당하였다. 2013년부터는 직무교육 및 경영컨설팅 회사인 메타밸류(주)의 대표이사로 재직 중에 있으며, 기업의 CRM과 마케팅 관련 컨설팅 및 교육 사업을 진행하고 있다. 현재 한국생산성본부에서 마케팅부문 전임교수와 교육훈련부문 자문위원으로 활동하고 있으며, 한국능률협회컨설팅 마케팅 엑스퍼트 컨설턴트로 CRM과 VOC, 데이터분석 관련 실무교육을 진행하고 있다.

조아라

조아라 박사는 경희대학교에서 마케팅 전공으로 경영학 석사 및 박사를 취득하였다. 현재 경희대학교 경영대학, 경영대학원, 글로벌미래교육원에서 고객관계관리, 마케팅원론 등을 강의하고 있다. 주요 관심분야는 고객관계관리, 영업, 유통, 소비자행동 등이다. 국내 유명 학술지에 B2B 영업사원 역량 개발, B2B 영업사원의 고객지향성 및 성과간의 관계, 영업사원과 고객만족도간의 관계 등을 주제로 하는 다수의 학술논문을 발표하였다.

고객관계관리(제2판)

2014년 2월 20일 1판 1쇄 발행
2022년 8월 10일 2판 2쇄 발행

저　자 | 박찬욱 · 이상종 · 조아라
발행인 | 이수영
발행처 | 도서출판 청람
서울시 마포구 독막로 288(대흥동, 세양상가 109호)
전　화 | 02)3272-2601(대)~2
팩　스 | 02)3272-2603
이메일 | crbooks@daum.net
홈페이지 | http://www.crbooks.co.kr
등　록 | 2000. 8. 26 제6-0509호

ISBN 978-89-5972-710-0 93320　[정가 32,000원]